lonely

Chile
y la isla de Pascua

Norte Grande
p. 141

Isla de Pascua
(Rapa Nui)
p. 402

Norte Chico
p. 186

⭐ Santiago
p. 44

Chile central
p. 89

Sur Chico
p. 217

Chiloé
p. 275

Norte de Patagonia
p. 296

Sur de Patagonia
p. 337

Tierra del Fuego
p. 379

Edición escrita y documentada por
Carolyn McCarthy, Cathy Brown, Mark Johanson,
Kevin Raub, Regis St Louis

BELLAVISTA, BARRIO DE SANTIAGO P. 53

BAS VAN DEN HEUVEL/SHUTTERSTOCK ©

PARQUE NACIONAL HUERQUEHUE P. 240

LARPUTVIN/SHUTTERSTOCK ©

VALLE DE COLCHAGUA P. 113

STEVE ALLEN/SHUTTERSTOCK ©

IGLESIA SAN FRANCISCO DE CASTRO P. 189

JOSE LUIS STEPHENS/SHUTTERSTOCK ©

Sumario

DANITA DELIMONT/GETTY IMAGES ©

AHU TONGARIKI P. 414

GÉISERES DE EL TATIO
P. 154

Sumario

MUSEO NACIONAL DE BELLAS ARTES P. 53

PHOTON PHOTOS/GETTY IMAGES ©

GLACIAR GREY P. 361

Bienvenidos a Chile

Chile es naturaleza a escala colosal, pero resulta fácil recorrer el país sin prisas.

Una tierra de extremos

Delgado y alargado hasta lo inverosímil, Chile se extiende desde el vientre de América del Sur hasta su pie, desde el desierto más seco del planeta hasta los inmensos glaciares del sur. Los paisajes más variados se despliegan en una franja de 4300 km: dunas, valles, volcanes, bosques, glaciares y fiordos. A cada paso nos asombra y la naturaleza es toda una sinfonía. El viajero se sentirá abrumado ante esta gran tierra salvaje y casi virgen. El desarrollismo podría poner en peligro estos tesoros, pero por ahora Chile conserva algunos de los parajes más vírgenes del planeta y no hay que perdérselos.

La cultura del vino

Antes de que el vino se convirtiera en un producto de exportación más, en toda mesa chilena se servían caldos de barricas modestas. Chile ha pasado a ser un productor mundial para paladares refinados: tintos con cuerpo, blancos de agradable acidez y rosados florales; hay una variedad para cualquier estado de ánimo y ocasión. Los chilenos adoran la buena mesa. Más allá de una buena comida, lo que cuenta es el placer de la compañía y las conversaciones, que se solapan con el descorche de las botellas y el chocar de las copas. ¡Salud!

Lenta aventura

En Chile, la aventura es aquello que sucede durante el camino hacia ella: pedalear por la grava de la carretera Austral y terminar compartiendo ferris con monovolúmenes y carros de bueyes, o equivocarse en un desvío y encontrar el paraíso en un huerto anónimo. Pueden hacerse planes, pero conviene abrirse a la experiencia de cada momento. Los chilenos nunca corren. "Los que se apresuran pierden el tiempo", reza un dicho de la Patagonia que podría servir bien como lema.

La buena onda

En Chile, la cercanía de las fronteras propicia la intimidad. Encajado entre los Andes y el Pacífico, la anchura media del territorio no pasa de 175 km. Con razón uno empieza pronto a ver las mismas caras, y, a poco que se detenga, a sentirse como en casa. El viajero ha puesto pie en el límite del continente americano, una última frontera que destaca por su hospitalidad. La buena onda significa que el forastero es bien recibido. Los patagones comparten una ronda de mate tras otra y el ritual de relacionarse y relajarse está tan integrado en la vida diaria que apenas se nota. Pero sí dicen una cosa: "Quédate y baja la guardia".

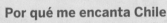

Por qué me encanta Chile

Por Carolyn McCarthy, escritora

He trabajado en Chile de guía de excursionismo, he documentado la vida de los pioneros en la Patagonia y cada año regreso una temporada al sur. Para mí, Chile siempre ha representado la naturaleza tal cual debería ser, parajes silvestres incólumes a la mano del hombre. Se podría pasar toda la vida descubriendo sus maravillas salvajes. En el planeta quedan pocos lugares tan valiosos, imprescindibles para nuestra supervivencia y bienestar.

Para más información sobre los autores, véase p. 486

Carretera Austral (p. 300).

Chile y la isla de Pascua

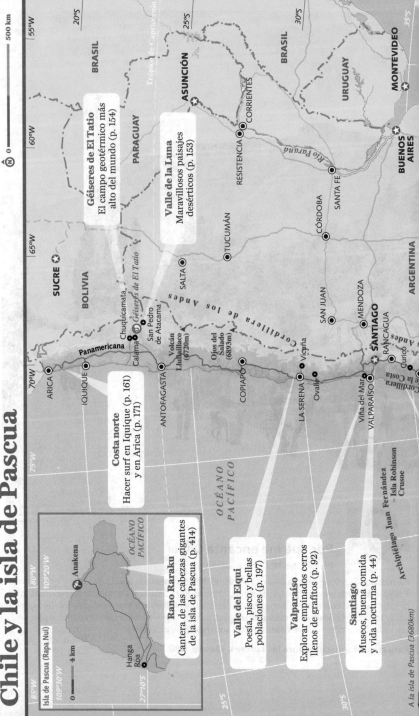

Géiseres de El Tatio
El campo geotérmico más alto del mundo (p. 154)

Valle de la Luna
Maravillosos paisajes desérticos (p. 153)

Costa norte
Hacer surf en Iquique (p. 161) y en Arica (p. 171)

Rano Raraku
Cantera de las cabezas gigantes de la isla de Pascua (p. 414)

Valle del Elqui
Poesía, pisco y bellas poblaciones (p. 197)

Valparaíso
Explorar empinados cerros llenos de grafitos (p. 92)

Santiago
Museos, buena comida y vida nocturna (p. 44)

Isla de Pascua (Rapa Nui)

OCÉANO PACÍFICO

OCÉANO PACÍFICO

Cordillera de los Andes

Panamericana

A la isla de Pascua (3680 km)

Archipiélago Juan Fernández ~ Isla Robinson Crusoe

Cordillera de la Costa

BRASIL

PARAGUAY

ASUNCIÓN

BRASIL

URUGUAY

MONTEVIDEO

BUENOS AIRES

ARGENTINA

BOLIVIA

SUCRE

PARAGUAY

Trópico de Capricornio

CORRIENTES

RESISTENCIA

SANTA FE

CÓRDOBA

TUCUMÁN

SALTA

SAN JUAN

MENDOZA

SANTIAGO

RANCAGUA

Curicó

ARICA

IQUIQUE

Chuquicamata

Calama

San Pedro de Atacama

Géiseres de El Tatio

Volcán Llullaillaco (6720m)

Ojos del Salado (6893m)

ANTOFAGASTA

COPIAPÓ

LA SERENA

Vicuña

Ovalle

Viña del Mar

VALPARAÍSO

Río Paraná

500 km

20°S
25°S
30°S
35°S

55°W
60°W
65°W
70°W
75°W
80°W
85°W

Anakena

Hanga Roa

109°30'W
109°20'W
27°10'S

4 km
0

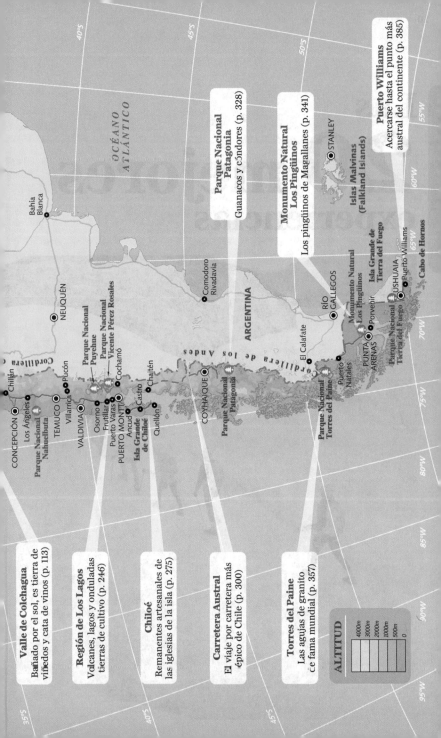

Valle de Colchagua
Bañado por el sol, es tierra de viñedos y cata de vinos (p. 113)

Región de Los Lagos
Volcanes, lagos y onduladas tierras de cultivo (p. 246)

Chiloé
Remanentes artesanales de las iglesias de la isla (p. 275)

Carretera Austral
El viaje por carretera más épico de Chile (p. 300)

Torres del Paine
Las agujas de granito de fama mundial (p. 357)

Parque Nacional Patagonia
Guanacos y cóndores (p. 328)

Monumento Natural Los Pingüinos
Los pingüinos de Magallanes (p. 341)

Puerto Williams
Acercarse hasta el punto más austral del continente (p. 385)

ALTITUD
4000m
3000m
2000m
1000m
500m
0

OCÉANO ATLÁNTICO

Bahía Blanca

NEUQUÉN

Cordillera C

Parque Nacional Nahuelbuta

CONCEPCIÓN
Chillán
Los Ángeles
TEMUCO
Villarrica
Pucón
VALDIVIA
Osorno
Frutillar
Puerto Varas
PUERTO MONTT
Ancud
Isla Grande de Chiloé
Castro
Chaitén
Cochamó
Parque Nacional Puyehue
Parque Nacional Vicente Pérez Rosales
Quellón

Cordillera de los Andes

COYHAIQUE

Parque Nacional Patagonia

Comodoro Rivadavia

ARGENTINA

El Calafate

Puerto Natales

Parque Nacional Torres del Paine

RÍO GALLEGOS

PUNTA ARENAS
Porvenir

Monumento Natural Los Pingüinos

Parque Nacional Tierra del Fuego

Isla Grande de Tierra del Fuego

USHUAIA
Puerto Williams

Cabo de Hornos

STANLEY

Islas Malvinas (Falkland Islands)

Las
20 mejores
experiencias

Parque Nacional Torres del Paine

1 Algunos ritos de paso nunca pierden su atractivo, de modo que hay que echarse la mochila a la espalda y contemplar estas agujas montañosas (p. 357). Las Torres son el principal reclamo del parque, pero la vasta extensión de naturaleza ofrece mucho más, como hacer senderismo sobre hielo en el glaciar Grey, montar en kayak por el río Serrano o ascender al paso John Gardner para admirar el Campo de Hielo Sur.

El atractivo cultural de la gran ciudad

2 Santiago (p. 44) es el centro del universo cultural e intelectual del país. La casa de Pablo Neruda, La Chascona, representa un homenaje del poeta a la mujer de cabello revuelto que se convertiría en su tercera esposa. Vale la pena conocer el Museo Nacional de Bellas Artes y el Museo de Arte Contemporáneo antes de descubrir la vida cultural alternativa de los barrios Brasil, Lastarria y Bellas Artes. Arte callejero en Bellas Artes.

D. JOSEPH MEYER/SHUTTERSTOCK ©

LUCAS VALLECILLOS/ALAMY ©

Los moáis de la isla de Pascua

3 Los más que enigmáticos moáis (grandes esculturas antropomórficas) son el símbolo de la isla de Pascua (Rapa Nui). Esparcidas por toda la isla (p. 402), estas inmensas figuras talladas están colocadas sobre plataformas de piedra, como títeres colosales en un escenario sobrenatural. Emanan vibraciones místicas y se cree que representan a antepasados de los clanes. La gran pregunta sigue sin respuesta: ¿cómo se trasladaron estos gigantes desde el lugar donde los esculpieron hasta sus plataformas? El debate entre especialistas continúa.

Surf en la costa norte

4 Los tubos son poderosos en las dos capitales del surf del norte de Chile, Iquique y Arica (p. 161). Todo el año llegan hordas de surfistas atraídos por las olas que rompen sobre el arrecife cerca de la orilla desierta. Son enormes, huecas y casi todas de izquierda, del tipo que rompen las tablas, sobre todo en julio y agosto, cuando los surfistas expertos la invaden. Es necesario llevar botas y traje de neopreno, pues los arrecifes están plagados de erizos de mar y la corriente de Humboldt enfría el agua. Surf, Arica (p. 171).

PETO LASZLO/SHUTTERSTOCK ©

Iglesias de Chiloé

5 Por muchas catedrales europeas, monasterios budistas o mezquitas islámicas que se hayan visitado, las 16 iglesias de madera de Chiloé, Patrimonio Mundial de la Unesco (p. 275), resultan insólitas. Se trata de joyas arquitectónicas que casan los diseños europeo e indígena, y alardean de colores y estructuras poco ortodoxos. Levantadas por misioneros jesuitas evangelizadores de paganos, la supervivencia de estas catedrales de los s. XVII-XVIII refleja la asombrosa resiliencia del pueblo chilote.

Catas de vinos

6 Las uvas cabernet y carmenere son las varietales más características del valle de Colchagua (p. 113), una zona que se ha convertido en la principal región de Chile para la cata de vinos. Enófilos y gastrónomos se sorprenderán de las bodegas, los bistrós y los lujosos alojamientos del valle. Para blancos florales y tintos de producción masiva hay que salir de Santiago y visitar las bodegas de los valles de Casablanca y Maipo antes de viajar al sur y probar unos cuantos tintos fuertes y sin pretensiones en el valle del Maule.

Embelesarse en el valle de la Luna

7 Desde lo alto de una duna gigantesca, el desierto aparece como un sueño, mientras el sol se pone en el horizonte y cubre de colores la arena, y a lo lejos se divisan los volcanes y la ondulada cordillera de la Sal. En el valle de la Luna (p. 153), nada más iniciarse el espectáculo de colores –intensos púrpuras, dorados, rosas y amarillos se extienden hasta donde alcanza la vista– el viajero se olvidará de todo para presenciar la maravillosa puesta de sol.

Los parques nacionales de la Araucanía

8 El Sur Chico (p. 217) presume de siete parques nacionales, tan mágicos como la Reserva Nacional Malalcahuello-Nalcas y el Parque Nacional Conguillío, cuyos paisajes desérticos carbonizados fueron fruto de las erupciones de los volcanes Lonquimay y Llaima. También está el Parque Nacional Tolhuaca, rebosante de araucarias y lagunas. Esta asombrosa terna, de fácil acceso, es un microcosmos de la belleza del Sur Chico. Parque Nacional Conguillío (p. 223).

7

8

PABLO DE SOUSA FOTOGRAFIA/SHUTTERSTOCK ©

GUAXINIM/SHUTTERSTOCK ©

Valle del Elqui

9 Tras pasar unos días lánguidos en el verde valle del Elqui (p. 197), uno se pone tan lírico como Gabriela Mistral, la poetisa galardonada con el Premio Nobel de Literatura, que se crio aquí. Imbuida de poesía, pisco, pueblos bonitos y cielos estrellados, es una comarca saludable, con posadas ecológicas, observatorios cimeros y destilerías artesanales de su potente uva. Se podrán degustar platos cocinados al sol, limpiar el aura, darse un banquete de cocina andina de fusión condimentada con hierbas y cabalgar sobre la ola mística del valle. Vicuña (p. 197).

Esquí en los Andes

10 Los Andes chilenos son una de las mejores zonas del hemisferio sur para el esquí. Para pistas empinadas, anchas vistas, fiestas en *jacuzzi* y mucho *après-ski*, hay que dirigirse a estaciones (p. 112) como Portillo, que lo reúne todo; El Colorado, apta para presupuestos ajustados, y la lujosa La Parva. Valle Nevado se ha ampliado con más de 2800 Ha esquiables. En Nevados de Chillán se puede tomar un baño en una piscina termal después del esquí. Arriba dcha.: estación de esquí de La Parva (p. 88).

Viaje por la carretera Austral

11 Muchas aventuras esperan en esta ruta de 1240 km a través de la campiña andina, jalonada de parques y fincas de pioneros. La carretera Austral (p. 300) es el sueño de todo trotamundos. Se creó en la década de 1980 en un intento por comunicar las zonas más aisladas del país con el resto de Chile. Nunca ha sido tan accesible como hoy, con casi la mitad asfaltada y con un ferri a Puerto Natales. Si hay tiempo, vale la pena desviarse por los ramales que llevan a glaciares, pueblos costeros y aldeas de montaña.

ART KOWALSKY/ALAMY ©

Gastronomía y vida nocturna en Santiago

12 Los restaurantes más vanguardistas de Santiago (p. 68) llevan la cocina sudamericana de fusión a altas cotas. Los exploradores culinarios deben visitar los bistrós de Bellavista, las terrazas con encanto de Lastarria y los restaurantes encopetados de Las Condes. De noche, hay bulliciosas cervecerías, discotecas, bares con velas y poetas y casi todo lo que uno puede desear en las callejuelas de barrios como Bellavista, Bellas Artes y Lastarria.

Parque Nacional Patagonia

13 Conocido como el Serengueti del Cono Sur, este parque (p. 328) es ideal para avistar la fauna de la Patagonia, como guanacos, cóndores y flamencos. Antiguo rancho ganadero, ha sido objeto de una restauración meticulosa que lo está convirtiendo en un parque modélico. Hay que reservar unos días para recorrer los caminos que llevan a lagunas, crestas y estepas, o simplemente ver la vida salvaje desde la carretera principal, que sube hasta la frontera con Argentina cerca de la ruta 40.

Géiseres de El Tatio

14 Hay que abrigarse bien para ver el gélido amanecer paseando entre los géiseres, cráteres y fumarolas de El Tatio (p. 154), el campo de géiseres más elevado del mundo, rodeado de volcanes y montañas poderosas a 4300 m sobre el nivel del mar. Los chorros de vapor blanco silban y retumban mientras el sol se eleva sobre la cordillera andina circundante y la baña de rojos, violetas, verdes, amarillos y azules.

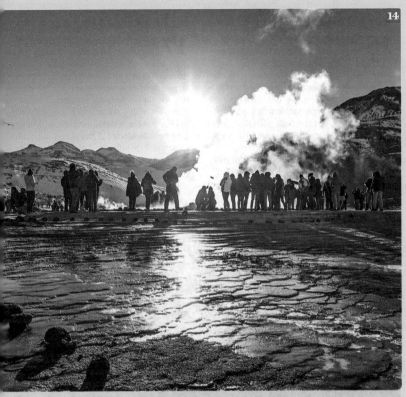

14

Puerto Williams, el extremo más meridional

IVANKONAR/SHUTTERSTOCK ©

15

15 En el punto más al sur de Sudamérica, los navegantes intercambian batallitas y la naturaleza salvaje se vuelve protagonista. Una parte del atractivo es llegar hasta aquí, lo que implica cruzar el canal Beagle. En Puerto Williams los habitantes conocen a los viajeros por su nombre a los pocos días de llegar. Para aventuras, los dos días en ferri desde Punta Arenas para ver los glaciares desplomándose, o la ruta de excursionismo de los Dientes de Navarino (p. 385).

Rano Raraku

16 Seguramente el viajero nunca ha visto una cantera como esta. El volcán Rano Raraku (p. 414), conocido como "el criadero", en la isla de Pascua, suministraba la materia prima de la que están tallados los moáis. Al caminar entre las figuras a medio esculpir que salpican las laderas sur del volcán, se retrocede a los tiempos polinesios antiguos. Súbase hasta la cima para disfrutar de unas impresionantes vistas a 360 grados. Dentro del cráter hay varios moáis en pie y una brillante laguna.

La Región de Los Lagos

17 No se debe juzgar la Región de Los Lagos por su nombre. Aunque los lagos glaciares turquesa dominan el paisaje, no son el único atractivo de un lugar donde se puede también caminar por altos volcanes, visitar encantadores pueblos lacustres como Frutillar y admirar el paraguas verde del Parque Nacional Huerquehue. Una larga lista de actividades al aire libre y una cultura singular de influencia alemana contribuyen a su atractivo (p. 246). Parque Nacional Huerquehue (p. 240).

NADYARA/SHUTTERSTOCK ©

JEREMYRICHARDS/SHUTTERSTOCK ©

Cerros de Valparaíso

18 Generaciones de poetas, artistas y trabajadores portuarios han encontrado inspiración en los cerros de Valparaíso (p. 92). Un laberinto de caminos sinuosos conduce a algunas de las mejores muestras de arte callejero del país, unas vistas maravillosas y un mosaico de ruinosas casas de hojalata. Su renacimiento está trayendo edificios rehabilitados, hoteles-*boutique* y restaurantes de postín a una ciudad portuaria de sincopado paisaje urbano, brisa incesante y afanosos muelles.

Monumento Natural Los Pingüinos

19 Cada año, 60 000 parejas de pingüinos de Magallanes se congregan frente a la costa de Punta Arenas, en la isla Magdalena (p. 341). Desde la ciudad, tómese un barco rápido o un ferri para contemplar la enorme colonia graznadora. Se trata de una fantástica excursión para verlos deambular, proteger los nidos, alimentar a sus crías, y dirigir una mirada curiosa al viajero. Los pingüinos residen en la isla de octubre a marzo.

Isla Robinson Crusoe

20 Poco visitada y de difícil acceso, esta isla del archipiélago Juan Fernández (p. 135) es uno de los lugares más bellos e inesperados de Chile. Es una meta de ensueño para amantes de la historia: aquí pasó años en soledad el náufrago Alexander Selkirk, que inspiró a Daniel Defoe el personaje de Robinson Crusoe. También era escala de piratas durante los ss. XVII-XVIII. Los visitantes de hoy disfrutan con fantásticas excursiones, cenas a base de langosta y buceo con tubo con los lobos marinos de Juan Fernández.

Lo esencial

Para más información, véase 'Guía práctica' (p. 449)

Moneda
Peso chileno (CLP)

Idioma
Español

Visados
En general, no son necesarios para estancias de hasta 90 días.

Dinero
Abundan los cajeros por doquier, menos por la carretera Austral. Las tarjetas de crédito se aceptan en hoteles de precio alto, algunos restaurantes y tiendas. No suelen aceptarse cheques de viaje.

Teléfonos móviles
Las tarjetas SIM chilenas, baratas y fáciles de comprar, pueden usarse con teléfonos libres GSM 850/1900. En los núcleos urbanos se usa la red 3G o 4G.

Hora
Huso horario UTC-3 (GMT menos cuatro horas; GMT menos tres horas durante el horario de verano, normalmente de octubre a mayo).

Cuándo ir

Iquique
durante todo el año

San Pedro de Atacama
mar-dic

Isla de Pascua
oct-jun

Santiago
durante todo el año

Puerto Montt
nov-mar

Desierto, clima seco
Clima seco
De cálido a tórrido en verano, inviernos suaves
Suave todo el año
Clima frío

Punta Arenas
nov-abr

Temporada alta (nov-feb)
- La Patagonia es mejor (y más cara) de diciembre a febrero.
- Las playas se llenan a finales de diciembre y todo enero.

Temporada media (sep-nov y mar-may)
- Por temperatura, el mejor momento para visitar Santiago.
- La Región de Los Lagos es agradable de septiembre a noviembre.
- En la región vinícola, vendimia y festivales del vino en marzo.

Temporada baja (jun-ago)
- La mejor época de esquí va de junio a agosto.
- Buena para visitar el norte.
- En la carretera Austral la nieve puede bloquear puertos de montaña.
- Transportes y alojamientos se llenan en julio.

Webs

Lonely Planet (www.lonelyplanet.es) Información sobre el destino, reservas de hoteles y foros de viajeros.

Sernatur (www.chile.travel/en.html) La organización nacional de turismo.

El Mercurio (www.elmercurio.com) Uno de los periódicos nacionales más importantes.

Visit Chile (www.visitchile.com) Información turística.

Teléfonos útiles

Código de Chile	☑56
Código de acceso internacional	código de tres cifras +☑0
Información	☑103
Información turística nacional (en Santiago)	☑562-731-8310
Policía	☑133

Tipos de cambio

Argentina	1 ARS	17,76 CLP
Colombia	100 COP	222 CLP
EE UU	1 US$	672 CLP
México	1 MXN	35,65 CLP
Perú	1 PEN	202 CLP
Uruguay	1 UYU	20,50 CLP
Zona euro	1 €	771 CLP

Para tipos actualizados, véase www.xe.com

Presupuesto diario

Económico:
Menos de 65 000 CLP

➡ Habitación/cama en dc en hospedaje barato: 10 000 CLP

➡ Cena en restaurante económico: 5000 CLP/plato

➡ Menú fijo de tres platos: 4000-7000 CLP

Medio:
65 000-80 000 CLP

➡ Habitación doble en B&B u hotel de precio medio: 50 000 CLP

➡ Cena en restaurante de precio medio: 8000 CLP/plato

➡ Alquiler de automóvil: desde 20 000 CLP/día

Alto:
Más de 80 000 CLP

➡ Habitación doble en hotel de precio alto: 80 000 CLP

➡ Cena en un buen restaurante: 14 000 CLP/plato

➡ Día de aventuras al aire libre con guía: 30 000-65 000 CLP

Horario comercial

En general, se indica el de temporada alta. En muchas ciudades y pueblos los restaurantes y servicios cierran los domingos y las oficinas de turismo en temporada baja.

Bancos 9.00-14.00 entre semana, a veces 10.00-13.00 sa

Dependencias y servicios oficiales 9.00-18.00 entre semana

Museos A menudo cierran los lunes

Correos 9.00-18.00 lu-vi, hasta las 12.00 sa

Restaurantes 12.00-23.00, muchos cierran 16.00-19.00

Tiendas 10.00-20.00, algunas cierran 13.00-15.00

Cómo llegar

Aeropuerto Internacional Arturo Merino Benítez (Santiago) Hay servicios lanzadera frecuentes hacia el centro de Santiago (40 min, 7000 CLP). Si no, puede optarse por un autobús (1 h hasta el centro, luego transbordo al metro o al autobús Transantiago; 1700 CLP) o un taxi (18 000 CLP).

Cómo desplazarse

Recorrer el país es sencillo gracias al flujo constante de vuelos y autobuses entre el norte y el sur. Resulta menos práctico el servicio de este a oeste, y la zona al sur de Puerto Montt. De todos modos, las rutas están mejorando, los conductores son amables y disciplinados y las autopistas de peaje abundan.

Avión Ahorra tiempo en distancias largas; se consiguen billetes económicos comprados en el país.

Autobús La mejor manera de moverse por Chile: frecuentes, cómodos y de precio módico, con servicios a todo el país. Menos útiles para ir a los parques.

Automóvil Para explorar regiones como la Patagonia es mejor alquilar un coche.

Tren Algunas líneas pueden ser útiles para viajar por el centro de Chile.

Para saber más sobre **cómo desplazarse,** véase p. 463.

PUESTA A PUNTO LO ESENCIAL

En busca de...

Exploración urbana

La vida desborda las calles con murales, grandes mercados de abastos, escaleras estrechas y sinuosas y los arbolados barrios con museos de Santiago y Valparaíso.

La Vega Central Todo un festín de higos, aguacates y chirimoyas. En el cercano Mercado Central se almuerzan pescados y mariscos (p. 56).

Museos de Santiago El Museo Chileno de Arte Precolombino contrasta con el Museo de Arte Contemporáneo y el Museo de la Moda (p. 44).

Grafitos Murales de grafitos flanquean las callejuelas y empinadas escaleras de Valparaíso: cualquier paseo es toda en una exploración (p. 92).

Ciclismo nocturno Al ocaso el aire refresca, el tráfico disminuye y Santiago se ilumina: es la hora bruja para pedalear (p. 62).

Centro Gabriela Mistral El pulso cultural de Santiago se siente en este nuevo y vanguardista centro de artes escénicas (p. 53).

Barrio Recoleta Para apartarse de las rutas habituales y conocer un barrio auténtico con magnífica comida étnica (p. 56).

Excursionismo

Chile cuenta con 4000 km de montañas. Desde el desierto hasta el bosque pluvial, nadie se arrepentirá si incluye en su itinerario una ruta poco conocida.

Putre Campamento base ideal para caminatas por desiertos a grandes altitudes; menos gente que en San Pedro de Atacama (p. 181).

Siete Tazas Cerca de la región vinícola, un río cristalino cae por siete charcas excavadas en el basalto negro (p. 120).

Valle del río Cochamó Cascadas, paisajes graníticos y senderos bien señalizados, aunque mucho barro (p. 266).

Cerro Castillo En el corazón de la Patagonia. El senderismo por esta catedral de roca constituye una magnífica aventura de cuatro días (p. 320).

Reserva Nacional Lago Jeinimeni Contrastes impresionantes: desde senderismo duro por puertos de montaña hasta paseos para ver arte rupestre (p. 324).

Encuentros con animales

Los cóndores andinos sobrevuelan los picos y la fría corriente de Humboldt propicia una abundante fauna marina, desde leones marinos hasta ballenas azules migratorias. Chile alberga una gran variedad de camélidos, diversas especies de aves y el huemul, un símbolo nacional.

Lago Chungará Repleto de aves, entre ellas el vistoso flamenco chileno, este lago se asienta en el altiplano (p. 184).

Reserva Nacional Las Vicuñas Más de veinte mil vicuñas vagan por un desierto elevado rodeado de volcanes (p. 184).

Chiloé Tanto los pingüinos de Magallanes como los de Humboldt crían cerca de Ancud; pudúes y aves habitan en el Parque Tantauco (p. 294).

Parque Nacional Patagonia Desde guanacos, zorros y cóndores, hasta el huidizo puma y el huemul, un tesoro de fauna patagónica (p. 328).

Comida y vida nocturna

En el Chile agrícola, la comida es siempre fresca, desde extraordinarios pescados y mariscos hasta vinos y productos hortofrutícolas. La vida nocturna fluctúa de lo rústico a lo sofisticado y alcanza su apogeo en la capital.

Arriba: Valle de la Luna (p. 153).
Abajo: Rano Kau (p. 413), isla de Pascua.

San Pedro de Atacama Uno de los mejores lugares del mundo para observar las estrellas (p. 144).

Santiago Las elaboraciones modernas y la cocina sudamericana de fusión animan el panorama gastronómico en lugares como Peumayen y Étniko (p. 68).

Región de los Lagos Aparte de productos clásicos alemanes, en los asados se sirve ternera del país, tartas de frutos del bosque y ensalada de cultivo ecológico (p. 246).

Barrios de Santiago Los jaraneros encienden la noche en los locales de baile de Bellavista y los cafés de Lastarria (p. 44).

Patagonia En las cocinas costumbristas destaca el marisco fresco preparado según recetas de toda la vida (p. 337).

Paisajes memorables

No resulta difícil encontrar paisajes impactantes en un país con desiertos resecos y picos helados.

Desierto de Atacama Cañones de roca roja, cactus y montañas cobrizas contrastan con su cielo azul (p. 144).

Archipiélago de Chiloé Desde los acantilados del oeste hasta las caletas del este, con casas sobre pilotes, estas islas verdes avivan la imaginación (p. 275).

Región de Los Lagos Una campiña ondulada y lluviosa con docenas de lagos azules y volcanes coronados de nieve (p. 246).

Andes de la Patagonia La cordillera de los Andes alcanza el ápice de su espectacularidad en el sur más profundo (p. 357).

Rano Kau Este cráter, uno de los paisajes más sobrecogedores del Pacífico Sur, preside un inmenso océano cobalto (p. 413).

Tierra del Fuego Tan escabrosa como mística, es la última frontera y un destino de islas remotas y paisajes esculpidos por el viento (p. 379).

Escapadas

Más del 90% de la población de Chile se concentra en la zona central, pero uno puede escaparse en cualquier dirección, desde el desierto de Atacama hasta la carretera Austral y la desnuda Tierra del Fuego, o bien visitar la isla de Pascua, la más remota del Pacífico.

Precordillera de Belén Lejos de los caminos trillados, con pictografías antiguas, iglesias coloniales y bellos paisajes (p. 177).

Costa norte de la isla de Pascua Esta franja litoral al norte de Ahu Tahai pasa por altos moáis y sube por colinas herbosas hasta el Pacífico (p. 413).

Raúl Marín Balmaceda Con enormes helechos y calles de arena, alrededor de este pueblo perdido hay nutrias, delfines y leones marinos (p. 310).

Caleta Cóndor Aislado paraíso de postal en una fraja de litoral protegida y de difícil acceso cerca de Osorno (p. 247).

Comarcas vinícolas

Entre bodegas coloniales, con la brisa del Pacífico y

el deslumbrante telón de fondo de los Andes, el vino nunca supo mejor.

Ruta del Vino Recorridos con expertos por Santa Cruz, región vinícola líder, con los mejores tintos del país (p. 116).

Bodega Lapostolle Un entorno lujoso y encantador donde familiarizarse con el terroir más rico de Chile (p. 114).

Valle de Casablanca Un centro vinícola de clima fresco y una escapada rápida desde Santiago (p. 107).

Museo de Colchagua No hay que perderse *El gran rescate*, una exposición sobre el rescate de los 33 mineros en el 2010 (p. 114).

Bodega Emiliana Bodega ecológica con maridajes de chocolate y vino (p. 108).

Historia viva

Para tomarse un respiro de los museos se puede repasar al aire libre la historia que perdura en los barcos de guerra, caminos de pioneros y pueblos chilotes que todavía usan sus inventos ancestrales.

Humberstone Antaño próspera gracias al nitrato, hoy es una ciudad fantasma que avivará la imaginación del viajero (p. 169).

Ascensor Concepción Los días de gloria de Valparaíso pueden revivirse subiendo en su funicular más antiguo (p. 93).

Aldea ceremonial Orongo Sitúa al visitante en el corazón del extraño culto a las aves de la isla de Pascua (p. 413).

Lago Llanquihue Pueblos históricos alemanes con una

arquitectura única y dulces germanos (p. 254).

Mina San José Uno de los 33 mineros que sobrevivieron aquí atrapados 69 días lidera la visita por el lugar (p. 208).

Iquique Súbase a bordo del *Esmeralda*, famoso buque con un oscuro papel durante la dictadura de Pinochet (p. 161).

Norte de Patagonia Para recorrer los caminos que abrieron los pioneros patagones en Palena y Futaleufú (p. 305).

Adrenalina pura

Gracias a empresas de gran calidad, una geografía agreste y paisajes prístinos, Chile es ideal para los deportes de aventura. Los montañeros, kitesurfistas y esquiadores de fondo deben traer el equipo.

Esquí y 'snowboard' Las mejores estaciones de esquí son Valle Nevado, Portillo y la meca termal de Nevados de Chillán (p. 88).

Caminatas por los glaciares El glaciar Grey de Torres del Paine, el glaciar San Rafael o los glaciares de la carretera Austral (p. 357).

Surf Se pueden cabalgar las famosas olas de Pichilemu o Iquique, o descubrir las cabañas surfistas de Buchupureo (p. 129).

'Rafting' y kayak En Cajón del Maipo cerca de Santiago, el río Petrohué en Puerto Varas o el Futaleufú, de fama mundial (p. 305).

'Sand-boarding' Este deporte relativamente nuevo se puede practicar en San Pedro de Atacama e Iquique (p. 144).

Mes a mes

Enero

Es la temporada alta del verano y los chilenos empiezan a acudir a las playas. Celebraciones anuales en todas las ciudades y pueblos con música, comidas especiales y fuegos artificiales. También es temporada alta en la Patagonia.

Brotes de Chile

Uno de los grandes festivales folclóricos de Chile. Se celebra la segunda semana de enero, en Angol, e incluye artesanía, gastronomía y danzas tradicionales.

Muestra Cultural Mapuche

Seis días de cultura mapuche en Villarrica: artesanos, música indígena, comida y danzas rituales.

Ruta del Huemul

Un centenar de personas toman parte la última semana de enero en esta caminata de dos días por la Reserva Nacional Tamango, cerca de Cochrane. Es necesario reservar.

Santiago a Mil

El festival teatral más destacado de América Latina (http://santiagoamil.cl/) lleva obras internacionales, teatro emergente y acróbatas a las calles de Santiago.

Semanas Musicales

Todo el mes, artistas internacionales de prestigio, de música clásica a hip-hop, actúan en el teatro de Frutillar (www.semanasmusicales.cl) con vistas sublimes al lago y el volcán.

Febrero

Es el mes preferido por los chilenos para sus vacaciones. Con el calor implacable al norte de Santiago, los chilenos emigran al sur, sobre todo a Pucón y la Región de Los Lagos. Las playas se llenan y la vida nocturna se traslada a Viña del Mar y Valparaíso.

Carnaval

Putre despliega alegría y bombas de harina. Concluye con la quema del momo, una figura que simboliza la frivolidad del Carnaval.

Carnaval Ginga

En Arica, a mediados de febrero, se muestran las habilidades musicales de las comparsas regionales.

Festival Costumbrista

Castro exhibe la música y danza típicas de Chiloé, y ofrece montones de comida tradicional a mediados de febrero.

Festival Internacional de la Canción

Conciertos repletos de estrellas en Viña del Mar, con grandes figuras del pop latinoamericano.

Fiesta de la Candelaria

Festividad religiosa a principios de febrero, celebrada con especial fervor en Copiapó.

✨ Tapati Rapa Nui

La principal celebración de la isla de Pascua es muy colorida y no decae en dos semanas, con danza, música y cultura.

Marzo

Al llegar el otoño, las multitudes se disipan. Y aunque el país se enfría un poco, en el sur de la Patagonia aún no suele llover, hace menos viento y es un buen momento para las excursiones. Comienza la vendimia en el Valle Central.

✨ Fiesta de la Vendimia

En Santa Cruz las bodegas montan tenderetes en la plaza, se elige a la reina de la vendimia, se canta y se bailan danzas populares.

☆ Lollapalooza Chile

Festival internacional de rock (www.lollapaloozacl. com), con 60 bandas que tocan en el parque O'Higgins de Santiago; la versión para niños es el Kidzapalooza.

Abril

Los bosques del norte de la Patagonia se tiñen de rojo y amarillo, pero las lluvias no tardarán en llegar. El sur comienza a vaciarse, aunque con suerte quizá el tiempo permita hacer excursiones. En Santiago y el Valle Central las temperaturas aún son agradables.

Arriba: Tapati Rapa Nui (p. 405), isla de Pascua.
Abajo: Carnaval (p. 148), San Pedro de Atacama.

☆ Campeonato Nacional de Rodeo

En Rancagua, en abril, hay banquetes, cueca (alegre baile con pañuelos) y, sobre todo, vaqueros chilenos haciendo gala de sus habilidades sobre el caballo.

Junio

Empieza el invierno. Al acortarse los días, aumentan la vida nocturna y los eventos culturales. Las estaciones de esquí cercanas a Santiago se ponen en marcha, y aún es buena época para visitar el desierto.

✨ Festival de la Lluvia

¿Por qué no celebrar lo que más abunda en invierno en la Región de Los Lagos? Esta semana de festejos en Puerto Varas incluye un desfile de paraguas ornamentados.

✨ Fiesta de San Pedro y San Pablo

En San Pedro de Atacama, danzas folclóricas, un rodeo y una procesión señalan esta animada festividad religiosa.

Julio

El invierno chileno es época de vacaciones en familia. Las estaciones de esquí están a rebosar y quienes viajen hasta la Patagonia encontrarán preciosos paisajes invernales.

✨ Carnaval de Invierno

Punta Arenas aguanta las noches más largas con fuegos artificiales, música y desfiles a finales de julio.

✨ Festival de la Virgen del Carmen

Unos cuarenta mil peregrinos homenajean a la patrona de Chile con bailes callejeros, máscaras de diablos y capas con lentejuelas. A mediados de julio en La Tirana.

Agosto

Acaba la temporada de esquí y los alojamientos bajan de precio en los destinos vacacionales porque terminan las vacaciones escolares de verano. Las lluvias invernales empiezan a remitir en el sur.

✨ Festival de Jazz de Ñuñoa

A finales de agosto, este festival gratuito reúne el mejor *jazz* de Chile durante un fin de semana.

✨ Fiesta de Santa Rosa de Lima

Multitudinaria celebración de la santa criolla con una vistosa procesión callejera el 30 de agosto.

Septiembre

La primavera lleva a Santiago días templados y soleados. Aunque es temporada baja, no es mala época para viajar. La semana de la fiesta nacional todo cierra

✨ Fiestas Patrias

Se trata de la celebración de la independencia de Chile (semana del 18 de septiembre): grandes barbacoas, terremotos (potente ponche de vino) y jolgorio.

Octubre

La primavera es un buen período, con flores en el norte y el centro del país.

✨ Oktoberfest

Fiestas de la cerveza y bandas bávaras en Puerto Varas y Valdivia.

Noviembre

El sur está en plena floración, aunque el tiempo aún es fresco. Es buen momento para visitar los complejos turísticos de playa y la Patagonia.

🔒 Feria Internacional de Artesanía

Enorme feria en el parque Bustamante de Providencia, donde se expone la mejor artesanía tradicional chilena.

Diciembre

Empieza el verano y los servicios regresan a la carretera Austral. Ideal para actividades al aire libre en la Región de Los Lagos y la Patagonia.

✨ Nochevieja

El 31 de diciembre se vive la celebración más sonada de Valparaíso, inundada de jaraneros que bailan, beben y ven los fuegos artificiales de la bahía.

Itinerarios

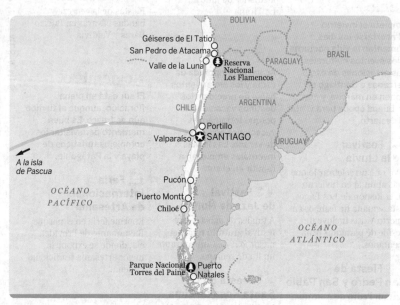

BOLIVIA

Géiseres de El Tatio
San Pedro de Atacama
Valle de la Luna — Reserva Nacional Los Flamencos

PARAGUAY
BRASIL

CHILE
ARGENTINA

Portillo
Valparaíso — ★SANTIAGO

URUGUAY

A la isla
de Pascua

OCÉANO
PACÍFICO

Pucón
Puerto Montt
Chiloé

OCÉANO
ATLÁNTICO

Parque Nacional — Puerto
Torres del Paine — Natales

Lo mejor de Chile

En un mes se puede explorar su asombrosa diversidad. Desde **Santiago,** la imaginación se alimenta en la bohemia **Valparaíso.** El invierno es el momento para las estaciones de esquí de los Andes, como **Portillo.**

Para un cambio de aires, búsquese el calor del desierto yendo en avión o autobús a **San Pedro de Atacama,** y empápese del ambiente del altiplano en el **valle de la Luna,** en los **géiseres de El Tatio** y la **Reserva Nacional Los Flamencos.** Las excursiones a caballo o la escalada de volcanes se rematan con hogueras nocturnas y cielos cuajados de estrellas. Si no, sáltese el desierto para tomar un avión a la **isla de Pascua (Rapa Nui)** donde meditar cinco días sobre sus joyas arqueológicas.

Se regresa al sur para adentrarse en el bosque pluvial templado de **Pucón,** donde el *rafting,* el senderismo y las fuentes termales ocupan el tiempo en la Región de Los Lagos. Desde **Puerto Montt** hay que desviarse a **Chiloé,** la capital del folclore; o viajar durante cuatro días en ferri hasta **Puerto Natales,** a través de fiordos y glaciares. Ahora se estará en la mejor forma para dedicar de tres días a una semana al **Parque Nacional Torres del Paine,** un destino senderista de fama mundial.

2 SEMANAS La capital y la región del vino

Descúbrase el dinámico panorama vinícola chileno en las vinotecas urbanas y los viñedos a la sombra de los Andes.

En **Santiago,** tras un paseo por el casco histórico, se puede almorzar un plato de marisco en el bullicioso Mercado Central y visitar la casa de Pablo Neruda, La Chascona. En Bocanáriz se degustan copas de champán y en el Centro Gabriela Mistral hay danza experimental.

A las afueras de Santiago se elaboran tintos con mucho cuerpo; en el valle del Maipo pueden visitarse las bodegas de **Viña Santa Rita** y **Viña Cousiño Macul.** Cátense los blancos del **valle de Casablanca,** donde los recolectores en ciernes pueden sumarse en marzo a la vendimia de Viña Casas del Bosque. El tren Sabores del Valle de Santiago a Santa Cruz incluye catas de vinos.

En la animada **Valparaíso** se pueden recorrer sus empinados cerros o montarse en los antiguos funiculares. Se admiran grafitos murales, se visita La Sebastiana, refugio de Neruda, y se da un banquete a base de pescado del día. Se acaba con una rápida escapada playera a las cercanas localidades de **Viña del Mar, Zapallar** o **Maitencillo**.

Se termina en la región vinícola más conocida de Chile, el **valle de Colchagua.** Tras pernoctar en **Santa Cruz** se visita el Museo de Colchagua, antes de montar en un carro en Viu Manent o disfrutar de un opíparo almuerzo de precio fijo en Lapostolle. Después se puede surfear en **Pichilemu** o visitar las bodegas menos conocidas del **valle del Maule.**

La Patagonia de los pioneros

Si el viajero desea ir por carreteras secundarias, ensuciarse, fascinarse y casi perderse, este plan de cuatro semanas es ideal. Siguiendo la carretera Austral, la ruta explora ramales pocos conocidos y deja tiempo para caminar. El verano, con mejores conexiones y tiempo cálido, es la época ideal.

Desde **Puerto Montt** se toma un ferri hasta el **Parque Nacional Pumalín** para recorrer bosques antiguos y subir al cráter del volcán Chaitén. Se toma la carretera Austral hasta **Futaleufú,** con impresionantes vistas de la campiña y las aguas bravas del río. Después se puede uno remojar en las fuentes termales próximas a **Puyuhuapi** o acampar bajo el glaciar colgante del **Parque Nacional Queulat.**

Coyhaique es el siguiente centro importante. Tras hacer la conexión a **Chile Chico,** en el enorme lago **General Carrera,** hay que cruzar la frontera hasta **Los Antiguos** y recorrer la clásica ruta 40 argentina hasta **El Chaltén** para hacer excursiones en torno al cerro Fitz Roy. Conviene reservar dos días para visitar **El Calafate,** dedicando uno de ellos al glaciar Perito Moreno, en el **Parque Nacional Los Glaciares.** Allí hay que atracarse de bistecs gigantes y botellas de malbec. Desde El Calafate es fácil ir en autobús al **Parque Nacional Torres del Paine** pasando por **Puerto Natales.** Cabe hacer una excursión por el circuito W u optar por el circuito completo de una semana, y regresar a Natales para mimarse con cerveza artesanal, *jacuzzi* y *pizza.* Si hay tiempo, se puede volver a Puerto Montt en el ferri Navimag.

Con una semana de más, la alternativa sería saltarse Chile Chico para seguir la carretera Austral hasta su fin. Se dedican varios días al nuevo **Parque Nacional Patagonia,** hogar de guanacos, pumas y cóndores. En **Villa O'Higgins,** final de la carretera, se puede pescar, salir de excursión e ir en ferri hasta el glaciar O'Higgins. Desde aquí, tras una dura ruta en barca y a pie se cruza la frontera hasta El Chaltén.

Arriba: valle de la Luna (p. 153).
Abajo: Putre (p. 181).

BAS VAN DEN HEUVEL/SHUTTERSTOCK ©

1 SEMANA La soledad del desierto

¿Qué tal unos días durmiendo bajo cielos estrellados y siguiendo la sombra de los cóndores a través de cumbres desérticas? Se necesitará un todoterreno y mucha comida, agua y gasolina de reserva. Cabe empezar con una tabla de surf en **Iquique,** en las playas de Cavancha y Huayquique, y luego saltar de un acantilado en parapente biplaza. Tras la descarga de adrenalina se aconseja relajarse con un paseo por las ciudades fantasma de **Santa Laura** y **Humberstone,** entre los siniestros edificios abandonados, y explorar la grandeza decadente de estas poblaciones que florecieron gracias al salitre.

Se enfila al norte, con parada opcional en la aislada **Pisagua,** un activo puerto en la época del salitre, después colonia penal y hoy un lugar casi abandonado y de una extraña poesía, donde los recolectores de algas trabajan junto a mansiones en ruinas; no hay que perderse el ventoso cementerio que se asienta solitario en una colina cercana.

Para divertirse, la soleada **Arica** ofrece mucho surf bajo el espectacular cabo de El Morro. El pequeño museo situado por debajo de la colina contiene momias de Chinchorro muy bien conservadas. Desde la costa, hay que dirigirse hacia el interior por la carretera 11, que pasa junto a petroglifos, capillas coloniales y aldeas de montaña, hasta llegar al bonito pueblo andino de **Putre,** a la mareante altitud de 3530 m. Tras pasar allí uno o dos días para aclimatarse hay que ir al **Parque Nacional Lauca,** donde se puede contemplar el cono perfecto del volcán Parinacota, pasear por la aldea aimara del mismo nombre y rodear el lago Chungará, en medio de la maravillosa naturaleza de esta Reserva de la Biosfera de la Unesco.

Más al sur, la remota **Reserva Nacional Las Vicuñas** alberga millares de estos caprichosos camélidos y pocos intrusos que los asusten, por lo que se debe ir con cuidado. Hay que viajar hacia el sur por un terreno accidentado a través de paisajes imponentes y cruzar la salina aislada del **Monumento Natural Salar de Surire,** donde habitan tres especies de flamencos (visibles sobre todo de diciembre a abril); la recompensa de este intrépido viaje es llegar al muy apartado **Parque Nacional Volcán Isluga,** para finalizar regresando a Iquique.

Kayak, Futaleufú (p. 305).

Puesta a punto
Actividades al aire libre

Desde el desierto de Atacama hasta el bosque pluvial templado y el sur tachonado de glaciares, Chile parece hecho para unas vacaciones activas. El único límite es el tiempo de que se disponga. Hay que prever los cambios estacionales, llevar el equipo necesario y dejarse aconsejar por los expertos.

Las emociones más fuertes

Excursionismo por el valle del Francés (p. 357)

En las Torres del Paine, un impresionante panorama menos famoso bordeado por cumbres empinadas.

Escalar un volcán (p. 211)

El Ojos del Salado es el volcán más alto del mundo, pero se pueden explorar muchos otros.

Recorrer Atacama (p. 144)

Trepar por dunas enormes, admirar petroglifos y preguntarse por las visiones de oasis.

Surf en Pichilemu (p. 117)

Punta de Lobos tiene olas izquierdas perfectas.

Esquí en Portillo (p. 112)

El terreno empinado y profundo hace las delicias de esquiadores y *snowboarders*.

Submarinismo en la isla de Pascua (p. 413)

Las aguas en torno al islote Motu Kao Kao tienen una visibilidad de 60 m.

Ciclismo en la carretera Austral (p. 314)

Cada verano, más y más ciclistas aceptan el desafío de este viaje épico.

Excursionismo y senderismo

Torres del Paine es fabuloso; se trata de uno de los destinos de excursionismo preferidos del continente por sus imponentes glaciares, espectaculares lagos y monolitos de granito. El parque cuenta con buen acceso, refugios y *campings* para caminatas de varios días. Ante las aglomeraciones, la nueva normativa obliga a reservar en *campings* y refugios del circuito W y del Paine. El circuito Dientes de Navarino, en Tierra del Fuego, más solitario, es también impresionante, pero de más difícil acceso.

En la Región de Los Lagos abundan los senderos. En el extremo norte de la Patagonia, el Parque Pumalín ofrece también magníficas caminatas de un día; destaca la subida al cráter del volcán Chaitén.

Dos buenas escapadas desde Santiago son el Monumento Natural El Morado o el Parque Nacional La Campana. La Reserva Nacional Altos de Lircay, en el Chile central, alberga un excelente circuito. En el norte, en el desértico oasis de San Pedro de Atacama (p. 144) hay varias excursiones interesantes, igual que en el Parque Nacional Lauca. Se puede volar al Pacífico para caminar por el Parque Nacional Juan Fernández o la isla de Pascua.

El senderismo no se limita a los parques nacionales; también se puede recorrer el Sendero de Chile y, en el sur, hay turismo rural. En muchas zonas rurales se ofrecen caballos de carga. Las reservas privadas, como el Parque Tantauco y El Mirador de Chepú en Chiloé, así como el nuevo Parque Nacional Patagonia, cerca de Cochrane, entre otros, se mantienen como destinos de primera.

Algunas oficinas regionales de Conaf cuentan con mapas decentes de senderos; los de SIG Patagon, Trekking Chile y JLM también señalan los senderos en los mapas más turísticos.

La completa aplicación Trekkingchile (www.fundaciontrekkingchile.cl/progra masturismoemocional/trekkingchile-app) funciona sin conexión a internet.

Alpinismo y escalada

Territorio privilegiado para el alpinismo o (andinismo, en Chile) y la escalada en hielo, Chile tiene centenares de picos donde elegir –entre ellos 50 volcanes activos– que van desde el cono perfecto del dormido Parinacota, en el altiplano norteño, hasta la difícil subida por el Ojos del Salado.

Otro brazalete de conos volcánicos de menor altura atraviesa la Región de La Araucanía, la Región de los Lagos y el Parque Nacional Torres del Paine. Una escalada habitual es la del volcán Osorno, con cuevas de hielo en la cumbre. Los aficionados a escalar en hielo pueden acudir a la Loma Larga y a los macizos del Plomo, a unas horas en coche desde Santiago.

Quienes pretendan coronar cimas fronterizas como los Payachatas o el Ojos del Salado deben obtener un permiso de la **Dirección de Fronteras y Límites** chilena (Difrol; plano p. 48; ☏ 2-2671-4110; www.difrol.cl; Bandera 52, 4º piso, Santiago). Puede solicitarse antes de llegar al país.

Para más información, contáctese con la **Federación de Andinismo** (Feach; plano p. 48; ☏ 2-2222-0888; www.feach.cl; Almirante Simpson 77, Providencia, Santiago; ☺10.00-14.00 y 15.00-20.00 lu-vi; ⓜBaquedano).

Para estadísticas, descripciones de rutas y fotografías, visítese www.escalando.cl.

Esquí y 'snowboard'

Los entusiastas de la nieve están de suerte. Las excelentes estaciones de los Andes chilenos ofrecen un sinfín de opciones para el esquí, el *snowboard* e incluso el heliesquí.

La mayoría de las estaciones se hallan a menos de 1 h en automóvil desde Santiago, incluida la gran variedad de pistas de la familiar La Parva, El Colorado (para todos los niveles) y Valle Nevado, con terreno variado y célebre por el heliesquí. La legendaria estación Portillo, testigo de varios récords de descenso y pistas de entrenamiento en verano para muchos de los mejores esquiadores del hemisferio norte, se halla al noreste de Santiago, cerca de Mendoza, Argentina.

Nevados de Chillán, al este de Chillán, es más tranquila, con pistas para principiantes, mientras que el pueblo de Pucón ofrece la emoción añadida de esquiar en un volcán humeante. En el volcán Lonqui-

Surf, Pichilemu (p. 117).

may, Corralco cuenta con pistas magníficas para novatos y expertos, así como acceso a zonas para esquí de fondo. Los volcanes Osorno y Antillanca, al este de Osorno, ofrecen vistas increíbles y ambiente familiar. Estas estaciones sureñas suelen estar cerca de fuentes termales, todo un lujo tras un duro día de descensos. Coyhaique tiene una estación pequeña, mientras que Punta Arenas ofrece vistas al mar, pero escasa dificultad.

SENDERISMO RESPONSABLE

➥ Atención con las fogatas en la ventosa estepa de la Patagonia.

➥ Cocinar en un hornillo de gas y deshacerse de las bombonas de butano con responsabilidad.

➥ Llevarse toda la basura.

➥ Donde no haya aseos, enterrar los excrementos. Cavar un hoyo de 15 cm de profundidad al menos a 100 m de cualquier curso de agua. Cubrir los residuos con tierra y una roca. Desechar el papel higiénico fuera del parque.

➥ Lavar con jabón biodegradable al menos a 50 m de cualquier curso de agua.

➥ No dar de comer a los animales.

➥ En los senderos que pasan por propiedades privadas, pedir permiso para entrar y dejar las puertas para el ganado tal y como estaban.

Ciclismo, carretera Austral (p. 300)

La temporada de esquí dura de junio a octubre, aunque las nevadas en el sur son menos consistentes. En Santiago hay tiendas de alquiler de material, si bien en las estaciones ofrecen paquetes completos.

Una buena web para recabar información es www.andesweb.com.

Ciclismo y bicicleta de montaña

Desde un paseo relajado por los lagos hasta bajadas rápidas por volcanes humeantes, las opciones van en aumento en Chile. En el norte, un destino popular para recorrer en bicicleta de montaña incluye San Pedro de Atacama. En la Región de Los Lagos, unas excursiones fabulosas dan acceso a zonas vírgenes con transporte público limitado. El nuevo carril-bici que rodea el lago Llanquihue es muy transitado, igual que el circuito de Ojos de Caburgua, cerca de Pucón. La larga carretera Austral es muy gratificante y se ha convertido en una ruta emblemática para ciclistas de todo el mundo.

Cada vez son más los ciclistas que se atreven con un reto mayúsculo: recorrer el país de norte a sur. En casi todas las poblaciones importantes hay tiendas donde reparan bicicletas y venden recambios, aunque es fundamental viajar con un equipo completo de reparación.

A caballo

Ensillar el caballo y seguir los pasos de los huasos (campesinos) chilenos es una forma divertida de visitar las zonas vírgenes del país. Los caballos locales son robustos y hábiles, vadean ríos y suben las empinadas laderas andinas. Hay fantásticos circuitos a caballo, algunos cruzan los Andes hasta Argentina y pasan por tierras inaccesibles de otra forma.

En el sur abunda el turismo rural, que incluye excursiones a caballo; además, el senderismo con un caballo de carga es perfecto para descubrir zonas remotas. Se aconsejan las zonas del valle de Cochamó y Puelo, Palena y Coyhaique.

Hay guías especializados en aventuras con servicios variados. La mayoría de ellos

PERO HAY MÁS...

Barranquismo Recorrer cañones saltando a pozas de aguas límpidas y hacer rápel en impetuosas cascadas. Los principales puntos están cerca de Puerto Varas y Pucón.

Tirolina Practíquese con turoperadores con buenas referencias. El equipo indispensable es el arnés de seguridad con dos amarres enganchados al cable (uno, de seguridad), el casco y los guantes.

Parapente y 'land-sailing' Con su escarpada costa, corrientes de aire ascendente y extensas dunas, Iquique es uno de los mejores lugares del continente para el parapente, el *land-sailing* y el *kite-buggying*.

Pesca con mosca Capturar truchas enormes (común y arcoíris) y salmón atlántico (una especie foránea) en la Región de Los Lagos y la Patagonia. En general, la temporada dura de noviembre a mayo.

'Sandboard' La arena se mete por lugares insospechados. Se puede probar en San Pedro de Atacama o Iquique.

Submarinismo Existen enclaves emocionantes en el archipiélago Juan Fernández y en torno a la isla de Pascua. Al margen de las islas, se aconseja la costa del Norte Chico.

Natación El extenso litoral cuenta con playas de arena, pero la corriente de Humboldt enfría las aguas, excepto en el extremo norte, en torno a Arica.

ofrecen lecciones a los principiantes antes de partir. Entre las excursiones de uno o varios días se aconsejan: Pucón, valle del río Puelo, valle del Elqui, Hurtado, San Pedro de Atacama y la zona de Torres del Paine. La isla de Chiloé también es popular.

Los fiordos del sur son un paraíso para el kayak de mar, con zonas como los alrededores del Parque Pumalín y las bahías de Chiloé. El kayak lacustre y el surf de remo están cobrando auge en la Región de Los Lagos.

'Rafting' y kayak

Los ríos, lagos, ensenadas y fiordos del sur han convertido esta zona en un destino de ensueño. Los ríos chilenos, que corren por estrechos cañones desde los Andes, son de categoría mundial. El río Futaleufú, en el norte de la Patagonia, ofrece descensos memorables de clases IV y V. Menos experiencia requieren los descensos en las afueras de Pucón y en el bonito Petrohué, cerca de Puerto Varas, así como por los ríos Simpson y Baker en Aysén.

Cerca de Santiago, el Cajón del Maipo ofrece sensaciones suaves pero divertidas. Para información detallada sobre kayak, véase www.riversofchile.com (en inglés).

Las agencias de Santiago, Pucón, Puerto Varas y otros lugares ofrecen excursiones de varios niveles. Puesto que ningún organismo certifica a los guías, conviene comprobar que la empresa tenga conocimientos de seguridad fluvial y primeros auxilios, y que el material sea de alta calidad.

Surf y 'kitesurf'

Chile se toma el surf muy en serio, sobre todo en el centro y norte del país. La capital surfista es Pichilemu, conocida por sus grandes olas y por ser sede del campeonato nacional de este deporte. Los peregrinos llenan la perfecta ola izquierda de Punta de Lobos en Pichilemu; los principiantes también pueden probar en la cercana La Puntilla. Iquique tiene un rompiente de roca poco profundo. La costera ruta 1 está jalonada de olas.

El agua solo alcanza una temperatura agradable en Arica, por lo que se impone llevar traje de neopreno. Las mayores olas rompientes aparecen en julio. Las condiciones del oleaje fuerte y las corrientes hacen que algunas zonas sean desaconsejadas. Se pueden comprar o alquilar tablas y recibir clases en cualquier lugar con mucha afición al surf. También se puede practicar kitesurf; se puede probar en Pichilemu y Puclaro, cerca de Vicuña (consúltese http://kitesurfchile.cl).

Puesta a punto
Viajar con niños

Chile es un país donde llevar niños reporta ventajas. Los pequeños son bien recibidos y se muestra comprensión con los padres; incluso los desconocidos ofrecen ayuda y los hoteles y servicios suelen adaptarse a los pequeños. Hay muchas actividades para niños y resorts y alojamientos familiares.

Las mejores zonas para niños

Aventura

'Rafting' en el río Petrohué Cerca de Puerto Varas (p. 264).

Equitación, Cajón del Maipo Con Los Baqueanos (p. 85).

'Snowpark', Valle Nevado Estación de esquí (p. 87) con barbacoas para familias.

Ocio

Lollapalooza Chile, Santiago (p. 64) Con zona infantil.

De paseo por Santiago Hay circuitos gratis y se puede explorar el parque Bicentenario (p. 60).

Comer fuera

Asados de la Patagonia Hágase una barbacoa al aire libre en una estancia (hacienda ganadera).

Diversión en una fuente de soda en las ciudades Por ejemplo en Punta Arenas, donde comer hamburguesas en restaurantes retro como el Fuente Hamburg (p. 344).

En caso de lluvia

Museo Interactivo Mirador, Santiago (p. 58).

Teatro del Lago, Frutillar (p. 252) Talleres para niños.

De interés

Chile es un destino muy acogedor para los niños. Los críos pagan un billete reducido o entran gratis en diversos espectáculos y actuaciones. Los chilenos se muestran serviciales en el transporte público; con frecuencia ceden el asiento para padres con hijo. Las embarazadas disfrutan de plazas de aparcamiento y preferencia al pagar en las tiendas de comestibles.

Aunque las familias de clase media-alta suelen contratar a una nana (niñera), encontrar ayuda en el último momento no es fácil. Los servicios de canguro y los clubes infantiles se limitan a estaciones de esquí y hoteles de categoría alta. Los conocidos de confianza pueden recomendar canguros.

La leche en polvo, los alimentos para bebés y los pañales son fáciles de encontrar. Por regla general, los aseos públicos están descuidados; hay que llevar siempre papel higiénico, que suele acabarse, y desinfectante de manos porque casi nunca se dispone de jabón y toallas. Aunque una mujer puede pasar con un niño al baño de señoras, es socialmente inaceptable que un hombre entre con una niña en el de caballeros.

Pese a que no hay por qué preocuparse en cuanto a comida y salud, el agua embotellada es aconsejable para los estómagos delicados.

Aventura

A los niños les encanta el excursionismo o el ciclismo siempre que puedan ir a su ritmo. Es necesario acomodar las actividades a su nivel, llevar tentempiés y tener un plan alternativo para el mal tiempo o el cansancio. Un viaje rutinario, como cruzar fiordos en un ferri o montar en el metro, puede equivaler a una aventura. Actividades como los paseos guiados a caballo, el *rafting* y el barranquismo siempre gustan a los adolescentes.

El agroturismo también puede ser una gran opción. Algunos ríos pueden ser interesantes; hay que asegurarse de que las agencias disponen de chalecos salvavidas y trajes de neopreno.

Restaurantes

Aunque no ofrecen menús infantiles, la mayoría sirven varios platos adecuados, sin picante. No hay inconveniente en pedir una comida para compartir y las raciones suelen ser abundantes. Rara vez disponen de tronas. Conviene tener en cuenta los horarios: los restaurantes no abren antes de las 19.00, a veces a las 20.00, y el servicio puede ser bastante lento.

Lo más destacado

Santiago

Muchos museos, parques y estaciones de esquí, eventos divertidos y cursillos para niños. Los parques de ecoaventura, los paseos a caballo y las tirolinas ofrecen emoción en el cercano Cajón del Maipo.

Norte Chico

Las localidades turísticas costeras ofrecen diversión playera, natación y clases de surf. A los niños les encantan las aguas tibias de La Piscina, en Bahía Inglesa. El clima suave y soleado lo facilita todo.

Sur Chico

Para paseos a caballo, chapuzones en lagos, visitas a granjas, deportes acuáticos y volcanes. Pucón y Puerto Varas son las mejores bases para explorar la región.

PLANIFICACIÓN

Si se alquila un automóvil y hace falta un asiento para niños debe solicitarse. Si no se quiere ser esclavo de un programa rígido, muchas actividades pueden contratarse en el último momento.

Cuándo ir
➡ En verano (dic-feb) se hallará buen tiempo y diversión al aire libre.
➡ El norte desértico puede visitarse todo el año.
➡ Evitar el sur durante los meses más lluviosos (may-jul).
➡ El invierno (jun-ago) es divertido porque los niños pueden esquiar.

Alojamiento
➡ Los hoteles suelen ofrecer descuentos para familias; algunos proporcionan cunas.
➡ Los apartoteles de las ciudades son prácticos y con buena relación calidad-precio.
➡ Las cabañas abundan en verano, y con frecuencia tienen cocina propia.
➡ Los *campings* del sur a veces disponen de quinchos (cobertizos para comer a resguardo de la lluvia).

Qué llevar
➡ Bañador, sombrero para el sol y ropa de abrigo.
➡ Repelente de insectos no tóxico.
➡ Mochila para bebés; los cochecitos no siempre son prácticos.

De un vistazo

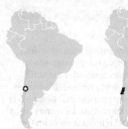

En su camino hacia el cabo de Hornos, el angosto Chile abarca desde Atacama, el desierto más árido del mundo, hasta viñedos y granjas, el verde oscuro de los bosques pluviales templados y el azul gélido de los campos glaciares. En todo momento surge el azul constante del Pacífico por el oeste y el recortado baluarte de los Andes por el este. Con su población concentrada en el centro, el bullicio de Santiago no cesa hasta la madrugada. Valparaíso no se queda atrás, con sus estrechos callejones cubiertos de grafitos. Sea cual sea la dirección que tome el viajero, le aguarda una activa vida rural, pueblos donde el tiempo parece correr más despacio y parajes vírgenes que explorar.

Santiago

Historia
Arte
Vida nocturna

Pasado político

Desde la independencia hasta el derrocamiento de Salvador Allende en 1973 y los años de dictadura militar, el fascinante pasado de Chile revive en los museos de Santiago.

Camino de belleza

El arte precolombino y las obras maestras chilenas llenan los museos tradicionales, mientras que los artistas, fotógrafos y cineastas emergentes exponen en galerías y centros contemporáneos.

Juerga a todas horas

La animada capital vive también de noche. Hay *carrete* (marcha nocturna) en los sencillos bares de Bellavista y en el barrio Brasil, las coctelerías lujosas de Vitacura y las salas de conciertos de la ciudad.

p. 44

Chile central

Vino
Playas
Aire libre

La magia de los viñedos

El valle de Colchagua se especializa en cabernet sauvignon, mientras que el valle de Casablanca produce deliciosos chardonnay y sauvignon blanc.

Litoral de aventura

No faltan olas en esta costa. Se puede tomar una tabla en Pichilemu o Buchupureo o dirigirse a Maitencillo para aprender a cabalgar una ola.

Adrenalina andina

Hay que atreverse con la pista de esquí más larga de Sudamérica (14 km). En verano, todos escapan a Torres del Paine y el desierto de Atacama, así que los parques nacionales de Chile central quedan libres de muchedumbres.

p. 89

Norte Grande

Paisajes
Actividades
Historia

Bellezas naturales

Son variadas y espectaculares, desde las elevaciones del altiplano hasta las puestas de sol en el desierto y los cielos nocturnos cuajados de estrellas.

Emociones fuertes

El Norte Grande ofrece una dosis saludable de adrenalina: surf en Arica, parapente en el acantilado de Iquique, *sandboard* cerca de San Pedro de Atacama y equitación en el desierto más árido del mundo.

Fantasmas del pasado

Se puede pasear por Humberstone y Santa Laura (ciudades fantasma de la era del salitre), visitar la corbeta *Esmeralda* en el puerto de Iquique y ver las momias de Chinchorro en un museo de Arica.

p. 141

Norte Chico

Playas
Actividades
Arquitectura

Costas soleadas

Una serie de bonitas playas bordean la costa, desde animados centros de actividades como La Serena hasta tramos casi vírgenes y rincones de moda, como la pequeña Bahía Inglesa.

De los volcanes al mar

Es posible escalar el volcán activo Ojos del Salado, el más alto del mundo, navegar por la costa de Bahía Inglesa, subir a un barco para ver pingüinos de Humboldt y hacer windsurf en La Serena.

Tesoros coloniales

Desde los encantos coloniales de La Serena hasta las mansiones neoclásicas de la primera época minera de Caldera, el Norte Chico cuenta con una interesante arquitectura.

p. 186

Sur Chico

Parques
Aire libre
Lagos

Retiros verdes

Los parques del Sur Chico ofrecen variedad de paisajes: la naturaleza exuberante de Pucón, lagos alpinos, bosques de araucarias y pistas de esquí.

Diversión al aire libre

Aparte de infinidad de propuestas de senderismo, se puede practicar *rafting*, kayak, ciclismo de montaña y escalada de volcanes. Pucón es el epicentro de la adrenalina en Chile, y Puerto Varas no se queda atrás.

Paisajes acuáticos

La región está salpicada de lagos azules y verdes jade, pero también de manantiales termales, ninguno más tentador que las Termas Geométricas. Los ríos rebosan de truchas y cascadas.

p. 217

Chiloé

Iglesias
Cultura
Naturaleza

Legado jesuítico

Estas iglesias, Patrimonio Mundial de la Unesco, atraen por su arquitectura. El edificio central de cada pueblo fue construido a instancias de los misioneros jesuitas en los ss. XVII y XVIII.

Cocina isleña

El sabor propio de Chiloé, palpable en su mitología y folclore, pervive en la arquitectura de iglesias y palafitos. La gastronomía prehispánica ofrece el famoso curanto (guiso de carne, patatas y marisco).

Naturaleza costera

El Parque Nacional Chiloé y el Parque Tantauco protegen bosques pluviales que albergan fauna autóctona. Hay pingüinos de Magallanes y de Humboldt en el Monumento Natural Islotes de Puñihuil.

p. 275

Norte de Patagonia

Cultura
Aire libre
Naturaleza

Cultura vaquera

El norte de la Patagonia, largo tiempo la zona más aislada de Chile, es tierra de vaqueros. Los colonos rurales viven en armonía con una naturaleza temible y caprichosa.

Naturaleza desatada

Se puede pescar con mosca, hacer *rafting* y pasear a caballo por el campo. Los paisajes y las aventuras auténticas abundan en la carretera Austral, una vía sin asfaltar en el sur de Chile.

Observación de la fauna

Las mejores condiciones para la observación de la fauna se dan en el Valle Chacabuco, morada de guanacos y flamencos. Cerca de Raúl Marín Balmaceda se pueden observar delfines y leones marinos.

p. 296

Sur de Patagonia

Navegación
Senderismo
Parques

Islas y ensenadas

Los antiguos marineros mitificaron estos canales por donde hoy se puede viajar en ferri a Puerto Montt y Puerto Williams, y remar por estrechos y bahías bordeadas de glaciares.

Cumbres andinas

Entre Torres del Paine y el monte Fitz Roy en Argentina, no hay mejor lugar para el senderismo. Para alejarse de las rutas más trilladas hay que ir al Parque Nacional Pali Aike o al histórico cabo Froward.

Paisajes salvajes

La Patagonia es un festín visual, y tanto Torres del Paine como el Parque Nacional Patagonia son dos de los mejores parques del continente.

p. 337

Tierra del Fuego

Vida salvaje
Historia
Paisajes

Naturaleza salvaje

Tanto si se viaja como mochilero por el abrupto circuito de Dientes de Navarino, como si se observan pingüinos o se navega entre glaciares y leones marinos, este rincón del planeta mostrará al viajero su lado salvaje.

Patrimonio austral

El pasado siempre está presente. La historia se explora en el Museo Martín Gusinde de Puerto Williams y en el Museo del Presidio de Ushuaia.

Vistas Fueguinas

Desde picos nevados y llanuras rojizas hasta canales laberínticos con islas escarpadas, el paisaje es impresionante. Puede disfrutarse andando, en un paseo costero o viajando en barco.

p. 379

Isla de Pascua (Rapa Nui)

Historia
Paisajes
Aire libre

Patrimonio de Rapa Nui

La isla de Pascua (Rapa Nui) es un museo al aire libre, con restos arqueológicos de época preeuropea: moáis, grandes *ahu* (plataformas ceremoniales) y túmulos funerarios.

Vistas del Pacífico

Los paisajes más espectaculares se hallan al borde del Rano Kau, un cráter ocupado por un lago, o cruzando la bella península de Poike.

Inmersión en la naturaleza

Es un paraíso de actividades al aire libre: ascender al Maunga Terevaka, bucear, montar a caballo en la península de Poike y recorrer la isla en bici.

p. 402

En ruta

Santiago

2 / 7 037 000 HAB. / 543 M ALT.

Incluye »

Los mejores restaurantes

➡ Boragó (p. 72)

➡ Silabario (p. 71)

➡ La Diana (p. 69)

➡ Salvador Cocina
y Café (p. 69)

➡ Peumayen (p. 70)

Los mejores alojamientos

➡ Singular (p. 66)

➡ CasaSur Charming Hotel
(p. 67)

➡ Happy House Hostel
(p. 67)

➡ Hotel Magnolia (p. 65)

Por qué ir

Sorprendente, cosmopolita, dinámica y sofisticada, Santiago es una ciudad de sincopadas corrientes culturales, fiestas desmadradas, museos y restaurantes de postín. Con razón el 40% de los chilenos viven en la capital.

Es un lugar maravilloso para pasear y cada barrio posee su propio sabor y ritmo. El día puede empezar con los museos, la arquitectura señorial y las calles peatonales del centro, antes de un pícnic vespertino en alguno de los fantásticos parques del paisaje urbano. La noche remonta el vuelo en restaurantes, cafés y cervecerías de los barrios de Brasil, Lastarria y Bellavista mientras, de camino al este para conocer barrios ricos como Providencia y Las Condes, se encuentran restaurantes de lujo y hoteles de máxima categoría.

Con una economía pujante y un panorama cultural renovado, Santiago es una ciudad de la vieja guardia en la cúspide de un moderno renacimiento.

Cuándo ir
Santiago

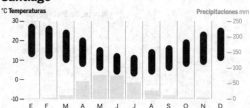

Mar-ago Empieza la vendimia y con junio llega la nieve a las estaciones cercanas.

Sep-nov Las Fiestas Patrias dan paso a temperaturas agradables.

Dic-feb Verano: fiestas callejeras y actividades en el campo.

Historia

Los cazadores-recolectores nómadas llegaron aquí en el 10000 a.c., pero no fue hasta el año 800 a.C. cuando los mapuches establecieron asentamientos permanentes en la zona. Poco después de que los incas convirtieran la región en un nudo importante de su red de calzadas, el español Pedro de Valdivia fundó la ciudad del Nuevo Extemo el 12 de febrero de 1541, para después atacar a los mapuches en el sur. Los indígenas que vivían cerca contraatacaron. La amante de Valdivia, doña Inés de Suárez, demostró ser tan sanguinaria como él y dirigió la defensa de la ciudad; se dice que con sus propias manos decapitó como mínimo a un jefe mapuche. A pesar de los constantes ataques, inundaciones y terremotos, los conquistadores resistieron y la ciudad acabó por expandirse.

En Santiago se declaró la independencia chilena de España en 1810 y se produjo la batalla final que derrocó al gobierno colonial en 1818. A medida que la población crecía, las obras públicas transformaban la ciudad, que se convirtió en el nudo principal de la red ferroviaria del país, antes de sustituir a Valparaíso como capital financiera de Chile a principios del s. xx. Pero no todos prosperaron. Los agricultores empobrecidos se desplazaron a la ciudad y la clase alta se trasladó a las zonas residenciales del este. La vertiginosa industrialización posterior a la II Guerra Mundial creó empleos urbanos, aunque no los suficientes. Así proliferaron los asentamientos conocidos como "callampas" (setas), llamados así porque brotaron de la noche a la mañana.

Santiago fue el centro del golpe de Estado de septiembre de 1973 que depuso a Salvador Allende. Durante la oscura etapa dictatorial posterior fueron ejecutados miles de prisioneros políticos, y había centros de tortura y cárceles clandestinas por toda la ciudad. El general golpista Augusto Pinochet se mantuvo en el poder hasta 1990. La democracia fue restaurada ese año tras la elección como presidente de Patricio Aylwin. Sin embargo, Pinochet siguió a la cabeza del Ejército.

El abismo entre ricos y pobres creció en la década de 1990, y aunque las desigualdades eran menos pronunciadas que en otras ciudades latinoamericanas, parecía que se mantendrían estables durante algún tiempo. Hasta 2014, en la capital se produjeron unas 200 pequeñas explosiones, que muchos atribuyeron a grupos anarquistas.

En su mayoría eran nocturnas, en bancos y edificios estatales, y mediante sencillos artefactos caseros. Solo falleció una persona, un supuesto terrorista en 2009. De vez en cuando se propagan huelgas estudiantiles y obreras por la ciudad; sin embargo, según casi todos los indicadores Santiago es una de las metrópolis más seguras de Latinoamérica. Su crecimiento económico constante ha provocado una especie de renacimiento, con parques y museos nuevos por la capital, una ribera renovada, la construcción de bloques de apartamentos supermodernos y enormes proyectos como nuevas líneas de metro y el Costanera Center, el rascacielos más alto de Sudamérica. A finales de la década de 2010 la ciudad se volvió más variopinta que nunca, ya que a peruanos y bolivianos se sumó un mayor número de colombianos, venezolanos, haitianos y dominicanos en busca del "sueño chileno".

◉ Puntos de interés

Gracias al auge de la construcción, Santiago cuenta con centros culturales ultramodernos, museos de vanguardia y parques enormes salpicados de esculturas coloridas y de gente tomando el sol. Los mercados, las calles residenciales arboladas, las terrazas de sus cafés y las concurridas zonas comerciales suelen ser ideales para observar la particular combinación santiaguina del bullicio latinoamericano y la reserva europea.

◎ Centro

Con forma de cuña, Santiago Centro es la zona más antigua y bulliciosa de la ciudad. Está delimitada por tres fronteras difíciles de cruzar: el río Mapocho, la Autopista Central, con muy pocos puentes, y la Alameda, cuyo obstáculo principal son las vías férreas. En el plano arquitectónico, el centro es más exuberante que elegante: edificios del s. xix en caprichoso estado de conservación lindan con algún que otro rascacielos rutilante, y sus populosos paseos están bordeados de tiendas de ropa barata, locales de comida rápida y cafés con camareras ligeras de ropa. Los organismos oficiales, el palacio presidencial y el distrito bancario también se concentran aquí, lo que convierte el centro en el núcleo de la vida ciudadana. No faltan algunos museos de interés, pero para almorzar y cenar conviene dirigirse a otros barrios.

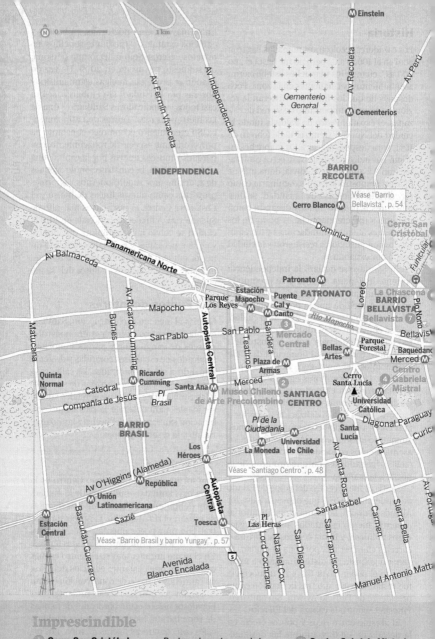

Imprescindible

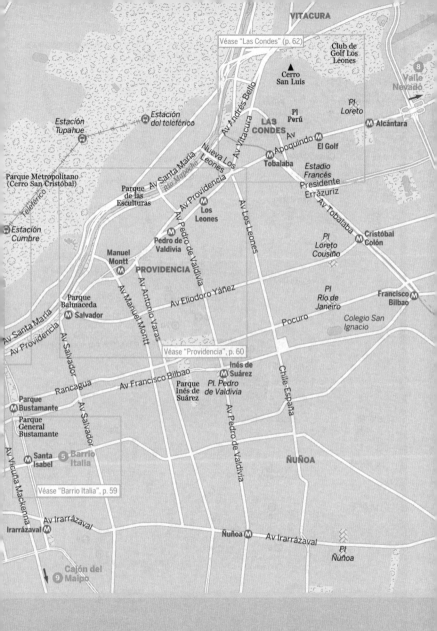

comerciales de moda y las
cafeterías en patios frondosos.

6 **La Chascona** (p. 54)
Recorrer los pasos del
legendario poeta chileno Pablo
Neruda en su antigua casa.

7 **Bellavista** (p. 53)
Comer, beber y bailar hasta
el amanecer en la zona de
marcha de Santiago.

8 **Valle Nevado** (p. 87)
Surcar las pistas de la

considerada mejor estación de
esquí de Chile.

9 **Cajón del Maipo** (p. 83)
Rafting, excursionismo o
ciclismo por un entorno rural
mágico.

Santiago Centro

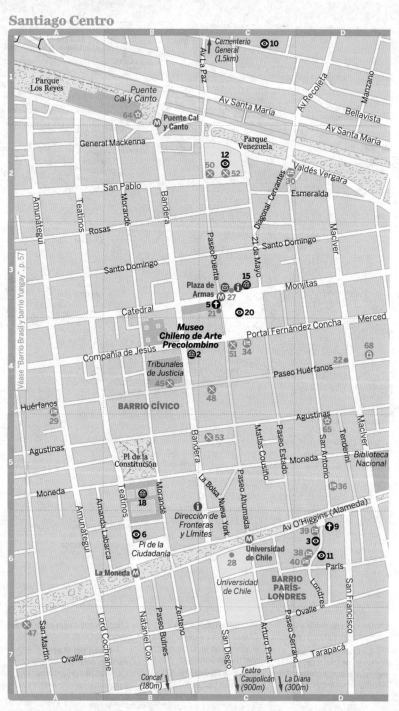

Parque Los Reyes

Cementerio General (1,5km)
⊚10

Av La Paz

Puente Cal y Canto

M Puente Cal y Canto

64

Av Santa María

Av Recoleta

Manzano

Bellavista

Av Santa María

General Mackenna

Parque Venezuela

Valdés Vergara

San Pablo

Bandera

50
⊗

12
⊚

⊗52

30

Esmeralda

Diagonal Cervantes

Rosas

Teatinos

Amunátegui

Morande

Paseo Puente

21 de Mayo

Maciver

Santo Domingo

Santo Domingo

Santo Domingo

Plaza de Armas

15
⊠27

Monjitas

Catedral

5
21

20
⊚

Merced

Museo Chileno de Arte Precolombino

⊗51 34

Portal Fernández Concha

68
⊠

Compañía de Jesús

⊞2

Tribunales de Justicia
45 ⊗

Paseo Huérfanos

22

BARRIO CÍVICO

48
⊗

Huérfanos
29

Agustinas

PI de la Constitución

Bandera

53
⊗

Matías Cousiño

Paseo Estado

Agustinas
65

San Antonio

Tenderini

Maciver

Biblioteca Nacional

Moneda

Moneda

36

Amanda Labarca

Teatinos

Morande

18
⊞

Dirección de Fronteras y Límites

La Bolsa

Nueva York

Paseo Ahumada

Av O'Higgins (Alameda)

39
9

6
⊚

PI de la Ciudadanía

M

3
⊚

38
40

11
⊚

París

La Moneda M

28

Universidad de Chile

BARRIO PARÍS-LONDRES

Londres

San Francisco

Amunátegui

Lord Cochrane

Nataniel Cox

Paseo Bulnes

Zenteno

San Diego

Universidad de Chile

Arturo Prat

Paseo Serrano

Ovalle

47
⊗

San Martín

Ovalle

Tarapacá

Concaf (180m)

Teatro Caupolicán (900m)

La Diana (300m)

Véase "Barrio Brasil y barrio Yungay", p. 57

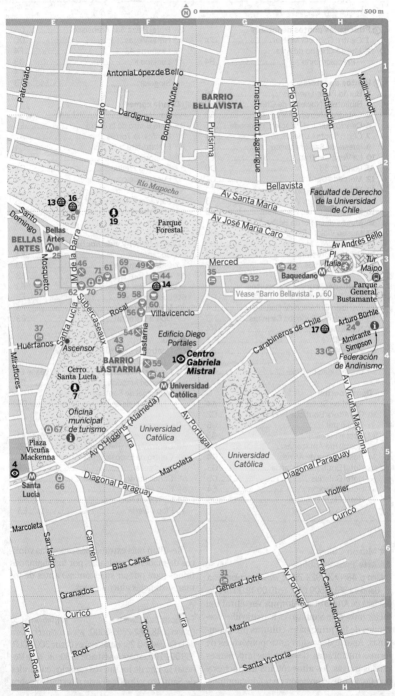

N 0 ⎯⎯⎯⎯⎯⎯⎯⎯ 500 m

Patronato
Antonia López de Bello
BARRIO BELLAVISTA
Loreto
Dardignac
Bombero Núñez
Purísima
Ernesto Pinto Lagarrigue
Pío Nono
Constitución
Malinkrodt

Bellavista
Río Mapocho
Av Santa María
Facultad de Derecho de la Universidad de Chile

Santo Domingo
13 16
26
19
Parque Forestal
Av José María Caro
Av Andrés Bello
Pl. Italia
Tur Maipo

BELLAS ARTES
Bellas Artes
25
JM de la Barra
46
71 61
69
49
44
Merced
42
Baquedano
63
Parque General Bustamante

57
62 70
59 58
14
35
32
Véase "Barrio Bellavista", p. 60

Mosqueto
Rosal
56
60
Villavicencio
Carabineros de Chile
17
Arturo Bürhle
24
Almirante Simpson

37
Huérfanos
Santa Lucía
Subercaseaux
54
43
Lastarria
Edificio Diego Portales
33
Federación de Andinismo

Ascensor
BARRIO LASTARRIA
X 55
41
1 Centro Gabriela Mistral
Av Vicuña Mackenna

Miraflores
Cerro Santa Lucía
7
Universidad Católica

67
Oficina municipal de turismo
Av O'Higgins (Alameda)
Universidad Católica
Av Portugal
Universidad Católica
Diagonal Paraguay

Plaza Vicuña Mackenna
4
Santa Lucía
66
Diagonal Paraguay
Marcoleta
Viollier
Curicó

Marcoleta
San Isidro
Carmen
Blas Cañas
31
General Jofré
Av Portugal
Fray Camilo Henríquez

Granados
Curicó
Tocornal
Lira
Marín

Av Santa Rosa
Root
Santa Victoria

Santiago Centro

★**Museo Chileno
de Arte Precolombino** MUSEO
(plano p. 48; ☎2-2928-1500; www.precolombino.cl; Bandera 361; 4500 CLP; ☺10.00-18.00 ma-do; Ⓜ Plaza de Armas) La columna vertebral del mejor museo de Santiago es la maravillosa cerámica de las principales culturas precolombinas. Aparte de vasijas antropomórficas de formas intrincadas, destacan las imponentes estelas mayas, los altos tótems mapuches y una fascinante exposición de tejidos andinos.

Resultan más extrañas las espátulas vómicas de madera, empleadas por los chamanes taínos para purgar su estómago antes de tomar sustancias alucinógenas.

**Centro Cultural
Palacio La Moneda** CENTRO ARTÍSTICO
(plano p. 48; ☎2-2355-6500; www.ccplm.cl; plaza de la Ciudadanía 26; exposiciones desde 3000 CLP; ☺9.00-21.00, exposiciones hasta 19.30; ♿; Ⓜ La Moneda) Es uno de los nuevos espacios culturales de Santiago y donde el arte alternativo cobra

un nuevo sentido. La luz natural inunda el centro, cubierto con una especie de cúpula de cristal y bloques de mármol, y unas rampas conducen por el atrio central a la Cineteca Nacional, sala estatal de cine independiente, y a dos grandes espacios para exposiciones temporales.

El nivel superior contiene una tienda de artesanía de comercio justo, unos cuantos cafés y una galería para exposiciones.

Palacio de la Moneda · EDIFICIO HISTÓRICO

(plano p. 48; https://visitasguiadas.presidencia.cl/; esq. Morandé y Moneda; ⊙9.00-17.00 lu-vi; Ⓜ️La Moneda) GRATIS Las dependencias oficiales del presidente chileno se hallan en el Palacio de la Moneda. Este edificio neoclásico fue concebido por el arquitecto italiano Joaquín Toesca a finales del s. XVIII y en su origen fue la casa de la moneda. Los patios interiores suelen estar abiertos al público; se puede concertar una visita guiada mediante correo electrónico a visitas@presidencia.cl.

La fachada norte sufrió un bombardeo aéreo durante el golpe de Estado de 1973, cuando el presidente Salvador Allende –que se negó a abandonar el palacio– fue derrocado allí mismo. Enfrente, en la plaza de la Constitución, hay un monumento en su honor.

Museo de la Solidaridad Salvador Allende · MUSEO

(plano p. 57; ☎2-2689-8761; www.mssa.cl; av. República 475; 1000 CLP; ⊙10.00-18.00 ma-do feb-nov, 11.00-19.00 ma-do dic y ene; Ⓜ️República) Picasso, Miró, Tàpies y Matta son algunos de los artistas que donaron obras a este museo. Surgió a raíz de una iniciativa popular durante la presidencia de Allende. En tiempos de la dictadura de Pinochet su colección fue trasladada al extranjero, donde se convirtió en un símbolo de la resistencia chilena.

Las 2000 obras hallaron su hogar definitivo en el 2005, cuando la Fundación Allende compró y remodeló esta espléndida mansión. A veces la colección permanente sale de gira y es remplazada por muestras temporales. También hay una sala donde se exponen efectos personales de Salvador Allende. Las visitas guiadas (solicítense por correo electrónico) a veces recorren el sótano, con marañas de cables de teléfono e instrumentos de tortura empleados cuando aquí había una sede de escuchas de la famosa Dirección de Inteligencia Nacional (DINA) de la dictadura.

Plaza de Armas · PLAZA

(plano p. 48; Monjitas esq. 21 de Mayo; Ⓜ️Plaza de Armas) La plaza de Armas es el centro simbólico de Santiago desde 1541, fecha de la fundación de la ciudad. En época colonial albergaba un tétrico patíbulo, ahora sustituido por una fuente en honor al libertador Simón Bolívar, a la sombra de más de cien palmeras chilenas. Por los paralelos y peatonales paseo Ahumada y paseo Estado se desplazan los santiaguinos hasta la plaza los fines de semana y las tardes soleadas entre artistas callejeros y puestos de comida.

Mercado Central · MERCADO

(plano p. 48; www.mercadocentral.cl; esq. 21 de Mayo y San Pablo; ⊙6.00-17.00 do-ju, hasta 20.00 vi, hasta 18.00 sa; Ⓜ️Puente Cal y Canto) Los pescados y mariscos apilados sobre montañas de hielo seducen por igual a gastrónomos y fotógrafos. Hay congrios, locos (orejas de mar chilenas), piures (tunicado naranja) y otros productos locales.

Biblioteca Nacional de Chile · BIBLIOTECA

(plano p. 48; ☎2-2360-5272; www.bibliotecanacional.cl; av. B. O'Higgins 651; ⊙9.00-19.00 lu-vi, 9.10-14.00 sa; Ⓜ️Santa Lucía) GRATIS No hay que perderse esta biblioteca de techos altos, cúpulas con vidrieras, suelos cuadriculados y muebles antiguos que chirrían. Es una de las más grandes (y antiguas) de Latinoamérica y a menudo acoge exposiciones; también es un lugar ideal donde descansar, con cafetería e internet gratis.

Palacio Cousiño · PALACIO

(☎2-2386-7449; https://palacio-cousino.business.site/ www.palaciocousino.co.cl; Dieciocho 438; entrada solo con guía; ⊙9.30-13.30 y 14.30-17.00 ma-vi, 9.30-13.30 sa y do, último circuito 1 h antes cierre; Ⓜ️Toesca) Ostentoso y abrumadoramente lujoso, fue construido entre 1870 y 1878 por la insigne familia Cousiño-Goyenechea, que había amasado una gran fortuna con la vinicultura y la minería de plata. Resulta una muestra fascinante del modo de vida de la élite chilena en el s. XIX.

Dilapidaron su fortuna en columnas de mármol de Carrara, lámparas de araña de cristal de Bohemia de media tonelada, muebles de cerezo chino, cubertería de oro macizo y las primeras instalaciones eléctricas del país, entre otros lujos.

Catedral Metropolitana · IGLESIA

(plano p. 48; plaza de Armas; ⊙misa 12.30 y 19.00; Ⓜ️Plaza de Armas) Esta catedral neoclásica,

SANTIAGO EN...

Dos días

Se empieza por el corazón de la ciudad, la bulliciosa **plaza de Armas** (p. 51), y se dedica la mañana a recorrer algunos museos del centro como el **Museo Chileno de Arte Precolombino** (p. 50). Tras concederse un sabroso almuerzo de pescado en el **Mercado Central** (p. 51), se sube rapidito al **cerro Santa Lucía** (p. 52) para gozar de la ciudad desde las alturas. Hágase una pausa vespertina tomando un té y observando a la gente en un **café del barrio Lastarria** (p. 53), y luego sígase hasta **Bellavista** (p. 53) para deleitarse con una cena antes de ir de *carrete* (salir de marcha) por las discotecas del barrio. El segundo día empieza en la casa de Pablo Neruda, **La Chascona** (p. 54), para luego disfrutar de más vistas fabulosas en la cima del **cerro San Cristóbal** (p. 55). En el **barrio Italia** (p. 57) se puede ir de compras y tomar un brunch, y luego un pisco sour en **Chipe Libre** (p. 72) antes de ir a un espectáculo en el **Centro Gabriela Mistral** (p. 53) –obras contemporáneas– o al **Municipal de Santiago** (p. 75; para clásicos).

Cuatro días

El tercer día uno se traslada al campo para visitar el **Cajón del Maipo** (p. 83) o recorrer las cercanas **bodegas** (p. 82). En invierno, otra opción es esquiar en **Tres Valles** (p. 87). El cuarto día se dedica a admirar el arte callejero del obrero **barrio Brasil** (p. 55) o el contemporáneo en las galerías del estirado Vitacura, hogar del restaurante chileno más aclamado: **Boragó** (p. 72). Por último, se brinda por la estancia en Santiago con un surtido de vinos en el afamado **Bocanáriz** (p. 72) de Lastarria.

---

construida entre 1748 y 1800, domina la plaza de Armas. En su cripta están enterrados los obispos santiaguinos.

Cerro Santa Lucía   PARQUE
(plano p. 48; entradas av. O'Higgins esq. Santa Lucía y Santa Lucía esq. Subercaseaux; ⏱9.00-18.30 mar-sep, hasta 20.00 oct-feb; Ⓜ Santa Lucía) GRATIS Para tomarse un respiro del caos del centro, nada como un paseo vespertino en este cuidado parque; no era más que un cerro rocoso hasta que el alcalde Benjamín Vicuña Mackenna lo transformó en el s. xix en uno de los espacios verdes más hermosos de la ciudad.

Una red de senderos y empinadas escaleras de piedra suben pasando por terrazas hasta la torre mirador, en el punto más alto, y en medio pueden verse iglesias y otros edificios de interés. Si no apetece caminar, un ascensor gratuito lleva hasta la cumbre.

Barrio París-Londres   ZONA
(plano p. 48; París esq. Londres; Ⓜ Universidad de Chile) Este barrio minúsculo surgió en el recinto del convento franciscano de la iglesia de San Francisco y está formado por dos calles empedradas en intersección, París y Londres, flanqueadas por airosas casas de estilo europeo construidas en la década de 1920. Repárese en el nº 38 de la calle Londres: este edificio funcionó como centro de detención y tortura durante el régimen de Pinochet y hoy está dedicado a recordar su terrible historia.

Iglesia de San Francisco   IGLESIA
(plano p. 48; av. O'Higgins 834; ⏱8.00-20.30; Ⓜ Universidad de Chile) La primera piedra de la austera iglesia de San Francisco se colocó en 1586, por lo que se trata del edificio colonial más antiguo que se conserva en Santiago. Sus macizas paredes han sobrevivido a varios terremotos, pero la actual torre del Reloj, terminada en 1857, es la cuarta de su historia. Hay un museo de arte colonial contiguo (1000 CLP).

Museo Histórico Nacional   MUSEO
(plano p. 48; 📞2-2411-7010; www.museohistorico nacional.cl; plaza de Armas 951; ⏱10.00-18.00 ma-do; Ⓜ Plaza de Armas) GRATIS Muebles coloniales, armas, cuadros, objetos históricos y maquetas documentan la historia colonial y republicana de Chile. Tras un somero repaso a la cultura precolombina, la planta baja está dedicada a la conquista y la colonia. La planta superior abarca desde la independencia y la Revolución Industrial hasta el golpe militar de 1973: las gafas rotas de Allende ponen un punto final sobrecogedor a la exposición.

Museo Violeta Parra   MUSEO
(plano p. 48; 📞2-2355-4600; www.museovioletapa rra.cl; av. Vicuña Mackenna 37; ⏱9.30-18.00 ma-vi, 11.00-18.00 sa y do; Ⓜ Baquedano) GRATIS Violeta Parra, una de folcloristas más influyentes del continente, también fue una artista prolífica y la primera mujer sudamericana en exponer

en solitario en el Louvre. Este museo, inaugurado a finales del 2015, recoge 23 de sus magistrales arpilleras bordadas y resalta el extenso legado artístico, social y cultural de Chile.

Londres 38 LUGAR HISTÓRICO
(plano p. 48; www.londres38.cl; Londres 38, Barrio París-Londres, ⏰10.00-13.00 y 15.00-18.00 ma-vi, 10.00-14.00 sa; MUniversidad de Chile) GRATIS En este antiguo centro de detención y tortura se repasa la oscura historia de los primeros días del régimen pinochetista. Se ofrecen circuitos guiados y por cuenta propia.

◉ Barrios Lastarria y Bellas Artes

Además de albergar tres de los mejores museos de Santiago, estos barrios preciosos y vecinos del cerro Santa Lucía también concentran mucha de su oferta más alternativa. Al este del cerro, el barrio Lastarria debe el nombre a su estrecha y adoquinada calle principal, J. V. Lastarria, bordeada de bares y restaurantes. Hay cafeterías más baratas y zonas verdes en el barrio Bellas Artes, nombre que reciben las pocas manzanas situadas al norte del cerro. Su eje principal es J. M. (José Manuel) de la Barra.

★**Centro Gabriela Mistral** CENTRO ARTÍSTICO
(GAM; plano p. 48; ☎2-2566-5500; www.gam.cl; av. O'Higgins 227, Barrio Lastarria; ⏰plazas 8.00-22.00, exposiciones 10.00-21.00 ma-sa, desde 11.00 do; MUniversidad Católica) GRATIS Este notable centro cultural y de artes escénicas, que debe su nombre a la poetisa chilena Gabriela Mistral, primera mujer latinoamericana en ganar el Nobel de Literatura, es una sorprendente novedad en el panorama artístico capitalino, con conciertos y actuaciones casi a diario. Visítense las exposiciones temporales de la planta baja, la emblemática arquitectura interior de bóvedas y vigas que por fuera parece un rallador de queso gigante oxidado, las placitas, murales y cafeterías, entre otros.

Museo Nacional de Bellas Artes MUSEO
(plano p. 48; ☎2-2499-1600; www.mnba.cl; José Miguel de la Barra 650, Barrio Bellas Artes; ⏰10.00-18.45 ma-do; MBellas Artes) GRATIS Instalado en el neoclásico Palacio de Bellas Artes, construido con ocasión de las celebraciones del centenario de Chile en 1910, alberga una magnífica colección de arte chileno. Hay visitas guiadas gratis a diario a las 10.30 (en enero y febrero a las 12.00).

Destacan las obras del pintor Luis Vargas Rosas, miembro de grupo internacional Abstraction-Creation, junto con las de su paisano chileno Roberto Matta, cuya obra también está dignamente representada.

Museo de Arte Contemporáneo MUSEO
(MAC; plano p. 48; www.mac.uchile.cl; Ismael Valdés Vergara 506, Barrio Bellas Artes; ⏰11.00-19.00 ma-sa, hasta 18.00 do; MBellas Artes) GRATIS Organiza exposiciones temporales sobre fotografía, diseño, escultura, instalaciones y *web art* contemporáneos y ocupa también el Palacio de Bellas Artes. Sus impecables salas son fruto de la gran obra de restauración posterior al incendio y el terremoto. El grueso de la colección permanente está dedicado a la pintura chilena del s. xx.

Museo de Artes Visuales MUSEO
(MAVI; plano p. 48; ☎2-2664-9337; www.mavi.cl; Lastarria 307, plaza Mulato Gil de Castro, Barrio Lastarria; 1000 CLP, do gratis; ⏰11.00-19.00 ma-do; MUniversidad Católica) Hormigón visto, madera descortezada y vidrio son los materiales que el arquitecto santiaguino Cristián Undurraga eligió para la asombrosa simplicidad del Museo de Artes Visuales. El contenido de sus cuatro galerías de planta abierta es tan atractivo como el edificio: grabado, escultura, pintura y fotografía de vanguardia en exposiciones temporales que cambian con regularidad.

La entrada también da acceso al **Museo Arqueológico de Santiago** (MAS), medio oculto en la última planta. La sala de iluminación tenue, paredes oscuras y suelos de madera conforma un sugerente entorno para la pequeña pero valiosa colección de cerámicas diaguitas, molles y de San Pedro, joyas mapuches y otras piezas.

Parque Forestal PARQUE
(plano p. 48; Barrio Bellas Artes; ♿; MBellas Artes) Los fines de semana por la tarde suben las temperaturas del parque Forestal, una estrecha zona verde encajada entre el río Mapocho y la calle Merced. El resto de la semana está lleno de corredores y paseantes.

◉ Barrio Bellavista

Los turistas asocian Bellavista con la casa de Pablo Neruda y con la estatua de la Virgen María que domina la ciudad desde el parque que corona el cerro San Cristóbal. Para los santiaguinos, Bellavista es sinónimo de *carrete* (salir de fiesta). Como la fiesta dura hasta altas horas de la madrugada, las calles coloridas y plazas adoquinadas son muy tranquilas de día. Lo mejor es pasear sin rumbo por las calles residenciales que hay al este de Constitución, o disfrutar fotografiando los bloques de pisos cubiertos de grafitos que hay al oeste.

★ **La Chascona** EDIFICIO HISTÓRICO
(plano p. 54; ☎2-2777-8741; www.fundacionneruda.org; Fernando Márquez de la Plata 0192; adultos/estudiantes 7000/2500 CLP; ☺10.00-19.00 ma-do ene y feb, hasta 18.00 ma-do mar-dic; MBaquedano) Cuando Pablo Neruda necesitó un refugio discreto para estar con su amada Matilde Urrutia, construyó La Chascona (sinónimo de "greñuda") inspirándose en los rizos indomables de ella. Como el poeta era un enamorado del mar, el comedor semeja el camarote de un barco y el salón un faro.

Las audioguías repasan la historia del edificio y comentan su colección de cristales de colores, conchas, muebles y obras de arte donados por amigos famosos; lamentablemente, se perdió mucho cuando la casa fue saqueada durante la dictadura. Es la sede la Fundación Neruda, que gestiona el patrimo-

Barrio Bellavista

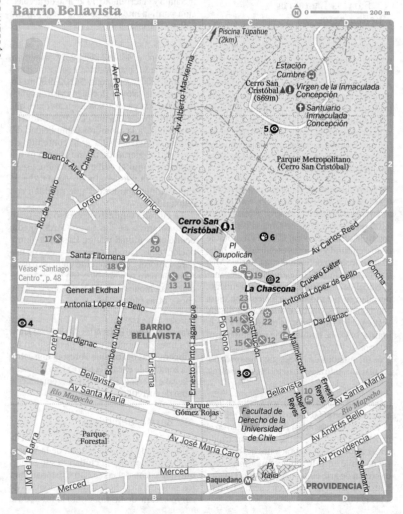

nio del poeta, y se encarga de la estupenda tienda de regalos.

★**Cerro San Cristóbal** PARQUE
(plano p. 54; www.parquemet.cl; Pio Nono 450) Las mejores vistas de Santiago son desde las cumbres y miradores del parque Metropolitano, más conocido como cerro San Cristóbal. Con sus 722 Ha, es la zona verde más grande de la capital, aunque sigue siendo muy urbana y cuenta con un funicular y un teleférico.

Una estatua blanca de 14 m de alto de la Virgen de la Inmaculada Concepción remata la cumbre en el extremo del parque situado en Bellavista. Los bancos que hay a sus pies pertenecen a la iglesia al aire libre donde el papa Juan Pablo II celebró una misa en 1984. Se llega a pie por un zigzagueante sendero empinado o tomando el funicular (http://funicularsantiago.cl; adultos/niños 1 viaje desde 1500/1000 CLP, ida y vuelta desde 2000/1500 CLP; ⏱10.00-18.45 ma-do, 13.00-18.45 lu; Ⓜ Baquedano) desde la plaza Caupolicán (donde además hay un quiosco de información). Si no, accédase al parque por Pedro de Valdivia y móntese en el teleférico (www.parquemet.cl; Parque Metropolitano; entre semana/fines de semana 1 viaje 1910/2290 CLP; ⏱10.00-19.00 ma-do; Ⓜ Baquedano).

Entre otras atracciones se cuentan el Zoológico Nacional; el Jardín Botánico Mapulemu; la Plaza de Juegos Infantiles Gabriela Mistral, con unos bonitos columpios de madera y una fuente interactiva; y dos enormes piscinas públicas, la Piscina Tupahue (p. 61) y Piscina Antilén (p. 61). El pequeño pero cuidado Jardín Japonés está por encima de la entrada de Pedro de Valdivia.

Cerca de lo alto del funicular, la Terraza Bellavista (plano p. 54; Parque Metropolitano; Ⓜ Baquedano) cuenta con algunos puestos de tentempiés y brinda unas vistas maravillosas. El parque se extiende al norte de Bellavista y Providencia, con entradas por ambos barrios.

Patio Bellavista ZONA
(plano p. 54; www.patiobellavista.cl; Constitución 30-70; ⏱10.00-2.00 do-mi, hasta 4.00 ju-sa; Ⓟ; Ⓜ Baquedano) Se trata de un patio enorme flanqueado por restaurantes elegantes y tiendas de recuerdos muy refinadas. En internet se pueden consultar todos los locales y la programación de los conciertos y obras de teatro.

Zoológico Nacional ZOOLÓGICO
(plano p. 54; ☎2-2730-1368; www.parquemet.cl/zoologico-nacional; Parque Metropolitano; adultos/niños 3000/1500 CLP; ⏱10.00-17.00 ma-do; Ⓜ Baquedano) Este zoo chiquitín alberga un conjunto de animales viejos y desatendidos. Sin embargo, es el único lugar del país donde ver seguro un pudú, el venado más pequeño del mundo. El funicular para en la entrada del zoo al subir, pero no al bajar.

⊙ Barrio Brasil y barrio Yungay

Habrá que tomar la cámara y olvidarse del plano: al pasear por estos barrios apacibles, situados al oeste del centro de la ciudad, uno creerá que ha retrocedido en el tiempo. Ca-

Barrio Bellavista

MERECE LA PENA

BARRIO RECOLETA

Bulliciosos restaurantes coreanos y locales de comida de Oriente Próximo para llevar, un mercado lleno de fruta madura, un laberinto de puestos callejeros, un *lounge* de cócteles ultramoderno... Este barrio pujante, situado al oeste de Bellavista, revela un lado de Santiago menos conocido por el turista. A continuación se indican lugares de visita ineludible.

Restobar KY (plano p. 54; 2-2777-7245; www.restobarky.cl; av. Perú 631; 20.00-2.00 masa; Cerro Blanco) Asombrosa coctelería inspirada en los sabores asiáticos del barrio.

La Vega Central (plano p. 48; www.lavega.cl; esq. Nueva Rengifo y Antonia López de Bello; 6.00-18.00 lu-sa, 7.00-14.00 do; Patronato) Frambuesas, membrillos, higos, melocotones, caquis, chirimoyas... aquí se encuentra todo lo que crece en Chile.

Patronato (plano p. 54; en el cruce de av. Recoleta, Loreto, Bellavista y Dominica; Patronato) Es un barrio dentro de otro barrio, delimitado por las calles Recoleta, Loreto, Bellavista y Dominica; es el centro de las comunidades inmigrantes de Santiago, sobre todo coreana, china y árabe.

Vietnam Discovery (plano p. 54; 2-2737-2037; www.vietnamdiscovery.cl; Loreto 324; platos principales 7000-11 000 CLP; 13.00-24.00 lu-sa, hasta 16.00 do; ; Patronato) Una pareja francovietnamita abrió este restaurante de decoración profusa, con una fachada discreta que esconde un interior repleto de budas.

racterizados por su arte callejero, estudiantes socialistas, casas a punto de desmoronarse, mercados al aire libre y gran variedad de restaurantes humildes, estos barrios históricos representan un encantador contrapunto al relumbrón y los rascacielos del distrito financiero de Santiago. Aquí no abundan los monumentos y por la noche no son muy seguros, pero un paseo por ellos permite apreciar el esplendor decadente único en la capital chilena.

Un gran árbol da sombra a la plaza Brasil, el corazón verde del barrio y el epicentro de la onda renovadora que se está extendiendo lentamente por las calles de alrededor, donde cada vez surgen más bares y albergues a la última moda. En un lugar imposible, encajonado entre las tiendas de recambios de automóviles y la Alameda, está el diminuto barrio Concha y Toro, con una placita preciosa en la que desembocan calles adoquinadas y que alberga mansiones de estilo *art déco* y *beaux-arts*.

★ **Museo de la Memoria y los Derechos Humanos** MUSEO
(plano p. 57; 2-2597-9600; www.museodelamemoria.cl; Matucana 501, Barrio Yungay; 10.00-18.00 ma-do; Quinta Normal) GRATIS Inaugurado en el 2010, este museo no es apto para los corazones delicados: aquí se exponen las atroces violaciones de los derechos humanos y las "desapariciones" a gran escala que sufrió Chile durante el Gobierno militar entre 1973 y 1990. Sin duda resulta estremecedor saber de las 40 000 víctimas de torturas y ejecuciones, pero una visita a este museo tan cuidado permitirá situar la tumultuosa historia reciente de Chile en su contexto.

NAVE CENTRO CULTURAL
(plano p. 57; www.nave.io; Libertad 410, Barrio Yungay; horario variable; Quinta Normal) Cuando inauguraron este centro experimental en 2015, se erigió como símbolo del barrio Yungay, núcleo artístico emergente de Santiago. Ocupa un palacio del s. xx y se invita a artistas residentes a expresarse a través de la danza, actuaciones, música y teatro. Con 146 butacas, los actos gozan de una intimidad asegurada.

Parque Quinta Normal PARQUE
(plano p. 57; Barrio Yungay; 7.00-19.30 ma-do abr-nov, hasta 20.30 dic-mar; Quinta Normal) Pasear, hacer pícnic, pedalear en los patines acuáticos, jugar al fútbol y charlar..., actividades habituales en las 40 Ha del parque Quinta Normal, situado al oeste del barrio Brasil. Hay varios museos, pero no están a la altura de otros de la ciudad.

Museo de Arte Contemporáneo Espacio Quinta Normal MUSEO
(Quinta Normal Branch; plano p. 57; 2-2977-1765; www.mac.uchile.cl; Matucana 464, Quinta Normal; 11.00-19.00 ma-sa, hasta 18.00 do; Quinta Normal) GRATIS Esta filial del Museo de Arte Contemporáneo de Santiago Centro está

Barrio Brasil y barrio Yungay

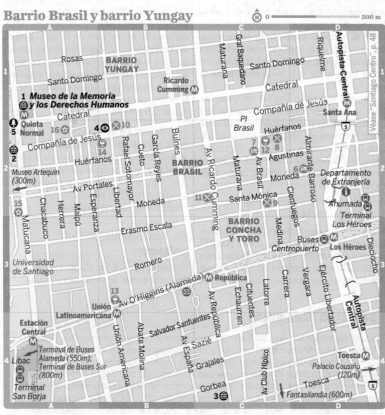

Barrio Brasil y barrio Yungay

dedicada a muestras experimentales y poco convencionales. Ocupa el **palacio Versailles,** edificio neoclásico declarado monumento nacional.

◉ Barrio Italia

En la última década, este barrio se ha transformado rápidamente en el más excitante de la ciudad, con animados cafés, galerías de arte provocadoras y una sucesión de nuevos hoteles de moda por las avenidas Italia y Condell, paralelas. Centro de la naciente cultura cafetera de la capital, es perfecto para almorzar o tomarse un *brunch* (y uno de los pocos barrios con vida los domingos por la mañana).

Su principal imán son las compras; las librerías independientes, los restauradores de antigüedades y los diseñadores locales de moda pregonan sus productos nacionales en arcadas comerciales diminutas, dispuestas como laberintos en casas históricas. Pese a estar muy de moda, conserva gran parte de su personalidad obrera.

◉ Providencia

Yendo al este desde Santiago Centro, los barrios se vuelven elegantes poco a poco. El primero en aparecer es Providencia, zona que tradicionalmente corresponde a la clase media-alta y que compensa su escasez de puntos de interés con abundantes locales para tomar copas y comer. Los bloques de pisos de las décadas de 1970 y 1980 de la vía principal, av. Providencia, no destacan por su interés estético, si bien algunos esconden fascinantes *caracoles* (centros comerciales antiguos). Por las calles residenciales secundarias se ven bonitos edificios de principios del s. xx y cuidados carriles-bici.

Parque de las Esculturas   PARQUE
(plano p. 60; av. Santa María 2205; ☉8.00-19.00; ⓜPedro de Valdivia) GRATIS En la orilla norte del río Mapocho se halla un extraño triunfo del paisajismo urbano, un tramo verde paralelo al río decorado con más de 30 excepcionales esculturas de artistas chilenos.

◉ Las Condes, El Golf y Vitacura

Brillantes rascacielos, bloques de pisos con fuertes sistemas de seguridad y rompedores

---

SANTIAGO PARA NIÑOS

Los santiaguinos son muy familiares y suelen recibir muy bien a los pequeños viajeros. En general, los niños se acuestan tarde y a menudo acompañan a sus padres a fiestas o a restaurantes, donde suelen pedir platos de la carta normal, como los adultos. Dicho esto, la mayoría de las actividades infantiles aquí descritas son más de entretenimiento que de puntos de interés destacables. En momentos de crisis, a todos los niños les gustan los cremosos helados, que se encuentran por todas partes, y los payasos y acróbatas que actúan en la plaza de Armas y el parque Forestal los fines de semana. Las excursiones al Cajón del Maipo o las estaciones de esquí son magníficas para una escapada rápida.

Fantasilandia (☎2-2476-8600; www.fantasilandia.cl; esq. av. Beaucheff y Tupper, Parque O'Higgins, Centro; adultos/niños 14 000/7000 CLP; ☉12.00-21.00 diarios ene-feb, 12.00-19.00 sa y do mar-oct, cerrado nov-dic; ⓘ; ⓜParque O'Higgins) Un parque de atracciones que proporciona dosis de adrenalina y algodón de azúcar. En su web publican las novedades, promociones y rebajas.

Cerro San Cristóbal (p. 55) Parada obligada para gozar de diversión de la buena, con un modesto zoo, dos fantásticas piscinas al aire libre y una zona de juegos bien mantenida, además de unos medios de transporte interesantes, como el destartalado funicular (p. 55) y el nuevo teleférico (p. 55) con vistas panorámicas.

Museo Interactivo Mirador (MIM; ☎2-2828-8000; www.mim.cl; Punta Arenas 6711, La Granja; adultos/niños 3900/2700 CLP, entradas mitad precio mi; ☉9.30-18.30 ma-do; Ⓟⓘ; ⓜMirador) El incentivo para los críos es más intelectual (pero también divertido) en el Museo Interactivo Mirador. Se puede tocar todo, incluso introducirse en algunas de las muestras. A partir de cuatro años.

Museo Artequin (☎2-2681-8656; www.artequin.cl; av. Portales 3530, Barrio Estación Central; adultos/niños 1500/1000 CLP; ☉9.00-17.00 ma-vi, 11.00-18.00 sa y do, cerrado feb; ⓘ; ⓜQuinta Normal) La didáctica y la diversión van de la mano en este museo, que expone copias de obras de arte famosas colgadas a la altura de un niño. Esta estructura fantástica de hierro forjado fue el pabellón de Chile en la Exposición Universal de París de 1889.

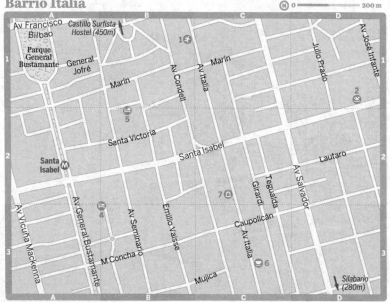

centros comerciales: Las Condes se erige como el rostro internacional del constante y fuerte crecimiento económico chileno. En su extremo occidental, el barrio El Golf cuenta con restaurantes pijos, palacios fabulosos y hoteles de lujo. Más elegante aún es el barrio Vitacura, al norte, con la calle comercial más exclusiva de la ciudad, la av. Alonso de Córdova, además de bares y restaurantes de postín. Con el irónico apodo de "Sanhattan" a veces se hace referencia al distrito financiero en torno al Costanera Center, el edificio más alto de Sudamérica. Si bien estos barrios de clase alta carecen de la personalidad del resto de la ciudad, lo compensan con moda, compras y buenos restaurantes.

★ **Museo Ralli**   MUSEO
(☑2-2206-4224; www.museoralli.cl; Alonso de Sotomayor 4110, Vitacura; ◷10.30-17.00 ma-do, cerrado feb) GRATIS Este museo poco visitado, situado en una callecita residencial de Vitacura, presume de una asombrosa colección de arte contemporáneo latinoamericano junto con piezas de maestros europeos. No hay que perderse la sala dedicada al arte chileno del s. xx en el sótano ni las obras surrealistas de Salvador Dalí y René Magritte de la planta superior.

Costanera Center   EDIFICIO RELEVANTE
(plano p. 62; ☑2-2916-9226; www.costaneracenter. cl; av. Andrés Bello 2425, Providencia; ◷10.00-22.00; ⓂTobalaba) Los cuatro rascacielos que conforman este centro incluyen la **Gran Torre Santiago,** el edificio más alto de Latinoamérica (300 m). El complejo también tiene oficinas, un hotel de lujo y el mayor centro comercial de Sudamérica. Sky Costanera (p. 59) brinda unas vistas panorámicas desde la Gran Torre.

➡ Sky Costanera

(plano p. 62; www.skycostanera.cl; adultos/niños 15 000/10 000 CLP) Súbase a lo alto del edificio

SANTIAGO PUNTOS DE INTERÉS

Providencia

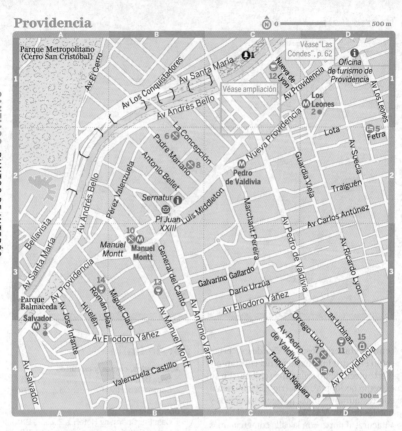

Providencia

más alto de América Latina para disfrutar de unas vistas completas de Santiago y de las lejanas montañas que se elevan a ambos lados. La panorámica es mejor un día soleado de invierno después de la lluvia o al final de la tarde durante los meses más cálidos, cuando baja la contaminación.

Parque Bicentenario PARQUE
(plano p. 62; Bicentenario 3236, Vitacura; ⓂTobalaba) Este bonito oasis urbano nació, como su

DE GALERÍAS DE ARTE

La zona de galerías próxima a la av. Alonso de Córdova en Vitacura es de visita obligada para aquellos que quieran conocer el arte contemporáneo chileno, así como observar a los santiaguinos más a la moda en su hábitat natural. En sus webs aparecen los horarios y las próximas inauguraciones, donde suele abundar el champán.

Galería Animal (✆2-2371-9090; www.galeriaanimal.com; av. Nueva Costanera 3731, Vitacura; ⊙9.30-19.30 lu-vi, 10.30 14.00 sa)

Galería Isabel Aninat (✆2-2481-9870; www.galeriaisabelaninat.cl; Espoz 3100, Vitacura; ⊙10.00-20.00 lu-vi, 11.00-14.00 sa)

La Sala Galería de Arte (✆2-2246-7207; www.galerialasala.cl; Francisco de Aguirre 3720, Vitacura; ⊙10.00-20.00 lu-vi, 11.00-14.30 sa)

nombre indica, para conmemorar el bicentenario de Chile. Además de tener más de 4000 árboles, una ubicación muy apacible a orillas del Mapocho y acceso a los carriles-bici urbanos, el parque dispone de tumbonas y sombrillas para relajarse, además de lo último en atracciones para niños.

Queda a poca distancia en taxi desde la parada de metro Tobalaba, o en el autobús nº 405, apeándose en av. Alonso de Córdova (tres cuadras al este del parque).

Museo de la Moda   MUSEO

(✆2-2219-3623; www.museodelamoda.cl; av. Vitacura 4562, Vitacura; adultos/estudiantes y jubilados/niños 3000/1500 CLP /gratis; ⊙10.00-18.00 ma-vi, 11.00-19.00 sa y do; Ⓜ Escuela Militar) Elegante museo de propiedad privada, alberga una colección permanente tan extensa como exquisita de ropa occidental, donde los diseñadores del s. XX están bien representados. Entre sus piezas estrella se cuenta una chaqueta de John Lennon de 1966, el "sujetador cónico" que diseñó Jean Paul Gaultier para Madonna, y un traje de fiesta donado por Lady Diana en 1981, y solo se expone una pequeña parte de su colección, formada por 10 000 prendas. También ha albergado exposiciones temporales de todo tipo hasta un espectáculo, *Regreso a los años ochenta,* pasando por una muestra dedicada el fútbol con los uniformes que vistieron en el Campeonato Mundial de Fútbol de 1962, celebrado en Chile. La espaciosa cafetería del museo está de moda para almorzar o tomar un café.

Desde la parada de metro Escuela Militar hay que tomar un taxi. Otra opción es ir en el autobús nº 425 que sale de la acera este de Américo Vespucio (imprescindible la tarjeta Bip!) y bajarse en el cruce con la av. Vitacura.

🏃 Actividades

Casa Boulder   GIMNASIO

(plano p. 59; ✆2-2839-1210; www.casaboulder.cl; av. Italia 875, Barrio Italia; escalada libre desde 4000 CLP, clases desde 9000 CLP; ⊙8.00-22.30 lu-vi, 10.00-22.00 sa, 10.00-20.00 do; Ⓜ Santa Isabel) Antes de que el viajero decida enfrentarse a las montañas más altas fuera de Asia, quizá estaría bien calentar un poco. Afiliado a North Face, ofrece seis paredes de distintas alturas (hasta 10 m) y ángulos repartidas por un complejo cubierto y al aire libre. Cuesta menos antes de las 16.00 y los menores de 25 años gozan de descuentos.

Centro Deportivo Providencia   NATACIÓN

(plano p. 59; ✆2-2341-4790; www.cdprovidencia. cl; Santa Isabel 0830, Providencia; pase día 6000-8000 CLP; ⊙6.30-22.00 lu-vi, 9.00-18.00 sa y do; Ⓜ Santa Isabel) Piscina cubierta de 25 m donde hacer largos todo el año.

Movimiento Furiosos Ciclistas   CICLISMO

(plano p. 48; www.movimientofuriososciclistas.cl; Ⓜ Baquedano) Cientos de ciclistas se reúnen en plaza Italia el primer martes de mes a las 20.00 para pedalear por la ciudad.

Piscina Antilén   NATACIÓN

(✆2-2730-1331; Cerro San Cristóbal i/n, Parque Metropolitano; adultos/niños 7500/4000 CLP; ⊙10.00-18.30 ma-do nov-mar; Ⓜ Baquedano) Piscina municipal con vistas de la ciudad desde lo alto.

Piscina Tupahue   NATACIÓN

(✆2-2730-1331; Cerro San Cristóbal i/n, Parque Metropolitano; adultos/niños 6000/3500 CLP; ⊙10.00-18.30 ma-do nov-mar; Ⓜ Baquedano) Desde esta enorme piscina al aire libre situada en lo alto del cerro San Cristóbal las vistas son estupendas. Es un lugar donde divertirse, más que entrenarse.

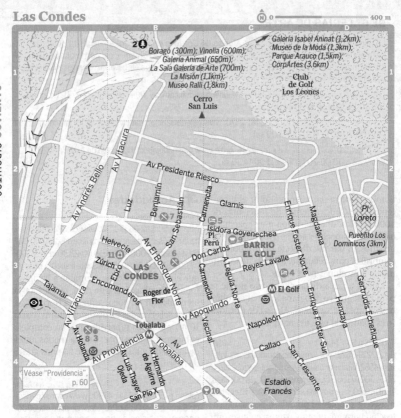

Las Condes

☞ Circuitos

★ **La Bicicleta Verde** CIRCUITOS
(plano p. 54; ☎2-2570-9939; https://labicicletaverde.
com/es; Loreto 6, Barrio Recoleta; circuitos bicicleta
desde 25 000 CLP, alquiler medio día/día completo
desde 6000/11 000 CLP; Ⓜ Bellas Artes) Alquilan
bicicletas y cascos y ofrecen circuitos guiados

muy recomendables por mercados matutinos,
parques, barrios de moda o viñedos cercanos
por el valle del Maipo.

Free Tour Santiago CIRCUITOS
(plano p. 48; ☎móvil 9-9236-8789; www.freetour
santiago.cl; Catedral Metropolitana, plaza de Armas,
Centro; ⊙salidas 10.00 y 15.00; Ⓜ Plaza de Armas)

Circuito gratuito de 1h por el centro: los guías solo cobran las propinas. No hay que reservar, basta con buscar a los guías con camiseta roja frente a la catedral Metropolitana (p. 51).

Happy Ending Tours CIRCUITOS
(✆móvil 9-9710-7758; www.happyendingtour.com; circuitos desde 30 000 CLP) Resérvese con antelación uno de sus circuitos por los *pubs*, talleres de elaboración del vino y rutas por los mejores clubes que empiezan con una copa de champán en lo alto del Sky Costanera (p. 59), el edificio más alto de la ciudad. El precio incluye consumiciones y servicio de puerta a puerta desde el hotel del viajero.

Vinolia VINO
(✆2-2604-8528; www.vinolia.cl; Alonso de Monroy 2869, Local 5, Vitacura; circuitos 32 500 CLP; ⊗11.00-23.00 lu-sa) Todo un parque temático para los amantes del vino. Las visitas guiadas (en español e inglés, resérvese con antelación) conducen a una sala de exploración sensorial donde se analizan los aromas del vino, y a un cine donde grandes viticultores chilenos explican a las cámaras los maridajes con aperitivos. También hay un elegante bar de tapas.

Tours 4 Tips CIRCUITOS
(plano p. 48; www.tours4tips.com; Barrio Bellas Artes; ⊗salidas 10.00 y 15.00; ⓂBellas Artes) Siguiendo el modelo de circuito libre (se deja como propina solo lo que se cree merecido), los circuitos de esta agencia salen desde el exterior del Museo de Bellas Artes todos los días a las 10.00 y 15.00; los guías llevan camisetas con franjas rojas y blancas. El circuito de la mañana se centra en el Santiago menos convencional, mientras que en el de la tarde se visitan los lugares de más interés.

Spicy Chile CIRCUITOS
(plano p. 48; ✆móvil 9-6835-2286; www.spicychile.cl; Barrio Bellas Artes; ⓂBellas Artes) Circuitos de 3 h, a base de propinas, por el centro de Santiago desde delante del metro Bellas Artes a las 10.00 y 15.00 a diario. Los guías llevan camiseta verde.

Enotour CIRCUITOS
(plano p. 62; ✆2-2481-4081; www.enotourchile.com; Luis Thayer Ojeda 0130, Oficina 1204, Providencia; circuitos desde 37 000 CLP; ⓂTobalaba) Embriagadoras catas en grupo por los cercanos valles del Maipo y Casablanca, o circuitos particulares de uno o dos días hasta los más lejanos valles de Colchagua o del Aconcagua. Guías especializados en vino y gastronomía.

MERECE LA PENA

PARQUE POR LA PAZ

Durante la dictadura militar unos 4500 presos políticos fueron torturados y 241 fueron ejecutados en Villa Grimaldi a manos de la Dirección de Inteligencia Nacional (DINA), hoy disuelta. Demolieron el recinto durante los últimos días del régimen –para borrar las pruebas de las torturas, claro está– pero al reinstaurarse la democracia lo convirtieron en un conmovedor parque conmemorativo llamado **parque por la Paz** (✆2-2292-5229; www.villagrimaldi.cl; av. José Arrieta 8401, Peñalolén; ⊗10.00-18.00).

Cada uno de sus elementos simboliza un aspecto de las atrocidades cometidas y su visita es tan fascinante como angustiosa: atención al tomar fotos, pues también acuden antiguos presos o alguno de sus familiares. Antes de ir conviene concertar una visita guiada en su sitio web. Para llegar se toma el autobús D09 de Transantiago (hace falta una tarjeta Bip!) desde el exterior de la salida de av. Vespucio de la estación de metro Plaza Egaña; deja enfrente.

Altué Active Travel AVENTURA
(plano p. 60; ✆2-2333-1390, móvil 9-9142-7505; www.altue.com; Coyancura 2270, Oficina 801, Providencia; ⊗9.00-17.00 lu-vi; ⓂLos Leones) Una de las agencias pioneras en turismo de aventura del país; abarca casi todas las actividades al aire libre, si bien está especializada en rutas marinas en kayak y viajes culturales por Chiloé.

Turistik AUTOBÚS
(plano p. 48; ✆2-2820-1000; https://turistik.com; oficina municipal de turismo, plaza de Armas s/n, Centro; pase 1 día desde 20 000 CLP; ⊗10.00-18.00; ⓂPlaza de Armas) Recorridos en autobuses de dos pisos que tienen 12 paradas entre el barrio de Santiago Centro y el centro comercial de parque Arauco. Los viajeros pueden subirse y apearse cuando lo deseen. En su web publican el plano del itinerario.

✯ Fiestas y celebraciones

Santiago a Mil ARTES ESCÉNICAS
(https://santiagoamil.cl; ⊗ene) Este importante festival de artes escénicas atrae a compañías experimentales de todos los rincones del mundo. Durante las tres semanas del certa-

men se organizan más de 1000 espectáculos, muchos gratuitos en parques y plazas. Es un período fantástico para visitar Santiago.

Festival de Jazz de Providencia MÚSICA
(www.providencia.cl; Parque de las Esculturas; ☉ene) Algunos de los mejores artistas de *jazz* del mundo coinciden en el parque de las Esculturas de Providencia durante un fin de semana en enero. Se reparten entradas gratis en la Fundación Cultural de Providencia (Nueva Providencia 1995) y lo mejor es llegar pronto para coger un buen sitio. Si no, prepárese un pícnic con una manta en el extremo del río Mapocho y véase el espectáculo en la pantalla gigante.

Festival Nacional del Folklore MÚSICA
(www.sanbernardo.cl; ☉hasta tarde ene) En la zona residencial meridional de San Bernardo, cuatro días de música, cultura, danza y gastronomía chilenas.

Ñam COMIDA Y BEBIDA
(www.niamsantiago.cl; Cerro Santa Lucía; ☉mar) El mayor festival de comida de Chile asalta el cerro Santa Lucía durante una semana con puestos de comida, catas de vinos, demostraciones de cocina y fiestas, entre otros.

Lollapalooza Chile MÚSICA
(www.lollapaloozacl.com; ☉mar) Santiago fue la primera ciudad no estadounidense que acogió el famoso festival de música. En el parque O'Higgins actúan grandes figuras nacionales e internacionales.

Fiesta del Vino VINO
(☉abr) Se celebra en Pirque a principios de abril y es una de las muchas fiestas que tienen lugar en Santiago durante la vendimia, con cocina tradicional y música folclórica.

**Santiago Festival
Internacional de Cine** CINE
(SANFIC; www.sanfic.com; ☉ago) Durante una semana Santiago se entrega al séptimo arte, con películas de cine independiente proyectadas en muchas salas. Aunque es relativamente nuevo, ha ganado prestigio en los últimos años.

**Feria Internacional
del Libro de Santiago** LITERATURA
(FILSA; https://camaradellibro.cl/ferias/filsa; ☉hasta tarde oct-ppios nov) Durante dos semanas, Estación Mapocho acoge a montones de editoriales y autores del mundo hispanohablante (y otros). Coincidiendo con la feria, se

organizan abundantes actos culturales, como charlas con autores, lecturas de poesía, talleres y actos en directo.

Muestra de Artesanía UC ARTE
(www.artesania.uc.cl; Parque Bustamante; ☉hasta tarde nov/ppios dic) Artesanos con talento muestran sus creaciones en el parque Bustamante de Providencia, perfecto para comprar recuerdos de las vacaciones.

🛏 Dónde dormir

Para un fácil acceso a los museos y restaurantes se recomienda Santiago Centro, el barrio Brasil –si se viaja con el dinero justo– o distritos con animada vida nocturna como el elegante barrio Lastarria y el estruendoso Bellavista. De preferir bares elegantes y restaurantes sofisticados, pero con escaso acceso a los lugares de interés principales, váyase al frondoso Providencia, al moderno barrio Italia o al acomodado Las Condes.

🛏 Centro

CasAltura Boutique Hostel ALBERGUE $
(plano p. 48; ☎2-2633-5076; www.casaltura.com; San Antonio 811; dc/d 13 000/40 000 CLP, i/d sin baño 20 000/30 000 CLP; @☎; MPuente Cal y Canto) Este sofisticado albergue-*boutique* es uno de los predilectos de los viajeros por su acceso a la cocina, la excelente ropa de cama, la recién renovada terraza con vistas al parque Forestal y su posición cerca al Mercado Central.

Ecohostel ALBERGUE $
(plano p. 48; ☎2-2222-6833; www.ecohostel.cl; General Jofré 349B; dc/i/d sin baño 8000/15 000/23 000 CLP; @☎; MUniversidad Católica) Quienes busquen tranquilidad adorarán el servicio personalizado de este albergue, sus acogedores sofás y su soleado patio (con hamacas). Los dormitorios de ocho camas de la reformada casa antigua pueden resultar oscuros, pero las literas y las taquillas son grandes y hay muchos baños bien divididos; cuenta con un dormitorio para mujeres.

Hostel Plaza de Armas ALBERGUE $
(plano p. 48; ☎2-2671-4436; www.plazadearmashostel.com; Compañía de Jesús 960, Apt. 607, plaza de Armas; dc 6000-10 000 CLP, d con/sin baño 27 500/23 500 CLP; ☎; MPlaza de Armas) El lector pensará que se ha equivocado de sitio cuando entre en este concurrido edificio de apartamentos de la plaza principal de Santiago. El albergue, en la 6ª planta, cuenta con di-

minutos dormitorios colectivos y una cocina de uso común bien equipada. Los fantásticos balcones a la plaza de Armas compensan las deterioradas instalaciones.

Hotel Plaza Londres — HOTEL $

(plano p. 48; ☑2-2633-3320; www.hotelplazalon dres.cl; Londres 35, Barrio París-Londres; i/d/tr 27 500/40 000/45 000 CLP; ✳🛜; ⓂUniversidad de Chile) Al final de la adoquinada calle Londres, este hotel sencillo tiene habitaciones de estilo años setenta, con fotografías de *jets* privados. El edificio colonial, algo desaliñado y con muestras de desgaste, no carece de encantos y cuenta con algunas obras decentes de arte moderno.

★Hostal Río Amazonas — PENSIÓN $$

(plano p. 48; ☑2-2635-1631; www.hostalrioama zonas.cl; av. Vicuña Mackenna 47; i/d 34 000/ 55 000 CLP; @🛜; ⓂBaquedano) Ideal para quienes buscan la socialización de un albergue pero sin compartir habitación. La consolidada pensión, en un palacio tudor de imitación, ofrece habitaciones luminosas, una gran terraza, una moderna cocina compartida y una amplia colección de arte.

Agustina Suites — ALOJAMIENTOS $$

(plano p. 48; ☑2-27102-7422; www.agustinasuite. cl; Huérfanos 1400, Oficina 106B; apt desde 69 US$; ✳🛜🏊; ⓂSanta Ana) Apartamentos de buena calidad en el centro, con pantalla plana, balcón y piscina al aire libre en verano.

Hotel Vegas — HOTEL $$

(plano p. 48; ☑2-2632-2498; www.hotelvegassan tiago.com; Londres 49, Barrio París-Londres; i/d 44 500/54 400 CLP; ✳@🛜; ⓂUniversidad de Chile) Se advierte un aire *vintage* en las habitaciones antiguas y señoriales del Hotel Vegas, algo así como una colisión de épocas, con paneles de madera, baños beis y detalles verde lima, todo ello en un edificio de inspiración colonial. Las habitaciones son limpias y amplias, algunas incluso con salita de estar, aunque algo sombrías y con camas con colchones mullidos o hundidos.

★Hotel Magnolia — HOTEL DE DISEÑO $$$

(plano p. 48; ☑2-2664-4043; www.hotelmagnolia.cl; Huérfanos 539; h desde 75 000 CLP; ✳✳; ⓂSanta Lucía) Cada habitación de este hotel-*boutique* de diseño es única, una fusión maestra de lo nuevo y lo viejo en un edificio de oficinas restaurado de la década de 1920. Las baldosas a cuadros, las escaleras de mármol y las ventanas con cristaleras se alternan con llama-tivas luces modernas, muebles geométricos y suelos de cristal de vértigo. Desde el bar de la azotea hay vistas del cerro Santa Lucía y Santiago Centro.

Hotel Galerías — HOTEL $$$

(plano p. 48; ☑2-2470-7400; www.hotelgalerias.cl; San Antonio 65; i/d 78 000/88 000 CLP; ✳@🛜; ⓂSanta Lucía) Este hotel está orgulloso de ser chileno: la entrada está custodiada por reproducciones de moáis (estatuas de la isla de Pascua), el restaurante está especializado en cocina regional y las habitaciones, sencillas pero cuidadas, están decoradas con telas y muebles de madera típicos. Su piscina al aire libre y que los menores de 10 años que se alojen con sus padres no pagan atrae a muchas familias.

Hotel Plaza San Francisco — HOTEL DE LUJO $$$

(plano p. 48; ☑2-2360-4444; www.plazasanfrancis co.cl; av. O'Higgins 816, Barrio París-Londres; d 91 500 CLP; ✳@🛜🏊; ⓂUniversidad de Chile) La recepción con paneles de roble, los grabados de caza de las paredes y los sobrios colores marrón y mostaza de los muebles y elementos decorativos de las habitaciones recuerdan a un salón inglés. Los empleados son de una profesionalidad impecable; el gimnasio, muy práctico, y tanto el desayuno tipo bufé como el restaurante son excelentes, aunque al hotel en general no le vendría mal un lavado de cara.

🛏 Barrios Lastarria y Bellas Artes

Poker Hostal — PENSIÓN $

(plano p. 48; ☑2-2633-3979; www.pokerhostal.com; Luis de Valdivia 361, Barrio Lastarria; i/d/f desde 17 000/33 000/33 000 CLP; 🛜; ⓂUniversidad Católica) Ecléctico y artístico como el barrio, este alojamiento ofrece las habitaciones privadas más baratas de Lastarria. Dispone de cocina compartida y algunas habitaciones gozan de balcón propio.

Hostal Forestal — ALBERGUE $

(plano p. 48; ☑2-2638-1347; www.hostalforestal. com; Coronel Santiago Bueras 120, Barrio Lastarria; dc 10 000 CLP, d con/sin baño 40 000/35 000 CLP; @🛜; ⓂBaquedano) Se lleva la palma por su ubicación. Cuenta con alegres espacios comunes, una cocina compartida y un pequeño patio, pero los dormitorios son algo oscuros.

Lastarria 43   APARTAMENTOS $$

(plano p. 48; ✆móvil 9-9496-1793, 2-2638-3230; www.lastarria43.cl; Lastarria 43, Barrio Lastarria; estudios 76-108 US$, apt 3-5 personas 148-200 US$; ✆; ⓂUniversidad Católica) En una calle tranquila en la entrada al barrio Lastarria, estos estudios y apartamentos salen muy a cuenta para las familias. Faltan las zonas comunes de casi todos los albergues, pero los apartamentos amueblados y muy bien equipados brindan la oportunidad de vivir como en los más encopetados condominios de Santiago. Se ofrece servicio diario de limpieza.

★**Singular**   HOTEL DE LUJO $$$

(plano p. 48; ✆2-2306-8820; www.thesingular.com; Merced 294, Barrio Lastarria; h desde 240 US$; ▣❇✆≋; ⓂUniversidad Católica) Elevando el listón del lujo dentro de la categoría de los hoteles-*boutique,* este establecimiento en el corazón de Lastarria es estiloso, refinado, puntilloso en la atención a los huéspedes y, como anuncia su nombre, singular. Las amplias habitaciones, con muebles y grabados eclécticos, atraerán incluso a los más acérrimos de la moda. Con piscina en la terraza del último piso y *spa* en la planta baja.

Luciano K   HOTEL-BOUTIQUE $$$

(plano p. 48; ✆2-2620-0900; www.lucianokhotel.com; Merced 84, Barrio Lastarria; h desde 90 000 CLP; ❇✆≋; ⓂBaquedano) Este nuevo hotel de diseño ocupa siete plantas de un edificio de la década de 1920 que antaño fue el más alto de Santiago y con el primer ascensor de la ciudad (¡aún en funcionamiento!). La azotea destaca por un bar moderno (con fascinantes baldosas) y una piscina donde cabe una pequeña familia. Los suelos de madera, colores naturales y muebles de diseño de las habitaciones rezuman una elegancia informal.

Hotel Boutique Lastarria HOTEL-BOUTIQUE $$$

(plano p. 48; ✆2-2840-3700; www.lastarriahotel.com; Coronel Santiago Bueras 188, Barrio Lastarria; h 200-339 US$, ste 369-399 US$; ❇✆≋; ⓂBellas Artes) Aunque alcanza cotas de calidad bastante altas, a los autores de esta guía les parece que este hotel-*boutique* de 14 habitaciones está subido de precio. Razones para quedarse: una lujosa piscina en el jardín trasero, habitaciones con techos abovedados y azulejos de travertino, muebles modernoclásicos y mucho espacio para moverse, más un pequeño gimnasio y la ubicación más ideal que se pueda imaginar.

🏠 Barrio Bellavista

Bellavista Hostel   ALBERGUE $

(plano p. 54; ✆2-2732-3146; www.bellavistahostel.com; Dardignac 0184; dc 15-17 US$, i/d sin baño 30/50 US$; @✆; ⓂBaquedano) Este albergue es un clásico de Bellavista. Las paredes atestadas de vistosas pinturas y grafitos preludian el ambiente relajado y bohemio. Hay una terraza fantástica y dos cocinas. Se echa en falta un poco más de limpieza. Los mejores bares y clubes de la ciudad están a la vuelta de la esquina, así que los huéspedes son muy dados a trasnochar. Si no se va a volver tarde, se puede dormir en el anexo o buscar otro alojamiento.

La Chimba   ALBERGUE $

(plano p. 54; ✆2-2732-9184; www.facebook.com/lachimbahostel; Ernesto Pinto Lagarrigue 262; dc 11 000-15 000 CLP, i/d sin baño 24 000/36 000 CLP; @✆; ⓂBaquedano) Un enorme mural anuncia la llegada a este marchoso albergue de Bellavista, con un salón al estilo de la década de 1950 perfectamente desentonado con una reluciente araña y otros cachivaches de distintas décadas. En las habitaciones se nota un aire *punk-rock* un poco cutre, pero con mucho sabor. Y se pasa muy bien intercambiando historias en la plaza de atrás.

Hotel Boutique Tremo   HOTEL-BOUTIQUE $$

(plano p. 54; ✆2-2732-4882; www.tremohotel.cl; Alberto Reyes 32; h 47 000 CLP; ❇✆; ⓂBaquedano) Perfecto para quienes busquen vivir una experiencia exclusiva sin dejarse un dineral. El delicioso palacio reformado, en una tranquila calle de Bellavista, tiene un estupendo *lounge* en el patio, un diseño *art déco* renovado, un servicio decente y un ambiente relajado.

Una escalera de caracol lleva a las blancas habitaciones de altos techos, con diseño minimalista de sesgo escandinavo, trabajos artísticos y baños modernos.

Aubrey Hotel   HOTEL DE LUJO $$$

(plano p. 54; ✆2-2940-2800; www.theaubrey.com; Constitución 317; d/ste desde 200/375 US$; ❇@✆≋; ⓂBaquedano) Redefiniendo la sofisticación, esta mansión construida en 1927 es el mejor hotel-*boutique* de lujo de Santiago. Destacan su preciosa (y bien climatizada) piscina cubierta, la iluminación innovadora, el extravagante piano *lounge* y su asombrosa posición a los pies del cerro San Cristóbal.

La fusión entre diseño *art déco,* contemporáneo y clásico extasía al pasar por los espacios comunes de camino a las bien equipadas habitaciones.

Barrio Brasil y barrio Yungay

★Happy House Hostel ALBERGUE $
(plano p. 57; ☎2-2688-4849; www.happyhousehos tel.com; Moneda 1829, Barrio Brasil; dc 14 000 CLP, i/d 40 000/45 000 CLP, sin baño 30 000/35 000 CLP; @🛜🏊; MLos Héroes) Esta mansión de 1910 presenta unos fabulosos techos con molduras, divertidos toques modernos y elementos decorativos art déco chocantes. Tiene piscina, bar y patio trasero, varios pisos con dormitorios colectivos y otros privados, que merecen mucho la pena.

La Casa Roja ALBERGUE $
(plano p. 57; ☎2-2695-0600; www.lacasaroja.cl; Agustinas 2113, Barrio Brasil; dc 9500 CLP, d con/ sin baño 32 000/28 000 CLP; @🛜🏊; MRicardo Cumming) Con piscina, patios espaciosos, bar al aire libre, jardín y una cocina enorme y bien diseñada, es fácil entender por qué este albergue de propiedad australiana recibe a tantos mochileros. El ambiente propicio para relacionarse con otros huéspedes no es su único atractivo: las escalinatas y los altísimos techos con molduras de esta mansión del s. XIX restaurada con exquisito gusto rezuman personalidad.

Las dobles ofrecen una relación calidadprecio estupenda y están decoradas con muebles retro y cuartos de baño muy coquetos.

Barrio Italia

Hostal Chile Pepper ALBERGUE $
(plano p. 59; ☎2-2501-9382; www.hostalchilepepper. com; Claudio Arrau 251; dc/d 10 000/22 000 CLP; 🛜; MSanta Isabel) Situado en una tranquila calle secundaria, este limpio albergue cuenta con nueve habitaciones entre dormitorios colectivos y privados. Tiene un cursi césped artificial donde tomar el sol en la parte anterior, un acogedor patio para barbacoas en la parte posterior y un amplio espacio común en medio donde jugar al billar o intercambiar consejos de viaje.

★CasaSur Charming Hotel B&B $$$
(plano p. 59; ☎2-2502-7170; www.casasurchile.com; Eduardo Hyatt 527; h 160-210 US$; ❄🛜; MSanta Isabel) Como indica su nombre en inglés, su encanto ("charming") se refleja en el personal de lo más servicial, los generosos desayunos

SANTIAGO DÓNDE DORMIR

ORIENTACIÓN

El Gran Santiago está encajado entre dos cadenas montañosas: los Andes y la cordillera de la Costa. Aunque consta de unas 37 comunas (distritos), la mayoría de los puntos de interés se concentran en unos pocos barrios del centro

La av. O'Higgins (más conocida como "la Alameda") es el principal eje de la ciudad: al este de la plaza Italia se convierte en la av. Providencia y luego en la av. Apoquindo. La línea 1 de metro discurre subterránea por casi toda ella. Hacia el norte, casi en paralelo, fluye el contaminado río Mapocho, la frontera oficiosa entre el centro urbano y las zonas residenciales del norte.

Tres cimas coronables destacan en el paisaje urbano plano: el cerro San Cristóbal (parque importante), el cerro Manquehue (con fantásticas rutas de excursionismo urbano) y el cerro Santa Lucía, más pequeño.

y el servicio personalizado que incluye una tarjetita de bienvenida en la luminosa y ventilada habitación. Su posición en una callecita tranquila también es ideal. Resérvese con antelación, pues es muy popular.

Providencia

Castillo Surfista Hostel ALBERGUE $
(☎2-2893-3350; María Luisa Santander 0329; dc 9700 CLP, d sin baño 26 000 CLP; @🛜; MBaquedano) Situado en el extremo norte del barrio Italia y gestionado por un surfista californiano, esta casa renovada ofrece acogedores dormitorios colectivos y habitaciones dobles, áreas comunes limpias y anfitriones apacibles que ayudan a adentrarse en el mundo del surf; el propietario incluso monta excursiones de un día para surfear en zonas menos conocidas y organiza el alquiler de furgonetas camper si el viajero quiere aventurarse solito hasta las playas.

Intiwasi Hotel HOTEL-BOUTIQUE $$
(plano p. 60; ☎2-2985-5285, www.intiwasihotel.com; Josue Smith Solar 380; h 85-90 US$; ❄@🛜; MLos Leones) Acogedor y céntrico, es más un albergue-*boutique* para adultos. Los propietarios están dispuestos a ayudar a los huéspedes a organizar sus viajes y la decoración se inspira en los indígenas chilenos –*intiwasi* es

CEMENTERIO GENERAL

El **Cementerio General** (www.cemen
teriogeneral.cl; av. Profesor Alberto Zañartu
951, Barrio Recoleta; ☉20.30-18.00; MCe-
menterios) es una verdadera necrópolis
de tumbas, muchas adornadas con
obras de escultores locales famosos.
Los nombres de personajes ilustres grabados en las criptas son un compendio
de la historia de Chile: las épocas más
turbulentas del país están representadas por la tumba de Salvador Allende
y el **Memorial del Detenido Desaparecido y del Ejecutado Político,** que
rinde homenaje a los "desaparecidos"
durante la dictadura de Pinochet.

Para llegar al memorial desde la entrada principal hay que caminar por
av. O'Higgins, girar a la derecha en Li-
may y caminar otros 200 m hasta
el patio Recoleta Norte.

"casa del sol" en quechua– con telas indias,
madera oscura y rojos y naranjas chillones.
Las habitaciones tienen TV de pantalla LCD.

Hotel Orly HOTEL DE LUJO **$$$**
(plano p. 60; ☎2-2630-3000; www.orlyhotel.com; av.
Pedro de Valdivia 027; i/d 125/145 US$, apt 125 US$;
P❊@☎; MPedro de Valdivia) Este hotel seño-
rial (y bastante serio) posee una preciosa te-
rraza acristalada. La atmósfera es clásica, con
muebles de maderas nobles, ropa de cama
blanca y pesados cortinajes marrones. Hay
café, té y pasteles todo el día a disposición
de los clientes en la sala de desayuno. A las
familias quizá les interesen los 23 apartamen-
tos que tiene el Orly cuadra abajo; el servicio
incluye desayuno en el hotel.

Las Condes, El Golf y Vitacura

W Santiago HOTEL DE LUJO **$$$**
(plano p. 62; ☎2-2770-0000; www.wsantiagoho-
tel.com; Isidora Goyenechea 3000, Barrio El Golf;
h desde 300 US$; P❊@☎❊; MEl Golf) Van-
guardista, cargado de energía, decadente y
coqueto, ofrece todo lo que cabe esperar de
esta cadena internacional: fiestas, pases de
modelos, buenos restaurantes, clubes nocturnos trepidantes, famosos y mucha gente
guapa. Las estilizadas habitaciones y suites,
con ventanales desde el suelo hasta el techo,

poseen todas las comodidades tecnológicas
imaginables.

Aunque uno no se aloje aquí, debería venir
a cenar o de fiesta. Cuenta con varios bares
y en el bistró de la terraza sirven platos franceses, japoneses o chilenos. A los huéspedes
les encantan la piscina de la azotea y el *spa*
de la 3ª planta.

Ritz-Carlton HOTEL DE LUJO **$$$**
(plano p. 62; ☎2-2470-8500; www.ritzcarlton.
com/santiago; El Alcalde 15, Barrio El Golf; h desde
398 US$; ❊@☎❊; MEl Golf) Es una propuesta
de lujo muy consolidada. Y es que cuidan has-
ta el más mínimo detalle, como las sábanas
de algodón egipcio y los cómodos colchones
de sus camas extragrandes. La joya del hotel
es el *spa* con piscina de la última planta, con
un tejado abovedado de cristal que permite
nadar bajo las estrellas. Si el huésped prefiere
otros tratamientos servidos en copa, los pisco
sours de su bar son legendarios.

🍴 Dónde comer

Los mejores restaurantes de lujo se concen-
tran en Lastarria, Bellavista, Providencia y
Vitacura, y se puede comer en muchos de
ellos a precios más asequibles si se elige un
menú entre semana. Como propuestas clási-
cas chilenas se puede almorzar pescado y ma-
risco en el mercado central de pescado, unas
empanadas de un puesto para llevar o unos
completos (perritos calientes con abundante
aguacate) en los restaurantes del centro.

🍴 Centro

Mercado Central PESCADO **$**
(plano p. 48; www.mercadocentral.cl; 21 de Mayo esq.
San Pablo; ☉puestos de comida y restaurantes 9.00-
17.00 lu-vi, 7.00-15.30 sa y do; MPuente Cal y Canto)
Este mercado santiaguino de hierro forjado
es un clásico para almorzar platos de pescado
y marisco (y calderetas como el caldillo de
congrio, con patata y tomate, el preferido de
Pablo Neruda). Se recomienda pasar de largo
por los restaurantes turísticos del medio y
probar uno de los pequeños puestos modes-
tos de la periferia del mercado.

El Naturista VEGETARIANA **$**
(plano p. 48; ☎2-2696-1668; www.elnaturista.cl;
paseo Huérfanos 1046; comidas 3400-5000 CLP;
☉8.30-21.00 lu-vi, 9.00-16.00 sa; ☒; MPlaza de
Armas) Todo un clásico vegetariano del cen-
tro, ofrece sopas sencillas pero sustanciosas,
sándwiches, ensaladas, pasteles y zumos re-
cién hechos, además de desayunos frugales.

Emporio Zunino   PANADERÍA $

(plano p. 48; www.empanadaszunino.com; Puente 801; empanadas 1000 CLP; ⊙9.30-20.00 lu-vi, hasta 15.00 sa; ⓂPuente Cal y Canto) Fundada en 1930, esta panadería clásica hornea fantásticas empanadas; hace poco, en un concurso de las mejores de Santiago, los periodistas gastronómicos chilenos las situaron entre las 10 mejores.

Bar Nacional   CHILENA $

(plano p. 48; ☏2-2695-3368; paseo Huérfanos 1151; platos principales 2000-10 000 CLP; ⊙7.30-23.00 lu-vi, hasta 17.00 sa; ⓂPlaza de Armas) Desde la barra cromada hasta el personal de veteranos, esta fuente de soda es tan retro como cabría esperar. Lleva muchos años sirviendo platos típicos chilenos, como el lomo a lo pobre (con patatas y un huevo frito). Los que quieran ahorrarse un dólar (o cientos de pesos) pueden pedir la carta de sándwiches.

Es tan popular que hay otros dos en la ciudad.

Puestos de comida rápida   CHILENA $

(plano p. 48; Portal Fernández Concha; tentempiés 1500-5000 CLP; ⊙9.00-23.00 lu-sa; ⓂPlaza de Armas) Algunas de las comidas más baratas de la ciudad se sirven en los puestos que jalonan el Portal Fernández Concha, los soportales del lado sur de la plaza de Armas. Empanadas descomunales, completos y *pizza* en porciones son lo que más se come aquí de día y de noche.

★**Salvador Cocina y Café**   CHILENA $$

(plano p. 48; ☏2-2673-0619; www.facebook.com/SalvadorCocinaYCafe; Bombero Ossa 1059; platos principales 6000-7500 CLP; ⊙8.00-19.00 lu-vi; ⓂUniversidad de Chile) Restaurante modesto que da en el clavo con sus menús diarios a base de productos del mercado y protagonizados por platos olvidados (y carnes exóticas) del campo chileno. Abarrotado desde que en 2015 el cocinero Rolando Ortega ganó el codiciado premio al chef del año.

★**La Diana**   CHILENA $$

(☏2-2632-8823; www.ladiana.cl; Arturo Prat 435; platos principales 6000-8500; ⊙13.00-00.30 ma-sa, hasta 18.30 do; ⓂUniversidad de Chile) Situado junto a un salón recreativo infantil homónimo y construido en un viejo monasterio, no es fácil describir este lugar. En los techos las macetas se intercalan con las lámparas de araña, las mesas son un batiburrillo de muebles recuperados, y la carta destaca tanto

por sus parrilladas de pescado como por las *pizzas* de marisco.

Confitería Torres   CAFÉ $$

(plano p. 48; www.confiteriatorres.cl; av. O'Higgins 1570; 4500-12 000 CLP; ⊙10.30-24.00 lu-sa; ☎; ⓂLos Héroes) Esta cafetería, de las más antiguas de Santiago, rezuma historia por doquier incluso tras las restauraciones que le confirieron un toque de elegancia moderna. Los camareros entrados en años sirven con compostura, las lámparas de araña relucen y las baldosas blanquiverdes están desgastadas del uso.

※ Barrios Lastarria y Bellas Artes

Café Bistro de la Barra   CAFÉ $

(plano p. 48; J. M. de la Barra 455, Barrio Bellas Artes; sándwiches 4000-5500 CLP; ⊙8.00-23.00 lu-vi, 9.00-23.00 sa y do; ☑; ⓂBellas Artes) Baldosines viejos en el suelo, un sofá de terciopelo, música de la década de 1940 y tazas y teteras como decoración: un fondo extravagante pero bonito para unos de los mejores *brunches* y *onces* (meriendas) de Santiago. Entre sus generosos sándwiches se cuentan los cruasanes rellenos de salmón y el pan de aceitunas verdes con jamón de Parma y rúcula. El pastel de queso es toda una delicia.

Emporio La Rosa   HELADERÍA $

(plano p. 48; ☏2-2638-9257; www.emporiolarosa.com; Merced 291, Barrio Lastarria; helados 2000 CLP, ensaladas y sándwiches 4000-6000 CLP; ⊙10.00-21.00 lu-ju y do, hasta 22.00 vi y sa; ☑; ⓂBellas Artes) Chocolate con chile, pétalos de rosa y piña tailandesa son algunos de los deliciosos sabores de los cremosos y adictivos helados que aquí se sirven. Los *pains au chocolat* hojaldrados y los blanditos bocadillos de marraqueta (tipo de pan) son otros dos motivos por los que dejarse caer en sus mesas cromadas. En continua expansión, cuenta con montones de tiendas por la ciudad.

Tambo   PERUANA $$

(plano p. 48; ☏2-2633-4802; http://tambo.cl; Lastarria 65, Barrio Lastarria; platos principales 6000-11 000 CLP; ⊙13.00-23.00; ⓂUniversidad Católica) Con una ubicación privilegiada en una de las calles más espectaculares de Lastarria, este restaurante peruano moderno ofrece versiones muy condimentadas de platos y bebidas que los chilenos ya han hecho suyas, como el fantástico cebiche. Para adentrarse en la cocina del otro lado de la frontera, nada como empezar con un delicioso pisco sour salpicado de maracuyá.

Sur Patagónico   CHILENA $$

(plano p. 48; ☑2-2664-5341; Lastarria 92, Barrio Lastarria; platos principales 8000-14 000 CLP; ⊘10.30-23.00 lu-sa; MUniversidad Católica) Aunque la comida de este concurrido establecimiento es carita y el servicio es de lo más lento, apenas importa si se consigue una de las coquetas mesas de la terraza: es genial contemplar el vaivén de gente, sobre todo con una cerveza chilena artesanal fresquita en la mano.

✗ Barrio Bellavista

Galindo   CHILENA $

(plano p. 54; ☑2-2777-0116; Dardignac 098; platos principales 3000-6000 CLP; ⊘12.00-24.00 lu-sa; MBaquedano) Los anuncios retro de neón adornan la barra de madera de esta institución santiaguina, que suele estar llena de clientes ruidosos pero entendidos. A diferencia de los refinados restaurantes de los alrededores, aquí las estrellas son las chisporroteantes parrilladas y los sustanciosos platos típicos chilenos, como la chorrillana (patatas fritas con carne y cebollas a la plancha encima).

La comida baja mejor con una pinta recién tirada o con una jarra de vino de la casa.

El Caramaño   CHILENA $

(plano p. 54; http://caramano.tripod.com; Purísima 257, Barrio Recoleta; platos principales 5000-10 000 CLP; ⊘13.00-23.00 lu-sa, hasta 17.00 do; MBaquedano) Las familias santiaguinas son fieles a este restaurante por su amplia carta de platos típicos chilenos, como las machas a la parmesana (almejas gratinadas), la merluza a la trauca (al horno con salsa de tomate y salchicha) y el oreganato (queso de cabra fundido con orégano). Apuesta segura para una cena chilena asequible.

Etniko   FUSIÓN $$

(plano p. 54; ☑2-2732-0119; www.etniko.cl; Constitución 172; platos principales 5900-11 000 CLP; ⊘19.30-2.00 lu-sa; MBaquedano) Con gigantescas fuentes de *sushi* y otras propuestas culinarias de Japón, Tailandia y Chile, este restaurante es elegante –mezcla de piedra, metal, bambú, luz y sonido– y acogedor.

Azul Profundo   PESCADO $$

(plano p. 54; ☑móvil 9-5622-0029; Constitución 111; platos principales 7000-13 000 CLP; ⊘13.00-24.00; MBaquedano) Pescados y mariscos fresquísimos e inventivos. Si se va a compartir, pídase

el delicioso surtido de cebiche y una ronda de pisco sours: podría ser una de las comidas más memorables de la estancia en Chile.

★ Peumayen   CHILENA $$$

(plano p. 54; www.peumayenchile.cl; Constitución 136; menú degustación 12 500 CLP; ⊘13.00-15.00 y 19.00-24.00 ma-sa, 13.00-16.00 do; MBaquedano) No cabe duda de que una de las experiencias culinarias más excepcionales del país se vive en este advenedizo restaurante de Bellavista, que renueva la cocina nacional bebiendo de las raíces de los mapuches, rapa nui y atacameños.

No hay ni que molestarse en pedir a la carta, a menos que se esté con un grupo grande. Lo mejor es encargar el menú-degustación que se sirve en una losa y consiste en versiones modernas de comidas indígenas tradicionales como llama, lengua de cordero, panes dulces, caballo y salmón. El patio, con una iluminación espectacular, y el interior de techos altos crean el entorno perfecto para este viaje en tecnicolor por las raíces gastronómicas de Chile.

✗ Barrio Brasil y barrio Yungay

Palacio del Vino   CHILENA $

(plano p. 57; ☑móvil 9-8855-1922; www.palacio delvino.cl; av. Brasil 75, Barrio Brasil; platos principales 5000-8000 CLP; ⊘11.00-18.00 lu-sa, cenas solo con reserva) Modesto establecimiento que destaca por su ambiente y su precio. Aparte de ocupar un edificio histórico cargado de personalidad en el barrio Brasil, se puede tomar una copa de vino gran reserva por 3000 CLP acompañada por un plato de marisco por menos de 6000 CLP.

Peluquería Francesa   FRANCESA $$

(plano p. 57; ☑2-2681-5550; www.peluqueriafrance sa.cl; Compañía de Jesús 2789, Barrio Yungay; platos principales 8500-13 000 CLP; ⊘9.30-22.30 lu-sa, 10.00-18.00 do; P🕾; MRicardo Cumming) Una de las experiencias gastronómicas más innovadoras de Santiago. El nombre hace alusión a lo que fue al principio este elegante edificio esquinero de 1868. Decorado con extravagantes antigüedades, aún conserva su encanto de cambio de siglo; los fines de semana por la noche se llena de modernos santiaguinos atraídos por los platos de influencia gala bien preparados.

Squella Restaurant PESCADO $$
(plano p. 57; ☑2-2699-3059; www.squellarestaurant.
cl; av. Ricardo Cumming 94, Barrio Brasil; platos principales 10 000-18 000 CLP; ☺12.30-23.30 lu-sa, hasta 17.30 do; ⓂRicardo Cumming) Al entrar en este restaurante de cuatro pisos (ubicado en las habitaciones de una vieja casa), puede que la cena aún esté chapoteando (o agazapada) en los burbujeantes tanques que revisten uno de los laterales del comedor de la planta baja. Sus fresquísimas ostras, langostinos, almejas y cebiches se han granjeado una clientela fiel desde hace varias décadas.

Las Vacas Gordas ASADOR $$
(plano p. 57; ☑2-2697-1066; Cienfuegos 280, Barrio Brasil; platos principales 7000-13 000 CLP; ☺12.00-24.00 lu-sa, hasta 17.00 do; ⓂRicardo Cumming) Los filetes de ternera, cerdo y pollo y las verduras que camareros de la vieja escuela llevan a las mesas copan la parrilla gigantesca del comedor principal. Este asador tan popular suele estar lleno, así que conviene reservar o llegar temprano.

✖ Barrio Italia

★ **Silabario** CHILENA $$
(☑2-2502-5429; www.cocinalocal.cl; Lincoyan 920; platos principales 6000-9500 CLP; ☺19.00-23.30 ma-vi, 13.00-16.30 y 19.00-24.00 sa, 13.00-16.30 do; ⓂIrarrázaval) Escondido en una antigua casa al sur de la calle principal del barrio Italia, este íntimo establecimiento prepara platos del campo revisitados en clave gastronómica. Desde las ensaladas de quinua norteñas hasta los sustanciosos guisos mapuches del sur, todos los viajes culinarios culminan con un bajativo (licor digestivo) casero gratis.

✖ Providencia

Voraz Pizza PIZZERÍA $
(plano p. 60; ☑2-2235-6477; www.vorazpizza.cl; av. Providencia 1321; pizzas 4000-5000 CLP; ☺12.30-23.30 lu-sa, 17.30-23.30 do; ☝; ⓂManuel Montt) Sirve pizzas de masa fina con excelente relación calidad-precio y cervezas artesanales en las mesas de la acera, y también reparte a domicilio. Una ventaja añadida para quienes no comen carne: prepara sabrosas pizzas vegetarianas y veganas.

Holm CAFÉ $$
(plano p. 60; ☑móvil 9-4227-4411; Padre Mariano 125; comidas 5000-7500 CLP; ☺9.00-22.00 lu-vi, 10.00-16.00 sa y do; ☝; ⓂPedro de Valdivia) Los fines de semana los santiaguinos acuden en masa a esta hogareña cafetería a degustar el mejor brunch de la ciudad. Se sirven panes recién horneados, mermeladas, yogures, granola o huevos revueltos con crujiente beicon, entre otros. Entre semana completan la oferta las ensaladas, los sándwiches y los zumos recién exprimidos.

Liguria Bar
& Restaurant MEDITERRÁNEA, CHILENA $$
(plano p. 60; ☑2-2334-4346; www.liguria.cl; av. Pedro de Valdivia 47; platos principales 7000-12 000 CLP; ☺10.00-1.30 lu-sa; ⓂPedro de Valdivia) Mezcla perfecta de bar y bistró. El conejo estofado y otros platos del día se escriben con tiza en una pizarra, y después los atildados camareros los colocan con aplomo en las mesas con manteles de cuadros rojos.

El interior revestido de madera está decorado con anuncios antiguos, recuerdos chilenos y botellas viejas, si bien lo que se disputan los clientes son las mesas de la terraza. Hay otros tres en la ciudad.

Fuente Las Cabras CHILENA $$
(plano p. 62; ☑2-2232-9671; av. Luis Thayer Ojeda 166; platos principales 6000-8000 CLP; ☺9.00-11.30 y 12.30-1.00 lu-vi, 13.00-00.45 sa y do; ⓂTobalaba) ¿Qué pasaría si un gran chef se hiciera con las riendas de un restaurante típico estadounidense? Pues es lo que ha ocurrido en esta fuente de soda, donde el galardonado chef Juan Pablo Mellado revisa platos rápidos chilenos con un toque gastronómico. De la fuente de soda en sí no hay ni rastro, solo cervezas artesanales.

El Huerto CAFÉ $$
(plano p. 60; ☑2-2231-4443; www.elhuerto.cl; Orrego Luco 054; platos principales 6000-8000 CLP; ☺12.00-23.00 lu-sa, 12.30-16.30 do; ☝; ⓂPedro de Valdivia) Los platos saludables y vegetarianos de este modesto restaurante son todo un éxito entre los jóvenes modernos y las señoras que salen a almorzar. Se recomiendan el cebiche con algas, los zumos del día, las ensaladas de quinua y los deliciosos postres.

Aquí Está Coco CHILENA $$$
(plano p. 60; ☑2-2410-6200; www.aquiestacoco.cl; La Concepción 236; platos principales 9100-13 000 CLP; ☺13.00-15.00 y 19.00-23.00 lu-sa, cerrado feb; ☎; ⓂPedro de Valdivia) ✆ Uno de los restaurantes más inolvidables de Providencia se halla en esta minimansión bien restaurada, con materiales de construcción sostenibles. El nombre alude a su imaginativo propietario, que utiliza el espacio para exponer obras

de arte y objetos traídos de sus viajes por el mundo (y para desplegar su considerable talento culinario y sus conocimientos sobre vinos). La centolla de la Patagonia es éxito garantizado. Entre los platos estrella de lo que Coco llama "cocina sencilla y honesta" también se cuentan las vieiras en salsa de coco y el atún de la isla de Pascua a la brasa.

Ñuñoa

Fuente Suiza CAFETERÍA **$**
(www.fuentesuiza.cl; av. Irarrázaval 3361; sándwiches 3200-6300 CLP; ⊗11.00-24.00 lu-ju, hasta 1.00 vi, hasta 22.30 sa; MÑuñoa) Los excelentes bocadillos de lomo y las empanadas de hojaldre bien fritas convierten este restaurante de gestión familiar en el lugar perfecto donde preparase para una larga noche de copas (o reponerse de la resaca).

Las Condes, El Golf y Vitacura

Café Melba CAFÉ **$**
(plano p. 62; ☑2-29052-8480; www.cafemelba. cl; Don Carlos 2898, Barrio El Golf; sándwiches 4000 CLP, platos principales 4000-6000 CLP; ⊗8.00-18.00; ☑; MTobalaba) El rey del *brunch* de Santiago a finales de la década de 2000, hoy ha quedado eclipsado por otros cafés más sugerentes y sabrosos de Providencia y el barrio Italia. Sin embargo, sus huevos con beicon, los gofres, los sándwiches de cruasán y las enormes tazas de café siguen saliendo muy bien de precio.

Dominó SÁNDWICHES **$**
(plano p. 62; www.domino.cl; Isidora Goyenechea 2930, Barrio El Golf; sándwiches 1800-6000 CLP; ⊗8.00-21.00 lu-vi, 12.00-21.00 sa, 12.00-16.30 do; MTobalaba) Esta sucursal de Dominó, una versión contemporánea de la tradicional fuente de soda, a mediodía se llena de jóvenes oficinistas de buen aspecto. El chulo interior blanco y negro y los sándwiches y completos a buen precio lo convierten en un elegante local chileno de comida rápida. Tienen otras sucursales en la ciudad.

★Boragó CHILENA **$$$**
(☑2-2953-8893; www.borago.cl; av. Nueva Costanera 3467, Vitacura; menú degustación desde 50 000 CLP; ⊗19.00-23.15 lu-sa) El chef Rodolfo Guzmán se ganó un codiciado puesto entre los 50 mejores restaurantes del mundo al elevar la cocina chilena a un nuevo nivel en este restaurante de Vitacura, cuyo minimalismo

obliga a concentrarse en la comida. Los menús degustación de varios platos, con ingredientes endémicos poco conocidos, guían al comensal por una aventura culinaria desde el desierto de Atacama hasta la Patagonia. Resérvese con mucha antelación.

Dónde beber y vida nocturna

Los santiaguinos dedican los domingos a la familia, pero cualquier otro día se puede salir de fiesta. Bellavista es la zona principal de marcha, mientras que los mejores bares se encuentran en el chic Lastarria o en los pijos Vitacura y Providencia. La mayoría de locales no abren hasta la medianoche y permanecen abiertos hasta las 4.00 o 5.00.

Barrios Lastarria y Bellas Artes

★Bocanáriz BAR DE VINOS
(plano p. 48; ☑2-2638-9893; www.bocanariz.cl; Lastarria 276, Barrio Lastarria; ⊗12.00-24.00 lu-sa, 19.00-23.00 do; MBellas Artes) En Chile es imposible dar con una carta de vinos mejor que la de este bar-restaurante cuyos camareros están formados como sumilleres. Óptese por una ronda de catas (seleccionados por región o estilo) o pruébense varias copas de sus mejores botellas. También sirven bandejas de carnes y quesos y otros sustanciosos platos chilenos (principales 8000-12 000 CLP). Se recomienda reservar.

★Chipe Libre COCTELERÍA
(plano p. 48; ☑2-2664-0584; Lastarria 282, Barrio Lastarria; ⊗12.30-00:30 lu-mi, hasta 1.00 ju-sa; MBellas Artes) Para profundizar sobre los cócteles a base de pisco, y quién los inventó, en el único bar santiaguino dedicado a este aguardiente sudamericano. La carta recoge muchos piscos peruanos y chilenos, que pueden probarse en rondas de catas de tres o en sours de distintos sabores. Resérvese con antelación una mesa del patio interior.

Ópera Catedral COCTELERÍA
(plano p. 48; ☑2-2664-3048; www.operacatedral.cl; esq. J. M. de la Barra y Merced, Barrio Bellas Artes; ⊗12.30-3.00 lu-ju, hasta 5.00 vi y sa; MBellas Artes) Su carta va mucho más allá de las tapas de bar típicas: ¿apetece una copa de champán con *crème brûlée* de violetas? A los profesionales liberales, veinteañeros y treintañeros seguros de sí mismos les encantan sus sofás bicolores y su música suave. Es una de las

refinadas creaciones de los responsables del restaurante Ópera; ambos se encuentran en el mismo edificio que hace esquina. Súbase a la azotea para disfrutar de las vistas del cerro Santa Lucía.

Mamboleta
COCTELERÍA

(plano p. 48; ☎2-2633-0588; www.mamboleta.cl; Merced 337, Barrio Lastarria; ☺9.30-4.00 ma-ju, hasta 2.00 vi, 11.00-2.00 sa, 15.30-23.00 do; ☎; Ⓜ Bellas Artes) Con música heterogénea que abarca continentes y décadas, así como un bonito patio, es un buen sitio para empezar la noche de *carrete* peregrinando de bar en bar. Los cócteles suelen ser los más baratos del barrio.

Lastarria Café
CAFÉ

(plano p. 48; ☎2-2633-0995; www.facebook.com/ lastarriacafe; Lastarria 305, plaza Mulato Gil de Castro, Barrio Lastarria; ☺9.00-21.00 lu-vi, desde 11.00 sa y do; ☎; Ⓜ Bellas Artes) Junto a un pequeño museo de artes visuales en una calle adoquinada, ofrece unos deliciosos capuchinos, tés en hebras, pastitas, sándwiches gastronómicos y ensaladas.

Café Mosqueto
CAFÉ

(plano p. 48; ☎2-2664-0273; Mosqueto 440, Barrio Bellas Artes; ☺8.00-22.00 lu-vi, 10.00-22.00 sa y do; ☎; Ⓜ Bellas Artes) Encantador café muy acogedor cuando llueve, mientras que si hace bueno las mesitas de la terraza, con vistas a una calle peatonal, son ideales para observar a la gente. El tramo peatonal de Mosqueto entre Monjitas y Merced está flanqueado por varias cafeterías parecidas con comidas baratas y fuertes cafés exprés.

El Diablito
BAR

(plano p. 48; ☎2-2638-3512; www.eldiablito.cl; Merced 336, Barrio Lastarria; ☺18.00-3.00 lu, 19.00-4.00 sa, 19.00-2.00 do; Ⓜ Bellas Artes) Fotos y viejos cacharros de cocina cuelgan de las paredes oscuras de este bar lleno de humo. De noche, las mesitas invitan a conspirar en susurros hasta la madrugada; sus *schop* (cerveza de barril) y pisco sours estupendos son dos motivos más para quedarse.

🍸 Barrio Bellavista

Club La Feria
CLUB

(plano p. 54; www.laferia.cl; Constitución 275; entrada 10 000 CLP; ☺desde 23.00 ju-sa; Ⓜ Baquedano) La música electrónica eufórica, una clientela dispuesta a todo y unos DJ geniales lo convierten en un destino donde bailar toda la noche.

El Clan
CLUB

(plano p. 54; www.facebook.com/BarElClan; Bombero Núñez 363, Barrio Recoleta; entrada 4000-7000; ☺22.00-4.00 ma-sa; Ⓜ Baquedano) El nombre es abreviatura de "El Clandestino" porque esta pequeña discoteca funcionaba antes de tapadillo. Las bandas en directo y los DJ residentes animan a la clientela de veinteañeros; suena desde música ochentera hasta R&B, *funk* o *techno*.

🍷 Barrio Italia

Xoco Por Ti Chocolate Bar
CAFÉ

(plano p. 59; ☎móvil 9-5774-2673; www.xocoporti. com; av. Italia 1634; ☺12.00-20.00 ma-do; Ⓜ Santa Isabel) Los golosos llegarán al nirvana en este diminuto bar con una tentadora carta de chocolates a la taza con que consolarse de las calamidades del invierno. Los frapés de chocolate y los helados también son una delicia en su patio florido. Los pedidos pueden personalizarse según el origen (Bolivia, Brasil, Perú o Ecuador) y el porcentaje de cacao (de 55% a 85%).

🍷 Barrio Brasil y barrio Yungay

★ Blondie
CLUB

(plano p. 57; www.blondie.cl; av. O'Higgins 2879, Centro; entrada 2000-6000 CLP; ☺desde 11.30 ju-sa; Ⓜ Unión Latinoamericana) Los ochenta y los noventa siguen de moda en una planta de este club, mientras que en la otra suena desde *rock* gótico y *techno* hasta pop británico o *indie* chileno. Es uno de los locales preferidos de estudiantes y homosexuales y suele estar abarrotado.

Cervecería Nacional
CERVEZA ARTESANA

(plano p. 57; ☎móvil 9-9218-4706; www.cerveceria-nacional.cl; Compañía de Jesús 2858, Barrio Yungay; ☺19.00-00.30 lu-ju, hasta 1.30 vi y sa; Ⓜ Quinta Normal) En Santiago no abundan los bares donde se tira cerveza artesanal, por eso este sencillo *pub* es toda una joya. Su oferta de cervezas abarca todo el espectro, desde *pale lager* hasta imperial *stout*, una variedad que se repite en la selección de *pizzas*. Una jarra y una *pizza* para dos solo cuesta unos 12 000 CLP.

Baires
BAR

(plano p. 57; ☎2-2697-4430; www.bairesushiclub.cl; av. Brasil 255, Barrio Brasil; ☺12.00-2.00 do-mi, hasta 4.00 ju-sa; ☎; Ⓜ Ricardo Cumming) Se supone que es un *sushi club*, pero lo más atractivo es la fiesta nocturna. Las mesas de la terraza se llenan, incluso entre semana. Hay una extensa carta de bebidas y ocasionalmente DJ arriba los fines de semana.

 ## Barrio Recoleta

Bar La Virgen
BAR

(plano p. 54; ✆móvil 9-9221-8576; www.barlavirgen.cl; Bombero Núñez 290; ⏱18.30-2.00 ma-ju, 19.00-3.00 vi y sa; Ⓜ Baquedano) Por las tapas chilenas baratas y los cócteles económicos se recomienda hacerse con una mesa en este bar en una azotea con vistas del cerro San Cristóbal (pero no de La Virgen, por extraño que parezca). Las escaleras para subir al bar están detrás de una puerta negra anónima en Bombero Núñez, cerca del cruce con Santa Filomena.

 ## Providencia

Santo Remedio
COCTELERÍA

(plano p. 60; www.santoremedio.cl; Román Díaz 152; ⏱13.00-15.30 y 18.00-2.00 lu-vi, 18.00-2.00 sa; Ⓜ Manuel Montt) En sentido estricto, esta vieja casa de iluminación tenue y a la moda es un restaurante, y además afrodisíaco. Pero aquí se viene por el bar: sus cócteles potentes y las sesiones regulares de DJ mantienen contenta a su clientela de veinteañeros y treintañeros.

Faustina
CAFÉ

(plano p. 60; ✆2-2244-2129; av. Andrés Bello 2177; ⏱9.30-18.30 lu-vi, 9.00-14.00 sa; ☏; Ⓜ Los Leones) Cafetería predilecta de los expatriados por su café de calidad y la wifi rápida. Ambiente despreocupado por doquier, desde los sofás con cojines del interior hasta los banquitos de la terraza delantera.

California Cantina
BAR DEPORTIVO

(plano p. 60; ✆móvil 9-6249-3041; www.californiacantina.cl; Las Urbinas 56; ⏱12.00-2.00 lu-ju, hasta 4.00 vi, 15.00-4.00 sa, 15.00-1.00 do; Ⓜ Los Leones) Un lugar popular del circuito de *happy hours* de Providencia es este bar amplio de inspiración californiana a gusto de todos (o casi): más de diez cervezas de barril, tapas mexicanas, como tacos y quesadillas, terraza, cóctel del día y partidos de fútbol en pantalla panorámica.

Mito Urbano
CLUB

(plano p. 60; www.mitourbano.cl; av. Manuel Montt 350; entrada 4000-6000 CLP; ⏱16.00-4.00 ma-sa; Ⓜ Manuel Montt) En este marchoso club nocturno las bolas de discoteca proyectan luz sobre la apuesta clientela veinteañera, treintañera

y cuarentañera que baila éxitos *vintage* y pop chileno. Consúltese la programación de clases de salsa, karaoke, *jazz* en directo y otras promociones que pretenden atraer gente antes de la medianoche.

 ## Ñuñoa

Cervecería HBH
CERVECERÍA

(www.cervezahbh.cl; av. Irarrázaval 3176; ⏱17.00-24.00 lu-vi, 19.30-2.00 sa; Ⓜ Ñuñoa) Estudiantes y amantes de la cerveza adoran esta cervecería. Sirven su propia cerveza *stout* y *lager* en jarras heladas y *pizza* en porciones.

Las Condes, El Golf y Vitacura

La Misión
BAR DE VINOS

(✆9-4018-0793; www.lamisionsantiago.cl; av. Nueva Costanera 3969, Vitacura; ⏱12.30-24.00 lu-mi, hasta 1.00 ju-sa) El bar de vinos más nuevo (y de moda) de la ciudad hace hincapié en los mejores caldos de las Américas, incluidos Argentina y Uruguay. Se pueden tomar por copas o bien pedir una cata de tres vinos con un elemento en común (región, tipo de uva, estilo, etc.). De quedarse a comer en el ventilado patio trasero, el viajero notará que los precios son caros y las raciones, pequeñas.

Cafetín
CAFÉ

(plano p. 62; ✆2-2880-9608; www.cafetin.cl; Don Carlos 3185, Barrio El Golf; ⏱8.00-19.45 lu-vi, 10.00-18.00 sa y do; ☏; Ⓜ El Golf) Elegante establecimiento donde alucinar con las últimas tendencias cafeteras y donde los adictos a la cafeína piden su moca matutino preparado en todo tipo de recipientes, desde la Chemex hasta una AeroPress. Las exposiciones de arte temporales y la música en directo del patio lo convierten en una agradable propuesta en un barrio por lo demás de negocios. Se recomienda el abundante *brunch* del fin de semana.

Flannery's Beer House
PUB IRLANDÉS

(plano p. 62; ✆2-2303-0197; www.flannerysbeerhouse.cl; av. Tobalaba 379, Providencia; ⏱12.30-2.00 lu-vi, 17.00-2.00 sa, 17.30-23.30 do; Ⓜ Tobalaba) Hoy en una nueva ubicación a pocas cuadras del original, este *pub* sigue siendo popular entre estadounidenses y lugareños preocupados por su aspecto por igual. Sus dos pisos están repletos de recovecos, oferta que completa la gran terraza y la excelente carta de cervezas.

Ocio

Santiago sabe entretener a los viajeros con clubes donde bailar, un estadio de fútbol, música tradicional que acompañar dando palmas e incluso óperas de 3 h.

★El Huaso Enrique
MÚSICA TRADICIÓNAL

(plano p. 57; ☑2-2681-5257; www.elhuasoenrique.cl; Maipú 462, Barrio Yungay; entrada 2500-3000 CLP; ⊙19.00-2.00 mi-do; ⓜQuinta Normal) En esta sala de cueca tradicional, los fines de semana por la noche se puede ver a chilenos que bailan con orgullo su danza nacional, un animado ritual ondeando pañuelos que imita el cortejo del gallo a la gallina, todo ello con música en directo.

★Municipal de Santiago-Ópera Nacional de Chile
TEATRO

(plano p. 48; ☑2-2463-1000; www.municipal.cl; Agustinas 794, Centro; entradas desde 3000 CLP; ⊙taquilla 10.00-19.00 lu-vi, hasta 14.00 sa y do; ⓜSanta Lucía) Este maravilloso edificio neoclásico es el teatro de artes escénicas más prestigioso de la ciudad. Sede de la Ópera Nacional de Chile, acoge también espectáculos de *ballet* de nivel mundial, conciertos de música clásica y otros actos itinerantes. Las visitas guiadas (7000 CLP) son los lunes, miércoles y viernes a las 12.00 y 16.30.

CorpArtes
CENTRO ARTÍSTICO

(☑2-2660-6071; www.corpartes.cl; Rosario Nte 660, Las Condes; ⊙11.00-20.00; ⓜManquehue) Este lustroso (y adinerado) centro cultural acoge exposiciones de grandes artistas, como Yoko Ono y Yayoi Kusama. En su teatro de 880 butacas también se programan excelentes espectáculos de teatro, danza y música de orquesta.

Centro Cultural Matucana 100
CENTRO ARTÍSTICO

(plano p. 57; ☑2-2964-9240; www.m100.cl; Matucana 100, Barrio Estación Central; galerías gratis, espectáculos precio variable; ⊙galerías 12.00-18.00 ma y mi, hasta 21.00 ju-do; ⓜQuinta Normal) Uno de los centros culturales alternativos más de moda en Santiago, el enorme Matucana 100, de ladrillo rojo, debe su sombría apariencia industrial a que antes fue un almacén estatal. Reformado con ocasión del bicentenario de Chile, hoy contiene una galería de arte que parece un hangar y un teatro para ciclos de cine de autor, conciertos y producciones experimentales.

Estadio Nacional
FÚTBOL

(☑2-2238-8102; av. Grecia 2001, Ñuñoa; ⓜIrarrázaval) En general, los chilenos son bastante tranquilos, hasta que pisan un estadio de fútbol. Los partidos más espectaculares se disputan contra países rivales como Perú o Argentina, cuando los gritos de "Chile, Chile" reverberan por todo el Estadio Nacional.

Las entradas se venden en el estadio o en la Feria del Disco. Igual de fervientes son los hinchas de los equipos de primera división de Santiago, como el Colo Colo, el Universidad de Chile y el Universidad Católica.

Centro de Extensión Artística y Cultural
TEATRO

(CEAC; plano p. 48; ☑2-2978-2480; www.ceacuchile.com; av. Providencia 043, Providencia; ⓜBaquedano) La Orquesta Sinfónica de Chile y el Ballet Nacional tienen su sede en este excelente teatro que funciona bajo los auspicios de la Universidad de Chile. En otoño es la temporada de *ballet* y de la música de cámara, coral y de orquesta, con algún que otro concierto de *rock*.

Club de Jazz
JAZZ

(☑2-2830-6208; www.clubdejazz.cl; av. Ossa 123, La Reina; entrada 5000-7000 CLP; ⊙9.30-3.00 masa; ⓜPlaza Egaña) Este respetado club es uno de los escenarios de *jazz* más consolidados de Latinoamérica (aquí tocaron Louis Armstrong y Herbie Hancock); actúan artistas de *jazz*, *bluesjazz*, *blues* y *big bands* nacionales e internacionales.

La Batuta
MÚSICA EN DIRECTO

(www.batuta.cl; Jorge Washington 52, Ñuñoa; entrada 3000-6000 CLP; ⊙19.00-4.00 do-ju, hasta 5.00 vi y sa; ⓜÑuñoa) La multitud entusiasta salta al ritmo del ska, la *patchanka* (como Manu Chao) y la cumbia chilombiana; música *rockabilly* y surf; bandas tributo y *rock* gótico… Aquí suena todo lo alternativo.

La Casa en el Aire
ARTES ESCÉNICAS

(plano p. 54; ☑2-2735-6680; www.lacasaenelaire.cl; Antonia López de Bello 0125, Barrio Bellavista; ⊙20.00-hasta tarde; ⓜBaquedano) Por las noches, en este discreto bar bohemio suena música popular latinoamericana y se organizan tertulias narrativas, ciclos de cine y lecturas de poesía.

Cineteca Nacional
CINE

(plano p. 48; www.ccplm.cl/sitio/category/cinetecanacional; Centro Cultural La Moneda, Centro; adultos/estudiantes 3000/2000 CLP; ⓜLa Moneda) Cine alternativo del Centro Cultural La Moneda con documentales y clásicos del cine de autor (sobre todo en español).

Estación Mapocho CENTRO CULTURAL
(plano p. 48; www.estacionmapocho.cl; plaza de la Cultura, Centro; ⊗horario variable, consultar web; Ⓜ Puente Cal y Canto) Antes, los trenes hacia el norte salían desde aquí. Los daños causados por el terremoto y el declive del sistema ferroviario condujeron a su cierre, si bien hoy ha renacido como centro de exposiciones de arte, importantes conciertos y feria de negocios.

Vale la pena contemplar la elevada estructura de hierro fundido del vestíbulo principal, construida en Francia y ensamblada en Santiago tras la dorada fachada de piedra estilo *beaux-arts*.

Teatro Caupolicán MÚSICA EN DIRECTO
(⌨2-2699-1556; www.teatrocaupolican.cl; San Diego 850, Centro; Ⓜ Parque O'Higgins) Entre los artistas latinoamericanos que se han exhibido en este escenario están los lejanos Café Tacuba mexicanos, la banda argentina de electrotango Bajofondo y el uruguayo oscarizado Jorge Drexler; también han actuado Garbage y James Blunt.

🔒 De compras

Al principio puede que a los viajeros no les convenzan las anodinas calles comerciales de Santiago Centro, las peatonales Ahumada y Huérfanos, ni la adicción general de la ciudad por los grandes centros comerciales, pero hay lugares como la Galería Drugstore o Estación Italia en el barrio Italia que cuentan con fantásticas tiendas independientes con productos nacionales. Eso sí, no hay ropa más barata que la que se vende en la zona de inmigrantes coreanos y palestinos, al oeste de Bellavista.

★La Tienda Nacional LIBROS
(plano p. 48; ⌨2-2638-4706; www.latiendanacional. cl; Merced 369, Barrio Lastarria; ⊗11.00-20.00 lu-vi, 12.00-21.00 sa; Ⓜ Bellas Artes) Más que una librería, esta tienda de dos pisos vende películas chilenas, documentales, discos, juguetes y camisetas, entre otros. Visita obligada para comprar regalos únicos.

★Pueblito Los Dominicos ARTESANÍA
(⌨móvil 9-76819-6870; av. Apoquindo 9085, Las Condes; ⊗10.30-19.00; Ⓜ Los Dominicos) El mejor lugar de la ciudad donde comprar regalos de calidad realizados en Chile. Se trata de un pueblecito de mentira, con montones de tiendecitas, galerías de arte y cafés tradicionales. Búsquense joyas de lapislázuli, tejidos andinos, cuencos de madera tallada y cerámicas con motivos indígenas.

★Artesanías de Chile ARTESANÍA
(plano p. 48; ⌨2-2697-2784; www.artesaniasdechile. cl; plaza de la Ciudadanía 26, Centro Cultural Palacio La Moneda, Centro; ⊗9.30-19.30 lu-sa, 10.30-19.00 do; Ⓜ La Moneda) 🍃 Las joyas, tallas de madera, cerámicas y tejidos con tintes naturales de esta fundación no solo se venden a buen precio, sino que gran parte de lo que se paga va directamente al artesano. Hay otras sucursales en Los Dominicos, en el aeropuerto y por todo el país.

Plop Galería ARTESANÍA
(plano p. 48; ⌨2-2633-2902; www.plopgaleria. com; Merced 349, Barrio Lastarria; ⊗11.00-20.00; Ⓜ Bellas Artes) Esta tienda, escondida en un modesto callejón detrás de la taquilla del Teatro Ictus, está especializada en obras de arte gráfico, libros de diseño y otros productos hechos a mano en Chile. También hay material de bellas artes y exclusivas postales que mandar a casa.

Vinomio VINO
(plano p. 54; ⌨2-2735-3786; www.vinomio.cl; Antonia López de Bello 090, Barrio Bellavista; ⊗11.00-21.00 lu-sa; Ⓜ Baquedano) Coqueta tienda de vinos con el personal más experto de la ciudad que aconseja a los enófilos sobre botellas que no se hallan en el supermercado. Aunque salga más caro, el cliente obtiene consejos de primera y una selección de vinos escogidos cuidadosamente. Los jueves por la noche hay catas gratis.

Estación Italia CENTRO COMERCIAL
(plano p. 59; www.estacionitalia.cl; av. Italia 1439, Barrio Italia; ⊗11.00-19.00 do y lu, hasta 20.00 ma-sa; Ⓜ Santa Isabel) Núcleo comercial con más de veinte tiendas independientes donde se vende desde material de bellas artes (Arte Nostro) hasta novelas gráficas (Pánico Ediciones) o calzado de piel hecho a mano en Chile (Blasko). Es como un centro comercial en miniatura para los alérgicos a los centros comerciales.

Galería Drugstore MODA Y ACCESORIOS
(plano p. 60; www.drugstore.cl; av. Providencia 2124, Providencia; ⊗tiendas 11.00-20.00 lu-vi, hasta 18.30 sa; Ⓜ Los Leones) Vale la pena venir a este centro comercial independiente de cuatro plantas con ropa que no se encontrará en ningún otro sitio –aquí hay varias *boutiques* pequeñas de diseñadores emergentes–, librerías y cafés.

Persa Biobío MERCADO
(www.persa-biobio.com; Barrio Franklin; ☉10.00-
17.00 sa y do; MFranklin) Antigüedades, piezas
de colección y fascinantes trastos antiguos
llenan los abarrotados puestos de este famoso
mercadillo que se extiende varias cuadras entre Bíobío y Franklin. Es toda una experiencia
inspeccionar entre el revoltijo de gafas de sol
retro, copas de brandy antiguas, espuelas de
vaqueros, bañadores pasados de moda y libros descartados.

También es perfecto para probar la comida
callejera chilena. Lo importante es no perder de vista los objetos de valor mientras se
come; los compradores confiados son blanco
de los carteristas.

Kind of Blue MÚSICA
(plano p. 48; ☎2-2664-4322; Merced 323, Barrio
Lastarria; ☉11.30-20.30 lu-vi, 11.00-22.00 sa,
12.30-20.30 do; MBellas Artes) La mejor tienda
de música de la ciudad, con empleados muy
profesionales que ponen al día sobre sonidos
y artistas locales y consiguen en cuestión de
días discos importados difíciles de encontrar.

El Mundo del Vino VINO
(plano p. 62; ☎2-2584-1173; www.elmundodelvino.
cl; Isidora Goyenechea 3000, Barrio El Golf; ☉10.00-
21.00 lu-sa; MTobalaba) Ubicada en el moderno
hotel W Santiago, esta sucursal modernizada de la cadena de vinos de alta gama (hay
otras por el país) cuenta con 6000 botellas
de todo el mundo, así como del cercano valle
de Colchagua.

Patio Bellavista CENTRO COMERCIAL
(plano p. 54; www.patiobellavista.cl; Constitución 53,
Barrio Bellavista; ☉11.00-22.00; MBaquedano) Piezas de artesanía contemporáneas y sofisticadas, marroquinería, tejidos y joyas a precios
exorbitantes en este complejo comercial y de
restauración.

Contrapunto LIBROS
(plano p. 60; ☎2-2231-2947; www.contrapunto.cl;
av. Providencia 2124, Galería Drugstore, local 010-
011, Providencia; ☉10.30-20.00 lu-vi, 11.00-14.45
sa; MLos Leones) Vende lujosos libros de arte,
diseño y de gran formato, en su mayoría en
español.

Alto Las Condes CENTRO COMERCIAL
(www.altolascondes.cl; av. Kennedy 9001, Las Condes; ☉10.00-22.00) Además de marcas de ropa
chilenas y argentinas de primera categoría,
este centro incluye una tienda de los grandes
almacenes Falabella y un complejo de salas
de cine. También hay varias tiendas chilenas

e internacionales de material deportivo de
exteriores donde surtirse con vistas a un futuro viaje. Tómese el autobús hacia "Alto Las
Condes" delante del metro Escuela Militar.

Parque Arauco CENTRO COMERCIAL
(www.parquearauco.cl; av. Kennedy 5413, Las Condes; ☉10.00-21.00 lu-sa, 11.00-21.00 do; MMan-
quehue) Por su gran surtido de tiendas de
ropa locales e internacionales es el centro
preferido de los adictos a la moda. Desde el
metro Manquehue, queda a 1 km a pie (o a
una breve carrera de taxi) hacia el norte por
Rosario Norte.

Andesgear DEPORTES Y AIRE LIBRE
(plano p. 62; ☎2-2245-7076; www.andesgear.cl; Hel-
vecia 210, Barrio El Golf; ☉10.00-20.00 lu-vi, hasta
14.00 sa; MTobalaba) Equipo de importación
para escalada y acampada de alta montaña
por si se va viajar a la Patagonia chilena. Con
varias sucursales en la ciudad.

Contrapunto LIBROS
(plano p. 48; ☎2-2639-1413; www.contrapunto.cl;
Huérfanos 665, Centro; ☉10.30-20.00 lu-vi, hasta
14.00 sa; MSanta Lucía) Amplia selección de
títulos.

Centro Artesanal Santa Lucía ARTESANÍA
(plano p. 48; esq. Carmen y av. O'Higgins, Centro;
☉10.00-19.00; MSanta Lucía) Sería exagerado
clasificar de artesanía los tejidos y productos
de marroquinería de producción industrial
de este mercado, pero no cabe duda de que
es un buen lugar donde comprar recuerdos
baratos. Se venden, entre otros, zampoñas,
joyas de plata y jerséis de estilo andino. Para
productos genuinos, Los Dominicos.

**Centro de Exposición
de Arte Indígena** ARTESANÍA
(plano p. 48; av. O'Higgins 499, Centro; ☉10.00-17.30
lu-sa; MSanta Lucía) Tenderetes junto a entrada
al cerro Santa Lucía por la Terraza Neptuno,
donde indígenas artesanos venden una limitada selección de productos, como joyas de
plata, postales, instrumentos y diccionarios
de mapuche.

ℹ️ Información

PELIGROS Y ADVERTENCIAS

Los delitos con violencia son poco comunes en
Santiago, metrópolis que a menudo se considera
la más segura de Hispanoamérica. Sin embargo,
los episodios de carteristas y tirones siguen
siendo un problema, y los turistas suelen ser
un blanco.

SANTIAGO INFORMACIÓN

➡ Hay que estar bien atento y cerrar el bolso en la zona de la plaza de Armas, el Mercado Central, el cerro San Cristóbal y todas las estaciones de autobuses.

➡ A veces hay bandas organizadas de carteristas que roban a los clientes en los bares de Pío Nono, en Bellavista.

➡ Las callejuelas del barrio Brasil no son seguras de noche.

➡ Las manifestaciones a veces se vuelven violentas, por lo que se aconseja evitarlas a menos que se forme parte del movimiento.

Policía (Carabineros; ☎133)
Primera Comisaría Santiago (☎2-2922-3700; Santo Domingo 715, Centro; ☺24 h; Ⓜ Plaza de Armas)

URGENCIAS

Ambulancia	☎131
Asistencia a drogadictos	☎135
Bomberos	☎132
Policía Urgencias	☎133
Policía Información	☎139

ACCESO A INTERNET Y TELÉFONO

Todavía hay muchos cibercafés en Santiago Centro y zonas universitarias: los precios oscilan entre 500 CLP y 1000 CLP por hora. Muchos forman parte de un "centro de llamados" (locutorio), desde donde se pueden hacer llamadas nacionales o internacionales. La mayoría de cafés y hoteles tienen wifi gratis para los clientes.

LAVANDERÍA

Casi todos los hoteles y albergues ofrecen servicio de lavandería; en caso contrario, se puede ir a cualquiera de la calle (lo normal es pagar unos 7000 CLP por carga). Las lavanderías de autoservicio son raras en Chile.

Laundromat (Monjitas 507, Centro; 6900 CLP/colada; ☺8.00-19.30 lu-vi, hasta 14.00 sa; ☎; Ⓜ Bellas Artes)

PLANOS

En las oficinas de turismo distribuye una colección cambiante de mapas gratuitos (es decir, con patrocinadores) de Santiago Centro y Providencia. En internet se recomiendan **Map City** (www.mapcity.com) y **EMOL** (www.mapas.emol.com).

Para información sobre senderismo y andinismo, visítese la **Conaf** (Corporación Nacional Forestal; ☎2-2663-0000; www.conaf.cl; paseo Bulnes 265, Centro; ☺9.30-17.30 lu-ju, hasta 16.30 vi; Ⓜ La Moneda). De necesitar mapas topográficos detallados, acúdase al **Instituto Geográfico Militar** (☎2-2410-9300; www.igm.cl; Santa Isabel 1651, Centro; ☺8.30-13.00 y 14.00-17.00 lu-vi; Ⓜ Toesca).

ASISTENCIA MÉDICA

Las consultas médicas en los hospitales públicos de Santiago son baratas, pero la espera puede ser muy larga. Si se necesita asistencia sanitaria o dental inmediata es mejor acudir a una clínica, aunque resultará muy cara (se impone tener un seguro médico).

Clínica Alemana (☎2-2210-1111; www.alemana.cl; av. Vitacura 5951, Vitacura) Uno de los mejores hospitales privados, y más caros, de la ciudad.

Clínica Las Condes (☎2-2210-4000; www.clinicalascondes.cl; Lo Fontecilla 441, Las Condes) Clínica recomendable en Las Condes por su nivel de atención internacional.

Clínica Universidad Católica (Red de Salud UC; ☎2-2354-3000; http://redsalud.uc.cl/uc christus/Hospital/hospital-clinico; Marcoleta 350, Centro; Ⓜ Universidad Católica) Hospital universitario muy respetado, con una práctica posición en Santiago Centro.

Farmacia Salcobrand (https://salcobrand.cl; av. Portugal 174, Centro; ☺24 h; Ⓜ Universidad Católica) Abierta 24 h.

Hospital de Urgencia Asistencia Pública (☎2-2568-1100; www.huap.cl; av. Portugal 125, Centro; ☺24 h; Ⓜ Universidad Católica) El principal servicio de urgencias de Santiago.

Hospital del Salvador (☎2-2575-4000; www.hsalvador.cl; av. Salvador 364, Providencia; Ⓜ Salvador) El más bonito y mejor ubicado del sistema público (y, por ende, más barato) de hospitales santiaguinos.

DINERO

En Santiago siempre hay un cajero automático a mano. Se encuentran en supermercados, farmacias, gasolineras y en las esquinas de las calles: hay que buscar el letrero de color blanco y rojo oscuro que pone "Redbanc". Los billetes falsos circulan por la ciudad; hay que precaverse especialmente de los cambistas sin licencia.

Cambios Afex (www.afex.cl; Moneda 1140, Centro; ☺9.00-18.30 lu-vi; Ⓜ La Moneda) Oficina de cambio de confianza con sucursales por la ciudad.

CORREOS

Correos Chile El Golf (plano p. 62; www.correos.cl; av. Apoquindo 3297, Barrio El Golf; ☺9.00-19.00 lu-vi, 10.00-14.00 sa; Ⓜ El Golf)

Correos Chile Providencia (plano p. 60; www.correos.cl; av. Providencia 1466, Providencia; ☺9.00-18.00 lu-vi; Ⓜ Manuel Montt)

Correos Chile Santiago Centro (plano p. 48; ☎2-2956-0303; www.correos.cl; Catedral 989, plaza de Armas, Centro; ☺9.00-18.00 lu-vi, 10.00-14.00 sa; Ⓜ Plaza de Armas)

FedEx (plano p. 62; ☎800-363-030; www.fedex.com/cl; av. Providencia 2519, Providencia; 🕙10.00-13.00 y 14.00-19.00 lu-sa; MTobalaba)

INFORMACIÓN TURÍSTICA

Oficina municipal de Turismo (plano p. 48; www.santiagocapital.cl; plaza de Armas s/n, Centro; 🕙9.00-18.00 lu-vi, hasta 16.00 sa y do; MPlaza de Armas) El personal, con buenas intenciones pero escasos recursos, da mapas e información básica. También hay una pequeña galería y una tienda con productos chilenos.

Oficina Municipal de Turismo (plano p. 48; www.santiagocapital.cl; Cerro Santa Lucía s/n, Centro; 🕙9.00-13.30 y 15.00-18.00 lu-vi; MSanta Lucía) Pequeña oficina en el cerro Santa Lucía.

Oficina de Turismo de Providencia (plano p. 60; ☎2-2374-2743; http://turismo.provi dencia.cl; av. Providencia 2359, Providencia; 🕙9.00-14.00 y 15.00-19.00 lu-vi, 10.00-16.00 sa y do; MLos Leones) Folletos, mapas e información sobre Providencia y Gran Santiago.

Sernatur (plano p. 60; ☎2-2731-8336; www. chile.travel; av. Providencia 1550, Providencia; 🕙9.00-18.00 lu-vi, hasta 14.00 sa; 📞; MManuel Montt) Proporciona mapas, folletos y consejos; wifi gratis.

AGENCIAS DE VIAJE

Chilean Travel Service (CTS; ☎2-2251-0400; www.chileantravelservices.com; Antonio Bellet 77, oficina 101, Providencia; MPedro de Valdivia) tiene un personal instruido y concierta el alojamiento y circuitos por el país a través de la agencia del viajero.

ℹ Cómo llegar y salir

AVIÓN

El principal núcleo aéreo de vuelos nacionales e internacionales es el **aeropuerto internacional Arturo Merino Benítez** (SCL; ☎2-2690-1796; www.nuevopudahuel.cl; Pudahuel). Está 16 km al oeste del centro de Santiago.

LATAM Airlines (☎600-526-2000; www. latam.com) y **Aerolíneas Argentinas** (☎800-610-200; www.aerolineas.com.ar) tienen vuelos nacionales y regionales regulares desde la capital, así como las compañías chilenas de bajo coste **Sky Airline** (www.skyairline.com) y **JetSmart** (www.jetsmart.com). También de bajo coste es la brasileña **Gol** (www.voegol.com.br), con servicios a las principales ciudades de Brasil, como São Paulo, Salvador y Río de Janeiro. En la ciudad hay oficinas o representantes de otras compañías que vuelan a Chile.

AUTOBÚS

Es sorprendente la cantidad de compañías de autobús que conectan Santiago con el resto de Chile, Argentina y Perú. Los vehículos salen de cuatro terminales distintas y los precios de los

billetes varían notablemente en las temporadas con más tráfico, incluso pueden llegar a duplicarse si se trata de una "*cama*" (coche-cama). A continuación se indican los precios aproximados de las tarifas "*clásica*" o "*semicama*" (normal), así como la duración del trayecto a los destinos más importantes con los que trabajan varias compañías. En las terminales correspondientes hay una lista de precios para viajar a destinos más cercanos. A menudo se aplican descuentos; se pueden comparar precios directamente en las terminales o en webs como Recorrido (www. recorrido.cl), una página de billetes fácil de usar por los extranjeros y que coteja tarifas de más de 40 compañías de autobuses y permite comprar con PayPal.

DESTINO	PRECIO (CLP)	DURACIÓN (H)
Antofagasta	33 000	19
Arica	44 000	28
Buenos Aires (Argentina)	66 000	24
Chillán	7900	5
Concepción	8000	6½
Copiapó	20 000	11
Iquique	40 000	25
La Serena	11 000	6
Los Andes	2500	1½
Mendoza (Argentina)	29 000	8
Osorno	21 800	11
Pichilemu	7000	4
Pucón	18 800	10
Puerto Montt	22 000	12
San Pedro de Atacama	40 600	23
Santa Cruz	6000	3½
Talca	5000	3½
Temuco	16 000	8
Valdivia	19 000	10
Valparaíso	4000	2
Viña del Mar	4000	2

Terminal de autobuses Alameda

Turbus (☎600-660-6600; www.turbus.cl) y **Pullman Bus** (☎600-320-3200; www.pull man.cl) operan desde esta **terminal** (esq. av. O'Higgins y Jotabeche, Barrio Estación Central; MUniversidad de Santiago), junto a la Terminal de Buses Sur. Ambas compañías ofrecen servicios confortables y puntuales a destinos de todo Chile, entre ellos Valparaíso y Viña del Mar (cada 15 min). **Pullman del Sur** (☎2-2776-2424; www.pdelsur.cl; Terminal de autobuses

Alameda, Barrio Estación Central; ⓂUniversidad de Santiago) dispone de autobuses regulares a ciudades de las regiones de Libertador General Bernardo O'Higgins y Maule, como Rancagua, Pichilemu y Talca.

Terminal de autobuses Sur

La **terminal** más grande de la ciudad (av. O'Higgins 3850, Barrio Estación Central; ⓂUniversidad de Santiago), también llamada Terminal Santiago, suele ser una locura. Las compañías que tienen mostrador en la gran zona de taquillas, semicubierta, viajan sobre todo a destinos situados al sur de Santiago, como la Costa Central, la Región de Los Lagos y Chiloé. Algunas compañías también cubren rutas al norte y al extranjero hacia casi todas las grandes urbes de Sudamérica, incluso en Colombia y Brasil.

Bus Norte (☎600-401-5151; www.busnorte chile.cl) ofrece servicios a Puerto Montt y Valparaíso con una relación calidad-precio excelente. Los autobuses modernos y bien equipados de **Línea Azul** (www.buseslineaazul.cl/destinos. php) unen destinos meridionales, al igual que **JAC** (☎2-2822-7989; www.jac.cl), **Cruz del Sur** (☎2-2682-5038; www.buses cruzdelsur.cl) y **Andimar** (☎2-2779-4801; www.andimar.cl).

Buses Nilahué (☎2-2776-1139; www.nilahue. com) va a Cobquecura (10 000 CLP, 7 h, 1 diario), Termas de Chillán (14 000 CLP, 7 h, 1 diario), Santa Cruz (5000 CLP, 3 h, cada hora) y Pichilemu (7000 CLP, 4 h, cada hora). **Condor** (☎2-2822-7528; www.condorbus.cl) va a Concón y Quintero (5000 CLP, 2½ h, dos cada hora) y a ciudades importantes del sur.

Los billetes internacionales se venden en las taquillas de la terminal. **Cata Internacional** (☎2-2779-3660; www.catainternacional.com; Terminal de Buses Sur, Barrio Estación Central; ⓂUniversidad de Santiago) seis servicios diarios a Mendoza y uno a Buenos Aires. **El Rápido** (www.elrapidoint.com.ar) tiene servicios parecidos pero un poco más baratos, igual que **Tas Choapa** (☎2-2822-7561; www.taschoapa.cl).

Terminal Los Héroes

También llamado Terrapuerto, es una **terminal** pequeña pero céntrica (plano p. 57; ☎2-2420-0099; Tucapel Jiménez 21, Centro; ⓂLos Héroes), base de un conjunto de compañías que en su mayoría cubren Los Andes y destinos al norte. **Ahumada** (plano p. 57; www.busesahumada. cl) sale tres veces al día a Mendoza; algunos servicios siguen hasta Buenos Aires.

Terminal San Borja

Esta **terminal** (plano p. 57; San Borja 184, Barrio Estación Central; ⓂEstación Central) está detrás de la Estación Central, con autobuses a las playas de la costa central y destinos al norte de Santiago. Unas cuantas compañías también tienen servicios al sur desde aquí. Las casetas de venta de billetes están en la 2ª planta, divididas por regiones. Las compañías más útiles desde aquí son **Libac** (plano p. 57; ☎2-2778-7071; www.lib.ticketsimply.us; Terminal San Borja, Barrio Estación Central; ⓂEstación Central) y **Pullman Bus** (p. 79). Los autobuses con destino a Pomaire también salen desde aquí.

Terminal Pajaritos

Los autobuses al aeropuerto y a Valparaíso y Viña pasan por esta **terminal** nueva y recién renovada (General Bonilla 5600; ⓂPajaritos). Está en la línea 1 de metro, así que quienes se suben aquí se ahorran el tráfico del centro.

AUTOMÓVIL

Con un tráfico tan denso (a las grandes congestiones las llaman "atochamientos") y un aparcamiento tan caro no tiene mucho sentido alquilar un automóvil para moverse por Santiago, pero disponer de vehículo propio resulta casi indispensable para visitar el valle de Casablanca y lugares de gran belleza natural como el cerro La Campana y el Cajón del Maipo. Quienes pretendan recorrer el Chile rural pueden alquilar una caravana en **Soul Vans** (☎móvil 9-5417-3743; www.soulvans.com; Eduardo Castillo Velasco 3100, Ñuñoa; furgonetas desde 39 000 CLP; ☺9.00-13.00; ⓂÑuñoa), que permite devolverla en un punto distinto de recogida y cuenta con oficinas en Puerto Montt y Punta Arenas.

Las compañías de alquiler de automóviles chilenas suelen ser más baratas que las grandes empresas internacionales, pero no hay que olvidar que a veces tienen unas franquicias desorbitadas. La mayoría de agencias de alquiler cuentan con su propia asistencia en carretera; si no, el **Automóvil Club de Chile** (☎600-450-6000; www.automovilclub.cl; av. Andrés Bello 1863, Providencia; ⓂPedro de Valdivia) asiste a los miembros de la Asociación Automovilística Estadounidense y otros clubes, aunque quizá haya que pasar por la oficina para registrarse. Algunas de las agencias aquí citadas tienen oficinas en el aeropuerto.

Chilean Rent A Car (☎2-2963-8760; www. chileanrentacar.cl; Bellavista 0183, Barrio Bellavista; alquiler por día desde 20 000 CLP; ☺8.00-21.30 lu-vi, 8.30-19.00 sa y do; ⓂBaquedano)

Europcar (☎2-2598-3200; www.europcar.cl; av. Francisco Bilbao 1439, Providencia; automóviles desde 33 000 CLP; ☺8.00-20.00 lu-vi, 8.30-16.00 sa y do; ⓂInés de Suárez)

First Rent a Car (☎2-2225-6328; www.first. cl; Rancagua 0514, Providencia; automóviles desde 33 000 CLP; ☺8.00-17.00 lu-vi, 9.00-14.00 sa; ⓂParque Bustamente)

Hertz (☎2-2360-8617; www.hertz.cl; av. Andrés Bello 1469, Providencia; automóviles desde 38 000 CLP; ☺8.00-20.00 lu-vi, hasta 18.00 sa y do; ⓂManuel Montt)

Piamonte (📞2-2751-0200; www.piamonte.cl; Irarrázaval 3400, Ñuñoa; automóviles desde 22 000 CLP; ⏰8.00-19.00 lu-vi, 9.00-14.00 sa; Ⓜ️Ñuñoa)

United (📞2-2963-8760; www.united-chile.com; Curricó 360, Centro; alquiler por día desde 20 000 CLP; ⏰8.00-21.00 lu-vi, hasta 18.00 sa y do; Ⓜ️Universidad Católica)

TREN

El reducido sistema ferroviario chileno, **Tren Central** (📞2-2585-5000; www.trencentral. cl; ⏰entradas 7.15-20.00 lu-vi, 8.00-19.00 sa), opera desde la **Estación Central** (av. O'Higgins 3170, Barrio Estación Central). Por lo general, los trenes tardan algo más que los autobuses y suelen ser más caros, pero los vagones están bien cuidados y los servicios suelen ser puntuales. Hay trenes normales al sur hasta Chillán (8100 CLP, 5 h, 2 diarios), con paradas en Rancagua, Curicó y Talca. Dos sábados al mes hay trenes turísticos especiales hacia el valle de Colchagua (60 000 CLP).

ℹ️ Cómo desplazarse

A/DESDE EL AEROPUERTO

Hay dos servicios de autobús, baratos y eficientes, entre el aeropuerto y el centro: **Buses Centropuerto** (plano p. 57; 📞2-2601-9883; www.centropuerto.cl; 1 viaje/ida y vuelta 1700/3000 CLP; ⏰5.55-23.30, salidas cada 15 min) y **Turbus Aeropuerto** (📞600-660-6600; www.turbus.cl; 1 viaje/ida y vuelta 1700/2800 CLP; ⏰5.00-1.00, salidas cada 15 min; Ⓜ️Universidad de Santiago). Ambos salen desde delante de la zona de llegadas y los billetes se compran a bordo. El viaje dura 40 min. Todos paran en el metro Pajaritos de la línea 1; tomándolo aquí se evita el tráfico del centro.

Una agresiva mafia de taxistas "oficiales" intenta captar clientes en la zona de llegadas. Aunque la carrera al centro debería rondar los 18 000 CLP, los conductores quizá intenten cobrar mucho más. Es más sencillo acercarse al mostrador de **Transvip** (📞2-2677-3000; www.transvip.cl; 1 viaje desde 7000 CLP), que ofrece servicios lanzadera compartidos (desde 7000 CLP) hasta Santiago Centro. Llegar a Providencia y Las Condes cuesta un pelín más.

BICICLETA

En general, Santiago es lo bastante llana y compacta como para desplazarse en bici, y el clima acompaña. La red de ciclovías no para de crecer y son cada vez más los santiaguinos que usan la bici para ir a trabajar. Se puede consultar un mapa interactivo de carriles bici e instalaciones para ciclistas en Bicimapa (www.bicimapa.cl).

El programa de bicis compartidas principal es **Bike Santiago** (📞600-750-5600; www.bikesantiago.cl). Pregúntese en cualquiera de sus cinco estaciones –incluidas La Moneda, Costanera Center y plaza de Armas– sobre el Plan Turista, que permite circular durante un día (5000 CLP) o tres (10 000 CLP). Las bicicletas naranjas están aparcadas por todos los barrios del centro menos Las Condes (que tiene un sistema aparte, lo cual es un engorro).

Un eje de los ciclistas santiaguinos es el **Movimiento Furiosos Ciclistas** (p. 61), que organiza una bicicleteada estilo Masa Crítica el primer martes de mes.

AUTOBÚS

Los autobuses de Transantiago son un medio barato y cómodo de moverse por la ciudad, sobre todo de noche, cuando el metro está cerrado. Los vehículos verdes y blancos circulan por el centro de Santiago o conectan dos zonas de la ciudad. Cada línea de autobús tiene un color diferente y una letra identificativa que precede al número de ruta (p. ej.: las rutas de Las Condes y Vitacura empiezan por "C") y los vehículos son de color naranja). Los autobuses suelen circular por las grandes avenidas o calles, las paradas están a bastante distancia unas de otras y a menudo coinciden con las estaciones de metro. Hay planos de las rutas en muchas paradas y es mejor consultarlos o preguntar al conductor.

Los domingos, aprovéchese del **Circuito Cultural de Transantiago** (www.transantiago. cl; 600 CLP; ⏰10.00-18.30 do), un autobús de recorrido circular que pasa por los principales lugares de interés de la ciudad (museos, centros culturales) con inicio en plaza Italia. Si el pasajero paga un viaje normal con su tarjeta Bip!, el conductor le dará una pulsera que le permite subirse a los autobuses del circuito tantas veces como quiera. Todos llevan el indicativo "Circuito Cultural".

Transantiago

En 2006, muchos servicios privados que competían entre sí quedaron sustituidos por unos autobuses elegantes y extralargos al fusionarse las redes de metro y autobús, **Transantiago** (📞800-730-073; www.transantiago.cl; 1 viaje desde 610 CLP), un sistema estatal de transporte público que resulta rápido, barato y eficiente para desplazarse por el centro. En la web de Transantiago tienen planos de rutas que se pueden descargar e itinerarios recomendados de puerta a puerta.

El viajero necesitará una tarjeta **Bip!** (de pago sin contacto activada en los sensores). Cuesta 1550 CLP no reembolsables y luego hay que cargarla con la cantidad deseada. Dos personas pueden compartir la misma tarjeta, que también funciona en el metro. Transantiago cuesta 640 CLP durante casi todo el día, aunque la tarifa es de 610 CLP a primera hora de la mañana y a última hora de la noche. Al pagar un viaje, el pasajero tiene derecho a desplazarse durante 2 h por la red, transbordos incluidos.

AUTOMÓVIL Y MOTOCICLETA

Para conducir por cualquiera de las autopistas dentro del perímetro de Santiago, todo automóvil debe llevar en el parabrisas un sensor electrónico llamado TAG (todos los vehículos de alquiler lo tienen). En algunas zonas del centro está prohibido aparcar en la calle, mientras que en otras hay que pagar por ello (suelen estar custodiados por guardas): de 1000 a 3000 CLP la hora, según la zona. Aquellos que no paguen deberán abonar un importe similar al "encargado del aparcamiento".

METRO

La creciente red de **metro** (www.metro.cl; desde 610 CLP; ☉6.00-23.00 lu-sa, 8.00-23.00 do) es una forma limpia y eficiente para desplazarse. Los servicios en sus seis líneas interconectadas son frecuentes, aunque a veces resultan desesperantes por la gran afluencia de pasajeros. Está previsto que a finales de 2018 abra una séptima línea. Para montarse en los metros, hay que ir bajo tierra. Para viajar se puede utilizar la tarjeta Bip! o comprar un billete sencillo; después se pasa por el torniquete y se sube al tren de la línea deseada. Es una buena manera de viajar por el día, pero durante las horas punta de la mañana y la tarde quizá convenga más caminar.

TAXI

Santiago tiene montones de taxis con taxímetros, todos ellos de color negro y con el techo amarillo. La bajada de bandera cuesta 300 CLP y cada 200 m o 1 min de espera suma 150 CLP. Para trayectos largos −por ejemplo, del centro urbano al aeropuerto− a veces se puede negociar un precio fijo. Suele ser bastante seguro parar taxis en la calle, aunque en los hoteles y restaurantes siempre están dispuestos a conseguir uno para sus clientes. La mayoría de los taxistas de Santiago son honrados y amables, pero también hay quienes dan miles de vueltas, así que conviene tener una idea del mejor itinerario. Los taxis colectivos son negros, con letreros en la capota que indican las rutas (el viaje suele costar 1500-2000 CLP).

ALREDEDORES DE SANTIAGO

¿Dónde si no se puede esquiar, practicar *rafting* en aguas bravas, catar vinos y bañarse en unas aguas termales en un radio de 2 h desde una bulliciosa ciudad de siete millo-

nes de personas? Por este motivo, la Región Metropolitana de Santiago es un atractivo trampolín para toda aventura chilena.

Bodegas del valle del Maipo

Cuando ya esté uno cansado de visitar museos y pasear por plazas, lo mejor es dirigirse al sur de la ciudad para ver los maravillosos viñedos y bodegas del valle del Maipo, donde se producen tintos con cuerpo elaborados con varietales como cabernet sauvignon, merlot, carmenere y syrah, en muchos casos con notas de eucalipto o menta.

Se puede ir por cuenta propia: las bodegas citadas están ubicadas a 1½ h del centro urbano en transporte público. Pero si se prefiere visitarlas en un circuito guiado, varias empresas ofrecen recorridos por las bodegas más antiguas de la zona. También cabe recomendar el circuito en bicicleta por las bodegas que organiza La Bicicleta Verde (p. 62). Enotour (p. 63) es otra agencia que programa circuitos vinícolas. En casi todos estos circuitos se exige reserva.

🏃 Actividades

⭐**Viña Santa Rita**   VINO
(☏2-2362-2520; www.santarita.com; Camino Padre Hurtado 0695, Alto Jahuel; circuitos 12 000-40 000 CLP; ☉circuitos 10.00-17.00 ma-do) Famosa por el excelente Casa Real Cabernet, ofrece circuitos vinícolas en bicicleta, a través de Turistik (p. 63), así como pícnics, catas y rutas por su asombrosa bodega.

En las instalaciones está el Museo Andino, donde se expone una extraordinaria colección de arte precolombino, con cerámicas, tejidos y joyas incas de oro.

Se llega tomando el metro hasta Las Mercedes, donde se hace transbordo al autobús nº MB81 hacia Alto Jahuel y la entrada al viñedo.

Viña Undurraga   VINO
(☏2-2372-2850; www.undurraga.cl; Camino a Melipilla, km34, Talagante; circuitos desde 12 000 CLP; ☉circuitos a 10.15, 12.00 y 15.30 diarios) Estas bodegas subterráneas datan de 1885. El viajero puede apuntarse a un circuito o tomarse unas copas de vino.

Hay un servicio regular de autobuses públicos desde la Terminal San Borja hacia Talagante, que efectúa parada a la entrada de las viñas si se le pide al conductor.

Viña Cousiño Macul · VINO

(📞2-2351-4100; www.cousinomacul.com; av. Quilín 7100, Peñalolén; circuitos 14 000-24 000 CLP; ⊙circuitos 11.00, 12.15, 15.00 y 16.15 lu-vi, 11.00 y 12.15 sa) Bodega histórica ubicada en la Región Metropolitana de Santiago. Hoy casi todos los viñedos están situados en Buin, pero los circuitos recorren la bodega subterránea de 1872 y el proceso de producción. La Bicicleta Verde (p. 62) organiza a menudo circuitos vinícolas en bici hasta aquí.

Desde Santiago, el autobús nº 418, que pasa por el Costanera Center y el metro Tobalaba, conduce hasta el cruce de Tobalaba y av. Quilín, desde donde esta destacada bodega queda a 5 min a pie al oeste.

Viña De Martino · VINO

(📞2-2577-8037; www.demartino.cl; Manuel Rodríguez 229, Isla de Maipo; catas desde 14 000 CLP; circuitos desde 17 500; ⊙9.00-13.30 y 15.00-18.00 lu-vi, 10.30-13.00 sa) Resérvese con antelación los circuitos personalizados y las catas en esta finca de estilo toscano, donde uno puede hasta crear su propio vino. Es necesario disponer de vehículo propio.

Viña Aquitania · VINO

(📞2-2791-4500; www.aquitania.cl; av. Consistorial 5090, Peñalolén; circuitos 13 000-22 000 CLP; ⊙solo con reserva 9.00-18.00 lu-vi, 10.00-14.00 sa) Es una de las bodegas más interesantes de la ciudad, ubicada a los pies de los Andes. Trabajan con cantidades muy pequeñas y de calidad excelente.

Desde la parada de metro Grecia (línea 4), tómese el autobús nº D07 en dirección sur para apearse en el cruce de av. Los Presidentes con Consistorial (tarjeta Bip! necesaria). Aquitania queda 150 m más al sur. Y Viña Cousiño Macul está 2 km más allá.

Viña Concha y Toro · VINO

(📞2-2476-5269; www.conchaytoro.com; Virginia Subercaseaux 210, Pirque; circuitos 14 000 CLP; ⊙10.00-17.00) Para observar el proceso de producción vinícola a gran escala, hay que apuntarse a los circuitos de esta bodega, el mayor productor de vino de Latinoamérica.

Para llegar en transporte público hay que tomar el metro hasta Las Mercedes, salir hacia "Concha y Toro Oriente" y montarse en uno de los microbuses de Concha y Toro (2000 CLP, cada 30 min).

ℹ️ Cómo llegar y salir

Si se pretende visitar dos o más bodegas, lo mejor es alquilar un coche; de todos modos, a casi todas se puede llegar con transporte público desde Santiago.

Pomaire

Este pequeño pueblo rural está 68 km al suroeste de Santiago. Sus virtuosos ceramistas modelan piezas de barro cocido de color marrón y negro tan bonitas como sencillas, y las venden increíblemente baratas (una taza de café hecha a mano cuesta unos 1000 CLP). Es un lugar estupendo para venir a pasar medio día de excursión y es célebre por su cocina típica chilena.

Aunque los fines de semana Pomaire está llenísimo de turistas que van a pasar el día, se queda prácticamente desierto los lunes, cuando cierran los alfareros.

El animado restaurante **La Fuente de mi Tierra** (📞móvil 9-8475-3494; Roberto Bravo 49; platos principales 4000-9000 CLP; ⊙10.00-20.00 ma-do) ofrece platos tradicionales baratos en un ambiente más animado que en ningún otro sitio. Las paredes están repletas de fotos y cerámica local, y la comida deja bien lleno.

Bahía Azul (www.bahiaazul.cl) cuenta con tres autobuses directos entre la Terminal San Borja y Pomaire los sábados y domingos (1800 CLP, 45 min). Si no, móntese en uno regular a Melipilla (1500 CLP, 1 h, 4 cada hora) de Ruta Bus 78 (www.rutabus78.cl) y apéese en el cruce de Pomaire, donde hay colectivos y microbuses hasta el pueblo (500 CLP).

Cajón del Maipo

Las paredes rocosas de este espectacular desfiladero, surcado por el río Maipo, están cubiertas de verde. A tan solo 25 km de Santiago (yendo hacia el sureste), los fines de semana se llena de santiaguinos que vienen a acampar, caminar, escalar, montar en bicicleta, esquiar o practicar *rafting*. La oferta no descuida el apetito, gracias al creciente número de restaurantes de moda, nuevas microcervecerías y grandes bodegas.

La temporada alta de *rafting* es de noviembre a marzo, cuando las aguas derretidas del glaciar se transforman en rápidos de clase III o IV por el río Maipo; los esquiadores invaden la zona de junio a septiembre; y durante

Alrededores de Santiago

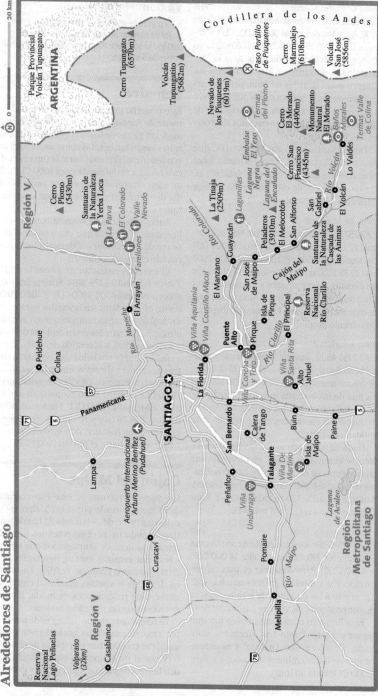

0 — 20 km

Cordillera de los Andes

ARGENTINA

Parque Provincial Volcán Tupungato

Cerro Tupungato (6570m)

Volcán Tupungatito (5682m)

Paso Portillo de Piuquenes

Cerro Marmolejo (6108m)

Volcán San José (5856m)

Nevado de los Piuquenes (6019m)

Termas del Plomo

Monumento Natural El Morado

Cerro El Morado (4490m)

Baños Morales

Termas Valle de Colina

Región V

Cerro Plomo (5430m)

Santuario de la Naturaleza Yerba Loca

La Parva

El Colorado

Valle Nevado

Farellones

El Arrayán

Embalse El Yeso

Laguna Negra

Laguna del Encañado

Cerro San Francisco (4345m)

Lo Valdés

Río Volcán

El Volcán

San Gabriel

Río Maipo

La Tinaja (2509m)

Lagunillas

Río Colorado

Guayacán

Peladeros (3910m)

El Melocotón

San Alfonso

Santuario de la Naturaleza Cascada de las Ánimas

San José de Maipo

El Manzano

Cajón del Maipo

Reserva Nacional Río Clarillo

El Principal

Río Clarillo

Peldehue

Colina

57

Viña Aquitania

Viña Cousiño Macul

Puente Alto

Pirque

Isla de Pirque

Viña Concha y Toro

La Florida

Viña Santa Rita

Alto Jahuel

71

5

Panamericana

SANTIAGO

Aeropuerto Internacional Arturo Merino Benítez (Pudahuel)

San Bernardo

Calera de Tango

Buin

5

Paine

Lampa

Peñaflor

Talagante

Viña De Martino

Isla de Maipo

Región V

Curacaví

Viña Undurraga

Pomaire

Laguna de Aculeo

Río Maipo

68

Región Metropolitana de Santiago

78

Melipilla

Reserva Nacional Lago Peñuelas

Valparaíso (32km)

Casablanca

todo el año se practica excursionismo y equitación y se organizan comidas campestres.

La construcción de una proyectada central hidroeléctrica podría acarrear graves consecuencias para el ecosistema de la región, así que se debe aprovechar esta maravilla agreste mientras dure. Desde la capital resulta muy sencillo llegar hasta aquí en transporte público o en automóvil.

🏃 Actividades

★Rutavertical Rafting   RAFTING
(📱móvil 9-9435-3143; www.rutavertical.cl; Camino al Volcán 19635, San José de Maipo; viajes 19 000 CLP; ⊙diarios a 11.00, 14.00 y 16.30) Los circuitos de 1 h a cargo de entusiastas guías bajan rápidos de clase III o IV, pasan por algunos desfiladeros preciosos y acaban de vuelta en San José de Maipo. En total son 2½ h incluyendo la sesión instructiva, el tiempo de ponerse el equipo y la ruta en coche río arriba hasta el punto de partida. Se proporciona casco, traje de neopreno y chaleco salvavidas, y hay taquillas donde guardar los objetos personales.

El río consta de un conjunto de rápidos en su mayoría de clase III con poquísimas zonas de aguas calmas; de hecho, los participantes a menudo se caen al agua. De todos modos, es menos peligroso que en la década de 1980, cuando los primeros piragüistas se vieron ante un conjunto de armas automáticas apuntando a atravesar la propiedad del general Pinochet en El Melocotón (el estrecho salto sobre fondo rocoso, uno de los rápidos más divertidos del río, hoy se conoce como "El Pinocho", apodo del exdictador).

Vizcachas Multiespacio DEPORTES DE AVENTURA
(Antigua Geoaventura; 📱móvil 9-6209-9130; www. facebook.com/VizcachasMultiespacio; Camino a San José de Maipo 07820, Puente Alto; tirolina 15 000 CLP, *puenting* 25 000 CLP, parapente 40 000 CLP; ⊙10.00-18.00) Centro deportivo a la entrada del Cajón del Maipo que ofrece *puenting*, parapente, tirolina, pared de escalada y paintball, entre otros.

🛏 Dónde dormir

Los Baqueanos   ACAMPADA $$$
(📱móvil 9-9618-7066; www.losbaqueanos.cl; Camino al Volcán 4926, El Canelo; incl. comidas y paseo a caballo desde 70 000 CLP/persona; 🛜) Los huéspedes se alojan en lujosas tiendas abovedadas calentadas por energía solar y dotadas de acogedoras camas, sillas ergonómicas y acceso wifi. El chef cocina desayunos y comidas gastronómicas, mientras que los bonitos

caballos chilenos esperan a que terminen el guía y los viajeros para llevarlos de excursión al Cajón del Maipo.

Infórmese sobre el estado del sendero que sube hasta Los Baqueanos si se va con vehículo propio.

🛈 Cómo llegar y salir

Dos carreteras serpentean por el Cajón del Maipo a ambos lados del río y se unen en El Melocotón, a 7 km de San Alfonso. La G-421 del lado sur sigue por Pirque mientras que la G-25 circula por el norte de San José de Maipo y San Alfonso hasta Baños Morales y el Monumento Natural El Morado. Los 100 km desde el centro de Santiago hasta Baños Morales se recorren en unas 2 h con un coche normal y corriente. Para llegar hasta Termas Valle de Colina son otros 20 min más y según el estado del último tramo de la carretera quizá se necesite un todoterreno.

El transporte público no llega hasta Termas Valle de Colina. Sin embargo, las furgonetas privadas de **Tur Maipo** (plano p. 48; www. turmaipo.cl; ida y vuelta hasta Baños Morales 8400 CLP) van hasta Baños Morales desde el metro Baquedano de Santiago, normalmente los sábados y domingos. El metrobús MB-72 enlaza San Alfonso y San José de Maipo con la parada de metro Bellavista de La Florida cada 30 min de 7.00 a 21.00 (1100 CLP).

Pirque

Aunque está justo a las afueras de Santiago, en Pirque se respira un ambiente de pueblecito, con sugerentes carreteras flanqueadas por viñedos, una fantástica reserva natural y montones de puestos de empanadas. Sin embargo, su principal atracción no tiene nada de pequeño ni de modesto: Viña Concha y Toro (p. 83), la bodega más grande e industrial de Chile. La carretera principal discurre al este desde Concha y Toro hasta el lado sur del Cajón del Maipo en dirección a San Alfonso. Durante unos 3 km se sucede un conjunto de restaurantes, como La Vaquita Echá.

La **Reserva Nacional Río Clarillo** (www. conaf.cl/parques/reserva-nacional-rio-clarillo; Camino a Reserva Nacional Río Clarillo s/n, Pirque; adultos/niños 6000/3000 CLP; ⊙8.30-18.00), una mezcla de bosque andino y matorrales de 100 km², está en un pintoresco cañón tributario del Cajón del Maipo, 18 km al sureste de Pirque. Aquí habitan abundantes especies de aves, zorros y roedores, así como la iguana chilena, en peligro de extinción.

Dos senderos cortos y bien señalizados nacen cerca de la oficina de guardabosques de Conaf, 300 m más allá de la entrada: el de la quebrada Jorquera se recorre en una ½ h; el de Aliwen Mahuida, en 1½ h. Los guardabosques aconsejan sobre caminatas más largas a orillas del río, pero es necesario madrugar porque aquí no se permiten las acampadas. Para hacer una pausa a mediodía hay varias zonas de pícnic con mesas y hoyos para barbacoa.

🛏 Dónde dormir y comer

★**La Calma de Rita** PENSIÓN **$$**
(📱móvil 9-7217-3978; www.lacalmaderita.cl; Camino a Santa Rita 2672; h 75-130 US$; ✳🛜🏊) En este extravagante refugio rural se puede dormir dentro de una gigantesca barrica de vino o en una carroza reformada. Todas las habitaciones están dispuestas en torno a un jardín de flores con hamacas, piscina y *spa* de vino con tratamientos para la piel y el paladar. El restaurante está abarrotado de recuerdos retro y en su tienda se venden quesos locales, mermeladas y cervezas artesanas.

La Vaquita Echá CHILENA **$$**
(www.lavaquitaecha.cl; Ramón Subercaseaux 3355; platos principales 5200-15 000 CLP; ⏱11.00-21.00) En la comuna de Pirque, este establecimiento ha ganado merecida fama por su parrilla, donde chisporrotean filetes, costillas, pescados e incluso jabalí.

❶ Cómo llegar y salir

Para llegar a Pirque, tómese el metro hasta plaza de Puente Alto, el final de la línea 4. Luego hay que montarse en el microbús a Pirque. Las salidas son frecuentes y el billete ronda los 500 CLP. Téngase en cuenta que para visitar las bodegas y reservas naturales de los alrededores hace falta un vehículo propio, aunque se pueden recorrer en taxi.

San Alfonso y la cascada de las Ánimas

A mitad de camino hacia el Cajón del Maipo un grupito de casas y tiendas conforma San Alfonso. Aquí se halla el maravilloso Santuario de la Naturaleza Cascada de las Ánimas, de gestión privada y dispuesto como un parque temático natural al aire libre.

🏃 Actividades

Cascada de las Ánimas AIRE LIBRE
(📱2-2861-1303; www.cascadadelasanimas.cl; Camino al Volcán 31087) Esta reserva natural privada, que solo puede visitarse mediante actividades organizadas, debe su nombre a la asombrosa

cascada a la que se accede mediante la excursión a pie más breve (7000 CLP); hay otras rutas de excursionismo guiadas de medio día por los montes (12 000 CLP) y circuitos de *rafting* (18 000 CLP). Pero la especialidad de la casa son los paseos a caballo, pues la reserva también es una finca ecuestre.

Clima mediante, se ofrecen paseos a caballo de dos horas (25 000 CLP) y excursiones de un día (50 000 CLP con asado para almorzar). Hay que reservar con antelación.

🛏 Dónde dormir y comer

★**Cascada de las Ánimas** CENTRO VACACIONAL **$$$**
(📱2-2861-1303; www.cascadadelasanimas.cl; Camino al Volcán 31087; refugio h 100 000 CLP, cabañas 3/6/8 personas 80 000/110 000/150 000 CLP, casa 5 personas 130 000, parcelas desde 10 000 CLP/persona; 🅿🛜🏊) Si al viajero le gusta la paz y la tranquilidad, debe dormir en una de las suites bungaló del Cascada Lodge. Su decoración estilo chic rústico incluye detalles de madera y piedra, claraboyas, azulejos y camas extragrandes importadas de Italia.

La alternativa son las cabañas de madera con chimenea y cocina bien equipada. Además, hay *lofts* estilo domo con capacidad para cinco personas, bungalós junto al río para dos y pequeñas habitaciones aptas para todos los bolsillos. Y siempre se tiene la opción de plantar la tienda a la sombra en una parcela de *camping*.

Santuario del Río REFUGIO **$$$**
(📱2-2790-6900; www.santuariodelrio.cl; Camino al Volcán 37659; d/c 130 000/220 000 CLP; 🅿✳🛜🏊) A las afueras de San Alfonso, se especializa en retiros colectivos de empresa, pero dispone de bonitas habitaciones y cabañas de madera y adobe con relajantes vistas al río, camas de maderas nobles y techos abovedados. Tiene *spa*, *jacuzzi* y piscina, además de un excelente restaurante.

Pizzería y Cervecería Jauría PIZZERÍA **$**
(www.cervezajauria.cl; Bernardo O'Higgins 18; *pizzas* 9000 CLP; ⏱17.00-24.00 vi, 13.30-1.00 sa, 13.30 hasta 20.00 do) ¿Apetece una cerveza con una *pizza*? Esta nueva microcervecería combina originales *pizzas* (como jamón, pera asada y tomates secos) con IPA, brown ales y stouts de elaboración propia. Póngase cómodo en el patio a la suave luz de las antorchas tikis.

❶ Cómo llegar y salir

Cascada de las Ánimas cuenta con una furgoneta privada hacia y desde Santiago (1/2 personas ida y vuelta 70 000/90 000 CLP). Es mucho más barato el metrobús MB-72 que une San Alfonso y San José de Maipo con la parada de metro Bellavista de La Florida cada 30 min de 7.00 a 21.00 (1100 CLP).

Baños Morales y Monumento Natural El Morado

Un tramo recién asfaltado de la G-25 asciende desde San Alfonso hasta el pueblecito de Baños Morales. Ofrece excelentes propuestas de excursionismo, equitación y relajantes manantiales. Los amantes más fervientes de los deportes al aire libre pueden decantarse por aventuras andinas en las alturas o escalada, entre otros.

En Baños Morales se accede al **Monumento Natural El Morado** (www.conaf.cl/parques/monumento-natural-el-morado; adultos/niños 5000/2500 CLP; ⊙entrada a 8.30-13.00 y salida 18.00 oct-abr, entrada 8.30-12.30 y salida 17.30 may-sep), un pequeño parque nacional. Desde las orillas de la resplandeciente laguna se contemplan unas vistas fabulosas del glaciar San Francisco y la cumbre del cerro El Morado (5000 m). Se tardan unas 2 h en llegar al lago por un sendero de 6 km que sale de Conaf.

En verano, los excursionistas más entusiastas pueden seguir hasta la base del glaciar San Francisco (6 h ida y vuelta desde el puesto de Conaf), en las laderas más bajas de la montaña.

Pregúntese a un guardabosques de Conaf sobre la ruta de 4 h hasta el valle de las Arenas, fuera del parque. Es un itinerario fantástico, pero poco señalizado.

Los turbios manantiales del **Balneario Termal Baños Murales** (5000 CLP; ⊙10.00-18.00 ma-do abr-dic, 8.00-20.00 todos los días ene-mar) ofrecen chapuzones curativos tras un día de caminata, aunque no son tan pintorescos como las pozas situadas más arriba en Valle de Colina.

Los autobuses privados de Tur Maipo (p. 85) salen desde el metro Baquedano a las 7.30 hacia Baños Morales a diario en enero y febrero, y los fines de semana el resto del año.

Termas Valle de Colina

Unos 16 km después del desvío a Baños Morales, la G-25 (ahora un sencillo sendero que se recorre mejor en todoterreno) conduce hasta los manantiales de las **Termas Valle de Colina** (☎2-2985-2609; www.termasvalledecolina.com; entrada incl. *camping* adultos/niños 8000/4000 CLP), donde unas piscinas naturales de agua caliente ofrecen unas vistas privilegiadas del valle. Dispone de un *camping* bien organizado, pero hay que llegar con bastantes provisiones.

La dirección puede poner en contacto con huasos de la zona que ofrecen expediciones breves a caballo en verano (de diciembre a marzo).

Pero para aventuras de verdad, apúntese a un circuito guiado en moto por la región con **Enduro Trip** (☎móvil 9-8764-2776; www.endurotrip.com; circuitos por persona 120 000 CLP). Salen de Santiago a las 9.00 y ofrecen cuatro, entre los que se cuenta el que pasa por los Baños Morales, las Termas Valle de Colina y el glaciar El Morado. El recorrido incluye paradas para probar comida típica de la región: desde empanadas hasta pan casero.

El transporte público no llega hasta Termas Valle de Colina, que queda unos 16 km después del desvío a Baños Morales por la G-25.

Tres Valles

Las cuatro estaciones de esquí más populares de Santiago –Farellones/El Colorado, La Parva y Valle Nevado– se concentran en tres valles, de ahí el nombre que los engloba: Tres Valles. Aunque solo quedan a 30-40 km de Santiago (al noreste), a veces hay tanto tráfico que se tarda mucho en llegar. Todos los precios indicados aquí corresponden a los fines de semana de la temporada alta (ppios jul-med ago). Entre semana suele haber buenos descuentos en los forfaits y los hoteles. Hay caminos fuera de pista bien indicados que conectan los tres valles. Como la mayoría de los remontes son de arrastre, en los festivos de invierno se forman largas colas, pero si no suelen estar bastante despejados. Si se desea esquiar en varias estaciones conviene adquirir un forfait combinado.

🏃 Actividades

Valle Nevado ESQUÍ
(☎2-2477-7705; www.vallenevado.com; Camino a Valle Nevado s/n; pase 1 día adultos/niños 49 500/37 500 CLP; ⊙ascensos 9.00-17.00) Dispuesta según el modelo europeo, es una estación con casi 30 km² de pistas, la más grande de Sudamérica. También es la mejor mantenida de

las santiaguinas y con pistas más difíciles. Además, es muy buena para los niños por la variedad de pistas para principiantes.

Trece telesillas, un teleférico para ocho personas y remontes de superficie conducen a los puntos de salida, entre 2860 y 3670 m. Los niveles de adrenalina también alcanzan gran altura: hay un parque de nieve, buenas condiciones para el esquí fuera de pista y para heliesquí.

En verano (de diciembre a abril) abre a diario el **telesilla Mirador** (ida y vuelta 19 000 CLP), que traslada hasta los 3300 m a excursionistas y familias con cestas de pícnic. En su web informan sobre excursiones a caballo, montañismo, excursiones guiadas, actividades infantiles y almuerzos con vistas panorámicas en el restaurante de la cumbre.

La estación dista 12 km de Farellones.

La Parva
ESQUÍ

(www.laparva.cl; Los Clonquis s/n; pase 1 día/niños 46 500/31 500 CLP; ⏰ascensos 8.00-17.00) Es evidente que la estación más exclusiva de Santiago no está pensada para quienes aman la nieve y la diversión, sino para familias pijas. Un conjunto de cabañas privadas y bloques de apartamentos conforman la base de Villa La Parva, desde donde 15 remontes conducen hasta sus 48 pistas, la más alta de las cuales empieza a 3574 m de altitud.

Si hay bastante nieve, también hay muchas zonas para esquiar fuera de pista. A los esquiadores más experimentados les encanta esquiar entre La Parva y Valle Nevado o El Colorado.

Farellones
ESQUÍ

(www.parquesdefarellones.cl; Camino a Farellones s/n; pase 1 día 20 000 CLP; ⏰ascensos 9.00-17.00) Es la primera estación de Chile. Situada en la cota 2500 m, es más baja que la otra mitad del complejo, El Colorado, y sus pistas suelen atraer principalmente a esquiadores principiantes y a fanáticos del *tubing*. Asimismo, hay tirolinas, bicicletas de llantas gordas, trineos y rutas con raquetas de nieve.

El Colorado
ESQUÍ

(www.elcolorado.cl; El Colorado i/n; pase 1 día adultos/niños 49 000/37 000 CLP; ⏰ascensos 9.00-17.00) El complejo de esquí intercomunicado de Farellones y El Colorado cuenta con 101 pistas en total para todos los niveles. El re-

---

INDISPENSABLE

ESTACIONES DE ESQUÍ

Desde Santiago se puede ir a varias de las mejores estaciones de esquí chilenas en el día (o pasando allí una noche). Lo mejor es ir entre semana, pues los santiaguinos copan las pistas y las carreteras de acceso los fines de semana.

---

monte más alto de los 19 de El Colorado lleva hasta los 3333 m de altitud.

🛏 Dónde dormir y comer

Hotel Valle Nevado
HOTEL DE LUJO **$$$**

(www.vallenevado.com; Camino a Valle Nevado s/n; d por persona incl. desayuno, almuerzo y cena desde 419 US$; @🅿🛜🏊) Se puede llegar esquiando casi hasta la habitación. Es la mejor opción de Tres Valles, con piscina climatizada exterior, *spa* y piano bar con una enorme chimenea. Cenar en el restaurante La Fourchette del hotel compensa en parte los altos precios (que incluyen el forfait diario).

Hotel Tres Puntas
HOTEL **$$$**

(www.vallenevado.com; Camino a Valle Nevado s/n; d por persona incl. desayuno y cena 219 US$; @🅿🛜) La propuesta "económica" en Valle Nevado escatima en lujos, pero no en sus tarifas. Ofrece un conjunto de habitaciones estándar y de tipo colectivo, pequeñas pero funcionales. Se incluye el forfait.

La Fourchette
INTERNACIONAL **$$$**

(www.vallenevado.com; Hotel Valle Nevado; platos principales 15 000-22 000 CLP; ⏰19.00-10.00 y 19.00-23.00) De los seis restaurantes de Valle Nevado, es el más distinguido, con cocina mediterránea.

❶ Cómo llegar y salir

El transporte público no llega a Tres Valles. En invierno, **KL Adventure** (☏2-2217-9101; www.kladventure.com; Augo Mira Fernández 14248, Las Condes, Santiago; 1 viaje hasta Tres Valles 35 750 CLP, incl. recogida hotel 50 000 CLP) y **SkiTotal** (☏2-2246-0156; www.skitotal.cl; av. Apoquindo 4900, local 39-42, Las Condes, Santiago; 1 trayecto 16 000-18 000 CLP) ofrecen servicios lanzadera diarios a las estaciones de esquí. El segundo goza de una práctica posición cerca del metro Escuela Militar en Las Condes.

Chile central

Los mejores restaurantes

➡ Casa Botha (p. 108)
➡ Viña Casa Silva (p. 113)
➡ Lo que más quiero (p. 130)
➡ El Peral (p. 99)
➡ Sativo (p. 104)

Los mejores alojamientos

➡ Parque Las Nalkas (p. 129)
➡ WineBox Valparaiso (p. 98)
➡ Zerohotel (p. 98)
➡ Casa Chueca (p. 122)
➡ Ecobox Andino (p. 128)

Por qué ir

Si el viajero adora el vino, el buen comer, la primavera eterna, el arte urbano, el esquí, las excursiones, montar en bicicleta de montaña, el surf o simplemente quiere relajarse en costas perdidas, hay un lugar en Chile central que le cautivará. Es la región vinícola más importante del país; y las bodegas, los confortables alojamientos y los desayunos de los valles de Colchagua, del Maule y de Casablanca, bañados por el sol, seducirán su paladar y sus sentidos.

Los amantes del surf tienen olas increíbles en toda la costa y grandes enclaves como Pichilemu, Matanzas y Buchupureo. Excursionistas y esquiadores disfrutarán con las lagunas recónditas y las empinadas pistas al este de los Andes, mientras que los exploradores culturales no querrán perderse los murales y los animados callejones de Valparaíso o el panorama musical de Concepción.

Cuándo ir
Valparaíso

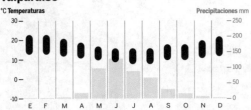

Mar-abr Durante la vendimia, los amantes del vino toman los viñedos y los festivales relacionados.

Jun-ago Las frecuentes nevadas llenan las pistas de esquiadores y amantes del *snowboard*.

Oct-dic Playas tranquilas, hoteles más baratos y un Valle Central exuberante antes del verano.

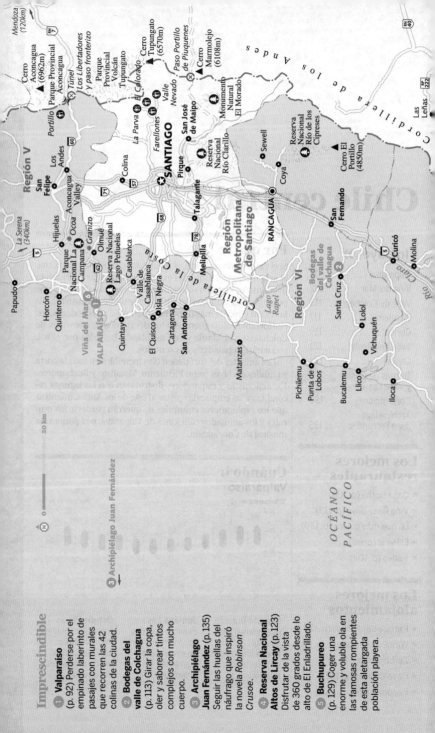

Imprescindible

1 Valparaíso
(p. 92) Perderse por el empinado laberinto de pasajes con murales que recorren las 42 colinas de la ciudad.

2 Bodegas del valle de Colchagua
(p. 113) Girar la copa, oler y saborear tintos complejos con mucho cuerpo.

3 Archipiélago Juan Fernández (p. 135)
Seguir las huellas del náufrago que inspiró la novela *Robinson Crusoe*.

4 Reserva Nacional Altos de Lircay (p. 123)
Disfrutar de la vista de 360 grados desde lo alto de El Enladrillado.

5 Buchupureo
(p. 129) Coger una enorme y voluble ola en las famosas rompientes de esta alargada población playera.

OCÉANO
PACÍFICO

50 km

Archipiélago Juan Fernández

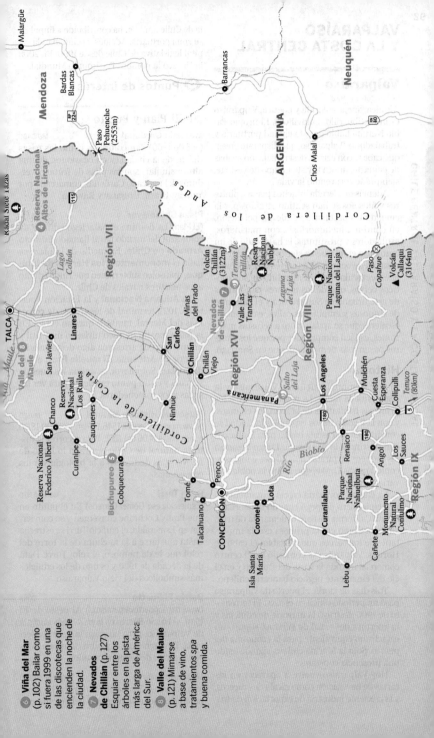

Viña del Mar

(p. 102) Bailar como si fuera 1999 en una de las discotecas que encienden la noche de la ciudad.

Nevados de Chillán (p. 127)

Esquiar entre los árboles en la pista más larga de América del Sur.

Valle del Maule

(p. 121) Mimarse a base de vino, tratamientos spa y buena comida.

Malargüe

Mendoza

Bardas Blancas

Barrancas

RP 22

Paso Pehuenche (2553m)

ARGENTINA

Neuquén

RP 40

Chos Malal

Radal Siete Tazas

Reserva Nacional Altos de Lircay

TALCA

Río Maule

Valle del Maule

San Javier

Linares

115

Lago Colbún

Región VII

Cordillera de los Andes

Chanco

Reserva Nacional Federico Albert

Curanipe

Reserva Nacional Los Ruiles

Cauquenes

Cordillera de la Costa

San Carlos

Chillán

Chillán Viejo

Minas del Prado

Volcán Chillán (3122m)

Nevados de Chillán

Termas de Chillán

Reserva Nacional Ñuble

Valle Las Trancas

Región XVI

Panamericana

Salto del Laja

Laguna del Laja

Parque Nacional Laguna del Laja

Región VIII

Paso Copahue

Volcán Callaqui (3164m)

Ninhue

Buchupureo

Cobquecura

Tomé

Penco

Talcahuano

CONCEPCIÓN

Coronel

Lota

Isla Santa María

Los Ángeles

180

Río Biobío

Renaico

180

Mulchén

Cuesta Esperanza

Collipulli

Temuco (80km)

5

Curanilahue

Parque Nacional Nahuelbuta

Angol

Los Sauces

Región IX

Lebu

Cañete

Monumento Natural Contulmo

VALPARAÍSO Y LA COSTA CENTRAL

Valparaíso

📞 32 / 300 000 HAB.

Rítmica, añeja, colorida y poética, Valparaíso es un batiburrillo maravilloso. El propio Pablo Neruda habló de esta ciudad portuaria y trabajadora: "Valparaíso, qué disparate eres... qué cabeza con cerros, desgreñada, no acabas de peinarte, nunca tuviste tiempo de vestirte, siempre te sorprendió la vida".

Además de Neruda, muchos poetas, pintores y filósofos se han sentido atraídos por la ciudad más peculiar de Chile. Su población, en continua metamorfosis, con marineros, estibadores y prostitutas, la ha dotado de un ambiente en el que se siente que cualquier cosa puede ocurrir. Si a todo esto se le añade la espectacular belleza marchita de sus caóticos cerros, uno de los mejores panoramas de arte urbano de Sudamérica y el laberinto de sinuosas y empinadas calles, callejones y escaleras que se apilan junto a vetustas mansiones, es fácil comprender por qué los viajeros pasan más tiempo aquí que en Santiago.

Historia

El mar siempre ha definido Valparaíso y la región que la rodea. La pesca alimentó a los primeros habitantes de la zona, los changos, y con la llegada de los españoles la ciudad se convirtió en una escala básica para los barcos con destino a la península. Luego llegaron los saqueos de piratas holandeses e ingleses, como Francis Drake, que asaltó la población varias veces.

La ciudad portuaria creció lentamente al principio, pero despegó cuando la fiebre del oro en California disparó la demanda de trigo chileno. Como era la primera escala importante de los barcos que cruzaban el cabo de Hornos, Valparaíso se convirtió en el centro comercial de toda la costa del Pacífico y en el eje del emergente negocio bancario chileno.

Tras días de gloria, el puerto de Valparaíso pasó un período difícil en el s. XX. El terremoto de 1906 destruyó la mayoría de edificios y la apertura del canal de Panamá supuso un cataclismo equivalente para la economía del puerto. Solo la Marina chilena siguió siendo una presencia constante.

Hoy Valparaíso vuelve a aparecer en las cartas de navegación como escala de cruceros, y la creciente industria de exportación de fruta de Chile también ha contribuido a impulsar su zona portuaria. Además, la ciudad es la capital legislativa de Chile desde 1990. En 2003 la Unesco la nombró Patrimonio Mundial.

◉ Puntos de interés

◉ El Plan y Puerto

Mercado Cardonal   MERCADO
(🕐 6.00-17.00) Tan coloridos como las casas típicas de la ciudad (y, en ocasiones, de una altura similar) son las pilas de frutas y verduras del mercado Cardonal, enmarcado por Yungay, Brasil, Uruguay y Rawson.

Plaza Sotomayor   PLAZA
(El Plan) La domina el palaciego edificio de color azul del mando naval llamado **Edificio Armada de Chile**. En medio de la plaza se halla el **monumento a los Héroes de Iquique**, mausoleo subterráneo que rinde tributo a los mártires navales de Chile.

La **Aduana Nacional** y la Estación Puerto (p. 102), terminal de los trenes de cercanías del Merval, también quedan cerca. En la plaza hay un quiosco turístico muy útil y un mercado de artesanía algo destartalado, la Feria de Artesanía. **El muelle Prat**, al pie de la plaza Sotomayor, se anima los fines de semana y es un punto excelente para ver las grúas y los contenedores.

Museo de Historia Natural   MUSEO
(www.mhnv.cl; Condell 1546, El Plan; 🕐 10.00-18.00 ma-sa, hasta 14.00 do) GRATIS Para recorrer la historia natural de Chile central a lo largo de nueve salas dedicadas a la biología y a los ecosistemas.

Reloj Turri   MONUMENTO
(Esmeralda esq. Gómez Carreño) En el punto en que Prat y Cochrane convergen y se convierten en Esmeralda, el edificio Turri se estrecha hasta ajustarse a la anchura de la torre del reloj que le da nombre, el reloj Turri. Data de la década de 1920 y es uno de los edificios más simbólicos del viejo Valparaíso.

Barrio El Puerto   ZONA
(www.barriopuertovalparaiso.cl) Al oeste de El Plan, el barrio Puerto es la parte más antigua de Valparaíso, pero también la peor conservada. Las fachadas de piedra desmoronadas son indicios de tiempos pasados.

Mercado Puerto   LUGAR HISTÓRICO
(esq. Cochrane y San Martín, Puerto) Mucho tiempo en desuso, este mercado bellamente res-

taurado debería haber reabierto cuando se publique esta obra.

Plaza Matriz
PLAZA

(Puerto) En este corazón histórico de la ciudad se halla la iglesia de la Matriz. Comenzó a edificarse en 1837, y es el quinto templo que ocupa este emplazamiento desde la construcción de la capilla original en 1559.

Congreso Nacional
PUNTO DE INTERÉS

(http://congreso.cl/; esq. av. Pedro Montt y Rawson; ⏰solo abre biblioteca 9.30-13.00 y 14.30-17.30 lu y vi) En la parte oriental de El Plan, uno de los únicos edificios emblemáticos modernos de Valpo es el controvertido Congreso Nacional, en forma de herradura. Sus orígenes están en la presidencia de Pinochet, tanto en sentido legislativo como literal: se construyó en uno de los lugares donde pasó su infancia y bajo el mandato de su Constitución de 1980, que trasladó el cuerpo legislativo desde Santiago a Valparaíso.

Iglesia de la Matriz
IGLESIA

(www.corporacionlamatriz.cl; Santo Domingo 71, Puerto) Se dice que esta iglesia de inspiración clásica fue saqueada por Francis Drake en el s. XVI. La construcción actual es la cuarta.

⊙ Cerros Concepción y Alegre

Museo de Bellas Artes
MUSEO

(Palacio Baburizza; ☎32-225-2332; http://museobaburizza.cl; paseo Yugoslavo 176; entrada 4000 CLP; ⏰10.30-18.00 ma-do) En el disperso edificio modernista del lado oeste de cerro Alegre, el palacio Baburizza alberga una buena colección permanente y varios objetos de los propietarios originales del palacio. El funicular ascensor El Peral (plaza de Justicia y paseo Yugoslavo; 100 CLP; ⏰7.00-23.00) sale de al lado de la plaza Sotomayor.

Museo Lukas
MUSEO

(☎32-222-1344; www.lukas.cl; paseo Gervasoni 448, cerro Concepción; adultos/niños y jubilados 1000/500 CLP; ⏰11.00-18.00 ma-do) El caricaturista local Lukas desplegó su ingenio a la hora de plasmar la idiosincrasia de Valparaíso mediante tiras sarcásticas de temática política y dibujos a tinta de edificios emblemáticos de Valpo.

Ascensor Concepción
FUNICULAR

(Prat –El Plan– y paseo Gervasoni (cerro Concepción); 300 CLP; ⏰7.00-22.00) El ascensor más antiguo de la ciudad lleva hasta el paseo Gervasoni, en la parte más baja de cerro Concepción. Construido en 1883, en sus inicios funcionó con vapor.

⊙ Cerro Cárcel

★ Parque Cultural de Valparaíso
CENTRO DE ARTE

(PCdV; ☎32-235-9400, http://parquecultural.cl, Cárcel 471; ⏰10.00-19.00; Ⓟ) GRATIS Construido sobre la estructura de una prisión, ofrece un poco de todo. En los antiguos patios hay excelentes murales, también cuenta con exposiciones temporales, teatro y danza; además, hay clases, cursos, mesas redondas y otros eventos intelectualmente estimulantes. Se llega hasta él caminando por la subida Cumming.

⊙ Cerro Panteón

Cementerios 1 y 2
CEMENTERIO

(Dinamarca s/n; ⏰8.30-17.00) Los residentes más ilustres, influyentes e infames de la ciudad descansan en paz en estos cementerios, donde las tumbas parecen pequeños palacios ornamentados.

Cementerio de Disidentes
CEMENTERIO

(Dinamarca s/n; ⏰9.00-13.00 y 15.00-17.00) Junto al cementerio principal, este es el lugar donde se enterró a los inmigrantes ingleses y europeos. A pesar de su nombre los difuntos no eran insurrectos, sino protestantes, y por consiguiente no se admitían en los cementerios tradicionales.

⊙ Cerro Bellavista

★ La Sebastiana
EDIFICIO HISTÓRICO

(☎32-225-6606; www.fundacionneruda.org; Ferrari 692; adultos/niños y jubilados 7000/2500 CLP; ⏰10.30-18.50 ma-do ene y feb, 10.00-18.00 ma-do mar-dic) El artista más ilustre que acogió Bellavista fue Pablo Neruda, con su casa en lo alto de la colina. No hay reservas, así que lo mejor es llegar a primera hora de la mañana.

Arribar hasta ella obliga a un duro ascenso, que continúa una vez en la casa, aunque cada piso que se sube ofrece nuevas vistas sobre la bahía. Está permitido pasear libremente por La Sebastiana para contemplar la caótica colección de mascarones de proa, cristalería, muebles de la década de 1950 y obras de arte de sus amigos famosos. Junto a la casa, la Fundación Neruda ha erigido el Centro Cultural La Sebastiana, que incluye una pequeña zona de exposiciones y una tienda de recuerdos. Se llega a ella desde el ascensor

Valparaíso

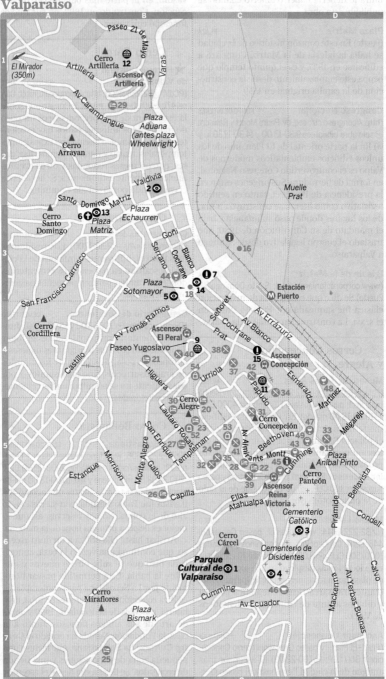

Paseo 21 de Mayo

El Mirador (350m)

Cerro Artillería **12**

Ascensor Artillería

Artillería

Av Carampangue

29

Cerro Arrayan

Plaza Aduana (antes plaza Wheelwright)

Varas

Valdivia **2**

Santo Domingo Matriz

Cerro Santo Domingo

6 **13**

Plaza Matriz

Plaza Echaurren

Goñi

Muelle Prat

San Francisco Carrasco

Serrano

Cochrane

Blanco

16

Plaza Sotomayor **5** **18**

44

7 **14**

Estación Puerto

Cerro Cordillera

Castillo

Av Tomás Ramos

Ascensor El Peral

Paseo Yugoslavo

21

Señoret

40 **9**

Urriola

St Prat

Cochrane

38

37

Av Blanco

Av Errázuriz

15

Ascensor Concepción

42

11 Papudo

34

Esmeralda

Martínez

48

Higuera

30 Cerro Alegre **20**

Lautaro Rosas

52

23

53

31

Cerro Concepción

47

49

33

Melgarejo

San Enrique

Galos

Morrison

Monte Alegre

27

24

41

35

28

Av Almirante Montt

Beethoven

45

Cumming

43

19

Plaza Aníbal Pinto

Bellavista

Templeman

32

22

39

Ascensor Reina Victoria

Cerro Panteón

Capilla

26

Elías Atahualpa

Cementerio Católico **3**

Pirámide

Condell

Estanque

Cerro Cárcel

Parque Cultural de Valparaíso **1**

Cementerio de Disidentes

4

Mackenna

Av Yerbas Buenas

Calvo

Cerro Miraflores

Cumming

46

Plaza Bismark

Av Ecuador

25

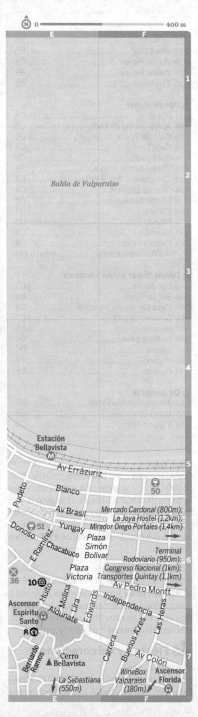

Espíritu Santo, caminando unos 800 m colina arriba por Héctor Calvo. Otra opción es tomar el autobús nº 0 verde en Serrano, cerca de la plaza Sotomayor, en El Plan, o bien en Templeman, en cerro Alegre, y bajarse en la manzana 6900 de la av. Alemania.

Museo a Cielo Abierto   ZONA

(esq. Rudolph y Ramos; ⊙24 h) En las calles de la parte inferior de este cerro se encuentran 20 murales coloridos, que conforman un museo al aire libre con obras de artistas chilenos famosos, como Mario Toral y Roberto Matta. Desafortunadamente, muchos se hallan en un estado deplorable. Se llega al meollo de este museo tomando el ascensor Espíritu Santo, detrás de la plaza Victoria.

◎ Cerro Artillería

Museo Marítimo Nacional   MUSEO

(☎32-253-7018; www.mmn.cl; paseo 21 de Mayo 45; adultos/niños 1000/300 CLP; ⊙10.00-18.00 ma-do) Los cañones siguen en pie en el exterior de este museo naval. Tiene un amplio espacio dedicado a la victoria de Chile en la Guerra del Pacífico del s. XIX. También se exponen cuadros históricos, uniformes, aparejos, espadas, instrumentos de navegación y medallas. El traqueteante ascensor Artillería sube hasta aquí desde la plaza Aduana.

🎓 Cursos

★**Chilean Cuisine**   COCINA

(☎móvil 9-6621-4626; www.chileancuisine.cl; pasaje Gálvez 25, cerro Concepcion; curso desde 40 000 CLP/persona; ⊙a diario) Un dinámico chef lleva a los alumnos a comprar ingredientes al mercado, luego les enseña a hacer pisco sour, a degustar vinos de la zona y a cocinar –y luego saborear– un menú de clásicos chilenos.

Chilean Cooking Class and Anti-Tours   COCINA

(☎móvil 9-8143-9656; gonzalolarachef@yahoo.es; av. Almirante Montt 448, cerro Alegre) Gonzalo Lara, el chef del Café Vinilo (p. 99), dirige un curso de cocina que recibe grandes elogios; se le puede enviar un correo electrónico para informarse sobre los precios y la disponibilidad.

🧭 Circuitos

★**Valpo Street Art Tours**   CULTURAL

(☎móvil 9-4021-5628; www.valpostreetart.com; pasaje Gálvez 25, oficina 2; ⊙10.30 y 15.30 lu-sa) Los circuitos GraFREEti Tours, de 2 h y por los que se paga la voluntad, salen cada día

Valparaíso

◎ Principales puntos de interés

◎ Puntos de interés

⊕ Actividades, cursos y circuitos

◉ Dónde dormir

◉ Dónde comer

◉ Dónde beber y vida nocturna

◉ De compras

de la plaza Aníbal Pinto (excepto do) a las 10.30 y las 15.30. Los guías, muy entendidos, acompañan al visitante por algunos de los mejores murales de la ciudad y les explican la razón por la que Valpo se convirtió en una meca del arte callejero. También se puede participar en un taller (30 US$) para conocer a un grafitero local y aprender a crear una obra con espray.

★ **Tours 4 Tips** A PIE
(www.tours4tips.com; plaza Sotomayor, El Plan; ⊙10.00 y 15.00) Solo hay que presentarse en la plaza Sotomayor, buscar a los guías con las camisetas rojiblancas en medio de la plaza y prepararse para disfrutar de un circuito por la ciudad dedicado al arte urbano, la historia cultural y la política. Se da propina si el circuito ha sido del agrado del viajero; una buena propina oscila entre 5000 y 10 000 CLP.

Blue Valpo CRUCERO
(www.facebook.com/BlueValpo; muelle Prat; 10 000 CLP; ⊙2 sa al mes) En este crucero por la bahía de 3 h al atardecer, el viajero puede llevar su bebida y navegar al ritmo de los DJ y bandas que actúan en directo. Los barcos zarpan del muelle Prat. Véanse los horarios en la web.

Cruceros por el puerto EN BARCO
(Muelle Prat; circuito de 30 min 3000 CLP; ⊙9.30-18.30) Para pasar junto a enormes cruceros o acorazados, o ver leones marinos jugueteando cerca del puerto. Hay varias empresas; conviene informarse y comparar precios.

🎆 Fiestas y celebraciones

Puerto de Ideas CULTURAL
(www.puertodeideas.cl; actos 2000 CLP; ⊙nov) Esta conferencia cultural, que se celebra cada

noviembre, es el equivalente chileno de las charlas TED. Suele ser fascinante.

Año Nuevo
(⊙31 dic) Los fantásticos fuegos artificiales del puerto atraen a cientos de miles de visitantes cada 31 de diciembre. Hay que reservar alojamiento con mucha antelación.

🛏 Dónde dormir

★ La Joya Hostel   ALBERGUE $
(📱móvil 9-3187-8552; www.lajoyahostel.com; Quillota 80; dc 10 500 CLP, d desde 39 000 CLP; P@🛇) Es casi demasiado pijo para llamarlo albergue, con sus cuartos impolutos, sus camas comodísimas y la estética de un *loft* de Brooklyn. Anexos hay un bar moderno y un local de hamburguesas, que merecen la visita aunque uno no se aloje en el albergue. El simpático personal ofrece información sobre la ciudad, y a veces organizan barbacoas en la azotea.

Su ubicación cerca de la estación de autobuses lo convierte en un lugar práctico si se llega tarde o se sale temprano, aunque no tanto para las escapadas a los cerros más populares.

El Mirador   B&B $
(📱32-234-5937; www.elmiradordevalparaiso.cl; Levarte 251, cerro Playa Ancha; i/d/tr incl. desayuno 35/60/64 US$, apt 2 personas 70 US$; P@🛇) A las parejas y los viajeros en solitario a quienes preocupa el presupuesto les gusta este acogedor B&B. Aunque queda algo apartado, la bonita y cuidada propiedad –una casa restaurada con dobles confortables, apartamentos con minicocinas, anfitriones corteses y una amplia terraza– ofrece una buena relación calidad-precio. Para llegar, desde el Museo Marítimo Nacional se camina colina arriba por Playa Ancha y se gira a la izquierda en Levarte.

Hostal Jacaranda   ALBERGUE $
(📱32-327-7567; www.hostaljacaranda.blogspot. com; Urriola 636, cerro Alegre; dc/d desde 8000/ 25 000 CLP; 🛇) Pequeño pero muy acogedor (y con una situación perfecta en un tramo del cerro Alegre), este animado albergue de estilo familiar dispone de una terraza con iluminación romántica de noche. Los propietarios tienen muchos conocimientos; si se les pide educadamente, puede que incluso enseñen a elaborar especialidades chilenas, como pisco sours y empanadas.

Hostal Cerro Alegre   B&B $
(📱32-327-0374; www.hostalcerroalegre.cl; Urriola 562, cerro Alegre; dc 14 000 CLP, h con/sin baño 59 000/44 000 CLP; 🛇) Las antigüedades a la moda, los óleos originales del antiguo propietario y una mezcla ecléctica de colores, estilos y diseños lo convierten en una buena apuesta para una clientela bohemia. Hay una cocina compartida y una zona de estar algo pequeña, además de un dormitorio colectivo para solo cuatro personas. También alquila bicicletas (medio día/día entero 11 000/6000 CLP).

Yellow House   B&B $
(📱32-233-9435; www.theyellowhouse.cl; Capitán Muñoz Gamero 91, cerro Artillería; h 33 000-55 000 CLP, sin baño 25 000-32 000 CLP, incl. desayuno; @🛇) Las vistas de ensueño al viejo puerto marcan la diferencia en este apacible B&B, además de las atenciones que el propietario, chileno, dispensa a los huéspedes. Las habitaciones, acogedoras y en tonos pastel, cuentan con mullidas colchas; la Océano es la que tiene las mejores vistas. La única desventaja es que está bastante lejos de la acción, los restaurantes y los locales nocturnos de los cerros más populares. Hay que ir con cuidado si se llega de tarde-noche, pues en la zona a veces actúan los carteristas.

La Nona   B&B $
(📱móvil 9-6618-6186; www.bblanona.com; Galos 660-662, cerro Alegre; i/d/tr incl. desayuno 36 000/40 000/60 000 CLP; 🛇) Los propietarios adoran Valparaíso y están encantados de compartir todo lo que saben de la ciudad con sus huéspedes. Las habitaciones son sencillas pero correctas. Los vitrales y los tragaluces le dan un aire despejado, y su céntrica ubicación en el cerro Alegre es un gran punto a favor. Se recomienda pedir una habitación con vistas.

También proporciona servicio de lavandería (10 000 CLP para hasta 5 kg) tanto para huéspedes como para clientes externos.

Casa Aventura   ALBERGUE $
(📱32-275-5963; www.casaventura.cl; pasaje Gálvez 11, cerro Concepción; dc/i/d sin baño 11 500/ 20 000/29 000 CLP; 🛇) Uno de los hostales más antiguos de la ciudad. Ofrece espaciosos dormitorios colectivos y dobles con altísimos techos y suelos de madera originales. Tiene cocina compartida, pero le falta una buena terraza o salones comunes amplios.

★ **WineBox Valparaíso** DISEÑO HOTEL **$$**
(móvil 9-9424-5331; Baquedano 763, cerro Mariposas; h 65 000-180 000 CLP; P�) Construido con 25 contenedores de transporte y hogar de la primera bodega urbana de Valparaíso, el WineBox está preparado para cambiar el turismo de la ciudad. Si todo va según lo previsto, en el 2019 ya tendrían que estar abiertos un bar de vinos y tienda con 320 etiquetas y 30 vinos por copas (incluidos los que se elaboran en el sótano).

Todas las habitaciones se hallan en coloridos contenedores, con camas cómodas y ojos de buey por los que se ve el mar. También hay dos terrazas con mobiliario realizado con barricas de vino, depósitos e incluso bañeras. Casi todo se ha construido a partir de materiales reciclados.

Vía Vía Hotel PENSIÓN **$$**
(32-319-2134; www.viaviacafe.cl; Almirante Montt 217, cerro Alegre; h 50-70 US$; �) Regentado por una simpática pareja ecuatoriana-belga, este hotel de paredes redondeadas y estilo *art déco* es el predilecto de los viajeros que disfrutan con los detalles. Muy acogedor, con solo cinco habitaciones sencillas pero amplias; baños con duchas solares y bonitos detalles en piedra. Hay un divertido café en la planta principal, que lo convierte en un buen lugar para los trasnochadores.

Hotel Ultramar HOTEL-BOUTIQUE **$$**
(32-221-0000; www.hotelultramar.com; Pérez 173, cerro Cárcel; d incl. desayuno 68 000 CLP; �) Las vistas sobre la bahía justifican el paseo hasta este hotel situado en lo alto del cerro Cárcel. Tras su fachada de ladrillo se esconde un interior muy moderno, con altas paredes, balaustradas y suelo de baldosas.

Hay que asegurarse de la habitación que se ha reservado, pues hay una gran diferencia entre una doble espaciosa con vistas y una más pequeña sin vistas al mar.

★ **Zerohotel** HOTEL-BOUTIQUE **$$$**
(32-211-3113; www.zerohotel.com; Lautaro Rosas 343, cerro Alegre; d incl. desayuno 186 000-263 000 CLP; �) Goza de uno de los mejores patios de la zona, que permite disfrutar del sol de Valparaíso. Solo tiene nueve habitaciones, todas con techos altos y de diseño minimalista, y muchas comodidades, como un bar donde saborear algunos de los mejores vinos de Chile. Las habitaciones contemporáneas combinan muy bien con la arquitectura de 1880.

★ **Fauna Hotel** HOTEL-BOUTIQUE **$$$**
(32-327-0719; http://faunahotel.cl; pasaje Dimalow 166, cerro Alegre; h desde 90 000 CLP; �) Este hotel de diseño sofisticado rebosa de materiales naturales, desde las paredes de ladrillo visto al panelado de madera reciclada. Cada habitación luce piezas de arte únicas, murales extravagantes o mobiliario antiguo, que aportan un aire muy típico de Valparaíso. Desde el restaurante de la azotea se ve la puesta de sol sobre el puerto.

Casa Higueras HOTEL-BOUTIQUE **$$$**
(32-249-7900; www.casahigueras.cl; Higuera 133, cerro Alegre; h 197 000-360 000 CLP; �) Los santiaguinos ricos siempre han preferido pasar el fin de semana en Viña antes que en Valpo, pero adoran este hotel por sus habitaciones elegantes, con muebles de madera oscura, enormes camas, baños con mosaicos de azulejos y grandes lavamanos; y por su tranquilo salón lleno de esculturas orientales y amplios sofás. Tiene vistas a la bahía, piscina, *jacuzzi* y una terraza ideal para tomar cócteles viendo la puesta de sol.

Mm 450 HOTEL-BOUTIQUE **$$$**
(32-222-9919; www.mm450.cl; Lautaro Rosas 450, cerro Alegre; h incl. desayuno 77 000-120 000 CLP; �) Luce un aspecto moderno y sencillo, un precioso patio interior y habitaciones muy acogedoras con colchones nuevos y edredones blanquísimos. Está contiguo a un moderno restaurante y *lounge*, así que siempre hay alguien.

✖ Dónde comer

★ **Chinchinero Sabor Propio** CHILENA **$**
(móvil 9-9821-6612; Urriola 377, cerro Alegre; desayuno/almuerzo 3000/6000 CLP; ⊙10.00-19.00 lu-sa, hasta 18.00 do; �) Sus desayunos y almuerzos sabrosos y saciantes convierten a este divertido café en la opción de mejor calidad-precio de la ciudad. Sirve también deliciosos pasteles, cafés y empanadas.

Delicias Express CHILENA **$**
(32-223-7438; Urriola 358, cerro Alegre; empanadas 1000-2400 CLP; ⊙10.00-18.00 lu-vi, desde 11.00 sa y do) Con más de 81 variedades de empanadas, un servicio agradable y una masa de lo más crujiente, es uno de los mejores locales de empanadas de la costa.

Norma's CHILENA **$**
(32-222-3112; av. Almirante Montt 391, cerro Alegre; menú almuerzo 6900-9900 CLP; ⊙11.00-18.00 ju-ma) No hay que dejarse confundir por el

nombre (o la indescriptible entrada): unas altas escaleras conducen a un restaurante alegre y con un toque elegante, con un menú del día bien elaborado y más asequible que muchos otros de la zona. Este edificio restaurado conserva la madera pulida y los preciosos marcos de ventana de la construcción original.

Café del Poeta CAFÉ $
(☎32-222-8897; www.facebook.com/cafedelpoeta; plaza Aníbal Pinto 1181, El Plan; platos principales 3500-7800 CLP; ⊙9.00-22.00 lu-vi, desde 11.00 sa y do; 🖥) Este coqueto café y restaurante aporta algo de sofisticación a una céntrica y ajetreada plaza de El Plan. La carta consta de sabrosas crepes, pasta y marisco; hay mesas en el exterior, relajantes tés a mediodía, copas de vino y una colección de libros sobre Valparaíso que se pueden ojear.

Mercado Cardonal MERCADO $
(http://elcardonal.cl; mercado Cardonal, 2º piso, El Plan; platos principales 3500-5000 CLP; ⊙6.00-18.30) El principal mercado de Valparaíso tiene una buena selección de puestos de comida.

Casino Social J Cruz CHILENA $
(☎32-221-1225; www.jcruz.cl; Condell 1466, El Plan; platos principales 6500 CLP; ⊙12.00-1.30) Las paredes de este diminuto café de un estrecho pasaje de El Plan, están cubiertas de grafitis. Hay que olvidarse de la carta y probar su especialidad: se dice que la chorrillana (una montaña de patatas fritas coronada de carne de cerdo frita, cebolla y huevo) se inventó aquí. Hay cantantes folk que amenizan la velada hasta altas horas de la madrugada.

⭐**El Peral** CHILENA $$
(☎32-336-1353; El Peral 182, cerro Alegre; platos principales 8000 CLP; ⊙12.00-16.30, hasta 24.00 vi y sa dic-abr) Cada mañana se escriben en pizarras los platos que ofrece este querido café en la parte superior del ascensor El Peral (p. 93). Suelen incluir los productos más frescos provenientes del mar. Se puede acompañar la comida de zumos de fruta, cervezas artesanales locales o pisco sours de sabores interesantes. Hay que reservar con antelación para disponer de una mesa en la frondosa terraza, con sombra y vistas del puerto.

⭐**El Internado** CHILENA $$
(☎32-335-4153; www.elinternado.cl; pasaje Dimalow 167, cerro Alegre; 4500-8000 CLP; ⊙12.00-24.00 do-ju, hasta 1.30 vi y sa; 🖥) Amplias vista de Valpo,

sándwiches chilenos a buen precio y sedosos pisco sours hacen de este divertido local en el pasaje Dimalow uno de los establecimientos favoritos entre los vecinos. Por la noche el sótano acoge espectáculos artísticos, lecturas de poesía, proyecciones de películas, música en directo, etc.

Fauna CHILENA $$
(☎32-212-1408; www.faunahotel.cl; pasaje Dimalow 166, cerro Alegre; platos principales 6500-13 000 CLP; ⊙12.30-22.30) Una de las mejores terrazas de la ciudad se encuentra en este moderno *lounge* y bar-restaurante (con un sofisticado hotel anexo). Los vecinos acuden para beber cerveza artesanal, cócteles y vino, y en la carta predomina el pescado y el marisco. Hay que reservar con antelación.

ViaVia Restaurant CAFÉ $$
(☎32-319-2134; www.viaviacafe.cl; av. Almirante Montt 217, cerro Alegre; platos principales 5500 -10 500 CLP; ⊙13.00-23.00 ma-sa, hasta 18.00 do, cerrado lu-mi may-oct; 🖥🍽) 🍃 Bajo una escalera vertiginosa y un imponente mural de tres pisos, este café al aire libre rezuma creatividad y energía positiva. Ofrece cenas sencillas, una buena selección de cervezas belgas y vinos chilenos por copas. Es un local de visita obligada en cualquier ruta de murales o de bares. A veces hay música en directo en verano.

Café Vinilo CHILENA $$
(☎32-223-0665; www.cafevinilo.cl; av. Almirante Montt 448, cerro Alegre; platos principales 5000-13 000 CLP; ⊙9.00-1.30 do-ju, hasta 3.30 vi y sa; 🖥) El ambiente retro-chic aúna (y despareja perfectamente) los colores y ritmos de la ciudad. Los platos de la cena ofrecen albacora fresca u otras capturas locales con presentaciones creativas y deliciosas combinaciones de sabores. Cuando se acaba el último plato, el tocadiscos gira y el local se transforma en bar.

Café Turri PESCADO $$
(☎32-236-5307; www.turri.cl; Templeman 147; platos principales 5000-13 000 CLP; ⊙11.30-23.00 lu-sa, hasta 19.00 do; 🖥) Los lugareños lo consideran una trampa para turistas con precios inflados, pero este elegante café presume de vistas inolvidables al puerto y el océano. Se aconseja sentarse en la terraza y pedir un pisco sour y unas almejas al horno o carpacho de pulpo.

Ápice Cocina de Mar PESCADO $$$
(☎móvil 9-5708-9737; www.restaurantapice.cl; av. Almirante Montt 462; platos principales 12 000-13 000 CLP; ⊙solo con reserva 19.30-21.30 ju-ma)

Solo 20 personas por noche tienen el privilegio de cenar en este exclusivo local de luz tenue en el cerro Alegre. Se come pescado del día, y la carta de vinos solo incluye pequeños productores de los valles vecinos. Resérvese con antelación.

Pasta e Vino ITALIANA $$$
(☎32-249-6187; www.pastaevinoristorante.cl; Papudo 427; platos principales 12 000-18 000 CLP; ◔13.00-15.30 y 19.00-23.00 ma-sa, 13.00-16.00 do) Si se quiere competir con los sibaritas locales, merece la pena reservar con antelación. Se cenará a base de creativos platos de pasta de temporada en un entorno elegante e íntimo, con solo una docena de mesas.

Abtao PESCADO $$$
(☎32-222-3442; www.restauranteabtao.cl; Abtao 550, cerro Concepción; platos principales 10 000-17 000 CLP; ◔13.00-15.30 y 19.30-23.00 lu y mi-sa, 13.00-16.30 do) Si fuera hace calor, se aconseja tomar asiento en el patio acristalado; si no, en el comedor de inspiración *art déco*, cálido, íntimo y elegante. Los precios de la comida están algo inflados, pero los platos son creativos, combinan fruta y pescado, dulce con tarta y presentan sabores especiados de todo el planeta.

Dónde beber y vida nocturna

★**Máscara** CLUB
(www.mascara.cl; plaza Aníbal Pinto 1178, El Plan; entrada 2000-3500 CLP; ◔22.00-hasta tarde lu-sa) Los *clubbers* veinteañeros y treintañeros que entienden de música adoran este local tan *gay-friendly*: la cerveza es barata, es espacioso y no hay adolescentes. Suele haber bebidas especiales y la entrada es más barata antes de la 1.00.

Bar del Tío BAR
(☎32-259-9352; www.facebook.com/bardeltio; av. Almirante Montt 67; ◔18.00-1.00 ma-ju, hasta 3.00 vi, 20.00-3.00 sa) El *jazz* suena entre las paredes de ladrillo visto de esta coctelería con clase y combinados peligrosamente buenos. Se puede atenuar el licor con sabrosas tapas.

Dinamarca 399 CAFÉ
(☎móvil 9-9705-4227; http://dinamarca399.cl; Dinamarca 399, cerro Panteón; ◔9.00-18.00 lu-ju, hasta 24.00 vi-do; ☎) Hay que hacerse con un expreso y un horneado casero para disfrutar de un relajado desayuno en la terraza envolvente de esta maravilla arquitectónica junto a los cementerios. Las vistas son espectaculares, y

los precios, asequibles. También hay galería, panadería y un espacio de *coworking*. El café se convierte en un bar de tapas los fines de semana por la noche.

Casa Cervecera Altamira CERVEZA ARTESANA
(☎32-319-3619; www.cerveceraaltamira.cl; Elías 126; ◔18.00-24.00 lu-ju, hasta 1.00 vi, 13.00-1.00 sa) Esta microcervecería al pie del **ascensor Reina Victoria** (100 CLP; ◔7.00-23.00) ofrece degustaciones de sus *pale ale, amber, stout* y su fortísima *ale*. También sirve *pizzas*, hamburguesas y otros platos de este estilo. En la web se anuncian las actuaciones en directo, incluidas las frecuentes noches de *jazz*.

Pagano GAY
(Errázuriz 1852, El Plan; entrada puede variar; ◔23.30-3.30 lu-ju, hasta 5.00 vi y sa, también hasta 3.30 do ene-mar) Los *clubbers*, tanto gais como heteros, pueden bailar toda la semana en la pista abarrotada y sudorosa del Pagano. Se debe llegar bien pasada la medianoche para no estar bailando solo.

Pajarito BAR
(☎32-225-8910; www.pajaritobar.blogspot.com; Donoso 1433, El Plan; ◔11.00-1.30 lu-ju, hasta 2.30 vi, 19.00-2.30 sa) Los porteños (residentes de Valparaíso) artistoides veinteañeros y treintañeros llenan las mesas de formica de este relajado bar tradicional para hablar de poesía y política mientras beben cerveza y piscola (pisco mezclado con cola u otro refresco).

Bar La Playa BAR
(☎móvil 9-9961-2207; Serrano 567, El Puerto; ◔11.00-24.00 do-mi, hasta tarde ju-sa) El bar más veterano de Valparaíso no envejece. Las noches del fin de semana hay cervezas y pisco baratos, y un ambiente acogedor pero escandaloso que atrae a grupos de estudiantes locales y jóvenes bohemios al bar de madera del primer piso y a la discoteca del sótano. También sirve comida clásica porteña por la mitad de lo que se pagaría en las colinas.

La Piedra Feliz BAR, CLUB
(av. Errázuriz 1054, El Plan; entrada desde 3000 CLP; ◔21.00-5.00 ju-sa) *Jazz, blues*, tango, son, salsa, *rock*, copas, cenas, cine: ¿hay algo que esta enorme casa junto al mar no ofrezca? La clientela es de cierta edad.

Hotel Brighton BAR
(☎32-222-3513; www.brighton.cl; paseo Atkinson 151, cerro Concepción; ◔10.00-24.00 do-ju, hasta 3.00 vi y sa) En el borde del cerro Concepción, tiene una terraza espectacular con vistas al

puerto y a la ciudad. Se va al atardecer a tomar un cóctel y uno se queda a cenar buena comida y escuchar música en directo los fines de semana.

🛍 De compras

Bahía Utópica   ARTE
(☎32-273-4296; www.bahiautopica.cl; av. Almirante Montt 372, cerro Alegre; ⊙11.00-19.30 mi lu) Arte asequible, postales divertidas, tomos de lujo ilustrados y demás hacen de esta tienda una gran parada para recuerdos genuinos.

Espacio Rojo   ARTESANÍA
(☎32-324-0437; www.galeriaespaciorojo.com; pasaje Miramar 175, cerro Alegre; ⊙11.00-18.00) Esta ecléctica galería, con personal que habla inglés, vende arte, joyas, cerámica y recuerdos locales.

Art in Silver Workshop   JOYERÍA
(☎32-222-2963; www.silverworkshop.cl; Lautaro Rosas 449A, cerro Alegre; ⊙11.00-14.00 y 16.00-20.00) La plata y el lapislázuli se combinan en diseños inusuales en esta pequeña joyería. A veces puede verse trabajando al joyero, Víctor Hugo.

ℹ Información

PELIGROS Y ADVERTENCIAS

Las denuncias de pequeños hurtos y asaltos son frecuentes en el puerto viejo, así que hay que vigilar los objetos de valor, sobre todo cámaras y otros aparatos electrónicos. El resto de Valparaíso es bastante seguro, pero de noche es recomendable usar solo las calles principales y evitar calles y escaleras oscuras.

MEDIOS DE COMUNICACIÓN

Ciudad de Valparaíso (www.ciudaddevalparaiso.cl) Guías útiles y completas de los servicios de la ciudad.

El Mercurio de Valparaíso (www.mercuriovalpo.cl) El principal periódico de la ciudad.

INFORMACIÓN TURÍSTICA

Hay varios puestos de información turística útiles por la ciudad, como el **quiosco** (www.ciudaddevalparaiso.cl; esq. Wagner y Cumming, El Plan; ⊙10.00-18.00) junto a la plaza Aníbal Pinto y otro **quiosco** (www.ciudaddevalparaiso.cl; muelle Prat, El Plan; ⊙10.00-18.00) en el muelle Prat.

ℹ Cómo llegar y salir

AUTOBÚS

Los principales servicios interurbanos llegan y salen de la **terminal Rodoviario** (av. Pedro Montt 2800, El Plan), unas veinte manzanas al este del centro de la ciudad. Hay un pequeño quiosco de información turística y consigna (a partir de 500 CLP/bulto).

Los servicios a Santiago salen cada 15-20 min con **Turbus** (☎32-213-3104; www.turbus.cl) y **Condor Bus** (☎32-213-3107; www.condorbus.cl), que también van al sur hasta Puerto Montt (2 diarios cada una), Osorno (2 diarios cada una) y Temuco (3 diarios cada una). Además, Turbus también viaja a Pucón (2 diarios), Concepción (5 diarios) y Chillán (7 diarios).

Turbus circula asimismo a las ciudades del norte de Iquique (2 diarios), Calama (2 diarios) y Antofagasta (4 diarios). **Romani** (☎32-222-0662; www.busesromani.cl) va dos veces al día a La Serena, al igual que Condor Bus.

Se puede llegar a Mendoza (Argentina) con **Cata Internacional** (☎800-835-917; www.catainternacional.com), **El Rápido** (☎810-333-6285; www.elrapidoint.com.ar), **Ahumada** (☎32-254-5561; www.busesahumada.cl) y **Andesmar** (www.andesmar.com). Algunos autobuses continúan hasta Buenos Aires. **Buses JM** (☎34-344-4373; www.busesjm.cl) ofrece servicios cada hora a Los Andes, al igual que **Pullman Bus Costa Central** (☎600-200-4700; www.pullmancosta.cl). **Buses Casablanca** (www.facebook.com/busescasablanca) opera autobuses directos a Casablanca cada 30 min.

Pullman Bus Lago Peñuela (☎32-222-4025) sale hacia Isla Negra cada hora. Desde la av. Argentina, justo fuera de la terminal, **Transportes Quintay** (☎32-236-2669; av. Argentina) opera taxis colectivos cada 20 min a Quintay.

La red de transporte urbano, **Transporte Metropolitano Valparaíso** (TMV; ☎32-259-4689; www.tmv.cl; ida en El Plan 250 CLP, El Plan hasta cerro 400 CLP), tiene servicios a las poblaciones playeras del norte de Valparaíso y a Viña del Mar. Para ir a Reñaca, se toma el naranja 607, 602 o 605. Los nos 602 y 605 continúan hasta Concón.

Cabe señalar que los precios pueden dispararse durante las vacaciones escolares o los puentes, y que en los trayectos de largo recorrido se paga más por la clase "cama" (asientos totalmente reclinables).

DESTINO	PRECIO (CLP)	HORAS
Antofagasta	34 000	16
Calama	34 700	19
Casablanca	1000	1
Chillán	8200	8
Concepción	9000	9
Iquique	33 000	25
Isla Negra	3200	1½
La Serena	7000	7
Los Andes	5000	3

DESTINO	PRECIO (CLP)	HORAS
Mendoza	22 000	8
Osorno	12 000	14
Pucón	10 000	12
Puerto Montt	12 000	15
Santiago	3000	1½
Temuco	10 000	10

AUTOMÓVIL

Las agencias de alquiler más cercanas a Valparaíso están en Viña del Mar, pero las calles estrechas y empinadas y la falta de aparcamiento disuaden de desplazarse en coche dentro de la ciudad. Solo se recomienda alquilar para excursiones fuera de la población.

ℹ Cómo desplazarse

La mejor manera de moverse por el centro de Valparaíso y explorar sus cerros es andando; para las subidas se puede utilizar un ascensor o un taxi colectivo (500 CLP). Los colectivos a los cerros Concepción y Alegre salen del final de Almirante Montt; los que van a los cerros Cárcel y Bellavista, de la av. Ecuador.

Muchos autobuses de **TMV** pasan por Condell y las avenidas Pedro Montt, Brasil y Yungay, conectando ambos extremos de El Plan. Algunos suben por varios cerros y siguen hasta Viña o por la costa norte. La línea más popular de la ciudad es la nº 802, que cubren los trolebuses en activo más antiguos del mundo. Datan de 1947 y se les ha declarado monumento nacional.

Metro Valparaíso (☎32-252-7615; www.metro-valparaiso.cl) opera trenes suburbanos cada 6-12 min desde la **estación Puerto** (esq. Errázuriz y Urriola, paseo del Puerto; ⊙6.00-23.00 lu-vi, desde 7.30 sa y do) y la **estación Bellavista** (esq. Errázuriz y Bellavista; ⊙6.00-23.00 lu-vi, desde 7.30 sa y do) de Valparaíso a Viña del Mar (450-500 CLP, según la hora de salida).

Los taxis son mucho más caros en Valparaíso que en otras ciudades de Chile.

Si se quiere intentar recorrer las colinas en bicicleta, hay algunas empresas por la ciudad que las alquilan (normalmente 6000 CLP/medio día).

Viña del Mar

☑32 / 286 931 HAB.

La limpia y ordenada Viña del Mar marca el contraste con el encanto caótico de la vecina Valparaíso. Cuidados bulevares flanqueados de palmeras, palacios majestuosos, una amplia playa pública y bonitos parques extensos le han valido el apodo de Ciudad Jardín. Su nombre oficial se remonta a los orígenes coloniales de la zona, cuando era la hacienda de la familia Carrera.

No hay muchos turistas extranjeros que se alojen aquí, la mayoría de ellos visitan la ciudad como excursión de un día desde Valparaíso. Sin embargo, Viña sigue siendo un destino veraniego y de fin de semana muy popular para santiaguinos adinerados, y su *carrete* (salir de fiesta) es de primera.

◉ Puntos de interés

Las playas de arena blanca de Viña se extienden hacia el norte desde la orilla norte del estero Marga Marga hasta los barrios residenciales de Reñaca y Concón.

★ **Jardín Botánico Nacional** PARQUE
(☎32-267-2566; www.jbn.cl; camino El Olivar 305; adultos/niños 2000/1000 CLP; ⊙10.00-18.00 may-ago, 9.00-19.00 sep-abr; 🚌203) Hay más de 3000 especies de plantas en sus casi 400 Ha. Se halla 8 km al sureste del centro de la ciudad; se puede tomar un taxi o el autobús nº 203 desde Viña que circula por calle Álvarez hasta el puente El Olivar; tras cruzar este, se andan unos 500 m en dirección norte hasta la indicación de entrada al parque.

Cerro Castillo ZONA
Un barrio fantástico para un paseo vespertino, con encantadoras mansiones restauradas, espléndidos miradores urbanos, un pequeño 'castillo' y el palacio de verano del presidente de Chile. Para llegar a la cima de la colina, se toma la bajada Britania (cerca del castillo Wulff) o Vista Hermosa (junto a la calle Valparaíso).

Artequin MUSEO
(☎32-297-3637; www.artequinvina.cl; parque Potrerillos 500; adultos/niños 1200/600 CLP; ⊙8.30-17.30 ma-vi, 10.15-17.45 sa y do mar-dic; 11.00-18.30 ma-do ene y feb; 🅿♿) Este museo para niños tiene muchas zonas de juegos y un gran taller para clases de arte. Hay algunas reproducciones de obras maestras de los ss. xv-xx, incluidas pinturas y esculturas de artistas chilenos e internacionales.

Parque Quinta Vergara PARQUE
(Errázuriz 563; ⊙7.00-19.00) El apelativo de Viña, Ciudad Jardín, se justifica con este precioso parque, al que se accede por Errázuriz, en el extremo sur de Libertad (aquí llamada Eduardo Grove). Antaño perteneció a una de las familias más ilustres del país, los Álvarez Vergara.

Castillo Wulff
EDIFICIO HISTÓRICO

(☑32-218-5753; av. Marina 37; ⊕10.00-13.30 y 15.00-17.30 ma-do) GRATIS Este bello castillo, construido por un destacado empresario de Valparaíso a principios del s. XX, está suspendido sobre el mar: las exposiciones de arte conducen hasta la torre de la parte trasera, cuyo suelo de cristal permite contemplar las rocas y las olas del mar.

Museo de Arqueología e Historia Francisco Fonck
MUSEO

(☑32-268-6753; www.museofonck.cl; 4 Norte 784; adultos/niños 2700/500 CLP; ⊕10.00-14.00 y 15.00-18.00 lu, 10.00-18.00 ma-sa, 10.00-14.00 do) Los moáis –estatuas de la isla de Pascua– originales que montan guardia en el exterior del Museo de Arqueología e Historia Francisco Fonck son solo un aperitivo de la espléndida muestra de restos arqueológicos de esta isla que alberga en su interior, además de artesanía de plata mapuche y cerámica antropomórfica moche. La planta superior exhibe cajas de insectos y fauna chilena disecada.

Parroquia Nuestra Señora de Dolores
IGLESIA

(www.parroquiadevina.cl; Álvarez 662; ⊕misa 12.00 y 19.00) Para ver la bonita iconografía de la iglesia más antigua de Viña, construida y reconstruida entre 1881 y 1912.

🎉 Fiestas y celebraciones

⭐ Festival Internacional de la Canción
MÚSICA

(www.festivaldevina.cl; anfiteatro Quinta Vergara, parque Quinta Vergara; entradas desde 25 000 CLP; ⊕feb) En el festival de música más grande de Sudamérica, celebrado el tercer fin de semana de febrero, estrellas del pop, rock y folk latinoamericano se unen a músicos destacados de todo el mundo para entretener a hasta 15 000 asistentes que llenan el anfiteatro Quinta Vergara (y otros 150 millones por televisión). Este enorme evento ha lanzado las carreras de artistas desde Shakira a la expresentadora Sofía Vergara.

🛏 Dónde dormir

Not Found Hostel
ALBERGUE $

(☑móvil 9-3054-8854; www.notfoundrooms.com; paseo Cousiño s/n; dc/d incl. desayuno sin baño 15 000/35 000 CLP; ⊚) Para encontrarlo, se siguen las crípticas marcas amarillas hasta la 3ª planta de un edificio antes abandonado del paseo Cousiño. Con suculentos desayunos, suaves edredones y un elegante aspecto

minimalista, es uno de los mejores albergues de la ciudad.

Columba Hostel
ALBERGUE $

(☑32-299-1669; www.columbahostel.com; calle Valparaíso 618; dc 9000-12 000 CLP, d con/sin baño incl. desayuno 35 000/30 000 CLP; ⊚) Este animado albergue dispone de elegantes dormitorios colectivos y habitaciones dobles con ropa de cama colorida, suelos de madera y arte urbano. Está un poco sucio, pero la céntrica ubicación es estupenda y cuenta con una cocina comunitaria, un dormitorio colectivo solo para mujeres y una sala con TV. Las habitaciones privadas son bastante aceptables.

Eco-Hostal Offenbacher-hof
B&B $$

(☑32-262-1483; www.offenbacher-hof.cl; Balmaceda 102; h incl. desayuno 55 000-65 000 CLP; ⊚) Imponente mansión de color castaño y amarillo sobre el apacible cerro Castillo. Vistas, baños recién renovados y muebles antiguos hacen de este B&B la mejor oferta de la ciudad: está impecable, el propietario es encantador y tiene un sorprendente patio interior para tomar el té de la tarde.

La Blanca Hotel
HOTEL-BOUTIQUE $$$

(☑32-320-4121; www.lablancahotel.cl; Echevers 396; h incl. desayuno 70 000-120 000 CLP; ⓅⓈ) Este hotel sofisticado y apreciado de ocho habitaciones ocupa una casa construida en 1912 al final de un tranquilo pasaje residencial cerca del parque Quinta Vergara.

Hotel del Mar
HOTEL DE LUJO $$$

(☑32-250-0800; www.enjoy.cl; esq. av. Perú y Los Héroes; h incl. desayuno 158 000-214 200 CLP; ❄Ⓢ) La panorámica desde el elegante y acristalado vestíbulo del mejor hotel de lujo de Viña es un preludio de lo que aguarda al subir; muchos pisos ofrecen vistas al mar desde la cama e incluso la piscina cubierta parece fundirse con las olas más allá de la ventana. El servicio y el estilo glamuroso evocan los locos años veinte.

🍴 Dónde comer

Panzoni
ITALIANA $

(☑32-271-4134; paseo Cousiño 12D; platos principales 4000-7000 CLP; ⊕13.00-16.00 diarios, 20.00-23.00 ju-sa) Con una de las opciones más económicas del centro de Viña, sus bien elaboradas pastas italianas y un servicio amable atraen a los comensales al mediodía. Queda algo oculto en un pasaje apartado.

Viña del Mar

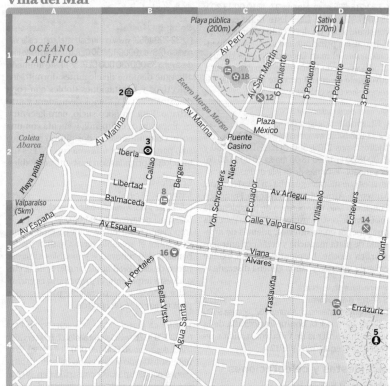

CHILE CENTRAL VALPARAÍSO Y LA COSTA CENTRAL

Portal Álamos   SÁNDWICHES **$**
(calle Valparaíso 553; platos principales desde
2500 CLP; ⏰horario variable) Esta galería comercial del centro cuenta con una serie de
monótonos locales de *schop* y sándwiches
que ocupan la 2ª planta abierta.

Samoiedo   SÁNDWICHES **$**
(📞32-268-4316; www.samoiedo.cl; calle Valparaíso
639; platos principales 3000-7000 CLP; ⏰8.00-
22.30) Confitería con más de medio siglo de
existencia que, a la hora del almuerzo, ofrece
filetes con patatas o sándwiches. Las mesas
exteriores son mucho mejores que las del
interior.

⭐**Sativo**   CHILENA **$$**
(📱móvil 9-8219-1025; www.sativorestaurant.com;
4 Poniente 630, local 18; platos principales 8000-
13 000 CLP; ⏰12.00-16.00 ma-sa, también 20.30-
23.30 ju-sa; 📶) Tras su sencilla fachada este
local sirve platos que son obras de arte, los

ingredientes son frescos, la carta de vinos es
interesante, y el servicio, sublime. Desde las
mantequillas con hierbas y los panes que se
ofrecen a la llegada hasta el digestivo gratuito
que se brinda al irse, la cena será sin duda
una experiencia memorable. Se aconseja el
carpacho de pulpo.

Divino Pecado   ITALIANA **$$**
(www.divinopecado.cl; av. San Martín 180; platos
principales 8000-14 000 CLP; ⏰13.00-16.00 y
20.00-23.00 lu-sa, 13.00-16.00 do) La carta de este
restaurante italiano íntimo, iluminado con
velas, incluye vieiras gratinadas, lasaña de
alcachofas y *cappelletti* rellenos de cordero,
un pecado divino.

🍷 Dónde beber
🍸 y vida nocturna

⭐**Café Journal**   CLUB
(www.facebook.com/cafejournal1999; esq. Agua Santa y Álvarez; entrada gratis-3000 CLP; ⏰12.00-3.30

Viña del Mar

◎ Puntos de interés

1 Artequin	E4
2 Castillo Wulff	B1
3 Cerro Castillo	B2
4 Museo de Arqueología e Historia Francisco Fonck	E1
5 Parque Quinta Vergara	D4
6 Parroquia Nuestra Señora de Dolores	E3

🛏 Dónde dormir

7 Columba Hostel	E3
8 Eco-Hostal Offenbacher-hof	B3
9 Hotel del Mar	C1
10 La Blanca Hotel	D4
11 Not Found Hostel	E3

⊗ Dónde comer

12 Divino Pecado	C1
13 Panzoni	E3
14 Portal Álamos	D3
15 Samoiedo	E3

◎ Dónde beber y vida nocturna

16 Café Journal	B3

◎ Ocio

17 Anfiteatro Quinta Vergara	E4
18 Casino Municipal	C1

do-ju, hasta 4.30 vi y sa) La música electrónica domina la noche en este estruendoso club popular, con dos pistas de baile, una animada terraza y una sala de conciertos anexa, donde tocan grupos emergentes los viernes y sábados por la noche.

Barbones   BAR
(📱móvil 9-6434-2200; www.barbones.cl; 7 Norte 420; platos principales 5000-9000 CLP; ⏱12.30-3.30; 🛜) Sándwiches chilenos gastronómicos y chorrillanas (patatas fritas con carne, huevos y cebolla por encima), cócteles a buen precio que se pueden pedir por jarras y una vasta lista de cervezas artesanales de grifo hacen de este bar-restaurante abierto una parada única para cenar y luego divertirse entrada la noche.

Club Divino   GAY
(📱móvil 9-5708-4660; www.clubdivino.cl; Camino Internacional 537; entrada puede variar; ⏱23.45-5.00 vi y sa) Es el club gay más grande (y para algunos el más chabacano) de Chile, con DJ, *drag queens*, gogós y espacio para 2000 fiesteros sudorosos. Está a unos 10 km del centro por el Camino Internacional; se aconseja tomar un taxi.

La Flor de Chile   BAR
(📞32-268-9554; www.laflordechile.cl; 8 Norte 601; platos principales 4000-10 000 CLP; ⏱12.00-24.00 lu-sa) Durante casi 40 años, jóvenes y mayores viñamarinos han bebido sus *schops* (cerveza de barril) en las abarrotadas mesas de este bar tradicional.

☆ Ocio

Anfiteatro Quinta Vergara   SALA DE CONCIERTOS
(parque Quinta Vergara) Este anfiteatro enorme programa conciertos y acoge el Festival Internacional de la Canción (p 103).

Casino Municipal   CASINO
(📞32-250-0700; www.enjoy.cl/enjoy-vina-del-mar; av. San Martín 199; entrada fin de semana 3800 CLP; ⏱13.00-5.00 lu-ju, hasta 7.00 vi y sa, hasta 4.00 do) Dominando la playa desde el lado norte del Marga Marga, este elegante local ofrece má-

PUEBLOS COSTEROS

Al norte de Viña del Mar, una preciosa carretera serpentea junto a la costa, pasando por pueblos que se llenan de veraneantes chilenos de diciembre a febrero. Hay playas de todo tipo, desde pequeñas y rocosas hasta grandes extensiones de arena. Algunas están rodeadas de altos edificios, mientras que otras se hallan salpicadas de casitas rústicas y de grandes residencias veraniegas.

Reñaca y Concón

Viña, sin solución de continuidad, se transforma en Reñaca, un barrio del norte con una playa amplia y agradable. La emblemática Roca Oceánica es una colina rocosa con vistas al Pacífico, donde se puede realizar una excursión con vistas increíbles (junto al océano al norte de la ciudad). Concón, justo al norte de Reñaca, es conocido por sus restaurantes de pescado y marisco maravillosamente genuinos. Encabezan la lista las empanadas de cangrejo de Las Deliciosas (32-281-1448; av. Borgoño 25370; empanadas 1500-2800 CLP; 9.30-21.30) y los cócteles y las machas (navajas) de La Gatita (32-327-1782; pasaje Morales 230, Concón; platos principales 6000-10 000 CLP; 12.00-23.00).

Horcón

El movimiento *hippy* de Chile comenzó en la villa pesquera de Horcón, pequeña península en el Pacífico, 28 km al norte de Concón. Su empinada calle principal –con edificios destartalados de vivos colores– conduce a una pequeña playa de piedras. El pueblo ha conservado parte del lema "Paz, amor y vida en común": tipos despreocupados que al atardecer se reúnen en la playa con perros, guitarras y botellas. Si se prefiere algo *hippy* y chic, se puede ir a La Ritoqueña (móvil 9-6121-2447; www.laritoquena.com; Sitio 70, Ritoque; h desde 65 000 CLP;), complejo de casitas frente a la playa entre Concón y Horcón que organiza sesiones de yoga, surf y pesca.

Maitencillo

Unos 21 km al norte de Horcón, cuenta con largas playas de arena y atrae a muchos visitantes. Escuela de Surf Maitencillo (móvil 9-9238-4682; www.escueladesurfmaitencillo.cl; av. del Mar 1450; clases en grupo 16 000 CLP/persona; clases 12.00 y 16.00 mar-dic, horario más extenso ene y feb) es un lugar relajado para aprender a surfear. Aunque el pueblo está lleno, conserva un ambiente relajado. Un aconsejable bar, restaurante y complejo de casitas es Cabañas Hermansen y La Canasta (32-277-1028; www.hermansen.cl; av. del Mar 592; cabañas 2/4/6 personas 62 000/87 000/110 000 CLP), que ofrece *pizzas* y, por supuesto, pescado fresco.

Cachagua

Pequeño y apacible pueblo 13 km al norte de Maitencillo situado en la punta norte de una larga playa. Frente a él, en el agua, se yergue el Monumento Nacional Isla de Cachagua (www.conaf.cl/parques/monumento-natural-isla-cachagua), promontorio rocoso en el que viven más de 2000 pingüinos de Humboldt, además de una colonia de leones marinos. Se puede solicitar a los pescadores locales de la caleta de Zapallar que lleven al viajero más cerca de la isla, pero no se puede bajar del barco.

Zapallar

La élite de Santiago acude al centro vacacional más exclusivo del Pacífico chileno, 2 km al norte de Cachagua. Las mansiones de los multimillonarios cubren las colinas boscosas que se elevan desde la playa. Todo el que es alguien en Zapallar va a almorzar a El Chiringuito (móvil 9-9248-3139; Francisco de Paula Pérez s/n; platos principales 12 500-20 000 CLP; 12.30-18.00 do-mi, hasta 24.00 ju-sa, horario más extenso ene y feb;), cuyas mesas en la terraza brindan vistas.

Papudo

Esta población atrae a unos visitantes más con los pies en el suelo que su lujosa vecina Zapallar; se puede cenar por 1600 CLP a base de empanadas en lugares como Banana (Irarrázaval 86, Papudo; 11.30-20.00 lu-ju, hasta 23.00 vi y sa).

quinas tragaperras, bingo, ruleta y cartas. También hay una discoteca, Club OVO, que abre las noches de los viernes y sábados de 24.00 a 5.00 (gratis-10 000 CLP).

ⓘ Información

Casi todas las calles se identifican con un número y una dirección, ya sea norte, oriente (este) o poniente (oeste). La av. Libertad separa las de poniente de las de oriente.

Banco Santander (☎32-226-6917; plaza Vergara 108; ◷9.00-14.00 lu-vi, cajero 24 h) Uno de los bancos con cajero automático de la plaza principal.

Conaf (☎32-232-0200; www.conaf.cl; 3 Norte 541; ◷9.00-14.00 lu-vi) Proporciona información sobre los parques cercanos, incluido el Parque Nacional La Campana (p. 110).

Hospital Gustavo Fricke (☎32-257-7602; www.hospitalfricke.cl; Álvarez 1532; ◷24 h) El hospital público más importante, al este del centro.

Lavarápido (☎32-290-6263; av. Arlegui 440, local 104; 2000 CLP/kg; ◷10.00-19.00 lu-vi, hasta 17.00 sa) Tiene un servicio exprés.

Oficina municipal de turismo (☎32-218-5712; www.visitevinadelmar.cl; av. Arlegui 715; ◷9.00-14.00 y 15.00-19.00 lu-vi, 10.00-14.00 y 15.00-18.00 sa y do) Mapas, folletos y asesoramiento turístico.

Correos (plaza Vergara s/n; ◷9.00-19.00 lu-vi, 10.00-13.00 sa) Céntrica, cerca de la plaza principal.

ⓘ Cómo llegar y salir

Todos los servicios de larga distancia operan desde el ordenado **Rodoviario Viña del Mar** (☎32-275-2000; www.rodoviario.cl; Valparaíso 1055). Hay un servicio de información turística y consigna de equipajes en la planta baja (1000 CLP).

Hay salidas frecuentes a las ciudades costeras del norte desde Reñaca a Papudo con varias líneas locales de autobús a través de **Transporte Metropolitano Valparaíso** (TMV; www.tmv.cl; viajes distancias cortas 440 CLP), además de la línea privada **Sol del Pacífico** (☎32-275-2008; www.soldelpacifico.cl). Para tomar uno, hay que ir a la plaza Vergara y a la zona que rodea la estación de metro Viña del Mar. Un billete de ida cuesta entre 1200 y 2200 CLP, según el destino final. Para Reñaca hay que tomar los de color naranja nos 607, 601 o 605. El n° 601 continúa hasta Concón; también se puede tomar el n° 302.

ⓘ Cómo desplazarse

Los frecuentes autobuses locales gestionados por Transporte Metropolitano Valparaíso unen Viña del Mar y Valparaíso. Algunos recorren el muelle, siguiendo las avenidas Marina y San Martín; otros atraviesan el centro de la ciudad por las avenidas España y Libertad. Los destinos suelen estar indicados en el parabrisas.

En verano, Viña del Mar se llena de visitantes y es difícil aparcar. De todos modos, un automóvil puede ser útil para recorrer la costa norte o los viñedos del valle de Casablanca. **Europcar** (☎32-217-7593; www.europcar.com; Marina 15; vehículos desde 30 000 CLP/día; ◷8.30 10.00 lu-vi, 9.00-13.00 y 14.00-18.00 sa y do) es la mejor opción para alquilar un vehículo.

El tren suburbano **Metro Valparaíso** (☎32-252-7633; www.metro-valparaiso.cl; ◷6.00-23.00 lu-vi, desde 7.30 sa y do) circula también entre Viña y Valpo cada 6-12 min durante el día.

Bodegas del valle de Casablanca

Un clima fresco y una notable diferencia entre las temperaturas diurnas y nocturnas han convertido este valle a medio camino entre Santiago y Valparaíso en una de las mejores regiones de Chile para los afrutados chardonnays, sauvignon blancos y pinots. Sus organizadas bodegas se toman el turismo gastronómico y enológico muy en serio, y muchas cuentan con restaurantes. No hay transporte público a ninguna de ellas, pero con un automóvil de alquiler es fácil visitar cuatro o cinco en un día; la mayoría están en la Ruta 68 o alrededores. Otra opción es contactar con la Ruta del vino de Casablanca o Enotour (p. 63), que ofrecen circuitos vinícolas. Los conductores deben tener en cuenta que en Chile hay una política de tolerancia cero con la tasa de alcohol al volante. Algunas de las bodegas más grandes admiten visitas improvisadas, pero siempre es mejor reservar con antelación.

◉ Puntos de interés

Ruta del Vino de Casablanca SALA DE MUESTRAS (☎móvil 9-6572-9579; www.rutadelvinodecasablanca.cl; Óscar Bonilla 56; ◷centro de información y café 9.00-18.00 lu-vi, café solo 10.00-19.30 sa) Facilita mapas gratis de las bodegas del valle y reserva circuitos. Este centro de información de la plaza principal de Casablanca tiene también una sala de muestras con vinos locales y una cafetería.

🏃 Actividades

⭐**Viña Indómita** VINO (☎32-215-3902; www.indomita.cl; Ruta 68, km 64; catas desde 3500 CLP, circuitos desde 10 000 CLP;

⊙10.00-17.00) Con unas vistas insuperables, su cartel tipo Hollywood en la ladera de la colina se distingue desde lejos. Hay que reservar para excursiones especiales, salidas a caballo y circuitos para la vendimia (mar-abr).

★**Emiliana** VINO
(☎2-2353-9130; www.emiliana.cl; Ruta 68, km 60,7; catas desde 12 000 CLP, circuitos desde 16 000 CLP; ⊙10.00-17.00 abr-nov, hasta 18.00 dic-mar) 🍷 Las catas tienen lugar en un precioso edificio de pizarra y madera con vistas a las vides ecológicas. Se debe reservar antes para maridajes con chocolate, catas especiales, pícnic o experiencias enológicas a medida.

Catrala VINO
(☎móvil 9-9639-7563; www.catrala.cl; camino Lo Orozco, km 10; circuitos desde 17 000 CLP, día completo con almuerzo y cata 70 000 CLP; ⊙abre solo con cita) 🍷 Un circuito con cata en esta bodega sostenible es una experiencia de lujo. Se camina entre la viña que se extiende junto al límite de una Reserva de la Biosfera de la Unesco.

Está unos 45 min al norte de Casablanca por la F-50.

Viña Mar VINO
(☎32-275-4300; www.vinamar.cl; camino interior Nuevo Mundo s/n; circuitos desde 13 000 CLP; ⊙10.00-17.30, horario reducido jun-ago) La impresionante mansión en el corazón de esta cuidada propiedad alberga el restaurante gastronómico Macerado. Se ofrecen circuitos con catas de espumosos de Viña Mar o de vinos excelentes de Leyda.

William Cole Vineyards VINO
(☎32-215-7777, ext. 114; www.williamcolevineyards.com; fundo El Rosal s/n; catas desde 7000 CLP, circuitos desde 13 000 CLP; ⊙9.00-18.00 lu-sa) Esta bodega contemporánea, con una arquitectura inspirada por las anticuadas misiones chilenas, acoge muy bien a los visitantes. Suele ofrecer catas de vino improvisadas.

Viña Casas del Bosque VINO
(☎2-2480-6940; www.casasdelbosque.cl; Hijuelas 2 Ex fundo Santa Rosa; catas desde 7500 CLP, circuitos con/sin cata 12 500/7000; ⊙10.00-17.30 lu-vi, hasta 18.00 sa y do) Esta bodega con un mirador maravilloso sobre el valle de Casablanca ofrece también alquiler de bicicletas para usarlas en su viñedo (9000 CLP). La finca es preciosa y el vino es uno de los mejores del valle, pero el lugar está a veces invadido de autobuses de circuitos.

Viña Matetic VINO
(☎2-2611-1520; www.matetic.com; fundo Rosario s/n, Lagunillas; catas desde 6000 CLP, circuitos desde 13 000 CLP; ⊙10.00-17.00) Toda una sensación: la bodega, con un diseño de flujo gravitacional, de cristal, madera y acero, llama casi tanto la atención como los vinos. Se puede reservar un circuito con antelación o sencillamente ir a realizar una cata; es posible pernoctar en La Casona, su hotel-*boutique* (h desde 450 US$).

House of Morandé VINO
(☎32-275-4701; www.morande.cl; Ruta 68, km 61; catas desde 5000 CLP, circuitos desde 9000 CLP; ⊙9.00-17.00 ma-do) Luce una arquitectura sorprendente y ofrece un fantástico restaurante gastronómico, catas y circuitos al viñedo en Casablanca de Morandé.

Viña Veramonte VINO
(☎32-232-9955; www.casonaveramonte.com; Ruta 68, km 66; catas desde 12 500 CLP, circuitos desde 13 000 CLP; ⊙9.30-17.00) Sus cabernets y chardonnays han sido galardonados por *Wine Spectator*. Los circuitos y catas tienen lugar en un complejo industrial bastante impersonal.

🛏 Dónde dormir y comer

Hotel Casablanca Spa & Wine HOTEL $$
(☎32-274-2711; www.hotelrutadelvino.cl; F-864-G s/n; h desde 64 000 CLP; 🅿🛜🏊) Con dos piscinas (una cubierta y una exterior), *jacuzzi*, *spa* de vino, sauna, gimnasio y pista de tenis, las comodidades de este hotel hacen que nunca se quiera salir a explorar los viñedos cercanos. Rezuma personalidad, con paredes abovedadas de adobe y acabados de madera, pero la finca podría estar más limpia y el desayuno podría ser más atractivo.

★**Casa Botha** INTERNACIONAL $$
(☎móvil 9-7431-2040; Ruta 68, km 63; platos principales 13 000 CLP; ⊙12.30-18.00 mi-do) 🍷 El sociable propietario sudafricano acompaña al visitante en un largo y relajado almuerzo con sorprendentes maridajes de vino de productores destacados en este restaurante ecléctico, construido con materiales reciclados. La carta cambia cada temporada, pero siempre presenta pastas caseras y por lo menos una opción vegana.

ℹ Cómo llegar y desplazarse

Tanto **Pullman Bus** (p. 79) como Ruta Curacaví ofrecen autobuses cada hora entre la terminal San Borja de Santiago y la plaza de Armas de

Casablanca; el último sale hacia Santiago a las 19.30. Los autobuses locales a Valparaíso paran en la plaza de Armas de Casablanca cada 20 min entre las 7.00 y las 22.00. Si se llega en transporte público, se tendrá que alquilar un taxi o contratar un circuito en la ciudad para visitar las bodegas.

Se necesitará un coche para visitar las bodegas del valle de Casablanca por cuenta propia. Se puede conducir desde Valparaíso o alquilar un vehículo desde Santiago. Al programar el GPS se deben evitar los peajes, ya que si se usa la Ruta 68 entre las bodegas se puede llegar a pagar hasta 1900 CLP cada vez.

Quintay

Cuando el sol se pone sobre el Pacífico, las escarpadas rocas que protegen la minúscula cala de pescadores y antigua estación ballenera de la caleta Quintay se tiñen de rosa. La ballenera de Quintay (1943-1964) era la más grande de la larga costa chilena del Pacífico, y llegó a dar trabajo a 100 hombres en su época de máximo apogeo. Su Museo Ex Ballenera (www.fundacionquintay.cl; Costanera s/n; adultos/niños 800 CLP /gratis; ☉9.00-18.00 ma-do), al aire libre, ilustra la historia ballenera de la región y explora la protección actual de estos cetáceos.

Varias de las coloridas casas que se apiñan en este sencillo lugar son restaurantes de pescado y marisco. Uno de los mejores sitios para comer junto al mar es la terraza del Restaurante Miramar (☎032-236-2046; Costanera s/n; platos principales 7000-10 000; ☉12.30-17.30; ☎). El viajero puede ver su futura comida de cerca en las inmersiones de buceo guiadas de Austral Divers (☎móvil 9-9885-5099; www.australdivers.cl; Costanera s/n; lección inicio submarinismo 45 000 CLP, 27 000/inmersión; ☉9.00-21.00), una empresa de submarinismo con certificado PADI.

Un desvío señalizado a 1,2 km de la carretera a Valparaíso lleva a una pista de tierra de 1,5 km que va a la alargada playa de Quintay, una de las playas naturales más bonitas de la región.

Se puede visitar Quintay en una excursión fácil de medio día desde Valparaíso. Transportes Quintay (☎móvil 9-9183-7388) opera taxis colectivos entre el exterior de la terminal de autobuses de Valparaíso, en la av. Argentina, y la calle principal de Quintay (desde 2000 CLP, 1 h), a 500 m de la caleta Quintay y a 2,5 km de la playa de Quintay.

Isla Negra

Pablo Neruda la situó en el mapa y dio a la zona su engañoso nombre por los oscuros roqueríos que afloran frente a la costa. El antiguo hogar y la tumba del poeta atraen a un aluvión de visitantes de todo el planeta, y una dinámica comunidad de poetas y artistas establecidos en la localidad continúa su legado. También hay playas soberbias donde pasear, y un desfiladero panorámico, la quebrada de Córdova, para ir de senderismo.

La espectacular ubicación en un promontorio azotado por el viento hace entender por qué la Casa de Isla Negra (☎035-461-284; www.fundacionneruda.org; Poeta Neruda s/n; adultos/niños 7000/2500 CLP; ☉10.00-18.00 ma-do mar-dic, hasta 19.00 diarios ene y feb) era la casa favorita de Pablo Neruda. El poeta la construyó durante la década de 1950 y fue arrasada los días siguientes al golpe de Estado de 1973, mientras Neruda padecía un cáncer terminal.

La excesiva comercialización aporta un toque de Disney-Neruda, ya que la casa está rodeada de innumerables puestos de recuerdos y cafés tematizados. Aun así, los circuitos audioguiados permiten alargar la visita a las extraordinarias colecciones de conchas, maquetas de barcos dentro de botellas, instrumentos náuticos, vidrios de colores, piezas de arte y libros. La aparentemente infinita casa y su contenido resultan impresionantes. En la terraza del exterior se halla la tumba de Neruda y la de su tercera esposa, Matilde, que domina el mar.

Sandra, la propietaria del albergue de vocación sostenible La Conexión del Poeta (☎móvil 9-9409-7786; www.laconexiondelpoeta.com; Los Aromos 341; i/d/tr 23 000/33 000/40 000 CLP; ☎, ✿, ha construido un pequeño reino de bondades terrenales. Se ofrece yoga gratis los domingos, una biblioteca con títulos muy inspiradores, infusiones caseras y desayunos copiosos. Detrás del albergue hay un relajante jardín de hierbas y dos estudios para masajes, reiki, reflexología y otros tratamientos. Las habitaciones de la planta superior gozan de vistas parciales del mar.

Se puede llegar a Isla Negra en un tranquilo viaje de medio día desde Valparaíso. Pullman Bus Lago Peñuelas (☎032-222-4025) parte de la terminal de autobuses de Valparaíso cada hora (3200 CLP, 1½ h). Pullman Bus Costa Central (☎032-246-9398; www.pullmancosta.cl) llega desde la terminal de autobuses de Alameda de Santiago (4000-6000 CLP, 1½ h, cada h).

Parque Nacional La Campana

Este parque nacional (☏33-244-1342; www. conaf.cl/parques/parque-nacional-la-campana; adultos/niños 4000/2000 CLP; ⊙9.00-17.00 sa-ju, hasta 16.30 vi) alberga dos de las montañas más altas de la cordillera de la Costa: cerro El Roble (2200 m); y cerro La Campana (1890 m), que Charles Darwin ascendió en 1834. La cifra de visitantes ha aumentado desde entonces, pero el parque sigue siendo un lugar relativamente tranquilo a pesar de su cercanía a Santiago. Se subdivide en tres sectores: la estación principal de administración de Conaf está en Granizo, cerca de Olmué. También hay guardas forestales en la entrada cercana de Cajón Grande y en Ocoa, en el norte del parque.

La mayor parte de los 80 km² del parque son de escarpado monte seco. El parque protege a unas 100 especies de animales y a varias especies de plantas endémicas. La oferta excursionista es excelente. Hay carreteras asfaltadas hasta las tres entradas, pero dentro del parque no hay carreteras. La mejor época para visitarlo es la primavera.

🏃 Actividades

Sendero Andinista   EXCURSIONISMO

Muchos visitantes del parque buscan emular a Darwin y subir al cerro La Campana. En los días claros, desde su cumbre, se puede disfrutar de vistas espectaculares, que abarcan desde el Pacífico hasta el Aconcagua. Desde la entrada de Granizo, a 373 m sobre el nivel del mar, el sendero Andinista sube 1455 m en solo 7 km; por suerte, la mayor parte del trayecto discurre a la sombra. Antes de la empinada parte final del ascenso se pasa por un muro de granito donde una placa conmemora la ascensión de Darwin. Hay que calcular un mínimo de 4 h hasta la cima y otras 3 para el descenso. Se debe empezar temprano.

Sendero Los Peumos   EXCURSIONISMO

Sus 5,5 km conectan la entrada de Granizo con el sendero Amasijo, que serpentea durante otros 7 km por un cañón salpicado de palmeras hasta Ocoa. La excursión de ida dura unas 5 h. La parte sur del sendero Amasijo se hunde en el Cajón Grande, un cañón cubierto de hayedos.

Sendero La Cascada   EXCURSIONISMO

Desde Ocoa, recorre 6 km hasta el salto de la Cortadera, una bonita cascada de 30 m que luce mejor con el deshielo primaveral.

🛏 Dónde dormir

Conaf opera dos sencillos 'campings' (6000 CLP) de 23 tiendas, con lavabos y duchas de agua fría cerca de las entradas de Ocoa y Cajón Grande. Está prohibida la acampada libre. Cuando el tiempo es muy seco, solo se admiten unos pocos campistas para reducir el riesgo de incendios.

ℹ Cómo llegar y salir

Al parque se accede fácilmente en coche desde Santiago (160 km) y Valparaíso (60 km). No hay transporte público a ninguna de las tres entradas, aunque Pullman Bus opera un servicio regular entre Santiago y Olmué. **Metro Valparaíso** (p. 102) también vende billetes a Olmué, desde donde un corto trayecto en taxi lleva a las entradas de Granizo o Cajón Grande.

VALLE DEL ACONCAGUA

Si se entra en Chile por carretera desde la ciudad argentina de Mendoza, el paisaje que primero aparece ante la vista es el fértil valle del Aconcagua. Lo bañan las aguas del río Aconcagua, que fluye hacia el oeste desde la montaña más alta de las Américas, el cerro Aconcagua (6962 m), situado justo en la frontera con Argentina. La autopista panorámica CH-60 recorre todo el valle y cruza los Andes hasta llegar a Mendoza.

Los Andes

☏34 / 61 000 HAB.

Esta polvorienta ciudad agrícola, un alto en el camino a Argentina o a la zona de esquí de Portillo, tiene magníficas vistas de las laderas vecinas, un puñado de tranquilos museos y poco más. El hotel puede informar sobre excursiones por la zona o bodegas que ofrecen catas. La premio nobel Gabriela Mistral trabajó en Los Andes de maestra; la monja chilena santa Teresa de los Andes obró milagros en estas lindes.

◉ Puntos de interés

Museo Antiguo Monasterio del Espíritu Santo   MUSEO

(☏34-242-1765; av. Santa Teresa 389; adultos/niños 1000/500 CLP; ⊙9.30-13.00 y 15.00-18.00

ma-vi, 10.00-18.00 sa y do) Merece el premio al museo involuntariamente más estrambótico de Chile central. Maniquíes vestidos con hábitos de monja recrean escenas de la vida de santa Teresa, quien hizo sus votos en este antiguo convento y murió en él de tifus a los 19 años.

☞ Circuitos

Góndola Carril   FERROCARRIL

(☏móvil 9-9319-3454; www.efe.cl/empresa/servicios/trenes-turisticos/gondola.html; av. Argentina 51; entradas 35 000 CLP) Este tren turístico parte de la estación FEPASA Los Andes un domingo por la mañana al mes (mar-nov), traquetea valle arriba en una locomotora para pasajeros por la antigua ruta transandina hasta Río Blanco, donde se puede almorzar. Se está de vuelta en Los Andes a las 18.00. Consúltese la web para las fechas concretas.

🛏 Dónde dormir y comer

Hotel Génova   PENSIÓN $

(http://hotelgenova.cl; Las Heras 523; i/d/tr 25 000/33 000/39 000 CLP; [P][🛜][❄]) Tras una fachada de color mostaza dos manzanas al suroeste de la plaza de Armas, se halla el alojamiento más económico de Los Andes. Las habitaciones lucen tejidos y obras de arte locales, y la pequeña piscina es una bendición los días calurosos del verano.

Nanko's Delicias del Mundo   INTERNACIONAL $

(☏móvil 9-9611-3681; www.facebook.com/nankos delicias; General Freire 353; platos principales 1500-6000 CLP; ☺12.00-15.30 y 19.00-22.30 lu-vi, 19.00-24.00 sa; 🛜) Este ecléctico antro ofrece una amplia carta de comida casera a buen precio (y bien elaborada) que abarca desde *pizzas* y hamburguesas a arepas de estilo venezolano. Esto, junto a un personal simpático, buena música y refrescantes zumos de fruta, conforman uno de los locales favoritos de los viajeros.

La Table de France   FRANCESA $$$

(☏móvil 9-7216-1656; http://latabledefrance.cl; Camino Internacional, km 3, El Sauce; platos principales 9000-16 000 CLP; ☺13.00-16.00 y 20.30-23.00 ma-sa, 12.30-18.00 do; 🛜) Restaurante francés con una insuperable terraza, situado en pleno campo, en una colina a 3 km de la ciudad. Pato, conejo y jabalí satisfacen a los carnívoros intrépidos, mientras que platos como la lasaña de queso de cabra gustan a los vegetarianos.

Alrededores de Valparaíso y Viña del Mar

Desde el centro, hay que tomar la av. Esmeralda en dirección este hasta General del Canto; en automóvil se llega en 10 min.

ℹ Orientación

La autopista que lleva a la frontera con Argentina (la carretera internacional CH-60) cruza el norte de Los Andes, donde toma el nombre de av. Argentina. Al norte, a 8 manzanas del centro, se encuentra la estación de autobuses. Esmeralda, la principal calle comercial, discurre por el lado norte de la plaza de Armas; aquí se concentran la mayoría de los servicios para viajeros.

ℹ Cómo llegar y salir

Los Andes es la última (o primera) población chilena entre Santiago y Mendoza (Argentina); los autobuses pasan por su **terminal de buses Los Andes** (Rodoviario Internacional; av. Carlos Díaz 111), ocho manzanas al noroeste de la plaza de Armas, en la extensión norte de la av. Santa Teresa (llamada av. Carlos Díaz).

Pullman Bus (www.pullman.cl; av. Carlos Díaz 111) ofrece servicios regulares a la terminal San Borja de Santiago (2500 CLP, 1½ h, cada h). **El Rápido** (www.elrapidoint.com.ar; av. Carlos Díaz 111) opera autobuses directos a Mendoza (desde 22 000 CLP, 10.15 y 23.15, 6 h) y Buenos Aires (desde 50 000 CLP, 10.00, 18-20 h).

Portillo

Dispuesto alrededor de la espectacular laguna del Inca, en la frontera con Argentina, Portillo (📞2-2263-0606; www.skiportillo.com; pase esquí diario adultos/niños 44 000/26 000 CLP; 🕐subida 9.00-17.00) es una de las mejores estaciones de esquí de Chile. En verano no hay mucho que hacer aparte de ir de excursión (5 km) al otro lado del lago y, fuera de la temporada de esquí, el resort suele estar cerrado. No solo los fans del esquí disfrutan con sus pistas de vértigo, los equipos nacionales de EE UU, Austria e Italia la usan como centro de entrenamiento de verano; y la barrera de velocidad de los 200 km/h se rompió por primera vez aquí. Algunas de sus 20 pistas son aptas para principiantes. Su altitud va desde 2590 a 3310 m, y la más larga mide 3,2 km. Aparte de un hotel y varias cabañas, no hay ningún otro establecimiento.

🛏 Dónde dormir

El alojamiento gira en torno a estancias semanales o las menos frecuentes de tres días de duración, con todo incluido. Resulta mucho más barato dormir en Los Andes, 70 km al oeste. Los huéspedes de todos los hoteles de la zona pueden usar el gimnasio, las salas de yoga, la pista de patinaje de hielo, la sala de juegos, el minicine y el servicio de canguro gratis. También hay algunas tiendas, un ciber-café, un bar y una discoteca. Pero destaca la piscina exterior climatizada.

EL ACONCAGUA

Si el viajero se muere por estar cerca del pico más alto de América pero no tiene tiempo para viajar tanto, el operador con base en Santiago Andes Wind (📞móvil 9-9710-7959; www.andeswind.cl; excursión 1 día 75 000 CLP) organiza viajes de un día a Argentina para aproximarse a la montaña. Tras parar en Portillo en el camino de vuelta, se llega a la capital sobre las 19.30.

Inca Lodge   CABAÑA $
(📞2-2263-0606; www.skiportillo.com; h por persona por semana incl. comidas y forfait 1365 US$; P🛜☕) Es algo sombría y anticuada, y con cierto aire de aficionados al esquí. Se ahorra bastante dinero compartiendo un dormitorio de cuatro plazas.

Octagon Lodge   CABAÑA $$
(📞2-2236-0606; www.skiportillo.com; h por persona por semana incl. comidas y forfait 2125 US$; P☕) Este *lodge* octagonal cuenta con habitaciones de cuatro literas algo apretadas con baños privados. Está un poco por encima del Inca Lodge y atrae a una clientela ligeramente mayor.

Hotel Portillo   HOTEL $$$
(📞2-2263-0606; www.skiportillo.com; h por persona por semana incl. comidas y forfait 4400-6475 US$; P🛜☕) La opción más lujosa tiene una elegancia antigua y habitaciones algo pequeñas con vistas al lago o a los valles. Excepto por el restaurante, el hotel y todas sus instalaciones están cerradas en verano (oct-may).

Chalets   CABAÑA $$$
(📞2-2263-0606; www.skiportillo.com; c/f por semana incl. comidas y forfait 8700/14 000 US$; P🛜☕) La única opción de alojamiento en verano son estas casitas para entre cuatro y ocho personas en un entorno setentero que parece el camarote de un barco. Las vistas son espectaculares.

🛈 Cómo llegar y salir

Conducir de Santiago a Portillo supone entre 2 y 3 h, según el estado de la carretera.

Portillo Tours & Travel (📞2-2263-0606; ptours@skiportillo.com) opera lanzaderas (70 US$ ida) a/desde el aeropuerto de Santiago los miércoles y sábados. Proporciona transporte por un precio ligeramente superior otros días de la semana.

Una alternativa son los traslados privados de esquí que operan lanzaderas asequibles los miércoles y sábados desde Santiago hasta las pistas; se aconseja **Ski Total** (📞2-2246-0156; www.skitotal.cl; av. Apoquindo 4900, locales 37-46, Las Condes, Santiago; ida y vuelta 27 000 CLP), que también alquila equipo.

Los servicios de Santiago a Mendoza de **Buses Tas Choapa** (www.taschoapa.cl) pueden dejar en el lado más alejado de la carretera desde Portillo (solo 5 min a pie); si hay asientos libres se puede ir hasta Los Andes, Santiago o Mendoza.

CENTRO MERIDIONAL

Al sur de Santiago, encajonado entre los Andes y la cordillera de la Costa, el Valle Central es el invernadero de Chile. Con un clima mediterráneo y un sinfín de huertos y viñedos, esta región produce la mayor parte del vino y la fruta del país. En este sector, los Andes son espectaculares, con hayedos cubriendo sus laderas y anchos ríos que bajan hasta el valle. A lo largo de la costa se encuentran apacibles pueblos surfistas, amplias vistas y playas sin fin.

Historia

Tras 7000 años viviendo en relativo aislamiento, las comunidades araucanas (mapuches) que habitaron el actual Valle Central sufrieron dos invasiones sucesivas: la de los incas y la de los españoles. Los terremotos y la resistencia araucana no permitieron la permanencia de los primeros asentamientos españoles. Finalmente, los nativos se retiraron al sur del río Biobío, y la región del Valle Central creció hasta albergar una acomodada sociedad criolla que, tras enriquecerse, sintió deseos de emanciparse de España. Ya durante la República, las nuevas técnicas fomentaron el desarrollo económico: la irrigación masiva transformó los valles en fértiles tierras de cultivo, y se descubrieron y explotaron recursos naturales, como las minas de carbón en Concepción y el cobre en Rancagua. La región fue duramente reprimida durante la dictadura y, tras el retorno a la democracia, se ha transformado en centro de activas huelgas de estudiantes y trabajadores.

El terremoto de magnitud 8,8 que sacudió Chile en febrero del 2010 fue especialmente demoledor en esta región. Además de las innumerables casas y oficinas que destruyó en Curicó, Concepción y Chillán, monumentos históricos como la villa cultural de Talca quedaron tan dañados que es posible que ya no se reconstruyan. Aún se ven algunas grietas en los edificios antiguos, pero los negocios vuelven a funcionar.

ℹ Cómo llegar y desplazarse

La cómoda y accesible línea férrea **Tren Central** (p. 467) conecta Santiago con Chillán con parada en los principales ciudades y pueblos de la ruta. No obstante, las líneas de autobuses que recorren la región ofrecen tarifas más bajas y salidas más frecuentes.

Desde un punto de vista práctico es imprescindible alquilar un automóvil para visitar las bodegas y los parques nacionales más remotos. Se puede llegar en transporte público a algunos destinos, aunque el servicio casi nunca es directo; se debe estar dispuesto a andar varios kilómetros desde la parada del autobús. Fuera de las grandes ciudades se puede hacer autostop.

Valle de Colchagua

Rodeado de montañas por todas partes, este soleado remanso de viñedos y huertos produce los mejores vinos tintos de Chile. La producción empezó poco después de la conquista a mediados del s. XVI con la introducción de viñedos por parte de los misioneros jesuitas. El *boom* de la minería de finales del s. XIX aportó riqueza y uvas nobles de origen francés, incluida la carmenere, redescubierta aquí en la década de 1990 después de que hubiera desaparecido en Europa. Ahora es la uva distintiva de Chile.

La ciudad de Santa Cruz, que sirve como punto de partida, tiene un puñado de buenos hoteles y una plaza pintoresca; pero lo mejor es ir al campo a aprender de vinos visitando a los excéntricos viticultores y experimentar la atracción lírica de la región vinícola.

🏃 Actividades

⭐ Torreón de Paredes   VINO

(📱móvil 9-9225-3991; www.torreon.cl; Las Nieves s/n, Rengo; catas desde 10 000 CLP, circuitos desde 18 000 CLP; ⊙9.30-17.30 lu-sa, circuitos con reserva) 🍷 Esta preciosa bodega recibe su nombre de la torre de adobe de 300 años de antigüedad que se alza en el centro (y que se reconstruyó tras el terremoto del 2010). Queda a solo 15 min en coche de los viñedos de Casa Silva. Casi todos sus elegantes vinos se exportan y el enólogo participa a menudo en las catas para compartir sus apreciaciones.

⭐ Viña Casa Silva   VINO

(📱72-291-3117; www.casasilva.cl; Hijuela Norte s/n, San Fernando; catas 1500-6000 CLP/copa, circuitos desde 16 000 CLP; ⊙10.00-18.30) Una de las bodegas más antiguas del país ofrece circuitos muy informativos y cuenta con un excelente restaurante junto a un campo de polo. Se pueden probar uvas raras en Chile, como la viognier y la sauvignon gris.

⭐ MontGras   VINO

(📱72-282-2845; www.montgras.cl; camino Isla de Yáquil s/n, Palmilla; catas desde 9000 CLP, circuitos desde 15 000 CLP; ⊙9.00-17.30 lu-vi, hasta 17.00 sa, abierto hasta 17.00 do nov-abr; 🚗) Además de catas y talleres para elaborar vino (12.30 lu-do, 33 000 CLP), esta bodega muy acogedora y galardonada ofrece salidas a caballo, excursionismo y ciclismo de montaña. También organiza circuitos para la vendimia (feb-may), para recoger y pisar las uvas; los niños son bienvenidos Hay que reservarlos con antelación.

Viu Manent
VINO

(☎2-2379-0020; www.viumanent.cl; Carretera del Vino, km 37; catas 13 000 CLP, circuitos 16 000 CLP; ⊘circuitos 10.30, 12.00, 15.00 y 16.30) Los circuitos por estos viñedos familiares de tercera generación constan de un paseo en un coche de caballos por sus octogenarias viñas y de una detallada visita a las bodegas. Está cerca de Santa Cruz y ofrece un sorprendente malbec (más conocido como un vino argentino). Las catas (11.00 o 14.00) son más generosas que en otros lugares, con siete vinos. También hay un agradable restaurante y un café.

Estampa
VINO

(☎2-2202-7000; www.estampa.com; Ruta 90, km 45, Palmilla; catas 1500-3500 CLP/copa, circuitos desde 15 000 CLP; ⊘10.30-17.30 lu-sa, también abierto 19.00-23.00 ju-sa nov-abr) En esta bodega, especializada en mezclas, se puede reservar un circuito o presentarse para una cata. De noche en verano se pueden tomar una copa y unas tapas en el patio cubierto.

Lugarejo
VINO

(☎móvil 9-7135-9285; www.lugarejo.cl; camino San Gregorio s/n, Nancagua; circuitos desde 20 000 CLP; ⊘con cita previa; ⚤) Este diminuto viñedo a medio camino entre Santa Cruz y San Fernando permite descubrir el arte de la elaboración del vino a una escala minúscula, por una familia sin un pasado viticultor que logró una bodega galardonada.

Viña Santa Cruz
VINO

(☎72-235-4920; www.vinasantacruz.cl; Lolol; circuitos adultos/niños 19 000/9000 CLP; ⊘10.00-18.00; ⚤) Esta bodega de 900 Ha orientada al turismo es una de las únicas de la zona adecuada para niños. El circuito por la bodega con tres vinos lleva con un teleférico hasta un pequeño observatorio (hay circuitos nocturnos para ver las estrellas, 16 000 CLP, ju-do) y un conjunto de réplicas de aldeas indígenas.

Viña Las Niñas
VINO

(☎72-297-8060; www.vinalasninas.com; Apalta Casilla 94, parcela 11; catas 7000 CLP, circuitos 12 000 CLP; ⊘10.00-17.30 ma-sa) Esta sencilla bodega ecológica, con su equipo directivo fe-

menino, cuenta con un nuevo centro de visitantes fuera de su instalación cúbica de pino para catas y circuitos. El personal prepara pícnics (si se avisa con antelación) e indica excursiones por las colinas circundantes.

Lapostolle
VINO

(☎72-295-7350; www.lapostolle.com; valle de Apalta; circuitos 20 000 CLP, almuerzo precio fijo 40 000-60 000 CLP, h 1500 US$; ⊘10.30-17.30) ⚑ Esta icónica bodega tiene un excelente circuito de cata en su complejo de seis plantas sobre un cerro que preside el valle de Apalta. Los tintos son excelentes y el circuito incluye una cata de su vino estrella, el Clos de Apalta. Con un poco más de tiempo se puede disfrutar de un espectacular almuerzo. A veces ofrece solo catas (15 000 CLP) fuera de temporada.

Montes
VINO

(☎72-260-5195; www.monteswines.com; valle de Apalta; circuitos desde 14 000 CLP; ⊘9.00-18.00) Viticultura y viñedos de alta tecnología y ecológicos cubren estas pintorescas colinas. El circuito empieza con una visita a los viñedos y termina con una cata de cuatro vinos. Está más orientada a circuitos para grupos que a visitas individuales.

ℹ Cómo llegar y salir

Se visitan mejor las bodegas de la zona en un coche de alquiler desde Santiago o en un circuito organizado ya sea en Santiago o en Santa Cruz. La política de alcohol al volante es de tolerancia cero.

Santa Cruz

☑72 / 34 915 HAB.

El punto de partida de las visitas a la región del vino es una localidad sosegada con una bonita plaza principal, un excelente museo privado, un puñado de buenos restaurantes y un casino. Aparte de pasear por la plaza y pasar la tarde en el museo no hay mucho más que hacer o ver, pero es un buen campo base para ir de excursión, de pícnic y de catas.

⊙ Puntos de interés y actividades

Museo de Colchagua
MUSEO

(☎72-821-050; www.museocolchagua.cl; Errázuriz 145; adultos/niños 7000/3000 CLP; ⊘10.00-19.00) Expone la impresionante colección privada del controvertido emprendedor y presunto traficante de armas Carlos Cardoen. Es el mayor museo privado que hay en Chile. Se exponen cerámicas antropomórficas precolombinas de toda América Latina, armas, objetos religiosos mapuches de plata y toda una sala de aperos de huaso.

Para muchos chilenos, la muestra más destacada del museo es *El gran rescate*, que exhibe objetos, fotos y filmes relacionados con el rescate de 33 mineros atrapados a 700 m bajo tierra cerca de Copiapó en octubre del 2010. Casi tan interesante como el museo es la historia de su fundador, Carlos Cardoen, que presuntamente vendió armas a Iraq durante el régimen de Saddam Hussein y fue una pieza fundamental en la promoción del turismo del valle de Colchagua al financiar la creación de museos y otras atracciones relacionadas con el vino.

Tren Sabores del Valle TREN
(☏600-585-5000; www.trencentral.cl/sabores-del-valle; entradas 60 000-70 000 CLP) Esta excursión de ida y vuelta (8 h) en tren, que sale de la estación central de Santiago a las 9.10, atraviesa el valle de Colchagua y llega a San Fernando Terminal, donde los viajeros se apean y suben a un autobús que les lleva a una bodega para realizar una cata.

Es una salida enfocada al turismo que incluye la comida y dos catas a bordo. Circula cada dos sábados. En la web se ofrecen los horarios.

☞ Circuitos

Red del Vino CIRCUITO
(☏72-282-3422; www.reddelvino.com; Diego Portales 957; circuitos desde 15 000 CLP; ☺9.00-19.00 lu-sa) Una asociación de pequeños productores que ofrece interesantes circuitos por las empresas más pequeñas del valle.

☆ Fiestas y celebraciones

Fiesta de la Vendimia de Colchagua VINO
(www.colchaguavalley.cl; plaza de Armas; ☺mar) Santa Cruz celebra la vendimia con este animado festival. Las bodegas locales organizan paradas en la plaza de Armas, se corona a la reina de la fiesta y hay bailes por doquier.

🛏 Dónde dormir

★Hotel Casa Pando B&B $$
(☏72-282-1734; www.casapando.cl; Cabello 421; h 75 000 CLP; ⓟ☎☐) Acogedor B&B en el límite de la ciudad, seis manzanas al norte de la plaza de Armas. La casa, reformada, tiene habitaciones grandes (que, aunque correctas, podrían ser un poco más luminosas) rodeadas de bellos jardines. Cuenta con una gran piscina y los propietarios saben todo lo que

hay que saber para que el viajero disfrute al máximo de su estancia en la región del vino.

Casa Silva HOTEL HISTÓRICO $$$
(☏72-271-7491; www.casasilva.cl; Hijuela Norte s/n, San Fernando; d incl. desayuno y circuito de vino desde 250 US$; ☎☐) Ubicado en una casa de más de 115 años de antigüedad, junto a un viñedo y cerca del km 132 de la carretera 5. El patio, con una fuente, está rodeado de arces, y las suntuosas habitaciones rezuman estilo tradicional, con camas con dosel que son genuinas antigüedades.

Hacienda Histórica Marchigüe HOTEL HISTÓRICO $$$
(☏móvil 9-9307-4183; http://haciendahistorica.com; Los Maitenes s/n, Marchigüe; h incl. desayuno 110 000 CLP; ⓟ☎☐) Este gran hotel se construyó en 1736 y funcionó como edificio administrativo de los jesuitas. Queda bastante apartado, pero dispone de todo lo necesario, incluida una piscina, una bodega, bicicletas de montaña, alquiler de caballos y numerosas opciones para explorar el fundo (finca) de 50 Ha.

Hotel Plaza Santa Cruz CENTRO VACACIONAL $$$
(☏72-220-9600; www.hotelsantacruzplaza.cl; plaza de Armas 286; i/d incl. desayuno 350/400 US$; ⓟ☎☐) Tras cruzar el arco que sale de la plaza principal se entra en este asombroso complejo de estilo colonial español. Un paisaje encantador, una piscina-laguna, una elegante vinoteca, un par de restaurantes gastronómicos (recomendables y abiertos al público), un *spa* y el flamante Casino Colchagua, que completa la oferta.

🍴 Dónde comer

179 Pizzería Bar ITALIANA $
(☏72-248-6266; www.bar179.cl; Díaz Besoain 179; platos principales 6000 CLP, pizzas 9000 CLP; ☺11.00-3.00 lu-sa) Sus excelentes *pizzas* y pastas, además de los vinos por copas, atraen a una pequeña multitud a este elegante local cerca de la plaza de Armas. Por la noche, el bar se anima con sesiones de DJ y cócteles fuertes y originales.

Vino Bello ITALIANA $$
(www.ristorantevinobello.com; Barreales s/n; platos principales /000-11 000 CLP; ☺12.30-15.30 y 19.30-22.30; ⓟ☎) Aunque está a 1 km de la ciudad, este acogedor local hace que uno se sienta en plena región vinícola, sobre todo al saborear una copa de carmenere en su espléndido patio al atardecer o disfrutar de una cena a la luz de las velas a base de ñoquis caseros

y finas *pizzas*. Desde la plaza de Armas hay que tomar Nicolás Palacios y pasar las bodegas Laura Hartwig; la entrada queda a la izquierda.

Viña La Posada INTERNACIONAL $$
(Rafael Casanova 572; platos principales 7000-11 000 CLP; ☺horario variable según establecimiento; 🛜) Unas 10 manzanas al oeste de la plaza de Armas, esta bodega de estilo colonial reúne un excelente conjunto de restaurantes internacionales. **La Casita de Barreales** prepara platos tradicionales peruanos, mientras que el **Tatos** da un toque moderno a la cocina peruana. **La Posada del Asturiano** sirve tapas españolas.

🛍 De compras

Vinonauta VINO
(📱móvil 9-9665-5314; www.vinonauta.cl; 21 de Mayo 287; catas desde 13 000 CLP; ☺11.00-21.00 lu-sa, hasta 15.00 do) Esta tienda sugerente vende vinos de garaje difíciles de encontrar y botellas de calidad superior de pequeños productores chilenos. El propietario organiza catas temáticas previa reserva, pero siempre tiene alguna botella abierta para probarla si se pasa por ahí. También organiza charlas de enólogos cada dos sábados.

Eco Bazar ARTESANÍA
(www.facebook.com/ecobazarsantacruz; Rafael Casanova 572, local A; ☺11.00-20.30 lu-sa, 12.00-16.00 do) Cerámica de calidad, joyas, tejidos, juguetes para niños y artículos para el hogar de diseñadores locales a precios asequibles.

ℹ Información

BancoEstado (Díaz Besoain 24; ☺8.00-19.00 lu-vi, 9.00-17.00 sa) Tiene cajero automático y cambia dólares y euros.
Oficina de correos (📞800-267-736; Claudio Cancino 65; ☺9.00-14.00 y 15.00-18.00 lu-vi, 10.00-13.00 sa) Céntrica, cerca de la plaza de Armas.
Ruta del Vino (📞72-282-3199; www.rutadelvino.cl; plaza de Armas 298; ☺9.00-19.00) Buena parada para conseguir una guía de las bodegas del valle. También se puede comprar vino, obtener información sobre la zona o apuntarse a los circuitos (desde 14 000 CLP).

ℹ Cómo llegar y salir

Los autobuses de largo recorrido se concentran en la **terminal de buses Santa Cruz** (Rafael Casanova 478), al aire libre y unas cuatro manzanas al oeste de la plaza de Armas. **Buses**

Nilahue (www.nilahue.com; Rafael Casanova 478, terminal de buses Santa Cruz) y otras compañías ofrecen salidas cada hora desde Santa Cruz a Pichilemu (3000 CLP, 2 h), San Fernando (1500 CLP, 45 min) y Santiago (5000 CLP, 3 h).
Se puede ir a Lolol o Curicó (1000-1800 CLP) en los microbuses locales; salen cada 20 min de 6.30 a 21.00 desde el aparcamiento contiguo a la terminal principal.

Matanzas
📋72 / 590 HAB.
Los santiaguinos modernos se han trasladado los últimos años a esta minúscula población, donde han establecido hoteles y tiendas elegantes junto a su larga playa de arena gris. A ellos se suman windsurfistas y otros entusiastas de las aventuras de todo el mundo, que han contribuido a transformar esta tranquila aldea, enmarcada por colinas verdes, en uno de los lugares más de moda de la costa central.

🛏 Dónde dormir y comer

Roca Cuadrada Hostel HOSTAL $
(📱móvil 9-7552-9414; www.rocacuadrada.cl; Carlos Ibáñez del Campo s/n; dc/d 17 000/55 000 CLP) Es espartano pero elegante, y goza de una situación inigualable. Los dormitorios disponen de no más de cuatro camas y hay una cocina compartida, almacén para el equipamiento deportivo y un bar con vistas al océano que se anima los fines de semana por la noche. Su tienda de surf ofrece clases de 1½ h (privadas/por persona en un grupo 25 000/20 000 CLP).

⭐**OMZ-Olas de Matanzas** HOTEL $$$
(📱móvil 9-9643-4809; www.omz.cl; fundo San Luis de Lagunillas; parcelas 4 personas 45 000 CLP, h 130 000 CLP, cabañas 119 000-180 000 CLP; 🅿🛜) Este vasto complejo frente al mar incluye un elegante hotel de madera, cabañas aún más elegantes (2-6 personas) estilo Tetris y lujosas parcelas de acampada con baños privados y zonas de pícnic cubiertas. Hay además un estudio de yoga, una pista de tenis, un *spa,* numerosos *jacuzzis* y un *bike park*. Casi todas las instalaciones están disponibles también para no huéspedes.
Su tienda de surf imparte clases (privadas/por persona en un grupo 25 000/20 000 CLP) y alquila equipo por días para *windsurf* (50 000 CLP), surf (20 000 CLP), surf de remo (20 000 CLP) y ciclismo de montaña (12 000 CLP).

Hotel Surazo HOTEL DE DISEÑO $$$
(📱móvil 9-9600-0110; www.surazo.cl; Carlos Ibáñez del Campo s/n; dc 25 000 CLP, d 95 000-130 000 CLP; 🅿️📶♿) Este precioso hotel de diseño exclusivo está construido sobre pilotes encima de la arena. Muchas habitaciones dan al mar, las instalaciones incluyen una pequeña piscina, una sauna, *jacuzzis* y braseros, y dispone de dormitorios confortables para surfistas solitarios.

Surazo PESCADO, PIZZERÍA $$
(www.surazo.cl; Carlos Ibáñez del Campo s/n; platos principales 11 000-13 000 CLP, *pizzas* 10 000 CLP; ⏱13.30-22.30; 📶) Dos viejos árboles nudosos, entre paredes de cristal, se elevan sobre este restaurante junto a la playa. Las *pizzas* creativas y los exquisitos platos de pescado y marisco conforman la cambiante carta. El hotel contiguo rivaliza con el OMZ por ser el más elegante de la población.

ℹ️ Cómo llegar y salir

Buses Paravias (📞2-2366-0400; www.paravias.com; 6500 CLP) conecta la terminal San Borja de Santiago y Matanzas (3 h, 3 diarios).

Pichilemu

📞72 / 13 900 HAB.

Los locos de las olas surcan todo el año las aguas heladas de la capital chilena del surf, mientras que los bañistas abarrotan sus largas playas de arena negra entre diciembre y marzo. La localidad no es bella, pero atesora un encanto extraño y numerosos restaurantes, cafés y hoteles de calidad que contentan a los visitantes. Fuera del centro de la ciudad, las calles sin asfaltar le dan un aspecto atávico a este apacible pueblo surfista. Más al sur hay una serie de pequeños pueblos que ofrecen buen surf, pequeños alojamientos y un ambiente inolvidable.

◉ Puntos de interés y actividades

⭐ **Cáhuil** POBLACIÓN
Este pequeño pueblo tiene buenas vistas del mar y algunos restaurantes y casitas. Junto al puente salen barcos que realizan circuitos de 30 min a la laguna de Cáhuil (5000 CLP por barco con hasta cinco pasajeros), y se vende cerámica local. Más al interior, se puede conducir por la Ruta de la Sal, un trayecto panorámico por salinas y esteros donde abundan las aves acuáticas.

Centro Cultural Agustín Ross CENTRO CULTURAL
(📞72-297-6595; www.centroculturalagustinross.cl; Ross 495; ⏱9.00-21.00) GRATIS Este centro cultural de tres plantas ocupa un precioso edificio que antaño era el casino de la ciudad. Las exposiciones itinerantes de arte son un buen paréntesis después de tanta playa.

Surf
La parte más occidental de Pichi penetra en el mar formando La Puntilla, el enclave surfista más próximo al pueblo, con un rompiente largo y lento. Frente al centro del pueblo y al noreste se halla la tranquila playa Principal, y al sur se encuentra el Infiernillo, playa más larga y de olas más bravas, famosa por su peligrosa izquierda, su rápido remolque y sus divertidas *leftovers* (izquierdas que rompen en arrecifes poco profundos) cerca de la playa. El mejor surf de la zona lo ofrece Punta de Lobos, 6 km al sur de Pichi, con una izquierda muy empinada. Las mejores olas se dan de septiembre a mayo. Es imprescindible usar neopreno. Se puede preguntar en el Pichilemu Surf Hostal si se quiere un *kiteboard* o en Océanos para salidas de surf a playas alejadas (125 US$).

Escuela de Surf Manzana 54 SURF
(📱móvil 9-9574-5984; www.manzana54.cl; Eugenio Díaz Lira 5; alquiler tabla y material 7000-8000 CLP/día, clase en grupo 2 h 10 000 CLP) Otro lugar fiable, ubicado en La Puntilla, donde hay buenas condiciones para principiantes.

Océanos SURF
(📱móvil 9-7706-0392; www.oceanoschile.com; pasaje San Alfonso s/n; clase surf 45 US$, circuito cultural 55 US$, 5 días práctica surf todo incl. 750 US$) Ofrecen clases de surf y surf de remo muy recomendables, además de circuitos enológicos al valle de Colchagua, salidas culturales a Cáhuil y retiros con todo incluido y pernocta en su acogedora Surf House.

🛏️ Dónde dormir

Surfarm ALBERGUE $
(📱móvil 9-9539-8693; www.surfarm.cl; 1 km al sur del puente de Cáhuil, Cáhuil; parcelas 7000 CLP/persona, dc/d 10 000/25 000 CLP; 📶) Para alejarse realmente de todo, hay que ir a este antiguo campamento de trabajadores que el joven emprendedor Nico ha transformado en albergue rural y *lodge* de surf. Hay una buena rompiente justo en la puerta (clases de surf 15 000 CLP). También se ofrecen salidas a

caballo (18 000 CLP). Los dormitorios colectivos son bastante rústicos, mientras que las dobles son algo más agradables, con paredes de pino, camas confortables y baños privados.

Hay que llevar comida. Se debe llamar a Nico para que recoja al viajero.

Ecocamping La Caletilla
CAMPING $

(☎72-284-1010; www.campingpichilemu.cl; Eugenio Suárez 905; parcelas 5000-8000 CLP/persona; ☎) Este estupendo *camping*, 1 km al sur de la ciudad, ofrece duchas calientes, una zona de cocina exterior y parcelas protegidas del viento.

Pichilemu Surf Hostal
ALBERGUE $

(☎móvil 9-9270-9555; www.surfhostal.com; Eugenio Díaz Lira 167; dc/i/d incl. desayuno 15 000/30 000/45 000 CLP; ☎) Miradores con increíbles vistas al mar rematan la mayoría de las habitaciones de este albergue de inusual diseño frente a la playa del Infiernillo. Las habitaciones tienen camas buenas, tejidos de colores suaves y enormes fotos de las olas cercanas. El propietario ofrece buenos consejos sobre el oleaje para practicar *windsurf*.

Otras ventajas son las bicicletas gratis y las sillas para contemplar la puesta del sol en la playa. También hay un bar-restaurante, El Puente Holandés. Cuando se redactó esta obra, se estaba construyendo al lado un establecimiento más lujoso.

Hotel Chile España
HOTEL $

(☎72-284-1270; av. Ortúzar 255; i/d/tr incl. desayuno 25 000/35 000/50 000 CLP; ☎) Antes popular local surfista, este hotel económico atrae ahora a viajeros de más edad. Aconsejable si no se busca fiesta en un albergue juvenil. El edificio, de estilo español, con su frondoso patio central, contraventanas de madera y su interior antiguo, es de lo más encantador, aunque las habitaciones son un poco 'celdas'.

Cabañas Waitara
CABAÑA $

(☎72-284-3026; www.waitara.cl; Costanera 1039; d/tr/c 35 000/40 000/55 000 CLP; ☎) Con vistas a la principal playa de la localidad, estas cabañas de varios tamaños (2-11 personas) con techos a dos aguas, porches soleados, baños y pequeñas salas de estar con minicocina, son una buena opción para grupos. El club contiguo es el mejor local nocturno de la ciudad, así que hay ruido los fines de semana por la noche.

Surf Lodge Punta de Lobos
CABAÑA $$

(☎móvil 9-8154-1106; www.surflodgepuntadelobos.com; Catrianca s/n; d/tr/c desde 56 000/60 000/

64 000 CLP; ☎🍴) Este complejo en el bosque rezuma energía con un diseño moderno y mucho entretenimiento para adultos (juegos de mesa, hamacas, balancines...). Las habitaciones son pequeñas, pues se espera que se pase tiempo con los demás huéspedes, ya sea junto a una hoguera, en una de las dos piscinas o en el *spa* y *jacuzzi*.

Cabañas Guzmán Lyon
CENTRO VACACIONAL $$

(☎72-284-1068; www.cabanasguzmanlyon.cl; San Antonio 48; d/tr/c incl. desayuno 65 000/70 000/80 000 CLP; ☎🍴) Este disperso centro vacacional en lo alto de un acantilado justo al norte del cruce principal de la ciudad consta de casitas de tablillas. Los patios privados, delante de cada casita, ofrecen maravillosas vistas del mar y el lago.

La Loica
CABAÑA $$$

(☎móvil 9-7897-8190; www.loicachile.cl; Punta de Lobos s/n; d/c 75 000/80 000 CLP; ☎) Estas cabañas de Punta de Lobos lucen paredes de pino, bonitas ventanas por las que se ve el mar y terrazas tranquilas. Es un lugar perfecto para familias y surfistas. Todas las cabañas tienen cocina, horno de leña y comodidades modernas. Se aconseja la nº 3.

🍴 Dónde comer

Pulpo
PIZZERÍA $

(☎72-284-1827; Ortúzar 275; platos principales 4000-8000 CLP; ☎12.00-1.00 ma-sa, 13.00-16.30 do, 19.30-12.30 lu; ☎🍴) Este céntrico local de *pizzas* cuenta con un agradable patio y un espacioso interior. Sirve tartas crujientes hechas a la piedra con muchas opciones vegetarianas, como corazones de alcachofa y tomates secados al sol. También ofrece ensaladas, sándwiches y cebiches.

La Casa de las Empanadas
EMPANADAS $

(Aníbal Pinto 268; empanadas 1800-2500 CLP; ☎11.00-23.00) Este animado local de comida para llevar prepara empanadas gastronómicas de primera. Las versiones con pescado son deliciosas.

Restaurante Los Colchaguinos
CHILENA $

(☎móvil 9-6307-6816; Aníbal Pinto 298; platos principales 5000-7000 CLP; ☎11.00-19.00, hasta 24.00 ene y feb) La rica y casera paila marina (guiso de pescado y marisco) es la estrella de este pequeño local de gestión familiar.

El Puente Holandés
PESCADO $$

(☎móvil 9-9270-0955; Eugenio Díaz Lira 167; platos principales 8000-10 000 CLP; ☎13.00-16.00 y 19.00-23.00) Un puente de madera abovedado une la Costanera con este bar-restaurante regentado por los propietarios del Pichilemu Surf Hostal. Está en la playa del Infiernillo. Platos de marisco sencillos pero bien preparados, así como lubina a la parrilla o almejas. También sirven cerveza y cócteles en la terraza.

🍷 Dónde beber y vida nocturna

Hay algunos bares agradables en el cruce de Eugenio Díaz Lira con Valderrama. El único club nocturno popular actualmente es el contiguo a Cabañas Waitara.

Cúrcuma BAR DE ZUMOS
(📱móvil 9-9509-0670; www.facebook.com/curcumapichilemu; av. Comercio 2241, local 23; ☉11.00-17.30 do-ju, hasta 21.30 vi y sa; 🛜) Bar de zumos algo hípster y local de *brunches* saludables en un nuevo centro comercial, Altomar, en el límite sur de la ciudad.

🛍 De compras

Tienda Marcelo Pino Sommelier VINO
(📞72-284-2522; Ortúzar 255; ☉10.00-21.00 do-mi, hasta 23.00 ju-sa) Tienda de vinos que también es bar y sirve tablas de queso y carne.

ℹ️ Información

BancoEstado (Ortúzar 681; ☉9.00-14.00 lu-vi, cajero automático 24 h) Cajero automático y cambio de divisas (solo dólares estadounidenses y euros).

Oficina de Información Turística (www.pichilemu.cl; av. Ángel Gaete 365, Municipalidad; ☉8.00-13.00 y 14.00-17.00) Situada en el Ayuntamiento, ofrece información básica sobre alojamiento y actividades.

Oficina de correos (Aníbal Pinto 45; ☉9.30-17.30 lu-vi, 9.00-12.00 sa)

ℹ️ Cómo llegar y salir

La **terminal de buses** (📞72-298-0504; esq. av. Millaco y Los Alerces) se halla en la parte suroeste de Pichilemu; la parada más cercana al centro es la esquina de Santa María con Ortúzar. Desde la terminal parten servicios frecuentes a Santa Cruz (3000 CLP, 2 h), San Fernando (5000 CLP, 3½ h) y Santiago (7000 CLP, 4 h) con **Buses Nilahue** (📞72-284-2042; www.nilahue.com; esq. av. Millaco y Los Alerces) y **Pullman del Sur** (📞72-284-2425; www.pdelsur.cl; esq. av. Millaco y Los Alerces); los billetes se compran en la terminal. Para tomar los trenes o los autobuses que van al sur hay que hacer transbordo en San Fernando.

Si se viaja a Santiago se debe confirmar que el autobús pase por Melipilla; aunque vaya dando botes por carreteras rurales durante kilómetros, es un servicio más directo y llega a Santiago en menos de 4 h.

Curicó

📍 75 / 147 017 HAB.

"Tiene una bonita plaza", eso es todo lo que la mayoría de los lugareños comentan de Curicó. Y tienen razón: su plaza está rodeada por unas 60 palmeras, y en el centro se suceden cedros, araucarias, un impresionante templete de música de principios del s. xx de hierro forjado y una estatua en madera del cacique mapuche *(toqui)*, Lautaro. Una curiosidad: Curicó significa "agua negra" en mapudungún, el idioma de los mapuches. La ciudad cobra vida en la **Fiesta de la Vendimia** (http://vendimiachile.cl; plaza de Armas; ☉mar), que se celebra durante cuatro días a principios de otoño. El resto del tiempo es un lugar bastante anodino que los viajeros suelen utilizar como punto de partida para explorar el Parque Nacional Radal Siete Tazas o las cercanas bodegas de los valles de Curicó y del Maule.

🧭 Circuitos

Ruta del Vino Curicó CIRCUITOS
(📞75-232-8972; www.rutadelvinocurico.cl; Carmen 727, Hotel Raíces; circuito 87 000 CLP; ☉10.00-13.00 y 15.30-19.00 lu-vi) Organiza un circuito guiado con conductor a dos de las mejores bodegas del valle de Curicó, incluidas San Pedro, Echeverría y Aresti, además del almuerzo en la bodega Miguel Torres.

🛏 Dónde dormir y comer

Homestay in Chile PENSIÓN $$
(📞75-222-5272; Argomedo 448; i/d/tr 65/85/108 US$; 🅿🛜) El anfitrión de esta pensión una manzana al sur de la plaza de Armas ofrece una calidísima bienvenida. Las almohadas parecen nubes, la wifi es rápida y el desayuno incluye café genuino y zumo recién hecho.

⭐ **El Cerrillo Bed & Breakfast** B&B $$$
(📱móvil 9-8678-0000; fundo El Cerrillo s/n, Lontue; d/c desde 82 000/108 000 CLP; 🛜❄) Esta finca de cuidado paisajismo, 14 km al sur de la ciudad, es una opción evocadora para un retiro en la zona vinícola del valle de Curicó. Destila romanticismo, con un mobiliario refinado y plataformas soleadas y con vistas a los viñe-

Alrededores de Curicó y Talca

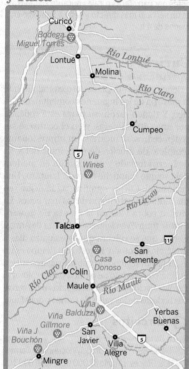

🛈 Cómo llegar y salir

AUTOBÚS

Casi todos los autobuses de Curicó llegan y salen de la **terminal de buses** (Prat esq. Maipú), cerca de la estación de trenes, cinco manzanas al oeste de la plaza de Armas. Desde allí **Andimar** (☑75-231-2000; www.andimar.cl) opera servicios frecuentes a Santiago (5000 CLP, 2½ h, cada 15 min). **Pullman del Sur** (☑2-2776-2424; www.pdelsur.cl) ofrece un servicio más económico (3500 CLP), pero con solo tres salidas diarias.

Para ir al Parque Nacional Radal Siete Tazas, se debe tomar un autobús a Molina (600 CLP, 35 min, cada 5 min) de **Aquelarre** (☑75-232-6404; terminal de buses rurales, enfrente de la terminal principal de autobuses). Desde Molina hay servicios frecuentes al parque en enero y febrero, y un servicio diario a Radal, 9 km antes del parque, el resto del año.

Turbus (☑600-660-6600; www.turbus.cl; esq. av. Manso de Velasco y Castillón) dispone de su propia terminal en el sureste de la ciudad. Desde ella ofrece servicios a Santiago (4000 CLP, 2½ h, 3 diarios) y Valparaíso (8000 CLP, 4½ h, diarios), y también al sur a Osorno (12 000 CLP, 10 h, 3 diarios), Puerto Montt (12 000 CLP, 12 h, 2 diarios) y Valdivia (12 000 CLP, 10 h, 2 diarios).

TREN

Los trenes de pasajeros de Tren Central entre Santiago y Chillán paran en la **estación de trenes** (☑600-585-5000; www.trencentral.cl; Maipú 657; ⏲taquilla 9.30-14.30 lu-vi, 9.00-13.00 sa, 12.30-20.30 do) de Curicó, cinco manzanas al oeste de la plaza de Armas por Prat, cerca de la estación de autobuses. Circulan tres trenes diarios a Santiago (8100 CLP, 2¼ h) y Chillán (9100 CLP, 2½ h).

dos. Las habitaciones más económicas tienen el baño fuera.

El Rincón Che   CHILENA $
(☑75-274-6003; Agromedo 249; platos principales 3500-10 000 CLP; ⏲12.00-16.00 diarios, 20.00-22.30 ju-sa) Un lugar tranquilo cerca de la plaza de Armas para almuerzos económicos y copiosas bandejas de carne a la parrilla los fines de semana por la noche.

⭐ **Restaurante Miguel Torres**   CHILENA $$$
(☑75-256-4100; www.migueltorres.cl; Panamericana Sur, km 195; platos principales 15 000-17 000 CLP; ⏲12.30-16.00 diarios, además 20.30-23.00 vi) Situado entre extensos viñedos, este exclusivo restaurante elabora versiones gastronómicas de clásicos chilenos. Con cada plato se recomienda el maridaje con un vino concreto; p. ej., cordero y quinua acompañados de Reserva de Pueblo. Está al sur de la ciudad, junto a la autopista 5.

Parque Nacional Radal Siete Tazas

La cuenca superior del río Claro marca el comienzo de una zona ecológica de transición entre la vegetación mediterránea del norte, más tolerante a la sequía, y los bosques húmedos de hoja perenne del sur. En este lugar, 78 km al sureste de Curicó por una estrecha carretera de grava, se extiende el Parque Nacional Radal Siete Tazas (☑71-222-4461; www.conaf.cl/parques/parque-nacional-radal-siete-tazas; adultos/niños 5000/1000 CLP; ⏲9.00-19.30 ene y feb, hasta 17.30 mar-dic).

El puesto principal de la Conaf se halla en el sector del parque Inglés, 11 km después de la entrada de Radal, pero hay dos interesantes paradas en el camino. El Velo de la

Novia es una cascada de 50 m de altura que se ve desde un pequeño mirador junto a la carretera a 2,6 km de Radal. A otros 4,4 km se halla el refugio forestal de la Conaf y el aparcamiento para acceder al sendero de 400 m a las Siete Tazas, siete imponentes piscinas talladas en el basalto negro por el río Claro. Desde este punto, otro breve camino lleva a un mirador con vistas al salto de la Leona, cascada de más de 50 m en una estrecha garganta.

Existen dos rutas de senderismo muy bien señalizadas desde el *camping* Los Robles, en el parque Inglés: el sendero El Coigüe, de 1 km y el sendero Los Chiquillanes, de 7 km, que ofrece estupendas vistas del valle del Indio. Hay que calcular unas 4 h de caminar para todo el trayecto. La primera parte pertenece al Sendero de Chile, que continúa hasta El Bolsón, donde hay un refugio, y al valle del Indio. Desde este lugar se puede caminar durante dos días (32 km) por el drenaje del río Claro hasta la Reserva Nacional Altos de Lircay (p. 123). La ruta no está señalizada y atraviesa terreno privado, por lo que se debe ir acompañado de un guía o conseguir información detallada de la Conaf y llevar un mapa topográfico, brújula y provisiones. Trekking Chile (℡71-197-0097; www.trekkingchile.com; Viña Andrea s/n; circuitos desde 45 000 CLP), con base en la cercana Talca, organiza salidas guiadas y cuenta con los mejores mapas de la región.

La Conaf gestiona dos *campings* en el sector del parque Inglés: 'Camping Rocas Basálticas' (℡75-222-8029; parque.radalsietetazas@conaf.cl; Parque Inglés; parcelas 3000 CLP/persona) y 'Camping Los Robles' (℡75-222-8029; parque.radalsietetazas@conaf.cl; parcelas 3000 CLP/persona). Ambos tienden a llenarse en verano.

ℹ Cómo llegar y salir

Durante enero y febrero Buses Hernández opera cuatro servicios desde la terminal de Molina al sector del parque Inglés de Radal (3000 CLP, 2½ h). De marzo a diciembre solo hay un autobús diario con Buses Radal a Radal (2500 CLP, 2 h, 17.00), 11 km colina abajo desde el Parque Inglés. Regresa a Molina a las 7.30.

Para ir en coche al **Parque Nacional Radal Siete Tazas** (p. 120), se toma la Panamericana al sur de Curicó y luego el desvío a Molina. Se deja Molina por la carretera asfaltada K-175, que pronto pasa a ser de grava. Desde aquí hay otros 39 km con baches hasta Radal, y 11 km más hasta el parque Inglés.

Valle del Maule

Esta región vinícola de gran importancia para Chile es la responsable de gran parte de la exportación de vinos del país. La especialidad es el cabernet sauvignon con cuerpo, aunque las auténticas estrellas son las botellas de uvas carignan y país de cepas antiguas.

Muchos visitantes utilizan Talca como base de operaciones para explorar las bodegas y la cercana Reserva Nacional Altos de Lircay. Pídase el folleto gratuito *Región del Maule* en Sernatur, en Talca, con mucha información sobre excursiones recomendadas, consejos y una guía de flora y fauna de la región.

🏃 Actividades

⭐ **Viña Gillmore** VINO
(℡73-197-5539; www.gillmore.cl; camino Constitución, km 20; incl. circuito 2 catas 6000 CLP, solo cata 2000 CLP; ⊙9.00-17.00 lu-sa) 🍴 Esta bodega-*boutique* está cambiando a un sistema ecológico. No solo se puede girar la copa y saborear su fantástico Vigno de carignan (Vigno es una denominación de origen chilena), ya que también cuenta con bonitos senderos, un *logde* de tema vinícola (h desde 140 000 CLP) y un *spa* de terapias basadas en el vino. No es necesario reservar para las catas.

Casa Donoso VINO
(℡71-234-1400; www.casadonoso.cl; camino a Palmira, fundo La Oriental, km 3,5; catas desde 6000 CLP, circuitos desde 15 000; ⊙9.00-18.30 lu-vi, 10.00-15.00 sa) Un viñedo gestionado de forma tradicional y dispuesto en torno a una finca colonial, esta bodega en el límite de Talca (los taxis cuestan unos 4500 CLP) ofrece grandes descuentos sobre las botellas. Se recomienda reservar para las catas y los circuitos, aunque no siempre es necesario.

Viña J Bouchon VINO
(℡73-197-2708; www.bouchonfamilywines.com; camino Constitución, km 30; circuitos solo con reserva 15 000 CLP; ⊙9.00-18.00 lu-vi) 🍴 Situada a 30 km de Constitución, esta bodega sostenible ofrece salidas a caballo (20 000 CLP), circuitos en bicicleta (15 000 CLP) y otras actividades al aire libre, todo ello con reserva (48 h de antelación). También cuenta con un bonito alojamiento (h desde 320 US$).

Viña Balduzzi VINO
(℡73-232-2138; www.balduzzi.com; av. Balmaceda 1189, San Javier; circuito incl. 4 catas 9000 CLP, cata solo 4500 CLP; ⊙9.00-18.00 lu-sa; 🚍San Javier

Directo) Una bodega de cuarta generación rodeada de espaciosos jardines y edificios coloniales bien conservados. A diferencia de muchas otras bodegas, no es necesario reservar. Es una de las pocas a las que se puede llegar en transporte público. Desde la terminal de autobuses de Talca, búsquese el que lleve el cartel "San Javier Directo" (900 CLP), que tiene parada cerca de la finca.

Vía Wines
VINO

(☎71-241-5500; www.viawines.com; fundo La Esperanza s/n, San Rafael; circuito incl. 3 catas desde 15 000 CLP; ☉circuitos solo con reserva 48 h antes) ✎ Una de las primeras bodegas chilenas sostenibles, produce deliciosos sauvignon blanc y syrah. Aunque no acoge a los visitantes tan bien como otras del valle del Maule, se puede reservar con antelación un circuito de 2 h muy bien organizado.

Ruta del Vino
CIRCUITOS

(www.valledelmaule.cl; Talca) En proceso de cambios cuando se redactó esta guía, acababa de abrir una oficina en Talca y de reemprender los circuitos enológicos regulares en el 2018.

🍴 Dónde comer

Viña Corral Victoria
CHILENA $$

(☎móvil 9-9279-4111; www.corralvictoria.cl; camino San Clemente, km 11; platos principales 5000-11 000 CLP; ☉11.00-17.00 ma-do, 18.00-24.00 ju-sa; 🅟) Más restaurante que bodega (aunque se realizan catas en la tienda de vinos por 4000 CLP), este lugar en el bosque 7 km al este de Talca ofrece la oportunidad de saborear una cena rural donde la atracción principal es la parrillada.

ℹ Cómo llegar y salir

La oficina de turismo de Talca opera autobuses de vez en cuando desde la plaza de Armas a viñedos de la zona por solo 1000 CLP. Véase la información actualizada en www.facebook.com/visitatalca.

Siempre es posible llegar a tres bodegas –Balduzzi, Casa Donoso y Corral Victoria– desde Talca en transporte público o con un taxi barato (4500-8000 CLP), pero se necesitará un coche para una exploración más a fondo del valle.

Talca

☎71 / 228 045 HAB.

Fundada en 1690, antaño fue considerada una de las principales ciudades del país; la Declaración de Independencia de Chile se firmó aquí en 1818. Hoy en día destaca, sobre todo, como base para explorar la Reserva Nacional Altos de Lircay y las bodegas del valle del Maule. Cuenta con una oferta aceptable de servicios y con espléndidas vistas de los Andes cuando se da un paseo por su calle peatonal. De todos modos, no hay motivo para quedarse mucho tiempo.

🛏 Dónde dormir y comer

Cabañas Stella Bordestero
CABAÑAS $

(☎71-235-545; www.turismostella.cl; 4 Poniente 1 Norte 1183; i/d cabaña incl. desayuno 30 000/48 000; ✳🛜🅿🏊) A cuatro manzanas de la plaza de Armas, estas cabañas de madera están rodeadas de un frondoso jardín con piscina, tumbonas y columpios. Disponen de camas sólidas, televisión por cable y pequeños porches donde relajarse con una copa de vino.

★ Casa Chueca
PENSIÓN $$

(☎71-197-0096; www.casa-chueca.com; Viña Andrea s/n, sector Alto Lircay; dc 13 500, d 49 000-75 000 CLP, cabañas 122 000 CLP; 🛜🏊) ✎ Los jardines sobre el río Lircay rodean las acogedoras cabañas y la pensión de este establecimiento de gestión austríaca. Está en la campiña a las afueras de Talca, y atrae a amantes de la naturaleza por méritos propios. Los propietarios pueden ayudar al viajero a planificar salidas de senderismo y a caballo en la cercana Reserva Nacional Altos de Lircay (p. 123) o más lejos.

También organizan catas de vinos y actividades para niños. Desde la terminal de Talca se puede tomar el microbús A de Taxutal a San Valentín hasta la última parada y caminar 1,9 km, pero es mucho más sencillo ir en taxi (5000 CLP).

Las Viejas Cochinas
CHILENA $

(☎71-222-1749; www.lasviejascochinas.cl; Rivera Poniente s/n; platos principales 4200-10 000 CLP; ☉12.00-24.00; 🅟) Es uno de los restaurantes más populares de Talca. Situado a las afueras de la ciudad, junto al río Claro, es enorme y ruidoso. Los adustos camareros tardan una eternidad en traer la especialidad de la casa, el pollo mariscal (pollo con brandy y marisco), pero merece la pena y es lo bastante grande para compartir. Para llegar hay que salir de la ciudad en dirección oeste por 4 Norte (av. O'Higgins), cruzar el puente del río Claro, quedarse a la derecha y luego seguir a la derecha en la bifurcación de la carretera.

La Buena Carne
CHILENA $

(esq. 6 Oriente y 1 Norte; platos principales 3500-7500 CLP; ☉12.00-23.00 lu-sa) Este asador acogedor y contemporáneo ofrece buen servicio atento, una ubicación céntrica y una carta de enormes bandejas de bistecs, vino por copas económico y platos típicos chilenos.

ⓘ Información

BancoEstado (1 Sur 971; ⊙9.00-14.00 lu-vi, cajero 24 h) Uno de los muchos cajeros en 1 Sur.

Hospital Regional (☑71-274-7000; www.hospi taldetalca.cl; 1 Norte 1951; ⊙24 h) Hospital público grande y concurrido.

Oficina de correos (☑800-267-736; 1 Oriente 1150; ⊙9.00-18.00 lu-vi, hasta 12.00 sa) En un gran edificio en la plaza de Armas.

Sernatur (☑71-222-6940; www.chile.travel; 1 Oriente 1150; ⊙8.30-17.30 lu-vi, horario más extenso dic-feb) Un personal muy profesional ofrece consejos sobre alojamiento y actividades, así como trucos para ahorrar dinero en Talca. Sernatur también opera autobuses desde la plaza de Armas a los viñedos de la zona por solo 1000 CLP. Véase la información actualizada en www.facebook.com/visitatalca.

ⓘ Cómo llegar y salir

AUTOBÚS

Casi todas las compañías utilizan la **terminal de buses de Talca** (☑71-220-3992; 2 Sur 1920, esq. 12 Oriente), 11 manzanas al este de la plaza de Armas. **Talca, París y Londres** (☑71-221-1010; www.busestalcaparisylondres.cl) tiene autobuses cada hora a Santiago, al igual que **Buses Linatal** (☑71-268-8765; www.linatal.cl), que también opera 14 autobuses diarios al sur hasta Concepción. **Buses Línea Azul** (www.bu seslineaazul.cl/destinos.php; 2 Sur 1920) tiene autobuses cada hora al sur hasta Chillán. **Buses Vilches** (☑móvil 9-5703-0436) fleta tres autobuses diarios a Vilches Alto, puerta de entrada a la Reserva Nacional Altos de Lircay.

Turbus (☑600-660-6600; www.turbus.cl; 3 Sur 1960), que utiliza una terminal independiente una manzana al sur de la principal, tiene autobuses cada hora a Santiago, tres salidas a Valparaíso y dos autobuses nocturnos al sur a Puerto Montt, que paran en Chillán, Los Ángeles, Temuco, Osorno y otras ciudades de la Panamericana. Otras compañías ofrecen servicios similares, como **Pullman del Sur** (☑2-2776-2424; www.pdelsur.cl; 2 Sur 1920, terminal de buses de Talca) y **Pullman Bus** (☑600-320-3200; www.pullman.cl; 2 Sur 1920, terminal de buses de Talca)

DESTINO	PRECIO (CLP)	HORAS
Chillán	4000	2½
Concepción	5500	3½
Osorno	12 000	8

DESTINO	PRECIO (CLP)	HORAS
Puerto Montt	14 000	12
Santiago	5000	3
Temuco	8000	6
Valparaíso/ Viña del Mar	9000	6
Vilches	1900	2

TREN

Desde la **estación de trenes** (☑600-585-5000; www.trencentral.cl; 11 Oriente 900; ⊙taquilla 7.00-12.00 y 15.00-20.00) de Tren Central parten tres trenes diarios a Santiago (8100 CLP, 3½ h) y al sur hasta Chillán (9100 CLP, 2 h). Véanse los horarios en la web.

Reserva Nacional Altos de Lircay

La gama de desafiantes excursiones de este bien organizado y fácilmente accesible **parque nacional** (☑móvil 9-9064-3369; www.conaf. cl/parques/reserva-nacional-altos-de-lircay; adultos/ niños 5000/1000 CLP; ⊙9.00-13.00 y 14.00-17.00) dejarán al viajero sin aliento, al igual que las fabulosas vistas. Abarca 121 km² con altas estepas andinas, lagunas y bosques caducifolios magníficos en otoño. También acoge pudúes, zorros de la Patagonia y gatos de la pampa, aunque no es fácil verlos.

🏃 Actividades

★**Circuito de los Cóndores**   EXCURSIONISMO
Las excursiones más largas por el parque incluyen el circuito de los Cóndores, de siete días, para el que se aconseja llevar mapas topográficos o contratar un guía. Otra opción del mismo estilo es la ruta circular por el drenaje del río Claro que sale al Parque Nacional Radal Siete Tazas (p. 120).

Sendero Enladrillado   EXCURSIONISMO
Se dice que la mejor excursión de toda la zona central de Chile es el sendero El Enladrillado, que lleva hasta la cima de una meseta de basalto a 2300 m de altitud. El trayecto comienza con un trecho de 2 h a lo largo del Sendero de Chile; luego, una bifurcación señalizada a la derecha sube por densos bosques durante 1 hora antes de nivelarse. Al final, se sale a la plataforma plana de El Enladrillado. Al oeste se ve el cráter plano del **volcán Descabezado** y, a su lado, el agudo pico del cerro Azul. La excursión dura unas 4 h de subida y 3 de bajada. Hay dos o tres fuentes potables

antes de que el sendero abandone la zona de vegetación, pero aun así conviene llevar toda el agua que sea posible.

Mirador del valle del Venado EXCURSIONISMO

Hay una excursión más suave, de 9 km (unas 3 h, que sigue el Sendero de Chile y lleva desde la administración hasta el mirador del valle del Venado, con vistas sobre el volcán Descabezado y el valle del río Claro.

Sendero Laguna del Alto EXCURSIONISMO

Este sendero de 9 km sigue el Sendero de Chile durante 1 h antes de torcer a la derecha por un tramo empinado que se recorre en 3 h y va hasta la preciosa laguna del Alto, lago rodeado de montañas a 2000 m sobre el nivel del mar. Hay que calcular 3 h de ida y otras 3 de vuelta; también se puede seguir 2 h más por un sendero, dirección noroeste, que lleva hasta El Enladrillado.

Circuitos

Trekking Chile CIRCUITOS

(☏71-197-0096; www.trekkingchile.com; Viña Andrea s/n, Talca; circuitos guiados sobre 33 000 CLP/día) Circuitos estupendos organizados por un experto excursionista austríaco con base en Casa Chueca (p. 122), en Talca. Trekking Chile organiza también circuitos de 10 días desde Constitución (en la costa) a Altos de Lircay y a través de los Andes hasta la Patagonia argentina con bicicletas eléctricas. Una versión de un día con bicicleta eléctrica a la laguna del Maule cuesta 45 000 CLP.

Costa y Cumbre Tours CIRCUITOS

(☏móvil 9-9943-5766; www.costaycumbretours.cl; circuitos desde 33 000 CLP) Proporciona equipo de acampada, organiza salidas a caballo y ofrece excelentes excursiones guiadas por los senderos más exigentes del parque.

Dónde dormir

Hostería de Vilches CABAÑA $

(☏móvil 9-9826-7046; www.hosteriadevilches.cl; camino Vilches Alto, km 22; cabañas 2 personas desde 50 000 CLP; ▣) ✦ Una opción fuera del parque que permite mantener el contacto con la naturaleza, con encantadoras cabañas que dan a jardines y a un par de piscinas. Su sabrosa cocina casera (cena 8500 CLP), su ambiente tranquilo y la tentadora bañera caliente son un regalo del cielo tras un arduo día de excursión por la zona.

Camping Antahuara CAMPING $

(☏móvil 9-9064-3369; parcelas 3000 CLP/persona) La Conaf opera en este excelente *camping* en el bosque unos 800 m después de la administración. Se puede llegar en automóvil y tiene electricidad, agua caliente, retretes y cubos de basura. Hay dos *campings* primitivos (zonas de acampada con duchas de agua fría y lavabos), que se hallan respectivamente a 3 y 8 al este de la administración por el Sendero de Chile.

ⓘ Información

Centro de Información Ambiental (camino Vilches Alto, km 24; ⊙8.30-13.00 y 14.00-15.30) Unos 2 km antes de la entrada del parque, este centro de información gestionado por la Conaf tiene muestras sobre la naturaleza y la historia cultural de la zona, donde ha habido cuatro ocupaciones indígenas consecutivas.

ⓘ Cómo llegar y salir

Buses Vilches va desde la **terminal de buses de Talca** (p. 123) a Vilches Alto (1900 CLP, 2 h), un grupo de casas dispersas unos 2 km más abajo del Centro de Información Ambiental y a 5 km de la administración de la Reserva Nacional Altos de Lircay. Salen autobuses diarios de Talca a las 7.15, 12.00 y 16.50 de marzo a diciembre, y siete servicios diarios en enero y febrero. El último autobús de regreso a Talca parte a las 17.10.

Chillán

🖉 42 / 180 197 HAB.

Los terremotos se han cebado con Chillán a lo largo de su turbulenta historia; y el terremoto del 2010 no fue una excepción. Aunque esta ciudad siempre en reconstrucción no es muy interesante, resulta agradable por su verdor y constituye la puerta de entrada a algunos de los paisajes más encantadores de Chile central, además de ofrecer opciones maravillosas para esquiar y excursiones en verano en las montañas cercanas.

◉ Puntos de interés

Mercado de Chillán MERCADO

(Maipón 773; menú almuerzo desde 2500 CLP; ⊙7.30-20.00 lu-vi, hasta 18.00 sa, hasta 15.00 do) El mercado principal de la ciudad está dividido en dos secciones, una a cada lado de Maipón, entre Isabel Riquelme y 5 de Abril. Es ideal para comprar la famosa longaniza de Chillán.

Escuela México MONUMENTO

(av. O'Higgins 250; se admiten donativos; ⊙10.00-12.30 y 15.00-18.00 lu-vi) En respuesta a la destrucción que causó el terremoto de 1939, el Gobierno mexicano donó la Escuela México a Chillán. A petición de Pablo Neruda, los muralistas mexicanos David Alfaro Siqueiros y Xavier Guerrero decoraron respectivamente la biblioteca y la escalera con murales de fuerte simbolismo.

🛏 Dónde dormir y comer

Hotel Canadá
PENSIÓN **$**

(☏42-232-9481; www.hotelcanada.cl; Bulnes 240; i/d 30 000/40 000 CLP; ⓟ🅿🛜) Una hilera de ocho habitaciones limpias y confortables apartadas de la carretera, en un tranquilo jardín.

Hotel Las Terrazas Express
HOTEL **$$**

(☏42-243-7000; Constitución 663; i/d incl. desayuno 53 000/60 000 CLP; @🛜) Las habitaciones son un poco estrechas, pero este hotel de negocios es la opción ideal para viajeros que busquen comodidad en la ciudad. El vestíbulo y el café de la planta baja son abiertos y amplios, y también hay varias zonas *lounge*.

★ Fuego Divino
ASADOR **$$**

(☏42-243-0900; www.fuegodivino.cl; Gamero 980; platos principales 8000-15 000 CLP; ⊗12.30-15.30 y 19.30-22.30 ma-ju, hasta 24.00 vi y sa) Los fines de semana no queda ni una de sus relucientes mesas negras libres, quizá porque en Chillán escasean los restaurantes elegantes. O tal vez por su deliciosa ternera de Osorno asada con maestría.

🛍 De compras

Feria de Chillán
MERCADO

(plaza Sargento Aldea; ⊗8.00-19.00 lu-sa, hasta 15.00 do) Ofrece una buena selección de artesanía. Cabe destacar la cerámica del cercano valle de Quinchamalí, pero también se vende cuero sin curtir, marroquinería, cestería, tejidos y los típicos sombreros de paja o chupallas.

ⓘ Información

BancoEstado (Constitución 500; ⊗9.00-14.00 lu-vi) Cajero.

Sernatur (www.biobioestuyo.cl; 18 de Septiembre 455; ⊗9.00-14.00 y 15.00-18.00 lu-vi, 10.00-14.00 sa) Un personal amable proporciona planos de la ciudad e información sobre alojamiento y transporte.

ⓘ Cómo llegar y salir

AUTOBÚS

Chillán tiene dos estaciones de autobuses de largo recorrido. La más céntrica es la **terminal del centro** (av. Brasil 560), cinco manzanas al oeste de la plaza de Armas en la esquina de la

av. Brasil y la av. Constitución. Desde esta, **Línea Azul** (www.buseslineaazul.cl/destinos.php) opera servicios regulares a Santiago, así como a Los Ángeles (6 diarios), Angol (4 diarios) y Concepción (cada 20 min).

Todas las demás empresas de larga distancia utilizan la **terminal María Teresa** (O'Higgins 010), al norte de la av. Ecuador. Estas incluyen **Turbus** (☏600-660-6600; www.turbus.cl), con servicios a Santiago (cada hora), algunos de los cuales paran en Talca y otras ciudades de la Panamericana. Turbus viaja también a Valparaíso y al sur hasta Temuco, Osorno, Valdivia y Puerto Montt (4 diarios). **Buses Jac** (www.jac.cl) y **Condor** (www.condorbus.cl) circulan de forma parecida a Puerto Montt. **Pullman Bus** (☏600-320-3200; www.pullmanbus.cl) realiza trayectos diarios al salto del Laja y tiene servicios directos a Los Ángeles (6 diarios). También viaja al norte hasta Calama, Antofagasta y Arica (10 diarios), y al sur hasta Puerto Montt (6 diarios). **Sol del Pacífico** (www.soldelpacifico.cl) va a Santiago, Viña y Valparaíso.

Los servicios locales y regionales salen de la **terminal de buses rurales** (terminal Paseo La Merced; Maipón 890). **Rembus** (☏42-222-9377; www.busesrembus.cl; Maipón 890) viaja a Valle Las Trancas (10 diarios); los autobuses de las 7.50 y las 13.20 continúan hasta Valle Hermoso. **Vía Itata** (www.busesviaitata.cl; Maipón 890, terminal de buses rurales) es una de las varias empresas que operan rutas a Ninhue (5 diarios) y Cobquecura (2 diarios), que continúan hasta la localidad surfista de Buchupureo.

DESTINO	PRECIO (CLP)	HORAS
Angol	5000	3
Cobquecura	2300	2¾
Concepción	3000	2
Los Ángeles	3000	1½
Osorno	10 100	8
Puerto Montt	11 200	9
Quirihue	1600	1½
Santiago	8000	6
Talca	4000	3
Temuco	8000	5
Termas de Chillán	3000	2
Valdivia	12 000	6
Valparaíso	10 000	8
Valle Las Trancas	2000	1½

AUTOMÓVIL

Contar con un automóvil posibilita el acceso a muchos parques nacionales o hacer excursiones de un día por la montaña hasta Termas de Chillán. Se aconseja **EcaRent** (☏móvil 9-8501-

Chillán

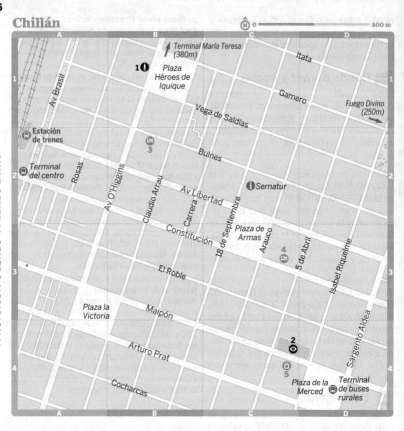

2059; www.ecarent.cl; esq. av. Brasil y Libertad, estación de tren; ☺9.30-14.00 y 16.00-18.30). Las tarifas empiezan a partir de 27 000 CLP/día. Si hay nieve en las carreteras de montaña habrá que alquilar también cadenas.

TREN

La línea de Tren Central va de la **estación de trenes** (📞600-585-5000; www.trencentral.cl; esq. av. Brasil y Libertad; ☺taquilla 11.00-20.00 lu-vi, desde 12.00 sa, desde 10.00 do) a Santiago (8100 CLP, 4½ h, 3 diarios), y para de camino en Talca (5300 CLP, 1¾ h), Curicó (5300 CLP, 2½ h) y Rancagua (8100 CLP, 3½ h), entre otros lugares. Véanse los horarios en la web.

Termas de Chillán y Valle Las Trancas

Desde Chillán, una tortuosa carretera sube 80 km por las montañas hasta llegar a Valle Las Trancas y a Termas de Chillán. Los aficionados a la nieve abarrotan sus cuestas en invierno y los embotellamientos son frecuentes en la cima. El tráfico es menos intenso el resto del año, cuando los valles se vuelven de un verde delicioso y son un lugar perfecto para el senderismo, la escalada, las rutas a caballo o para pasear disfrutando de las vistas. A pesar de los excursionistas y ciclistas de montaña que surgen los fines de semana estivales, el lugar está casi desierto entre semana en verano. Cabe destacar que no hay muchos cajeros automáticos, así que es mejor traer dinero en efectivo de Chillán.

◉ Puntos de interés

Cueva de los Pincheira
CUEVA

(Ruta 55, camino Termas de Chillán, km 61; adultos/niños 3000/2000 CLP; ⊙9.30-18.30; 🚻) De camino al centro vacacional, esta atracción junto a la carretera invita a visitar una cueva poco profunda y una cascada, y a descubrir las correrías de los hermanos Pincheira, unos forajidos que se escondían en esta zona. En temporada alta hay representaciones históricas.

Observatorio
OBSERVATORIO

(www.milodge.com; MI Lodge, camino a Shangri-La, km 2; circuitos nocturnos 12 000 CLP; ⊙con cita previa; 🚻) Las noches despejadas de verano el MI Lodge (p. 128) lleva un astrónomo a su observatorio para que ofrezca charlas sobre las estrellas, durante las cuales se puede rastrear el cielo con un telescopio Dobson.

🏃 Actividades

Nevados de Chillán Ski Center
ESQUÍ

(📞42-220-6100; www.nevadosdechillan.com; camino Termas de Chillán, km 85; forfait 1 día adultos/niños 41 000/35 000 CLP) Las laderas meridionales del volcán Chillán, de 3122 m, son el imponente escenario de esta meca del esquí. Muchas de sus 40 pistas atraviesan los bosques, lo que no es muy común en las estaciones de esquí chilenas.

También hay varias opciones para esquiadores novatos y experimentados, así como la pista más extensa de América del Sur (Las Tres Marías, de 13 km), el telesilla más largo y ofertas para divertirse fuera de pista. Además, en el 2008 se añadieron un parque de nieve y un *bike park* estival (10 000 CLP, 9.00-17.00 nov-mar). La temporada suele durar de mediados de junio a finales de septiembre. A principios de septiembre es una de las mejores épocas para visitar la estación: la nieve es estupenda, las pistas están vacías y hay descuento en los pases. En verano hay senderismo, paseos a caballo, escalada, barranquismo y alquiler de bicicletas; consúltese la web para ver la oferta completa. Si el dinero no es un impedimento, es buena idea alojarse en la estación, en el Hotel Nevados de Chillán (p. 128), que tiene una piscina termal al aire libre rodeada de nieve.

Valle Hermoso
AIRE LIBRE

(www.nevadosdechillan.com; camino Termas de Chillán, km 83; baños termales adultos/niños 8000/6000 CLP, parcelas hasta 5 personas 30 000 CLP; ⊙baños termales 9.00-17.00 abr-nov, hasta 21.00 dic-mar) Un desvío a medio camino entre Valle Las Trancas y la estación de esquí conduce a esta frondosa zona recreativa. Casi todo el mundo acude por las **fuentes termales** al aire libre, abiertas todo el año. Las tirolinas (10 000 CLP) y las salidas a caballo (desde 5000 CLP) proporcionan más actividades en verano, cuando se puede pernoctar en el pequeño *camping*.

MI Lodge Spa
SPA

(📞móvil 9-9321-7567; www.milodge.com; MI Lodge, camino a Shangri-La, km 2; piscina 9500 CLP, piscina y masaje 28 500 CLP; ⊙11.00-20.00) Este sencillo *spa*, construido totalmente de madera, se halla en los terrenos del MI Lodge y está abierto al público. Ofrece piscinas cubiertas y descubiertas, un *jacuzzi* y masajes.

Rukapali Adventours
AIRE LIBRE

(📞móvil 9-8920-4429; www.rukapali.com; circuitos desde 15 000 CLP) Excursionismo, ciclismo de montaña y escalada en roca en Valle Las Trancas y en el cercano Parque Nacional Laguna del Laja.

Ecoparque Shangri-La
DEPORTES DE AVENTURA

(📞móvil 9-5730-0095; www.facebook.com/ecoparqueshangrila; camino Shangri-La, km 3; adultos/niños 15 000/12 000 CLP; ⊙9.00-17.30 diarios dic-feb, vi-do solo mar-nov; 🚻) Un buen circuito para adultos por las copas de los árboles con 25 tirolinas. La ruta infantil de tirolinas está a solo a 4,5 m del suelo.

🛏️ Dónde dormir y comer

El alojamiento de montaña se divide en dos zonas: los hoteles elegantes de Termas de Chillán, en lo alto de la carretera, junto a las pistas; y a los pies de la montaña, en Valle Las Trancas, cabañas, hostales y *lodges* de precios mucho más bajos. En temporada baja se ofrecen interesantes descuentos.

Chil'in Hostel y Restaurante
ALBERGUE $

(📞móvil 9-9368-2247; www.chil-in.com; camino Termas de Chillán, km 72; dc/d sin baño 10 500/32 000 CLP; 🛜🐾) Sorprendente albergue de estilo refugio de montaña con un acogedor salón-bar y mucha camaradería. Las habitaciones son sencillas pero limpias, y algunas tienen altillo para ofrecer más plazas. También hay una pizzería contigua siempre llena y un bloque de habitaciones privadas cerca.

★ **Ecobox Andino** HOTEL-BOUTIQUE **$$**

(☑42-242-3134; www.ecoboxandino.cl; camino a Shangri-La, km 0,2; cabañas 2-5 personas 40 000-130 000 CLP, d incl. desayuno 40 000-80 000 CLP; 🛜🍴) ✔ Ofrece algunas de las cabañas más modernas y singulares de Chile central. Fabricadas con antiguos contenedores de mercancías, tienen una decoración impecable. Están enganchados (al estilo Lego) para crear cabañas extraordinarias con exteriores *art déco* e interiores contemporáneos.

El arbolado jardín está atravesado por caminos de madera que conducen a la piscina. Hay un refugio independiente con siete habitaciones, con baños privados, que dan a una cocina y una sala de estar comunitarias.

Hotel Nevados
de Chillán CENTRO VACACIONAL **$$$**

(☑42-220-6100; www.nevadosdechillan.com; camino Termas de Chillán, km 85; h por persona incl. desayuno y forfait desde 95 000 CLP; ☺cerrado dic; 🍴) Con habitaciones modernas, acceso a una piscina climatizada y muchas otras actividades entre las que elegir, es una gran opción en temporada de esquí.

MI Lodge CABAÑA **$$$**

(☑móvil 9-9321-7567; www.milodge.com; camino a Shangri-La, km 2; h por persona incl. desayuno 30 000-45 000 CLP; 🛜🍴) Este *lodge* tiene mucho que ofrecer: mobiliario rústico y una chimenea que crepita en medio de un restaurante francés de cristal y madera, especializado en crepes y abierto al público. Las habitaciones son oscuras y antiguas, pero disponen de mucho espacio y colchones gruesos. Conviene pedir una habitación con vistas.

Snow Pub COMIDA DE PUB **$**

(☑42-221-3910; camino Termas de Chillán, km 71; platos principales 5000-7000 CLP; ☺13.00-hasta tarde lu-sa, hasta 20.00 do) Toda una institución en el valle desde hace años; tiende a llenarse en temporada alta. Además de bebida, sirve deliciosas *pizzas,* ñoquis y sándwiches.

❶ Cómo llegar y salir

Desde la terminal de buses rurales de Chillán, **Rembus** (p. 125) ofrece al menos 10 salidas diarias a Valle Las Trancas (2000 CLP, 1½ h); los servicios de las 7.50 y las 13.20 continúan hasta Valle Hermoso. Desde la terminal sur de Santiago parte un único servicio directo a Valle Las Trancas (14 000 CLP, 7 h, 14.50 diario) con **Buses Nilahue** (☑2-2776-1139; www.nilahue. com). En invierno hay ocho lanzaderas diarias desde Valle Las Trancas que suben a la estación de esquí (1600 CLP).

Pueblos costeros

Las apartadas poblaciones costeras al noroeste de Chillán cuentan con una serie de playas bastante vírgenes en un entorno rural. La zona es perfecta para pasear tranquilamente por la arena y hacer surf.

Cobquecura

Esta pequeña población con casas pintorescas y paredes de pizarra de la zona (algunas se derrumbaron en el terremoto del 2010), atesora una playa larga y ancha con grandes olas que atraen a surfistas de todo el mundo. Una formación rocosa a unos 50 m de la costa, conocida como La Lobería, es el hogar de una colonia de leones marinos.

Si se sigue la carretera de la costa 5 km hacia el norte y se vuelve a la playa se llegará a la exquisita iglesia de Piedra, un enorme monolito con grandes cavernas abiertas al mar. La playa más segura para nadar, playa Rinconada, se encuentra 5 km al sur de la localidad.

🛏 Dónde dormir y comer

Ruka Antu Eco Lodge HOTEL-BOUTIQUE **$$$**

(www.rukaantu.cl; playa Rinconada s/n; h 55 000 CLP/persona; P🛜🍴) Sus ocho habitaciones elegantes (pero escuetas) dan a las violentas olas y al césped lleno de hamacas. Los paquetes con todo incluido (75 000 CLP/persona) ofrecen el desayuno y la cena en el restaurante acristalado, excursiones guiadas o clases de surf de remo, y una salida a la sauna y los *jacuzzis* privados.

Hay que reservar con antelación el traslado desde la parada de autobús de Cobquecura al hotel, que se halla 5 km al sur por playa Rinconada (5000 CLP).

Los Copihues CAFÉ **$**

(☑42-197-1360; Independencia 635; sándwiches y pasteles 1000-2500 CLP; ☺10.00-19.00 diarios, hasta 21.00 ene y feb; 🛜) Es uno de los favoritos de la zona por sus desayunos, sándwiches y pasteles caseros (se aconseja el de papaya) a precios irrisorios. Ideal para sentarse en una mesa del jardín interior, sorber café y disfrutar del amable servicio.

Caleta de Pescadores PESCADO **$**

(playa Rinconada; tentempiés 2000-2500 CLP; ☺10.00-18.00) Estos simples puestos de playa Rinconada, 5 km al sur de la población, venden cangrejos, piures (un tunicado carnoso) y navajuelas acabados de capturar.

ℹ Cómo llegar y salir

Desde la terminal de buses rurales de Chillán, **Via Itata** (www.busesviaitata.cl) fleta dos autobuses diarios a Cobquecura (2500 CLP, 3 h) que salen a las 7.40 y las 11.00. Hay salidas más frecuentes en verano y en fin de semana. **Magabus** opera cuatro autobuses diarios desde Concepción (4500 CLP) que pasan por Cobquecura y la conectan con Buchupureo y Pullay. **Nilahue** (☏2-2776-1139; www.nilahue.com) ofrece un autobús directo desde la terminal sur de Santiago a Cobquecura (10 000 CLP, 7 h). Solo hay una salida diaria entre abril y noviembre, y dos diarias de diciembre a marzo.

Buchupureo

Apacible y mágica aldea agrícola 13 km al norte de Cobquecura. Está rodeada por empinadas cuestas frondosas, lo cual le da un aspecto casi tropical. A pesar de atraer el interés de turistas y surfistas, tiene un ritmo de vida lento: las carretas tiradas por bueyes siguen siendo habituales. También es un famoso enclave de pesca, parece que las corvinas pican siempre.

Dunas y matorral separan la desolada playa de arena negra de la carretera principal, que corre paralela a la orilla antes de dar la vuelta por el pequeño centro de la aldea y hacia la playa. Hay un par de pistas de madera que llevan del asfalto a la arena.

🛏 Dónde dormir y comer

Complejo Turístico Ayekán　　CABAÑA **$**
(☏móvil 9-9988-5986; www.turismoayekan.cl; Guillermo Cox s/n; parcelas 15 000 CLP, cabañas 2/4 personas 35 000/65 000 CLP; 🅿) Una estupenda explanada al final de un camino rodeado de eucaliptos y cerca de la playa, con espacio para 20 tiendas. Un restaurante circular sirve platos chilenos y peruanos (platos principales 5000-15 000 CLP), y las cabañas disponen de cocina y mobiliario de madera. Desde el porche se oyen las olas.

★ Parque Las Nalkas　　CENTRO VACACIONAL **$$$**
(☏móvil 9-7779-8469; www.parquelasnalkas.cl; Talcamavida s/n; cabañas 2/5/8 personas 95 000/145 000/180 000 CLP; 🅿🅿) Este asombroso complejo de tres casas que desafían la gravedad y cabañas acogedoras se encuentra a 5 km de la playa en una reserva forestal de 22 Ha. Unas pasarelas llevan de una cabaña llena de obras de arte a otra, pasan por una tranquila piscina y por un original parque infantil hasta llegar a unos miradores (con tres balancines) en lo alto de las colinas.

Incluso si uno no se aloja en este complejo, merece la pena ir a recorrer sus senderos (entrada 3000 CLP/persona) o a comer pescado y marisco o *pizzas* en el muy recomendable Gaba Restaurant. Un taxi desde el centro de Buchupureo cuesta unos 3000 CLP.

La Joya del Mar　　B&B **$$$**
(☏42-197-1733, www.lajoyadelmar.com; camino Buchupureo, km 8,5; villas 2/5 personas incl. desayuno 115 000/150 000 CLP; 🛜🅿) Un sitio romántico regentado por una familia californiana. Las plantas tropicales cuelgan de las terrazas y la piscina parece confundirse con el mar. El buen ambiente inunda el amplio y acristalado restaurante que sirve comida de proximidad (platos principales 9000-11 000 CLP, abierto 12.00-22.00). Las tres villas tienen entre 2 y 5 plazas cada una.

El Puerto　　PESCADO **$**
(☏móvil 9-9161-2315; www.elpuertobuchupureo.cl; playa La Boca s/n; platos principales 5000-7000 CLP; ⏱9.00-2.00 ene y feb, 12.00-24.00 mar-dic) Este veterano local con una plataforma soleada con vistas al mar sirve platos de pescado y marisco a buen precio y cócteles potentes. Las cabañas sencillas (pero muy correctas) flanquean la colina por encima del restaurante y ofrecen vistas preciosas a precios de ganga (cabañas para cuatro personas 35 000 CLP).

★ El Chiringuito de Pullay　　PESCADO **$$**
(☏móvil 9-9185-0344; www.facebook.com/elchiringuitodepullay; playa Pullay s/n, Pullay; platos principales 6000-8000 CLP; ⏱12.00-20.00 dic-mar, fines de semana solo sep-nov y abr; 🅿) Este restaurante de playa sencillo con coloridos muebles de madera sirve productos frescos de temporada procedentes de granjeros y pescadores locales. Se puede acampar junto al restaurante (si no importa que las duchas sean de agua fría; parcela por persona 5000 CLP) o tomar clases de surf (20 000 CLP; solo previa reserva).

ℹ Cómo llegar y salir

Desde la terminal de buses rurales de Chillán, **Via Itata** (www.busesviaitata.cl) fleta al menos un autobús diario a Buchupureo (2500 CLP, 3 h) que sale a las 7.40. Hay salidas más frecuentes en verano y los fines de semana. **Magabus** tiene cuatro autobuses diarios desde Concepción (4500 CLP) que pasan por Cobquecura y la conectan con Buchupureo y Pullay. **Nilahue** opera un autobús directo desde la terminal sur de Santiago a Cobquecura (10 000 CLP, 7 h). Solo hay una salida entre abril y noviembre, y dos de diciembre a marzo. Los autobuses en temporada alta van automáticamente hasta Buchupureo, pero se puede pedir al conductor con antelación que pare allí en otros momentos del año.

Concepción

📍 41 / 229 000 HAB. / 12 M ALT.

Concepción es una importante y trabajadora ciudad portuaria muy conocida por sus universidades y su panorama musical (muchas de las grandes bandas de *rock* chilenas empezaron aquí). Hay algunas plazas y museos interesantes, y un vibrante panorama artístico, cultural y musical. La ciudad se extiende por la orilla norte del río Biobío, la única vía fluvial navegable importante de Chile, a unos 10 km de la desembocadura. Es una gran urbe en continuo crecimiento, con unos 950 000 habitantes en toda la zona metropolitana. 'Conce,' como la llaman los lugareños, también quedó muy dañada por el terremoto de febrero del 2010, y además, tras el caos, sufrió saqueos y pillaje. Pero su gran peso económico ha hecho que se reconstruya rápidamente.

⊙ Puntos de interés

La Casa del Arte   MUSEO
(📍 41-220-3835; http://extension.udec.cl/pinaco teca; esq. av. Chacabuco y Paicaví, Barrio Universitario; ☉ 10.00-18.00 ma-vi, 11.00-17.00 sa, 11.00-14.00 do) GRATIS El enorme mural *La presencia de América Latina* es la principal atracción del museo universitario La Casa del Arte. Su autor fue el artista mexicano Jorge González Camarena, discípulo del muralista José Clemente Orozco, y celebra la independencia de los pueblos de Latinoamérica del poder colonial. Para más arte con un enfoque social se puede pasear por el campus y contemplar los murales públicos que cubren casi todas las paredes.

Parque Ecuador   PARQUE
(av. Lamas) Parque Ecuador es una estrecha extensión de vegetación muy bien conservada al pie del cerro Caracol. Subiendo por las dos carreteras que llevan a este, y que son la continuación de las calles Caupolicán y Tucapel, se llega a un mirador con impresionantes vistas sobre la ciudad.

🛏 Dónde dormir

Hostal B&B Concepción   PENSIÓN $
(📍 41-318-9308; www.hostalboutiqueconcepcion. com; Ongolmo 62; i/d/tr incl. desayuno 20 000/ 33 500/41 000 CLP; 🅿🛜) Ofrece habitaciones

limpísimas con camas cómodas en una ubicación privilegiada cerca de la plaza Perú. Se agradecería que el desayuno fuera más generoso, ya que los pasteles y el café de su cafetería son deliciosos.

Hotel Alborada   HOTEL-BOUTIQUE $$
(📍 41-291-1121; www.hotelalborada.cl; Barros Arana 457; d incl. desayuno desde 56 000 CLP; 🅿🛜) Una nueva opción elegante, céntrica y minimalista que se suma a la oferta hotelera de Concepción. Los espacios comunes son más refinados que las habitaciones, que son espaciosas y cómodas, aunque estándar.

🍴 Dónde comer

Deli House   INTERNACIONAL $
(www.delihouse.cl; av. Diagonal Pedro Aguirre Cerda 1234; platos principales 3500-6500 CLP; ☉ 9.30-23.30 lu-vi, desde 12.00 sa, 12.30-16.30 do; 🛜) Sus mesas exteriores son un lugar tranquilo donde tomar café, empanadas, *pizzas* gastronómicas o disfrutar de la *happy hour* mientras se contempla la bohemia universitaria.

Café Rometsch   CAFÉ $
(📍 41-274-7046; Barros Arana 685; platos principales 3500-7000; ☉ 9.00-20.00) Sirve pasteles y helados deliciosos, ensaladas y sándwiches generosos y dispone de elegantes mesas bordeando la plaza.

★ Lo que más quiero   CHILENA $$
(📍 41-213-4938; Lincoyán 60; platos principales 6000-11 000 CLP; ☉ 11.00-15.00 y 18.30-24.00 lu-vi) El mejor restaurante de Conce es tan campechano como la propia ciudad, con una estética silvestre caprichosa y un jardín secreto en la parte trasera. La carta incluye una extensísima carta de ensaladas, además de innovadores platos principales de carne, sándwiches deliciosos y zumos recién hechos. Reserva imprescindible.

Fina Estampa   PERUANA $$
(📍 41-222-1708; www.facebook.com/finaestampa-concepcion; Angol 298; platos principales 8000-10 000 CLP; ☉ 12.30-24.00 lu-sa, hasta 16.00 do) Establecimiento peruano elegante y tradicional, como muestran sus manteles almidonados, sus servilletas dobladas a la perfección y sus atentos camareros con pajarita. Los cebiches, el ají de gallina y otros clásicos están muy bien preparados, así como el pescado de temporada a la parrilla.

CIRCUITO MINERO DE LOTA

El crecimiento industrial y económico de Concepción debe mucho a los grandes yacimientos submarinos de carbón que se descubrieron al sur de esta ciudad, a lo largo de la que se llamó la "costa del Carbón". Cuando en 1997 las minas se cerraron, la población de Lota empobreció y llegó a albergar una de las concentraciones de chabolas más pobres del país. Sin embargo, ha sabido reinventarse como destino turístico, y es una apetecible excursión de medio día desde Concepción.

La principal atracción es la **mina Chiflón del Diablo** (✆41-287-0917; www.lotasorprendente.cl; Antonio Ríos 1; 45 min circuitos 7500 CLP, paquete turístico Lota completo con entrada a mina, parque y museo histórico 8000 CLP; ⊙circuitos 10.30-16.30), una mina bajo el mar con ventilación natural que funcionó de 1852 a 1976. Los antiguos mineros son hoy guías de unos circuitos bien organizados de 45 min, que conducen al visitante por túneles y galerías, hasta una veta de carbón a unos 50 m bajo el mar.

Antes de descender en el traqueteante ascensor hay que equiparse con ropa de seguridad. Otra posible visita es el pueblo minero, cuidadosa reconstrucción de las viviendas típicas de los trabajadores que se edificó para el rodaje de la película chilena *Sub Terra* (2003).

Carretera abajo, el **Parque Botánico Isidora Cousiño** (✆41-287-1022; www.lotasorprendente.cl; El Parque 21; adultos/niños 2500/1700 CLP; ⊙10.30-18.00) tiene cuidados parterres de flores, pequeños estanques y un tramo de bosque silvestre que lleva a un faro en una punta de tierra que sobresale dentro del mar.

Para llegar a Lota desde Concepción hay que tomar un autobús con el letrero "Coronel-Lota" (800 CLP, 1 h, cada 15 min). Se debe pedir al conductor que pare en la iglesia parroquial, y luego seguir las indicaciones cuesta abajo hasta la mina.

🍷 Dónde beber y vida nocturna

★ Casa de Salud   BAR
(http://casadesalud.cl; Brasil 574; entrada puede variar; ⊙21.30-4.00 mi-sa) Una experiencia multisensorial para mente, cuerpo y alma, este espacio laberíntico desdibuja los límites entre bar, club, sala de conciertos, galería de arte y centro cultural. Hay que conocer este local.

Tostaduría de Café Coyoacán   CAFÉ
(✆móvil 9-8739-1054; www.tostaduriacoyoacan.cl; av. Chacabuco 1111; ⊙9.00-19.30 lu-vi, 11.00-2.30 sa; 📶) Este acogedor café junto a la Universidad de Concepción tuesta los granos; no hay otro lugar en la ciudad donde beber un café más sabroso.

ℹ Información

BancoEstado (O'Higgins 486; ⊙9.00-14.00 lu-vi) Uno de los muchos bancos con cajero automático cerca de la plaza Independencia.

Conaf (✆41-262-4046; www.conaf.cl; Rengo 345; ⊙8.30-16.30 lu-ju, hasta 15.30 vi) Información limitada sobre parques nacionales y reservas.

Hospital Regional (✆41-272-2500; esq. San Martín y av. Roosevelt; ⊙24 h) Hospital público.

Oficina de correos (esq. O'Higgins y Colo Colo; ⊙9.00-19.00 lu-vi, 9.30-13.00 sa) Céntrica.

Sernatur (✆41-274-1337; www.biobioestuyo.cl; Pinto 460; ⊙9.00-20.00 lu-vi, hasta 16.00 sa ene y feb, 8.30-13.00 y 15.00-18.00 lu-vi mar-dic) En la plaza Independencia, facilita información y folletos sobre la región.

ℹ Cómo llegar y salir

AUTOBÚS

Concepción tiene dos terminales de autobuses interurbanos. La mayor parte de las compañías utilizan la **terminal de buses Collao** (Tegualda 860), 3 km al este del centro. Fuera de la terminal se puede tomar un taxi a la ciudad.

Hay decenas de servicios diarios a Santiago con **Eme Bus** (✆41-232-0094; www.emebus.cl; Tegualda 860), **Pullman Bus** (✆600-320-3200; www.pullmanbus.cl; Tegualda 860), **Nilahue** (www.nilahue.com; Tegualda 860) y **Turbus** (✆600-660-6600; www.turbus.cl; Tucapel 530), que también va a Valparaíso y al sur hasta Temuco, Valdivia y Puerto Montt.

Línea Azul (✆42-203-800; www.buseslineaazul.cl/destinos.php; Tegualda 860, terminal de buses Collao) viaja a Chillán (cada 30 min). Pullman Bus conecta Conce con Los Ángeles cada 30 min; algunos autobuses paran en el salto del Laja. Buses BioBio ofrece servicios similares y también va a Angol cada hora.

Para autobuses al sur por la costa, incluido Cañete, se puede probar con **Sol de Lebu** (☎41-251-2263; www.soldelebu.com; Tegualda 860, terminal de buses Collao).

Buses BioBio (www.busesbiobio.cl; Camilo Henríquez 2565, terminal Camilo Henríquez) usa la terminal Camilo Henríquez, al noreste por la extensión de Bulnes.

DESTINO	PRECIO (CLP)	HORAS
Angol	5000	3½
Chillán	2500	2
Los Ángeles	2500	2
Lota	800	1
Puerto Montt	10 000	8
Santiago	8000	6½
Talcahuano	500	45 min
Temuco	8500	4
Valdivia	12 000	6
Valparaíso/Viña del Mar	9500	8

AUTOMÓVIL

Puede ser útil para explorar los parques nacionales al sur de Concepción. **Hertz** (☎41-279-7461; www.hertz.cl; av. Arturo Prat 248; coches desde 30 000 CLP/día; ⊗8.00-20.00 lu-vi, 9.00-13.00 sa) tiene una oficina en el centro.

Salto del Laja

A medio camino entre Los Ángeles y Chillán, el río Laja cae casi 50 m por una empinada escarpadura formando una catarata en forma de herradura. Cuando el caudal del río es abundante se ha llegado a comparar con las cataratas de Iguazú, aunque es una afirmación algo exagerada. Aun así, hay unas vistas excelentes desde el puente de la carretera que cruza el río. Esta carretera es la antigua Panamericana, pero una circunvalación de la ruta hace que muy pocos autobuses entre Chillán y Los Ángeles se desvíen por allí. Un puñado de puestos de recuerdos y restaurantes que compiten en calidad y precio confirman la popularidad del salto del Laja.

🛏 Dónde dormir

Los Manantiales CENTRO VACACIONAL **$**
(☎43-231-4275; www.losmanantiales.saltosdella-ja.com; variante Salto del Laja, km 480; parcelas para hasta 6 personas 34 000 CLP; i/d 35 000/40 000 CLP; @🛜🛜) Para pasar más tiempo en el salto del Laja uno puede alojarse en

este popular hotel económico cuyo enorme restaurante tiene vistas espectaculares a las cataratas. Las habitaciones con paneles de madera son espaciosas y limpias, aunque la decoración de todo el complejo parece estancada en los años setenta.

Hotel Salto del Laja CENTRO VACACIONAL **$$**
(☎43-232-1706; www.saltodellaja.cl; Ruta 5 Sur, km 485; i/d incl. desayuno desde 62 000/72 000 CLP; @🛜🛜) La opción más exclusiva de la zona tiene habitaciones amplias y bien equipadas con vistas espectaculares a la cascada. También hay un campo de golf de nueve hoyos (incluido en el precio), excursiones guiadas y una microcervecería.

❶ Cómo llegar y salir

Varias compañías, incluidas **Buses Jota Be** (☎41-286-1533), ofrecen servicios al Salto del Laja cada 30 min desde la terminal de buses rurales de Los Ángeles (1000 CLP, 45 min). **Pullman Bus** (☎600-320-3200; www.pullman.cl; av. Sor Vicenta 2051, terminal Santa María) opera un servicio que también para aquí, pero hay que confirmarlo antes.

Los Ángeles

☎43 / 169 929 HAB.

Es un lugar útil como base para visitar el Parque Nacional Laguna del Laja, pero aparte de eso, se trata de un centro industrial y agrícola sin demasiados atractivos, situado 110 km al sur de Chillán.

🛏 Dónde dormir y comer

★ **Residencial El Rincón** CABAÑAS **$$**
(☎móvil 9-9082-3168; www.elrinconchile.cl; sector El Olivo s/n; h incl. desayuno 48 000-61 000 CLP, sin baño 40 000 CLP; 🛜) En un precioso entorno rural 19 km al norte de Los Ángeles, este establecimiento de gestión estadounidense es un lugar relajado para descansar del viaje. Tiene acogedoras habitaciones de madera y sirve fabulosos desayunos y cenas caseros (cena 3 platos 16 000 CLP).

Cafe Francés FRANCESA **$**
(☎43-223-4461; www.facebook.com/cafefrances; Colo Colo 696; platos principales 3000-4500 CLP; ⊗10.00-21.00 lu-sa; 🛜) Este sencillo café francés ofrece expreso, sándwiches, ensaladas y pasteles, además de crepes saladas y dulces.

ℹ Cómo llegar y salir

Los autobuses interurbanos salen de dos terminales adyacentes situadas en la av. Sor Vicenta, continuación de Villagrán, en la zona noreste de la ciudad.

Turbus (☑43-240-2003; www.turbus.cl) sale de la **terminal de Turbus** (av. Sor Vicenta 2061) y ofrece numerosas salidas diarias a Santiago (7500 CLP, 7 h); casi todas paran en Talca y Curicó. Más de 20 servicios diarios se dirigen al sur hasta Temuco (4900 CLP, 2 h), Osorno (8500 CLP, 7 h) y Puerto Montt (10 000 CLP, 8 h). **Buses Bío Bío** (www.busesbiobio.cl) fleta servicios regulares desde esta terminal a Concepción (3700 CLP, 1½ h), Chillán (3000 CLP, 2 h) y Angol (1500 CLP, 2 h), la puerta de entrada al Parque Nacional Nahuelbuta.

Todas las demás compañías de autobuses usan la contigua **terminal Santa María** (av. Sor Vicenta 2051), desde la que **Pullman Bus** fleta servicios regulares al Salto del Laja (1000 CLP, 45 min, cada 30 min), además de a Temuco, Osorno y Puerto Montt (con horarios y precios similares a Turbus).

Las empresas locales, incluida **Jota Be** (☑43-253-3918), operan desde la **terminal de buses rurales** (terminal Vega Techada; Villagrán 501), en la esquina de Rengo, y ofrecen salidas frecuentes al Salto del Laja.

Parque Nacional Laguna del Laja

Unos 93 km al este de Los Ángeles se hallan los 116 km² del **Parque Nacional Laguna del Laja** (☑móvil 9-6642-6899; www.conaf.cl/parques/parque-nacional-laguna-del-laja; adultos/niños 3000/1500; ⊙8.30-20.00 dic-abr, hasta 18.30 may-nov). Dentro del parque se encuentra el cono simétrico del volcán Antuco (2985 m). La lava de este volcán represó el río Laja y dio origen a la laguna del Laja. Los campos de lava que la rodean le dan un curioso aspecto lunar. El volcán parece tranquilo, pero aún hubo actividad volcánica hace 25 años.

El entorno del parque protege el ciprés de la cordillera (*Austrocedrus chilensis*) y la araucaria, junto con otras especies poco comunes. Los mamíferos son escasos, aunque se han avistado pumas, zorros y vizcachas. En cambio, casi 50 especies de aves habitan en la zona, entre ellos el cóndor.

Hay un pequeño puesto de la Conaf en **Los Pangues**, en la entrada al parque, donde deben inscribirse los visitantes. Desde allí, una carretera llena de curvas lleva hasta el cuartel general del parque en **Chacay**, a 3 km.

🏃 Actividades

Sendero Sierra Velluda EXCURSIONISMO
Con sus 4,6 km, se trata del sendero más destacable del parque. Recibe su nombre del glaciar colgante por el que se pasa. Serpentea a través de un bosque de cipreses de montaña, y discurre por cascadas y campos de lava; también se suelen ver cóndores.

Chacay EXCURSIONISMO
Es el punto de partida de varias rutas de senderismo bien señalizadas. En el lado izquierdo de la carretera está el sencillo camino de 1,6 km a dos pequeñas pero asombrosas cascadas, el **salto de las Chilcas** (donde emerge el río subterráneo Laja) y el **salto del Torbellino**. A la derecha se halla el **sendero Los Coigües**, senda de 1,7 km y fabulosas vistas del volcán Antuco.

Centro de Esquí Volcán Antuco ESQUÍ
(☑43-232-2651; www.skiantuco.cl; Los Carrera s/n; forfait 20 000 CLP) En invierno el Club de Esquí de Los Ángeles opera dos remontes y un pequeño restaurante (platos principales 7000 CLP) en estas pistas de esquí en el límite del volcán cerca de Chacay.

🛏 Dónde dormir

Centro Turístico CABAÑAS $$
(☑móvil 9-8221-2078; www.parqueantuco.cl; 1 km después de la entrada al parque; parcelas 5000 CLP/persona, cabañas 4/6/7 personas 45 000/60 000/70 000 CLP; 🅿) Este complejo de gestión privada ofrece cabañas de dos pisos bien equipadas de madera y piedra. Está en un valle a la entrada del parque y ofrece imponentes vistas de las montañas más arriba. También cuenta con 22 parcelas de acampada con baños limpios y duchas de agua caliente.

ℹ Cómo llegar y salir

Los autobuses locales que salen de la **terminal de buses rurales** de Los Ángeles atraviesan Antuco para llegar al pueblo de El Abanico, a 11 km de la entrada del Parque Nacional Laguna del Laja (2000 CLP, 2 h, 6 diarios). El último autobús de vuelta a Los Ángeles parte de Abanico a las 20.00. No hay transporte público entre El Abanico y el parque. Se tarda 1½ h a pie en recorrer este tramo, y otros 30 min para llegar al *camping* y las cabañas del Centro Turístico. En teoría es posible hacer autostop, pero entre semana circulan muy pocos vehículos. Si se prefiere conducir, hará falta un todoterreno y cadenas para circular por esta carretera entre mayo y septiembre.

CHILE CENTRAL CENTRO MERIDIONAL

Angol

☑ 45 / 56 204 HAB.

A pesar de una historia turbulenta e interesante (el pueblo fue arrasado en seis ocasiones durante el conflicto entre los mapuches y los conquistadores) el único atractivo de Angol es su fácil acceso al Parque Nacional Nahuelbuta.

Angol se extiende a ambas orillas del río Vergara, un afluente superior del Biobío formado por la confluencia de los ríos Picoiquén y Rehue. El núcleo antiguo de la población queda al oeste del río y se concentra en torno a la atractiva plaza de Armas. La plaza tiene enormes árboles que dan sombra, parterres de flores bien cuidados y una fuente adornada por cuatro estatuas de mármol en un maravilloso equilibrio que representan Europa, Asia, las Américas y África.

✷✷ Fiestas y celebraciones

Brotes de Chile   MÚSICA
(www.festivalbrotesdechile.cl; ⊘ene) Uno de los festivales populares más grandes de Chile toma esta pequeña ciudad a mediados de enero, con música tradicional, comida y artesanía.

🛏 Dónde dormir y comer

Hotel Angol   HOTEL $
(☑45-271-9036; Lautaro 176; d incl. desayuno 33 000 CLP; 🖥) Estas 11 sencillas y céntricas habitaciones disponen de baño privado y televisión por cable. La recepción está abajo, en el café La Rueda.

Duhatao   HOTEL-BOUTIQUE $$
(☑45-271-4320; www.hotelduhatao.cl; Arturo Prat 420; i/d incl. desayuno 39 500/59 500 CLP; 🖥) He aquí una sorpresa: un hotel de diseño en Angol. Combina líneas modernas con artesanías y colores locales: mantas de colores cubren las mullidas camas y los baños lucen grandes cuencos como lavamanos. Su elegante bar-restaurante es el único lugar de la ciudad que abre los domingos.

Sparlatto Pizza   PIZZERÍA $$
(www.sparlatto.cl; Bunster 389; platos principales 5000-9000 CLP; ⊘9.30-24.30 lu-vi, desde 11.00 sa) Este animado local situado en la plaza sirve sándwiches de ternera, ensaladas, platos típicos chilenos y *pizzas*; por la noche atrae a una clientela más joven que toma cerveza.

❶ Cómo llegar y salir

La mayor parte de los autobuses interurbanos de Angol salen de la **terminal Rodoviario** (Bonilla 448), a 1 km andando desde la plaza de Armas. Para llegar al centro de la ciudad hay que girar a la izquierda desde la salida principal y caminar cuatro manzanas por José Luis Osorio hasta el O'Higgins, la calle principal; ahí se gira a la derecha y se cruza el puente.

Diversas empresas fletan varios servicios diarios al norte hasta Santiago (7000-10 000 CLP, 8 h), incluida **Pullman JC** (☑45-764-2960), **Lí-**

MERECE LA PENA

CAÑETE

En la parte más alejada del Parque Nacional Nahuelbuta desde Angol se halla el baluarte mapuche de Cañete, que alberga el **Museo Mapuche** (☑41-261-1093; www.museomapuchecanete.cl; camino Contulmo s/n; ⊘9.30-17.30 ma-vi, desde 11.00 sa, desde 13.00 do) GRATIS. Cerámica, tejidos, joyas de platas y trompetas ceremoniales son solo algunos de los artículos expuestos en este sorprendente edificio, redondo como una *ruca* (casa mapuche de paja). Incluso la mayoría de los chilenos es incapaz de entender la carta de la cercana **La Sazón** (☑41-261-9710; Arturo Prat 626; platos principales 6000-9000 CLP; ⊘12.00-23.00 lu-sa, hasta 16.00 do), que se inspira en las técnicas culinarias mapuches. Entre los ingredientes desconocidos que se pueden probar en este establecimiento se cuentan la nalca (ruibarbo chileno), la harina tostada y la tarta de murtillas. Es imposible llegar al Parque Nacional Nahuelbuta en transporte público desde este lado, pero la ciudad es una gran base para quienes viajen en coche. Como alternativa, el **Parque Ecológico Reussland** (☑móvil 9-5659-1472; www.reussland.cl; Ruta P-60 R, km 33; cabañas desde 42 000, circuito 5 días todo incluido 294 000 CLP), con sede en Cañete, ofrece circuitos de cinco días por la región (equitación, excursionismo en el Parque Nacional Nahuelbuta y visitas a los lugares culturales mapuches de los alrededores) con recogida y final en Concepción. Esta reserva privada cuenta también con cabañas de dos plantas estilo cápsula en el bosque para quienes atraviesen la zona.

nea Azul (www.buseslineaazul.cl/destinos.php) y **Turbus** (☑45-268-6117; www.turbus.cl; terminal Rodoviario). Esta última también viaja a Chillán (5100 CLP, 3 h, 2 diarios), Los Ángeles (1500 CLP, 1 h, 6 diarios) y Valparaíso (12 000 CLP, 9 h, 22.15).

De su propia terminal salen los autobuses de **Buses Bio Bio** (www.busesbiobio.cl; Julio Sepúlveda 550) a Los Ángeles (1600 CLP, 1 h, 12 diarios) y Concepción (4900 CLP, 3½ h, 15 diarios).

Los autobuses locales y regionales salen de la **terminal de buses rurales** (Ilabaca 422), incluidos los que van al Parque Nacional Nahuelbuta.

Parque Nacional Nahuelbuta

Entre Angol y el Pacífico, la cordillera de la Costa se eleva hasta los 1550 m dentro de los 68 km[2] del Parque Nacional Nahuelbuta (www.conaf.cl/parques/parque-nacional-nahuelbuta; adultos/niños 5000/3000 CLP; ⊙8.30-18.00). Este es uno de los últimos refugios fuera de los Andes de las araucarias, el equivalente arbóreo de los fuegos artificiales. En verano, su población vegetal incluye 16 variedades de orquídeas y dos especies de plantas carnívoras. Son comunes en el parque varias especies de hayas, y los pájaros carpinteros gigantes que habitan en sus troncos hacen que el lugar sea estupendo para la observación de aves. También hay mamíferos comunes como el puma, el zorro de Darwin y el pequeño ciervo pudú.

La pista de tierra que va de Angol a Cañete pasa por el parque. La Conaf tiene sus instalaciones y el centro de información en Pehuenco, más o menos a medio camino entre las dos entradas. La zona goza de veranos cálidos y secos, pero suele estar cubierta de nieve en invierno.

Actividades

Cerro Piedra del Águila   EXCURSIONISMO
La excursión más popular es una sencilla caminata de 4,5 km a través de los bosques de *pehuén* (araucaria) hasta el peñasco de granito del cerro Piedra del Águila, de 1379 m, con fabulosas vistas desde los Andes hasta el Pacífico.

Al sureste puede verse toda la cadena de volcanes andinos: desde el Antuco, al este de Chillán, hasta el Villarrica y el Lanín, al este de Pucón. Desde ahí se puede regresar a Pehuenco dando la vuelta por el sur, por el sendero Estero Cabrería, que empieza bajo la cara oeste del promontorio. El trayecto precisa unas 3 h. Otra manera de llegar a Piedra del Águila es andar 800 m desde el final de un camino más corto, accesible en automóvil.

Cerro Anay   EXCURSIONISMO
Este camino recorre 5 km al norte desde Pehuenco hasta el cerro Anay, un cerro de 1450 m con grandes vistas. Es un paseo fácil, de 4 horas, que transcurre por lechos de flores salvajes y extensos bosques de araucarias.

Dónde dormir

Camping Pehuenco   CAMPING $
(www.conaf.cl/parques/parque-nacional-nahuelbuta; parcelas 6 personas 14 000 CLP) Está junto a las instalaciones del parque, a 5,5 km de la entrada del lado de Angol. Tiene 11 parcelas en explanadas con sombra, mesas de pícnic y baños sencillos con retretes y duchas de agua fría.

Cómo llegar y salir

Varias líneas de autobuses urbanos, entre ellas **Buses Carrasco** (☑045-715-287) y **Buses Moncada** (☑045-714-090) salen de Angol a las 6.45 y 16.00 con destino a Vegas Blanca (1700 CLP, 1½ h), a 7 km de la entrada oriental del parque y a 12,5 km de sus instalaciones centrales, en Pehuenco. Algunas líneas circulan los lunes, miércoles y viernes, otras en días alternos. Todas salen de la **terminal de buses rurales** de Angol y regresan de Vegas Blancas a las 9.00 y a las 18.00 (imprescindible confirmar los horarios). En enero y febrero, el servicio de mañana suele continuar hasta la entrada del parque. Esta carretera sin asfaltar y llena de baches puede resultar difícil en algunos tramos si se transita con un vehículo bajo, y de junio a agosto es imprescindible un todoterreno con cadenas.

Si se circula en bicicleta de montaña, quizá habrá que desmontar y recorrer a pie parte de la subida; recuérdese que no es fácil encontrar agua en este camino. No obstante, los autobuses urbanos a Vegas Blancas suelen permitir llevar bicicletas, así que pedalear desde allí es una alternativa.

ARCHIPIÉLAGO JUAN FERNÁNDEZ

Piratas, naufragios, prisioneros políticos y (quizá) tesoros enterrados forman parte de la historia de esta remota cadena de pequeñas islas volcánicas situadas 667 km al oeste de Valparaíso. Es el lugar donde el náufrago Alexander Selkirk (quien inspiró el *Robinson Crusoe* de Daniel Defoe) pasó años perdido corriendo tras las cabras y rastreando el hori-

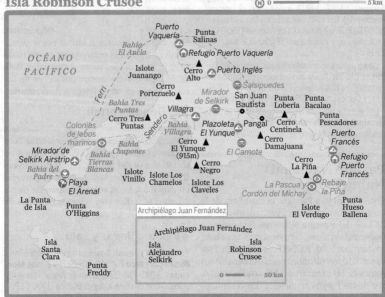
CHILE CENTRAL ARCHIPIÉLAGO JUAN FERNÁNDEZ

zonte en busca de una embarcación. Antaño parada anónima para saqueadores, barcos loberos y navíos de guerra, el archipiélago fue más tarde declarado parque nacional y Reserva de la Biosfera de la Unesco; el 62% de su flora no se encuentra en ningún otro lugar del planeta.

Hay tres islas volcánicas principales. Robinson Crusoe, antaño conocida como Más a Tierra, es el principal enclave turístico, mientras que las de Alejandro Selkirk (Más Afuera) y Santa Clara apenas reciben visitas. Se opta por un turismo sostenible a pequeña escala, que acude atraído por el excursionismo, el submarinismo y la pesca.

Historia

En noviembre de 1574, el marinero español Juan Fernández perdió el rumbo en su travesía entre el puerto del Callao, en Perú, y Valparaíso y acabó arribando a estas islas que hoy llevan su nombre. A diferencia de la isla de Pascua, no hay pruebas históricas que documenten visitas anteriores al lugar por parte de navegantes polinesios o nativos americanos. En los siglos sucesivos, estas islas se convirtieron en una popular escala para los barcos que bordeaban la corriente de Humboldt. Los piratas buscaron refugio

en las distintas bahías –cazando cabras salvajes y cultivando huertos para abastecerse en futuras visitas– y el tráfico aumentó con los cazadores de focas.

A principios del s. XIX, Más a Tierra (hoy isla Robinson Crusoe) fue el destino de 300 independentistas deportados por las autoridades coloniales españolas tras la derrota criolla en la batalla de Rancagua, en 1814. Entre los exiliados se contaban Juan Egaña y Manuel de Salas, futuros próceres de la emancipación chilena.

En 1877, siendo ya Chile independiente, se estableció un asentamiento permanente en el archipiélago; pero la isla continuó siendo una especie de colonia penal para disidentes políticos de diversa índole. Más adelante, durante la I Guerra Mundial, volvió a tener un papel histórico memorable cuando los navíos británicas *Glasgow, Kent* y *Orama* se enfrentaron al buque de guerra alemán *Dresden* en la bahía Cumberland.

Este puesto avanzado en el Pacífico fue noticia no hace mucho por dos tragedias: la primera, cuando el tsunami que siguió al terremoto del 2010 afectó seriamente la infraestructura de las islas; pero poco después la fundación benéfica Desafío Levantemos Chile se hizo cargo de la reconstrucción. La segunda, cuando en septiembre del 2011 un grupo de destacados periodistas de la televisión chilena y varios miembros del equipo del programa matinal *Buenos días a todos* viajaron en avión hacia las islas para filmar parte de la labor de reconstrucción. El aparato se estrelló cerca de la isla Robinson Crusoe, los 21 pasajeros perdieron la vida y el suceso causó conmoción en el país y sumió al archipiélago aún más en la tristeza. Desde entonces las islas se han recuperado, pero sigue la campaña para volver a atraer viajeros.

❶ Cómo llegar y salir

Desde Santiago, tres compañías aéreas operan vuelos al archipiélago. Suele haber vuelos diarios entre septiembre y abril, con salidas menos frecuentes el resto del año. El vuelo de 2¼ h tiene una capacidad para 12 pasajeros y suele haber una restricción de 10 kg de peso para el equipaje; la meteorología desempeña un papel determinante con los horarios, y, si hace mal tiempo en la isla, pueden producirse cambios de último momento y cancelaciones.

Los vuelos de **Aerocardal** (📞2-2377-7400; www.aerocardal.com) y **ATA** (📞2-2611-3670; www.aerolineasata.cl) salen del aeropuerto internacional de Santiago, mientras que **Lassa** (📞2-2322-3300; lassaisla@hotmail.com) opera desde el aeródromo Tobalaba de Santiago. Al llegar a la isla hay que tomar un barco-taxi hasta el muelle de San Juan Bautista, cuyo trayecto dura 1 h (el precio se suele incluir en el billete de avión). Los vuelos de vuelta requieren un mínimo de pasajeros para despegar, así que el viajero debe contar con algo de flexibilidad por si fuera necesario ampliar su estancia en la isla. Consúltense los precios en las aerolíneas, pero hay que calcular que se pagará más de 550 000 CLP por un viaje de ida y vuelta.

Se puede llegar a Robinson Crusoe en barco desde Valparaíso con el carguero **'MN Antonio'** (📞32-229-1336, móvil 9-5858-4667; www.transmarko.cl; ida/ida y vuelta 100 000/170 000 CLP), que realiza la travesía dos veces al mes. Tarda 40-45 h y tiene una capacidad para solo 12 pasajeros. Suele permanecer en el archipiélago 2-5 días antes de volver a zarpar hacia el continente, lo cual brinda la posibilidad de un viaje de ida y vuelta invirtiendo 7-10 días, con mucho margen para cambios de planes.

San Juan Bautista

La única localidad habitada de la isla Robinson Crusoe es la clásica aldea de pescadores soñolienta, con pescadores de langostas ataviados con gorros de punto y tiendas polvorientas que se quedan sin queso y verduras antes de que llegue el barco de las provisiones. Las puertas no suelen tener cerrojo y los isleños saludan cálidamente a todo el que pasa por delante.

Casi toda la parte inferior de la población se reconstruyó después del tsunami del 2010. Sus empinadas colinas están llenas de frondosos jardines y modestas casitas con senderos que llevan a pastos y caminos de senderismo entre el bosque.

◉ Puntos de interés y actividades

Meterse en el agua que rodea Robinson Crusoe es como adentrarse en un gran abismo: este peculiar ecosistema favorece un buceo con tubo de primera. Morenas, platijas, langostas y enormes bancos de palometas merodean por las cristalinas aguas, pero la gran atracción es el lobo fino de Juan Fernández (*Arctocephalus philippii*). También se puede nadar, practicar buceo con tubo, kayak o surf de remo en la bahía Cumberland cuando las aguas están tranquilas.

Cuevas de los Patriotas　　CUEVA
Por un breve camino desde Barón de Rodt se asciende a estas húmedas cuevas, iluminadas de noche, donde se refugiaron varios años Juan Egaña, Manuel de Salas y otros 300 patriotas exiliados durante el movimiento por la independencia de Chile tras su derrota en la batalla de Rancagua en 1814.

Fuerte Santa Bárbara　　FUERTE
Construido en 1749 para disuadir a los piratas de sus incursiones, este fuerte español se reconstruyó en 1974. Para llegar hasta él hay que seguir el camino desde las cuevas de los Patriotas o ascender directamente desde la plaza por la subida El Castillo. El sendero continúa hasta el mirador de Selkirk.

Centro Náutico Robinson Crusoe　　DEPORTES NÁUTICOS
(📞móvil 9-6493-6892; av. Von Rodt 345; 2 h alquiler equipo buceo 2000 CLP, alquiler 2 h kayak/surf de remo 3000 CLP; ⊙11.00-13.00 y 15.00-19.00 ma-vi, 10.00-13.00 y 16.00-19.00 sa y do) Este centro de deportes acuáticos se estableció como servicio público para los isleños, pero ofrece también alquileres muy económicos para turistas de kayaks, tablas de surf de remo, trajes de neopreno y gafas y tubos para bucear.

Daniel Paredes González　　SENDERISMO
(📞móvil 9-7140-5488; paredesgonzalezdanielda goberto@gmail.com; circuito ciudad 2-4 personas desde 30 000 CLP) Es seguramente uno de

San Juan Bautista

los circuitos más especiales de Chile. Daniel canta la historia de la isla mientras toca su ukelele y guía al viajero por los lugares más importantes de la población.

Daniel organiza también salidas en barco hasta la isla Alejandro Selkirk (un viaje nocturno de 12-14 h, 3 500 000 CLP) en su embarcación de 15 m.

🛏 Dónde dormir y comer

Hostería Petit Breuilh
PENSIÓN **$$**

(📱móvil 9-9549-9033; petitrobinsoncrusoe@gmail.com; Vicente González 80; h 28 000 CLP, incl. media pensión 38 000 CLP; 🏠) Con minibar, cuero negro, duchas de hidromasaje y televisión por cable, es un lugar confortable, aunque algo antiguo, donde alojarse. Cabe destacar la comida (6500-9000 CLP): cebiche con alcaparras y calabacines rellenos de pescado fresco y horneado con una capa de queso burbujeante. Los no huéspedes deben reservar.

Hostal Mirador de Selkirk
PENSIÓN **$$**

(📱32-275-1028, móvil 9-9550-5305; mfernandeziana@hotmail.com; pasaje del Castillo 251; h por persona incl. desayuno 35 000 CLP; @) Esta residencia familiar cuenta con tres acogedoras habitaciones y una amplia terraza con vistas a la bahía. La señora Julia sirve unas comidas fantásticas (desde 6000 CLP); no hay que perderse sus deliciosas empanadas de langosta ni su guiso de pescado.

La Robinson Oceanic
CABAÑA **$$$**

(📱móvil 9-7135-9974; www.lro.cl; carrera Pinto 198; h por persona incl. desayuno 45 000 CLP) 🐾 Las habitaciones únicas talladas en madera (algunas con minicocina) rodean un precioso y cuidado jardín con un *jacuzzi* y una plataforma con vistas al mar. Se organizan salidas de pesca deportiva y submarinismo, y los huéspedes a menudo cocinan su propia captura con los propietarios y cenan juntos.

Refugio Náutico
HOTEL-BOUTIQUE **$$$**

(📱móvil 9-7483-5014; www.islarobinsoncrusoe.cl; carrera Pinto 280; i/d incl. media pensión 98 000/186 000 CLP) Este refugio frente al mar tiene *jacuzzi*, cocina y todas las comodidades de un hogar. Las habitaciones en terraza son algo escuetas para su precio, pero la zona de estar comunitaria está repleta de libros, DVD y música, perfecto para un día de lluvia o para descansar tras la comida. Su restaurante, el Lord Anson, es el mejor de la isla.

El centro de submarinismo con certificación PADI, junto al muelle, alquila kayaks y ofrece salidas de excursionismo y submarinismo. Acepta tarjetas de crédito.

SELKIRK: EL NÁUFRAGO POR EXCELENCIA

Más a Tierra, conocida hoy como isla Robinson Crusoe, fue durante mucho tiempo el hogar de uno de los náufragos más famosos del mundo. Tras continuas disputas con su capitán sobre la navegabilidad del buque corsario *Cinque Ports*, el escocés Alexander Selkirk solicitó ser abandonado en la isla en 1704. En ella pasó 4 años y 4 meses antes de ser rescatado. La mayoría de los náufragos morían de hambre o se suicidaban poco tiempo después, pero Selkirk se adaptó a su nuevo hogar y sobrevivió a pesar de su aislamiento.

Y, aunque los españoles no toleraban la presencia de corsarios en sus dominios, Selkirk pudo sobrevivir gracias a ellos, a los que se debe que Más a Tierra tuviera abundante caza, a diferencia de muchas pequeñas islas. Menospreciando el pescado, Selkirk seguía la pista a las cabras salvajes (introducidas por marinos anteriores), devoraba su carne y se vestía con sus pieles. Incluso las lisiaba o las domesticaba para cazarlas con mayor facilidad. Entre sus compañeros se contaban, además, lobos marinos, gatos salvajes y ratas (los dos últimos, traídos con anterioridad por los europeos).

Selkirk solía subir hasta una cima de la bahía Cumberland con la esperanza de ver un buque en el horizonte, pero hasta 1708 no avistó a sus salvadores, los buques corsarios británicos *Duke* y *Duchess*, al mando del capitán de fragata Woodes Rogers y su piloto, el afamado corsario William Dampier. Rogers recordaba su primer encuentro con Selkirk y lo describió como "un hombre vestido con pieles de cabra, que parecía más salvaje que las primeras propietarias de estas".

Tras enrolarse con Rogers y regresar a Escocia, Selkirk se hizo famoso. Su experiencia sirvió de fuente de inspiración para espectáculos, parques temáticos y obras literarias. Se cree que *Robinson Crusoe*, el clásico de Daniel Defoe, está inspirado en su vida. Entre otras lecturas recomendables figuran *A Cruising Voyage Round the World*, del capitán Woodes Rogers, el salvador de Selkirk, *Robinson Crusoe's Island* (1969) de Ralph Lee Woodward y la novela *Foe* (1986), del ganador del premio nobel J. M. Coetzee.

La escritora británica Diana Souhami ofrece un retrato del hombre desde otra perspectiva. Su obra, *La isla de Selkirk*, ganó el Whitbread Biography Award en el 2001. Durante su investigación en el archipiélago, a Souhami le interesó la forma en que la vida moderna se reducía al mínimo, conservando lo esencial. También advirtió el cambio que se produjo en Selkirk en relación a la isla –que en su momento maldijo– tras el rescate. Souhami afirma que empezó a llamarla "mi preciosa isla".

Salvaje Sándalo Restobar y Hospedaje PESCADO $$
(📱móvil 9-6835-3272; www.facebook.com/salvajiandola; carrera Pinto 296; platos principales 7000-9000 CLP; ⏰16.00-22.00 mi, ju y do, hasta 24.00 vi y sa) Este sociable bar-restaurante frente al mar ofrece *pizza,* cebiche, empanadas y otros platos. Los lugareños acuden por el buen ambiente y la larga carta de cócteles, que abarca desde negronis a mojitos e inventivos pisco sours. Encima del restaurante hay una amplia sala con enormes ventanales para disfrutar de la brisa del mar (i/d desayuno incl. 30 000/50 000 CLP).

ℹ Información

Apenas existe wifi en la isla, aunque se puede encontrar en la Casa de la Cultura, cerca de las oficinas administrativas de la Conaf.

No hay bancos ni oficinas de cambio de divisas en la isla Robinson Crusoe, así que conviene llevar pesos, a poder ser en billetes pequeños. Algunos lugares aceptan dólares estadounidenses o euros, pero a cambios desfavorables. Apenas se aceptan tarjetas de crédito fuera de los alojamientos más exclusivos.

ℹ Cómo llegar y salir

Existen dos formas de llegar a San Juan Bautista desde el aeropuerto en el otro lado de la isla Robinson Crusoe. Casi todos los viajeros optan por el trayecto de 1 h en taxi acuático (incluido en el precio del billete de avión), pero también se puede enviar el equipaje en el barco y contactar con un guía de excursionismo para que se presente en la pista de aterrizaje (45 000 CLP para hasta 5 personas). La excursión de 19 km desde la pista hasta San Juan Bautista atraviesa un espectacular paisaje isleño.

Parque Nacional Archipiélago Juan Fernández

Este **parque nacional** (☎móvil 9-9542-1209; www.conaf.cl/parques/parque-nacional-archipiela go-de-juan-fernandez; pase 1 semana adultos/niños 5000/2500 CLP) ocupa todo el archipiélago, un total de 93 km², aunque el municipio de San Juan Bautista y la pista de aterrizaje están de facto excluidos. En un intento de controlar el acceso a las zonas más frágiles del parque, la Conaf exige que muchas de las excursiones se lleven a cabo con un guía local registrado. Se puede encontrar una lista de los guías en el quiosco cerca de la plaza, donde el visitante debe registrarse antes de emprender cualquier ruta autoguiada. Las excursiones de día para un grupo de cinco personas cuestan 25 000-50 000 CLP. Hay bastantes zonas accesibles sin guía. Otra manera de visitar el parque es en barco. Los operadores turísticos locales organizan circuitos para ver las colonias de lobos marinos.

Actividades

Mirador de Selkirk
SENDERISMO

Puede que sea la excursión más impresionante y gratificante. Desde este mirador, situado sobre San Juan Bautista, se podrán avistar los barcos que aparecen en el horizonte. Se tarda una 1½ h en recorrer los 3 km que llevan hasta un altozano de 656 m de altitud, pero compensa, pues desde la cima se divisan ambos lados de la isla.

Mientras se asciende, hay que buscar un poste que marca un sendero a las supuestas ruinas de la cabaña de Selkirk.

De Villagra a Punta de Isla
SENDERISMO

Pasado el mirador de Selkirk, el sendero continúa por el lado sur y, tras 1 h, alcanza Villagra (4,8 km), donde hay una zona de acampada. Desde aquí el ancho camino bordea los acantilados del sur hasta Punta de Isla (13 km, 4 h aprox.) y el aeródromo. El camino pasa por la bahía Tierras Blancas, donde habita la principal colonia de lobos marinos de Juan Fernández. Esta pintoresca excursión es

todo un reto y abarca una parte significativa de la isla; se trata de una excelente manera de conocerla. Desde Villagra salen excursiones guiadas a la base del cerro El Yunque y el cerro Negro (3,5 km), donde se puede nadar en pozas naturales.

Plazoleta El Yunque
EXCURSIONISMO

Este tranquilo claro en el bosque cuenta con baños, agua y zonas de pícnic y acampada en la base del cerro El Yunque, de 915 m de altura. Se pasa frente a los restos desmoronados del hogar de un superviviente del buque alemán *Dresden*.

Un camino elevado lleva desde este punto a un tramo conservado de bosque autóctono. Se trata de uno de los mejores puntos para ver el colibrí de Juan Fernández.

Puerto Francés
EXCURSIONISMO

Se encuentra en la orilla oriental de la isla y fue un refugio de corsarios franceses, cuya presencia motivó que España levantara una serie de fortificaciones en 1779, hoy desaparecidas. Desde el cerro Centinela, un sendero de 6,4 km lleva al puerto, donde hay cinco *campings,* un refugio (solo disponible si hace mal tiempo), agua corriente y un lavabo.

Puerto Inglés
EXCURSIONISMO

Un taxi acuático lleva a la playa de piedra de Puerto Vaquería (un gran sitio para los ornitólogos) para poder emprender una excursión con guía a Puerto Inglés y conocer la historia del "tesoro oculto" que el millonario estadounidense Bernard Keiser ha estado buscando en una cueva de este lugar durante los últimos 20 años.

Salsipuedes
SENDERISMO

En lo alto de La Pólvora, un sendero serpentea por bosques de eucaliptos, helechos endémicos y matorrales de murtilla hasta la cima, en Salsipuedes.

Centinela
SENDERISMO

El cerro Centinela (362 m) alberga las ruinas de la primera emisora de radio que existió en la isla, construida en 1909. Se accede a la subida, de 3 km, en Pangal.

Norte Grande

Los mejores restaurantes

➡ Santorini (p. 166)

➡ Baltinache (p. 151)

➡ El Wagón (p. 167)

➡ Los Aleros de 21 (p. 176)

➡ Tío Jacinto (p. 160)

Los mejores alojamientos

➡ Terrace Lodge (p. 182)

➡ Pampa Hotel (p. 165)

➡ Hostal Quinta Adela (p. 148)

➡ Hotel Aruma (p. 176)

➡ Pachamama Hostel (p. 182)

Por qué ir

Los remolinos de polvo barren veloces el abrasado Norte Grande, con sus ondulaciones rocosas, lagunas andinas, volcanes nevados, salinas y un litoral recortado. Tan famoso por sus observatorios en las montañas como por sus minas de cobre, estos inmensos espacios deshabitados conmueven el espíritu y avivan la imaginación. El principal atractivo del Norte Grande es el pueblecito de adobe de San Pedro de Atacama, a un día de excursión del campo de géiseres más alto del mundo y de impresionantes formaciones rocosas en el desierto.

Pero el Norte Grande no se limita a San Pedro de Atacama. Se puede ir en busca de aventuras que pondrán los pulmones a prueba cerca de la aldea de montaña de Putre en la reserva a gran altitud del Parque Nacional Lauca o más lejos, al Monumento Natural Salar de Surire. También se puede pasar una semana en las playas de las afueras de Iquique y Arica, o aventurarse en los perdidos pueblos fantasmas y centros mineros de esta región única.

Cuándo ir
Iquique

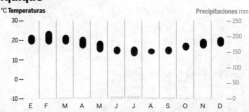

Ene-feb Gente en la costa e imposibilidad de acceder a algunos lugares de las tierras altas.

Sep-oct Buen tiempo en el altiplano; los europeos ya se han ido.

Jul-ago La mejor época para las tierras altas (mucho frío por las noches) y para el surf.

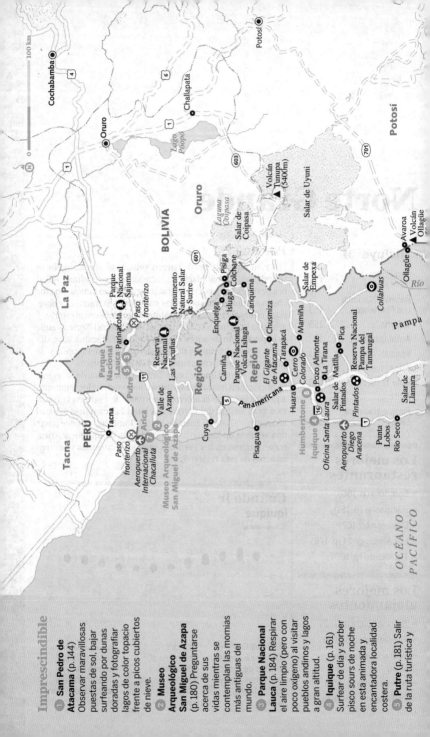

Imprescindible

1 San Pedro de Atacama (p. 144) Observar maravillosas puestas de sol, bajar surfeando por dunas doradas y fotografiar lagos de color topacio frente a picos cubiertos de nieve.

2 Museo Arqueológico San Miguel de Azapa (p. 180) Preguntarse acerca de sus vidas mientras se contemplan las momias más antiguas del mundo.

3 Parque Nacional Lauca (p. 184) Respirar el aire limpio (pero con poco oxígeno) al visitar pueblos andinos y lagos a gran altitud.

4 Iquique (p. 161) Surfear de día y sorber pisco sours de noche en esta animada y encantadora localidad costera.

5 Putre (p. 181) Salir de la ruta turística y

OCÉANO PACÍFICO

Potosí

BOLIVIA

Oruro

PERÚ

La Paz

Tacna

Región XV

Región I

Pampa

100 km

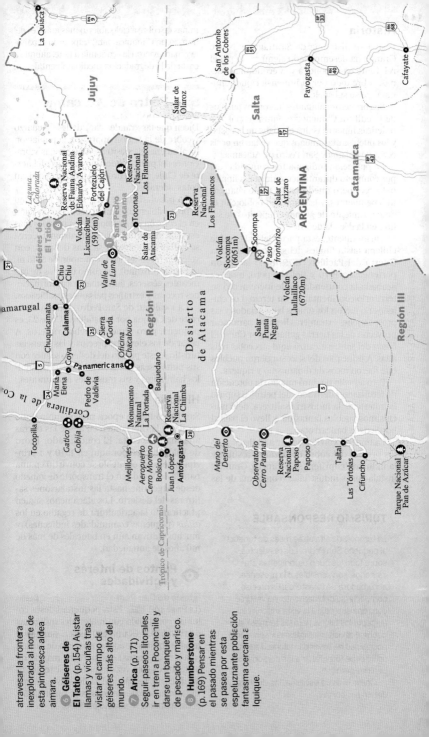

6 Géiseres de El Tatio (p. 154) Avistar llamas y vicuñas tras visitar el campo de géiseres más alto del mundo.

7 Arica (p. 171) Seguir paseos litorales, ir en tren a Poconchile y darse un banquete de pescado y marisco.

8 Humberstone (p. 169) Pensar en el pasado mientras se pasea por esta espeluznante población fantasma cercana a Iquique.

atravesar la frontera inexplorada al norte de esta pintoresca aldea aimara.

Historia

Pese a su distancia de Santiago, el Norte Grande ha desempeñado siempre un papel relevante en la política y la economía chilenas, sobre todo por la inmensa riqueza mineral de su subsuelo.

Sus primeros habitantes fueron los pueblos de la cultura Chinchorro, famosos por sus prácticas funerarias; los changos de la costa; y los pueblos atacameños que vivían en oasis cerca de Calama y San Pedro de Atacama.

La población indígena fue sometida casi por completo durante la conquista, a finales del s. XVI, pero quedaron focos de changos independientes, y la zona se repobló con el descubrimiento de grandes depósitos de salitre en la década de 1810.

Curiosamente, esta parte del país no fue chilena hasta finales del s. XIX; antes de la Guerra del Pacífico (1879-1884) la región pertenecía a Perú y Bolivia, pero, una vez acabada la contienda, Chile incrementó su territorio continental en un tercio. Los chilenos no fueron los únicos beneficiados y las prospecciones extranjeras llegaron para sacar provecho de las tierras ganadas por Chile. El *boom* del salitre alcanzó aquí sus cotas más altas. A principios del s. XX surgieron pueblos que fueron focos de dinamismo y riqueza.

Pero aquello no duró mucho: la obtención de fertilizantes derivados del petróleo supuso la muerte de la industria salitrera, dejó muchísimos pueblos fantasma, y llevó el país al borde de la bancarrota.

La minería volvió a salvar a Chile cuando los precios del cobre empezaron a subir y la industria cuprífera se recuperó. Grandes instalaciones industriales (como una de las minas de cobre a cielo abierto más grandes del mundo, en Chuquicamata) salpicaron el paisaje y mantuvieron la economía a flote, aunque a costa de la degradación medioambiental.

San Pedro de Atacama

📞 055 / 5600 HAB. / 2438 M

Dicen que las grandes cantidades de cuarzo y cobre de la región aportan a la población local su energía positiva, y las buenas vibraciones del principal destino turístico del norte de Chile, San Pedro de Atacama, alcanzan cotas siderales.

La popularidad de este oasis de adobe en la precordillera andina se debe a su posición en el corazón de algunos de los paisajes más espectaculares de Chile septentrional. Cerca se hallan las mayores salinas del país, con volcanes (el simétrico Licancabur, de 5916 m, es el más próximo), así como campos de humeantes géiseres, fantasmagóricas formaciones rocosas y extraños paisajes estratificados.

La localidad de San Pedro, 106 km al sureste de Calama por la asfaltada Chile 23, es pequeña, pero atrae a muchos viajeros. A pesar de los elevados precios y las agencias turísticas, este pueblo del desierto seduce con sus pintorescas calles de adobe, sus tranquilos habitantes y sus musicales restaurantes.

Historia

San Pedro fue en época precolombina una escala de la ruta comercial desde las tierras altas hasta la costa. El conquistador Pedro de Valdivia pasó por aquí en 1540 y a principios del s. XX el pueblo se convirtió en una parada destacada en el transporte de ganado desde Argentina hasta las instalaciones salitreras del desierto. Los atacameños siguen practicando la agricultura de regadío en los *aillus* (pequeñas comunidades indígenas), y muchos cultivan aún en bancales de más de mil años de antigüedad.

⊙ Puntos de interés y actividades

Iglesia de San Pedro   IGLESIA
(Le Paige s/n) GRATIS Esta pequeña iglesia colonial, construida con materiales indígenas o artesanales, es una exquisitez: paredes y tejado robustos de adobe, un techo de cardón (madera de cactus) que parecen marcas de neumáticos y, en vez de clavos, resistentes tiras de cuero. La iglesia data del s. XVII, aunque sus muros actuales se construyeron en 1745 y el campanario se añadió en 1890.

TURISMO RESPONSABLE

La temporada alta atrae miles de turistas al pequeño San Pedro. Los residentes, sobre todo los pueblos indígenas atacameños, son sensibles a la presencia abrumadora de forasteros. Es preciso comportarse debidamente: no vestirse con ropa que deje a la vista mucha piel (excepto los bikinis para las termas), descubrirse al visitar las iglesias y sopesar la posibilidad de llevar pantalones largos. Y no se debe fotografiar a las personas sin pedirles permiso.

Como el agua escasea, las duchas deben ser cortas.

Senderismo y ciclismo

En torno a San Pedro se alzan volcanes inmensos, unos cuantos activos y que vale la pena escalar. También se puede realizar una excursión a pie o en bicicleta a los destinos habituales de la zona, como el valle de la Luna. Varias agencias y hoteles del pueblo alquilan bicicletas por unos 6000 CLP al día; se puede ir al Km 0 (Caracoles 282B; medio día/día completo 3500/6000 CLP; ⊙9.00-21.00).

Vulcano Expediciones AVENTURA
(☑55-285-1023; www.vulcanochile.com; Caracoles 317; 10.00-20.00) Organiza excursiones a volcanes y montañas, incluidas ascensiones de un día al Sairecabur (5971 m, 110 000 CLP), el Lascar (5592 m, 85 000 CLP) y el Tocco (5604 m, 670 000 CLP). Las ascensiones de dos días van al Licancabur (250 000 CLP) y otros montes. También puede ayudar con los circuitos en motocicleta ofrecidos por On Safari (p. 147).

CosmoAndino Expediciones CIRCUITOS
(☑55-285-1069; www.cosmoandino.cl; Caracoles 259; ⊙9.00-21.30) Esta veterana empresa se especializa en excursiones a puntos destacados de las cercanías; se paga más que por un circuito estándar, pero también se obtiene más "tiempo de calidad en Atacama".

Azimut 360 AVENTURA
(☑en Santiago 2-235-3085; www.azimut360.com) Aunque sin oficina en el pueblo, Azimut 360, con sede en Santiago, cuenta con expertos y sigue siendo una de las mejores agencias para escalada y senderismo.

'Sandboard'

Deslizarse sobre una tabla por enormes dunas (de más de 150 m) en el valle de la Muerte es la más demandada de las actividades en San Pedro.

Varias empresas ofrecen *sandboard,* como Sandboard San Pedro (☑55-285-1062; www.sandboardsanpedro.com; Caracoles 362-H) y Altitud Aventura (☑móvil 9-7387-5602; Toconao 441; ⊙10.00-21.00).

☞ Circuitos

Se ofrecen gran variedad de circuitos. La calidad de algunos ha decaído, y los viajeros se quejan de cancelaciones repentinas o de que utilizan vehículos poco seguros. Al frente de los circuitos suelen ir simples conductores y no guías formados. Las agencias suelen contratar a conductores independientes, que trabajan para distintas empresas, por lo que la capacitación del conductor –o guía, a fin de cuentas– puede depender de la suerte. No obstante, muchos de ellos son amables y ofrecen el valioso punto de vista de quien conoce el terreno.

Puede ocurrir que la agencia a la que se pagó no sea la misma que lo venga a recoger; la competencia mantiene los precios bajos y las empresas abren y cierran de un día para otro.

La oficina de información turística dispone de un libro de reclamaciones práctico, entretenido y en ocasiones aterrador sobre varias agencias; el problema es que aparecen casi todas y que, cuando el viajero lea sobre conductores sin licencia o ebrios circulando por los puertos de montaña a Bolivia, quizá decida limitarse a escribir postales desde la seguridad del albergue, lo que sería un error en una zona tan hermosa. A pesar de todo, al elegir una agencia hay que preguntar, hablar con otros viajeros, confiar en el propio criterio e intentar ser flexible. No se deben contratar circuitos en la calle; todo operador turístico honrado tendrá una oficina, y se han dado casos de timadores que se han aprovechado de viajeros incautos. Según el último recuento había más de 50 agencias en el pueblo, así que conviene visitar varias y comparar.

Circuitos estándar

Los siguientes destinos se cubren en los circuitos más populares ofrecidos por las agencias de San Pedro. Casi todos los turoperadores cobran más o menos lo mismo por estas salidas; conviene tener estos precios como referencia. Las tasas de entrada a los lugares que se visitan no se incluyen en el precio de los circuitos.

Valle de la Luna Sale de San Pedro a media tarde para ver la puesta de sol sobre el valle, y vuelve a primera hora de la noche. Incluye visitas al valle de la Luna, el valle de la Muerte y Tres Marías (16 000 CLP, entrada 10 000 CLP).

Géiseres de El Tatio Este circuito muy popular sale de San Pedro a las 4.00 o 5.00 para ver los géiseres a la salida del sol; se regresa entre las 12.00 y las 13.00. Casi todos los circuitos incluyen baños termales y desayuno (25 000 CLP, entrada 10 000 CLP).

Piedras Rojas y lagunas Sale de San Pedro entre las 7.00 y las 8.00 para ver los flamencos en la laguna Chaxa del salar de

San Pedro de Atacama

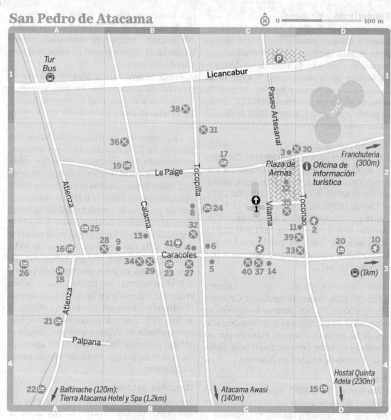

Atacama, después va a Socaire, las lagunas Miñiques y Miscanti, y acaba con una visita a las fotogénicas formaciones rocosas de Piedras Rojas. Vuelve entre las 16.00 y las 19.00 (45 000 CLP, entrada 5500 CLP).

Tulor y pucará de Quitor Los circuitos arqueológicos de medio día visitan estas dos ruinas precolombinas. Se sale entre las 8.00 y las 9.00 y se regresa entre las 13.00 y las 15.00 (unos 15 000 CLP, entradas 6000 CLP).

Tours 4 Tips   SENDERISMO
(www.tours4tips.com; plaza de Armas; ☉circuitos 10.00 y 15.00) Para conocer mejor San Pedro, se aconseja un informativo paseo con esta agradable empresa. En caminatas de 2 h por el pueblo y sus alrededores, los entusiastas guías relatan episodios fascinantes del pasado de San Pedro, hablan de las creencias y símbolos indígenas, las plantas del desierto

y los alucinógenos, e incluso un poco sobre mitología celestial.

Una Noche con las Estrellas   AIRE LIBRE
(☎móvil 9-5272-2201; www.unanocheconlasestrellas.cl; Calama 440; circuito astronómico 20 000 CLP; ☉10.00-23.00) Esta recomendable empresa lleva a un punto sin contaminación lumínica 6 km fuera de la población para contemplar las estrellas. Se imparte una pequeña 'clase' sobre los fenómenos astronómicos y después se puede mirar por cinco telescopios. Incluye tentempiés y bebidas.

Los circuitos salen a las 21.00 y 23.00 (20.00 y 20.30 en invierno).

Cordillera Traveler   CIRCUITOS
(☎55-320-5028; www.cordilleratraveller.com; Tocopilla 429-B; ☉9.00-21.00) Esta pequeña empresa familiar recibe halagos de los viajeros por su circuito a Uyuni, Bolivia.

San Pedro de Atacama

NORTE GRANDE SAN PEDRO DE ATACAMA

San Pedro de Atacama Celestial Explorations

AIRE LIBRE

(📞55-256-6278; www.spaceobs.com; Caracoles 166; 2½ h circuitos 25 000 CLP; ⏰11.00-21.00 dic-mar, hasta 19.00 abr-nov) Se puede realizar un circuito para ver el cielo nocturno desde San Pedro con **Servicios Astronómicos Maury y Compañía**. El astrónomo francés Alain Maury lleva a los viajeros al desierto, lejos de la contaminación lumínica, para disfrutar de las estrellas. Dispone de varios telescopios a través de los cuales los visitantes pueden mirar galaxias, nebulosas y planetas. Siempre hay estrellas fugaces.

Hay que reservar con mucha antelación. Los circuitos salen dos veces cada noche. Se debe llevar ropa de abrigo.

Centro de visitantes del ALMA

CIRCUITOS

(📞en Santiago 2-467-6416; www.almaobservatory. org; autovía 23, km 121; gratis con registro en línea) **GRATIS** Situado 55 km al sureste de San Pedro, el Atacama Large Millimeter/submillimeter Array (ALMA) consiste en 66 antenas, casi todas con un diámetro de unos 12 m. Este campo de 'orejas' interestelares simula un telescopio de 16 km de diámetro, que permite captar objetos en el espacio hasta cien veces más distantes que los detectados anteriormente.

Contáctese con el centro de visitantes del ALMA para concertar una visita. Es gratis, pero hay que registrarse antes en línea. Hay una lanzadera gratis desde Tumisa cerca de la avenida Pedro de Valdivia, que sale a las 9.00 y regresa a las 13.00.

Apacheta

AIRE LIBRE

(www.apacheta.travel; plaza de Armas; circuito astronómico 20 000 CLP; ⏰10.30-14.30 y 17.00-20.30) Frente a la plaza de Armas, esta empresa ofrece circuitos astronómicos de carácter científico; recibe reseñas positivas, aunque no va tan lejos de la población como otros competidores.

On Safari

CIRCUITOS EN MOTO

(📞móvil 9-7215-3254; www.onsafariatacama.com; 4 h circuito en moto 135 000 CLP) Ofrece circuitos en motocicleta, *quad*, todoterreno, bicicleta de montaña y de andinismo en la región de Atacama y más lejos. Otras opciones son circuitos de fotografía, avistamiento de aves o astronomía.

Rancho La Herradura

PASEOS A CABALLO

(📞55-285-1956; www.atacamahorseadventure.com; Tocopilla 406; ⏰9.00-20.00) Se puede hacer turismo desde una silla de montar en varios sitios, incluido el rancho La Herradura. Los circuitos van de 2 h por 20 000 CLP a travesías de 10 días acampando en el desierto.

Desert Adventure CIRCUITOS
(☑móvil 9-9779-7211; www.desertadventure.cl; esq. Caracoles y Tocopilla; ⊙9.30-21.00) Ofrece todo el espectro de circuitos. Se distingue por su circuito etnocultural de 2 h Caravana Ancestral que va en llama por rutas usadas por los atacameños en siglos pasados (25 000 CLP).

Terra Extreme CIRCUITOS
(☑55-285-1274; www.terraextreme.cl; Toconao s/n; ⊙9.00-21.00) ✔ Todos los circuitos habituales en una flota bien cuidada de vehículos propios.

Circuitos menos habituales

Se puede realizar una excursión de un día entero a los géiseres de El Tatio por la mañana, continuar hacia los pueblos de Caspana y Chiu Chiu, y luego al pucará de Lasana, para terminar en Calama (un buen circuito antes de tomar el vuelo al día siguiente), o regresar a San Pedro.

Otros circuitos de popularidad creciente son las excursiones a la laguna Cejar y Ojos del Salar (se puede nadar en los dos sitios, y en Cejar se flota como en el mar Muerto), al valle del Arcoíris, con sus formaciones rocosas multicolores, y al salar de Tara; esta última es una de las excursiones más espectaculares –pero agotadora– desde San Pedro: un viaje de ida y vuelta de 200 km hasta los 4300 m de altitud.

Estos circuitos no salen con tanta regularidad como los habituales y son más caros.

🎉 Fiestas y celebraciones

Carnaval CARNAVAL
(⊙feb o mar) Bailarines disfrazados y desfiles.

Fiesta de Nuestra Señora de la Candelaria RELIGIOSA
(⊙feb) A principios de febrero, se celebra con bailes.

Fiesta de San Pedro y San Pablo RELIGIOSA
(⊙29 jun) Los vecinos la festejan con bailes populares, misa, una procesión de estatuas, un rodeo y danza moderna que se descontrola a medianoche.

🛏 Dónde dormir

Hostal Pangea ALBERGUE $
(☑55-320-5080; www.hostalpangea.cl; Le Paige 202; dc/d 13 000/43 000 CLP; ☎) Es un favorito de los viajeros por su excelente ubicación

céntrica, amable personal y precios ajustados. El amplio y colorido patio es un lugar maravilloso para conocer otros viajeros. Puede haber ruido de noche y es más un lugar para socializar que para relajarse.

Hostal Sonchek ALBERGUE $
(☑55-285-1112; www.hostalsonchek.cl; esq. Paige y Calama; dc 12 000 CLP, d 44 000 CLP, i/d sin baño 16 000/27 000 CLP; ☎) Techos de paja y paredes de adobe caracterizan las habitaciones de este encantador albergue con buena relación calidad-precio. En el centro hay un pequeño patio, dispone de una cocina comunitaria, consigna y un jardín trasero con mesas de ping-pong y algunas mesas. Los baños compartidos con duchas usan energía solar y están limpios.

Hostal Edén Atacameño ALBERGUE $
(☑55-259-0819; http://edenatacameno.cl; Toconao 592; i/d incl. desayuno 25 000/40 000 CLP, sin baño o desayuno 12 000/24 000 CLP; 🅿@☎) Este relajado albergue tiene habitaciones alrededor de un par de patios para socializar, con hamacas y muchos asientos. Los huéspedes pueden utilizar la cocina, y hay servicio de lavandería y espacio para guardar equipaje. Los baños compartidos están limpios.

Hostelling International ALBERGUE $
(☑55-256-4683; hostelsanpedro@hotmail.com; Caracoles 360; dc/d 12 000/45 000 CLP, d/tr/c sin baño 30 000/38 000/45 000 CLP; ☎) Ofrece dormitorios –con algunas literas de casi 3 m de alto– y unas cuantas dobles en torno a un patio central. Tiene una cocina comunitaria y taquillas, y el personal reserva circuitos. Los socios de HI gozan de 2000 CLP de descuento.

★Hostal Quinta Adela B&B $$
(☑55-285-1272; www.quintaadela.com; Toconao 624; h desde 73 000 CLP; @☎) Acogedor y familiar, a corta distancia a pie del pueblo, con siete habitaciones de estilos distintos y una sombreada terraza. Junto a un huerto con hamacas. Hay consigna y la hora de registro y salida es flexible.

Hostal Puritama PENSIÓN $$
(☑55-285-1540; www.hostalpuritama.cl; Caracoles 113; i/d 38 000/48 000 CLP, sin baño 20 000/34 000 CLP; ☎) En la calle principal de San Pedro, ofrece habitaciones pulcras, con mobiliario sencillo, aunque algunas tienden a pequeñas. Hay mesas en el sombreado jardín.

Hotel Loma Sánchez   HOTEL **$$**
(📱móvil 9-9277-7478; www.lomasanchez.cl; Caracoles 259-A; d/tr 55 000/75 000 CLP, i/d sin baño desde 25 000/30 000 CLP; 🛜) En el centro de la calle de Caracoles, tiene un jardín trasero lleno de pequeñas *yurtas* de paredes de adobe y techos de paja que ofrecen un alojamiento evocador, aunque algo fresco. Tiene también habitaciones más tradicionales, con suelos de madera y objetos decorativos de tejidos locales.

**Takha Takha Hotel
y Camping**   HOTEL, CAMPING **$$**
(📞55-285-1038; www.takhatakha.cl; Caracoles 101-A; parcelas 13 000 CLP, i/d 54 000/62 000 CLP, sin baño 21 000/41 000 CLP; 🛜🏊) Parcelas aceptables, habitaciones baratas muy sencillas y alojamientos impecables de precio medio en torno a un extenso jardín con piscina. Goza además de una gran situación y personal simpático.

Hotel Don Sebastián   HOTEL **$$**
(📱móvil 9-7966-9943; www.donsebastian.cl; Domingo Atienza 140; i/d 70 000/90 000 CLP, cabañas 100 000-110 000 CLP; 🅿️@🛜) Hotel de categoría media a un salto del pueblo, con habitaciones bien equipadas y con calefacción, y unas cuantas cabañas con minicocinas. Las zonas compartidas son agradables, pero a veces se llena de grupos turistas.

Hostal Lickana   ALBERGUE **$$**
(📞55-256-6370; www.lickanahostal.cl; Caracoles 140; i/d 49 000/65 000 CLP; 🅿️🛜) En una transversal de la calle principal, ofrece habitaciones limpísimas con armarios grandes, colchas de colores y patios con techo de paja; carece de las zonas comunes de otros albergues.

Katarpe Hostal   HOTEL **$$**
(📞55-285-1033; Domingo Atienza 441; i/d 55 000/67 000 CLP; 🅿️🛜) Una estupenda ubicación cerca de Caracoles, habitaciones de buen tamaño, sábanas almidonadas y buenas camas la convierten en una buena opción, pero sin aspavientos. Las habitaciones se disponen en torno a un par de patios, uno de ellos con mesas largas de madera. También hay servicio de lavandería y el personal es amable.

Hotel Kimal   HOTEL-BOUTIQUE **$$$**
(📞55-285-1030; Atienza; i/d 121 000/135 000 CLP, cabañas i/d desde 111 000/124 000 CLP; 🛜🏊) Una opción de categoría a un corto paseo al sur de la calle principal. Tiene habitaciones encantadoras con paredes de adobe, suelos de madera, baños modernos y todas las comodidades (mininevera, servicio de habitaciones), además de unos bonitos terrenos con piscina. Se pueden solicitar masajes, asistir a una clase de hatha yoga o reservar una excursión.

Alquila también cabañas independientes en un descuidado jardín al otro lado de la calle.

Atacama Awasi   HOTEL **$$$**
(📱móvil 9-7659-1320; www.awasiatacama.com; Tocopilla 4; i/d todo incluido desde 675/1350 US$; 🅿️🏊) Este hotel, 1 km al sur del pueblo, es uno de los más selectos de la zona. Las habitaciones están decoradas con materiales del lugar (hasta la sal de los baños proviene de allí) en un diseño entre rústico y chic. Hay un restaurante de primera, una bonita piscina y un guía/conductor personal para cada huésped.

Tierra Atacama Hotel & Spa   HOTEL **$$$**
(📞55-255-5977; www.tierrahotels.com; Séquitor s/n; i/d todo incluido 2 noches 2000/3100 US$; 🅿️@🛜🏊) Todas las comodidades lujosas y un derroche de estilo aguardan en este retiro estilo resort 1,5 km al sur de Caracoles. Las habitaciones, con suelos de piedra y un aire minimalista y ecológico, disponen de duchas al aire libre y terrazas con vistas fabulosas de Licancabur. Hay un *spa* y un restaurante. Las tarifas incluyen comida, bebida y circuitos.

Hotel Terrantai   HOTEL **$$$**
(📞55-285-1045; www.terrantai.com; Tocopilla 411; d 155 000-190 000 CLP; 🅿️🛜🏊) Quizá el más íntimo y céntrico de los hoteles de lujo de San Pedro. Destaca por su arquitectura: unos pasadizos altos y estrechos construidos con cantos rodados del río Loa conducen hasta las elegantes habitaciones con textiles andinos y ventiladores cenitales. Las habitaciones de categoría superior, algo más caras, tienen más espacio, más luz y vistas más bonitas. Por detrás hay un sombreado jardín con esculturas, una piscina y un bar.

🍴 Dónde comer

Franchuteria   PANADERÍA **$**
(Le Paige 527; cruasán 1100-2500 CLP; ⏰7-00-20.30) Unos 500 m al este de la plaza está la mejor panadería de San Pedro. Ofrece productos horneados, como *baguettes* con ingredientes como queso roquefort e higos, o queso de cabra y orégano, además de cruasanes de mantequilla, que se preparan también rellenos, p. ej. de manjar (dulce de leche).

Se pueden saborear estas delicias con un expreso en la zona estilo jardín de la parte delantera.

Babalú
HELADERÍA $

(Caracoles 140; helados 1900-3900 CLP; ⊙10.00-22.00) Es una de las varias heladerías de la calle principal y sirve sabores que no se encontrarán en casa. Se pueden probar helados de frutos del desierto como chañar o algarrobo, además de pisco sour, hoja de coca y sorpresas deliciosas como quinua. ¡Imposible equivocarse!

Tchiuchi
POLLO $

(Toconao 424; platos principales 3200-6000 CLP; ⊙12.00-16.00 y 17.00-23.00 ju-ma) Si los elevados precios de San Pedro han desanimado al viajero, puede ir a este práctico asador de pollos. Un cuarto de pollo con patatas fritas le reanimará por solo 3200 CLP. Se puede comprar para llevar y hacer un pícnic.

Café Peregrino
CAFETERÍA $

(Gustavo Le Paige 348; platos principales 3500-6000 CLP; ⊙9.00-21.00; 🛜🍴) Con vistas a la plaza, este café bien situado tiene algunas mesas a la sombra. Para comer, prepara *pizzas*, quesadillas, sándwiches, tortitas (para el desayuno) y buenos pasteles y bollería, además de expresos y capuchinos.

Salón de Té O2
CAFÉ $

(Caracoles 295; platos principales sobre 3000-6000 CLP; ⊙7.00-23.00 lu-sa, 8.00-23.00 do; 🛜) Desayunos, unas quiches magníficas, jugosos sándwiches de carne y unas tartas de fábula son lo mejor de este café. En el umbrío patio trasero se puede pasar la tarde.

Tahira
CHILENA $

(Tocopilla 372; 4500-9000 CLP; ⊙12.00-23.00) Café con más chilenos que extranjeros, platos sencillos pero satisfactorios y barbacoas los fines de semana.

La Casona
CHILENA $$

(📋55-285-1337; Caracoles 195; platos principales 9000-14 000 CLP; ⊙12.00-24.00 mi-lu; 🛜) Este comedor con techos altos, panelado de madera oscura y una chimenea de adobe en el centro, es un lugar clásico para tomar parrilladas y especialidades chilenas como pastel de choclo. La carta de vinos chilenos es larga y se puede almorzar al aire libre en un patiecito.

Las Delicias de Carmen
CHILENA $$

(Calama 370; almuerzos especiales 4000-7000 CLP, platos principales 8000-14 000 CLP; ⊙8.30-22.30;

🛜🍴) Grandes desayunos, deliciosos pasteles y empanadas, *pizzas* hechas al horno de ladrillo y diversos platos se cocinan a diario en este restaurante luminoso con frondosas vistas. Los platos del día, como cazuela (guiso) o sopa de zanahoria y jengibre, y el abundante menú del día (de tres platos) para el almuerzo, atraen a una multitud.

Todo Natural
INTERNACIONAL $$

(www.tierratodonatural.cl; Caracoles 271; platos principales 8000-12 800 CLP; ⊙12.00-23.00; 🛜🍴) Los ingredientes del país, como la quinua, las influencias asiáticas, los sándwiches con pan de trigo integral, las buenas ensaladas y otras propuestas saludables definen su larga carta. El servicio es irregular, pero la comida es buena; hay opciones vegetarianas.

La Plaza
INTERNACIONAL $$

(plaza de Armas; platos principales 5000-10 000 CLP; ⊙8.00-21.00) La comida es impredecible, pero este local es uno de los más encantadores de la población, con mesas con parasoles frente al verdor de la plaza.

El Toconar
INTERNACIONAL $$

(esq. Toconao y Caracoles; platos principales 5000-12 000 CLP; ⊙12.00-1.00) Dispone de uno de los mejores jardines de la localidad, con hogueras para las noches frías del desierto. También ofrece una amplia carta y una estupenda selección de cócteles, como pisco sours infusionados con hierbas del desierto.

El Charrua
PIZZERÍA $$

(Tocopillo 442; platos principales 6000-11 000 CLP; ⊙12.00-23.00) Este modesto localito cerca de la calle principal prepara las mejores *pizzas* de masa fina de la población. Hay pocas mesas, pero la espera merece la pena. No sirve alcohol.

Blanco
INTERNACIONAL $$

(📋55-285-1301; Caracoles 195B; platos principales 8500-11 000 CLP; ⊙7.00-24.00 mi-lu; 🛜) El restaurante más moderno de la localidad es este espacio blanco cubierto de adobe y artísticas pantallas de bambú, con una terraza trasera con brasero, una buena selección de platos y un ambiente animado. Se aconsejan el *risotto* de pescado y marisco, la ensalada mediterránea y las *pizzas*.

Ckunna
INTERNACIONAL $$

(📋55-298-0093; www.ckunna.cl; Tocopilla 359; platos principales 9000-13 800 CLP; ⊙12.00-15.00 y 19.00-23.30; 🛜) Pastas caseras y fusión de comida del altiplano y mediterránea servidas

EXCURSIÓN A UYUNI, BOLIVIA

Lagos del altiplano, caprichosas formaciones rocosas, flamencos, volcanes y, sobre todo, el salar de Uyuni; estas son algunas de las recompensas de apuntarse a una excursión a Bolivia, al noreste de San Pedro de Atacama. Conviene avisar: no es un paseo cómodo por la campiña; por cada cinco viajeros que proclaman que la excursión ha sido el momento culminante de su viaje, hay otro que la califica de pesadilla.

Las excursiones habituales duran tres días en los que se cruza la frontera boliviana en Hito Cajón, se pasa por la laguna Colorada y se continúa hasta el salar de Uyuni antes de terminar en el pueblo de Uyuni. La tarifa normal de unos 115 000 CLP incluye transporte en todoterrenos abarrotados, alojamiento básico donde a menudo se pasa frío y la comida; por 15 000-25 000 CLP extras se regresa a San Pedro el cuarto día (algunos turoperadores conducen la noche del tercer día). Hay que llevar bebidas y tentempiés, ropa abrigada y un saco de dormir. Los viajeros pasan por la inmigración chilena en San Pedro y por la boliviana al llegar a Uyuni. Algunas nacionalidades necesitan visado (160 US$); conviene ir preparado. La tasa de entrada a los parques bolivianos no está incluida, y es de unos 20 000 CLP.

Ninguna de las agencias que ofrecen esta excursión suscita comentarios elogiosos. Cordillera Traveler (p. 146) suele obtener buenas reseñas de los viajeros.

en una antigua escuela, no lejos de la calle principal, con un bar acogedor y una terraza con fuego.

★ **Baltinache** CHILENA $$$
(☎móvil 9-3191-4225; Atienza; menú de 3 platos 15 000 CLP; ◐13.00-16.00 y 19.30-22.00) A un breve paseo al sur de la bulliciosa Caracoles, este local ofrece una de las mejores cocinas de San Pedro. Las paredes de adobe lucen obras de arte inspiradas en los geogflifos y las velas titilan en esta elegante joya. La carta cambia de noche y ofrece productos locales de gran calidad, como trucha de río, sopa de verduras con queso de cabra, conejo y postres elaborados con frutos del desierto. Hay que reservar.

Adobe INTERNACIONAL $$$
(☎55-285-1132; Caracoles 211; platos principales 11 000-14 000 CLP; ◐11.00-1.00; 🛜) Es popular entre los viajeros por su rusticidad estudiada, su decoración con arte en roca, bancos para sentarse y una hoguera en el comedor al aire libre. Sirve platos sabrosos pero caros, como *risotto* de quinua con setas o cordero con *tabulé* y *hummus*. También es un buen lugar para una copa.

🍷 Dónde beber y vida nocturna

A San Pedro le gusta el turismo, pero no los fiesteros a altas horas de la noche. Solo hay un bar y no vende alcohol después de la 1.00. Las noches son cortas para los viajeros que salen en un circuito temprano; despertarse a las 4.00 para una excursión a El Tatio es suficiente para un dolor de cabeza sin resaca.

De todos modos, hay algún bar-restaurante acogedor, donde los viajeros intercambian historias alrededor del fuego y disfrutan de las *happy hours*.

Chelacabur BAR
(Caracoles 212; ◐12.00-1.00) El único bar de la población atrae a residentes y extranjeros, que acuden por sus cervezas frías, su ambiente festivo pero tranquilo y una banda sonora roquera. También se pueden ver partidos de fútbol.

No sirve comida, pero se puede llevar una *pizza* de El Churruá, a la vuelta de la esquina.

ℹ️ Información

Hay tres cajeros automáticos (dos en Caracoles y uno frente al museo), pero como no siempre dan dinero conviene llevar bastante efectivo, por si acaso. Muchos establecimientos aceptan tarjetas, pero algunos solo efectivo.

Hay wifi gratis en la plaza principal (si funciona).
Oficina de información turística (☎55-285-1420; esq. Toconao y Le Paige; ◐9.00-21.00) Ofrece consejos, mapas y folletos. En su libro de comentarios se pueden leer reseñas actualizadas de otros viajeros sobre empresas de circuitos, albergues, transporte y demás.
Posta Médica (☎55-285-1010; Le Paige s/n) La clínica local, en la plaza.

ℹ Cómo llegar y salir

San Pedro cuenta con una nueva **terminal de autobuses** (Tumisa s/n), 1 km al sureste de la plaza, de donde salen y llegan todos los autobuses. La empresa **Tur Bus** (☏55-268-8711; Licancabur 154) tiene una oficina en el centro donde se pueden reservar billetes.

Buses Atacama 2000 (⊗8.00-19.00) tiene salidas regulares a Calama (desde 3000 CLP, 3 diarios), donde se puede hacer transbordo a su autobús a Uyuni. **Buses Frontera del Norte** va a Calama (5 diarios), además de a Arica (desde 18 000) e Iquique (15 000 CLP), con salida a las 21.45 cada noche.

Tur Bus fleta autobuses cada hora a Calama (3000-4000 CLP), desde donde se puede seguir hacia los principales destinos de Chile.

Andesmar (☏55-259-2692; www.andesmar. com) va a Salta y Jujuy, Argentina, y sale a las 8.00 los miércoles y domingos (desde 30 000 CLP, 12 h con tiempo en la frontera). Pullman Bus parte a las 9.30 los miércoles, viernes y domingos por precios similares. **Géminis** (☏55-289-2065) viaja también a Salta (32 000 CLP, 12 h) los martes, viernes y domingos a las 9.30.

Varias agencias de la ciudad ofrecen traslados al aeropuerto de Calama, como **Tour Magic,** que opera tres servicios diarios desde la terminal de autobuses al aeropuerto (8000 CLP/persona, 1½ h).

ℹ Cómo desplazarse

Las bicicletas de montaña son perfectas para asarse pedaleando por San Pedro. Hay que llevar mucha agua y crema solar. Varias agencias y albergues las alquilan; el precio normal son unos 6000 CLP por día. Algunas agencias facilitan mapas fotocopiados para guiarse en las excursiones.

Alrededores de San Pedro de Atacama

La mayoría de los viajeros visitan esta zona en circuitos guiados, aunque se puede explorar en coche propio, si se dispone de uno. Se puede llegar a varios lugares (incluido el valle de la Muerte) a pie, aunque la bicicleta es una opción más ecológica. No hay transporte público en la zona.

Unos 3,5 km al oeste de San Pedro, el impresionante valle de la Muerte (cerca de Ruta 23; 3000 CLP; ⊗9.00-20.00) debería ser un punto obligado de cualquier itinerario por la región, con rocas escarpadas, una elevada duna de arena y espectaculares vistas sobre la cordillera en la lejanía. Su nombre es una distorsión lingüística de "valle de Marte", que define mejor su paisaje de rocas rojas y belleza sobrenatural.

Los grupos turísticos suelen llegar por la tarde para dirigirse después al cercano valle de la Luna a ver el atardecer. Es un sencillo trayecto en bicicleta (o una larga caminata), y también se puede ir en coche propio. La alta duna de arena es un gran destino para practicar *sandboard;* empresas como Sandboard San Pedro (p. 145) ofrecen salidas tanto matutinas como vespertinas.

El observatorio La Silla (☏urgencias 9-9839-5312; www.eso.org/public/teles-instr/lasilla) alberga varios telescopios potentes y se han realizado investigaciones astronómicas que han dado como fruto importantes descubrimientos. Se puede conocer mejor el lugar en un circuito semanal, los sábados a las 14.00, aunque se tiene que llegar como muy tarde a las 13.30. También se necesita transporte propio. Para concertar un circuito, hay que rellenar una solicitud en línea.

Unas estructuras circulares de adobe se apiñan en las ruinas de la aldea de Tulor (3000 CLP; ⊗9.00-19.00), la aldea más antigua excavada en la región. Es un desvío interesante 11 km al suroeste de San Pedro. Se puede llegar en vehículo propio, conduciendo por pistas de arena, o en bicicleta de montaña. De todos modos, se aprovecha más la experiencia en un buen circuito guiado.

Si se va solo, suele haber un guía que puede facilitar detalles históricos (incluido en la entrada).

En lo alto de un promontorio que domina el río San Pedro, se ven las ruinas del pucará de Quitor (3000 CLP; ⊗8.30-19.00), del s. XII, uno de los últimos bastiones contra Pedro de Valdivia y los conquistadores españoles en el norte de Chile. Los indígenas lucharon con bravura, pero fueron derrotados, y muchos, decapitados al momento. Un centenar de recintos defensivos se aferran a las laderas del cerro como grandes nidos de piedra, y desde lo alto se contempla una vista impresionante de todo el oasis.

La fortificación queda 3,5 km al noroeste de San Pedro y se llega con facilidad a pie, en bicicleta o automóvil. El mirador cierra a las 18.00.

Las idílicas Termas de Puritama (adultos/niños 15 000/7000 CLP; ⊗9.30-17.15) se agrupan en un cañón en zigzag, unos 30 km al noreste de San Pedro de camino a El Tatio. Su temperatura es de unos 33°C, y hay varias cascadas, piscinas y vestuarios. Pocos circuitos paran en este lugar debido al considerable precio de la entrada, pero se puede llegar en taxi o en vehículo propio. Las termas quedan a 20 min a pie desde el aparcamiento.

Es preciso llevar comida, agua y protector solar. Hay que ir temprano para evitar el gentío. Es más barato de lunes a viernes después de las 14.00 (9000 CLP).

Reserva Nacional Los Flamencos

Con sus 740 km², la Reserva Nacional Los Flamencos (entrada puede variar según lugar; ☺horario variable) alberga uno de los paisajes más espectaculares del norte de Chile. En un entorno reseco y prístino, se hallan enormes salinas, crestas rojizas de aspecto lunar y lagos de color topacio que brillan ante un fondo de elevados picos montañosos. Dada la gran diversidad geológica, se necesitaría por lo menos una semana para ver adecuadamente esta vasta reserva, que abarca siete sectores geográficamente diferentes al sur, este y oeste de San Pedro de Atacama.

⊙ Puntos de interés

Laguna Cejar   LAGO
(10 000-15 000 CLP; ☺9.00-17.00) San Pedro tiene su propia versión mini del mar Muerto, solo 22 km al sur del pueblo. En este lago de color topacio se flota sin esfuerzo gracias a su alta concentración de sal, y es un buen lugar para contemplar el horizonte montañoso. Cejar es solo uno de los tres lagos del lugar, en los otros dos (laguna Piedra y laguna Baltinache) no se permite el baño, pero a menudo se ven flamencos.

El precio es de 10 000 CLP por la mañana y de 15 000 CLP a partir de las 14.00. Hay duchas y vestuarios, aunque se tiene que llevar la toalla y lo imprescindible.

Quebrada de Jere   DESFILADERO
(2000 CLP; ☺8.00-20.00) Una mancha verde en el paisaje desértico, este desfiladero largo y estrecho gusta a excursionistas, nadadores y escaladores en roca.

Laguna Chaxa   LAGO
(2500 CLP, ☺8.00-20.00) La dentada corteza del salar de Atacama parece producto de un momento de locura de Dios con la brocha. Pero entre estos rugosos cristales sin vida hay un oasis de actividad: la acre laguna Chaxa, unos 25 km al suroeste de Toconao y a 65 km de San Pedro, es el lugar de reproducción de flamencos de más fácil acceso de la Reserva Nacional Los Flamencos.

Tres de las cinco especies conocidas (chileno, andino y de James) pueden verse en esta laguna de sal, así como chorlitos, fochas y patos; hay que traer un teleobjetivo y ser rápido de reflejos. La salida del sol es el momento en que las aves se alimentan, aunque el parque no abre hasta las 8.00. También es muy bonito al atardecer.

Valle de la Luna   NATURALEZA
(3000 CLP; ☺9.00-18.00) Contemplar la puesta de sol desde el maravilloso valle de la Luna es una experiencia inolvidable. Desde lo alto de una duna de arena gigante se puede disfrutar de vistas espectaculares mientras el sol se desliza por debajo del horizonte y se produce una bella transformación: el distante anillo de volcanes, la ondulada cordillera de la Sal y los surrealistas paisajes lunares del valle se cubren de repente de intensos tonos púrpura, rosa y dorados.

El valle de la Luna se llama así por la apariencia lunar de sus formaciones rocosas, erosionadas durante millones de años por el agua y el viento; se encuentra situado 15 km al oeste de San Pedro de Atacama en el extremo norte de la cordillera de la Sal y forma parte de la Reserva Nacional Los Flamencos.

El valle es el destino del circuito organizado más popular y barato de San Pedro; se suele salir sobre las 16.00 y deja tiempo suficiente para explorarlo antes de la puesta del sol. Si se quieren evitar las docenas de furgonetas turísticas, que efectúan las mismas paradas, lo mejor es elegir otra hora. Algunos vienen al alba para eludir el gentío del amanecer.

Además de ver el atardecer, el valle ofrece varias rutas que pasan por formaciones geológicas y cavernas (hay que llevar linterna).

Es fácil llegar en coche (no es necesario un todoterreno). Una estupenda forma de ir es en bicicleta de montaña, pero hay que mantenerse en las carreteras y pistas, y asegurarse de llevar luces y reflectores si se está hasta la puesta de sol. Solo se debe aparcar en el arcén u otras zonas reservadas al efecto; las rodadas de los neumáticos dañan el frágil desierto.

Laguna Miñiques   LAGO
(incl. entrada hasta laguna Miscanti 3000 CLP; ☺9.00-18.00) El más pequeño de dos espectaculares lagos alpinos resulta asombroso con su resplandeciente superficie azul ante un telón de fondo de picos cubiertos de nieve.

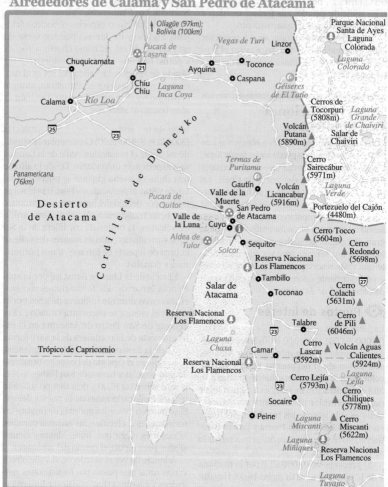

Socaire

POBLACIÓN

Con menos de 500 habitantes, esta minúscula aldea es famosa por su iglesia tradicional. Se pueden encontrar artesanías locales.

Laguna Miscanti

LAGO

(incl. entrada hasta laguna Miñiques 3000 CLP; ☺9.00-18.00) Un brillante lago azul de agua dulce dominado por volcanes nevados.

❶ Cómo llegar y salir

No hay transporte público en la zona. Casi todos los visitantes llegan en circuitos organizados desde San Pedro, pero se puede ir en coche propio y así evitar el gentío.

Géiseres de El Tatio

Visitar los mundialmente famosos **géiseres de El Tatio** (10 000 CLP; ☺6.00-18.00) al alba es como caminar por un gigantesco baño de vapor, rodeado de volcanes y alimentado por 64 borboteantes géiseres y un centenar de fumarolas gaseosas. Las columnas de vapor componen una visión dantesca con un fondo sonoro de borboteos y silbidos. Sin embargo, la experiencia no tiene nada que ver con meterse en una bañera, a menos que se trate de una bañera en el Ártico: el amanecer es gélido.

A 4300 m sobre el nivel del mar, El Tatio es el campo de géiseres más alto del mundo. El espectáculo de sus humeantes fumarolas en la claridad azul del altiplano es inolvidable, y las estructuras minerales que se forman cuando se evapora el agua hirviendo son de extraordinaria belleza. Al amanecer, los rayos del sol coronan los volcanes circundantes e iluminan el vapor.

Hay que andar con cuidado: si la corteza de tierra es muy fina se pueden sufrir quemaduras graves al caerse a piscinas subterráneas de agua hirviendo. Es preciso llevar varias capas de ropa: a la salida del sol el frío es intenso, pero al regreso uno se tuesta en el vehículo.

Los géiseres están 95 km al norte de San Pedro de Atacama y su explotación se cedió a los indígenas atacameños en el 2004. Hay que hacer una parada para pagar la tasa de entrada (10 000 CLP) en el quiosco de la administración del campo, unos 2 km antes de los géiseres.

Si se va en automóvil hay que salir de San Pedro no más tarde de las 4.00 para llegar a los géiseres al amanecer. La ruta hacia el norte está señalizada desde San Pedro, pero algunos conductores prefieren seguir a los microbuses de los circuitos en la oscuridad. Es una carretera abrupta y se recomienda un todoterreno, aunque hay que consultar las condiciones del firme en la oficina turística si se va a conducir un vehículo más pequeño.

Si se alquiló el vehículo en Calama, quizá sea preferible regresar por los pintorescos pueblos de Caspana y Chiu Chiu y no por San Pedro. Algunos circuitos procedentes de Calama y San Pedro toman también esta ruta.

Calama

055 / 148 000 HAB. / 2250 M ALT.

Aunque parezca aburrida y sucia, se da la circunstancia de que Calama es el orgullo y la alegría del norte de Chile: un motor de la economía que engrosa año tras año las arcas del país con el dinero de las minas de cobre; y a pesar de que recibe pocos visitantes –la mayoría de la gente solo se detiene aquí para hacer noche (si se ven obligados) de camino a San Pedro de Atacama–, esta ciudad minera posee el atractivo visceral de la autenticidad, de la fidelidad a sí misma.

Calama se asienta en la orilla norte del río Loa. Aunque la ciudad ha crecido por el aluvión de mineros de Chuquicamata, su casco sigue siendo acogedor para los peatones. La calle Ramírez empieza en un bonito paseo peatonal que conduce a la umbrosa plaza 23 de Marzo, llena de puestos y palomas.

Dónde dormir

Hostería Calama   HOTEL $
(55-234-2033; www.hosteriacalama.cl; Latorre 1521; i/d/tr desde 45 000/52 000/60 000 CLP; P@) El hotel más sofisticado del centro de Calama dispone de habitaciones enmoquetadas de decoración clásica, algunas con frondosas vistas. Tiene todas las comodidades de un hotel de categoría, incluido un gimnasio, restaurante y patio. Las habitaciones de de-

lante son ruidosas, pero tiene balcones a la sombra de los árboles.

Hotel Atenas   HOTEL $

(☎55-234-2666; Ramírez 1961; i/d 20 000/25 000 CLP; ☎) Cerca del paseo peatonal, es el mejor hotel barato de Calama: un oscuro laberinto de habitaciones con baños limpios y amplios y bien situado.

Hotel Anpaymi   HOTEL $$

(☎55-234-2325; Sotomayor 1980; i/d 35 000/45 000 CLP; ☎) Su tranquilidad sorprende dada su ubicación en el bullicio del centro. Las dobles salen muy a cuenta, con suelos de madera, mucho espacio y baños chiquitos; en las habitaciones individuales falta sitio, pero no están mal.

Hotel El Mirador   HOTEL $$

(☎55-234-0329; www.hotelmirador.cl; Sotomayor 2064; i/d desde 45 000/55 000 CLP; P☎) Este histórico hotel tiene habitaciones de estilo colonial con un agradable ambiente como de casa de la abuela y baños pequeños, todo en derredor de un patio bañado por el sol.

🍴 Dónde comer y beber

Mercado central   MERCADO $

(Latorre; menú comidas 3500 CLP) Para comer rápido y saciarse lo mejor son las cocinerías (casas de comidas) de este pequeño mercado entre Ramírez y Vargas.

Bávaro   CHILENA $$

(Sotomayor 2095; platos principales 5500-11 000 CLP; ⊗8.30-23.00 lu-vi, 10.00-23.00 sa, 12.00-22.00 do; ☎) Parte de una cadena que cubre gran parte del norte de Chile, este lugar todavía respira un encanto rústico y sirve una buena variedad de platos de carne y pescado. La cafetería del piso inferior ofrece comidas ligeramente más económicas.

Pasión Peruana   PERUANA $$

(esq. Abaroa y Ramírez; platos principales 9000-14 000 CLP; ⊗12.00-23.00 lu-sa, hasta 18.00 do) Uno de los mejores restaurantes de Calama, este fabuloso local multifunción sirve platos peruanos y chilenos. Está situado en un borde de la plaza.

Maracaibo Café   CAFÉ

(Latorre, cerca de Mackenna; ⊗10.00-21.00 lu-vi) Un encantador café soleado con alma venezolana (y arepas deliciosas) situado en un pequeño centro comercial. Ofrece café fuerte, postres y contundentes platos para el almuerzo (5000-6000 CLP).

ℹ️ Información

Varios bancos del centro disponen de cajeros automáticos y algunos cambian moneda. **Hospital Carlos Cisternas** (☎55-265-5721; http://hospitalcalama.gob.cl; Carlos Cisternas 2253) Cinco cuadras al norte de la plaza 23 de Marzo.

ℹ️ Cómo llegar y desplazarse

AVIÓN

El **aeropuerto El Loa** (☎55-234-4897; www.cacsa.cl) está 7 km al sur de Calama. Los taxis privados desde el aeropuerto cobran 5700 CLP; los traslados en microbús cuestan 3500 CLP por persona y dejan en el hotel. Los taxis (28 000-40 000 CLP) llevan a los turistas a San Pedro de Atacama, pero resulta más barato organizar el traslado con antelación (15 000-20 000 CLP); se puede probar con **Transfer Lincancabur** (☎55-254-3426). También hay varios servicios directos diarios de autobús desde el aeropuerto de Calama a San Pedro con **Tour Magic** (p. 152) (8000 CLP/persona, 1½ h).

LATAM (☎600-526-2000; www.latam.com; Latorre 1726; ⊗9.00-13.00 y 15.00-18.30 lu-vi, 10.00-13.00 sa) vuela a Santiago (desde 75 000 CLP, 2 h) varias veces cada día.

Sky (☎600-600-2828; www.skyairline.cl) también opera vuelos a Santiago (desde 50 000 CLP).

AUTOBÚS

El grueso de las compañías se concentra en la avenida Balmaceda y Antofagasta. Las principales empresas son **Condor Bus/Flota Barrios** (☎55-234-5883; www.condorbus.cl; av. Balmaceda 1852) y **Expreso Norte** (☎55-255-6845; www.expresonorte.cl; Balmaceda 1902). Los servicios de autobús al norte y al sur por la Panamericana incluyen los siguientes:

DESTINO	PRECIO (CLP)	HORAS
Antofagasta	6000	3
Arica	15 000	10
Iquique	13 000	7
La Serena	23 000	14
Santiago	32 000	22

Tur Bus (☎55-268-8812; www.turbus.cl; Ramírez 1852) ofrece servicios regulares a San Pedro de Atacama (3000-4000 CLP, 1½ h) desde la principal **terminal de Calama** (av. Granaderos 3051). **Buses Frontera** (☎55-282-4269; Antofagasta 2046) fleta también autobuses diarios a San Pedro (3000 CLP, 1½ h, 3 diarios), al igual que **Buses Atacama 2000** (☎9-7403-2022; Abaroa 2106).

Los autobuses internacionales siempre se llenan, así que conviene reservar con la máxima antelación posible. Para llegar a Uyuni, en Bolivia (12 000, 9 h), pasando por Ollagüe (9000 CLP, 3 h), hay que preguntar en Buses Frontera y Buses Atacama 2000; como solo salen autobuses unas cuantas veces por semana, hay que comprar los billetes con tiempo.

Pullman (📞55-234-1282; www.pullmanbus. cl; Balmaceda 1974) proporciona servicios a Salta y Jujuy, Argentina, los lunes, miércoles y viernes por la mañana a las 8.00 (35 300 CLP, 12 h), y **Géminis** (📞55-289-2050; www.geminis. cl; Antofagasta 2239) los martes, viernes y domingos a las 7.30 (35 000 CLP). Los billetes deben comprarse con antelación en los meses de pleno verano.

AUTOMÓVIL

Entre las agencias de alquiler se cuentan **Hertz** (📞55-234-1380; parque Apiac, sitio 3c; 🕐8.00-19.00 lu-vi) y **Avis** (📞55-279-3968; aeropuerto El Loa; 🕐8.00-20.00 lu-vi, 9.00-20.00 sa, 9.00-19.00 do); las tarifas diarias empiezan en 28 000 CLP.

Conviene llenar el depósito en Calama porque la única gasolinera de San Pedro cobra un dineral. Para llegar a los géiseres de El Tatio hay que alquilar un todoterreno o una camioneta; los chasis de los vehículos normales no tienen la altura suficiente para circular por las carreteras de la zona y vadear los ríos.

Chuquicamata

Escombreras como montañas, un abismo insondable y camiones del tamaño de una casa: estas son algunas de las alucinantes dimensiones que atraen a los visitantes a la mina de Chuquicamata (o Chuqui). Este abismo, excavado en el desierto 16 km al norte de Calama, es una de las minas de cobre a cielo abierto más grandes del mundo.

Hasta hace poco Chuqui era también el mayor centro de producción de cobre del planeta (un título que le arrebató la mina Escondida, 170 km al sureste de Antofagasta), con 630 000 t anuales. Así pues, gracias en gran parte a Chuqui, Chile es el mayor productor de cobre del mundo; en total, el cobre representa un tercio de las exportaciones chilenas. Y como el precio del cobre se ha disparado en los últimos años por la gran demanda de China y la India, su importancia es enorme.

La mina, que da empleo a 20 000 trabajadores, arroja una estela de polvo visible a muchos kilómetros de distancia en el desierto sin nubes. Aquí todo empequeñece la escala humana: el pozo elíptico mide 8 000 000 m^2

y alcanza una profundidad de 1250 m. Casi todo el "circuito" se reduce a mirar a sus profundidades y subir a un camión con neumáticos de 3 m; la información que se facilita es mínima, aunque el guía contesta todas las preguntas.

Chuquicamata se hallaba antes integrada con un pueblo construido por la compañía para sus trabajadores, pero los problemas medioambientales y las reservas de cobre en el subsuelo del pueblo obligaron a trasladar a la población a Calama en el 2007. La "ciudad de Chuquicamata" no es más que un pueblo fantasma.

Historia

A los prospectores les tocó la lotería por primera vez en Chuquicamata en 1911, pero pronto se las tuvieron que ver con los peces gordos, en este caso con la estadounidense Anaconda Copper Mining Company. En un abrir y cerrar de ojos, la compañía creó un pueblo minero con viviendas toscas, escuelas, cines, tiendas y un hospital, aunque cundían los conflictos laborales y se agravó el resentimiento hacia la empresa. En la década de 1960 las tres minas más grandes de Chile (todas explotadas por Anaconda) representaban más del 80% de la producción cuprífera de Chile, el 60% de las exportaciones y el 80% de la recaudación fiscal. A pesar de que pagaba impuestos elevados, Anaconda era presa fácil para los adalides de la nacionalización.

Durante el mandato del presidente Eduardo Frei Montalva a finales de la década de 1960, Chile adquirió la mayoría de las acciones en Chile de Anaconda y Kennecott. En 1971, el Congreso aprobó la nacionalización total de la industria.

👉 Circuitos

Codelco CIRCUITOS (📞55-232-2122; visitas@codelco.cl; av. Granaderos esq. av. Central Sur, Calama; circuitos con donativo; 🕐reservas 9.00-17.00 lu-vi) Las visitas a través de Codelco se conciertan por teléfono o correo electrónico, o dirigiéndose a la oficina de turismo de Calama. Los circuitos (edad mínima 8 años) se organizan entre semana; hay que presentarse en la oficina, en la esquina de las avenidas Granaderos y Central Sur, 15 min antes del circuito y con algún documento identificativo.

El circuito de 2 h empieza a las 13.00. Hay que llevar calzado robusto y cerrado (no

CHUQUI VISTA POR EL CHE

Hace más de 50 años, cuando ya era una mina de proporciones monstruosas, Chuqui-camata recibió la visita de un joven Ernesto Che Guevara. El futuro revolucionario y su compañero de viaje, Alberto Granado, estaban a mitad de camino de su histórico viaje por Sudamérica, inmortalizado en los *Diarios de motocicleta* del Che.

El encuentro con un comunista durante su viaje a Chuqui suele considerarse un punto de inflexión en la concienciación política del Che, de ahí que revista interés especial la lectura de sus posteriores recuerdos de la mina (entonces en manos estadounidenses). En un párrafo muy vívido, el estudiante de medicina escribe: "[los cerros] esperan los brazos áridos de las palas mecánicas que devoren sus entrañas, con el obligado condi-mento de vidas humanas: las de esos nobles héroes ignorados de esta batalla que mue-ren miserablemente en las mil trampas con que la naturaleza defiende sus tesoros, sin otro ideal que el de alcanzar el pan de cada día".

Y al referirse a la actitud de los jefes cuando los dos amigos quisieron visitar la mina, recuerda el Che: "Y aquí los amos, los rubios y eficaces administradores impertinentes que nos decían en su media lengua: 'esto no es una ciudad turística'". Bien, pues hoy Chuquicamata recibe unos 40 000 visitantes anuales.

sandalias), pantalón largo y manga larga. Se acaba hacia las 16.30.

Los circuitos se limitan a 40 personas, pero a veces se añade un segundo autobús. La demanda es alta de enero a marzo y en julio y agosto, así que se debe reservar al menos con una semana de antelación.

ℹ Cómo llegar y salir

Desde Calama, Codelco tiene una lanzadera gra-tis que recoge en su **oficina** (p. 157), unos 3 km al norte de la plaza 23 de Marzo. Hay que estar allí a las 12.45. Para llegar al punto de recogida, se puede tomar un taxi colectivo (700 CLP, 15 min) –búsquese el 5, 65, 11 o 17– desde Latorre, o el *micro* D (500 CLP).

Antofagasta

☑ 055 / 390 000 HAB.

La segunda ciudad más grande de Chile es una mezcla de calles de sentido único, mo-dernos *malls* y urbanitas agobiados; de ahí que esta urbe portuaria con un rápido cre-cimiento no suela despertar la curiosidad de los viajeros, que a menudo la sortean de camino a San Pedro de Atacama, por el norte, o Copiapó, por el sur.

Sin embargo, la ciudad no se reduce a to-rres de hormigón y calles congestionadas. Es un placer relajarse en la plaza, y la prueba de la edad de oro del salitre se encuentra en los edificios victorianos y georgianos con fachada de madera del costero barrio histórico. Los antiguos y pintorescos muelles se desmoro-nan en el puerto, con manchas de guano.

El puerto es el punto de embarque de casi todo el mineral del Atacama, sobre todo el co-bre de Chuquicamata, y un importante centro de importación y exportación para Bolivia, que perdió la región durante la Guerra del Pacífico con Chile.

⊙ Puntos de interés

Ruinas de Huanchaca   LUGAR HISTÓRICO
(☑55-241-7860; http://ruinasdehuanchaca.cl; av. Angamos 01606; museo adultos/niños 2000/1000 CLP; ⊙10.00-13.00 y 14.30-19.00 ma-do) A primera vista parecen las ruinas de al-gún asentamiento indígena, pero en realidad datan solo de comienzos del s. xx. Creado por la Bolivian Huanchaca Company (una de las empresas de minería de plata más ricas de finales de la década de 1800), el lugar se uti-lizó con fundición y refinería de las materias primas que llegaban de la mina de Pulacayo de Bolivia, y llegó a emplear a más de mil trabajadores. Se pueden tomar fotos de las ruinas, pero no entrar.

El pequeño museo tiene exposiciones so-bre historia natural, minería, cultura indíge-na, y un vehículo de cuatro ruedas llamado Nomad (un prototipo para el Mars Rover). Se puede llegar con el autobús 102 o 103 desde el centro a la calle Sangra (500 CLP).

**Monumento Natural
La Portada**   MIRADOR
(⊙museo 10.30-13.30 y 15.00-17.30 sa y do) GRATIS
Aunque no se encuentra en Antofagasta, sino 22 km al norte, este enorme arco de piedra frente a la costa –integrado en una zona pro-tegida de 35 Ha– es lo más espectacular de

la zona. Coronado por sedimentos marinos y sustentado por una base volcánica, las tormentas del Pacífico han ido erosionando este risco hasta formar un arco natural. Se encuentra en un corto desvío al oeste desde la carretera; hay un pequeño museo gestionado por la Conaf y vistas desde lo alto del acantilado a las playas de los alrededores.

Se puede llegar con un autobús de Megatur (www.megatur.cl; Latorre 2748) en dirección a Mejillones hasta el cruce de La Portada. Desde este punto se tiene que caminar 2 km al oeste o tomar un autobús que siga por ese camino (solo circulan ene-feb).

Centro Cultural
Estación Antofagasta   CENTRO CULTURAL
(www.facebook.com/centro.cultural.estacion.antofagasta; Bolívar 280; ⊙10.00-14.00 y 15.00-19.00 lu-sa) GRATIS A una manzana del frente marítimo, este espacio de bonito diseño merece la pena por sus interesantes exposiciones, que no evitan temas controvertidos como la inmigración y la identidad nacional. El centro alberga también sesiones de yoga semanales gratuitas, proyecciones de películas y otros actos.

Biblioteca Regional
de Antofagasta   BIBLIOTECA
(www.bibliotecaregionalantofagasta.cl; Jorge Washington 2623; ⊙10.00-20.00 ma-vi, hasta 14.00 sa y do) GRATIS El orgullo de Antofagasta es esta librería muy bien diseñada que ocupa un edificio emblemático frente a la plaza Colón. Acoge exposiciones temporales de arte y cuenta con un buen café en la parte trasera.

Terminal Pesquero   MERCADO
(⊙9.00-18.00) Algunos leones marinos, que bufan fuertemente y a veces gritan a algún pelícano incauto, se arremolinan esperanzados debajo del mercado de pescado de Antofagasta, justo al norte de la autoridad portuaria. Dentro se encontrará una docena de puestos que sirven sustanciosas sopas de pescado y marisco, cebiche y pescado frito.

Barrio histórico   ZONA
El sabor británico predomina en el barrio histórico, entre la plaza y el puerto antiguo, donde continúan en pie hermosos edificios victorianos y georgianos del s. xix. En Bolívar, la estación de tren (1887), de color verde botella, es la restaurada terminal del ferrocarril Antofagasta-La Paz; aunque está cerrada al público, a través de la verja del lado oeste pueden verse viejas locomotoras y cabinas de teléfono de estilo británico.

Plaza Colón   PLAZA
La comunidad británica del s. xix dejó una impronta visible en la bella plaza Colón de Antofagasta, con fuentes entre sus palmeras, mimosas y buganvillas. La torre del Reloj es una réplica en miniatura del Big Ben y en su base campean, en ladrillos esmaltados, las banderas británica y chilena entrelazadas.

Museo Regional   MUSEO
(www.museodeantofagasta.cl; esq. av. Balmaceda y Bolívar; ⊙9.00-17.00 ma-vi, 11.00-14.00 sa y do) GRATIS La antigua Aduana alberga hoy este museo de dos plantas con colecciones bien presentadas sobre la naturaleza, la prehistoria y el desarrollo cultural de la zona. Los objetos expuestos incluyen maquetas de balsas indígenas (hechas de pellejos de leones marinos inflados), un cráneo deforme, exquisiteces de los primeros colonos y accesorios de la época del salitre.

Resguardo Marítimo   EDIFICIO HISTÓRICO
Este bonito edificio con balaustradas de madera, construido en 1910 para la guardia costera, se halla en la entrada del recientemente renovado muelle Salitrero, donde algunas partes acristaladas permiten atisbar las viejas pilas debajo de la pasarela. Un pasadizo de hierro colado lo comunica con la antigua Gobernación Marítima.

🛏 Dónde dormir

Hotel Frontera   HOTEL $
(☎55-228-1219; Bolívar 558; i/d 24 000/27 000 CLP, sin baño 16 000/22 000 CLP; 🛜) Por detrás de la fachada moderna hay habitaciones sencillas pero limpias con televisión por cable. No se sirven desayunos, pero hay wifi.

Hotel Marina   HOTEL $$
(☎55-222-4423; www.hotelmarina.cl; La Cañada 15; i/d 45 000/53 000 CLP; 🅿🛜) Cerca del Terminal Pesquero, este hotel de muchas plantas brinda un refugio tranquilo del ajetreo de la ciudad. Las habitaciones son amplias y están bien equipadas, y las mejores tienen balcones con vistas al mar. Hay un buen restaurante y una pequeña playa a un corto paseo desde el hotel.

Hotel Licantay   HOTEL $$
(☎55-228-0885; www.licantay.cl; 14 de Febrero 2134; h 43 000-68 000 CLP; 🛜) Este agradable y pequeño hotel dispone de alegres habitaciones con mobiliario de madera y obras de arte en las paredes. Todo está impoluto. El lado negativo es que los baños son diminutos en las

habitaciones más económicas. Está 1½ manzana al suroeste del mercado central.

Hotel Paola
HOTEL **$$**

(☑55-226-8989; www.hotelpaola.cl; Matta 2469; i/d 40 000/50 000 CLP; ☎) Una de las opciones más atractivas del centro; luce un vestíbulo de mármol blanco, un aspecto contemporáneo y un patio interior en la 3ª planta y cinco pisos de habitaciones con suelos de madera, nevera y grandes armarios. Algunas habitaciones son interiores.

Se encuentra en una animada calle peatonal a media manzana del mercado central.

Hotel Ancla Inn
HOTEL **$$**

(☑55-235-7400; www.anclainn.cl; Baquedano 516; i 33 000-39 000 CLP, d 43 000-49 000 CLP; P☎) Su situación céntrica, personal amable y habitaciones bien equipadas lo convierten en una buena opción. Las habitaciones estándar suelen estar reservadas por mineros, mientras que las habitaciones ejecutivas, más caras, disponen de wifi, nevera y más espacio.

Dónde comer

Letras y Música
CAFÉ **$**

(Jorge Washington 2623; sándwiches sobre 3000 CLP; ☺10.00-20.00 ma-vi, hasta 14.00 sa y do; ☎) Al otro lado de la plaza, la bonita biblioteca de Antofagasta cuenta con un encantador café escondido en la parte trasera. Ofrece sándwiches, platos del día para el almuerzo (4500 CLP), zumos y postres. El café no destaca.

Marisquería D&D
PESCADO **$**

(Terminal Pesquero; platos principales 3000-6000 CLP; ☺8.00-17.00 lu-vi, hasta 18.00 sa y do) Dentro del mercado de pescado, este local atrae a una multitud por sus sabrosos sándwiches de pescado, bandejas de pescado frito y paila marina (sopa de pescado y marisco). Se aconseja tomar asiento y saborear las delicias marinas.

Bongo
CAFETERÍA **$**

(Baquedano 743; platos principales 2100-3900 CLP; ☺9.00-23.00 lu-sa) Animado local con reservados acolchados, un pulcro entresuelo arriba y una buena y grasienta carta para esos momentos en que se necesita una cerveza artesanal y una hamburguesa, preferiblemente con palta (aguacate). Se pide en el mostrador y se paga antes de sentarse.

★ Cafe del Sol
CHILENA **$$**

(www.cafedelsolchile.com; Esmeralda 2013; menú almuerzo 4000 CLP, platos principales 8000-13 000 CLP; ☺13.00-16.00) Las noches de fin de semana, este destartalado resto-bar de esquina se anima con música y bailes andinos en directo (entrada después 23.00 3000 CLP); las demás noches sirve buenos platos principales en el confortable interior de madera, con iluminación suave.

Tío Jacinto
CHILENA **$$$**

(☑55-222-8486; http://tiojacinto.cl; Uribe 922; 12 800-15 000 CLP; ☺12.00-16.00 y 20.00-22.30 lu-vi, 12.00-16.00 sa y do) Es uno de los mejores lugares de Antofagasta para comer. Sirve deliciosos platos de locos (abulón chileno), erizos de mar, jaiba (cangrejo), así como pescado asado a la parrilla. Ofrece buen servicio y una correcta carta de vinos y cervezas. Hay que reservar.

❶ Información

En el centro hay numerosos cajeros automáticos.

Conaf (☑55-238-3320; av. Argentina 2510; ☺8.30-13.30 y 15.00-17.30 lu-ju, 8.30-13.30 y 15.00-16.15 vi) Para información sobre los atractivos naturales de la región.

Sernatur (☑55-245-1818; Arturo Prat 384; ☺8.30-18.00 lu-vi, 10.00-14.00 sa) La oficina turística de la ciudad está situada en la plaza. Tiene muchos folletos.

Hospital Regional (☑55-265-6602; av. Argentina 1962)

❶ Cómo llegar y desplazarse

AVIÓN

El aeropuerto Cerro Moreno de Antofagasta se halla 25 km al norte de la ciudad. Los taxis privados cuestan 15 000 CLP; pruébese con **Gran Vía** (☑55-224-0505).

LATAM (☑600-526-2000; www.latam.com; Arturo Prat 445; ☺9.00-18.15 lu-vi, 10.00-13.00 sa) opera varios vuelos diarios a Santiago (desde 60 000 CLP, 2 h), así como uno semanal directo a La Serena (desde 40 000 CLP, 1½ h, do), y uno semanal directo a Lima, Perú (460 000 CLP, 3 h, sa).

Sky (☑600-600-2828; www.skyairline.cl) vuela a Santiago (diario desde 60 000 CLP, 2 h) y La Serena (desde 58 000 CLP), además de fletar un vuelo semanal a Concepción (desde 60 000 CLP, 2¼ h, vi).

La aerolínea boliviana **Amaszonas** (www.amaszonas.com) vuela a Copiapó (65 000 CLP, 1 h), además de a Iquique (55 000 CLP, 45 min), desde donde se puede conectar con vuelos a Cochabamba, Bolivia o Asunción, Paraguay.

AUTOBÚS

La **terminal de buses Cardenal Carlos Oviedo** (☑55-248-4502; av. Pedro Aguirre Cerda 5750) tiene casi todos los destinos interurbanos. Se halla unos 4 km al norte del centro, y se puede llegar a ella con los autobuses 111, 103, 119 o 108. Alberga operadores como **Condor/Flota Barrios** (☏55-223-4626; www. condorbus.cl). Algunas grandes empresas de autobuses de larga distancia, como **Tur Bus** (☏55-222-0240; www.turbus.cl; Latorre 2751) y **Pullman Bus** (www.pullmanbus.com; Latorre 2805), operan también desde sus propias terminales cerca del centro.

Casi todos los servicios hacia el norte utilizan hoy la costera ruta 1, pasando por Tocopilla, de camino a Iquique y Arica.

DESTINO	PRECIO (CLP)	HORAS
Arica	12 000	9
Calama	5000	3
Copiapó	10 000	9
Iquique	10 000	6
La Serena	15 000	12
Santiago	23 000	18

AUTOMÓVIL

Se puede alquilar un coche en **Europcar** (☏55-257-8160; www.europcar.cl; Panamericana Hotel, Blamaceda 2575; ⏱8.30-13.30 y 15.00-18.30 lu-vi) y **First** (☏55-222-5777; www. firstrentacar.cl; Bolívar 623), 3½ manzanas al sureste de la plaza Colón.

Al sur de Antofagasta

Al sur de Antofagasta, la Panamericana continúa por el desierto de Atacama, donde el agua, la gente y los atractivos turísticos son escasos.

Circulan autobuses de larga distancia entre las ciudades principales, aunque para explorar a fondo la región se necesitará vehículo propio.

⊙ Puntos de interés

Observatorio Paranal OBSERVATORIO
(☏móvil 9-9839-5312; www.eso.org; desde Ruta 710) En el mundo de los telescopios de alta potencia, Paranal se codea con los más importantes. Este observatorio consta de cuatro VLT (siglas inglesas de "telescopio muy grande") con espejos de 8,2 m de diámetro; aquí sí que puede hablarse del instrumento óptico más avanzado del orbe.

El observatorio del cerro Paranal depende del Observatorio Europeo Austral (ESO), y tan futurista es su apariencia que aquí se rodaron secuencias de la película de James Bond *Quantum of Solace*. Las instalaciones

están situadas a 2664 m sobre el nivel del mar, 120 km al sur de Antofagasta; una carretera secundaria sale de la Panamericana al norte de la Mano del Desierto (si se viaja hacia el sur). El trayecto desde Antofagasta dura unas 2 h.

Las visitas, gratuitas y fascinantes, están permitidas los sábados a las 10.00 y 14.00 y duran 2 h; es preciso reservar con meses de antelación (solo a través de la web) y también hace falta un vehículo para llegar. Para detalles e información actualizada, véase la web del observatorio.

Mano del Desierto ESCULTURA
Unos 70 km al sur de Antofagasta, esta elevada mano de granito se alza desde debajo del terreno desértico, como un antiguo vestigio de un gigante enterrado desde hace mucho tiempo. El escultor chileno Mario Irarrázabal es el creador de esta obra de 11 m de altura que se instaló en 1992.

Se halla unos 45 km al sur del cruce de la Panamericana con la Ruta 28. Si se viaja en autobús hay que mirar al lado oeste de la carretera.

🛏 Dónde dormir y comer

Hotel Mi Tampi HOTEL $
(☏55-261-3605; www.hotelmitampi.cl; O'Higgins 138, Taltal; i/d 40 000/50 000 CLP; P🛜) En una calle tranquila a un breve paseo del litoral, este animado establecimiento ofrece habitaciones amplias dispuestas alrededor de un frondoso patio. Hay que reservar.

Club Social Taltal CHILENA $$
(☏55-261-1064; Torreblanca 162, Taltal; platos principales 8000-12 000 CLP; ⏱12.00-23.00 lu-sa) A solo media manzana de la plaza (hacia el paseo marítimo), el antiguo club social británico ofrece pescado y marisco y el personal es muy agradable.

Iquique

☏057 / 192 000 HAB.
Surfistas descalzos, parapentistas profesionales, amantes de los casinos y comerciantes frenéticos cruzan sus senderos vitales en Iquique. Situada en una franja litoral con forma de media luna, la ciudad se cuenta entre los principales destinos playeros de Chile, con un lujoso casino, un paseo marítimo entarimado y más actividades (desde parapente hasta *sandboard*) de las que una persona cuerda podría practicar en una semana. El mayor re-

clamo son las playas, cuyas condiciones para el surf son de las mejores de estos contornos.

Los edificios de estilo georgiano erigidos durante el auge de la minería en el s. xix se conservan en buen estado, y la calle peatonal Baquedano está flanqueada por aceras de madera. Sin embargo, el gran privilegio de Iquique es su exención fiscal, que permite la existencia de una zona franca con mucha actividad comercial.

La ciudad, 1853 km al norte de Santiago y 315 km al sur de Arica, se halla encajonada entre el océano y la cordillera de la Costa, que se alza abruptamente unos 600 m a sus espaldas.

Historia

La pampa sin vida que rodea Iquique se halla salpicada de petroglifos de antiguos grupos indígenas, y la plataforma donde ahora se asienta la ciudad era frecuentada por los pueblos changos de la costa; sin embargo, las primeras noticias sobre la zona de Iquique datan del período colonial, cuando se descubrió la mina de plata de Huantajaya.

En el s. xix, los trenes de vía estrecha transportaban minerales y salitre pasando por Iquique. Los empresarios mineros construyeron mansiones señoriales, canalizaron el agua de la distante cordillera e importaron tierra para sus jardines. El centro de Iquique refleja este auge salitrero del s. xix, y los corroídos cascarones de pueblos fantasma cercanos hablan del origen de esta riqueza.

Tras la recesión del salitre, Iquique se reinventó a sí misma, principalmente como puerto pesquero, con más tráfico de harina de pescado que ningún otro puerto del mundo; no obstante, fue la creación de la zona franca en 1975 lo que la convirtió en una de las ciudades más prósperas de Chile.

⊙ Puntos de interés

Museo Corbeta Esmeralda   MUSEO
(www.museoesmeralda.cl; paseo Almirante Lynch; 3500 CLP; ⊙10.00-12.15 y 14.00-17.00 ma-do) Esta réplica de la *Esmeralda,* una corbeta chilena que fue hundida al enfrentarse con la Armada peruana en la Guerra del Pacífico, es el nuevo orgullo de Iquique. Las visitas guiadas recorren los camarotes de oficiales, pasan por la máquina, de color naranja, y llegan a la cubierta del buque.

Hay que reservar o venir en domingo, día en que los visitantes se admiten por orden de llegada.

Casino Español   EDIFICIO HISTÓRICO
(☎57-276-0630; www.casinoespanoliquique.cl; plaza Prat 584; ⊙restaurante 13.00-16.00 y 20.00-23.00 ma-sa) El premio al edificio más ostentoso de Iquique le corresponde a esta azulejada construcción neomudéjar (1904) en el extremo nororiental de la plaza. Esta estridente creación es ahora un club y restaurante. Hay que ir a la hora de las comidas para ver el interior con sus deslumbrantes azulejos, sus techos artesonados y sus imaginativos murales.

Centro Cultural Palacio Astoreca   EDIFICIO HISTÓRICO
(O'Higgins 350; ⊙10.00-14.00 y 15.00-18.00 ma-vi, 11.00-14.00 sa) GRATIS Construida en su día para un magnate salitrero, esta mansión de estilo georgiano (1904) funciona hoy como centro cultural donde se exponen obras de artistas locales. El interior es fantástico: salones suntuosos con trabajada carpintería y techos altos, enormes arañas, una mesa de billar gigantesca y balcones.

Museo Regional   MUSEO
(Baquedano 951; ⊙9.00-18.00 ma-ju, hasta 17.00 vi, 10.00-14.00 sa) GRATIS Los antiguos juzgados municipales albergan hoy un museo que reproduce un pueblo tradicional de adobe del altiplano y expone momias y cráneos deformados de la cultura Chinchorro. Las fotografías rememoran los principios de Iquique como ciudad, y una fascinante exposición disecciona la industria salitrera.

Muelle de pasajeros   BAHÍA
(Muelle Prat; viaje en barco adultos/niños 3500/1500 CLP; ⊙10.00-17.00) Los circuitos en barco de 1 h por el puerto salen del muelle de pasajeros de 1901 de Iquique, al oeste del edificio de la Aduana. El circuito pasa por la boya conmemorativa del combate naval de Iquique, que marca el lugar donde la *Esmeralda* se hundió en un enfrentamiento con el monitor peruano *Huáscar.* También se acerca a una colonia de lobos marinos.

Los circuitos salen cuando hay suficientes personas a bordo (normalmente, ocho). Si se va en fin de semana hacia las 11.00 o las 12.00 habrá que esperar menos.

Plaza Prat   PLAZA
La ostentación decimonónica de la ciudad se revela a las claras en su plaza central. Destaca la torre del Reloj de 1877, que parece horneada y cubierta con azúcar. Las fuentes bordean el paseo que discurre hacia el sur hasta la escalinata de mármol del Teatro

Municipal, edificio neoclásico que acoge funciones de ópera y teatro desde 1890. Hay un bonito tranvía (Baquedano entre Tarapacá y Thompson) restaurado, que a veces traquetea por la avenida Baquedano en temporada alta.

Museo Naval   MUSEO
(Esmeralda 250) GRATIS Los objetos salvados tras el hundimiento de la *Esmeralda* se exponen en este pequeño museo instalado en la antigua Aduana, construcción de estilo colonial de 1871, cuando Iquique era aún territorio peruano. Perú encarcelaba aquí a los prisioneros de la Guerra del Pacífico, y después el edificio fue escenario de combates en la guerra civil chilena de 1891. Actualmente está cerrado por obras de reforma.

Actividades

Bloque Andino   ESCALADA
(móvil 9-6735-3127; www.facebook.com/talleres-catarapaca; Ramírez 714; 500 CLP) Escondido en un patio trasero cerca de Ramírez, se halla un pequeño rocódromo. Lo dirige un agradable grupo y se puede ir a escalar o a tomar una clase (también ofrece artes circenses). Véanse los horarios en su página de Facebook.

Puro Vuelo   DEPORTES DE AVENTURA
(57-231-1127; www.purovuelo.cl; Baquedano 1059; 10.00-20.00) Esta empresa bien gestionada está especializada en parapente; cobra 45 000 CLP por un vuelo en tándem, con fotos incluidas. Como casi todas las empresas de parapente de Iquique, incluye recogida en el hotel, una breve instrucción y al menos 20 min de vuelo (hasta 40 min si las condiciones son buenas). Los precios se reducen en torno a un 10% en temporada baja (abr-nov).

Playa Cavancha   PLAYA
La playa más popular de Iquique merece una visita para nadar y practicar *bodysurf*. La mejor época para el surf y el *bodysurf* es en invierno, cuando las olas vienen del norte, pero ambos deportes se pueden practicar todo el año. Hay menos competidores por las rompientes de primera hora de la mañana en el extremo norte de la playa.

Vertical   SURF
(57-237-6031; av. Arturo Prat 580) Esta es la central surfera de Iquique, donde se vende y alquila el equipo. El traje de neopreno y la tabla cuestan 12 000 CLP/2 h; el uno o la otra solos, 8000 CLP. Las clases particulares parten de 24 000 CLP/1½ h, y se organizan excursiones

de surf fuera de la ciudad y de 'sandboard' a cerro Dragón, que cuestan 25 000 CLP/3 h.

Circuitos

Místico Outdoors   AIRE LIBRE
(móvil 9-9541-7762; www.chileresponsibleadventure.com; Eleuterio Ramírez 1535; circuito día completo desde 61 CLP 000 CLP) Esta pequeña empresa tiene una sólida reputación por sus circuitos y excursiones personalizados (de medio día a tres semanas). Algunas de sus propuestas: salidas de seis días en el Parque Nacional Lauca, 10 días de escalada en el Ojos del Salado y excursiones de día entero a Altos de Pica. Hay que reservar al menos con cuatro días de antelación.

Paseos en barco   BARCOS
(adultos/niños 3500/1500 CLP, mínimo 8 pasajeros; 10.00-17.00) Para aventuras náuticas, se puede probar con los circuitos en barco de 1 h desde el muelle de pasajeros de 1901 de Iquique justo al oeste de la Aduana. Pasan por la boya conmemorativa que marca el lugar donde el *Esmeralda* se hundió y también se acercan a una colonia de lobos marinos.

Magical Tour Chile   CIRCUITOS
(57-276-3474; www.magicaltour.cl; Baquedano 997; Ruta del Sol 21 000 CLP, Aventura Isluga 44 000 CLP; 10.30-20.00 lu-sa) Ofrece toda la gama de excursiones, incluida una de día entero llamada Ruta del Sol al geoglifo Gigante de Atacama, el pueblo fantasma de Humberstone y al oasis de Pica. Otras opciones van a los géiseres (Aventura Isluga) y a los lagos del altiplano.

Show Travel   AVENTURA
(móvil 9-7367-0517; www.showtravel.cl; Baquedano 1035; 9.30-20.00 lu-vi, 10.30-17.00 sa) Además de los circuitos habituales, organiza excursiones a lugares perdidos, como el *camping* ecológico El Huarango, cerca de La Tirana.

Fiestas y celebraciones

Héroes de Mayo   SURF
(med may) Uno de los acontecimientos surfistas más importantes de Chile.

Dónde dormir

Virgilio B&B   PENSIÓN $
(móvil 9-7513-8035; saavedra.ivan@hotmail.fr; Libertad 825; dc/i/d sin baño 14 000/18 000/33 000 CLP;) En una buena ubicación a un paseo de la playa, esta pequeña y acogedora pensión dispone de habitaciones pulcras, una

Iquique

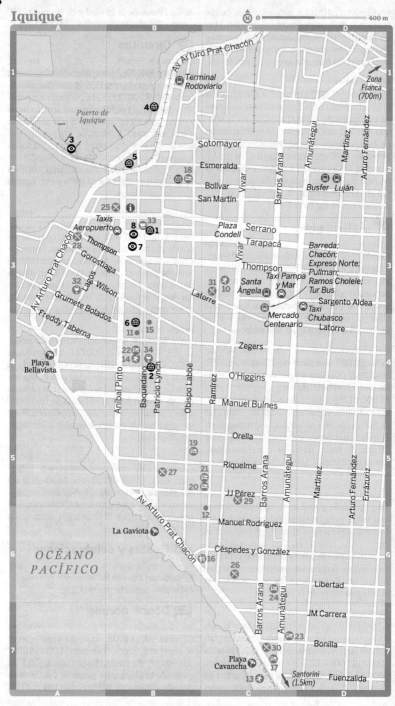

N 0 — 400 m

Av Arturo Prat Chacón

Zona Franca (700m)

Terminal Rodoviario

Puerto de Iquique

Sotomayor

Esmeralda

Bolívar

San Martín

Amunátegui

Martínez

Arturo Fernández

Barros Arana

Vivar

Busfer   Luján

Taxis Aeropuerto

Thompson

Gorostiaga

Lago Wilson

Grumete Bolados

Av Freddy Taberna

Playa Bellavista

Aníbal Pinto

Baquedano

Patricio Lynch

Obispo Labbé

Ramírez

Plaza Condell

Serrano

Tarapacá

Thompson

Latorre

Santa Ángela

Barreda;
Chacón;
Expreso Norte;
Pullman;
Ramos Cholele;
Tur Bus

Taxi Pampa y Mar

Sargento Aldea

Mercado Centenario

Taxi Chubasco Latorre

Zegers

O'Higgins

Manuel Bulnes

Orella

Riquelme

Barros Arana

Amunátegui

Martínez

Arturo Fernández

Errázuriz

JJ Pérez

Manuel Rodríguez

La Gaviota

OCÉANO PACÍFICO

Céspedes y González

Libertad

JM Carrera

Bonilla

Playa Cavancha

Santorini (1,5km)

Fuenzalida

Iquique

NORTE GRANDE IQUIQUE

terraza delantera con techo y un salón donde relajarse. Las habitaciones más económicas son bastante escuetas y ninguna tiene baño privado.

Backpacker's Hostel Iquique ALBERGUE $
(☎móvil 9-6172-6788; www.hosteliquique.com; Amunátegui 2075; dc 10 000 CLP, d 35 000 CLP, i/d/tr sin baño 18 000/27 000/36 000 CLP; 🛜) Una de las mejores opciones económicas de Iquique, este animado albergue es recomendable por sus bien equipadas habitaciones, personal simpático y estupenda situación cerca de la playa Cavancha. Hay un café-bar y una pequeña terraza delantera donde conocer otros viajeros. El albergue organiza también actividades y excursiones (*sandboard,* parapente, clases de surf).

Plaza Kilantur HOTEL $
(☎57-241-7172; Baquedano 1025; i/d 25 000/35 000 CLP; 🛜) Una de las mejores propuestas de su categoría ocupa un edificio de estilo georgiano que da a la calle peatonal. Hay un acogedor vestíbulo con una gran claraboya y habitaciones confortables de tamaño medio dispuestas alrededor de un estrecho patio dominado por un elevado pino.

Hostal Catedral ALBERGUE $
(☎57-242-6372; Obispo Labbé 253; i/d 18 000/28 000 CLP, sin baño por persona 11 000 CLP; 🛜) Hogareño, frente a la catedral, muy práctico

para conexiones a primera o última hora con Tur Bus (p. 161). Las habitaciones varían: en algunas se respira aire viciado, pero otras son espaciosas; lo mejor es ver unas cuantas.

Hotel Esmeralda HOTEL $$
(☎57-221-6996; www.esmeraldahotel.cl; Labbé 1386; i/d 45 000/51 000 CLP; 🛜) Habitaciones amplias y líneas sencillas caracterizan este hotel moderno a unas manzanas de playa Gaviota. El servicio anda algo despistado, pero aún así vale la pena.

Hotel Pacífico Norte HOTEL $$
(☎57-242-9396; hotelpacificonorte@chileagenda.cl; Ramírez 1941; i/d 30 000/40 000 CLP; 🛜) El servicio es amable y los suelos de madera crujen en este encantador establecimiento a la antigua. Las habitaciones de la planta superior son acogedoras, pero algo apretadas. Las de la parte delantera tienen balconcitos de madera sobre la calle.

Pampa Hotel PENSIÓN $$$
(☎móvil 9-8839-5211; www.pampahotel.com; Ramírez 1475; d/tr/lofts 62 000/72 000/100 000 CLP; 🛜) Esta bonita incorporación a Iquique ofrece habitaciones *boutique* y tiene una clientela jovial y amable. Ocupa una casa de 1890 con detalles sorprendentes, incluido un piso original de madera de pino y paredes resaltadas, techos altos, elementos retro y toques

CÓMO VENCER AL CALOR EN PICA

El tranquilo oasis que rodea Pica semeja la mancha verde de un pintor sobre un lienzo marrón carente de vida. Con exuberantes árboles frutales, el pueblo goza de justa fama por sus limas, un ingrediente fundamental en cualquier pisco sour digno de tal nombre. Los visitantes vienen a refrescarse en la bonita pero abarrotada cocha (terma) de agua dulce y para sorber un sinfín de bebidas a base de fruta fresca.

Casi todos los visitantes hacen cola para la piscina de agua dulce de **Cocha Resbaladero** (Termas de Pica; General Ibáñez; 3000 CLP; ⊗8.00-20.00), en el extremo superior de General Ibáñez. Rodeada de rocas frescas, vegetación colgante y una cueva inundada, es un lugar maravilloso para combatir el calor, pero por sí misma no es motivo suficiente para visitar Pica. Unas manzanas al norte de la plaza, **El Pomelo** (Bolívar, cerca de Maipu; platos principales 6500-12 000 CLP; ⊗12.30-18.00 mi-do) es el mejor local para comer de la población, con copiosos platos especiales para el almuerzo (6000 CLP), carnes a la parrilla y zumos recién hechos.

Pica está conectada por autobús con Iquique (3200 CLP, 2 h), además de con circuitos que salen de Iquique.

como mantas tejidas a mano para la cama y persianas.

Sunfish Hotel
HOTEL **$$$**

(☑57-254-1000; www.sunfish.cl; Amunátegui 1990; i/d 90 000/98 000 CLP, con vistas 105 000/113 000 CLP; [P🅿❄🛜🐾]) Esta opción de lujo en un edificio azul oscuro de varias plantas detrás de la playa Cavancha tiene un vestíbulo pulcro, servicio eficiente y una piscina en la azotea. Las habitaciones, con balcones, son luminosas y amplias. Las mejores vistas se obtienen desde las de las dos últimas plantas.

🍴 Dónde comer

Monorganiko
CAFÉ **$**

(Prat 580; sándwiches 3000-4000 CLP; ⊗9.00-14.30 y 16.00-21.00 lu-sa; 🍴) Este minúsculo café dentro de una tienda de surf sirve unos de los mejores cafés de Iquique. El barista lo prepara al gusto del cliente –en V60, Aeropress, de filtro, etc.– o se puede pedir un café con leche o un expreso. En el mostrador contiguo se sirven sabrosos cuencos de huasaí, licuados, enrollados, sándwiches y postres.

El Guru
CHILENA **$**

(Libertad 732; almuerzos especiales sobre 3000 CLP, platos principales 4000-6000 CLP; ⊗12.00-16.00 y 19.30-23.00 lu-vi, 12.00-16.00 sa) Los lugareños acuden a este local familiar por su cocina clásica con buena relación calidad-precio. Hay que ir temprano para saborear sus platos especiales de almuerzo a base de pescado, bistec o cerdo a la parrilla servidos con guarnición. Se come en el exterior, enfrente del sencillo local.

M.Koo
PASTELERÍA **$**

(Latorre 600; tentempiés desde 600 CLP; ⊗9.00-20.30 lu-sa) Esta colorida tienda esquinera es famosa por sus quebradizos chumbeques, dulces rellenos de mango, limón, guayaba, fruta de la pasión, manjar (dulce de leche) y otros sabores. Un paquete grande cuesta 1500 CLP.

Cioccolata
CAFÉ **$**

(Pinto 487; tentempiés 2500-5000 CLP; ⊗8.00-22.00 lu-sa; 🛜) Prueba de que a los chilenos les gusta un buen expreso, este agradable café está normalmente lleno. Ofrece sándwiches, exquisitos pasteles y gofres.

⭐ Santorini
FUSIÓN **$$**

(☑57-222-1572; www.santorinirestobar.cl; Aeropuerto 2808; platos principales 8000-14 000 CLP; ⊗18.30-23.00 lu, 13.00-15.30 y 19.00-23.30 ma-vi, 13.00-1.00 sa, 13.00-17.00 do; 🍴) Este sorprendente hallazgo sirve una enorme carta de platos genuinos griegos que se pueden saborear en el patio cubierto de buganvillas. Además de *saganaki* (queso frito) y *souvlaki*, también prepara platos de pasta, pescado a la parrilla, deliciosas *pizzas* de masa fina y cordero muy tierno asado lentamente en un horno de leña. Se puede terminar con un postre cremoso (como yogur griego) y un fuerte café griego.

Está unos 4 km al sureste de la plaza Prat.

La Mayor Sandwichería
SÁNDWICHES **$$**

(Céspedes y González 717; platos principales 5800-7800 CLP; ⊗17.30-24.00 lu-ju, desde 13.00 vi y sa; 🍴) Este pequeño local amante del *rock* sirve sugerentes hamburguesas gastronómicas y cervezas artesanales a una multitud que acude después de practicar surf. Destacan las guarniciones (jamón ibérico, huevo frito, cebolla caramelizada), excelentes patatas fritas, una enorme carta de cervezas y una buena opción vegetariana (hamburguesa de quinua). Las raciones son generosas. Hay que ir pronto para conseguir mesa.

La Mulata FUSIÓN $$
(☎57-247-3727; Prat 902; platos principales 9000-13 000; ⏱12.30-16.00 y 19.30-24.00 lu-sa, 12.30-17.00 do; ☎🖊) Este animado restaurante peruano-japonés sirve una de las mejores gastronomías de la ciudad. El servicio es rápido pero amable; las raciones, de buen tamaño sin excederse, y se ve un poco la playa Cavancha. Estupendos cócteles.

El Tercer Ojito INTERNACIONAL $$
(www.eltercerojito.cl; Lynch 1420; platos principales 8000-12 500 CLP; ⏱13.00-16.00 y 19.30-22.30 ma-sa, 13.00-17.00 do; ☎🖊) Reconocible por el enorme trozo de cuarzo de la entrada, este restaurante de ambiente distendido sirve platos magníficos para vegetarianos y carnívoros. Su carta de inspiración global incluye cebiche peruano, curris tailandeses y raviolis italianos de espinacas y ricotta. El patio cubierto de flores tiene buganvillas y otras plantas.

★El Wagón CHILENA $$$
(☎57-234-1428; Thompson 85; platos principales 11 000-17 000 CLP; ⏱13.00-16.00 y 20.00-2.00 lu-sa) Casi en solitario ante la tarea de conservar las tradiciones culinarias de la región, este comedor de decoración rústica sirve fantásticos platos de pescado y marisco, para los que se inspira en recetas procedentes desde los clásicos de la abuela a las especialidades de los trabajadores del puerto y los mineros. Es caro, pero merece la pena.

🍺 Dónde beber y vida nocturna

Radicales BAR
(Baquedano 1074; ⏱16.00-2.30 lu-ju, hasta 5.00 vi y sa) Ubicado en una calle peatonal, este animado bar de dos plantas tiene un laberinto de salas decoradas de forma creativa que pueden explorarse con un buen cóctel tropical en la mano. En la planta superior hay un balcón y asientos en el exterior en el pasaje de delante; ambos son buenos lugares para comenzar la noche.

Clinic BAR
(www.facebook.com/bartheclinicikique; Lagos 881; ⏱17.00-1.30 mi y ju, hasta 3.00 vi y sa) Un interior todo de madera aporta a este local encanto, y lo convierte en un buen espacio para tomar unas copas y tentempiés. Hay música en directo casi todos los fines de semana a partir de las 22.00. No suele cobrar entrada.

Club Croata CAFÉ
(Plaza Prat 310; ⏱10.00-18.00 lu-sa; 🕿) Este local en un lado de la playa tiene ventanas arqueadas y mesas en el exterior. Es un lugar agradable para un tentempié vespertino.

🛍 De compras

Zona Franca CENTRO COMERCIAL
(Zofri; av. Salitrera Victoria; ⏱11.00-21.00 lu-sa) Creada 1975, la zona franca de Iquique es un colosal monumento al consumo y, según se afirma, la más grande de Sudamérica. Toda la región de Tarapacá está exenta de impuestos, pero su núcleo es este centro comercial con más de 400 tiendas que venden aparatos electrónicos de importación, ropa, automóviles y de todo.

Si se quiere ir de compras, se debe tomar en el centro un colectivo (unos 700 CLP) hacia el norte. No se debe ir a pie: está rodeado por algunos de los peores barrios de la ciudad.

❶ Información

Abundan los cajeros en el centro y en la zona franca. Varias oficinas cambian divisas extranjeras y cheques de viaje.

Oficina de correos (Bolívar 458; ⏱9.00-18.00 lu-vi, 10.00-12.00 sa)

Sernatur (☎57-241-9241; www.sernatur.cl; Pinto 436; ⏱9.00-18.00 lu-vi, 10.00-14.00 sa) Información turística y planos y folletos gratis.

❶ Cómo llegar y salir

AVIÓN

El aeropuerto local, el **aeropuerto Diego Aracena** (☎57-247-3473; www.aeropuertodiegoaracena.cl), está 41 km al sur del centro por la Ruta 1.

LATAM (☎600-526-2000; www.latam.com; Pinto 699; ⏱9.00-13.30 y 15.30-18.15 lu-vi, 10.30-13.00 sa) tiela varios vuelos diarios a Santiago (desde 90 000 CLP, 2½ h). También opera dos vuelos semanales a Salta, Argentina (unos 155 000 CLP, 1½ h).

Sky (☎600-600-2828; www.skyairline.cl) ofrece varios vuelos diarios a Santiago (desde 55 000 CLP).

NORTE GRANDE IQUIQUE

Amazonas (www.amazonas.com) vuela diariamente a Arica (desde 30 000 CLP, 40 min) y Antofagasta (desde 45 000 CLP, 45 min). Fleta también cuatro vuelos semanales a La Paz, Bolivia (desde 65 000 CLP), cuatro semanales a Salta, Argentina (desde 190 000 CLP, 1½ h) y cinco semanales a Asunción, Paraguay (200 000 CLP, 2 h).

AUTOBÚS

La principal estación de autobuses, la **terminal Rodoviario** (🖉57-242-7100; Lynch), queda en el extremo norte de Patricio Lynch. Casi todas las empresas principales de autobuses, como **Expreso Norte** (🖉57-242-3215; www.expresonorte.cl; Barros Arana 881), **Pullman** (🖉57-242-9852; www.pullman.cl; Barros Arana 825) y **Tur Bus** (🖉57-273-6161; www.turbus.cl; Barros Arana 869, Mercado Centenario), además de algunas locales, tienen también oficinas alrededor del Mercado Centenario, sobre todo en Barros Arana. Se pueden reservar billetes allí (y ahorrarse la excursión a la terminal de autobuses), pero los autobuses salen de la terminal. Los servicios al norte y al sur son frecuentes, pero casi todos los servicios al sur utilizan la ruta 1, la carretera de la costa, hasta Tocopilla (para conexiones con Calama) y Antofagasta (para conectar con la Panamericana y continuar a Copiapó, La Serena y Santiago).

Varias compañías principales de autobuses, incluida **Ramos Cholele** (🖉57-247-1628; Barros Arana 851), van al norte hasta Arica y al sur hasta Santiago.

Estas son algunas tarifas:

DESTINO	PRECIO (CLP)	HORAS
Antofagasta	19 000	7
Arica	7200	4½
Calama	13 000	7
Copiapó	36 000	14
La Serena	39 000	19
Santiago	50 000	24

Para llegar hasta Pica hay que acudir a alguna de las agencias de Barros Arana, entre Zegers y Latorre. **Chacón** (Barros Arana 957) tiene varias salidas diarias a Pica (3200 CLP, 2 h), al igual que la contigua **Barreda** (🖉57-241-1425; Barros Arana 965). **Santa Ángela** (🖉57-242-3751; Barros Arana 971) viaja a Pica (3200 CLP, 2 h), La Tirana (2500 CLP, 1½ h) y Humberstone (2500 CLP, 45 min).

Otra forma de llegar a Humberstone (y Santa Laura) es con un colectivo desde el Mercado Central. Hay varias compañías, como **Taxi Chubasco** (🖉57-275-1113; esq. Amunátegui y Sargento Aldea) y **Taxi Pampa y Mar** (🖉57-232-9832; esq. Barros Arana y Sargento Aldea).

Varias compañías de autobuses cubren destinos bolivianos como La Paz, Cochabamba y Oruro; todas se agrupan en una cuadra de Esmeralda, entre Amunátegui y Martínez. Como el barrio no es muy recomendable, lo mejor es tomar un taxi si se va a salir muy temprano o muy tarde. Para ir a La Paz, **Busfer** (🖉móvil 9-9561-8050; Esmeralda 951) ofrece cuatro salidas diarias (6000-10 000 CLP, 14 h), entre ellas a las 4.00 y a las 14.00, y **Luján** (Esmeralda 999) tiene también varias salidas diarias (10 000 CLP, 14 h).

La forma más sencilla de llegar a Perú es ir primero a Arica, y allí tomar un autobús internacional.

ℹ Cómo desplazarse

A/DESDE EL AEROPUERTO

Los traslados en microbús desde el aeropuerto Diego Aracena hasta el hotel cuestan 6000 CLP; hay unas cuantas paradas en el aeropuerto. Otras opciones son los taxis compartidos (unos 7000 CLP/persona) y los privados (17 000 CLP). Se puede probar con **Taxis Aeropuerto** (🖉57-241-3368; esq. Aníbal Pinto y Tarapaca), enfrente de la plaza.

AUTOBUSES

Los colectivos son la mejor opción para desplazarse por la ciudad (600 CLP). Indican su destino con una señal luminosa en la parte superior de la cabina.

AUTOMÓVILES

Cuestan a partir de 26 000 CLP/día. Las agencias locales suelen pedir un permiso de circulación internacional.

AVIS (🖉57-257-4330; Rodríguez 730; ⊙8.30-18.30 lu-vi, 9.00-14.00 sa)
Econorent Car Rental (🖉57-242-3723; Hernán Fuenzalida 1058; ⊙8.30-19.00 lu-vi, 9.00-13.00 sa)

Al este de Iquique

Los pueblos fantasma que motean el desierto conforme se viaja al interior desde Iquique son sombríos vestigios de los asentamientos mineros, antaño florecientes, donde se extraía el oro blanco de la región: el salitre. De camino se pasa por geoglifos prehispánicos. Más al interior, el paisaje yermo revela varios pueblos pintorescos con fuentes termales, mientras que el altiplano encierra unos parajes subyugantes y una singular cultura pastoril.

Varias empresas de transporte público conectan Iquique con destinos de esta zona, incluidos los colectivos que van de Iquique a las afueras de Humberstone (2800 CLP,

MAMIÑA

Cuando se llega a Mamiña, esta parece una polvorienta aldea del desierto rodeada de la precordillera reseca. Sin embargo, el fondo del valle más abajo alberga famosas aguas termales acres, alrededor de las cuales ha surgido un pequeño y aletargado resort. Los baños, muy populares entre los mineros locales, son la única razón para ir a este lugar. Se puede visitar fácilmente en una excursión de un día desde Iquique.

La aldea se apiña en dos sectores, el superior y el inferior. El primero se arracima alrededor del afloramiento rocoso donde se alza la iglesia de San Marcos, de 1632. El segundo se extiende por el fondo del valle, donde se hallan las aguas termales. Las 'instalaciones del resort' incluyen los Barros Chinos (cruce A-653; 3000 CLP; ☺9.00-16.00), que ofrecen tratamientos de lodo.

Mamiña se encuentra 73 km al este de Pozo Almonte. Los autobuses y taxis colectivos que llegan de Iquique paran en la plaza frente a la iglesia. Para llegar desde Iquique, se debe tomar un autobús (3000 CLP, 2 h) de Barreda (p. 168), que ofrece salidas diarias desde su oficina de Barros Arana en Iquique.

40 min); y los autobuses de Iquique a La Tirana (2500 CLP, 1½ h), Mamiña (3000 CLP, 2 h) y Colchane (4500 CLP, 3½ h); este último para ir al Parque Nacional Volcán Isluga.

El Gigante de Atacama

Aunque se trate de la mayor representación arqueológica de una figura humana que existe en el mundo –86 m de altura–, se sabe poco del llamado Gigante de Atacama (Ruta 15). Este geoglifo, en la aislada ladera occidental del cerro Unita, 14 km al este de Huara, se cree que representa a un poderoso chamán. Los expertos calculan que data hacia el 900 d.C. No hay que trepar por la ladera porque se causan daños al yacimiento.

La carretera Huara-Colchane, ruta principal entre Iquique y Bolivia, está asfaltada; solo el corto tramo (1 km aprox.) desde la carretera hasta el cerro cruza a través del desierto. El yacimiento dista 80 km de Iquique; se puede visitar en un automóvil de alquiler, en taxi o mediante un circuito.

Humberstone y Santa Laura

La influencia y riqueza del auge del salitre se percibe en el pueblo fantasma de Humberstone (www.museodelsalitre.cl; adultos/niños incl. oficina Santa Laura 4000/2000 CLP; ☺9.00-19.00 dic-mar, hasta 18.00 abr-nov). Fundada en 1872 con el nombre de La Palma, esta población minera bullía antaño con un dinamismo, una cultura y una inventiva que alcanzaron su ápice en la década de 1940.

Sin embargo, la producción de salitres sintéticos obligó a cerrar la oficina (así se denomina en Chile al conjunto de instalaciones

de una compañía salitrera, viviendas incluidas) en 1960; 3000 trabajadores perdieron sus empleos y el pueblo fue decayendo hasta convertirse en un desolado cascarón.

Todo yace ahora silencioso y carente de vida: el señorial teatro (se rumorea que está encantado, como otros muchos edificios de pueblo) donde antes actuaban *starlettes* internacionales; la piscina de hierro colado rescatada de un pecio; el salón de baile, donde muchos jóvenes de la pampa salitrera conocieron a sus novias; un bullicioso mercado, y un hotel frecuentado por los peces gordos de la industria.

Algunos edificios han sido restaurados, pero otros están en ruinas: cuidado al recorrerlos por dentro. En el extremo oeste del pueblo, la central eléctrica sigue en pie, junto con los restos del tren de vía estrecha que conducía a la oficina Santa Laura, más antigua.

Pese a su declaración como monumento histórico en 1970, Humberstone fue presa del vandalismo y los saqueos. Sin embargo, la suerte del pueblo cambió en el 2002 cuando lo compró una asociación de pampinos sin ánimo de lucro (la Corporación Museo del Salitre), que se dedicó a reparar las decrépitas construcciones. En la entrada se puede recoger un mapa que indica el uso que tuvieron los edificios.

La entrada también permite acceder a la cercana oficina Santa Laura.

Los restos de la oficina Santa Laura (adultos/niños incl. Humberstone 4000/2000 CLP; ☺9.00-19.00 dic-mar, hasta 18.00 abr-nov), 2 km al oeste de Humberstone, se hallan 30 min a pie al suroeste de su abandonado vecino. Menos visitada y más en ruinas que Humberstone, Santa Laura merece la visita por su evocador y pequeño museo. También hay edificios industriales con enormes máquinas antiguas. Como en Humberstone, las historias de fantasmas abundan.

Parque Nacional Volcán Isluga

Si se quieren recorrer sendas poco holladas, este aislado parque nacional recompensa con creces el esfuerzo. Dominado por el humeante volcán Isluga, el parque está salpicado de pueblos donde viven unas cuantas familias o, a veces, nadie. El pueblo de Isluga está deshabitado y funciona como "pueblo ritual" donde convergen familias dispersas para celebrar actos religiosos en su iglesia de adobe, del s. XVII. A 2 km del pueblo Enquelga hay unas fuentes termales.

Los 1750 km² del Parque Nacional Volcán Isluga cobijan una flora y fauna similares a las del Parque Nacional Lauca, pero con muchos menos visitantes; el parque queda a 250 km de Iquique y 13 km al oeste de Colchane, un pueblecito en la frontera boliviana.

🛏 Dónde dormir

Hotel Isluga   HOTEL **$**
(📱móvil 9-8741-6260; Teniente González s/n, Colchane; i/d 25 000/36 000 CLP, sin baño 16 000/35 000 CLP) El alojamiento más agradable de la zona dispone de habitaciones cómodas, aunque suelen ser frías por la noche, y organiza circuitos a los lugares de interés cercanos.

Hostal Camino del Inca   HOTEL **$**
(📱móvil 9-8446-3586; hostal_caminodelinka@hot mail.com; Teniente González s/n, Colchane; h por persona incl. desayuno y cena 14 000 CLP, sin baño 11 000 CLP) Regentado por una familia colchanina, tiene dos plantas de habitaciones con pocos muebles, pero limpias y con duchas de agua caliente. Por las noches hace mucho frío y a las 23.00 cortan la electricidad, así que hay que llevar saco de dormir y linterna.

❶ Cómo llegar y salir

La carretera a Colchane está asfaltada, pero por el parque se entrecruzan una infinidad de pistas de tierra. Varios autobuses diarios (menos en do) que salen de Iquique, a 251 km, pasan por Colchane (4500 CLP, 3½ h) de camino a Oruro (7000 CLP, 8 h, más el tiempo en la frontera); se puede probar con **Luján** (p. 168), que sale cada día a las 13.00 de Iquique.

En Colchane también se puede cruzar la frontera y tomar un camión o un autobús hasta la ciudad de Oruro, en Bolivia.

La Tirana

Los diablos cornudos cabriolean, un mar de faldas cortas se ondula en el aire, una galaxia de lentejuelas brillan y las bandas de música atacan ritmos vigorosos durante la fiesta de la Virgen del Carmen, la celebración religiosa más espectacular de Chile, a mediados de julio. Durante 10 días, hasta 230 000 peregrinos invaden el pueblecito (1300 habitantes) para venerar a la Virgen en un ambiente de carnaval.

El pueblo, a 72 km de Iquique en el extremo norte del salar de Pintados, tiene fama por ser el lugar donde fue condenada a muerte una princesa inca y posee un importante centro religioso: el santuario de La Tirana, ancha plaza ceremonial con una de las iglesias más singulares del país.

La Tirana está unos 78 km al este de Iquique. Varias empresas de autobuses tienen conexiones diarias entre Iquique y La Tirana (2500 CLP, 1½ h), incluidos Barreda (p. 168) y Santa Ángela (p. 168).

Pintados

Justo al salir de la Panamericana, unos 45 km al sur de Pozo Almonte, las laderas marrones de las colinas de Atacama se han transformado en un lienzo magnífico de arte aborigen. Unos 420 geoglifos decoran las colinas como gigantescos garabatos precolombinos en Pintados (adultos/niños 4000/2000 CLP; ⊗9.30-17.00 ma-do), 45 km al sur de Pozo Almonte. Los diseños geométricos incluyen formas, figuras y animales. Casi todos datan de entre el 500 d.C. y el 1450 d.C.

Pintados se encuentra 4,5 km al oeste de la Panamericana por una carretera de grava, casi enfrente del desvío hacia el este en dirección a Pica. No llega el transporte público, aunque hay agencias en Iquique que realizan excursiones de un día.

Pisagua

📞057 / 260 HAB.

Los fantasmas del pasado impregnan todos los aspectos de la vida en esta aislada aldea costera, 120 km al norte de Iquique. No mucho más que un fantasma antaño, cuando era uno de los puertos de salitre más grandes de

Chile en el s. xix, actualmente alberga a unas 260 personas que viven de cosechar güiro (algas) y de mariscar. Una colonia penitenciaria donde Pinochet se fogueó como capitán del ejército, la población cobraría notoriedad poco después al convertirse en campo de prisioneros durante la dictadura (1973-1989). Tras el restablecimiento de la democracia, el descubrimiento de numerosas fosas comunes en el cementerio local provocó un escándalo internacional.

Se percibe cierta magia siniestra y lirismo en Pisagua, que parece una olvidada aldea, junto al mar, situada debajo de un acantilado casi vertical.

👁 Puntos de interés

Cementerio CEMENTERIO
(☉horas de sol) El lugar de Pisagua que más invita a meditar es su antiguo cementerio, 3 km al norte del pueblo sobre una solitaria colina que se desploma sobre el océano. Aquí los buitres montan guardia sobre un enorme hoyo bajo la pared rocosa, donde se descubrió una fosa común con víctimas de la dictadura de Pinochet. Una placa recoge estos versos conmovedores de Neruda: "Aunque los pasos toquen mil años este sitio, no borrarán la sangre de los que aquí cayeron".

Más allá del cementerio, la carretera continúa 3,5 km hasta Pisagua Vieja, con un puñado de ruinas de adobe, una necrópolis precolombina y una ancha playa de arena.

Teatro Municipal EDIFICIO HISTÓRICO
(Esmeralda) Un teatro antes suntuoso y hoy corroído, con un ancho escenario, palcos de estilo operístico y descascarillados frescos de querubines en el techo. Se puede pedir la llave en la **biblioteca** (☉9.00-15.00 y 16.00-18.00 lu-vi; 🕿) contigua.

🛏 Dónde dormir y comer

Hostal La Roca HOTEL $
(📞57-273-1502; h.larocapisagua@gmail.com; Manuel Rodríguez 20; i/d 14 000/28 000 CLP; 🅿) Este estrafalario lugar está encaramado a una elevación rocosa que domina el Pacífico. Dispone de cuatro habitaciones encantadoras, dos con vistas al mar. También organiza salidas de surf o submarinismo.

Señora Jacqueline CHILENA $
(Patricio Lynch; platos principales sobre 3000 CLP; ☉12.00-23.00) Habrá que buscar mucho para encontrar este establecimiento informal sin cartel situado en casa de una vecina emprendedora. Jacqueline cocina pescado y todo lo disponible ese día. Su casa se halla en una colina sobre el mar en el extremo oriental de la aldea.

ℹ Cómo llegar y salir

En línea recta Pisagua está unos 60 km al norte de Iquique, pero por carretera es el doble. Se llega tomando un desvío 85 km al sur del puesto de control policial en Cuya, y 47 km al norte de Huara. Se deja la Panamericana y se continúa 40 km al oeste hasta que se llega a la costa.

Un microbús diario (excepto do) sale de la terminal de Iquique a las 17.00 (2000 CLP, 2 h). Regresa desde Pisagua a las 7.00.

Arica

📞058 / 221 000 HAB.
El ritmo vital de Arica es una pura delicia. Cálida y soleada todo el año, tiene un bonito paseo peatonal ideal para pasear al atardecer y, a un corto trecho del centro, playas aceptables con arena de color azúcar moreno. Añádanse olas fantásticas para surfear y uno de los teatros de operaciones de la Guerra del Pacífico en el Morro, y quizá entren ganas de quedarse uno o dos días más antes de dirigirse al cercano Parque Nacional Lauca o visitar el valle de Azapa, con algunas de las momias más antiguas del mundo.

Historia

Los pueblos prehispánicos se movieron por esta zona durante milenios. La propia Arica era el final de una importante ruta comercial de trueque de pescado, algodón y maíz por patatas, lana y charqui (carne seca y salada) entre moradores de la precordillera y el altiplano.

Con la llegada de los españoles a principios del s. xvi, Arica se convirtió en el puerto de embarque de la plata de Potosí (Bolivia). Integrada ya en el Perú independiente, el desarrollo de la ciudad en el s. xix fue a la zaga de la actividad de las minas de salitre. Tras la cruenta batalla librada en el Morro de Arica (1880) durante la Guerra del Pacífico, la ciudad cayó en manos chilenas.

👁 Puntos de interés

⭐**Museo de Sitio Colón 10** MUSEO
(Colón 10; adultos/niños 2000/1000 CLP; ☉10.00-19.00 ma-do ene-feb, hasta 18.00 ma-do mar-dic) En este pequeño museo por debajo del Morro se exponen 32 momias de la cultura Chinchorro, descubiertas cuando un arquitecto compró esta casa para convertirla en hotel. Los cuer-

Arica

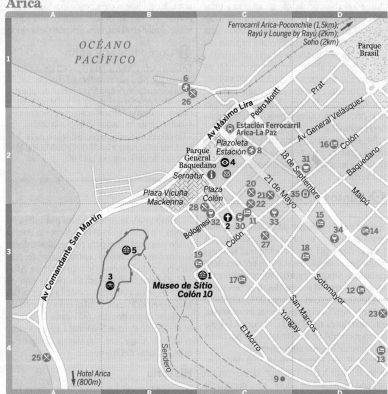

Arica

pos, protegidos por una plataforma de vidrio, pueden verse tal y como se hallaron en la arena al excavar los suelos de la casa: en diferentes posiciones, con todo su ajuar funerario, pieles y plumas de aves marinas; hay unos cuantos niños con máscaras de arcilla pintadas de rojo. Se recomienda subir por la rampa de madera para ver las momias desde una posición más favorable y contemplar después de la magnífica vista de la ciudad desde la terraza cubierta. Una audioguía aporta contexto al lugar.

Ferrocarril Arica-Poconchile TREN
(http://trenturistico.fcalp.cl; av. Brasil 117; adultos/niños ida y vuelta 9000/4000 CLP; ☺taquillas 9.00-14.00 y 15.00-18.30 lu-vi) Un tramo de la antigua línea terroviaria que unía Arica con La Paz, en Bolivia, ha sido restaurada y ahora un tren turístico circula una vez por semana entre Arica y la población de Poconchile, en el valle del Lluta, unos 37 km al noreste. Los vagones datan de la década de 1950; salen los sábados

a las 10.30 y regresan a Arica a las 15.30, con parada de 1 h en Poconchile.

El tren parte de la estación de Chinchorro, unos 3 km al noreste del centro. Hay que llamar antes o confirmar con la oficina de turismo que el tren va a circular. Fuera de temporada (dic-med mar) solo funciona dos veces al mes.

Cuevas de Anzota NATURALEZA
(av. Comandante San Martín) Unos 10 km al sur del centro, las playas tranquilas dan paso a una zona de escarpados acantilados, costas rocosas y cuevas que usó la cultura Chinchorro hace unos 9000 años. Un nuevo camino litoral atraviesa la zona, con escaleras que llevan a miradores y puntos con vistas sobre la costa. Se pueden ver lobos marinos, chungungos (nutria marina) y numerosas aves marinas.

No llega el transporte público. Hay que ir en taxi.

Morro de Arica MIRADOR
Esta imponente mole rocosa de color café se alza a 100 m de altura sobre la ciudad y es ideal para orientarse porque brinda vistas de la ciudad, el puerto y el océano Pacífico. Aquí se libró una batalla decisiva en 1880, durante la Guerra del Pacífico, cuando el ejército chileno asaltó el Morro y se lo arrebató a las fuerzas peruanas en menos de 1 h.

A la cima de este promontorio se puede subir en automóvil o taxi (4000 CLP ida y vuelta con 30 min de espera) o a pie por un empinado sendero desde el extremo sur de la calle Colón. La historia del Morro se cuenta paso a paso en el Museo Histórico y de Armas (p. 174).

Catedral de San Marcos IGLESIA
(San Marcos 260, plaza Colón; ☺8.30-21.00 lu-vi, 11.00-13.00 sa, 9.00-13.00 y 19.30-21.00 do) La fama de esta iglesia de inspiración gótica se cimenta en tres hechos: fue proyectada por Gustave Eiffel antes de su éxito con la Torre Eiffel; se prefabricó en sus talleres de París en la década de 1880 (por encargo del presidente peruano) y fue ensamblada allí mismo tras viajar por medio mundo, y por último, toda la estructura está construida en hierro fundido, prensado y moldeado, y recubierto después de pintura.

Antigua aduana de Arica EDIFICIO RELEVANTE
(Casa de Cultura; ☎58-220-9501; Prat s/n) GRATIS
Eiffel proyectó también esta antigua casa de

la Aduana que fue prefabricada en París y armada en 1874, con paredes de bloques y ladrillos apilados entre soportes metálicos. Hoy en centro cultural, acoge exposiciones y posee una impresionante escalera de caracol de hierro fundido con 32 peldaños. Cuando se redactó esta guía, estaba cerrada por reformas.

Museo Histórico y de Armas MUSEO
(adultos/niños 1000/500 CLP; ☺8.00-18.00 ma-vi, hasta 20.00 sa y do) Encima del Morro de Arica, este museo ilustra la batalla crucial en colina, en 1880, durante la Guerra del Pacífico. Alberga una colección de armas del s. xix y principios del s. xx.

🏃 Actividades

Playas

Surfistas, nadadores y bañistas encuentran hueco en las abundantes playas de Arica. La temperatura del Pacífico permite bañarse con comodidad, aunque por las fuertes corrientes algunas playas son más seguras que otras. Las aguas especulares de la abrigada playa La Lisera son el lugar más seguro para llevar a los niños.

Las playas más frecuentadas quedan al sur de la ciudad, a lo largo de la avenida Comandante San Martín, donde hay varias caletas resguardadas y restaurantes a orillas del mar. La más cercana es la playa El Laucho, a 20 min a pie, justo después del Club de Yates, seguida por la preciosa playa La Lisera, 2 km al sur del centro, con vestuarios y duchas. Ambas tienen un oleaje suave y son buenos lugares para nadar y relajarse. Cerca, la playa Brava hace honor a su nombre y solo es apta para tomar el sol.

Unos 9 km al sur de la ciudad, pasada una planta de procesado de harina de pescado, está playa Corazones, con acampada libre y un quiosco. Nada más pasar la playa un sendero conduce hasta cuevas, colonias de cormoranes, túneles y una colonia de leones marinos. Se va en taxi o en bicicleta.

Las playas también se suceden a lo largo de 19 km de la Panamericana Norte hasta la frontera peruana; estas playas son más largas y bravías, pero más limpias. La enorme playa Chinchorro, 2 km al norte del centro, es una larga franja de arena con restaurantes caros, heladerías y, en períodos vacacionales, alquiler de motos acuáticas. El mar tira a revuelto, pero no entraña peligro para nadadores con experiencia. El agua se encenaga un poco en febrero.

La playa Las Machas, unos cuantos kilómetros al norte, es territorio surfero; hay que tomar el autobús nº 12 o 14 desde 18 de Septiembre y bajar en la esquina de las avenidas Antártica y España.

Surf

Ya es un secreto a voces: la fama de Arica por sus fantásticos tubos se ha extendido por el mundo y la ciudad acoge campeonatos de alto nivel y atrae a equipos de rodaje de películas sobre surf. Las olas más grandes llegan en julio. Además de la playa Las Machas, los surfistas avezados cabalgan también las altas olas de El Gringo y El Buey en la isla de Alacrán, rompiente con fondo de roca para expertos al sur del Club de Yates. Se pueden alquilar tablas o asistir a clases de surf en Arica Surfhouse (p. 175).

Mayuru AIRE LIBRE
(☎9-8582-1493; www.mayurutour.com; Baquedano 411, Putre) Goza de reputación por sus circuitos de calidad por la región. Si el tiempo lo permite, en vez de la escapada de un día a Lauca, se recomienda una de sus salidas de varios días, que visitan maravillas naturales del altiplano.

La oficina está en Putre; conviene llamar o mandar un correo electrónico antes de llegar.

Miramar BARCOS
(muelle pesquero; adultos/niños 3000/1000 CLP; ☺10.00-18.00) En el muelle de pesca, esta es una de las varias empresas que organiza cruceros de 40 min por la bahía. Se verán seguro pelícanos, lobos marinos y quizá algún pingüino. Los barcos zarpan cuando hay suficientes pasajeros. Hay que ir antes de la hora del almuerzo en fin de semana para tener que esperar menos tiempo.

Orange Travel AIRE LIBRE
(☎9-8869-3991; www.orangetravel.cl; paseo Bolognesi 421; ☺9.00-18.00 lu-sa) Ofrece una gama completa de circuitos, incluidas salidas de día completo al Parque Nacional Lauca (30 000 CLP) y excursiones de medio día que visitan las maravillas arqueológicas de la zona (15 000 CLP). Alquila bicicletas.

🧭 Circuitos

Raíces Andinas CIRCUITO ECOLÓGICO
(☎9-8680-9445; www.ecotourexpediciones.cl; Héroes del Morro 632; ☺9.00-12.00 y 15.00-18.00 lu-sa) Recomendada por fomentar un mejor entendimiento de los pueblos indígenas de la zona, se especializa en excursiones de dos

o más días, y ofrece expediciones al Sajama, techo de Bolivia, pasando por Lauca, y al salar de Uyuni.

Suma Inti
CIRCUITOS

(📞58-222-5685; www.sumainti.cl; Población Juan Noé, pasaje 11, nº 1128; ⏰9.00-13.00 y 15.00-19.00 lu-vi, 9.00-13.00 sa) Pequeña agencia regentada por aimaras que se centra en las tradiciones ancestrales, con circuitos que suelen incluir rituales con hojas de coca y cánticos; también organiza caminatas más largas y escaladas.

✦ Fiestas y celebraciones

Carnaval Andino con la Fuerza del Sol
CARNAVAL

(⏰fin ene-ppios feb) Este festival, con bandas estridentes y comparsas tradicionales que bailan, atrae a unos 15 000 espectadores durante un fin de semana de tres días. Tiene lugar sobre todo en la avenida Comandante San Martín, cerca del Morro.

Semana Ariqueña
FESTIVAL

(⏰ppios jun) Desfiles, conciertos y fuegos artificiales.

🛏 Dónde dormir

Sunny Days
PENSIÓN $

(📞58-224-1038; Tomás Aravena 161; i/d 20 000/30 000 CLP, dc/i/d sin baño 11 000/15 000/26 000 CLP; 🅿@🛜) Aunque alejada del centro, esta acogedora y relajada pensión cerca de la playa de Chinchorro es una opción interesante. Atrae a una amplia mezcla de viajeros por sus habitaciones agradables, personal amable, amplia sala de descanso y acceso a cocinas, lavandería y alquiler de bicicletas (8000 CLP/día).

Está unos 2 km al noreste del centro. Se puede tomar un colectivo (700 CLP) o un *micro* (500 CLP) en la avenida Santa María.

Arica Surfhouse
ALBERGUE $

(📞58-231-2213; www.aricasurfhouse.cl; O'Higgins 664; dc 12 000 CLP, i/d 25 000/36 000 CLP, sin baño 20 000/30 000 CLP; @🛜) Hace doblete como central surfera de Arica y es uno de los mejores albergues de la ciudad, con habitaciones limpias, gran espacio común al aire libre, agua caliente las 24 h y servicio de lavandería. En invierno hay transporte a las playas, y también se dan clases de surf y se alquila equipo.

También se pueden alquilar bicicletas, reservar circuitos (excursiones al parque nacional) y practicar paravelismo o submarinismo.

Hostal Jardín del Sol
HOTEL $

(📞58-223-2795; www.hostaljardindelsol.cl; Sotomayor 848; i/d 23 000/37 000 CLP; 🛜) Abierto hace mucho, aún hace honor a su reputación como uno de los mejores hoteles económicos de Arica, con habitaciones pequeñas pero impecables y con ventilador. Los huéspedes se mezclan en el arbolado patio, la cocina compartida y el salón. Intercambio de libros y mucha información turística.

Hostal Huanta-Jaya
HOTEL $

(📞58-231-4605; hostal.huanta.jaya@gmail.com; 21 de Mayo 660; i/d desde 20 000/30 000 CLP; 🛜) A las agradables, limpias y amplias (aunque algo oscuras) habitaciones se llega por un largo pasillo decorado con arte africano. Las más económicas carecen de ventanas al exterior y no hay mucho ambiente viajero.

Hotel Mar Azul
HOTEL $

(📞58-225-6272; Colón 665; i/d 20 000/30 000 CLP; 🛜🅿) Con banderas delante y un interior blanco, este establecimiento en el corazón de la ciudad tiene una pequeña piscina exterior y televisión por cable.

Petit Clos
PENSIÓN $$

(📞58-232-3746; www.lepetitclos.cl; Colón 7; d 32 000-36 000 CLP) Cerca de las escaleras que ascienden al Morro de Arica, esta pensión de gestión belga es una gran base para explorar la ciudad. Las habitaciones están amuebladas con gusto, hay una terraza con preciosas vistas (donde se sirve el desayuno) y té y café disponibles a toda hora.

Hay que subir una empinada colina desde el centro.

Casa Beltrán
HOTEL $$

(📞58-225-3839; www.hotelcasabeltran.cl; Sotomayor 266; h 52 000-62 000 CLP; 🅿❄@🛜) Este elegante local con encanto en el centro de la ciudad ocupa una vieja casona y dispone de 17 habitaciones bien diseñadas con suelos de madera y comodidades exclusivas (escritorio, mininevera, baños modernos impecables). Algunas habitaciones tienen balcón. El gastronómico restaurante (cerrado los domingos) sirve los almuerzos y el té con vistas a un patio arbolado.

Hotel Sotomayor
HOTEL $$

(📞58-258-5761; www.hotelsotomayor.cl; Sotomayor 367; i/d 35 000/45 000 CLP; 🅿🛜) Ligeramente ajado, este establecimiento de cuatro plantas un poco colina arriba desde la plaza destaca por su fachada alegre, sus amplias habitaciones y su tranquila ubicación, apartada de la calle junto a una pequeña plaza.

Hotel Gavina Express
HOTEL DE NEGOCIOS **$$**

(☎58-258-3000; www.gavinaexpress.cl; 21 de Mayo 425; i 51 000-61 000 CLP, d 59 000-69 000 CLP, ste 80 000 CLP; ❄🖵) En la mitad del paseo peatonal, ofrece todas las comodidades, como camas *king-size*, habitaciones espaciosas y baños modernos e impolutos.

Hotel Savona
HOTEL **$$**

(☎58-223-1000; www.hotelsavona.cl; Yungay 380; i/d 39 000/54 000 CLP; P@🖵❄) Este hotel al pie del Morro tiene un bonito patio interior con buganvillas y piscina. Las habitaciones, de estilo clásico y algo anticuadas, están bien en cuanto a equipamiento. Hay bicicletas de uso gratuito.

★Hotel Aruma
HOTEL-BOUTIQUE **$$$**

(☎58-225-0000; www.aruma.cl; Lynch 530; i/d estándar 80 000/90 000 CLP, superior 110 000/120 000 CLP; ❄🖵❄) El hotel con más prestancia de Arica es una mezcla de ambiente *cool*, decoración moderna y servicio amable. Las amplias y modernas habitaciones dan sensación de relax, y el *snack* bar de la azotea, los salones y la piscina realzan el atractivo del conjunto.

Hay que buscar ofertas en línea (h estándar/superior desde 67 000/80 000 CLP).

Hotel Arica
HOTEL **$$$**

(☎58-225-4540; www.panamericanahoteles.cl; av. Comandante San Martín 599; h 75 000-120 000 CLP, cabaña para 2 personas 110 000-140 000 CLP; P❄@🖵❄) Este enorme resort frente al océano ofrece una gama de habitaciones, que incluyen cabañas con vistas al mar y todos los extras de un cuatro estrellas. Está unos 3 km al suroeste del centro junto a la playa El Laucho. Conviene pedir una habitación con vistas al océano y buscar las ofertas especiales que solo aparecen en la web.

✖ Dónde comer

Mata Rangi
PESCADO **$**

(muelle pesquero; platos principales 5000-7000 CLP; ⊙12.30-16.00 ju-ma) Junto al muelle pesquero, este simpático establecimiento de madera a modo de choza, con un comedor fresco, terracita al océano y campanillas de viento por doquier, sirve pescados y mariscos de primera. Hay que llegar temprano para conseguir mesa o disponerse a esperar.

Salón de Té 890
PIZZERÍA **$**

(21 de Mayo 890; *pizzas* 3800-6000 CLP; ⊙17.00-24.00 lu-sa; 🖵) En este animado salón de té se sirven *pizzas*, sándwiches y deliciosos pasteles en un par de salas de color pastel con una decoración antigua. Se recomienda el pastel de la casa, el Siete Sabores.

Govinda's
VEGETARIANA **$**

(www.facebook.com/viejaescuelabararica; Sotomayor 251; platos principales 3000-4000 CLP ⊙9.00-16.00 lu-vi, 13.00-16.00 sa) Se puede descansar de tanta carne y pescado en este acogedor restaurante vegetariano a la vuelta de la esquina desde la catedral. La carta cambia cada día y puede presentar platos como sopa de lentejas, *risotto* de quinua, raviolis de espinacas, quiche o fajitas. Los sándwiches, zumos y platos de desayunos (entre semana) completan la carta.

Boulevard Vereda Bolognesi
INTERNACIONAL **$**

(Bolognesi 340; platos principales 4000-9000 CLP; ⊙10.00-23.00 lu-sa) Pequeña galería comercial con cafés, restaurantes y bares; se puede elegir entre un local peruano, un restaurante italiano o una barra de *sushi,* y comer después en el patio central.

Café del Mar
CAFETERÍA **$**

(21 de Mayo 260; platos principales 4200-6000 CLP; ⊙9.00-23.00 lu-sa; 🖵) En la animada calle peatonal, este café eternamente popular dispone de una amplia carta de ensaladas, crepes, hamburguesas y sándwiches, además de un café excelente. Se aconseja tomar asiento en una mesa de delante y observar a la gente.

Mercado central
MERCADO **$**

(Sotomayor; platos principales 3500-6000 CLP; ⊙8.00-18.00 lu-vi) Sobre todo un mercado local, especializado en productos frescos, ropa barata, puestos de comida y muchas importaciones bolivianas.

★Los Aleros de 21
CHILENA **$$**

(☎58-225-4641; 21 de Mayo 736; platos principales 9500-13 500 CLP; ⊙12.00-15.30 y 20.00-23.30 lu-sa; 🖵) Uno de los mejores restaurantes de Arica prepara excelentes platos de carne y pescado a la parrilla en un entorno de madera y un ambiente anticuado. El servicio es bastante bueno, y la carta de vinos también es correcta.

Lucano
ITALIANA **$$**

(☎58-247-5233; www.pizzerialucano.cl; Esmeralda 210; *pizzas* 6000-12 000 CLP; ⊙18.00-24.00 lu-vi, desde 13.00 sa y do; 🖵🖵) Un poco fuera del centro, este local abierto por los lados tiene un encanto sencillo con manteles a cuadros, mesas en el exterior y una banda sonora de

AVENTURA EN LAS ESTRIBACIONES ANDINAS

Existe una nueva frontera para los viajeros con espíritu de aventura que quieren apartarse de las rutas habituales cerca de Arica: un rosario de pueblos aislados que orla las estribaciones andinas. Una serie de carreteras de grava llenas de baches enlaza estas bonitas aldeas tradicionales de la precordillera, como Belén, Saxamar, Tignamar y Codpa. Destacan las iglesias coloniales, las antiguas terrazas de cultivo y los pucarás (fortines prehispánicos). Hace poco se ha hecho un esfuerzo por fomentar el turismo patrimonial en esta región andina. El proyecto se promociona como la "ruta de las misiones" y lo dirige la Fundación Altiplano (p. 178), que intenta estimular el desarrollo de estas comunidades andinas casi olvidadas.

El fértil oasis del valle de Codpa cuenta con el mejor alojamiento de la zona, el Codpa Valley Lodge (📱móvil 9-8449-1092; http://terraluna.cl/en/codpa-valley-lodge; Ruta A-35; d/tr 75 000/85 000 CLP; ⊠). Este escondite que funciona con energía solar (solo hay electricidad 2 h cada noche), dispone de acogedoras habitaciones rústicas con patios privados en torno a una piscina, además de un buen restaurante. Conviene llevar muchos pesos; solo acepta efectivo. Sus circuitos incluyen una salida panorámica de dos días a Putre a través de la precordillera.

La Paloma, en Arica, viaja a Belén y Codpa varias veces por semana, pero no es posible recorrer todos los pueblos en transporte público.

Para los viajeros que dispongan de vehículo (se aconseja un todoterreno, casi obligatorio), esta ruta espectacular es una forma espléndida de ir desde Codpa a Putre, o viceversa. Hay que hacerse con un buen mapa de carreteras y no intentar recorrer esta ruta en la temporada de lluvias (dic-mar), ya que los ríos se desbordan y a menudo arrasan las carreteras.

soul americano, *funk* y *jazz vintage*. Las *pizzas* son buenas y combinan muy bien con la Guayacan Pale Ale y otras cervezas chilenas.

También entrega a domicilio.

Maracuyá PESCADO $$
(📱58-222-7600; av. Comandante San Martín 0321; platos principales 8700-13 500 CLP; ⊗12.30-15.30 y 20.30-24.00 lu-sa; 🛜) Este restaurante estilo villa junto a la playa El Laucho es ideal para darse un capricho con una excelente comida a base de pescado, camareros vestidos elegantemente y vistas al mar. Se aconseja reservar.

Mousse ITALIANA $$
(www.facebook.com/moussebarrestaurant; 7 de Junio 174; platos principales 7000-9000 CLP; ⊗9.00-2.00 lu-sa, 17.00-2.00 do; 🛜🖋) Uno de los varios restaurantes con mesas en el interior y el exterior frente a la plaza Colón, sirve una gran variedad de pastas y *pizzas*, además de desayunos, tostadas (sándwiches tostados) y otras comidas ligeras. Los platos del almuerzo (como la lasaña vegetariana) tienen una buena relación calidad-precio (4500 CLP).

Rayú FUSIÓN $$$
(📱58-221-6446; Raúl Pey Casado 2590; platos principales 8500-15 000 CLP; ⊗13.00-2.00 lu-sa; 🖋) Al

otro lado de la calle desde la playa Chinchorro, ha logrado una clientela fiel gracias a su cocina creativa que fusiona platos italianos y peruanos. El espacio elegante y abierto conforma un entorno elegante para saborear un sabroso cebiche o pulpo tierno seguidos de platos más sustanciosos, como lasaña de cordero, raviolis de queso de cabra y pescado a la parrilla servido con *risotto* de abulón.

🍷 Dónde beber y vida nocturna

Baristta Coffee CAFÉ
(18 de Septiembre 295, 2° piso; ⊗8.15-23.00 lu-vi, 16.00-23.00 sa; 🛜) El mejor café de Arica se sirve en esta cafetería en un piso superior con un amplio patio exterior hecho de madera recuperada. Se puede elegir el tipo de preparación –con V60, de filtro, de sifón o Aeropress– o pedir un expreso. Hay platos especiales para el almuerzo (4000 CLP), cruasanes, sándwiches y desayunos.

Lounge by Rayú BAR
(Raúl Pey Casado 2590; ⊗21.00-4.00 ma-sa) La gente guapa acude a este salón exclusivo con su patio al aire libre en la playa Chinchorro. Ofrece cócteles, *sushi* y ritmos electrónicos a cargo de diferentes DJ.

Mosto Vinoteca
BAR DE VINOS

(www.facebook.com/mostovinotecacl; 7 de Junio 196; ☺19.00-2.00 lu-vi, 12.00-2.00 sa y do) Para vistas privilegiadas de la catedral, hay que hacerse con una mesa en el exterior de este nuevo bar de vinos en la plaza. Aparte de una buena selección de tintos chilenos, ofrece también cervezas artesanales, tablas de queso y embutidos y sándwiches. Los fines de semana suele haber un DJ o un trío que toca *jazz*.

Así Sea Club
BAR

(San Marcos 251; ☺12.00-17.00 y 18.00-24.00 lu-ju, hasta 2.00 vi y sa) Este escondite pijo dentro de una antigua casa dispone de varios salones elegantes con detalles originales y un patio trasero. Sirve una carta de tablas (platos para compartir, 5000-20 000 CLP), cócteles y vinos chilenos, acompañados de melodías relajadas.

Old School
BAR

(www.facebook.com/viejaescuelabararica; Colón 342; ☺20.00-2.00 ma-sa) Pilar de la escena nocturna, este local cavernoso programa música en directo los fines de semana y DJ algunas noches entre semana. También se emiten a veces partidos de fútbol chilenos.

Soho
CLUB

(www.facebook.com/discosoho; Buenos Aires 209; entrada 4000-8000 CLP; ☺23.00-5.00 ju-sa) La discoteca más de moda de la ciudad cuenta con varios DJ, además de salsa en directo y bandas de *rock*. Está unos 3 km al norte del centro, cerca de la playa Chinchorro.

Vieja Habana
BAR

(www.facebook.com/vieja.habana.salsoteca; 21 de Mayo 487; ☺24.00-4.30 vi y sa) Se imparten clases de salsa y bachata (desde 3000 CLP) de lunes a jueves de 20.00 a 23.30, y es una animada salsoteca (club de salsa) los fines de semana.

De compras

Frutos Rojos
COMIDA Y BEBIDAS

(18 de Septiembre 330; ☺10.00-22.00 lu-sa) Esta pequeña tienda vende frutos secos y frutas deshidratadas, zumos, hojas de coca, yerba mate, tés y frutos secos rellenos de almendra y aceite de oliva del valle de Azapa. Es un lugar estupendo para probar los productos de la región. Esas pilas secas que parecen intestinos junto a la puerta son cochayuyo, una especie de kelp de Chile muy nutritivo.

Poblado Artesanal
MERCADO

(Hualles 2825; ☺10.30-13.30 y 15.30-19.00 ma-do) En las afueras de Arica, cerca de la Panamericana Sur, esta imitación de un pueblo del altiplano se halla repleto de tiendas y talleres de artesanía que venden desde piezas originales de cerámica hasta instrumentos musicales. El poblado cuenta incluso con iglesia propia, réplica de la de Parinacota, con copias de sus fascinantes pinturas murales. Los taxis colectivos n⁰ˢ 7 y 8 pasan cerca de la entrada, igual que los autobuses n⁰ˢ 7, 8 y 9.

❶ Información

Aunque Arica es una ciudad muy segura, los carteristas abundan; hay que tomar precauciones especiales en las terminales de autobuses y las playas.

Hay muchos cajeros automáticos que funcionan las 24 h, así como casas de cambio que cambian dólares estadounidenses, euros y moneda peruana, boliviana y argentina, en el paseo peatonal (21 de Mayo).

Conaf (☏58-220-1201; aricayparinacota.oirs@conaf.cl; av. Vicuña Mackenna 820; ☺8.30-17.30 lu-ju, hasta 16.00 vi) Dispone de información útil acerca de los parques nacionales de la Región I (Tarapacá). Se llega con el *micro* 9 o el colectivo 7, 2 o 23 desde el centro (600 CLP).

Fundación Altiplano (☏58-225-3616; www.fundacionaltiplano.cl; Andrés Bello 1515)

Sernatur (☏58-225-2054; infoarica@sernatur.cl; San Marcos 101; ☺9.00-18.00 lu-vi, 10.00-14.00 sa) Práctica oficina con información sobre Arica y la región circundante.

Oficina de correos (Prat 305; ☺9.00-15.30 lu-vi) En una vía peatonal entre Pedro Montt y Prat.

Hospital Dr. Juan Noé (☏58-220-4592; 18 de Septiembre 1000) Un poco al este desde el centro.

❶ Cómo llegar y salir

Desde Arica, se puede viajar al norte y cruzar la frontera peruana hasta Tacna y Lima; al sur hacia Santiago, o al este hasta Bolivia.

AVIÓN

El **aeropuerto internacional Chacalluta** (☏58-221-3416; www.chacalluta.cl; av. John Wall) está 18 km al norte de Arica, cerca de la frontera peruana. Los taxis compartidos cobran 4000 CLP al aeropuerto. En la ciudad, **Arica Service** (☏58-231-4031) opera lanzaderas al aeropuerto (4000 CLP/persona). Para un taxi privado, llámese a **Lynn Tour** (☏móvil 9-5885-8543; www.lynntourarica.cl), que cobra 10 000-14 000 CLP, o a **Taxi Turismo Frontera** (☏móvil 9-4409-2433).

Si se va hacia Santiago lo mejor es sentarse en el lado izquierdo del avión para contemplar unas vistas pasmosas de los Andes y el interminable desierto de Atacama.

LATAM (☎600-526-2000; www.latam.com; Arturo Prat 391) fleta vuelos directos diarios a Santiago (desde 105 000 CLP, 2½ h).

Sky (☎600-600-2828; www.skyairline.cl) opera vuelos directos diarios a Santiago (desde 105 000 CLP, 2½ h).

Amazonas (www.amaszonas.com) vuela cada día a Iquique (desde 30 000 CLP, 40 min).

AUTOBÚS

Arica tiene dos terminales principales de autobuses. La cubierta **terminal Rodoviario de Arica** (terminal de buses;☎58-222-5202; Diego Portales 948) acoge casi todas las compañías que viajan al sur a destinos dentro de Chile. Al lado, la **terminal internacional de buses** (☎58-224-8709; Diego Portales 1002), al aire libre, cubre destinos internacionales y algunos regionales.

La zona tiene mala fama por la delincuencia menor; hay que vigilar el equipaje en todo momento. Para llegar a las terminales se toma el colectivo nº 8 desde Maipú o San Marcos; un taxi ronda los 3000 CLP.

Más de una docena de compañías con oficinas en la terminal Rodoviario de Arica viajan a destinos del sur, desde Iquique hasta Santiago.

El panel con horarios dentro de la terminal ayuda a encontrar el autobús (pero no siempre es fiable). La frecuencia de los servicios se reduce los domingos.

Estos son algunos de los destinos y precios habituales:

DESTINO	PRECIO (CLP)	HORAS
Antofagasta	18 000	10
Calama	15 000	10
Copiapó	24 000	18
Iquique	7000	5
La Paz, Bolivia	9000	9
La Serena	25 000	23
Santiago	30 000	27

Tur Bus (☎58-222-5202; www.turbus.cl; Diego Portales 948) circula dos veces diarias a San Pedro de Atacama (desde 15 000 CLP); actualmente sale a las 21.00 y las 22.00.

Bus Lluta (Chacabuco esq. av. Vicuña Mackenna) va a Poconchile y Lluta de cuatro a cinco veces al día (2500 CLP, 1 h).

Buses La Paloma (☎58-222-2710, Diego Portales 948) viaja una vez al día, a las 7.00, a Putre (4500 CLP) desde la terminal principal; regresa de Putre a las 14.00. La Paloma también va a Belén, Socoroma y Codpa varias veces cada semana. **Transportes Gutiérrez** (☎58-222-9338; Esteban Ríos 2140) viaja también a Putre

(4500 CLP) a las 6.45 los lunes, miércoles y viernes (y do a las 8.00).

Para ir a Parinacota (7000 CLP) y el Parque Nacional Lauca, búsquese **Trans Cali Internacional** (☎58-226-1068; oficina 15) en la terminal internacional. Salen cada día a las 8.30.

Para llegar a Tacna, en Perú, los autobuses de la terminal internacional cada ½ h (2000 CLP); los colectivos cobran 4000 CLP. No se permite transportar productos hortofrutícolas más allá de la frontera.

Para ir a La Paz, Bolivia (desde 9000 CLP, 9 h), el servicio más fiable y rápido es el de **Chile Bus** (☎58-226-0505; Diego Portales 1002), pero hay autobuses más económicos con Trans Cali Internacional y **Trans Salvador** (☎58-224-6064; Diego Portales 1002) en la terminal de autobuses internacional. Los autobuses de esta ruta dejan pasajeros en el Parque Nacional Lauca, pero hay que pagar la tarifa completa hasta La Paz.

Buses Géminis (☎58-235-1465; www.geminis.cl; Diego Portales 948), en la terminal principal, va a Salta y Jujuy en Argentina (38 000 CLP, 21 h), vía Calama y San Pedro de Atacama, los lunes, jueves y sábados a las 21.00.

TREN

Los trenes a Tacna (3200 CLP, 1½ h) salen desde cerca del puerto de la **estación del ferrocarril Arica-Tacna** (☎móvil 9-7633-2896; av. Máximo Lira, enfrente de Chacabuco) a las 10.00 y 20.30 cada día.

Hay que acordarse de adelantar el reloj; hay 2 h de diferencia en Perú.

❶ Cómo desplazarse

Los *micros* (autobuses locales) y colectivos conectan el centro con la terminal principal de autobuses. Los colectivos son más rápidos y frecuentes y cuestan 700 CLP/persona. Los destinos están señalizados con claridad en el letrero iluminado de la capota.

Los *micros* llegan hasta los destinos principales y cuestan 500 CLP por persona. Radio Taxi cobra 2000-3000 CLP, según el destino.

Hay coches de alquiler disponibles desde unos 25 000 CLP/día.

Europcar (☎58-257-8500; www.europcar.com; Chacabuco 602; ⊙8.30-13.00 y 14.30-18.00 lu-vi, 9.00-23.30) En el aeropuerto.

Hertz (☎58-223-1487; Baquedano 999; ⊙8.30-19.30 lu-vi, 9.00-13.00 sa)

Se pueden alquilar bicicletas de montaña en varias agencias y albergues de la ciudad por unos 8000 CLP/día (2000 CLP/h).

Alrededores de Arica

Valle de Azapa

Situado 12 km al este de Arica, el Museo Arqueológico San Miguel de Azapa (☑58-220-5551; camino Azapa, km 12; adultos/niños 2000/1000 CLP; ☺9.00-20.00 ene y feb, 10.00-18.00 mar-dic) alberga algunas de las momias más antiguas del mundo que se conocen. Hay estupendas muestras de arqueología local y de patrimonio cultural y una práctica audioguía. Los colectivos (1200 CLP) de la esquina de Chacabuco con Patricio Lynch proporcionan transporte.

Instalado en un exuberante jardín de altas palmeras, el museo consta de dos secciones. La sala de exposiciones original custodia un vasto conjunto de piezas que van desde el 7000 a.C. hasta la época colonial, como dioramas, cestas, máscaras, cerámica, flautas y una enorme almazara del s. XVIII. Esta sección dispone de buenos folletos explicativos.

Pasado el "parque de petroglifos" queda la sala nueva, en un moderno edificio de hormigón con un fondo de montañas y olivares. La exposición permanente de su interior está dedicada a las momias de la cultura Chinchorro, con vitrinas que contienen las herramientas, ropas y adornos utilizados en el proceso, así como momias infantiles, unos cuantos cráneos y figuras de tamaño natural de los pueblos de la cultura Chinchorro.

ⓘ Cómo llegar y salir

Desde el Parque General Carlos Ibáñez del Campo de Arica, en la esquina de Chacabuco con Patricio Lynch, los colectivos amarillos cobran 1200 CLP (ida) hasta la puerta delantera del Museo Arqueológico San Miguel de Azapa.

Si se dispone de coche propio, se puede tomar la panorámica (pero estrecha) A-143 al norte hacia Poconchile y luego continuar al este a Putre o al oeste de vuelta a Arica.

Ruta 11

Unos 10 km al norte de Arica, la Panamericana se cruza con la asfaltada Ruta 11, por la que circula el tráfico que va hacia el este, remontando el valle del río Lluta, hasta Poconchile y después hasta Putre y el Parque Nacional Lauca. A lo largo de la Chile 11, si se quiere interrumpir el viaje, se puede parar en varios sitios de interés. Recuérdese que por esta serpenteante carretera que llega hasta La Paz, en Bolivia, pasan unos 500 camiones al día.

Pasada Copaquilla, la Ruta 11 asciende sin parar a través de la precordillera hacia el altiplano propiamente dicho. Si se viaja en automóvil, el pueblo aimara de Socoroma, en la ruta colonial entre Arica y Potosí, se merece un desvío rápido. Para ver sus calles empedradas, una iglesia del s. XVII hoy en restauración, los vestigios coloniales y las terrazas dedicadas al cultivo de orégano, se debe tomar la carretera zigzagueante que desciende 4,5 km desde la Ruta 11.

⊙ Puntos de interés

Geoglifos de Lluta   ARTE RUPESTRE
A corta distancia tierra adentro de la intersección de la Panamericana con la Ruta 11-CH se verán los geoglifos de Lluta, conocidos también como Gigantes de Lluta, en la desnuda ladera de la vertiente sur del valle de Lluta; unas señales indican el desvío. Las figuras incluyen una rana, un águila, llamas y alguna que otra silueta humana. Estos geoglifos recuerdan la importancia de las rutas precolombinas hacia Tiwanaku.

Socoroma   POBLACIÓN
(desde Ruta 11) Una antigua aldea aimara con una famosa iglesia que data del s. XVI.

Pucará de Copaquilla   FUERTE
(☺horas de luz) GRATIS Esta fortaleza del s. XII, en el borde de un espectacular abismo 1,5 km después de la posada, se construyó para proteger las tierras de labranza precolombinas situadas debajo y llegó a albergar a 500 personas. Quien se asome al filo de la quebrada obtendrá como recompensa las vistas de las terrazas abandonadas y las imponentes montañas circundantes; el eco también es magnífico. A eso de las 10.00 se ven a veces cóndores sobrevolando la fortaleza.

🛏 Dónde dormir

Eco Truly   CAMPING, HOTEL $
(☑móvil 9-9776-3796; http://vrindaarica.cl/eco-truly-arica; sector Linderos, km 29; parcelas/cabañas por persona 4000/8000 CLP, h incl. desayuno 8000 CLP) En el pueblo de Poconchile, en una carretera que transcurre durante 1 km junto a las vías desde el desvío señalizado que sale de la Chile 11, se halla este "ecopueblo" y escuela de yoga Hare Krishna algo surrealista. Es un lugar agradable para detenerse a almorzar

10 PASOS PARA CREAR UNA MOMIA DE CHINCHORRO

Las momias de la cultura Chinchorro son los cadáveres artificialmente conservados más antiguos que se conocen en el mundo, anteriores a las egipcias en más de dos milenios. Sus creadores fueron pequeños grupos que pescaban y cazaban en la costa del sur de Perú y el norte de Chile desde el 7000 a.C. El proceso de momificación revestía una complejidad extrema para una cultura tan primitiva.

Aunque el orden y los métodos evolucionaron a lo largo de milenios, las momias más antiguas se crearon siguiendo más o menos estos pasos:

➡ Se quita la cabeza, extremidades y piel del cuerpo.

➡ Se extrae el cerebro rompiendo el cráneo o sacándolo por su base.

➡ Se sacan otros órganos internos.

➡ Se seca el cuerpo con piedras calientes o llamas.

➡ Se rellena el cuerpo con palos, juncos, arcilla y piel de camélido.

➡ Se recomponen las partes, quizá cosiéndolas con espinas de cactus.

➡ Se cubre el cuerpo con una pasta espesa de ceniza.

➡ Se reemplaza la piel, remendándola con pelaje de león marino.

➡ Se coloca una peluca de cabello humano y una máscara de arcilla.

➡ Se pinta la momia con manganeso negro (o, en años posteriores, rojo ocre).

Se han descubierto varios centenares de momias de Chinchorro; están representadas todas las edades, y nada indica que la momificación estuviera reservada a unos pocos privilegiados. Algunas momias fueron repintadas varias veces, lo que denota que los chinchorros las conservaban y posiblemente exponían durante períodos largos antes de enterrarlas. Miles de años después, los conquistadores quedaron horrorizados por una práctica similar de los incas, que vestían a sus antepasados momificados y los sacaban en desfile durante las celebraciones religiosas.

(vegetariano, 4000 CLP) de camino a Parinacota, o para alojarse unos días y descansar.

❶ Cómo llegar y salir

Para llegar a Poconchile, a 35 km de Arica, se toma el **Bus Lluta** (p. 179) hasta el final de la línea en el punto de control policial. Los taxis colectivos cobran unos 3500 CLP desde el exterior de la terminal internacional de autobuses de Arica; hay que esperar hasta que se llenen. Para explorar más la zona, se necesita vehículo propio.

Putre

☎ 058 / 1450 HAB.

Es un pueblo aimara emplazado a un costado de la precordillera a 3530 m de altitud y, dista solo 150 km de Arica. Sirve como parada para aclimatarse al Parque Nacional Lauca, en el altiplano, por lo que cuenta con varios albergues y operadores turísticos.

En el s. XVI Putre fue una reducción (pueblo de indígenas convertidos al cristianismo) y hoy conserva casas con elementos del período colonial tardío. En los cerros circundantes los putreños cultivan alfalfa para llamas, ovejas y ganado vacuno en extensas terrazas todavía más antiguas.

☞ Circuitos

Terrace Lodge & Tours   CIRCUITOS
(☎58-223-0499; www.terracelodge.com/es; circunvalación 25) Flavio, del Terrace Lodge, no es solo un pozo de información, sino que organiza excelentes circuitos guiados a lugares escondidos, tanto en las inmediaciones de Putre como más al norte. También vende buenos mapas de la región (5000 CLP).

Tour Andino   AVENTURA
(☎móvil 9-9011-0702; www.tourandino.com; Baquedano 340) El guía local Justino Jirón lleva las riendas de esta agencia que, aunque programa los circuitos habituales –que suscitan opiniones desiguales–, se especializa en caminatas por las montañas circundantes y ascensiones a volcanes.

Ruta 11 y Parque Nacional Lauca

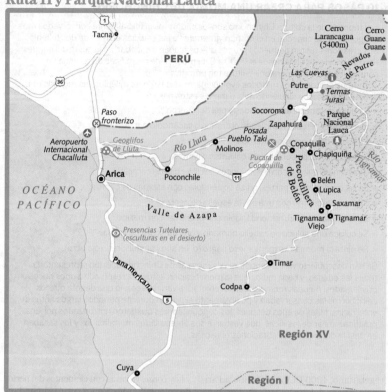

✨ Fiestas y celebraciones

Carnaval CARNAVAL

(☺feb) Lanzamiento de globos llenos de harina y de nubes de chaya (confetis), actuaciones de bandas y tarqueada (baile andino). Los festejos terminan con la quema del momo, una figura que simboliza la frivolidad del carnaval.

🛏 Dónde dormir

★ Terrace Lodge CABAÑAS $
(☎58-223-0499; www.terracelodge.com/es; circunvalación 25; i/d 37 000/43 000 CLP; @🖘) Unos simpáticos italianos regentan este refugio con cinco habitaciones de elegancia rústica; son pequeñas, pero con buena calefacción, vistas de las montañas, edredones de plumón y agua caliente todo el día. Hay que buscar el letrero al entrar en el pueblo. Es el único sitio de Putre que acepta pago con tarjeta; se debe reservar con tiempo. Se organizan circuitos.

Pachamama Hostel ALBERGUE $
(☎móvil 9-6353-5187; www.hostalpachamama.cl/serv.php; desde Baquedano; dc/i/d sin baño 10 000/14 000/25 000 CLP, apt 40 000 CLP; 🖘) El alojamiento con mejor calidad-precio de la localidad respira un estupendo ambiente viajero y ofrece pulcras habitaciones de paredes de adobe dispuestas en torno a un patio soleado. Los huéspedes pueden usar la cocina, jugar al billar o el ping-pong y relajarse en el salón. También organiza excursiones (desde 30 000 CLP) y alquila bicicletas (3100 CLP/día).

Ofrece sustanciosos desayunos por unos 6100 CLP.

Hotel Kukuli HOTEL $
(☎móvil 9-9161-4709; reservashotelkukuli@gmail.com; Baquedano; h 30 000 CLP 🅿🖘) Hotel aceptable de la calle principal, con habitaciones que tienen terracita o solana, pero no calefacción. Si da la impresión de estar

cerrado, pregúntese en la tienda del dueño, en Baquedano 301.

Residencial La Paloma
PENSIÓN $

(☎58-222-2710; lapalomaputre@hotmail.com; O'Higgins 353; i/d 15 000/30 000 CLP; P ❐ ☎) El residencial (alojamiento económico) y restaurante más consolidado de Putre dispone de nueve habitaciones en torno a dos patios de hormigón. El agua caliente de las duchas solo funciona por la mañana y por la noche. Se entra por detrás, desde Baquedano, o pasando por el restaurante.

Hotel Q'antati
HOTEL $$

(☎móvil 9-9663-8998; www.hotelqantati.blogspot. com.ar; Hijuela 208; i/d 51 000/60 000 CLP; P) Los grupos que viajan en circuito organizado prefieren este hotel regentado por aimaras, el más lujoso y caro de Putre, con duchas de agua caliente las 24 h, camas firmes, dobles con calefacción con baños grandes (sin cale-

facción) y un cuarto de estar con chimenea. Las habitaciones con mejores vistas son la 8, 9 y 10. Está por detrás del cuartel del ejército, a la salida del pueblo.

🍴 Dónde comer

Cantaverdi
INTERNACIONAL $

(Canto 339; platos principales 4000-7500 CLP; ☺10.00-15.00 y 18.30-22.00) Dos comedores rústicos con chimenea muy cerca de la plaza principal. La carta recoge unos cuantos platos clásicos andinos, además de sándwiches, *pizzas*, tablas y empanadas.

Walisuma
CHILENA $

(Baquedano 300; platos principales 2000-4000 CLP; ☺7.00-21.30) Este popular local dos manzanas al sur de la plaza ofrece saciantes platos del día para el almuerzo (2 platos incl. sopa unos 3500 CLP) con los que se entra en calor. También sirve sándwiches y tentempiés.

Rosamel
CHILENA $$

(esq. Carrera y Latorre; platos principales 4500-7500 CLP, almuerzo 3 platos 4000 CLP; ☺6.00-22.00; ⟳) En un rincón de la plaza, este local cuenta con una gran carta de platos andinos, como lomo de alpaca con papas fritas. También prepara algunas opciones vegetarianas, como hamburguesas de quinua.

ℹ️ Información

BancoEstado (Arturo Prat 301) El único banco de Putre, cerca de la plaza principal, tiene un cajero 24 h, pero a veces se queda sin dinero; hay que llevar suficiente efectivo desde Arica.

Oficina de información turística (☎58-259-4897; imputre@entelchile.net; Latorre s/n; ☺8.30-13.30 y 14.30-17.45 lu-vi) En la plaza; no tiene planos del pueblo y abre solo a ratos.

Centro Salud Familiar de Putre (Baquedano 261; ☺8.30-18.30) Está clínica suministra oxígeno si se está mareado por la altura. Fuera del horario oficial, hay que tocar el timbre; siempre hay alguien dispuesto a ayudar.

ℹ️ Cómo llegar y salir

Putre queda 150 km al este de Arica, por la asfaltada Ruta 11, la carretera internacional que llega hasta Bolivia. **Buses La Paloma** (p. 179) va cada día a Putre; sale de Arica a las 7.00 y regresa a las 14.00 (4500 CLP). Los billetes de vuelta se compran en el Hotel Kukuli.

Transportes Gutiérrez (p. 179) también viaja de Arica a Putre los lunes, martes, miércoles y viernes a las 7.00 y los domingos a las 20.00 (3500 CLP, 3 h). Desde Putre los autobuses salen desde la plaza hacia Arica los lunes, martes, miércoles y viernes a las 17.00 (el autobús del viernes puede estar lleno; conviene planificar con antelación).

Si se toma el bus a Putre desde Arica, se aconseja sentarse en el lado derecho para ver los geoglifos del valle de Lluta.

Los autobuses a Parinacota, en el Parque Nacional Lauca, pasan por el desvío a Putre, que está a 5 km de la carretera principal.

Parque Nacional Lauca

No es solo la altitud (entre 3000 y 6300 m sobre el nivel del mar) lo que deja sin aliento a los visitantes de este parque nacional. Situado 160 km al noreste de Arica (cerca de la frontera boliviana), el Parque Nacional Lauca, que abarca 1380 km² de altiplano, es una reserva de la biosfera de la Unesco con un paisaje sobrecogedor, volcanes nevados, lagos y remotas aguas termales. También protege bonitas aldeas del altiplano y una gran variedad de fauna.

La vicuña y la vizcacha son las atracciones estelares, pero también es probable ver otros camélidos sudamericanos y diversas especies de aves (hay más de 150 especies en el parque, entre ellas algún que otro cóndor y el ñandú de la puna).

Lo más espectacular de Lauca es el lago Chungará, uno de los más altos del mundo y con una abundante avifauna. Lo preside el cono perfecto del Parinacota, un volcán dormido con un hermano gemelo, el volcán Pomerape, al otro lado de la frontera.

🏃 Actividades

Termas Jurasi   FUENTE TERMAL
(adultos/niños 2500/1000 CLP; ☉horas de luz) Un bonito conjunto de termas y baños de lodo entre un paisaje rocoso 11 km al noreste de Putre.

❶ Información

El Parque Nacional Lauca se administra desde el refugio de Parinacota. A veces también se puede consultar con los guardas forestales de la entrada de Las Cuevas y el lago Chungará; en teoría están en los puestos de 9.00 a 12.30 y de 13.00 a 17.30.

Si se prefiere visitar el parque por cuenta propia, se necesitará un coche con provisiones extra de gasolina, mucha flexibilidad y una actitud tranquila. Se puede preguntar en la **Conaf** (p. 178) de Arica acerca de las excursiones y los alojamientos (estos son sobre todo opciones básicas para expertos).

Hay que tomárselo con calma: la altitud del parque supera los 4000 m y los esfuerzos excesivos deben evitarse hasta que hayan pasado unos días de adaptación. Es necesario comer y beber con moderación, tomar comidas ligeras y prescindir de bebidas gaseosas o alcohólicas. Si aun así se sienten molestias, lo mejor es tomar una infusión de las hierbas medicinales de los aimaras, como chachacoma, rica-rica o mate de coca.

Hay que tener agua a mano, pues la garganta se seca con rapidez en un clima tan árido y se pierde mucho líquido, y llevar protector solar y un sombrero de ala ancha: los efectos de los rayos de sol son demoledores a estas altitudes.

❶ Cómo llegar y salir

El parque se extiende a horcajadas de la Ruta 11, la carretera asfaltada Arica-La Paz; el viaje desde Arica dura menos de 3 h. Hay varios autobuses desde Arica. Otras compañías con servicios diarios a La Paz, en Bolivia, dejan en el parque, pero lo más probable es que haya que pagar el billete completo.

Las agencias de Arica y Putre ofrecen circuitos. Alquilar un automóvil permite llegar a los lugares más remotos del parque, como Guallatire, Caquena y, más allá, el salar de Surire (a este último solo con un vehículo de chasis alto, pues habrá que vadear varios cursos de agua, y nunca durante la estación de las lluvias).

Es necesario llevar combustible extra en latas; casi todas las agencias de alquiler las facilitan. No hay que olvidarse de llevar ropa de abrigo y equipo para dormir, y es preciso dejar tiempo para aclimatarse.

Al sur del Parque Nacional Lauca

Al visitar el cercano **Monumento Natural Salar de Surire** puede darse por sentado que se verán enormes manadas de vicuñas, grupos de vizcachas y algún que otro desgarbado ñandú de la puna (ave parecida al avestruz). Pero la atracción estelar de este aislado salar de 113 km² es el flamenco: tres especies, entre ellas el raro flamenco de James, vienen a criar a este inmenso lago salino.

La mejor época para verlos es de diciembre a abril. A 126 km de Putre, la reserva se creó en 1983 cuando el Gobierno dividió el Parque Nacional Lauca. En 1989 la dictadura saliente otorgó 45,6 km² a la empresa minera Quiborax.

Se cree que más de 20 000 vicuñas salvajes campan a sus anchas por los 2100 km² casi deshabitados de la **Reserva Nacional Las Vicuñas,** al sur de Lauca y rodeada por volcanes.

En la base del humeante volcán Guallatire, a 60 km de Parinacota por una ruta indirecta, el pueblo de Guallatire tiene una iglesia del s. XVII y un par de alojamientos extremadamente sencillos; hay que llevar saco de dormir.

No hay servicios de transporte público que operen en esta zona. Casi todas las agencias de Arica y Putre ofrecen circuitos de dos a cuatro días que incluyen estas dos reservas y al regreso dejan en Arica o Iquique.

Aunque casi todos los visitantes regresan a Putre, se puede realizar un circuito por el sur atravesando el Parque Nacional Volcán Isluga y regresar a Arica por Camiña o Huara, pero siempre consultando primero a la Conaf (p. 178) o la policía.

Es poco probable que esta ruta se pueda seguir durante la estación lluviosa del verano.

Norte Chico

Incluye »

Los mejores restaurantes

➡ El Plateao (p. 215)
➡ Delicias del Sol (p. 200)
➡ Lemongrass (p. 191)
➡ Nativo (p. 206)
➡ Legado (p. 210)

Los mejores alojamientos

➡ Hacienda Los Andes (p. 196)
➡ Hostal Tierra Diaguita (p. 191)
➡ El Tesoro de Elqui (p. 203)
➡ Coral de Bahía (p. 214)
➡ Hacienda Santa Cristina (p. 196)

Por qué ir

Para ser un trozo de tierra tan pequeño, el Norte Chico de Chile es muy diverso. La Serena, capital colonial costera y la mayor ciudad de la región, es de visita obligada. Desde allí se puede ir al místico valle del Elqui, la verde cuna del pisco chileno, las comunas *new age* y los observatorios más avanzados. Más al norte hay impresionantes parques nacionales, un refugio playero de moda y kilómetros de costa esperando a que alguien acampe o surfee en ellos.

Los amantes de la fauna no querrán perderse a los juguetones pingüinos de la Reserva Nacional Pingüino de Humboldt y del Parque Nacional Pan de Azúcar. Y en lo alto de los Andes, el poco visitado Parque Nacional Nevado Tres Cruces es ideal para ver vicuñas y flamencos. El Norte Chico es más grande de lo que mucha gente espera.

Cuándo ir
La Serena

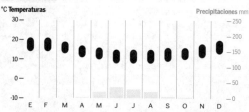

Ene-feb Es tiempo de vacaciones, las playas, los hoteles y los puntos de interés se llenan.

Jul-ago De noche la temperatura cae en picado, pero de día hace calor. Hay pocos turistas.

Sep-nov Para ver el "desierto florido" en el Parque Nacional Llanos de Challe.

Imprescindible

1 Valle del Elqui (p. 197) Paisajes sugerentes, pueblos tranquilos y destilerías históricas de pisco.

2 Bahía Inglesa (p. 214) Pasar el día en una bonita playa y luego darse un banquete de marisco en un pueblo playero.

3 Parque Nacional Pan de Azúcar (p. 215) Caminar por senderos desérticos y dar con un trocito de paraíso.

4 La Serena (p. 188) Recorrer sus calles coloniales y disfrutar de sus anchas playas a las afueras.

5 Parque Nacional Nevado Tres Cruces (p. 210) Entre lagunas y manadas de guanacos en las zonas altas andinas, lejos de las rutas más trilladas.

6 Reserva Nacional Pingüino de Humboldt (p. 205) Divisar colonias de pingüinos, aves marinas y delfines durante una memorable travesía en barco.

7 Observatorios del Norte Chico (p. 202) Maravillarse ante las noches estrelladas.

8 Vicuña (p. 197) Pernoctar en el tranquilo pueblo de Gabriela Mistral, con restaurantes con energía solar y cervecerías artesanales.

La Serena

051 / 218 000 HAB.

La segunda ciudad más antigua de Chile y capital de la Región IV ofrece una arquitectura preciosa y una larga playa dorada, que hacen de ella un centro vacacional para aficionados a la cultura. Entre enero y febrero la ciudad absorbe a multitudes de chilenos que van de vacaciones, pero fuera de esta temporada es muy tranquila.

De paseo por su centro se descubren magníficas iglesias de piedra, avenidas arboladas y bonitas plazas. Una parte de la arquitectura es de época colonial, si bien la mayor parte es, en realidad, de estilo neocolonial, resultado del Plan Serena, impulsado a finales de la década de 1940 por el presidente Gabriel González Videla, nacido en esta ciudad.

La Serena también tiene un sinfín de atracciones en la campiña que la rodea, con bonitos pueblos y abundantes viñedos de pisco, además de observatorios astronómicos internacionales que aprovechan las excelentes condiciones atmosféricas de la región y sus cielos despejados.

La Serena

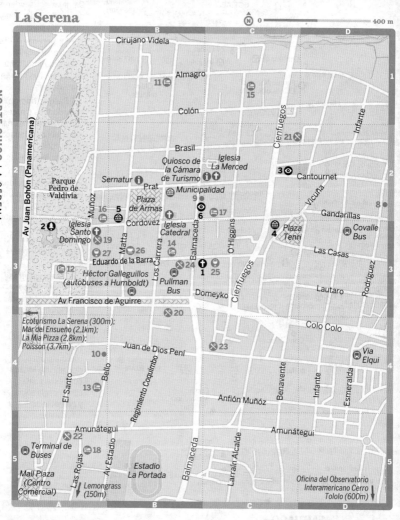

⊙ Puntos de interés

Jardín del Corazón PARQUE
(Parque Japonés Kokoro No Niwa; Eduardo de la Barra; adultos/niños 1000/300 CLP; ☉10.00-19.40 diarios dic-mar, hasta 17.40 ma-do abr-nov) Con sus riachuelos, cisnes y jardines de rocas, este jardín japonés es el refugio ideal del ajetreo de la ciudad. No hay que perderse la deliciosa colección de bonsáis del invernadero, con cerezos, higueras y ficus.

Patio Colonial ZONA
(av. Balmaceda 432; ☉10.00-20.00 lu-vi, hasta 16.00 sa) En Balmaceda se esconde un callejón pintoresco con tiendas y restaurantes. Al fondo, el patio es una guarida donde refugiarse del bullicio de la ciudad, perfecto para un café o un tentempié al aire libre.

Mercado La Recova MERCADO
(esq. Cantournet y Cienfuegos; ☉10.00-20.00) El mercado más animado de La Serena ofrece montones de frutas secas, palos de lluvia y joyas artesanales, así como una amplia variedad de piezas y prendas de lana andinas. Práctico para pensar en regalos del viaje.

Museo Histórico Casa Gabriel González Videla MUSEO
(Matta 495; ☉10.00-18.00 lu-vi, hasta 13.00 sa) GRATIS Aunque contiene un montón de objetos históricos, este museo de dos plantas en una mansión del s. XVIII está dedicado a uno de los hijos más famosos (y polémicos) de La Serena. González Videla fue presidente de Chile de 1946 a 1952. Político astuto, llegó al poder con el apoyo de los comunistas, pero poco después los ilegalizó, expulsó del Senado al poeta Pablo Neruda y lo envió al exilio. Fue el primer jefe de Gobierno en visitar la Antártida (en 1948).

En el primer piso hay curiosidades del pasado, como dibujos del s. XIX de La Serena, elaboradas sillas y cajas de piel, y algunos cuernos para beber de aspecto peligroso.

Museo Arqueológico MUSEO
(www.museoarqueologicolaserena.cl; esq. Cordovez y Cienfuegos; ☉9.30-17.50 ma-vi, 10.00-13.00 y 16.00-19.00 sa, 10.00-13.00 do) En un edificio con forma de media luna y un frondoso patio, este museo es un ambicioso intento por reunir el pasado precolombino de Chile. Entre las piezas más destacadas hay una momia atacameña, un imponente moái antropomórfico de 2,5 m de altura de la isla de Pascua, e interesantes objetos diaguitas, como un bote hinchable hecho de piel de lobo marino.

Durante la redacción de la guía estaba cerrado por amplias reformas y hasta 2019 no reabrirá sus puertas.

Iglesia San Francisco IGLESIA
(Balmaceda 640; ☉9.00-18.00) La madre de todas las iglesias de la ciudad es una joya colonial de principios del s. XVII, situada dos cuadras al sureste de la plaza. De piedra, presenta un campanario y una ornamentada fachada barroca.

🏃 Actividades

Un carril bici conduce hasta Coquimbo; varios alojamientos alquilan bicicletas por unos

8000 CLP al día, como el Hostal El Punto (p. 191) y Hostal Tierra Diaguita (p. 191).

Otras actividades incluyen la navegación, el surf y el *windsurf* (cuidado con los nadadores a 200 m de la playa o se pueden tener problemas con la Gobernación Marítima). Playa Totoralillo, al sur de Coquimbo, está muy bien valorada por sus rompientes de surf y su potencial para el *windsurf*. Poisson (📱móvil 9138-2383; av. del Mar 1001; h8.00-21.00) alquila tablas de surf por 5000 CLP/h.

Oficina del Observatorio Interamericano Cerro Tololo AIRE LIBRE
(📞51-220-5200; www.ctio.noao.edu; colina El Pino, Casilla 603; ⊗8.30-12.45 y 14.00-17.30 lu-vi) En esta oficina se recoge el permiso para visitar el Observatorio Interamericano Cerro Tololo (p. 202). Queda unos 2,5 km al sureste de la plaza de Armas.

🎒 Cursos

Sandal Making TALLER
(📱móvil 9-9386-7576; http://leatherhandcraft.blogspot.com; Las Rojas 18; curso incluido material 15 000 CLP) Francisco Pancho Pizarro, hábil zapatero que colabora en la gestión del hostal María Casa, ofrece talleres para los interesados en fabricar sus propias sandalias. Se puede elegir el color y la forma; las suelas son de neumáticos reciclados.

El taller dura unas 2 h y, al final, uno sale caminando con su propio calzado nuevo.

🧭 Circuitos

Las agencias ofrecen muchas excursiones, desde visitas a los parques nacionales, salidas astronómicas nocturnas y catas de pisco hasta excursiones *new age* a Cochiguaz, vinculado a los ovnis. Entre las tradicionales, hay rutas de medio día por la ciudad (desde 28 000 CLP), salidas de un día entero por el valle del Elqui (desde 30 000 CLP), el Parque Nacional Bosques de Fray Jorge y el valle del Encanto (desde 40 000 CLP), y el Parque Nacional Pingüino de Humboldt (unos 50 000 CLP). Las agencias también organizan excursiones a los observatorios, principalmente a Mamalluca (p. 202; 25 000 CLP). Si hay demanda, también organizan excursiones a Andacollo y a las minas (Ruta del Cuarzo) cercanas. El número mínimo de participantes oscila entre dos y seis.

Ecoturismo La Serena AIRE LIBRE
(📱móvil 9-7495-2666; www.ecoturismolaserena.cl; Francisco de Aguirre 76; circuitos día completo 50 000 CLP) Agencia con una buena oferta de circuitos de un día, como al valle del Elqui (30 000 CLP), travesías en barco por la Reserva Nacional Pingüino de Humboldt (isla Damas, desde 46 000 CLP) y visión nocturna de las estrellas en los observatorios del valle (25 000 CLP).

Con descuentos si se paga en efectivo.

Planeta Turismo AVENTURA
(📞51-221-4396; www.talinaychile.com; Balmaceda 432; ⊗8.30-17.30 lu-sa) Aparte de los circuitos clásicos (valle del Elqui y de astronomía, entre otros), ofrece actividades más deportivas como ciclismo de montaña por el Parque Nacional Bosques de Fray Jorge, kayak por playa Herradura (25 000 CLP) y equitación por el valle del Elqui (desde 25 000 CLP).

Tembeta Tours CULTURAL
(📞51-221-5553; http://tembeta.cl/; Andrés Bello 870; circuitos día desde 35 000 CLP) Abarca todo el espectro de circuitos por la región, como viajes al Parque Nacional Bosques de Fray Jorge, el valle del Elqui, la Reserva Nacional Pingüino de Humboldt y rutas astronómicas.

🎉 Fiestas y celebraciones

Jornadas Musicales de La Serena MÚSICA
(⊗ppios ene) Festival tradicional con muchos actos musicales y tenderetes de comida típica. Suele ser en la plaza de Armas.

Feria Internacional del Libro de La Serena FERIA
(⊗ppios feb) Importantes autores chilenos se dan cita en el Museo Histórico Casa Gabriel González Videla (p. 189).

🛏️ Dónde dormir

En enero y febrero aparece pronto el cartel de "completo", y algunos hoteles no aceptan estancias de una sola noche. En temporada baja muchos hoteles de precio medio ofrecen descuentos para estancias más largas.

El Árbol ALBERGUE $
(📞51-221-6053; www.hostalelarbol.cl; Eduardo de la Barra 29; dc/d sin baño desde 9000/26 000 CLP; 📶) Esta casa colonial reformada, cerca del parque japonés, cuenta con un puñado de habitaciones soleadas y bien cuidadas. En la parte anterior tiene un jardincito de buganvillas y el personal es servicial; para los huéspedes, es como estar en casa, con una zona de descanso, cocina y barbacoa de uso

compartido. Los dormitorios colectivos tienen de cuatro a ocho camas.

María Casa
PENSIÓN $

(móvil 9-7466-7433; www.hostalmariacasa.cl; Las Rojas 18; d 32 000 CLP, i/d sin baño 20 000/25 000 CLP;) Pensión familiar con habitaciones de estilo campestre, sencillas y acogedoras, y un jardín trasero donde acampar (5000 CLP por persona). Los baños están impecables, la cocina rústica es encantadora y hay té y café gratis, servicio de lavandería y alquiler de bicicletas.

Organizan circuitos y un taller de fabricación de sandalias.

Hostal El Punto
ALBERGUE $

(51-222-8474; www.hostalelpunto.cl; Bello 979; d/tr 36 000/41 000 CLP, dc/i/d/tr sin baño desde 10 000/20 000/24 000/34 000 CLP; @) El mejor albergue de La Serena, con una amplia oferta de habitaciones, un puñado de terrazas soleadas, mosaicos brillantes y mesas hechas de troncos. El personal aconseja excursiones, alquila bicicletas, elabora ricas tartas, ofrece servicio de lavandería, intercambio de libros... En temporada alta hay que reservar con meses de antelación.

★ Hostal Tierra Diaguita
ALBERGUE $$

(51-221-6608; www.terradiaguita.cl; Eduardo de la Barra 440; incl. desayuno i/d 45 000/52 000 CLP, sin baño 38 000/43 000 CLP;) Esta casa colonial con un frondoso patio salpicado de imágenes y piezas precolombinas cuenta con habitaciones de bonito diseño, con cómodos muebles y baño moderno. Los huéspedes pueden relajarse en el exuberante jardín trasero, donde las frías noches de invierno encienden hogueras. También hay un salón interno donde sirven el excelente desayuno.

Hotel del Cid
HOTEL $$

(51-221-2692; www.hoteldelcid.cl; O'Higgins 138; i/d 50 000/60 000 CLP; P) Una fiable y agradable opción de precio medio con habitaciones de estilo clásico alrededor de un patio colonial y habitaciones más modernas en el anexo trasero. El servicio es muy amable.

Hotel Londres
HOTEL $$

(51-221-9066; www.hotellondres.cl; Cordovez 550; i/d/tr 37 000/47 000/57 000 CLP; P) Muy bien situado, ofrece habitaciones con camas firmes y baños amplios. Las habitaciones de la parte delantera son más ruidosas, pero tienen más luz.

America Holidays
HOTEL $$

(51-248-2802; Almagro 399; i/d 53 000/58 000 CLP, sin baño 34 000/36 000 CLP, ste 75 000 CLP;) Excelente hotelito esquinero con altas aspiraciones, habitaciones de lo más modernas con un diseño y muebles actuales, un servicio agradable y personalizado, y un ambiente silencioso y tranquilo.

Mar del Ensueño
HOTEL $$$

(51-222-2381; www.hotelmarensueno.com; av. del mar 900; i/d desde 88 000/95 000 CLP, cabañas 209 000 CLP;) Pocos hoteles tienen un acceso a la playa tan inmediato; este está justo delante. Es ideal para familias (hay sala de juegos, juguetes, etc.) y para parejas. Las habitaciones tienen vistas al océano. Buen restaurante.

Para las familias se recomiendan las cabañas, con más espacio, cocina equipada y pequeño patio.

Hotel Francisco de Aguirre
HOTEL $$$

(51-222-2991; Cordovez 210; i/d desde 66 000/75 000 CLP; P@) La imponente fachada neocolonial de este gran hotel da a la iglesia de Santo Domingo (esq. Cordovez y Muñoz; 9.00-18.00), cuyas campanas despiertan a los más dormilones. Las habitaciones son de tamaño variable, pero por lo general para ocupar una grande hay que reservarla de categoría superior. Amplia piscina y pequeño gimnasio.

🍴 Dónde comer

La Serena cuenta con una amplia oferta de restaurantes, con una mezcla de bulliciosos establecimientos económicos y otros más elegantes. Hay varios mercados, como el famoso de La Recova (p. 189), con frutas y verduras, artesanía y restaurantes. Hay supermercados por todas partes.

Ayawasi
VEGETARIANA $

(Pedro Pablo Muñoz 566; platos principales 4000-9500 CLP; 9.00-20.00 lu-mi y vi, hasta 16.00 ju, 12.00-17.00 sa) A un corto paseo desde la plaza, este minioasis vegetariano sirve fantásticos menús de almuerzo, deliciosos jugos e innovadores sándwiches y ensaladas en un jardín con sombra o en un tranquilo comedor interior.

Lemongrass
ASIÁTICA $$

(móvil 9-9760-6361; Las Rojas Poniente 261; platos principales 7000-10 500 CLP; 12.30-17.00 lu-sa;) Apartado en un barrio residencial, 1,5 km al sur de la plaza, sus fieles parroquianos locales acuden por los deliciosos platos panasiáticos, algo poco frecuente por estos lares. Ocúpese una mesa de la terracita delantera para encender las papilas gustativas con un curri massaman (tailandés, de coco), unos fideos de arroz malayos con gambas, o un wok de verduras.

La Mia Pizza
ITALIANA $$

(☑51-221-2232; av. del mar 2100; ☺12.00-24.00 lu-sa, hasta 16.30 do) En pleno paseo marítimo, sus excelentes platos italianos (pizzas, pastas) y el pescado y marisco de categoría gozan de una gran reputación entre los lugareños. Es un restaurante elegante, con grandes ventanales y porche con vistas al mar, aunque una transitada calle lo separa de la arena.

El Guatón
CHILENA $$

(Brasil 750; platos principales 6200-13 000 CLP; ☺12.30-23.00 lu-sa, 13.00-20.00 do) Es uno de los mejores restaurantes de la ciudad, con un patio cubierto con bonitos suelos embaldosados y una decoración rústica elegante; es perfecto para degustar carnes y pescados a la parrilla, además de clásicos como el pastel de choclo (cazuela de ternera y maíz al horno). Los atildados camareros con sombrero proporcionan un agradable servicio.

La Terrazza
ITALIANA $$

(Eduardo de la Barra 435; platos principales 6000-9000 CLP; ☺10.00-23.00 lu-sa; 🕾) Este refinado espacio de techos altos es ideal para tomar unas pizzas, paninis, gnocchi u otros platos italianos; si no, como escala a media tarde para reponer fuerzas (capuchino, vino). El mejor lugar donde sentarse es la gran tarima exterior de madera, con calefactores para las noches frías.

Jack Fish
FUSIÓN $$

(☑51-221-9711; Juan de Dios Peni 508; platos principales 8000-13 000 CLP; ☺13.00-23.30 lu-sa) En este pequeño y agradable restaurante el cebiche y el sushi se sirven con una dosis de heavy metal. Los originales platos de cebiche llevan el nombre de leyendas de la música como Metallica (atún, gambas y orejas de mar) o Black Sabbath (reineta –pez hacha–, pulpo y vieiras), y también hay una amplia variedad de bandejas de sushi, tempuras y otros pescados.

El Santo Cervecero
INTERNACIONAL $$

(esq. El Santo y Amunátegui; platos principales 6500-12 000 CLP; ☺12.00-23.00 lu-sa) Posado en una ladera, es un restaurante grande con zona interior y exterior donde se sirven sabrosas pizzas, sándwiches, carnes y tablas. Dejando de lado la comida, su principal atractivo es la selección de cervezas artesanales, como las espumosas El Santo, de elaboración propia.

Casona del 900
PARRILLA $$

(☑51-252-0767; av. Francisco de Aguirre 431-443; platos principales 7000-10 000 CLP; ☺12.00-15.00 y 19.00-24.00 lu-sa) En una vieja fábrica de cerveza, este asador de techos altos con jardín acristalado tiene mucho carisma y atrae a los carnívoros locales por sus barbacoas, con una relación calidad-precio excelente (22 900 CLP para 2 personas, vino incluido).

⊜ Dónde beber
⚓ y vida nocturna

La parte más animada de la ciudad se halla en torno a la esquina de Eduardo de la Barra con O'Higgins y suele estar llena de estudiantes. En el paseo marítimo brillan los locales nocturnos, pasado el faro y hasta el barrio Inglés en Coquimbo (en verano son muy calurosos).

Lighthouse Coffee
CAFÉ

(www.lighthousecoffee.cl; Matta 570; ☺9.00-21.00) En esta cafetería de moda decorada con fotos se sirve el mejor café de la ciudad. Uno puede deleitarse con un café preparado en una Chemex o una V-60 a manos de los simpáticos camareros. Para dulces, basta echar el ojo a las tartas de queso con fresas, las de calabaza u otros recargados postres del mostrador.

Detrás hay un sombreado patio con árboles.

Moscatel
COCTELERÍA

(Pedro Pablo Muñoz 580; ☺10.00-24.00 lu-sa) Moderno y exclusivo bar de piscos con más de 40 variedades, algunas imposibles de encontrar en otros sitios. Se puede tomar solo o en alguno de los excelentes cócteles, como el Sangre del Elqui con horchata chilena (bebida a base de arroz y canela) y granadina, o un clásico pisco sour. Completan la carta las cervezas artesanas de calidad y las grandes tablas para compartir (empanadas, cebiche, embutidos, carpachos de verduras).

La Rocca
BAR

(www.facebook.com/publarocca; Eduardo de la Barra 569; ☺16.00-3.00 ma-sa) Para tomar copas hasta muy tarde en el patio interior de este popular bar de estudiantes. A veces hay música en directo.

ℹ Información

Hay bancos con cajeros automáticos en las manzanas que rodean la plaza de Armas. También hay varias casas de cambio en Balmaceda, entre Cordovez y Prat.

Sernatur (☑51-222-5199; www.turismoregion decoquimbo.cl; Matta 461; ⊙10.00-20.00 lu-vi, hasta 18.00 sa y do dic-mar, 9.00-18.00 lu vi, 10.00-14.00 sa abr-nov) Excelente oficina de información turística cerca de la plaza de Armas.

Quiosco de la Cámara de Turismo (Prat; ⊙10.00-18.00 lu-vi, hasta 14.00 sa) En verano la oficina municipal de turismo abre un quiosco de información cerca de la iglesia de la Merced.

Hospital Juan de Dios (☑51-233-3312; www. hospitalserena.cl; Balmaceda 916; ⊙24 h) La entrada de urgencias está en la esquina de Larraín Alcalde y Anfión Muñoz.

ℹ Cómo llegar y salir

AVIÓN

El **aeropuerto La Florida** (LSC; ☑51-227-0353; www.aeropuertodelaserena.cl) está unos 5 km al este del centro de La Serena por la Ruta 41. **LATAM** (☑600-526-2000; Balmaceda 406; ⊙9.00-13.45 y 15.20-18.00 lu-vi, 10.30-13.15 sa) vuela a diario a Santiago (desde 25 000 CLP, 1 h) y a Antofagasta (desde 19 000 CLP, 1½ h). Sky (www.skyairline.com) también vuela a Santiago (desde 11 000 CLP) y Antofagasta (desde 12 000 CLP).

AUTOBÚS

En la **terminal de buses** (☑51-222-4573; esq. Amunátegui y av. El Santo), al suroeste del centro, hay numerosas compañías que recorren la Panamericana desde Santiago hasta Arica al norte, como **Tur Bus** (☑51-221-3060; www.tur bus.cl) y **Pullman Bus** (☑51-221-8879; www. pullman.cl; Eduardo de la Barra 435).

A continuación, los destinos más comunes y sus tarifas.

DESTINO	PRECIO (CLP)	DURACIÓN (H)
Antofagasta	18 000-36 000	12
Arica	38 000-51 000	22
Calama	17 000-39 000	14
Copiapó	9000-18 000	5
Iquique	27 000-43 000	19
Santiago	8000-18 000	6
Vallenar	5000-10 000	3

Para ir a Vicuña (2700 CLP, 1½ h), Ovalle (2700 CLP, 2 h), Montegrande (4000 CLP, 2 h) o Pisco Elqui (4000 CLP, 2½ h), viájese con **Vía Elqui** (☑51-231-2422; esq. Juan de Dios Peni y Esmeralda). Incluso se puede ir al valle del Elqui como excursión de un día; el primer autobús a Vicuña sale a las 6.40 y el último regresa a las 21.00.

Héctor Galleguillos (☑51-225-3206; Aguirre s/n) ofrece un servicio de autobús de La Serena a Punta de Choros.

Para destinos en Argentina, Cata Internacional (www.catainternacional.com) sale los domingos a las 18.00 hacia Mendoza (desde 37 000 CLP, 13 h). En verano, **Covalle Bus** (☑51-222 1751; Infante 538) también va a Mendoza (45 000 CLP, 13 h) y San Juan (45 000 CLP, 18 h) por el paso Los Libertadores los miércoles y viernes a las 23.00.

TAXI COLECTIVO

Numerosos destinos regionales ofrecen servicios rápidos y frecuentes de taxis colectivos. Los colectivos a Coquimbo (desde 800 CLP, 20 min) salen de la av. Francisco de Aguirre entre Balmaceda y Los Carrera.

ℹ Cómo desplazarse

Un taxi al aeropuerto La Florida, 5 km al este del centro por la Ruta 41, cuesta 6000 CLP; se recomienda **Radio Taxi Florida** (☑51-221-2122; http://radiotaxilaflorida.cl).

Las mujeres que viajan solas deben tener cuidado con los taxistas, pues se han denunciado casos de agresiones sexuales en La Serena. Se aconseja solo ir en taxis de compañías fiables.

Para alquilar un vehículo acúdase a **Avis** (☑51-254-5300; av. Francisco de Aguirre 063; ⊙8.30-18.30 lu-vi, 9.00-14.00 sa), **Hertz** (☑51-222-6171; av. Francisco de Aguirre 0409; ⊙8.30-18.30 lu-vi) o **Econorent** (☑51-222-0113; av. Francisco de Aguirre 0141; ⊙8.30-18.40 lu-vi, 9.00-13.00 sa). Todas tienen mostradores en el aeropuerto y oficinas en el centro de la ciudad.

Al sur de La Serena

Coquimbo

☑051 / 210 000 HAB.

El puerto de Coquimbo, junto a La Serena, ha sido objeto de una especie de revolución en los últimos años. La ciudad, emplazada en los cerros rocosos de la península de Coquimbo, se consideraba la prima feúcha de La Serena, pero ha prosperado como centro de ocio nocturno. Vale la pena deambular por su barrio Inglés, del s. xix, restaurado con gracia, y visitar el mercado de pescado para comprar productos frescos. Otros atractivos son los viajes en barco por la zona y la gigantesca cruz con museo y magníficas vistas de la bahía.

⊙ Puntos de interés

Fuerte Coquimbo · MIRADOR

(camino al Fuerte; ⊙24 h) GRATIS También llamado fuerte Lambert, esta antigua fortificación del s. XIX ofrece unas vistas pintorescas de la bahía desde un peñón rocoso cerca del extremo noreste de la península. Desde las pequeñas torres de observación ubicadas donde rompen las olas puede espiarse a pelícanos y otras aves marinas.

Está 2 km al norte del barrio Inglés.

Cruz del Tercer Milenio · EDIFICIO RELEVANTE

(www.cruzdeltercermilenio.cl; Teniente Merino, cerro El Vigía; adultos/niños 2000/1000 CLP; ⊙9.30-18.00; P) Entre lugar de peregrinaje y parque temático, esta enorme cruz de hormigón de 93 m de altura se ve desde las playas de La Serena y es un buen mirador. Alberga un museo (dedicado en gran parte al papa Juan Pablo II), salas de oración y un ascensor que sube hasta lo más alto. Se celebra misa los domingos a las 16.30 (16.00 en invierno).

⟲ Circuitos

Galeón Pirata · BARCO

(3000 CLP; ⊙12.00-20.00) Si el viajero quiere disfrutar de una travesía por la bahía, debe montarse en esta copia de galeón pirata. Los circuitos de 1 h zarpan con frecuencia del muelle Morgan en la av. Costanera en enero y febrero, y en invierno solo los fines de semana.

⨳ Dónde dormir y comer

Hostal Nomade · ALBERGUE $

(☏51-275-1161; Regimiento Coquimbo 5; dc 15 000 CLP, d desde 28 000 CLP; P🛜) El antiguo consulado francés, de 1850, es hoy un agradable albergue con varias salas de estar con todo tipo de cachivaches del s. XIX, una cocina equipada, mesa de ping-pong (en verano), jardín rústico y 13 dormitorios colectivos y habitaciones privadas bien mantenidos.

La sugerente vieja mansión, de ambiente bohemio y pasillos repletos de murales, gana puntos al alojar solo a cuatro personas por dormitorio.

Hotel Iberia · HOTEL $$

(☏51-231-2141; www.hoteliberia.cl; Lastra 400; i/d 20 000/30 000 CLP; P🛜) Ofrece habitaciones de decoración sencilla en una ubicación excelente al otro lado de la plaza de Armas y cerca de la marcha del barrio Inglés. Algunas carecen de ventana; es mejor echar un vistazo antes.

Terminal Pesquero · PESCADO $$

(Costanera; platos principales 5500-12 000 CLP; ⊙9.00-18.00 lu-sa) El mercado de pescado, dispuesto a lo largo de la bahía, ofrece abundante pescado y marisco frescos. Perfecto para el almuerzo.

Puerto Brasas · INTERNACIONAL $$

(Aldunate 865; platos principales 6500-12 000 CLP; ⊙12.00-24.00 lu-ju, hasta 2.00 vi y sa; 🛜) Una buena opción: excelentes pescados, buenas parrilladas de carne y música en directo los fines de semana. Está escondido entre los bares del barrio Inglés.

🍺 Dónde beber y vida nocturna

Casi toda la marcha nocturna se concentra en Aldunate, al noroeste de la plaza, en el barrio Inglés. Esta zona, que abarca varias manzanas, está llena de bares y clubes abiertos todo el fin de semana. Entre semana la ciudad es bastante tranquila. De noche, se recomienda tomar un taxi, ya que es poco seguro ir a pie por los alrededores.

Mi Bar Coquimbo · CLUB

(☏9-6418-0663; Freire 387; ⊙18.00-2.00 mi y ju, hasta 4.00 vi, 20.00-4.00 sa) Establecimiento de confianza con grupos en directo y DJ que pinchan una mezcla de *funk, soul, hip-hop, blues* y *jazz*. Famoso por sus gigantescos cócteles.

El Europeo · BAR

(Aldunate 809; ⊙11.00-20.00 lu-mi, hasta 24.00 ju y vi, 18.00-2.00 sa) Pequeña cervecería acogedora en la animada Aldunate con cervezas artesanas, hamburguesas gastronómicas (unos 4000 CLP) y tentempiés.

ℹ Cómo llegar y salir

La **terminal de autobuses** (Varela) está unos 600 m al sur del barrio Inglés en Varela, entre Borgoño y Alcalde. Muchos autobuses locales y colectivos unen Coquimbo con La Serena (autobús 600 CLP, colectivo 1200 CLP, taxi privado 7000-12 000 CLP).

Guanaqueros

☏051

La larga playa blanca del diminuto Guanaqueros es uno de los destinos playeros más populares de la zona. Situada 30 km al sur de Coquimbo y 5 km al oeste de la Panamericana, es ideal como excursión de un día, si bien hay varios complejos de cabañas en la carretera de entrada.

Subiendo desde la playa se llega a un agradable establecimiento, el Akitespero (☎51-239-5311; www.akitespero.cl; calle La Serena; d desde 40 000-80 000 CLP; 🅿🛜), con cinco apartamentos bien equipados, todos con una pequeña cocina e interiores ventilados y luminosos. Resérvese uno del piso superior, con terraza con vistas al mar.

Dando un breve paseo colina arriba desde la playa, se llega a El Guanaquito (☎móvil 9-8129-6222; av. del Ocaso 2920; apt 40 000-65 000), que ofrece apartamentos amplios con balcón hacia la bahía. No le iría mal un cambio de imagen, aunque en temporada baja suele haber buenas ofertas (los precios bajan hasta 25 000 CLP). Tiene restaurante.

Cruzando el paseo marítimo, el viajero puede comer algunos de los mejores platos de pescado a la parrilla de la ciudad en El Pequeño (av. Guanaqueros; platos principales 7000-13 500 CLP; ⏲10.00-22.00). Hay un jolgorio agradable, con lugareños y forasteros dándose atracones de cangrejos, gambas y empanadas de pescado seguidos de un plato del pescado del día, frito o a la plancha. Si no, óptese por el animado Centro Gastronómico El Suizo (av. Guanaqueros 2427; platos principales 6000-10 000 CLP; ⏲10.00-22.00), una zona de restauración semicerrada con pequeños bares y restaurantes.

Se llega en cualquiera de los autobuses frecuentes que salen de las terminales de La Serena y Coquimbo (45 min, 1900 CLP).

Tongoy
☑051

Tongoy es otro animado pueblecito playero, ideal para comer marisco fresco, tomar unas copas y escuchar a los músicos callejeros. Las marisquerías están en la playa Grande. La playa Socos, en el flanco norte de la península, está más resguardada para bañarse.

Cerca de la plaza, en la calle principal de Tongoy, el Hotel Aqua Marina (☎51-239-1870; Fundación Sur 93; h 35 000 CLP; 🅿🛜) cuenta con ocho habitaciones de decoración sencilla en torno a un pequeño patio. El Terminal Pesquero (av. Coquimbo; platos principales 1800-3500 CLP; ⏲10.00-17.00) es un pequeño mercado de pescado donde sirven ostras recién desbulladas, cebiche, vieiras y otros mariscos. De los restaurantes del paseo marítimo, el mejor es La Bahía (☎51-239-2147; av. Playa Grande; platos principales 9000-11 000 CLP), con una amplia oferta de pescados y mariscos.

Lléguese pronto para ocupar un asiento en la terraza con vistas al océano.

Los autobuses salen cada 20 min aprox. hacia La Serena (desde 2000 CLP, 70 min), con escala en Guanaqueros y Coquimbo.

Parque Nacional Bosques de Fray Jorge

Lo último que uno espera encontrar en una zona semidesértica llena de cactus es un exuberante bosque nuboso como el que rodea Valdivia, 1205 km más al sur, y eso es exactamente lo que hay en el Parque Nacional Bosques de Fray Jorge (cerca de la Ruta 5; adultos/niños 6000/3000 CLP; ⏲9.00-17.30), una mota verde atrapada entre el océano y el desierto.

El misterio de cómo surgió este verde reducto de selva valdiviana en un entorno tan árido se explica por el húmedo manto diario de la *camanchaca* (niebla espesa) que proviene del océano Pacífico. Al mediodía se puede ver este amasijo de nubes cubrir el mar y, poco a poco, penetrar en la base de la selva: uno tiene la impresión de hallarse en la cima del mundo, cuando en realidad está a solo 600 m sobre el nivel del mar. El mejor momento para apreciar la ecología de la selva es a primera hora de la mañana, cuando la condensación de la niebla deja la vegetación bañada en rocío.

Varios tramos verdes del interior permiten intuir que antaño la selva era bastante más grande. De los 100 km² de Fray Jorge solo quedan 400 Ha que conservan su vegetación primigenia; suficientes para convertirlo en Reserva de la Biosfera de la Unesco.

Los escasos mamíferos que lo habitan incluyen mofetas y nutrias marinas, además dos especies de zorros. También hay unas 80 especies de aves; pequeños halcones se posan sobre los cactus mientras las águilas vuelan alto en busca de presas.

A última hora de la tarde la *camanchaca* humedece la tupida vegetación del sendero El Bosque, una ruta de 1 km que recorre la cresta sobre el océano. La ruta se halla al final de la carretera de 27 km que sale de la Panamericana, cuyo último tramo es muy empinado, duro y polvoriento.

No existe transporte público hasta el parque, que queda a 6 h de coche de Santiago. Hay que tomar una carretera lateral hacia el oeste desde la Panamericana, en el km 387, unos 20 km al norte del cruce de Ovalle.

Varias agencias de La Serena ofrecen circuitos. Es posible que la puerta de entrada a Fray Jorge esté cerrada fuera de las horas de acceso.

Valle del río Hurtado

🕹️053

El menos explorado de los valles del Norte Chico es una región verde con carreteras sinuosas, aldeas en laderas y viñedos interminables y rodeada de yermas montañas. Aquí es posible no ver a nadie en varios kilómetros y, de repente, encontrar un jinete trotando por pistas polvorientas.

Un buen alojamiento es la Hacienda Los Andes (☎53-269-1822; www.haciendalosandes. com; cerca de la Ruta D-595; parcelas 5000 CLP/persona, i/d incl. desayuno desde 45 000/66 000 CLP; ℗). En este bonito y destartalado refugio es posible bañarse desnudo en un fresco tramo del río montañoso, pasar tardes relajadas en una hamaca y desconectar de todo de muchas maneras. Con vistas a las frondosas orillas del río Hurtado, la hacienda ofrece de todo y más. También organiza rutas a caballo (desde 60 000 CLP por medio día), circuitos nocturnos astronómicos (desde 12 000 CLP) y viajes en todoterreno (60 000 CLP).

Entre las actividades gratuitas hay paseos panorámicos por las rutas señalizadas que rodean la propiedad. Se llega en uno de los autobuses de Ovalle a Hurtado (2400 CLP, entre 12.00 y 19.00, aprox., consultar horarios en la web). La hacienda queda a 6 km de Hurtado, antes del puente. Ofrece un servicio de recogida en Ovalle, La Serena y Vicuña. El alojamiento está a 46 km de Vicuña por una carretera de montaña decente.

Para llegar, puede tomarse uno de los varios autobuses diarios de Ovalle a Hurtado (2400 CLP, 2½ h), aunque para explorar bien el valle hace falta disponer de vehículo propio.

Valle del Limarí

🕹️053

Este bonito valle, a menudo pasado por alto, alberga manantiales, refugios rurales rodeados de naturaleza y una asombrosa colección de arte rupestre precolombino. Pese a los cactus y el clima seco (con una media de 10 cm de lluvia al año), el Limarí también acoge un creciente número de bodegas. De hecho, es una de las regiones vinícolas más septentrionales del país.

🛏️ Dónde dormir y comer

⭐ **Hacienda Santa Cristina** REFUGIO $$$
(📋53-242-2270; www.haciendasantacristina.cl; cerca de la Ruta D-505; h 89 000 CLP; 🛜🏊) En el corazón del fértil valle, esta acogedora hacienda está rodeada de eucaliptos, chopos y prados floridos con vistas sobre las montañas lejanas. Las habitaciones presentan un atractivo diseño campestre clásico con porche que da al recinto, y además hay un restaurante de primera categoría (platos principales 6500-11 000 CLP). Tiene establo propio y ofrece paseos a caballo.

El gerente, Juan Pablo, es una fuente de sabiduría y da consejos sobre catas de vinos, visitas a pueblecitos y otras actividades.

Cabildo Abierto CHILENA $$
(📋móvil 9-425-5367; Ruta D-565, Barraza; platos principales 6000-8000 CLP; ⏱️13.00-16.00) Este restaurante, en el pueblecito de Barraza, propone deliciosos platos caseros chilenos, que pueden degustarse en el rústico jardín trasero. Luego, visítese sin falta la iglesia del s. XVII de enfrente.

Está 34 km al oeste de Ovalle y 8 km al este de la Panamericana, al norte de Socos.

ℹ️ Cómo llegar y desplazarse

Ovalle es la principal puerta de acceso al valle, aunque para explorarlo bien hace falta disponer de vehículo propio. Hay autobuses de Ovalle a Santiago (8000-15 000 CLP, 5½ h) e Iquique (20 000-40 000 CLP, 19 h), y servicios frecuentes a La Serena (desde 2000 CLP, 1½ h).

Si se cuenta con transporte propio se puede hacer un recorrido circular desde La Serena a Vicuña, Hurtado y Ovalle. La carretera de gravilla, de 43 km, que va de Vicuña a Hurtado es apta para turismos, pero un todoterreno es más práctico y seguro. El recorrido es muy bonito, atraviesa un paisaje empinado y desértico con cactus, rocas de colores y observatorios. El transporte público desde Ovalle llega hasta Hurtado, pero allí no hay conexión directa a Vicuña.

VALLE DEL ENCANTO

El viajero puede visitar una interesante galería de arte rupestre precolombino en el monumento arqueológico Valle del Encanto (Ruta D-589; adultos/niños 500/300 CLP; ⏱️9.00-20.00 dic-feb, hasta 18.00 mar-nov), un cañón rocoso tributario del río Limarí situado 19 km al oeste de Ovalle. Una selección de petroglifos y pictogramas muestran hombres danzando, figuras de aspecto alienígena con antenas y personajes con tocados espectaculares. Las rocas del valle también están llenas de unos agujeros llamados "tacitas"; que se usaban como morteros para moler plantas ceremoniales y comida.

La mayoría de las figuras datan de la época de la cultura El Molle, que habitó la zona del s. II al s. VII d.C. El mejor momento para ver el arte rupestre es al mediodía, cuando hay menos sombra, pero hace mucho calor.

Se llega en cualquier autobús que salga de Ovalle hacia el oeste; hay que apearse en el indicador de la autopista; Valle del Encanto está a 5 km andando por una pista de gravilla, pero con un poco de suerte algún automóvil acercará al viajero.

Tabalí (📱móvil 9-9015-7960; www.tabali.com; hacienda Santa Rosa de Tabalí; circuito y cata desde 10 000 CLP/persona; 🕐circuitos solo con cita previa lu-sa) es una buena bodega pequeña que está causando sensación en el valle del Limarí. Las viñas, plantadas a 1600 m sobre una mezcla de suelos (aluvial, de transición, pedregoso), producen un excepcional vino acre y fresco. Para concertar una visita y una cata hay que reservar con antelación.

La bodega está en la misma carretera que el monumento arqueológico Valle del Encanto (2 km al sur de los viñedos), y es una excelente meta tras la visita de los petroglifos.

TERMAS DE SOCOS

Tras un agotador día en el desierto, nada como relajarse en los humeantes baños termales o refrescarse en la piscina de Termas de Socos, pequeño manantial oculto a 1,5 km de la Panamericana, en el km 370. En el recinto se embotella agua mineral.

El agradable **Camping Termas de Socos** (📱53-263-1490; www.campingtermassocos.cl; parcelas 7000 CLP/persona; 🏊), de grava y arena, cuenta con su propia piscina y baños. Solo goza de sombra parcialmente, pero cuenta con una buena sala de juegos y un parque infantil. Quienes no estén alojados pueden bañarse en la piscina por 4500 CLP. El propietario, Francisco, está en la tienda-restaurante junto a la gasolinera de la calle principal de Socos. El viajero se llevará una grata sorpresa ante el **Hotel Termas Socos** (📱53-198-2505; www.termasocos.cl; i/d incl. pensión completa 67 000/123 000 CLP; 🅿🏊), protegido por altos eucaliptos, rodeado por un frondoso follaje y aislado entre las áridas colinas. La tarifa incluye un calentito baño termal privado, y hay excelentes zonas donde relajarse, incluido un salón con chimenea.

Termas de Socos está señalizado en la Panamericana y queda unos 38 km al suroeste de Ovalle. Casi todos los viajeros llegan con su propio vehículo, ya que desde la carretera hay un polvoriento tramo de 1,5 km a pie.

Ovalle

📞 053 / 113 000 HAB.

Es la capital de la próspera provincia agrícola de Limarí, una localidad ordinaria que puede servir de práctica base para explorar la zona.

En el lado derecho de la vieja estación de trenes, el **Museo de Limarí** (📱53-243-3680; esq. Covarrubias y Antofagasta; 🕐10.00-18.00 ma-vi, hasta 14.00 sa y do) GRATIS alberga cerámicas bien iluminadas, en su mayoría diaguitas, del período del 1000 al 1500.

De los hoteles económicos, destaca el **Hotel Roxi** (📱53-262-0080; karimedaire@hotmail.com; Libertad 155; i/d 19 000/27 000 CLP, sin baño 16 000/20 000 CLP), con habitaciones de tamaño pasable y duchas de agua caliente a chorros, situado a un par de cuadras de la plaza. Tras un breve paseo al noreste de la plaza de Armas, el sencillo **Hostal Chile Colonial** (📱53-220-5433; http://hostalchilecolonial.com; Arauco 146; i/d/tw 30 000/35 000/40 000 CLP; 🅿🛜) cuenta con nueve pequeñas pero cómodas habitaciones dispuestas alrededor de un patio cubierto. El restaurante con más encanto de Ovalle, **El Relajo** (📱53-244-8323; www.elrelajo.cl; Tirado 177; platos principales 7000-13 000 CLP; 🕐13.00-15.00 y 19.30-23.00 lu-sa; 🍴), sirve una mezcla de platos mexicanos, peruanos y chilenos en un entorno rústico de madera, techo de paja y ritmos latinos.

Aunque Ovalle está 30 km al este de la Panamericana, varios autobuses norte-sur pasan por la ciudad. En el sur de la localidad, la **terminal Media Luna** (Ariztía Oriente s/n) tiene servicios a ciudades importantes, como Santiago (8000-15 000 CLP, 5½ h), Arica (25 000-46 000 CLP, 27 h), Iquique (20 000-40 000 CLP, 19 h) y Antofagasta (desde 17 000 CLP, 14 h).

Al norte de la terminal, en Ariztía Oriente, las compañías regionales de autobús como Serena Mar (www.serenamar.cl) van a La Serena (desde 2000 CLP, 1½ h) cada 20 min aprox. En la misma calle, hay colectivos (taxis compartidos) hasta La Serena (2500 CLP, 1½ h).

Valle del Elqui

Vicuña

📞 051 / 28 000 HAB.

El espíritu de la poesía de Gabriela Mistral se filtra por todos los rincones de la pequeña y

MERECE LA PENA

EXPLORAR EL VALLE DEL ELQUI

El primer lugar de interés conduciendo desde Vicuña es la **bodega Cavas del Valle** (móvil 9-6842-5592; www.cavasdelvalle.cl; Ruta 485, km 14,5; 11.00-19.00) GRATIS, en el km 14,5 antes de Montegrande y a una altura de 1080 m. Inaugurada en el 2004, esta pequeña boutique va a contracorriente y sirve vinos, en vez de piscos. El vino de postres Cosecha Otoñal, elaborado con uva moscatel rosada, ya es una razón para visitarla. La visita rápida por las instalaciones y la cata de tres vinos son gratis, aunque se anima a comprar una botella.

Pisquera (destilería de pisco) artesanal de 1868, 3 km al sur de Pisco Elqui, el **Fundo Los Nichos** (51-245-1085; www.fundolosnichos.cl; Ruta 485; circuito desde 1000 CLP; 11.00-18.00) sigue produciendo el pisco a la antigua usanza. Sus cuatro circuitos guiados (1000 CLP, 11.30, 13.00, 16.00 y 17.00 a diario en verano) incluyen una visita a las instalaciones y la cata de tres piscos. Si no, basta llegar entre las 11.00 y las 18.00 para probar un pisco gratis; hay botellas desde 5000 CLP.

Desde aquí se sigue conduciendo hasta el **mercado artesanal de Horcón** (51-245-1015; Ruta D-393, Horcón Bajo; 12.00-19.30 verano, 13.00-18.30 ma-do resto del año) en el valle del pueblo homónimo, merecedor de una visita por la magnífica artesanía hecha a mano, los alimentos sin tratar y los cosméticos, todo ello de venta en puestos de bambú. Es un festival de colores, atrapasueños, campanas de viento, prendas de punto y joyas.

A partir de aquí la carretera asfaltada se convierte en una pista de tierra que va al bonito pueblo de **Alcoguaz**, a 14 km de Pisco Elqui. Préstese atención a la iglesia de madera roja y amarilla y, de querer pasar la noche, sígase hasta la **Casona Distante** (móvil 9-9226-5440; www.casonadistante.cl; fundo Distante, Alcoguaz; h 78 000-120 000 CLP; P), una gran hacienda de madera de la década de 1930 transformada con gusto en un refugio ecológico rústico de ocho habitaciones, con piscina, senderos ribereños, un pequeño observatorio y un restaurante en dos niveles.

soñolienta Vicuña. A solo 62 km al este de La Serena, es el mejor campo base para explorar el valle del Elqui. La ciudad, con su humilde plaza, su ambiente lírico y sus casitas compactas, merece uno o dos días de visita antes de emprender el camino al campo para gozar de las cocinas solares (en las que cocinan los dioses del Sol) y de los aguacates, papayas y otros frutos de la región, por no hablar de las famosas uvas que se destilan para elaborar el potente pisco, un brandy de uvas.

◉ Puntos de interés

Cervecería Guayacán FÁBRICA DE CERVEZA (móvil 9-9798-3224; www.cervezaguayacan.cl; calle Principal 33, Díaguitas; 12.00-20.00 diarios) GRATIS En el valle del Elqui no tardarán en ofrecer una Guayacán al viajero, quien debería aceptarla si siente un mínimo interés por las cervezas. La reputación de esta pequeña microcervecería está creciendo como la espuma y las breves visitas por las instalaciones van acompañadas de una generosa cata.

Se halla en el pueblecito de Diaguitas, unos 7 km al este del centro de Vicuña, y cuenta con una tentadora terraza donde se sirven sabrosas *pizzas* y hamburguesas (platos

principales 5000-7000 CLP) de miércoles a domingo.

Museo Gabriela Mistral MUSEO (51-241-1223; www.mgmistral.cl; av. Gabriela Mistral 759; 10.00-17.45 ma-vi, 10.30-18.00 sa, 10.00-13.00 do) GRATIS El lugar más emblemático de la ciudad. Situado entre Riquelme y Baquedano, es un sentido homenaje a una de las grandes figuras literarias de Chile. Gabriela Mistral nació en 1889 en Vicuña con el nombre de Lucila Godoy Alcayaga. El museo recorre su vida, e incluye una réplica en adobe de su casa natal y su Premio Nobel, además de contar con varios bustos de la autora.

Museo Entomológico y de Historia Natural MUSEO (Chacabuco 334; adultos/niños 600/300 CLP; 10.30-13.30 y 15.30-19.00) En el lado sur de la plaza se halla este pequeño museo de una sala con una atractiva colección de escarabajos de aspecto feroz, brillantes mariposas Morpho de alas azules y otros insectos, como varios satúrnidos, de entre las mayores mariposas nocturnas del mundo. Completan la interesante exposición los minerales y los fósiles.

Pisquera Aba   DESTILERÍA

(📞51-241-1039; www.pisquera-aba.cl; Ruta 41, km 66; 🕙10.00-18.00) GRATIS Esta *boutique* pisquera, abierta desde 1921, ofrece una visión de la producción del pisco muy distinta. Sus circuitos de 40 min recorren todas las fases de la producción y terminan en la sala de cata, donde se degustan algunos de sus productos, desde los más clásicos a los más innovadores. Queda a unos 4 km del centro de la ciudad, un agradable paseo en bici o 3000 CLP de taxi desde la plaza.

Planta Pisco Capel   DESTILERÍA

(📞51-255-4337; www.centroturisticocapel.cl; circuitos desde 4000 CLP; 🕙11.30-19.30 ene y feb, hasta 18.00 mar-dic) Capel destila pisco en estas instalaciones, donde se halla su única planta embotelladora, unos 2 km (20 min a pie) al sureste de la ciudad. Este fabricante artesano ofrece circuitos de 45 min por las instalaciones, con visita a un museo y unas catas ridículas (por los 15 000 CLP del circuito *premium* sirven tentempiés y catas de los seis mejores piscos). Para llegar hay que dirigirse al sureste de la ciudad, cruzar el puente y torcer a la izquierda.

También hay un circuito de mixología, donde tras visitar la destilería se imparte una clase para crear el cóctel perfecto (8000 CLP).

🏃 Actividades

Vicuña es un buen campo base si apetece dedicar más tiempo a explorar el valle del Elqui. Es la puerta de acceso a algunos grandes observatorios astronómicos y, además, ofrece rutas en bicicleta por el campo, excursiones a montes remotos en la zona del paso del Agua Negra (solo en verano) y paseos a caballo. Se puede practicar incluso *kitesurf* en la reserva de Puclaro, a 10 km por la carretera a La Serena; **Chile KiteSurf** (📞móvil 9-5223-7712; www.chilekitesurf.cl; Gualliguaica, Puclaro) imparte clases.

Elki Magic   DEPORTES DE AVENTURA

(📞móvil 9-6877-2015; www.elkimagic.com; San Martín 472; 🕙10.00-20.00) Agencia gestionada por una entusiasta pareja francochilena, ofrece excursiones guiadas de descenso en bicicleta (desde 15 000 CLP), rutas de medio día en furgoneta por los mejores lugares del valle (desde 15 000 CLP) y viajes de un día en todoterreno por las lagunas cerca de Argentina (40 000 CLP con almuerzo). Además, alquilan bicicletas (7000 CLP al día) y proporcionan un mapa con el sendero de 18 km por los pueblos de la zona.

La oficina está dos cuadras al norte de la plaza.

✨ Fiestas y celebraciones

Carnaval Elquino   CARNAVAL

(🕙med ene-feb) Vicuña celebra su festival anual de la cosecha, el Carnaval Elquino, a mediados de enero. Termina el 22 de febrero, el día del aniversario de la fundación de la ciudad, con actividades que incluyen música en directo y danzas folclóricas.

🛏 Dónde dormir

La Elquina   HOSTAL $

(📞51-241-1317; www.laelquina.cl; O'Higgins 65; parcelas 6000 CLP/persona, d 30 000 CLP, i/d sin baño 15 000/25 000 CLP; 🅿🛜) Este agradable hostal de gestión familiar, la mejor opción económica de Vicuña, ofrece habitaciones de muebles sencillos dispuestas en torno a varios patios amplios. También cuenta con parcelas de acampada con sombra y una cocina abierta las 24 h. Las mesas del jardín son perfectas para relajarse por la tarde.

Alfa Aldea   HOSTAL $

(📞51-241-2441; www.alfaaldea.cl; La Vinita; i/d 25 000/40 000 CLP; 🅿🛜) Merece la pena pagar los 2000 CLP por el trayecto en taxi (o andar 15 min) hasta las afueras de la ciudad para alojarse en este sencillo hostal familiar. Arropado por viñedos y con vistas maravillosas al valle y a las montañas, ofrece habitaciones básicas pero muy confortables. La estrella son los excelentes circuitos astronómicos (p. 202) que organizan.

Hostal Valle Hermoso   HOSTAL $

(📞51-241-1206; www.hostalvallehermoso.com; av. Gabriela Mistral 706; i/d/tr 18 000/36 000/48 000 CLP; 🛜) Una gran opción con ocho habitaciones, amplias e impolutas, alrededor de un patio bañado por el sol en una vieja casona de adobe con vigas de pino y suelos de nogal. El personal es amable y simpático, y el ambiente muy relajado; como alojarse en casa de unos viejos amigos.

Zaguan Hostal Boutique   PENSIÓN $$

(📞51-241-1244; http://zaguanhotel.com; Gabriela Mistral 718; h 55 000-75 000 CLP; 🅿🛜) Esta bonita casa de adobe de 1906 tiene habitaciones muy bien diseñadas, con muebles de calidad y dispuestas alrededor de un jardín central de flores. Los agradables dueños se desviven por que los huéspedes se sientan como en casa. Desayunos generosos.

Las habitaciones en dos niveles son perfectas para las familias, ya que cuentan con una cama matrimonial y un cuarto aparte con dos camas individuales.

Solar de los Madariaga
PENSIÓN $$

(☎51-241-1220; www.solardelosmadariaga.com; Gabriela Mistral 683; i/d 32 000/53 000 CLP; P🐾📶) Esta agradable y acogedora pensión, ubicada en una casa del s. XIX bien restaurada, desprende mucho encanto gracias a sus atractivas habitaciones con vistas a un jardín trasero. La parte anterior de la casa es una especie de museo, con muebles y recuerdos de la familia vasca que la habitó en la década de 1880.

Resérvese con mucha antelación, pues hay pocas habitaciones y se agotan rápido.

Hostal Aldea del Elqui
HOTEL $$

(☎51-254-3069; www.hostalaldeadelelqui.cl; av. Gabriela Mistral 197; i/d 25 000/40 000 CLP; 📶🐾) Otra casona reconvertida en alojamiento. Este acogedor hotel ofrece habitaciones bien cuidadas, con buenas camas y TV; algunas de ellas están en la 2ª planta de un edificio anexo más nuevo. Hay un jardín apacible con una pequeña piscina, sauna y baño caliente. En temporada baja los precios bajan de forma notable.

Hostería Vicuña
HOTEL $$

(☎51-241-1301; Sargento Aldea 101; i/d/tr 40 000/54 000/69 000 CLP; P📶🐾) Para lo que cuestan, las sencillas habitaciones dejan que desear y en general el establecimiento parece anticuado, pero en los jardines hay cálidos patios con vides, palmeras y una gran piscina (5000 CLP al día los no huéspedes).

🍴 Dónde comer

Govinda's
VEGETARIANA $

(Prat 234, 2º piso; almuerzo especial 3500 CLP; ⏱13.00-17.00 lu-sa) En un segundo piso cerca de la plaza, sirve deliciosos y sustanciosos platos vegetarianos en un menú que cambia a diario. Los espaguetis con verduras, la paella y las jugosas hamburguesas de verduras son sus últimas propuestas, cuya guinda son los postres caseros.

También se imparten clases de yoga (lunes, miércoles y viernes a las 18.30).

La Bilbaína
HELADERÍA $

(Gabriela Mistral 383; ⏱11.00-20.00) Situada en el lado norte de la plaza, es un establecimiento predilecto de los lugareños por sus deliciosas y creativas variedades de helado (pruébense sabores regionales como el copao, el fruto de un cactus silvestre). Lleva más de 50 años sin perder fuelle.

Antawara
CHILENA $

(Mistral 109; platos principales 4200-8000 CLP; ⏱12.00-24.00 lu-ju, hasta 5.00 vi y sa) El mejor sitio para cenar tarde (algo complicado en la tranquila Vicuña). El servicio es atento, la carta de vinos es impresionante y hay una buena selección de tablas calientes y frías, además de sándwiches y un menú por 4000 CLP con muy buena relación calidad-precio.

Frida
INTERNACIONAL $

(Prat entre Mistral y Chacabuco; platos principales 3000-4000 CLP; ⏱10.00-22.00) La cafetería más colorida de Vicuña presenta una decoración caprichosa y sirve sándwiches de queso de cabra, quesadillas y fajitas poco picantes, pero poco más de la gastronomía mexicana. Es mejor para tomar unos tentempiés y una copa por la tarde.

★Chivato Negro
INTERNACIONAL $$

(www.facebook.com/restaurantechivatonegro; Mistral 542; platos principales 3000-8500 CLP; ⏱9.00-23.00 do-mi, hasta 1.00 ju-sa; 🍷) Situado dos manzanas al este de la plaza, es un restaurante con un aire bohemio y retro y un amplio patio escondido detrás. Ofrece una amplia carta de sándwiches, *pizzas* y platos regionales (como la trucha a la plancha), además de un menú del día de tres platos por 5000 CLP. El acogedor ambiente (con una avivada chimenea de noche) invita a quedarse un rato más, tomando un café o un cóctel.

A veces, los fines de semana de diciembre a marzo hay música en directo.

Delicias del Sol
CHILENA $$

(pueblo de Villaseca; platos principales incl. vino 7000-8000 CLP; ⏱13.00-17.00) Hay que almorzar en este restaurante situado 5 km al sureste de Vicuña, donde un grupo de mujeres descubrió una rompedora forma de cocinar usando los rayos del sol en lugar de la madera, difícil de conseguir. Es el mejor restaurante de cocina solar de Villaseca, aunque el servicio es lento. De todos modos, la comida es bastante rica y se acompaña con bonitas vistas de los viñedos. El cabrito de la zona es su especialidad.

Paraíso del Elqui
CHILENA $$

(☎móvil 9-8537-4883; http://ricardopacheco.cl; Chacabuco 237; platos principales 5800-9500 CLP; ⏱12.00-22.00 lu-sa; 🍷) Este acogedor restaurante de un chef profesional tiene un jardín trasero, dos pequeños comedores y mesitas en un patio donde sirven las especialidades de la región, junto con infinitos tipos de empanadas y almuerzos fijos a buen precio. La oferta vegetariana también es muy buena.

ℹ Información

Hay un banco en la plaza principal que cambia dólares. En el centro hay cajeros automáticos.

Se puede reunir algo de información sobre el presente y el pasado de la ciudad en la **oficina de turismo** municipal (📞51-267-0308; www.turismovicuna.cl; San Martín 275; ⊘8.30-20.00 ene y feb, 8.30-17.30 lu-vi, 9.00-18.00 sa, 9.00-14.00 do mar-dic), a poca distancia al oeste de la plaza principal.

En caso de urgencia, acúdase al **Hospital San Juan de Dios** (📞51-233-3424; esq. Independencia y Prat; ⊘24 h), pocas cuadras al norte de la plaza de Armas.

ℹ Cómo llegar y desplazarse

Desde Vicuña, la Ruta 41 en dirección este va por los Andes a Argentina. Una carretera secundaria con baches y polvorienta (pero apta para turismos) va al sur hacia Hurtado y Ovalle.

La **terminal de autobuses** (esq. Prat y O'Higgins) cuenta con servicios frecuentes a La Serena (2000 CLP, 1 h), Coquimbo (2000 CLP, 1¼ h), Pisco Elqui (2000 CLP, 50 min) y Montegrande (2000 CLP, 40 min). Expresso Norte tiene dos autobuses diarios a las 11.45 y 21.45 a Santiago (12 000-18 000, CLP 7 h). La oferta de destinos en La Serena es más amplia.

Situada en la terminal de autobuses, la **terminal de taxis colectivos** (Prat esq. O'Higgins) ofrece taxis colectivos rápidos a La Serena (2500 CLP, 50 min).

En **Elki Magic** (p. 199) se alquilan buenas bicicletas (desde 1000 CLP por hora).

Montegrande

📞051

Esta pequeña aldea al borde de la carretera es el antiguo hogar de Gabriela Mistral, poeta de fama mundial, premio nobel e icono nacional. Aparte del aire fresco y las vistas de las montañas, el pueblecito ofrece poco más, si bien pueden visitarse algunos lugares clave relacionados con la poetisa, como su último lugar de reposo.

El **Mausoleo Gabriela Mistral** (Ruta D-485; 1000 CLP; ⊘10.00-13.00 y 15.00-18.00 ma-do) está en una ladera al sur de la plaza principal. En el camino que serpentea hasta lo alto se suceden citas y detalles biográficos de la famosa escritora, un bonito tributo a su extraordinaria vida. Mistral recibió su primera educación en la Casa Escuela y el Correo, donde el modesto **Museo Casa-Escuela Gabriela Mistral** (calle Principal; 500 CLP; ⊘10.00-13.00 y 15.00-18.00) alberga la reproducción de un aula y un dormitorio.

En una vieja casona de adobe, el tranquilo **Hotel Las Pléyades** (📞móvil 9-8520-6983; www.elquihotelpleyades.cl; calle Principal; d 70 000 CLP; 🅿❄) ofrece toques bonitos como techos de caña y piscina exterior. Frente al museo, merece la pena recalar en el **Mesón del Fraile** (calle Principal; platos principales 8000-12 000 CLP; ⊘12.00-18.00, cerrado lu y ma en temporada baja) por el churrasco, la *pizza*, los bocadillos y los zumos naturales.

Hay autobuses locales que ofrecen servicio regular desde Vicuña (2000 CLP, 40 min).

Pisco Elqui

📞051 / 1200 HAB.

El antiguo pueblo de La Unión, renombrado para publicitar el producto más famoso de la zona, es un refugio apacible en la cuenca superior del río Claro, un afluente del Elqui. En los últimos años se ha convertido en el enclave preferido de la zona para mochileros, y aunque suele llenarse, merece la pena pasar un par de días en él.

Aviso: en Pisco Elqui no hay cajeros ni bancos, así que llévese encima bastante dinero en efectivo.

⊙ Puntos de interés

Destilería Pisco Mistral   DESTILERÍA
(📞51-245-1358; www.destileriapiscomistral.cl; O'Higgins 746; circuitos desde 6000 CLP; ⊘12.00-19.00 ene y feb, 10.30-18.00 ma-do mar-dic) Esta destilería es la atracción estelar de Pisco Elqui, y produce la marca *premium* de pisco Mistral. El circuito de 1 h por el "museo" permite ver etapas del proceso de destilación e incluye una cata gratis de dos piscos y una copa en el restaurante adjunto, que a veces ofrece música en directo.

🏃 Actividades

Pisco Elqui parece pequeño, pero ofrece muchos circuitos y actividades por el valle. Por ejemplo, rutas guiadas de senderismo (desde 15 000 CLP por medio día), equitación (desde 8000 CLP por hora; más los paseos de varios días por las montañas), excursiones con bicicleta de montaña (desde 20 000 CLP) y salidas astronómicas (desde 15 000 CLP).

LOS MEJORES OBSERVATORIOS DEL NORTE CHICO

La mayor atracción del valle del Elqui es el magnífico observatorio Cerro Mamalluca (51-267-0330; adultos/niños 7500/4500 CLP), construido con fines turísticos 9 km al noreste de Vicuña. Lo más probable es que el viajero comparta el circuito con hordas de turistas, ávidos por echar un vistazo a galaxias lejanas, cúmulos estelares y nebulosas a través de un telescopio de 30 cm.

Los circuitos de 2 h tienen lugar cada noche cada 2 h entre las 20.30 y las 2.30 en verano, y entre las 19.30 y la 1.30 en invierno. El circuito Cosmovisión Andina incluye presentaciones y música, pero no acceso a los telescopios; así que lo mejor es reservar el circuito de astronomía básico.

Las reservas se tramitan a través de la oficina que hay en av. Gabriela Mistral 260, en Vicuña; se aconseja reservar con antelación. No hay transporte público, pero una furgoneta traslada a los visitantes desde la oficina de Vicuña (mejor previa reserva, 3000 CLP/persona). Hay operadores de circuitos de La Serena que organizan salidas. También se puede contratar un taxi en Vicuña.

Como Mamalluca, el observatorio Collowara (móvil 9-7645-2970; www.collowara.cl; Urmeneta 675, Andacollo; 5500 CLP) de Andacollo, reluciente en lo alto de una colina, fue creado para el turismo; aquí no se llevan a cabo estudios astronómicos importantes. En verano, los circuitos de 2 h son a las 21.30, 23.00 y 00.30; en invierno, a las 21.00. La instalación cuenta con tres plataformas-mirador y un telescopio de 40 m (un poco más grande que el de Mamalluca). También hay disponibles otros tres telescopios más pequeños, así que no habrá que hacer mucha cola.

La oferta de alojamiento es amplia en Andacollo, a 54 km de La Serena. Se llega en autobús (2000 CLP, 1½ h) y colectivo (taxi compartido; 2500 CLP, 1 h).

La última instalación es el Observatorio del Pangue (51-241-2584; www.observatoriodelpangue.blogspot.com; junto a Ruta D-445; con transporte 25 000 CLP), 17 km al sur de Vicuña, gestionado por tres entusiastas astrónomos franceses y chilenos. Hay circuitos de 2 h cada noche (a menos que haya luna llena) a las 20.30 (y a las 22.30 si hay demanda) y ofrecen observación pura y dura, con un máximo de 10 personas.

En el futurista Observatorio Interamericano Cerro Tololo (51-220-5200; www.ctio.noao.edu; cerro Tololo) GRATIS, a 2000 m de altura en lo alto del cerro, se exploran cada noche los misterios de las estrellas. Aunque no se pueda mirar a través de sus gigantescos telescopios (los astrónomos tampoco lo hacen, ya que los telescopios pasan primero la información a los monitores de los ordenadores), un circuito de día por las instalaciones es una experiencia muy interesante.

Tololo tiene un enorme telescopio de 4 m, dirigido por la Association of Universities for Research in Astronomy (AURA; un grupo formado por unas 25 instituciones que incluyen la Universidad de Chile), con sede en Tucson. Los circuitos bilingües (gratis) solo tienen lugar los sábados; en temporada alta hay que reservar con al menos un mes de antelación. Los circuitos de 2 h son a las 9.00 y a las 13.00. No hay transporte público, así que hay que alquilar un automóvil o un taxi, u organizar la visita con un operador (se debe también reservar plaza en el observatorio).

Si cansan las aglomeraciones de los grandes observatorios, quizá sea interesante apuntarse a uno de los pequeños circuitos astronómicos personalizados de Alfa Aldea (51-241-2441; www.alfaaldea.cl; Parcela 17, La Viñita; adultos/niños 15 000/5000 CLP). Tienen lugar en el anfiteatro del recinto y empiezan con un breve documental que explica los principios básicos de la astronomía. Luego se observan los cuerpos celestes con telescopios científicos. Es un evento al aire libre (todo sucede bajo el cielo estrellado, y los grupos reducidos permiten alargar las observaciones) y suele hacer frío, por lo que hay que llevar ropa de abrigo (aunque las mantas, el vino y la sopa de pollo incluidos en el circuito también ayudan).

Para visitas astronómicas profesionales guiadas, contáctese con Astronomy Adventures (móvil 9-9879-4846; www.astronomyadventures.cl; Manuel Rodríguez 589, La Serena; circuitos astronómicos 15 000-42 000 CLP), una agencia de La Serena que organiza experiencias astronómicas a la carta en todo el país.

Entre las agencias más respetables del pueblo están **Turismo Dagaz** (✆móvil 9-7399-4105; www.turismodagaz.com; Prat; ⊙9.00-20.00) y **Turismo Migrantes** (✆51-245-1917; www.turismomigrantes.cl; O'Higgins s/n; ⊙10.00-14.00 y 15.00-19.00).

Varios establecimientos alquilan bicicletas por unos 2000 CLP por hora o 7000 CLP al día.

🛏 Dónde dormir

Hostal Triskel   ALBERGUE $
(✆móvil 9-9419-8680; www.hostaltriskel.cl; Baquedano s/n; h sin baño por persona 15 000 CLP; 🛜) Sobre el cerro de la ciudad, esta bonita casa de adobe y madera ofrece siete habitaciones limpias y elegantes con cuatro baños compartidos y una cocina común. Una higuera gigante sombrea el patio y también hay un huerto de frutales con muchos rincones para relajarse y hamacas. Servicio de lavandería.

Refugio del Ángel   CAMPING $
(✆móvil 9-8245-9362; www.campingrefugiodelangel.cl; calle El Cóndor; parcelas 10 000 CLP, uso 4000 CLP/día) Este lugar idílico junto al río tiene pozas donde darse un chapuzón, baños y una tiendecita. El desvío está 200 m al sur de la plaza por Carrera.

Cabañas Pisco Elqui   CABAÑAS $
(✆móvil 9-8331-2592; Prat s/n; cabaña 60 000 CLP; 🐾) Cabañas básicas, de tamaño medio y suelo de madera, equipadas con cocina completa y un bonito porche delantero. La finca ocupa una parte de la ladera del cerro, con un arroyo que la cruza.

⭐ El Tesoro de Elqui   HOTEL $$
(✆51-245-1069; www.tesoro-elqui.cl; Prat s/n; i 30 000-40 000 CLP, d 45 000-55 000 CLP; 🛜🐾) Sobre la colina, desde la plaza central, en este apacible oasis salpicado de limoneros, jardines exuberantes y viñas hay 10 bungalós de madera con terraza. En el restaurante sirven un excelente café y tartas, y además organizan excursiones guiadas.

Refugio Misterios de Elqui   CABAÑAS $$$
(✆51-245-1126; www.misteriosdeelqui.cl; Prat s/n; d cabañas 85 000 CLP; 🅿🛜🐾) La opción más lujosa de Elqui está en la linde del pueblo, en la carretera a Alcoguaz. Ofrece siete cabañas entre frondosos jardines que descienden hacia la piscina y el valle. Las cabañas tienen una decoración elegante, con vigas de madera, bonitas baldosas y terrazas.

🍴 Dónde comer y beber

La mayoría de los restaurantes de Pisco Elqui también son excelentes para una copa a medida que avanza la noche.

El Durmiente Elquino   INTERNACIONAL $
(Carrera s/n; platos principales 5000-7500 CLP; ⊙13.00-22.00 ma-do) Sirve sabrosas tapas y *pizzas*, además de platos principales interesantes, como quinua o *risotto*, en su interior de estilo natural. Tiene un pequeño patio trasero que es ideal para tomar una cerveza artesanal o una copa de vino ecológico con bonitas vistas a las montañas.

La Escuela   CHILENA $$
(Prat; 6500-12 000 CLP; ⊙12.30-23.30) El viajero recordará este refinado restaurante situado en la calle principal hacia el sur del pueblo. Ocúpese una mesa junto al fuego en el patio y deléitese con un salmón a la plancha, cabrito al horno o tierno cordero local, que casan de maravilla con un vino o un cóctel. Hay ensaladas de quinua, quiches y al menos un plato vegetariano en la oferta del día.

Rustika   BAR
(Carrera s/n; ⊙19.00-2.00) Situado al sur de la plaza, es un acogedor bar de copas nocturnas, con mesitas fuera junto a un arroyo y fogatas a la luz de las estrellas. Además de los cócteles, preparan *pizzas*, quesadillas, tablas para compartir y zumos.

ℹ Cómo llegar y salir

Llénese el depósito en Vicuña, porque en Pisco Elqui no hay gasolinera.

Hay autobuses frecuentes entre Pisco Elqui (2000 CLP, 50 min) y Vicuña.

Cochiguaz
✆051

La capital *new age* del norte de Chile, el remoto valle de Cochiguaz, tiene fama de albergar una gran concentración de vibraciones cósmicas, un vórtice de energías muy potentes y formidables poderes curativos, además de contar con varios avistamientos de ovnis muy publicitados. Pero no hace falta creer en estas cosas para disfrutar de este bonito valle, punto de partida de varias excursiones a pie y a caballo. A veces en invierno nieva, por lo que hay que llevar ropa de abrigo.

◉ Puntos de interés

Centro Otzer Ling   ESTUPA BUDISTA
(Estupa Cochiguaz; http://otzerling.com; ⊙10.00-19.00 ma-do) ¿Qué hace una estupa budista en este lugar remoto? ¿Se ha equivocado el viajero de desvío en la Panamericana y ha acabado en el Himalaya? El evocador monumento blanco como la nieve, alzado en el 2016 con banderitas tibetanas de oración, resalta ante el fondo seco y montañoso.

🛏 Dónde dormir y comer

Tambo Huara   CABAÑAS $
(☑móvil 9-9220-7237; www.tambohuara.cl; km 13; parcelas río/bosque por persona 7000/10 000 CLP; cabañas con/sin baño 40 000/35 000 CLP) Idílico rincón entre los árboles y junto al río con cabañas ecológicas (con duchas solares e inodoros secos) de tamaño medio. Las parcelas junto al río son maravillosas y se ofrecen sesiones de meditación, terapias curativas y yoga.

Camping Cochiguaz   CAMPING $
(☑51-245-1154; www.campingcochiguaz.blogspot.com; camino Cochiguaz; parcelas 8000 CLP/persona) Los eucaliptos rodean este recinto de acampada algo laberíntico, situado junto al río y con algunas bonitas parcelas ribereñas a la sombra. Está a 17 km de Montegrande, al final de un tortuoso camino de tierra. También ofrece excursiones a caballo.

Luna de Cuarzo   CABAÑAS $$
(☑móvil 9-8501-5994; www.lunadecuarzo.cl/tortuga.html; El Pangue, km 11; cabañas 60 000-90 000 CLP; 🐾) En una bonita propiedad de montaña, ofrece cabañas de madera bien equipadas, con paredes de adobe y piedra de río y techos de bambú. Las cocinas resultan útiles, ya que los restaurantes escasean y el viajero preferirá llevar su propia comida. Tras una tarde de relax junto a la poza, qué mejor que observar las estrellas de noche.

Casa del Agua   PENSIÓN $$
(☑móvil 9-5867-6522; www.cabanascasadelagua.cl; km 13; cabañas 2/4/6 personas 85 000/100 000/150 000 CLP; 🅿🐾) Los colibrís revolotean por los frondosos jardines de esta pensión, un bonito conjunto de cabañas 13 km al norte de Montegrande, que se posa con delicadeza a orillas del río Cochiguaz. Tiene bar, restaurante y senderos de paseo, y ofrece circuitos.

El Alma Zen   HOTEL $$
(☑móvil 9-9047-3861; www.refugiocochiguaz.cl; km 11; i/d desde 45 000/75 000 CLP; 🐾) De aspecto *hippy* cursilón, cuenta con cabañas bien equipadas, *spa*, dos piscinas y una bonita posición que se adentra en un bosque de eucaliptos hasta el río.

Restaurante Borde Río   CHILENA $$
(☑móvil 9-9905-1490; km 12; platos principales 9000-12 000 CLP; ⊙12.00-23.00; ☑) Entre el exuberante follaje junto al borboteante río Cochiguaz, este restaurante totalmente al aire libre presume del entorno con más encanto en kilómetros a la redonda. Empiécese con un cebiche u ostiones a la parmesana (vieiras con parmesano) para seguir con una carne a la parrilla, un pescado o una pasta apta para vegetarianos. Llévese bañador para darse un chapuzón después de comer.

ℹ Cómo llegar y salir

Actualmente hay un autobús diario de Montegrande a Cochiguaz los lunes, miércoles y viernes a las 18.00. La ruta inversa sale a las 7.00 los mismos días. Otra opción es contratar un conductor en Montegrande; suelen cobrar unos 10 000 CLP por vehículo (hasta 4 personas), o hacer como los lugareños y practicar autostop.

Algunas pensiones de Cochiguaz proporcionan servicios de transporte o ponen en contacto con conductores.

Paso del Agua Negra

Una espectacular carretera, como una montaña rusa, cruza las montañas hacia Argentina, 185 km al este de Vicuña. A 4765 m sobre el nivel del mar, es uno de los puertos de montaña andinos más elevados que hay entre Chile y Argentina. También es una de las mejores zonas para ver penitentes, las formaciones de nieve helada que se llaman así porque parecen monjes envueltos en túnicas. También hay glaciares accesibles en ambos lados, el chileno y el argentino.

Desde Vicuña, la Ruta 41 sube junto al río Turbio hasta la aduana chilena de Juntas del Toro. Continúa hacia la sur por el embalse turquesa conocido como La Laguna antes de zigzaguear por una pronunciada pendiente en dirección noreste, hacia Agua Negra. La carretera va hasta el centro vacacional Termas de Pismanta, en Argentina, y hasta la capital provincial de San Juan.

La carretera está abierta al tráfico de vehículos de mediados de noviembre a mediados de marzo/abril, y a los ciclistas de carretera les encanta recorrerla, porque es empinada y difícil. Es una carretera apta para cualquier turismo en buen estado.

No hay transporte público, pero las agencias de Vicuña y Pisco Elqui ofrecen excursiones en verano.

Reserva Nacional Pingüino de Humboldt

Manadas de delfines nariz de botella juegan en las aguas de esta reserva nacional (isla Damas; adultos/niños 6000/3000 CLP; ☉9.00-15.00 dic-mar, hasta 15.00 mi-do abr-nov), mientras que las nutrias se deslizan por las rocas y los pingüinos caminan por el litoral rocoso, manteniendo las distancias con las extensas colonias de leones marinos. Las 888 Ha de la reserva abarcan tres islas en la linde entre las regiones III y IV, y es una de las mejores excursiones que ofrece el Norte Chico. La reserva debe su nombre a los pingüinos de Humboldt, que anida en la rocosa isla Choros.

⊙ Puntos de interés y actividades

En Punta de Choros los barcos cubren la ruta a la isla Damas; está a 5,6 km de la costa. Este afloramiento metamórfico de 60 Ha, rematado por un pico bajo de granito, tiene dos playas de arena blanca y aguas cristalinas: playa La Poza, donde atracan los barcos, y playa Tijeras, de arena fina y a 1 km a pie. Se debe pagar una tasa turística en el puesto de la Conaf que hay en el muelle de la isla Damas y solo se puede permanecer en la isla por espacio de 1 h.

Hay barcos de alquiler que pasan por la isla Choros, y es fácil ver manadas de delfines que nadan y saltan junto a los barcos, una gran colonia de lobos marinos, grupos de nutrias y pingüinos de Humboldt, y enormes colonias de cormoranes, gaviotas y alcatraces.

La isla Chañaral, la más grande y septentrional de las tres islas que comprenden la reserva, es menos accesible pero está más protegida y menos masificada. Se accede por el sugerente pueblo pesquero de Caleta Chañaral de Aceituno (unos 27 km al norte de Punta de Choros), desde donde los barcos conducen a los viajeros a la isla por unos 90 000 CLP (precio para 10 personas) entre las 9.00 y las 16.00. Hay un par de zonas de acampada y un sencillo restaurante. Explora Sub (☎móvil 9-7795-4983; www.explorasub.cl; Chañaral de Aceituno; 1 inmersión con alquiler equipo desde 60 000 CLP) organiza salidas de submarinismo por la reserva.

El mal tiempo y el fuerte oleaje a veces impiden que zarpen los barcos: hay que telefonear a la estación de Conaf (51-224-4769; www.conaf.cl; ☉8.30-17.30) para consultar las previsiones del tiempo antes de partir. Los billetes de los paseos en barco solo se venden hasta las 14.00.

🛏 Dónde dormir y comer

Mare Alta CABAÑAS $$
(☎móvil 9-8120-6250; www.marealta.info; Punta de Choros; cabañas desde 90 000 CLP, parcelas 2 personas 20 000 CLP) De ubicación preciosa con vistas al mar, propone un conjunto de cabañas pequeñas pero cómodas, así como algunas habitaciones en un gran barco de madera varado en la playa. Dispone de restaurante y zona de acampada, y organiza excursiones.

Costa Bahía CHILENA $$
(☎móvil 9-7734-1205; Punta de Choros; platos principales 6000-11 000 CLP; ☉10.00-20.30) El mejor lugar donde comer después de un viaje es

LA CRISIS DE LOS PINGÜINOS

Los pingüinos de Humboldt crían a lo largo de las costas peruana y chilena. La Unión Internacional para la Conservación de la Naturaleza los considera una especie vulnerable, con una población estimada de 12 000 parejas de cría. La sobrepesca y la explotación del guano son las dos principales causas de la desaparición de los pingüinos, y, según los expertos, si no se adoptan nuevas medidas de conservación, la especie podría extinguirse en las próximas décadas.

El ruido y la contaminación de los barcos que visitan la zona están afectando a la vida marina local; y el problema se acentúa en la isla Damas, el único punto donde pueden atracar los barcos. Biólogos locales afirman que el número de aves que visitan dicha isla se ha reducido de forma notable en los últimos años. Al principio en la isla había un cupo máximo de 60 visitantes al día, pero cientos de turistas la invaden a diario en temporada alta. Por ello, si se decide conocer el parque, se podría considerar no visitarla y, si se hace, se deberían recorrer solo las rutas señalizadas.

este restaurante espacioso en lo alto de una colina, con excelente pescado y marisco y un servicio eficiente. Tiene mesas fuera (hacia la carretera) pero sin vistas al océano.

❶ Cómo llegar y desplazarse

Desde un desvío de la Panamericana, unos 87 km al norte de La Serena, sale una carretera de gravilla que pasa por Los Choros y sigue hasta Punta de Choros (a 123 km de La Serena; unas 2 h en automóvil). Caleta Chañaral de Aceituno está otros 27 km al norte.

Al parque se llega mejor desde La Serena. **Héctor Galleguillos** (p. 193) ofrece un servicio de autobús a y desde La Serena (5000 CLP, 2 h). Los autobuses de La Serena salen desde delante de la panadería Los Griegos, cerca de la esquina de Aguirre con Matta, a las 8.30. Llámese para reservar plaza. Las agencias de viajes de La Serena también ofrecen circuitos.

En el muelle de Punta de Choros, los operadores de barcos ofrecen viajes por unos 10 000 CLP por persona para grupos de al menos 10 participantes, así que si no hay cupo suficiente, o se paga la diferencia o se espera hasta que aparezca algún otro pasajero. Lo mejor es llegar por la mañana (los fines de semana se llena); en temporada baja, impera la calma.

Valle del Huasco

Como una manchita verde que se abre paso desde los Andes, el fértil valle del río Huasco, a medio camino entre Copiapó y La Serena, es famoso por sus olivas, su pisco y su delicioso vino dulce, el pajarete. Sin embargo, la región tiene fama también por la minería, que hoy amenaza este oasis agrícola, puesto que el conglomerado minero canadiense Barrick Gold inició un polémico proyecto en el 2009. Para saber más sobre este tema y sobre la lucha de la comunidad diaguita local para proteger su territorio ancestral se recomienda ver el documental *Cry of the Andes*.

Vallenar

📋 051 / 53 000 HAB.

Es la principal ciudad del valle del Huasco, un municipio que vive a ritmo pausado. Su nombre deriva de Ballinagh, una localidad irlandesa que era el pueblo natal del gobernador colonial de la región, Ambrosio O'Higgins. Tras sufrir graves destrozos con el terremoto de 1922, Vallenar se reconstruyó con madera en lugar de adobe, pero los edificios de la ciudad siguen estando en sedimentos no consolidados.

Hay poco que hacer, salvo pasear por la plaza central, pero es una buena base para ir a visitar el Parque Nacional Llanos de Challe y también para hacer un alto en el camino si se conduce hacia el norte.

A veces se pasa de largo de Vallenar porque el puente Huasco, que cruza el valle, no tiene entrada en el pueblo. En el extremo sur del puente, la carretera Vallenar-Huasco va hacia el este y luego se desvía cruzando el río.

🛏 Dónde dormir y comer

Hostal Real Quillahue
HOSTAL $

(📞 51-261-9992; hotel_takia@yahoo.es; Plaza 70; incl. desayuno i/d desde 20 000/27 000 CLP, sin baño desde 15 000/22 000 CLP; 🅿️🛜) Una verja encierra este bonito hostal, en el lado sur de la plaza, con habitaciones sencillas y encanto del pasado.

Hotel del Marqués
HOTEL $$

(📞 51-261-3892; www.hoteldelmarques.cl; Marañón 680; i/d/tr desde 35 000/50 000/60 000 CLP; 🛜) Este agradable hotel, situado pocas cuadras al norte de la plaza principal (Ambrosio O'Higgins), es uno de los mejores alojamientos de la ciudad, con habitaciones modernas y de alegre amarillo, con todas las comodidades y vistas de las colinas por detrás de los tejados de chapa ondulada de la ciudad.

Hotel Cecil
HOTEL $$

(📞 51-260-0680; reservas.cecilhotel@gmail.com; Prat 1059; i/d desde 35 000/45 000 CLP; 🅿️🛜) Cuatro cuadras al este de la plaza, ofrece alojamiento de calidad superior a la media de Vallenar, con habitaciones estilo cabañas y un lozano patio con piscina. Es agradable y al lado hay un popular asador.

⭐ Nativo
CHILENA $$

(Ramírez 1387; platos principales 7800-11 000 CLP; ⏰12.00-24.00 lu-ju, hasta 2.00 vi y sa; 🛜🍴) En una frondosa cuadra situada 10 min a pie al este de la plaza, este bar-restaurante bohemio con sencilla decoración de madera y adobe sirve tentempiés y *pizzas* con ingredientes insólitos, como queso de cabra y charqui (cecina). También sirve grandes y excelentes sándwiches. Las cervezas artesanas y los buenos cócteles saben mejor en el atractivo patio (soleado de día, con lumbres de noche).

Club Social Vallenar
INTERNACIONAL $$

(📞 móvil 9-8204-8612; http://clubsocialvallenar.cl; Prat 899; ⏰12.30-24.00 lu-sa, hasta 17.00 do) Restaurante informal con llamativas baldosas y fotos en blanco y negro por las paredes, donde se sirven platos chilenos, peruanos e italianos con una dosis de estilo. Destacan el lomo saltado (marinado), los espaguetis con marisco y los refrescantes pisco sours. Algunos fines de semana hay música en directo (*jazz, blues*).

Está dos cuadras al este de la plaza.

❶ Información

Por la plaza hay bancos con cajeros.

Oficina municipal de turismo (☏51-275-6417; turismovallenar@gmail.com; Prat 1094; ⊗8.30-14.00 y 15.00-17.00 lu-vi, 9.00-14.00 sa) Cuatro cuadras al este de la plaza, útil y con algunos folletos y mapas.

❶ Cómo llegar y salir

La **terminal de buses** (Prat esq. av. Matta) de Vallenar está al oeste de la ciudad, unos 500 m al oeste de la plaza de Armas. **Pullman** (☏51-261-0493; Atacama esq. Prat) está justo al lado, mientras que **Tur Bus** (☏51-261-1738; Prat) está frente a la terminal de autobuses principal; ambas cuentan con una amplia oferta de rutas al norte y al sur del país. Algunos destinos son Santiago (24 000 CLP, 9 h), La Serena (desde 6000 CLP, 3 h), Copiapó (desde 5000 CLP, 2 h) y Antofagasta (14 000 CLP, 10 h).

Huasco

☏051 / 8970 HAB.

El pintoresco puerto pesquero de Huasco, 1 h al oeste de Vallenar por carretera asfaltada, tiene un bonito paseo marítimo salpicado de palmeras enanas, esculturas, bancos a la sombra y un faro. También cuenta con una buena playa que se extiende hasta donde alcanza la vista. El pueblecito en sí es una agradable meta de paseos, con un paseo marítimo, una animada calle principal (calle Craig) y una soñolienta plaza central presidida por una iglesia que parece la proa de un barco.

Uno de los símbolos de la ciudad es el faro de Huasco (Costanera; ⊗11.00-17.00 sa y do), de 22 m de altura. Su elegante forma octogonal que se estrecha hacia la punta y la cúpula de cobre destacan en el litoral de rocas y el fondo montañoso. Si se está en el pueblo durante el fin de semana, súbase a lo alto para disfrutar de las amplias vistas de la costa.

🛏 Dónde dormir y comer

Hostal San Fernando HOTEL $

(☏51-253-1726; Valdivia 176; i/d desde 22 000/28 000 CLP) Este hostal de estilo alpino, que desentona un poco en el litoral desértico, goza de fabulosas vistas del océano desde todas sus habitaciones. Pídase una habitación nueva.

Hotel Solaris HOTEL $$

(☏51-253-9001; www.hotelsolaris.cl; Cantera 207; i/d desde 55 000/60 000 CLP; 🅿🛜❄) Es el mejor hotel de Huasco, moderno pero algo fuera de lugar. Las habitaciones están decoradas en tonos tierra y cuentan con neverita y escritorio. Algunas tienen balcón.

Resérvese una en el piso superior (3º) para disfrutar de las mejores vistas.

Bahía CHILENA $$

(muelle Fiscal, 2º piso; platos principales 5500-9300 CLP; ⊗12.00-10.30 lu-sa, hasta 18.00 do) Restaurante campechano predilecto de los lugareños por el pescado a la parrilla y los sustanciosos platos del día. Está encima del mercado de pescado y los ventanales brindan unas vistas preciosas de la bahía, con sus barquitas meciéndose en el agua bajo la atenta mirada del faro.

El Faro PESCADO $$

(☏móvil 9-8686-0367; av. Costanera s/n, playa Grande; platos principales 7200-10 200 CLP; ⊗12.30-16.00 y 19.30-22.30 lu-sa, 12.30-17.00 do) Se halla debajo del faro y ofrece las mejores vistas del pueblo y una gran carta de exitosos platos de pescado y marisco, como ocho tipos de cebiche y una amplia variedad de pescados y carnes a la parrilla y empanadas.

❶ Información

Oficina de turismo (calle Craig; ⊗9.00-18.00 lu-vi) Oficina servicial en la vieja estación de trenes cerca de la plaza principal. Aconsejan sobre los atractivos de la zona, incluidas buenas carreteras para ver los "desiertos floridos" si se visita en la época idónea (de junio a octubre).

❶ Cómo llegar y salir

Los autobuses a Huasco salen desde delante de la **terminal de buses** de Vallenar cada 15 min aprox. (1600 CLP, 1 h). Para regresar a Vallenar solo hay que parar un autobús que salga de la plaza principal de Huasco; pasan cada 15 min, aprox.

Parque Nacional Llanos de Challe

Este parque nacional aislado (adultos/niños 5000/1500 CLP; ⊗8.30-20.00 dic-mar, hasta 17.30 abr-nov) abarca el litoral desértico 40 km al norte de Huasco. Suele estar poco transitado, menos durante los años de explosión del "desierto florido". También tiene una interesante colección de cactus, guanacos y zorros.

Al parque solo se puede acceder en vehículo privado. Consta de un tramo costero al sur de Carrizal Bajo, alrededor de la Punta los Pozos, y un tramo interior a lo largo de la quebrada Carrizal, 15 km al sureste de Carrizal Bajo. Se puede acampar en el 'Camping Playa Blanca' (parcelas 4000 CLP/persona, duchas 800 CLP/3 min) con vistas a la playa. Hay buenos rompientes de playa a lo largo de la costa: mala noticia para los bañistas y buena para los surfistas.

No se puede llegar en transporte público. Si se viaja en coche desde Huasco, hay que tomar la carretera decente junto a la costa en dirección norte desde cerca del pueblo rural de Huasco Bajo. Otra opción es seguir la pista de tierra que sale de la Panamericana 40 km al norte de Vallenar.

Copiapó

052 / 154 000 HAB.

Por su clima agradable, frondosa plaza central y edificios históricos, uno se siente cómodo entre los mineros y el ritmo trabajador de Copiapó. Sin embargo, lo cierto es que no merece la pena detenerse a menos que el viajero se dirija a las montañas remotas próximas a la frontera argentina, en concreto al asombroso Parque Nacional Nevado Tres Cruces, la laguna Verde o el Ojos del Salado, el volcán activo más alto del mundo.

En la ciudad, acurrucada en la orilla norte del río Copiapó, en la estrecha base del valle, pueden visitarse varios hitos históricos que Copiapó alcanzó antes que nadie: el primer

trazado de vías de Sudamérica (acabado en 1852) iba de aquí a Caldera; aquí también aparecieron las primeras líneas de teléfono y telégrafo, y las primeras fábricas de gas del país. Todo ello fue motivado por el *boom* del oro de finales del s. XVIII y la fiebre de la plata, descubierta en el vecino Chañarcillo en 1832. Hoy es el cobre lo que mantiene a los mineros y a su entorno.

◉ Puntos de interés

★ Mina San José   MINA
(junto a carretera C-327; centro visitantes gratis, circuito guiado 5000 CLP; ⊙10.00-18.00 ju-do) En el 2010, 33 mineros quedaron atrapados a más de 700 m bajo tierra tras un fatal derrumbe en la montaña donde trabajaban. Tras unos esfuerzos hercúleos –y con la ayuda de varios países– se logró rescatar a todos los hombres. Se calcula que mil millones de personas asistieron por televisión a la salida de los mineros uno a uno en la cápsula de rescate especialmente construida, ante los vítores de amigos, familiares y testigos como el presidente chileno, Sebastián Piñera.

Si bien la mina se cerró tras el accidente, el Gobierno reabrió el yacimiento como atracción turística en el 2015. A la entrada se pasa ante una colina con 33 banderas (una por cada minero, incluida una boliviana) cerca de donde se estableció el campamento Esperanza, donde las familias y los seres queridos montaron guardia a todas horas hasta el rescate. De hecho, de no haber sido por la incesante presión de las mujeres, novias y familias de los mineros, los equipos de rescate quizá habrían tirado la toalla antes de llegar a establecer contacto con ellos (18 desgarradores días después de quedar atrapados).

EL "DESIERTO FLORIDO"

Algunos años se produce una breve pero espectacular transformación en el yermo desierto del Norte Chico. Si ha llovido suficiente, la tierra parcheada se convierte en un tapiz de flores; y lo que parece el escenario de *Lawrence de Arabia* parece una pradera más propia de Bambi.

Este fenómeno exquisito y efímero se conoce como el "desierto florido" y sucede entre finales de julio y septiembre de los años más húmedos, cuando brotan las semillas "dormidas" de flores silvestres. Muchas de esas flores son especies amenazadas, sobre todo la endémica garra de león, una de las flores más raras y bellas de Chile. Incluso circulando por la Panamericana cerca de Vallenar se divisan grupos de la delicada suspiro de campo, de color blanco o púrpura; la pata de guanaco, de color malva, púrpura o blanco; y la corona de fraile, de color amarillo, que da color a las cunetas.

Llanos de Challe es uno de los mejores sitios para ver este fenómeno, aunque el errático índice de precipitación de la región hace que sea difícil predecir los lugares más idóneos en un año concreto.

Preside el lugar un pequeño centro de visitantes donde se detalla lo que tuvieron que soportar los hombres durante las 10 semanas de reclusión bajo tierra. Hay vídeos sobre la evolución de la saga y el rescate de los mineros, incluso las emotivas reuniones con hombres a los que se daba por muertos. Lo más destacado es el circuito por el yacimiento a cargo de Jorge Galleguillos, uno de los 33 mineros rescatados.

La mina está unos 50 km al noroeste de Copiapó. Se puede llegar con un turismo, aunque la mayoría de las agencias de viajes de Copiapó ofrecen excursiones.

Museo Regional de Atacama
MUSEO

(Atacama 98; ☉9.00-17.45 ma-vi, 10.00-12.45 y 15.00-17.45 sa, 10.30-13.15 do) GRATIS Este museo paraguas da una visión general de la historia natural y de los pueblos de la región, su riqueza minera y los eventos clave que la han forjado a lo largo de los siglos. Entre las distintas exposiciones, se observan antiguas vasijas zoomórficas empleadas por los chamanes indígenas para la preparación de alucinógenos, cerámicas de la época de El Molle (ca. 700 d.C.) y armas de la Guerra del Pacífico (1879-1884) cuando Copiapó funcionó como base de operaciones de la invasión chilena de Perú y Bolivia.

También hay una sala con muebles de época y retratos de figuras militares e industriales del s. XIX. La sala de Minería presenta objetos antiguos que usaban los mineros que trabajaban durante bajo tierra, así como una muestra sobre "Los 33", los mineros que lograron ser rescatados tras pasar 69 días atrapados en la montaña en el 2010. En el patio está la cápsula original (*Fénix 2*) usada en el rescate.

Museo Minero de Tierra Amarilla
MUSEO

(☎52-232-9136; sector Punta del Cobre s/n, Tierra Amarilla; ☉8.00-17.00 lu-vi, 14.00-18.00 sa) GRATIS Para descubrir más sobre la geología de la región se puede ir 18 km al sureste para visitar este museo privado cerca del pueblo de Tierra Amarilla. Rodeado por minas en activo, el quincho (cobertizo para barbacoas) restaurado de 200 años de antigüedad cuenta con ocho espacios donde se exponen fósiles, rocas volcánicas, meteoritos, minerales y piedras raras. Para llegar, tómese un colectivo amarillo en la esquina de Chacabuco y Chañarcillo.

☞ Circuitos

Chillitrip
AIRE LIBRE

(☎9-8190-9019; www.chillitrip.cl; Los Carrera 464; circuitos desde 15 000 CLP) Ofrece un amplio abanico de viajes y aventuras, como rutas en bicicleta de montaña, *sandboard*, visitas a playas abandonadas, observación astronómica y excursiones de dos días al Parque Nevado Tres Cruces. La oficina está en la parte trasera de una pequeña galería comercial, a una cuadra de la plaza.

Geo Adventures
AIRE LIBRE

(☎móvil 9-9613-1426; www.geoadventures.cl; Juan Martínez 635; circuito completo desde 70 000 CLP; ☉9.00-18.00 lu-sa) Agencia respetable con todo tipo de circuitos, desde viajes para ver el "desierto florido" (en la época idónea) hasta aventuras en todoterreno por el Parque Nacional Nevado Tres Cruces. También ofrece una excursión combinada a la mina San José (p. 208) con paseo por la costa.

Puna de Atacama
CIRCUITOS

(☎móvil 9-9051-3202; www.punadeatacama.com; excursiones 1 día desde 115 000) Ercio Mettifogo Rendic ofrece divertidos circuitos a medida a los puntos de interés más próximos y a muchos rincones secretos del desierto y las montañas.

🛏 Dónde dormir y comer

Hotel El Sol
HOTEL $

(☎52-221-5672; Rodríguez 550; i/d 25 000/ 32 000 CLP; P🛜) Un alegre hotel con habitaciones sencillas pero limpias y a buen precio. Está a un corto paseo desde la plaza.

★ Hotel La Casona
HOTEL $$

(☎52-221-7277; www.lacasonahotel.cl; O'Higgins 150; i/d desde 48 000/54 000 CLP; 🛜) El encanto y la espaciosidad caracterizan este acogedor hotel de 12 habitaciones, situado 10 min a pie al oeste de la plaza y que presume de un conjunto de frondosos patios. Tiene varios patios arbolados y habitaciones de ambiente campestre y sencillo, suelo de madera y televisión por cable. El restaurante sirve cenas deliciosas.

Diventare
CAFÉ $

(www.facebook.com/cafeteriadiventare; O'Higgins 760; sándwiches 2500-5000 CLP; ☉8.30-21.00 lu-sa) Tras un breve paseo desde la plaza se llega a esta encantadora cafetería soleada con mesitas fuera, perfectas para disfrutar de sus expresos de calidad, el yogur con granola y los bocadillos de pan de *baguette*. El mostrador de helados es todo un imán.

La Chingana
CHILENA $$
(www.facebook.com/lachingana.restopub; Atacama 271; platos principales 7000-15 000 CLP; ☺13.00-3.00 lu-sa, 20.00-3.00 do) Lugar animado donde comer o tomar una copa, con varias salas llenas de obras de arte y una atractiva terraza trasera. El menú fijo diario de tres platos (5000 CLP) sale a cuenta. Los cócteles son de primera y los fines de semana hay música en directo.

Legado
CHILENA $$
(☎52-254-1776; www.facebook.com/legadorestaurant; O'Higgins 12; platos principales 10 000-15 000 CLP; ☺12.00-15.00 y 19.00-23.00 lu-sa) El mejor restaurante de Copiapó donde darse un capricho sirve maravillosos filetes a la parrilla, un cremoso *risotto* con vieiras y gambas, y unos suculentos platos de pescado del día en un conjunto de elegantes comedores. El servicio es atento y tiene una buena carta de vinos.

Dónde beber y vida nocturna

Tololo Pampa
BAR
(Atacama 291; ☺19.00-3.00 ma-sa) Un local bohemio con salas pintorescas y artísticas, más un patio y una chimenea exterior. Para tomar una copa o un tentempié nocturno, como quesadillas o fajitas (4500-10 000 CLP).

Información
Los bancos de la plaza cuentan con cajeros.
Conaf (☎52-221-3404; Rodríguez 434; ☺8.30-17.30 lu-ju, hasta 16.30 vi) Con información sobre parques regionales, incluso folletos sobre Pan de Azúcar.
Hospital San José (☎52-246-5600; Los Carrera 1320; ☺24 h) Asistencia médica, 1,4 km al este de plaza Prat.
Sernatur (☎52-221-2838; Los Carrera 691; ☺8.30-19.00 lu-vi, 9.00 ene y feb, 8.30-18.00 lu-vi mar-dic) La oficina de turismo de la plaza principal, bien regentada, dispone de mucha información.

Cómo llegar y salir

AVIÓN
El **aeropuerto Desierto de Atacama** (☎52-252-3600; Ruta 5 Norte, km 863, Caldera) está unos 50 km al oeste de Copiapó.
LAN (☎600-526-2000; Colipí 484, Mall Plaza Real, local A-102; ☺9.00-14.00 y 15.00-18.00 lu-vi, 10.30-13.30 sa) vuela a diario a Santiago (desde 60 000 CLP, 1½ h).

Un taxi particular hasta el aeropuerto cuesta 28 000 CLP; llámese a **Radio Taxi San Francisco** (☎52-221-8788). También está **Transfer Casther** (☎móvil 9-6545-6386), que ofrece traslados desde las llegadas hasta la ciudad (7000 CLP, 40 min). Los autobuses y taxis colectivos que circulan entre Copiapó y Caldera pueden dejar al pasajero en el cruce, desde donde hay que andar 300 m hasta el aeropuerto.

AUTOBÚS Y TAXI COLECTIVO
Hay compañías de autobuses por todo el barrio sur de Copiapó. En teoría, todos los autobuses norte-sur paran aquí, como también lo hacen muchos de los que van hacia el interior. **Pullman Bus** (☎52-221-2629; Colipí 127) tiene una gran terminal con muchas salidas, igual que **Tur Bus** (☎52-223-8612; Chañarcillo 650). Entre otras compañías están **Expreso Norte** (☎52-223-1176), **Buses Libac** (☎52-221-2237) y **Cóndor Bus** (☎52-221-3645; www.condorbus.cl), todas ellas en una terminal común en Chañarcillo 650. Varios autobuses que cubren los destinos del norte salen por la noche.

Los destinos y tarifas estándar se muestran en la siguiente tabla:

DESTINO	PRECIO (CLP)	DURACIÓN (H)
Antofagasta	15 000	8
Arica	25 000	18
Calama	20 000	10
Iquique	26 000	15
La Serena	10 000	5
Santiago	30 000	12
Vallenar	7000	2

Buses Casther (☎52-221-8889; Buena Esperanza 557) sale cada 30 min hacia Caldera (2500 CLP).

Cómo desplazarse
Entre las agencias de alquiler de coches de Copiapó están **Hertz** (☎52-221-3522; av. Copayapu 173; ☺8.30-19.00 lu-vi, 9.00-13.00 sa) y **Budget** (☎52-252-4591; Rómulo Peña 102; ☺8.30-18.30 lu-vi, hasta 13.30 sa); también tienen oficina en el aeropuerto. Otra opción chilena es **Rodaggio** (☎52-221-2153; www.rodaggio.cl; Colipí 127; ☺8.30-13.00 y 15.00-20.00 lu-vi, 9.00-13.00 sa) con tarifas algo más baratas y algunas ofertas de varios días.

Parque Nacional Nevado Tres Cruces
El **Parque Nacional Nevado Tres Cruces** (adultos/niños 5000/1500 CLP; ☺8.30-18.00), de difícil acceso, tiene toda la belleza agreste

de los parques de gran altitud más famosos del norte y muchos menos turistas. Además de picos prístinos y escalada de primera, el parque alberga fauna magnífica: los flamencos pasan allí el verano, grandes manadas de vicuñas y guanacos campan por las laderas; y en los lagos viven fochas gigantes y fochas cornudas, cauquenes, guayatas y gaviotas andinas; incluso a veces se ve algún cóndor y algún puma.

El parque, de 591 km², está separado en dos sectores de los altos Andes a lo largo de la autopista internacional a Argentina vía el paso de San Francisco. El más grande es el sector Laguna Santa Rosa, de 470 km², y rodea el lago que le da nombre, a 3700 m sobre el nivel del mar. Incluye el salar de Maricunga al norte.

El sector Laguna del Negro Francisco, bastante más pequeño, rodea también un lago que le da nombre. Sus aguas poco profundas son ideales para las 8000 aves que veranean en él, incluidos flamencos andinos, flamencos chilenos y unas pocas y raras parinas chicas. La mayor concentración de aves se da de diciembre a febrero. La Conaf regenta el refugio Laguna del Negro Francisco (10 000 CLP/persona y noche), lugar acogedor con camas, cocina, electricidad, lavabos y duchas de agua caliente. El viajero debe llevar consigo ropa de cama, agua potable y un hornillo. Resulta relativamente cómodo el refugio Flamenco (móvil 9-9051-3202; erciomettifogo@gmail.com; parcelas 15 000 CLP, dc 20 000 CLP, h 40 000 CLP; sep-abr), con una habitación con 12 camas, electricidad, baño y cocina compartida. También hay habitaciones privadas más confortables con baño propio.

Es fácil perderse de camino al parque nacional, y no hay transporte público, por lo cual lo mejor es visitarlo mediante un circuito desde Copiapó. Si uno se atreve a ir en automóvil, hará falta un todoterreno, un teléfono vía satélite y un buen mapa.

El sector Laguna Santa Rosa está 146 km al este de Copiapó por la Ruta 31 y otra carretera (sin nombre) que sube la panorámica Quebrada de Paipote. El sector Laguna del Negro Francisco está otros 81 km al sur por una carretera maltrecha que va al valle del río Astaburuaga.

Ojos del Salado

Situado justo tras la linde del Parque Nacional Nevado Tres Cruces, Ojos del Salado (6893 m) es el pico más alto de Chile (69 m menos que el pico más alto de Sudamérica, el Aconcagua, en Argentina) y el volcán activo más alto del mundo; su última actividad registrada (expulsión de gas y vapor) fue en 1993.

Actividades

Se puede ascender entre noviembre y marzo. Algunos alpinistas intentan coronarlo en ocho días, pero no es aconsejable. Solo un 25% de los que intentan llegar a la cima lo consigue, y no porque sea una ascensión muy técnica (solo los últimos 50 m requieren cierta experiencia), sino porque no dedican tiempo a aclimatarse lentamente, por lo cual hay que ser prudente y contar con 12 días para coronarlo.

Las expediciones suelen pernoctar en dos refugios que hay en la ruta hacia la cima. Empiezan en la espectacular laguna Verde (a 4342 m), unos 65 km más allá de la laguna Santa Rosa, que brilla con más intensidad que el azul del cielo, que ya es muy intenso. Hay una gélida zona de acampada junto al lago, y unos baños termales donde calentar los pies helados.

Más arriba, a 4540 m, los alpinistas pernoctan en el refugio Claudio Lucero. El siguiente, subiendo, a 5100 m, es el Universidad de Atacama, dirigido por el refugio Atacama. Algunos alpinistas suben después al refugio Tejos (5700 m); desde allí lo siguiente ya es la cima.

Varias agencias organizan travesías hasta la cima, como las acreditadas Aventurismo Expediciones o ChileMontaña. Puesto que el volcán está a horcajadas de la frontera, los escaladores extranjeros deben obtener un permiso de la Dirección de Fronteras y Límites (Difrol) (www.difrol.cl) chilena, que supervisa las actividades fronterizas. Dicha autorización es gratuita, aunque debe solicitarse a la Difrol.

ChileMontaña AIRE LIBRE
(móvil 9-8259-3786; http://andesadventureguides.com) Agencia con sede en Santiago, muy prestigiosa por las propuestas al aire libre.

Aventurismo Expediciones AVENTURA
(móvil 9-9599-2184; www.aventurismo.cl; excursión 8/12 días 3200/4200 US$) Agencia de renombre por los ascensos al Ojos del Salado. Los precios bajan si se escala acompañado (programa de 12 días para tres personas, 2000 US$ por persona).

"LOS 33"

Durante 121 años, la mina San José situada 45 km al norte de Copiapó se dedicó a lo suyo, que era excavar oro y cobre en pleno desierto de Atacama. Luego, la tarde del 5 de agosto de 2010, un importante derrumbe dejó a 33 de sus mineros atrapados 700 m bajo el suelo. De repente, San José pasó al primer plano y "Los 33", como se conoció al grupo de mineros enterrados, se convirtieron en insólitas superestrellas de uno de los rescates más televisados de la historia de la humanidad.

No hacía ni seis meses que Chile había pasado por el terremoto de 2010 y el posterior tsunami. Las miradas de todo el país, cuyo nivel de apoyo no paraba de crecer, estaban puestas en la crisis de los mineros y sus familias. Las fuertes presiones empujaron al Gobierno a sustituir a los propietarios de la mina en las tareas de rescate. La empresa, de un coste estimado de 20 millones de US$, implicó a equipos internacionales de perforación, expertos de la NASA y varias multinacionales. El 13 de octubre de 2010, en un desenlace retransmitido por televisión durante casi 24 h y con una audiencia aproximada de mil millones de personas en todo el mundo, el último de los 33 mineros fue liberado subiéndolo por un estrecho hueco, y ante las cámaras se desplegó una pancarta que rezaba *"Misión cumplida Chile"*.

Durante el encierro, el suplicio de "Los 33" se convirtió en un culebrón continuo. En un determinado momento, un hombre bajo tierra tenía a su mujer y a su amante esperándolo arriba. Tras 69 días en lo más profundo de la tierra, los 33 hombres resurgieron y se vieron centro de todos los focos. Los aclamaron en el estadio de Wembley, viajaron a Disneyland con todos los gastos pagados, les dieron regalos y dinero, y volaron a Nueva York para que los entrevistara David Letterman.

Pero la otra cara de la moneda también pasó factura. Acabado el espectáculo mediático, los hombres se enfrentaron a problemas médicos y psicológicos. Unos años después, la mayoría seguía luchando por encontrar trabajo; algunos volvieron a las minas. Pese a su breve fama, el sufrimiento les valió poco en términos financieros. Y eso que la historia acabaría llegando a Hollywood: *Los 33*, protagonizada por Antonio Banderas, se estrenó en el 2015.

Hoy se puede visitar la **mina San José** (p. 208) –no subterránea– donde los hombres quedaron atrapados. Uno de los mineros, Jorge Galleguillos, dirige los circuitos. En Copiapó, también vale la pena visitar el **Museo Regional de Atacama** (p. 209), con piezas de los 33, como la cápsula original de rescate.

❶ Cómo llegar y salir

Para llegar a esta zona hay que disponer de vehículo propio o contratar un circuito organizado.

Caldera

☑ 052 / 17 700 HAB.

El que fuera el segundo mayor puerto durante el auge minero del s. xix, hoy es, junto con la cercana Bahía Inglesa, una de las metas costeras más populares de la Región III gracias a sus fantásticas playas, el abundante marisco y el sol todo el año. Si bien Caldera es un destino vacacional muy popular entre los chilenos, la mayoría de los visitantes extranjeros adoran la vecina Bahía Inglesa por sus pequeños y estupendos hoteles y restaurantes, y por su ambiente tranquilo. Si el presupuesto del viaje es ajustado, lo más económico es alojarse en Caldera y pasar el día en la playa de Bahía.

◉ Puntos de interés y actividades

La playa de la ciudad está contaminada por la gasolina del muelle vecino. Lo mejor es ir a pasar el día a Bahía Inglesa o un poco más allá, a la playa La Virgen. Hay un carril-bici de 7 km de Caldera a Bahía Inglesa. En Qapaq Raymi alquilan bicis.

Casa Tornini   MUSEO
(www.casatornini.cl; paseo Gana 210; 2500 CLP; ⊙circuitos 11.30 y 16.30 mar-dic, 12.00 y 20.00 ene y feb) Esta mansión neoclásica de principios de la década de 1890, antaño propiedad de una familia de inmigrantes italianos, es la nueva atracción de la ciudad. Los circuitos guiados diarios que hay visitan seis salas de época repletas de objetos históricos y con su mobiliario original, más otras dos salas que albergan exposiciones temporales de fotografía y de arte.

Centro Cultural
Estación Caldera
EDIFICIO HISTÓRICO

(Wheelwright s/n; museo de paleontología 1000 CLP; ⊙10.30-13.00 y 16.00-19.00 ma-vi, 11.00-14.00 y 16.00-20.00 sa y do) GRATIS Construido en 1850 en el lado norte del muelle, era la terminal de la primera vía férrea de Sudamérica. Hoy dispone de una amplia sala de exposiciones, que a veces se usa para festivales o eventos varios, y un museo paleontológico.

Muelle Pesquero
EDIFICIO HISTÓRICO

Junto al paseo marítimo, el pintoresco muelle pesquero de Caldera combina pelícanos voraces, barquitos de colores y señoras que, cuchillo en ristre, limpian los pescados de la captura del día.

Qapaq Raymi
AIRE LIBRE

(☎9-7386-3041; Edwards 420; circuitos medio día/día completo desde 10 000/18 000 CLP) Esta entusiasta nueva agencia ofrece circuitos al Parque Nacional Pan de Azúcar, a pueblos indígenas, playas de arena blanca y la mina San José (p. 208), entre otros destinos. También alquila bicicletas (medio día/entero desde 4000/8000 CLP) y organiza traslados al aeropuerto.

Trimarán Ecotour
BARCO

(☎móvil 9-9866-4134; muelle Pesquero; adultos/niños 5000/3000 CLP) Se puede contratar un circuito de 1 h en barco que va hasta el faro y permite observar pingüinos y lobos marinos. Tiene un quiosco en el muelle; organiza varios circuitos al día (12.30, 14.00, 15.30 y 17.30) en verano, pero fuera de temporada solo los sábados (11.00).

🛏 Dónde dormir

★Qapaq Raymi
ALBERGUE $

(☎9-7386-3041; Edwards 420; dc/d 12 000/25 000 CLP; 🕸) ♪ ♠ Abierto en el 2017, propone un ambiente agradable y relajado. Los huéspedes se sienten cómodos en esta casa artística reformada, con cocina equipada, salón (donde ver películas o tocar su guitarra), cómodas habitaciones y un patio trasero, perfecto para una barbacoa y conocer a otros viajeros.

En el albergue dan montones de consejos para explorar la región y organizan circuitos; además, con su ética verde reciclan, crean compost y dan una segunda vida a los muebles (por ejemplo, los somieres son pallets).

El Aji Rojo
ALBERGUE $

(☎9-8325-2341; Tocornal 453; d 25 000 CLP; 🕸) Situado a poca distancia a pie de la plaza,

ofrece habitaciones acogedoras y de mobiliario sencillo, una cocina totalmente equipada para uso de los huéspedes y una zona de relax en el jardincito trasero.

★Casa Hostal El Faro
PENSIÓN $$

(☎9-7369-6902; www.casahostalelfaro.com; pasaje Alcalde Gignoux 504; i/d/apt 31 000/45 000/75 000 CLP; 🕸) Esta cálida pensión, ubicada en un diminuto barrio de montaña 1,4 km al noroeste del centro, dispone de un puñadito de habitaciones y un apartamento bien equipado para grupos. Las habitaciones presumen de diseños alegres con muebles atractivos, y desde el porche hay unas amplias vistas de la bahía. Los huéspedes también pueden usar la cocina.

Hotel Costa Fósil
HOTEL $$

(☎52-231-6451; www.jandy.cl; Gallo 560; i/d 35 000/46 000 CLP; 🅿🕸) Hotel cordial con una posición céntrica, a media cuadra de la plaza. Sus 23 habitaciones, en torno a un patio, son agradables. En la planta superior hay una pequeña terraza soleada. Café y té disponibles a cualquier hora.

🍴 Dónde comer

Los amantes del marisco deberían poner rumbo al Terminal Pesquero detrás de la vieja estación de trenes. Allí encontrarán sencillos establecimientos abarrotados, con pescado del día y excelentes vistas.

También hay un restaurante de marisco más serio en el paseo marítimo. Aparte de este, la mayoría son lugares modestos e informales.

En Bahía Inglesa hay más oferta.

★Café Museo
CAFÉ $

(Edwards 479A; pasteles 1200-2600 CLP, sándwiches desde 2500 CLP; ⊙10.00-12.00 y 17.00-20.00 lu-sa; 🕸) Pequeño y bonito, está junto a Casa Tornini y sirve tartas y sándwiches deliciosos, además de buenos cafés, en sus mesas del interior y dos al aire libre.

Doña Triny
PESCADO $$

(Terminal Pesquero; platos principales 7000-10 000 CLP; ⊙9.00-20.00) Uno de los seis tenderetes aproximados del animado Terminal Pesquero, al que acudir por el fresco pescado del día. Las mesas del final tienen mejores vistas.

Nuevo Miramar
PESCADO $$

(☎52-231-5381; Gana 090; platos principales 7800-12 350 CLP; ⊙12.00-16.00 y 19.30-22.00 lu-sa, 12.00-20.00 do) Restaurante de categoría algo superior en el paseo, con muchos ventanales con vistas a la playa y a la bahía, platos de pescado de fiar y una carta de vinos decente.

ⓘ Información

El **quiosco de turismo** (📞52-231-6076; plaza Condell; ⏰9.00-21.00 en verano, 9.00-14.00 y 16.00-19.00 lu-sa resto del año), en el lado norte de la plaza, dispone de poca información, aunque el personal es simpático.

ⓘ Cómo llegar y desplazarse

Un taxi privado al **aeropuerto Desierto de Atacama** (p. 210), 25 km al sur, cuesta 12 000 CLP.

La terminal de **Pullman** (📞52-231-5227; esq. Gallo y Vallejos) está una cuadra al este de la plaza. Tur Bus tiene una **oficina** (Gana 241; ⏰9.00-21.00 lu-vi, 10.00-14.00 y 17.00-20.30 sa), cerca de la plaza, donde comprar los billetes, pero los autobuses salen de la **plaza Las Américas** (esq. Ossa Varas y Cifuentes), unas cinco cuadras al sureste de la plaza central. Hay autobuses a Copiapó (2500 CLP, 1 h), Antofagasta (13 200-24 000 CLP, 6 h) y Santiago (desde 28 000 CLP, 12 h).

Un taxi colectivo entre Caldera y Bahía Inglesa cuesta 1000 CLP. Si no, son 6 km sencillos de bici, alquilándola en **Qapaq Raymi**.

Bahía Inglesa

📞052 / 280 HAB.

A poca distancia al sur de Caldera se halla el pequeño y cautivador pueblo de Bahía Inglesa. Con farallones en sus aguas cristalinas, es un lugar para disfrutar de la playa y se ha convertido en uno de los sitios más populares del norte de Chile para ir de vacaciones, con un ambiente moderno y una larga playa de arena blanca. Casi todos los negocios turísticos están en el paseo marítimo, en la avenida El Morro, o a su alrededor, incluido el hotel Domo Bahía Inglesa, en el extremo sur, que es un punto de referencia para los lugareños.

Bahía Inglesa debe su nombre a los piratas ingleses que se refugiaban en ella en el s. XVII; hay leyendas sobre tesoros ocultos en la zona.

☞ Circuitos

GeoTurismo Atacama

CIRCUITOS

(📞móvil 9-5647-1513; www.geoturismoatacama. com; av. El Morro 840; circuitos 15 000-30 000 CLP) Junto al hotel Domo Bahía Inglesa. Organiza excursiones y viajes de un día a playas cercanas como La Virgen (p. 212), y a Pan de Azúcar (p. 215) y la mina San José (p. 208) cerca

de Copiapó. En noches despejadas, únase a las rutas astronómicas.

Bahía Mako

SUBMARINISMO, BUCEO

(📞móvil 9-5358-0487; www.facebook.com/bahia. mako; av. El Morro; viaje submarinismo y buceo con alquiler 45 000/25 000 CLP; ⏰10.00-18.00 dic-feb, hasta 17.00 mar-nov) Ofrece salidas de submarinismo y buceo por la bahía, así como clases de buceo con tubo. Si se tiene experiencia, pregúntese por las inmersiones en los pecios.

🛏 Dónde dormir

Cabañas Villa Alegre

APARTAMENTOS $

(📞52-231-5074; Valparaíso; apt desde 40 000 CLP) El más económico de la ciudad. Ofrece pequeños apartamentos con cocina bien equipada detrás del hotel Coral de Bahía. La ubicación es estupenda. Las habitaciones están un poco deterioradas, pero es la opción más económica.

★Coral de Bahía

HOTEL $$

(📞móvil 9-8434-7749; www.coraldebahia.cl; av. El Morro 559; d con/sin vistas 90 000/75 000 CLP; 🅿🛜) Situado en el extremo sur de la playa, tiene 11 coquetas habitaciones en el piso de arriba, algunas con balcón y amplias vistas del océano. Se llena en verano, así que resérvese con antelación. El restaurante de la planta baja, frente a la playa, tiene una bonita terraza y sirve deliciosos platos de marisco. Menú con influencias latinas, asiáticas y mediterráneas (platos principales 10 000-16 500 CLP).

Nautel

PENSIÓN $$

(📞móvil 9-7849-9030; www.nautel.cl; Copiapó 549; d/tr/cabañas desde 70 000/85 000/125 000 CLP; 🅿🛜) Elegante pensión-*boutique* en una calle próxima al hotel Domo. El moderno edificio tiene seis habitaciones dobles (ocho de ellas con vistas al océano) y una adorable cabaña de madera de cinco plazas frente a la playa. La cocina al aire libre y el salón son ideales para quien quiera conocer gente. Tiene acceso directo a la playa.

Hotel Rocas de Bahía

HOTEL $$$

(📞52-231-6005; www.rocasdebahia.cl; El Morro 888; d desde 96 200 CLP; 🅿@🛜🏊) Cual gigantesco castillo de arena geométrico que domina la bahía, dispone de amplias habitaciones con balcón y abundante luz natural. Casi la mitad tiene vistas al océano. Como aspecto negativo, la sensación de anticuado de todo el complejo, con sus toques aguamarina y su envejecido exterior. La pequeña piscina de la 4ª planta tiene buenas vistas.

✗ Dónde comer

Naturalia
PIZZERÍA $

(Miramar s/n; *pizzas* 5000-7000 CLP; ⊙11.00-16.00 y 19.00-22.00) Al lado del Punto de Referencia, comparten la misma terraza. Sirve *pizzas*, empanadas y zumos recién exprimidos.

El Plateao
INTERNACIONAL $$

(av. El Morro 756; platos principales 8000-11 000 CLP; ⊙12.00-21.00) Es el restaurante preferido de la ciudad, un lugar relajado y artístico en plena calle principal. El amplio menú incluye sopa de marisco estilo tailandés, tandoori indio, lasaña de gambas y sencillos pescados a la plancha. Las mesas de la terraza delantera son excelentes para relajarse cóctel en mano.

Punto de Referencia
FUSIÓN $$

(☑9-8298-8242; Miramar 182; platos principales 10 000-16 000 CLP; ⊙12.00-22.00) Opción chic escondida en un callejón perpendicular al paseo marítimo, especializado en *sushi* y *sashimi*. También tiene otros buenos platos como las carnes a la parrilla o las pastas frescas. Ambiente acogedor, con terracita delantera.

Ostiones Vivos
PESCADO $$

(av. El Morro; 11.00-17.00; ⊙ración de vieiras 3500 CLP) Local destartalado, posado sobre las rocas, donde se sirven deliciosos ostiones (vieiras) frescos. Está en el extremo meridional de la playa. Horario impredecible en temporada baja.

ℹ Información

En Bahía Inglesa no hay casas de cambio ni cajeros automáticos. El cajero más próximo está en Caldera.

ℹ Cómo llegar y salir

La mayoría del tráfico procede de la cercana Caldera. Se puede llegar en colectivo por 1000 CLP. Los meses de verano los colectivos van muy llenos al final del día y la espera es más larga. Las furgonetas cobran unos 12 000 CLP por persona para ir a la playa La Virgen, con un mínimo de tres o cuatro personas.

Parque Nacional Pan de Azúcar

Un sinfín de playas de arena blanca, calas resguardadas y cabos rocosos perfilan la costa desértica, 30 km al norte de Chañaral. Chañaral en sí es un deprimente puerto pesquero y minero encajado entre los accidentados promontorios de la sierra de las Ánimas y resulta de poco interés para el viajero; úsese como base hacia el **parque** (www.conaf.cl; Ruta C-120; adultos/niños 5000/1500 CLP).

El Pan de Azúcar, a caballo entre la frontera de las regiones II y III, atrae a los visitantes internacionales por su fauna. La corriente de Humboldt mantiene una rica variedad de vida marina. La estrella es el pingüino de Humboldt, especie amenazada que anida en una isla próxima a la costa. También es fácil ver nutrias marinas y lobos marinos, además de bandadas de pelícanos y cormoranes.

MERECE LA PENA

UN PEDACITO DE PARAÍSO

Hasta hace un par de años, la asombrosa **playa La Virgen** (☑móvil 9-5858-9728; www.playalavirgen.cl; ⊙8.00-21.30), 46 km al sur de Bahía Inglesa por una bonita carretera costera, era un tesoro bien guardado de unos pocos chilenos enterados. Ahora este pequeño paraíso playero es una buena excursión de un día o dos. En enero la playa repleta de parasoles se llena de jóvenes con ganas de marcha; en febrero, de familias.

Se puede ir con uno de los operadores de Caldera o Bahía Inglesa, u organizarse el transporte en furgoneta. Si se cuenta con vehículo de alquiler hay que saber que la carretera es complicada (pero apta para turismos) y que aparcar junto a la recepción cuesta 5000 CLP, a menos que se alquile una de las cabañas. Para ahorrarse el dinero, se aparca arriba y se baja andando (10 min) hasta la playa.

En cuanto al alojamiento, las cabañas para dos personas cuestan 80 000 CLP en temporada alta; son 110 000 CLP con cocina. Una parcela de acampada (sin electricidad) para seis personas sale por 75 000 CLP (10 000 CLP por persona en temporada baja). El caro restaurante (platos principales desde 10 000 CLP), abierto solo en enero y febrero, tiene suelos de arena, techo de paja, sillas de anea y una terraza con vistas al océano.

El parque tiene 437 km² y su altitud va desde el nivel del mar hasta los 900 m. Hay magníficas zonas de acampada en la costa, siempre llenas en verano.

⊙ Puntos de interés y actividades

Isla Pan de Azúcar   ISLA

Cercana a la costa, esta isla suele quedar envuelta por la *camanchaca* (niebla espesa) al caer el sol. En ella viven unos 2000 pingüinos de Humboldt, además de otras aves, nutrias y leones marinos. La isla, de 100 Ha, es zona restringida, pero los pescadores locales se aproximan en barco para que los viajeros la vean de cerca.

Las lanchas cobran entre unos 6000 y 12 000 CLP por persona (según el número de pasajeros, mínimo 10) desde Caleta Pan de Azúcar; en temporada baja, cuando escasean las visitas, puede costar que zarpe un barco, a menos que el viajero lo alquile entero. Los viajes de ida y vuelta duran 1½ h, y son de 10.00 a 18.00 en verano, y hasta las 16.00 en invierno. Hay que apuntarse en el quiosco de la bahía y esperar al siguiente barco. Téngase en cuenta que entre semana es más difícil reunir el número mínimo de pasajeros, por lo que hay que esperar o pagar más.

Senderos   EXCURSIONISMO

El parque tiene cinco senderos. El más popular es El Mirador, de 2,5 km; y de camino pueden verse cactus marinos, guanacos y zorros grises. Le sigue Las Lomitas, sencillo recorrido de 4 km con poca pendiente; se pueden ver comesebos cabeza negra. Otra ruta es el camino costero de 1,5 km, que va desde el puerto de Pan de Azúcar a la playa Piqueros.

🛏 Dónde dormir y comer

En las playas Piqueros y El Soldado y en Caleta Pan de Azúcar se puede acampar. Las instalaciones más sencillas cuestan 5000 CLP por persona. La mayoría de la gente prefiere alojarse en Caldera, 1 h al sur.

Pan de Azúcar Lodge   CAMPING, CABAÑAS $$

(📱móvil 9-9444-5416; www.pandeazucarlodge.cl; parcelas 8500 CLP/persona, cabañas 1/2/6/8 personas 35 000/65 000/90 000/120 000 CLP) De corte ecológico, es la mejor zona de acampada. Tiene dos zonas, una en la playa Piqueros y otra en El Soldado, ambas con baños, agua caliente, energía solar y actividades (en verano) como yoga, excursiones y varios talleres. También hay cinco cabañas de playa y un *spa* al aire libre.

★Club Social Chañaral   CHILENA $$

(Maipu entre Los Carrera y Buin; platos principales 7000-12 000 CLP; ⊙11.00-22.00) Este excepcional restaurante, toda una sorpresa en el pequeño Chañaral, sirve un excelente pescado (pruébese el pejegallo con alcaparras y salsa beurre blanc) así como solomillos de ternera a la parrilla y económicos almuerzos del día (unos 5000 CLP). Giancarlo, el simpático dueño, pone al corriente de los chismes de la zona.

ℹ Información

Un kilómetro al sur de Caleta Pan de Azúcar, el **Centro de Información Medioambiental** (playa Piqueros; ⊙9.00-12.30 y 14.00-17.30 ma-do) de Conaf alberga exposiciones sobre la flora y la fauna del parque, además de un jardín de cactus. También ofrece un folleto con explicaciones y un plano de las rutas. Hay un puesto de control de Conaf en el km 15 de la carretera de acceso sur desde Chañaral, donde se paga la entrada de 5000 CLP. Hay que conservarla, pues debe presentarse al inicio de varias rutas.

ℹ Cómo llegar y salir

Pan de Azúcar está 30 km al norte de Chañaral por una carretera asfaltada en buen estado. Muchos visitan el parque mediante un circuito desde Caldera/Bahía Inglesa o Copiapó.

Un taxi desde Chañaral cuesta unos 28 000 CLP, deja al viajero por la mañana y regresa a recogerlo por la tarde.

Si se llega en automóvil desde el norte hay dos entradas secundarias del parque en la Panamericana: una en el km 1014 (que conecta con la ruta C-112) y otra en el km 968 (que conecta con la ruta C-110).

Sur Chico

Los mejores restaurantes

➡ Cotelé (p. 271)
➡ Awa (p. 262)
➡ Chile Picante (p. 272)
➡ La Marca (p. 258)
➡ Anita Epulef Cocina Mapuche (p. 241)

Los mejores alojamientos

➡ Refugio Tinquilco (p. 240)
➡ Refugio Cochamó (p. 266)
➡ La Montaña Mágica (p. 251)
➡ Awa (p. 262)
➡ Campo Eggers (p. 268)

Por qué ir

Aquí empieza el sur chileno. Las regiones de la Araucanía, los Ríos y los Lagos estremecen al viajero con amenazadores volcanes coronados de nieve, lagos glaciares rebosantes de lo que parece jade líquido, ríos impetuosos que corren por bosques primarios y enclaves costeros habitados por los indómitos mapuches. El Sur Chico encierra ocho parques nacionales espectaculares y muchos volcanes de forma cónica, y es un imán para los amantes de las aventuras al aire libre y de las emociones fuertes.

Esparcidas entre grandes nudos de transporte se encontrará cuidadas poblaciones lacustres, sobre todo Pucón y Puerto Varas, que rezuman encanto y se hallan rodeadas de parques nacionales y reservas naturales de postal. Pero no toda la región ofrece un envoltorio tan primoroso. Destinos poco comunes y perdidos como el valle del río Cochamó y la caleta Cóndor recompensan con creces a los intrépidos, y su aislamiento procura el alimento necesario para alcanzar ese nirvana, siempre fugaz, que buscan los viajeros.

Cuándo ir
Puerto Montt

Ene-feb En verano llueve menos, pero aun así hace falta impermeable.

Nov-mar Temporada alta de los ferris de Navimag: puestas de sol y glaciares patagónicos espectaculares.

Ene Uno de los meses con más gente en el volcán Villarrica, pero con los cielos más soleados.

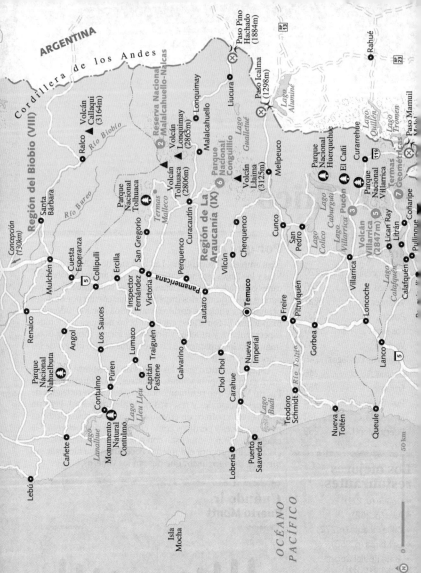

Imprescindible

1 Caleta Cóndor
(p. 247) Visitar uno de los lugares más bonitos del mundo, del que probablemente no se ha oído hablar.

2 Reserva Nacional Malalcahuello-Nalcas
(p. 225) Caminar por uno de los sobrenaturales parques nacionales alterados volcánicamente de la Araucanía.

3 Pucón (p. 21) Poner a prueba cada día los límites de la adrenalina en la capital de las aventuras del Sur Chico.

4 Puerto Varas
(p. 254) Admirar el cinematográfico lago Llanquihue flanqueado por volcanes desde este asentamiento ribereño alemán.

5 Volcán Villarrica
(p. 228) Ascender hasta el humeante cráter de un volcán activo.

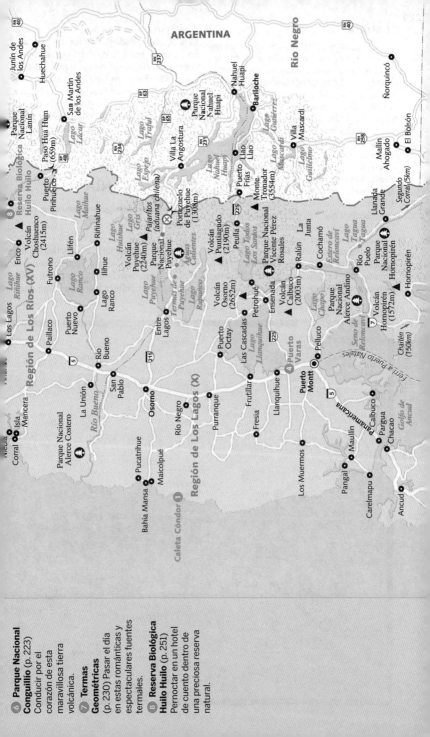

ARGENTINA

Río Negro

Junín de los Andes

Huechahue

San Martín de los Andes

Parque Nacional Lanín

Paso Hua Hum (659m)

Nahuel Huapi

Parque Nacional Nahuel Huapi

Bariloche

Villa La Angostura

Norquincó

Llao Llao

Lago Gutiérrez

Villa Mascardi

Lago Mascardi

Mallín Ahogado

El Bolsón

Lago Traful

Lago Espejo

Reserva Biológica Huilo Huilo

Puerto Pirihueico

Lago Maihue

Lago Gris

Pajaritos (aduana chilena)

Portezuelo de Puyehue (1308m)

Lago Nahuel Huapi

Puerto Frías

Monte Tronador (3554m)

Volcán Choshuenco (2415m)

Enco

Lilfén

Riñinahue

Lago Huishue

Volcán Puyehue (2240m)

Parque Nacional Puyehue

Volcán Puntiagudo (2190m)

Peulla

Parque Nacional Vicente Pérez Rosales

La Junta

Los Lagos

Futrono

Ilihue

Lago Ranco

Lago Ranco

Entre Lagos

Termas de Puyehue

Aguas Calientes

Lago Todos Los Santos

Cochamó

Estero de Reloncaví

Llanada Grande

Lago Tagua

Segundo Corral (5km)

Región de Los Ríos (XV)

Paillaco

Puerto Nuevo

Río Bueno

Lago Puyehue

Lago Rupanco

Volcán Osorno (2652m)

Petrohué

Ensenada

Ralún

Río Puelo

Parque Nacional Hornopirén

Hornopirén

La Unión

San Pablo

Río Bueno

Osorno

Puerto Octay

Las Cascadas

Volcán Calbuco (2003m)

Lago Chapo

Parque Nacional Alerce Andino

Volcán Hornopirén (1572m)

Parque Nacional Alerce Costero

Río Negro

Purranque

Frutillar

Lago Llanquihue

Llanquihue

Pelluco

Seno de Reloncaví

Chaitén (150km)

Corral

Isla Mancera

Pucatrihue

Maicolpué

Bahía Mansa

Región de Los Lagos (X)

Fresia

Puerto Varas

Puerto Montt

Panamericana

Golfo de Ancud

Ferry a Puerto Natales

Los Muermos

Maullín

Pangal

Carelmapu

Calbuco

Pargua

Chacao

Ancud

Caleta Cóndor

Parque Nacional Conguillío (p. 223)
Conducir por el corazón de esta maravillosa tierra volcánica.

Termas Geométricas (p. 230) Pasar el día en estas románticas y espectaculares fuentes termales.

Reserva Biológica Huilo Huilo (p. 251) Pernoctar en un hotel de cuento dentro de una preciosa reserva natural.

Historia

Los conquistadores españoles avanzaron hacia el sur desde Santiago alentados por los rumores sobre sus riquezas. Lo que hoy es la Araucanía y la Región de Los Lagos se tenían por territorios idóneos para la expansión colonial, pero los araucanos (hoy llamados mapuches) ofrecieron una enconada y eficaz defensa. La Guerra de Arauco, rica en hazañas, fue glosada en la que pasa por ser la primera epopeya americana, *La Araucana*, el poema épico en el que el soldado español Alonso de Ercilla narra el valor de los araucanos, liderados por sus caudillos Lautaro y Caupolicán. El dominio hispano sobre la zona siempre fue más nominal que real y, de hecho, ni siquiera la ya independiente República de Chile llegó a controlarlos hasta los albores del s. xx.

Los alemanes, reclutados para poblar la Región de Los Lagos, dejaron su huella en la arquitectura, la gastronomía y las industrias lácteas y manufactureras. Hoy en día, millones de turistas nacionales y extranjeros, además de acomodados urbanitas de Santiago en busca de residencias campestres, siguen colonizando estos territorios antaño salvajes. Los precios del sector inmobiliario se han disparado y los mapuches se ven empujados a zonas cada vez más marginales. El turismo, la tala y la pesca del salmón –a pesar de su fuerte crisis de finales de la década del 2000– son los motores económicos de la región.

LA ARAUCANÍA

Temuco

📞 045 / 262 530 HAB.

Es la ciudad industrial más atractiva del Sur Chico por su frondosa plaza con palmeras, su agradable mercado municipal y su intrínseco vínculo con la cultura mapuche. Aquí nació

Temuco

Pablo Neruda, uno de los poetas más populares del s. xx, quien calificó la región como el "Salvaje Oeste". Aunque no es un gran destino de por sí, muchos viajeros pasan un tiempo en la ciudad por las conexiones de transporte.

⊙ Puntos de interés

**Monumento Natural
Cerro Ñielol** YACIMIENTO HISTÓRICO
(www.conaf.cl/parques/monumento-natural-cerro-nielol; calle Prat; adultos/niños chilenos 1000 CLP/gratis, extranjeros 2000/1000 CLP; ⊗8.00-19.00) El cerro Ñielol es una colina que se halla entre 90 Ha de bosque autóctono, un pequeño oasis boscoso en la ciudad. La flor nacional de Chile, el copihue *(Lapageria rosea)*, crece en abundancia en este lugar y florece de marzo a julio. Este cerro tiene importancia histórica, pues fue el lugar donde en 1881, en el punto conocido como La Patagua, los líderes mapuches cedieron tierra a los colonizadores para fundar Temuco.

**Museo Regional
Araucanía** MUSEO
(www.museoregionalaraucania.cl; av. Alemania 084; ⊗9.30-17.30 ma-vi, 11.00-17.00 sa, 11.00-14.00 do) GRATIS En un bonito edificio estilo fronterizo de 1924, este pequeño pero excelente museo regional es uno de los mejores del Sur Chico. Sus exposiciones permanentes ilustran la historia de los pueblos araucanos antes, durante y desde la invasión española en su recientemente renovada colección del sótano, que incluye una impresionante piragua mapuche.

🛏 Dónde dormir

Adela y Helmut PENSIÓN $
(📱móvil 9-8258-2230; www.adelayhelmut.cl; Faja 16 000 km 5 N, Cunco; incl. desayuno dc 15 000, h 30 000-56 000 CLP; 🅿🛜) Si una cruda localidad obrera no entusiasma al viajero, pero se ve obligado a permanecer en la zona, puede dirigirse a este alojamiento en una pequeña granja a 48 km de la ciudad por la carretera al Parque Nacional Conguillío. Destaca por el agua calentada con energía solar, las pequeñas cocinas en cada habitación y las impresionantes vistas del ardiente volcán Llaima.

No hay que perderse las delicias suabas que salen de la cocina, como el *Hefezopf* (pan dulce). También ofrece circuitos en todoterreno y salidas a caballo sin guía.

Hospedaje Klickmann PENSIÓN $
(📱45-274-8297; www.hospedajeklickmann.cl; Claro Solar 647; h por persona con/sin baño 20 800/16 800 CLP; 🅿@🛜) Este pulcro y agradable hospedaje familiar presume de baños nuevos

SUR CHICO TEMUCO

y modernos y se halla muy cerca de varias empresas de autobuses.

Hostal Callejón Massmann PENSIÓN $$
(045-248-5955; www.hostalcm.cl; callejón Massmann 350; h desde 47 300 CLP;) Si se viaja solo quizá el precio de las habitaciones no salga a cuenta, pero por lo demás es difícil poner pegas a este establecimiento de categoría media en una casa preciosa. Las 10 habitaciones tienen muebles elegantes y edredones, y por detrás hay un bonito patio. Además, se puede ir andando a los mejores restaurantes y locales de ocio nocturno.

Dónde comer y beber

★Tradiciones Zuny CHILENA $
(Tucapel 1374; comidas 5000 CLP; 12.30-17.00 lu-sa) El secreto mejor guardado de Temuco es este local subterráneo de cocina fresca y sencilla del campo, decorado al estilo indígena. Es difícil encontrarlo; hay que buscar el mural con el pato y el balón, pero la barata cocina ecológica de fusión chileno-mapuche causa sensación.

Feria Pinto MERCADO $
(av. Barros Arana; comidas 2000-3000 CLP; 7.30-17.30 lu-sa, 8.00-15.00 do) Este colorido mercado de alimentos mapuche ocupa varias manzanas de Barros Arana. Por las calles se venden artículos de uso más práctico, mientras que en la feria los vendedores ofrecen desde manzanas a quesos artesanales y miel o sacos de merquén (chile picante y ahumado mapuche).

También hay una calle de cocinerías, que ofrecen cazuelas, sopaipillas con queso, pailas de huevo y otras delicias caseras. Se aconseja probar la salsa de chile de Don Rigo.

La Pampa PARRILLA $$
(www.lapampa.cl; av. San Martín 0137; bistecs 11 500-16 900 CLP; 12.00-16.00 y 19.00-24.00 lu-sa, 12.00-16.00 do;) La mejor carne de res de la región se come más al sur, pero este elegante asador de dos plantas es el preferido por los carnívoros de Temuco.

Gohan Sushi JAPONESA $$
(45-274-1110; www.gohan.cl; España 390; *sushi* 3490-6950 CLP; 12.50-24.00 lu-sa;) Este local de *sushi* innovador dispone de una vasta carta de rollos interesantes y platos de gambas, personal en la onda y melodías relajantes. Se puede incluso pedir un rollo acebichado –empapado en cebiche–, una extraña creación. También cuentan con otro **local** (45-248-7656; Vicuña MacKenna 531; piezas 3490-6950 CLP; 12.30-23.30 lu-sa;).

★Lagerhaus CERVEZA ARTESANA
(www.facebook.com/lagerhaustemuco; Trizano 420; pintas 3100-4400 CLP; 16.00-2.00 lu-vi, 17.00-2.00 sa;) El mejor lugar de Temuco para probar la cerveza artesanal local es este bar con 15 grifos escondido en la esquina de la plaza comercial del paseo Los Suizos. El interior está lleno de agradables bancos tapizados, y fuera hay una soleada terraza. Sirven fuertes cervezas locales como Klein, Birrell y Black Mud junto con cervezas invitadas seleccionadas de Valdivia y Catripulli (Alásse).

De compras

Centro Mercado Modelo MERCADO
(Aldunate 365; 10.00-19.00 lu-sa) El mercado municipal de Temuco quedó reducido a cenizas en el 2016 y no se reconstruirá hasta el 2019. Mientras tanto, muchos artesanos se han trasladado al otro lado de la calle a este mercado temporal en carpas.

Información

Atención con los carteristas en el centro, sobre todo en la Feria Pinto. También se sabe de tirones en el camino del cerro Ñielol.

Alrededor de la plaza de Armas Aníbal Pinto hay muchos cajeros automáticos y oficinas de cambio.

Banco de Chile (www.bancochile.cl; plaza de Armas Aníbal Pinto) Cajero automático.

BBVA (www.bbva.cl; esq. Claro Solar y Vicuña MacKenna) Cajero automático.

Oficina de correos (www.correos.cl; esq. Diego Portales y Prat; 9.00-19.00 lu-vi, hasta 13.00 sa)

Conaf (045-229-8149; www.conaf.cl; Bilbao 931, Pasillo D; 8.45-14.00 lu-vi) Son sobre todo oficinas administrativas, pero facilita mapas de los parques regionales en la caseta de información.

Sernatur (45-240-6214; www.sernatur.cl; esq. Bulnes y Claro Solar; 9.00-14.00 y 15.00-18.00 lu-ju, 9.00-14.00 y 15.00-17.00 vi) Oficina nacional de información turística, bien surtida.

Quiosco de información turística (móvil 9-6238-0660; www.temuco.cl; plaza de Armas; 9.00-18.00 lu-vi, hasta 14.00 sa, horario reducido invierno) De este quiosco parten circuitos gratuitos por la ciudad los martes, viernes y sábados a las 9.45; se recomienda reservar (ofiturplaza@gmail.com).

Quiosco de información turística (45-297-3628; www.temuco.cl; Centro Mercado Modelo;

9.00-18.00 lu-sa, 10.00-14.00 do, horario reducido invierno)

ℹ Cómo llegar y salir

AVIÓN

El moderno y radiante **aeropuerto Araucanía** (☑45-220-1900; www.aeropuertoaraucania.cl; Longitudinal Sur, km 692, Freire) de Temuco se halla cerca de Freire, 20 km al sur de la ciudad. **LATAM** (☑600-526-2000; www.latam.com; Bulnes 687; ⏰9.00-13.30 y 15.00-18.30 lu-vi, 10.00-13.00 sa), Sky Airline (www.skyairline.com) y JetSmart (www.jetsmart.com) llegan a este aeropuerto desde Santiago.

AUTOBÚS

Temuco es un importante nudo de transporte. Los autobuses de largo recorrido salen de la **terminal Rodoviario** (☑45-222-5005; Pérez Rosales 01609), en la vía de acceso a la ciudad por el norte. Más cerca del centro, la **terminal de buses rurales** (☑45-221-0494; av. Pinto 32) da servicio a destinos locales y regionales. Hay taquillas de distintas empresas por todo el centro.

Las compañías de autobuses que viajan a las principales ciudades de la Panamericana incluyen **TurBus** (☑45-268-6604; www.turbus.cl; Claro Solar 625; ⏰9.00-20.00 lu-vi, hasta 14.00 sa) y **Buses ETM** (☑45-225-7904; www.etm.cl; Claro Solar 647; ⏰10.00-19.30 lu-vi, 15.00-18.30 sa), ambas con servicios frecuentes a Santiago. TurBus también va a Valparaíso/Viña del Mar. **Cruz del Sur** (☑45-273-0310; www.busescruzdelsur.cl; Claro Solar 599; ⏰9.00-19.30 lu-vi, hasta 18.00 sa), que también está en **Manuel Montt 290** (☑45-273-0315; www.busescruzdelsur.cl; Manuel Montt 290, local 7; ⏰9.00-13.00 y 15.00-19.30 lu-vi, 8.30-13.30 y 14.00-16.30 sa), viaja a la isla de Chiloé.

Para las tres entradas del Parque Nacional Conguillío, **Nar-Bus** (☑45-240-7740; www.igillaima.cl; Balmaceda 995) sale de su propia terminal hacia Melipeuco. Desde la terminal de buses rurales, Vogabus circula a Cherquenco, desde donde hay que seguir 17 km a pie o en autostop hasta la estación de esquí en Los Paraguas; y **Buses Curacautín Express** (☑45-225-8125; av. Pinto 32, terminal de buses rurales) se dirige a Curacautín. **Buses JAC** (☑45-299-3117; www.jac.cl; av. Balmaceda esq. con Aldunate), con terminal propia, ofrece el servicio más frecuente hacia Villarrica y Pucón, además de autobuses a Santiago, Licán Ray y Coñaripe, **Buses Bio Bio** (☑45-265-7876; www.busesbiobio.cl; Lautaro 854) fleta autobuses a Los Ángeles y Concepción, además de a Chillán y Lonquimay.

Para Argentina, **Igi Llaima/Nar-Bus** viaja cada día a San Martín de los Andes y Neuquén, y **Vía Bariloche** (☑45-225-7904; www.viabariloche.com.ar; Claro Solar 647; ⏰10.00-19.30 lu-vi,

15.00-18.30 sa) se dirige a Neuquén. **Andesmar** (☑45-238-9231; www.andesmar.com; Pérez Rosales 01609, terminal Rodoviario) ofrece la única salida para Bariloche desde Temuco, la otra alternativa es pasar por Osorno.

DESTINO	PRECIO (CLP)	DURACIÓN (H)
Bariloche (Ar)	28 000	8
Castro (Chiloé)	12 000	9
Cherquenco (para Los Paraguas)	1400	1½
Chillán	8500	4
Coñaripe	3000	2
Concepción	8500	4½
Curacautín	1500	2
Licán Ray	3800	1¾
Lonquimay	4300	3
Los Ángeles	4900	3
Melipeuco	1900	2
Neuquén (Ar)	19 000	9
Osorno	5500	4
Pucón	2900	2
Puerto Montt	6500	5
San Martín de los Andes (Ar)	14 000	6
Santiago	12 000	9
Valdivia	4000	3
Valparaíso/ Viña del Mar	19 000	10
Villarrica	2000	1½

ℹ Cómo desplazarse

La opción más económica para el aeropuerto es **Transfer Temuco** (☑45-233-4033; www.transfertemuco.cl; ida 5000 CLP), un servicio fiable de puerta a puerta (5000 CLP). Un Uber cuesta 10 000-13 000 CLP al aeropuerto (30-45 min) y 2300-2900 CLP a la terminal de autobuses (15 min). Los colectivos 11 y 111 Express van del centro (Claro Solar) a la terminal de autobuses (500-600 CLP). El *micro* 7 también va a la **terminal** desde Diego Portales (450 CLP).

Europcar (www.europcar.cl) y **Avis** (www.avis.cl), entre otras, tienen oficinas en el aeropuerto.

Parque Nacional Conguillío

Llaima significa "venas de sangre" en mapudungún y eso es exactamente lo que vieron los turistas que visitaban el Parque Nacional Conguillío (www.conaf.cl/parques/parque-nacional-conguillio; adultos/niños chilenos 4000/2000 CLP, extranjeros 6000/3000 CLP) y su elevado volcán Llaima (3125 m) el día de Año Nuevo del 2008. El centro de atención de esta Reserva de la Biosfera de la Unesco (que incluye el Geoparque Kütralcura) es uno de los volcanes más activos de Chile. Desde 1640, el Llaima ha protagonizado 35 erupciones muy violentas. Los mapuches creen que este impresionante lanzallamas es un espíritu vivo, que escupe con entusiasmo los desequilibrios de la tierra como castigo. A pesar de su artilugio de fuego, este parque maravilloso, creado en 1950 para proteger sobre todo a las araucarias y a los 608 km² de lagos alpinos, profundos cañones y bosques autóctonos, está abierto. El magma marrón grisáceo que se ha acumulado con los años conforma un panorama increíble y un paisaje casi lunar, aún más impactante a finales de abril, cuando las hojas se tiñen de los colores otoñales.

🏃 Actividades

La lava de la erupción del volcán Llaima del 2008 alcanzó el sector de Cherquenco, al sureste, y dejó intactos todos los senderos señalizados del parque. El sendero Sierra Nevada (3 h solo ida, 7 km), hasta la base de la cordillera, es uno de los trayectos cortos más bonitos de Chile; sale del pequeño aparcamiento de Playa Linda, en el extremo este de la laguna Conguillío. En continua ascensión a través de densos bosques de coihué, la senda pasa por un par de miradores lacustres; desde el segundo y más pintoresco pueden verse densos bosques de araucarias.

La Conaf desaconseja que los senderistas, salvo los más expertos, vayan hacia el norte por la travesía Río Blanco (5 km, 5 h ida). Es imprescindible un guía.

Cerca del centro de visitantes, el sendero Araucarias (0,8 km, 45 min) serpentea por un exuberante bosque pluvial. En la laguna Verde, un corto sendero lleva hasta la Ensenada, una apacible zona de playa. El sendero del Cañadón Truful-Truful (0,8 km, 30 min) pasa por el cañón, donde los estratos rocosos que las aguas turbulentas del río Truful-Truful dejan al descubierto son un registro en piedra de las erupciones del Llaima. El cercano sendero Los Vertientes (0,8 km, 30 min) conduce a un claro entre impetuosos manantiales.

Centro de esquí Las Araucarias (☎45-227-4141; www.skiaraucarias.cl; forfait medio día/día completo 22 000/27 000 CLP) ofrece esquí en el volcán Llaima.

🛏 Dónde dormir

Sendas Conguillío   CAMPING, CABAÑAS $
(☎2-2840-6852; www.sendasconguillio.cl; parcela desde 26 000 CLP, cabañas 96 000-155 000 CLP) Sendas Conguillío, que gestiona las zonas de acampada dentro de Conguillío por concesión de la Conaf, ofrece cinco campings con agua caliente (tres en el sector Curacautín y dos en el sector La Caseta), incluido un sector especial apartado para mochileros (parcelas 7500 CLP). También dispone de cabañas más cómodas.

En la recepción del sector Curacautín se pueden alquilar kayaks para remar por el lago Conguillío (6000 CLP/h).

⭐ La Baita   REFUGIO $$
(☎45-258-1073; www.labaitaconguillio.cl; Región de la Araucanía, km 18, camino a laguna Verde; i/d/tr incl. desayuno 65 000/90 000/95 000 CLP, cabañas 5/9 personas desde 60 000/115 000 CLP; 🐾) 🌿 En pleno bosque virgen, este proyecto de ecoturismo se ubica en el límite sur del parque. Dispone de ocho bonitas cabañas con calderas de combustión lenta, electricidad por energía solar y turbinas y agua caliente. También cuenta con un salón-restaurante muy acogedor aromatizado con incienso y seis habitaciones con duchas de granito y lavabos vanguardistas; además de una sala de masajes, hidromasaje exterior y sauna.

La propietaria es Isabel Correa, antigua cantante, que ameniza la estancia con vino y yoga cuando no está en Santiago. Se ofrecen bicicletas de montaña, kayaks y senderismo. Está a 16 km de Melipeuco y a 60 km de Curacautín.

ℹ Información

Es obligatorio detenerse en el **puesto de control** (www.conaf.cl/parques/parque-nacional-conguillio; R-925-S; ⏱8.30-18.30) de la Conaf, 6 km antes de la laguna Captrén, para registrarse al entrar en el parque y pagar la tasa.

Centro de Información Ambiental Santiago Gómez Luna (www.conaf.cl; laguna Conguillío; ⏱8.30-21.30 16 dic-mar, 8.30-13.00 y 14.30-18.00 abr-15 dic)

ℹ Cómo llegar y salir

Se puede llegar desde tres direcciones. La primera y más corta (80 km) es la ruta que sale directamente hacia el este desde Temuco y pasa por Vilcún y Cherquenco; permite acceder a las estaciones de esquí del sector Los Paraguas, pero no llegar (al menos por carretera) hasta los lugares de acampada, el centro principal de visitantes y los puntos de salida de los circuitos. A todos ellos se llega mejor por la ruta más septentrional desde Temuco vía Curacautín (120 km). Por la entrada sur del parque, también a 120 km de Temuco, se llega a través de Melipeuco. Desde allí, una carretera atraviesa el parque hasta la entrada norte, también con acceso a los puntos de partida de los senderos y las zonas de acampada. Se puede pasar en dirección sur con casi todos los coches normales en temporada alta (después de que la Conaf acondicione la carretera); en otros momentos del año y en dirección contraria, con muchas más pendientes complicadas, el tramo entre la laguna Captrén y la laguna Conguillío puede resultar peligroso.

Para llegar al sector Los Paraguas, Vogabus, en la terminal de buses rurales de Temuco, fleta seis autobuses diarios a Cherquenco (1400 CLP, 1½ h, 13.30-20.30), desde donde hay que recorrer 17 km a pie o en autostop hasta la estación de esquí de Los Paraguas.

Para la entrada norte de la laguna Captrén, **Buses Curacautín Express** (☑45-225-8125; av. Manuel Rodríguez, terminal Curacautín) ofrece tres salidas diarias desde Curacautín los lunes y miércoles (6.00, 9.00 y 18.00), dos los martes y jueves (6.00 y 18.00) y cuatro los viernes (6.00, 9.00, 14.00 y 18.00). No hay autobuses los sábados y domingos. El autobús va hasta la milla 26,5 de la ruta Curacautín-Parque Nacional Conguillío (se cruzan la R-925-S y la S-297-R), 4,8 km antes de la **Guardería Captrén** (p. 224) en la entrada del parque. En invierno, el autobús llega hasta donde lo permita el estado de la carretera. Otras opciones desde Curacautín incluyen un taxi (30 000 CLP, 1 h), cargar una bicicleta en el autobús o un circuito de un día desde el **Epu Pewen** por 55 000 CLP/persona con todo incluido.

Para la entrada sur en Truful-Truful, **Nar-Bus** (p. 223) fleta desde Temuco ocho autobuses diarios de lunes a sábado (1900 CLP, 2 h, 8.00-18.30) y cinco diarios los domingos (9.00-18.30)

Curacautín

☑045 / 16 508 HAB.

Es la entrada norte al Parque Nacional Conguillío (p. 223). Curacautín ofrece más servicios que Melipeuco y, en general, los alojamientos han mejorado en calidad, aunque es mejor quedarse por la carretera de Lonquimay, con una ubicación más céntrica para ir a los tres parques de la zona.

El excelente Hostal Epu Pewen (☑45-288-1793; www.epupewen.cl; Manuel Rodríguez 705; dc desde 8000 CLP, d/tr sin baño 24 000/34 000 CLP, d/tr incl. desayuno 33 000/44 000 CLP; P@🖧) está limpio, es confortable y cuenta con toques indígenas, como los azulejos de los baños y las paredes con dibujos de cultrunes (tambores ceremoniales), y elementos originales, como encimeras de lavabo de madera de raulí. Dispone de una agencia que organiza salidas sostenibles, como caminatas por el parque, *rafting* y visitas al Geoparque Kütralcura.

ℹ Información

Información Turística (☑45-288-2102; www.destinocuracautin.cl; Manuel Rodríguez s/n; ⏱8.30-21.00 ene-feb, horario reducido invierno) Tiene folletos e información sobre el parque y alojamientos.

ℹ Cómo llegar y salir

La **terminal de autobuses** (av. Manuel Rodríguez) está en la carretera a Lonquimay. **Buses Bio Bio** (☑45-288-1123; www.busesbiobio.cl; av. Manuel Rodríguez, terminal Curacautín) se dirige a Temuco (3700 CLP, 1½ h) vía Lautaro (1500 CLP, 1 h), la ruta más rápida, cada día a las 7.55 y las 13.45 de lunes a viernes. **Buses Curacautín Express** va a Temuco (1500 CLP) vía Lautaro (1000 CLP, 1½ h, cada 30 min, 5.45-20.30). **TurBus** (☑45-268-6629; www.turbus.cl; Serrano 101), que también tiene una taquilla en la estación de autobuses, opera dos autobuses diarios directos a Santiago (desde 14 300 CLP, 20.50 y 21.15), que salen de su oficina en Serrano.

Para ir a los alojamientos de la carretera de Lonquimay, **Buses Flota Erbuc** (☑móvil 9-5781-1371; av. Manuel Rodríguez, terminal Curacautín), que fleta seis autobuses diarios a Malalcahuello, puede dejar al viajero en cualquier punto del trayecto (800 CLP, 10.00-20.15).

Reserva Nacional Malalcahuello-Nalcas

Justo al norte de la preciosa aldea de Malalcahuello (de camino a Lonquimay), se halla esta reserva (www.conaf.cl/parques/reserva-nacional-malalcahuello; adultos/niños chilenos 1500/1000 CLP, extranjeros 2000/1500 CLP) de 303 km², que se extiende casi hasta el límite del Parque Nacional Tolhuaca. Aunque no forma parte del circuito de los principales parques, Malalcahuello-Nalcas ofrece uno de los paisajes más espectaculares del Sur Chico, un panorama desértico de carbón, cenizas y arena. Su principal característica, el cráter Navidad –formado por la última erupción del volcán Lonquimay (el día de Navidad de 1988, de ahí el nombre)– contribuye a este ambiente sobrenatural. Presenta cierto parecido a Marte, con tonos rojizos que se reflejan en los restos de magma y cenizas. Y al fondo se ve el magnífico telón de fondo de Lonquimay, el volcán Tolhuaca y el volcán Callaqui en la distancia. Hay que asegurarse de llevar la batería de la cámara cargada.

✈ Actividades

Sled Chile
NIEVE

(✆móvil 9-9541-3348; www.sledchile.com; volcán Lonquimay, km 6,5) Esta nueva agencia especializada ofrece circuitos a medida de esquí fuera de pista en motonieves o *splitboards*.

Cañón del Blanco
FUENTES TERMALES

(✆móvil 9-7668-4925; www.canondelblanco.cl; acceso común/privado 12 000/60 000 CLP; ☉11.00-24.00 lu-sa, hasta 22.00 do) Situado 16 km más abajo en la misma pista de grava donde está el Andenrose se hallan estas nuevas fuentes termales, con piscinas en un maravilloso entorno boscoso.

Resort de montaña Corralco
NIEVE

(✆02-2206-0741; www.corralco.com; Reserva Nacional Malalcahuello-Nalcas; forfaits medio día/día completo 29 500/37 500 CLP) Ofrece mejor esquí que en Conguillío, con muchas pistas, un paisaje más bonito y nuevas infraestructuras, que incluyen el Valle Corralco Hotel & Spa (d pensión completa desde 232 CLP,800; P🖵🖀), el mejor alojamiento de una estación de esquí del Sur Chico. Alquila equipo por 27 000 CLP para adultos y 18 000 para niños.

Para llegar se debe tomar el desvío 2 km al este de Malalcahuello en la carretera a Lonquimay.

🛏 Dónde dormir

Andenrose
REFUGIO $$

(✆móvil 9-9869-1700; www.andenrose.com; camino Internacional, km 68,5; i/d incl. desayuno desde 48 000/53 000 CLP, apt y cabañas desde 59 000 CLP; P🖵🖀🖂) De estilo bávaro, junto al río Cautín y construido en madera ecológica, ofrece grandes dosis de hospitalidad sureña alemana. Cuenta con piscina, cuatro habitaciones, tres apartamentos bien equipados y dos cabañas, estas últimas en un campo de lavandas y margaritas.

Suizandina Lodge
REFUGIO $$

(✆45-197-3725; www.suizandina.com; camino Internacional, km 83; parcelas 10 000 CLP/persona, dc 20 000 CLP, i/d/tr desde 39 000/66 000/ 76 000 CLP; P🖀) En este refugio con empleados alemanes y regentado por una hospitalaria pareja suizo-chilena, la limpieza roza lo divino en los amplios alojamientos (fantásticos los baños), y el refugio está bien surtido de vino y mini *küchens* (pasteles al estilo alemán). La carta recoge excelentes especialidades suizas como *rösti* (patatas salteadas con cebollas), *fondue* y *raclette*.

El Suizandina pone especial interés en los masajes y los paseos a caballo porque el dueño es fisioterapeuta y amante de los caballos, y además organiza excursiones de esquí fuera de pista.

★ Ñamku Lodge
REFUGIO $$$

(✆móvil 9-6675-5738; www.namkulodge.com; Ruta 89, km1, Malalcahuello; h incl. desayuno 350-486 US$, casas 3 dormitorios desde 550 US$; P🖀) 🌱 Criada en Chile y medio estadounidense, Annette recibe a sus huéspedes en este recomendable alojamiento de tres habitaciones, una joya centrada en la naturaleza y totalmente embebida de artesanía local, con lavabos de ceniza volcánica petrificada, mesas y escaleras de madera de araucaria recuperada, cojines de tejidos indígenas, estanterías y barandillas de madera de roble y coihué, y que se enfoca al viaje sostenible por las culturas mapuches y pehuenches locales.

Hay asientos colgantes de ratán para leer, un quincho de bambú autóctono donde se disfruta del desayuno y caminos con luces solares por la recóndita finca. Cuenta con circuitos de naturaleza y culturales, un chef particular (que suele usar verduras propias) y un sumiller. Una de las tres cabañas independientes se halla en el río Cautín, que ruge a través de las 4 Ha de bosque de la finca. El viajero no querrá irse durante un buen tiempo.

✗ Dónde comer y beber

La Esfera
RESTAURANTE $$

(www.vorticechile.com; camino Internacional, km 69,5, Vórtice Eco-Lodge; menú 13 000 CLP; ☉9.00-21.30, bar hasta 22.30; 🖀) Merece la pena visitar la cúpula de madera de este complejo de actividades al aire libre para probar la cocina de fusión mapuche-andina de Ariel Ñamcupil, un chef pehuenche que prepara comida gastronómica de excelente relación calidad-precio. Él y su equipo buscan aquí y allá sus materias primas indígenas, y la carta recoge carnes y pescados ahumados a la manera tradicional y postres inusuales.

El Randonnés BAR

(Ejército 600, Malalcahuello; 13.00-22.00, cerrado lu nov-dic y abr-may;) Impregnado de esquí y ciclismo de montaña (Andrés, el simpático propietario, confecciona tablas de *snowboard* a medida), este popular local *après-ski* es un paraíso de cervezas artesanales, con Klein de Temuco de grifo (*pale ale, porter* y *amber*), además de cerveza Lonquimay y botellas de Tikian de Malalcahuello. Todas ellas acompañan muy bien a las fabulosas berenjenas escabechadas que se sirven en las mesas.

De compras

⭐ **Emporio Ñamku** ARTESANÍA, MENAJE

(www.namkulodge.com; Ruta 89, km 1; 11.00-21.00, cerrado lu y ma oct-dic y mar-may) Uno desea pedir uno de cada en esta excelente tienda llena de fabulosas artesanías locales, incluidas piezas de madera de araucaria y picoyo (tablas de cortar, bandejas), tejidos mapuches y pehuenches, mantas y ponchos de lana y una tradicional olleta de hierro fundido. Todos los artículos son locales y sostenibles y han sido seleccionados por Annette Bottinelli, la propietaria del Ñamku Lodge (p. 226).

Información

La Cámara de Turismo (www.malalcahuello.org) cuenta con una excelente web.

Conaf (www.conaf.cl; camino Internacional, km 82, Malalcahuello; 8.30-13.00 y 14.00-18.00)
Guardaparques (www.conaf.cl; R-785; 8.30-13.00 y 14.00-18.00)

Cómo llegar y salir

En dirección este desde Malalcahuello, la carretera cruza el angosto túnel Las Raíces, unidireccional y de 4527 m de longitud, un antiguo túnel del ferrocarril de 1930 que emerge en el sector alto del río Biobío y ha entrado en la historia como el más largo de América del Sur. La carretera alcanza Pino Hachado, a 1884 m, un paso fronterizo antes de las ciudades argentinas de Zapala y Neuquén.

Buses Flota Erbuc (p. 225) fleta seis autobuses diarios a Malalcahuello y puede dejar al viajero en cualquier punto del trayecto (800 CLP, 10.00-20.15). Desde allí, muchos alojamientos y agencias ofrecen circuitos de un día al parque (75 000-90 000 CLP).

Melipeuco

045 / 5590 HAB.

Es la puerta de entrada meridional al Parque Nacional Conguillío (p. 223); se halla 90 km al este de Temuco vía Cunco. Más cerca del parque que Temuco, es una buena base para las excursiones por la zona, aunque quizá sea mejor alojarse en el mismo parque.

Turismo Remulcura (móvil 9-9424-2454; www.relmucura.cl; camino Internacional Icalma, km 1; parcelas 4000 CLP/persona, h por persona incl. desayuno 15 000 CLP;), una granja mapuche en el extremo oriental de Melipeuco, ofrece habitaciones sencillas pero confortables con cápsulas de duchas modernas. Cabe destacar las ventanas en voladizo de la 2ª planta, que enmarcan vistas estilo Ansel Adams al volcán Llaima. La familia puede organizar salidas de *rafting*, excursionismo y barranquismo desde su agencia de la ciudad.

Información

Oficina de turismo (45-258-1075; www.melipeuko.cl; Pedro Aguirre Cerda s/n; 8.30-17.00 lu-ju, hasta 16.30 vi, 11.00-18.00 sa y do) Información turística dentro del nuevo Parador Turístico Melipeuco.

Cómo llegar y salir

Desde su estación de Temuco, **Nar-Bus** (p. 223) fleta ocho autobuses diarios a Melipeuco de lunes a sábado (1900 CLP, 2 h, 8.00-18.30) y cinco los domingos (9.00-18.30). De regreso a Temuco, los autobuses circulan por la carretera principal aproximadamente cada hora entre las 7.00 y las 20.00.

Villarrica

045 / 49 184 HAB.

A diferencia de Pucón, su vecino silvestre del otro lado del lago Villarrica, Villarrica es una ciudad viva. Aunque con menos encanto que Pucón, no tiene tantas pretensiones, carece del ajetreo de los grupos de turistas organizados y ofrece precios más razonables, así como un ambiente decadente que atrae a viajeros poco exigentes.

La relativamente nueva costanera (paseo ribereño), proyecto posterior al terremoto de Concepción del 2010, es impresionante y se ha realizado un buen trabajo con la nueva playa artificial de arena negra, la primera de Chile (la calle principal de la ciudad, Aviador Acevedo, también se renovó en el 2017). Teniendo en cuenta que se pueden reservar las mismas actividades que en Pucón, constituye una alternativa agradable para quienes busquen una experiencia menos turística y más cultural.

⊙ Puntos de interés y actividades

Museo Histórico Arqueológico Municipal MUSEO
(av. Pedro de Valdivia 1050; h9.00-13.00 y 14.30-18.00 lu-vi) GRATIS Detrás de la oficina de turismo, este pequeño museo expone objetos mapuches como joyas, instrumentos musicales y máscaras de madera.

★ **Aurora Austral Patagonia Husky** TRINEOS DE PERROS
(☎móvil 9-8901-4518; www.auroraaustral.com; camino Villarrica-Panguipulli, km 19,5) A unos 19 km de Villarrica, yendo por la carretera de Licán Ray, se halla esta finca canina dirigida por alemanes, donde viven más de 55 *huskies* de Siberia y de Alaska preciosos, y listos para engancharlos al trineo. En invierno ofrece salidas de un día (80 000 CLP), de varios días con tiendas/cabañas y una exigente travesía andina de siete días (2 400 000 CLP todo incl.).

En verano hay salidas de 6 km con barbacoa opcional (33 000-39 000 CLP) y excursiones con *huskies* por el volcán Villarrica (48 000 CLP). Los amantes de los perros pueden dormir en cuatro extraordinarias cabañas (40 000-70 000 CLP).

Se admiten voluntarios para trabajar entre 4 y 12 semanas.

🎊 Fiestas y celebraciones

Muestra Cultural Mapuche CULTURA
(⊕ene) Artesanos de la zona, música indígena y danzas rituales.

🛏 Dónde dormir

La Torre Suiza ALBERGUE $
(☎45-241-1213; Bilbao 969; dc 11 000 CLP, i/d desde 20 000/25 000 CLP; P🛜) Esta casa de madera fue antaño una utopía para viajeros de propietarios suizos aficionados a las bicicletas y ahora es un establecimiento con propietarios chilenos que a menudo se llena de equipos de trabajo que visitan la ciudad. Pero los viejos crujidos del lugar tienen su encanto, con habitaciones sencillas con suelos que chirrían, y los amables dueños se esfuerzan para que reine un buen ambiente entre viajeros.

Hostal Don Juan HOSTERÍA $
(☎45-241-1833; www.hostaldonjuan.cl; General Körner 770; i/d 34 000/44 000 CLP, sin baño 25 000/34 000 CLP; P🛜) Se gana a los viajeros con su gran parrilla en el exterior, que diseñó el simpático propietario, y goza de fabulosas vistas al volcán Villarrica desde algunas habitaciones de la 2ª planta. Las habitaciones son básicas pero hogareñas, y el servicio, cordial. El desayuno cuesta 3500 CLP extras.

Hostería de la Colina HOSTERÍA $$
(☎45-241-1503; www.hosteriadelacolina.com; Las Colinas 115; h desde 78 000 CLP, ste 90 000 CLP; P@🛜) Se halla en un terreno frondoso y muy bien cuidado en una colina con estupendas vistas al suroeste de la ciudad, pero ha perdido algo de su alma desde que cambió de dueños. Las bien equipadas habitaciones del edificio principal destilan un estilo clásico, y las dos suites independientes ofrecen más privacidad y una decoración contemporánea.

🍴 Dónde comer y beber

★ **Travellers** RESTAURANTE $
(www.facebook.com/travellersrestobar; Letelier 753; platos principales 4950-7950 CLP; ⊙9.00-2.00 lu-sa; 🛜) Este local donde los gais son bienvenidos es un punto de partida para los extranjeros y brinda un viaje al paladar por China, México, Tailandia, la India e Italia. La comida no es fantástica, pero tampoco es un timo. La renovación tras un incendio ha unido un popurrí de cultura pop con postales y posavasos de cervezas de todo el mundo y un perfil de luces de Nueva York sobre la barra.

Ofrecen consejos a viajeros y sirven cócteles a precio reducido (sorprendentes mojitos de frambuesa, encomiables micheladas de Kunstmann Torobayo) durante la extensa *happy hour* (18.00-22.00).

El Sabio PIZZERÍA $
(www.elsabio.cl; Zegers 393; *pizzas* 6700-7600 CLP; ⊙13.00-16.00 y 19.30-23.30 lu-sa; 🛜) Una simpática pareja argentina elabora fantásticas *pizzas* que no tienen nada que ver con las chilenas.

Café Bar 2001 CHILENA $
(www.facebook.com/cafebarvillarrica; Henríquez 379; sándwiches 2800-7750 CLP; ⊙9.00-24.00 lu-sa, 10.00-23.00 do; 🛜) Lleno de la mañana a la noche, este establecimiento estilo *diner* data de 1972 y desde entonces sacia el apetito de los villarricenses hambrientos. Ofrece pailas (boles de cerámica) de huevos para desayunar, enormes sándwiches y platos principales contundentes todo el día y vida social por la noche.

Huerto Azul POSTRES $
(www.huertoazul.cl; Henríquez 341; chocolate 2490 CLP/100 gr; ⊙9.30-21.30) Parte de una

Villarrica

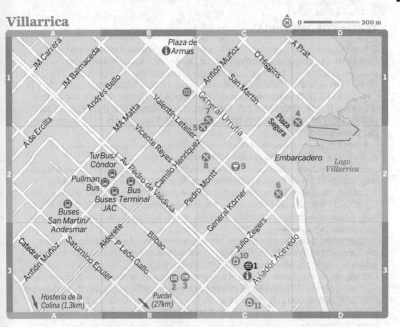

cadena de color azul deslumbrante originaria de Villarrica, esta fabulosa tienda y heladería gastronómica desafía a no sucumbir bajo una sobredosis de azúcar. Las mermeladas y el chutney artesanales cubren las paredes; las tabletas de chocolate belga elaborado en la casa llenan los expositores.

Brazas CHILENA $$$
(☎45-241-1631; www.facebook.com/BrazasVillarrica/; General Körner 145; platos principales 5800-16 500 CLP; ⊙13.00-16.00 y 19.30-23.30; ☏) Este nuevo restaurante de alto nivel lo reúne todo: puestas de sol con el volcán de fondo, un buen servicio y –lo más importante– la comida para acompañar todo esto. Destacan los contundentes bistecs, pero el resto de la carta gastronómica resulta también interesante, sobre todo el suculento costillar de cerdo caramelizado, cuya carne se desprende fácilmente del hueso; y la trucha rellena.

Delirium Tremens CERVEZA ARTESANAL
(www.facebook.com/cerveceriadtrb; Letelier 898; pintas 2990 CLP; ⊙17.30-4.00 ma-ju, hasta 5.00 vi y sa) Varias puertas conducen a un acogedor patio y diversos espacios que parecen salas de estar en este local ideal para tomar cerve-

SUR CHICO VILLARRICA

za artesanal y local. La Bravía de la casa se presenta como *american amber, dry stout* y *blonde,* mientras que entre las cervezas invitadas se suele contar la excelente Alásse de Catripulli.

TERMAS GEOMÉTRICAS

Si tanto alpinismo, excursionismo, remo y ciclismo han dejado los huesos del viajero temblando y sus músculos imploran piedad, tiene suerte. Los alrededores de Pucón se asientan sobre uno de los *jacuzzis* naturales más grandes del mundo. En la zona hay tantas fuentes termales como empresas de aventura, pero las Termas Geométricas (☑móvil 9-7477-1708; www.termasgeometricas.cl; acceso a las Termas Geométricas; adultos/niños antes 12.00 23 000/12 000 CLP, 12.00-18.00 28 000/12 000 CLP, 18.00-21.00 25 000/12 000 CLP, 21.00-23.00 20 000/12 000 CLP; ☉11.00-20.00 do-ju, hasta 23.00 vi y sa) destacan sobre las demás.

Para parejas y aficionados al diseño, este laberinto de 17 fuentes termales de inspiración asiática situadas en una exuberante quebrada es maravilloso.

Hay dos cascadas y tres estanques de agua fría para refrescarse, así como una cafetería calentada por un fogón y surtida de sopa de pollo natural y café de verdad.

Las termas quedan 15 km al norte de Coñaripe. Hay transporte desde Coñaripe (33 000 CLP entrada incl.) y excursiones diarias desde Pucón (unos 39 000 CLP entrada incl.). Si las condiciones son buenas, el acceso de grava desde Coñaripe se puede tomar con un vehículo normal.

La empresa de aventura Turismo Aventura Chumay (☑9-9744-8835; www.turismochumay.cl; Las Tepas 201; ☉9.00-24.00, horario reducido invierno) alquila bicicletas de montaña y ofrece senderismo al glaciar Pichillancahue, salidas de un día a la Reserva Biológica Huilo Huilo y excursiones a las Termas Geométricas. Se puede dormir en el Hostal Chumay (☑9-9744-8835; www.hostalchumay.cl; Las Tepas 201; i/d/tr incl. desayuno 25 000/35 000/45 000 CLP; ℗@🛜) o en el Hotel Elizabeth (☑63-231-7272; www.hotelelizabeth.cl; Beck de Ramberga 496; i/d/tr 30 000/48 000/58 000 CLP; @🛜), ambos con restaurantes *in situ*.

A la sombra de uno de los volcanes más activos de Chile, Coñaripe resulta mucho más tranquilo y menos comercial que Pucón, pero quienes busquen acción se aburrirán. Información turística (☑63-231-7378; www.sietelagos.cl; plaza de Armas; ☉9.00-22.00 ene-feb, horario reducido invierno) es una buena fuente de información sobre las fuentes termales de la zona.

Los autobuses locales recorren la carretera principal a Villarica (1200 CLP, 1½ h, cada 15 min, 6.40-21.15), Licán Ray (700 CLP, cada 10 min, 30 min, 6.40-20.40), Liquiñe (1000 CLP, 1 h, 7 diarios, 11.00-19.30) y Panguipulli (1200 CLP, 45 min, 7 diarios, 7.30-17.00).

 De compras

Mercado Fritz   ARTESANÍA
(www.facebook.com/Mercadofritz; Acevedo 612; ☉8.30-20.00) Probablemente el mejor mercado de artesanía de Villarrica, dispensa productos de mucha calidad, como tallas de madera, artículos de lana o joyería. Acoge además el Tam Tam (una bonita tienda de cerámica) y varios proveedores de alimentos gastronómicos regionales.

Centro Cultural Mapuche   ARTESANÍA
(esq. Pedro de Valdivia y Zegers; ☉10.00-23.00) Un bonito local para adquirir figuras mapuches talladas en madera de laurel y boles de raulí, además de centro cultural y gastronómico.

ⓘ Información

Los bancos con cajeros automáticos abundan cerca de la esquina de Pedro Montt con la avenida Pedro de Valdivia.

BCI (www.bci.cl; esq. Alderete y av. Pedro de Valdivia) Cajero automático.

Banco de Chile (www.bancochile.cl; esq. Pedro Montt y av. Pedro de Valdivia) Cajero automático.

Oficina de correos (www.correos.cl; Anfión Muñoz 315; ☉9.00-13.30 y 15.30-19.00 lu-vi, 10.00-13.00 sa)

Oficina de turismo (☑45-220-6618; www.visitvillarrica.cl; av. Pedro de Valdivia 1070; ☉8.30-23.00 ene-feb, 8.30 hasta 18.00 lu-vi, 9.00-13.00 y 14.30-17.30 sa y do mar-dic) Oficina municipal con buen personal y muchos folletos. Hay otra oficina en la **plaza de Armas**

(📞 45-241-9819; www.visitvillarrica.cl; plaza de Armas; ⏰ 8.30-13.00 y 14.30-18.00 lu-vi).

Hospital de Villarrica (https://villarrica. araucaniasur.cl; San Martín 460; ⏰ 24 h)

❶ Cómo llegar y salir

Villarrica tiene una **terminal de autobuses** (av. Pedro de Valdivia 621) con servicios principalmente regionales; casi todas las compañías con servicios de largo recorrido disponen de oficinas independientes en sus cercanías. Los autobuses de largo recorrido tienen tarifas parecidas a las que salen de Temuco (a 1 h de distancia), donde hay más opciones para seguir viaje hacia el sur. Desde la terminal –en realidad solo un aparcamiento– **Buses Vipu-Ray** (📞 móvil 9-6835-5798) viaja a Pucón. **Buses Coñaripe** (📞 móvil 9-6168-3803; ⏰ 8.00-21.00) tiene salidas durante todo el día a Licán Ray, Coñaripe y Panguipulli. **Buses Villarrica** (📞 45-241-4408) se dirige a Temuco.

Los siguientes autobuses salen de la propia terminal de cada compañía. **Buses JAC** (📞 45-246-7775; www.jac.cl; Bilbao 610; ⏰ 6.00-21.40 lu-vi, desde 6.30 sa, desde 19.30 do) va a Pucón, Temuco, Puerto Montt, Puerto Varas y Valdivia. **TurBus/Cóndor** (📞 45-220-4102; www.turbus.cl; Anfión Muñoz 657; ⏰ 9.00-13.00 y 15.00-19.00 lu-vi, 9.00-14.00 sa), **Pullman Bus** (📞 45-241-4217; www.pullman.cl; esq. Anfión Muñoz y Bilbao) y Buses JAC ofrecen los servicios más frecuentes a Santiago, la primera con al menos una salida cada noche y Viña del Mar/Valparaíso (20.40).

Para destinos en Argentina, **Igi Llaima** (📞 45-241-2753; www.igillaima.cl; av. Pedro de Valdivia 621, Terminal Villarrica; ⏰ 9.00-13.30 y 17.30-20.00 lu-vi, 9.00-19.00 sa, 12.00-21.00 do), en la terminal principal, tiene salidas diarias a San Martín de los Andes. **Buses San Martín** (📞 045-241-9673; Pedro León Gallo 599; ⏰ 9.00-13.30 y 16.00-20.30 lu-vi, 9.00-13.00 sa) realiza la misma ruta los martes, jueves y sábados.

DESTINO	PRECIO (CLP)	DURACIÓN (H)
Coñaripe	2100	1
Licán Ray	1500	¾
Panguipulli	2900	1½
Pucón	900	¾
Puerto Montt	9300	5
Puerto Varas	9000	4¾
San Martín de los Andes (Ar)	13 000	5
Santiago	27 400	10
Temuco	1800	1
Valdivia	4500	3
Viña del Mar/ Valparaíso	28 800	15

Pucón

📞 045 / 22 081 HAB.

Pucón es famoso entre los adictos a los deportes de riesgo y disfruta de un entorno espectacular: el bello lago Villarrica y el llameante volcán homónimo. Antaño fue un lugar de veraneo de las grandes fortunas, pero hoy es un centro de deportes de aventura que funciona todo el año y para todos los bolsillos, sobre todo en febrero (mejor evitar este mes), cuando se llena hasta los topes: desde turistas en viaje organizado o santiaguinos de vacaciones hasta *snowboarders* brasileños novatos y mochileros en busca de aventuras, pasando por espiritualistas *new age* y antiguos activistas maduros reconvertidos en pioneros de lo ecológico.

Aunque la popularidad de Pucón quizá desaliente a algunos, la ciudad cuenta con las mejores infraestructuras turísticas en una población pequeña al sur de Costa Rica, lo cual se traduce en alojamientos de calidad, agencias de turismo muy profesionales, un sinfín de actividades y excursiones, restaurantes vegetarianos, comida mexicana, falafel, microcervecerías y expatriados de todo el mundo.

🏃 Actividades

Fuentes termales

Entre las termas populares de la zona donde darse un baño relajante se cuentan las sencillas e informales **termas de Panqui**, 56 km al este de Pucón; las antes populares (pero algo deterioradas) **termas Los Pozones**, 36 km al este; las elegantes **termas Peumayén**, 30 km al este; y las tradicionales **termas de Huife**, 35 km al este. Los turoperadores de Pucón ofrecen salidas de un día (transporte incl.) a las más populares por 20 000-25 000 CLP; y a algunas se puede llegar en transporte público.

Ciclismo de montaña

Por toda la ciudad hay locales que alquilan bicicletas de montaña. Los precios por día se pueden negociar, pero no deberían superar los 10 000-14 000 CLP (a no ser que se trate de una máquina novísima con suspensión en ambas ruedas).

La ruta más popular es la circular de **Ojos de Caburgua** (aunque el tráfico ha aumentado y ha perdido cierto encanto). Parte del desvío al aeropuerto, unos 4 km al este de Pucón, y cruza el río Trancura. En verano es un trayecto muy polvoriento, solo soportable

Pucón

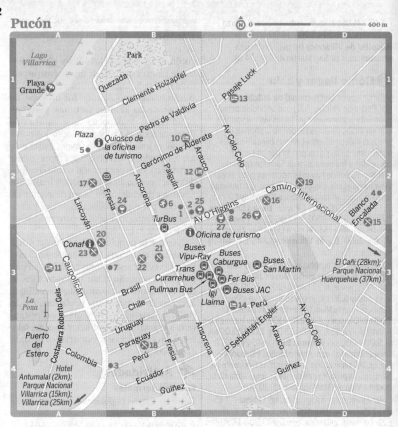

N 0 _____ 400 m

SUR CHICO LA ARAUCANÍA

Pucón

para los ciclistas más aguerridos. El circuito puede prolongarse hacia el **lago Caburgua** y por el **río Liucura,** o el periplo completo del **río Trancura.**

Otras dos rutas populares de los alrededores son las de **Correntoso** y **Alto Palguín-Chinay** (hasta las termas de Palguín). También se puede afrontar el volcán en un descenso (por persona en grupo de 2/4 personas 70 000/55 000 CLP).

Las agencias de alquiler de bicicletas pueden informar en detalle y suelen proporcionar buenos mapas. Aunque cobra algo más, **Freeride Pucón** (móvil 9-9317-8673; www. freeridepuconchile.com; Urrutia 436, local 3; medio día/día completo 8000/14 000 CLP; 9.00-20.00 dic-feb, 9.00-13.00 y 15.00-19.00 mar-nov) dispone de las mejores bicicletas y servicio de mantenimiento de la ciudad.

'Rafting' y kayak

Pucón es conocido por sus deportes fluviales y la calidad de sus infraestructuras de kayak y *rafting*, una actividad organizada por las agencias de viajes más importantes. Los ríos cerca de Pucón y sus rápidos son el **Trancura inferior** (III), el **Trancura superior** (IV), el **Liucura** (II-III), el **Puesco** (V) y el **Maichín** (IV-V), entre muchos otros. Hay que tener en cuenta que el *rafting* no es tan bueno como en Futaleufú.

Al acordar una salida de *rafting* o kayak hay que tener en cuenta que la duración indicada incluye a menudo el transporte hasta el río, no solo el tiempo que se pasa en el agua. Los precios oscilan desde salidas de un día por 10 000 CLP hasta excursiones de 50 000 CLP, según la temporada, el número de personas por balsa, la agencia y el grado de dificultad. Muchos ríos bajan caudalosos en invierno y están cerrados para la mayor parte de los deportes, aunque en algunos aún se puede practicar *rafting* o kayak.

En primavera e invierno una gran opción es el hidrotrineo (25 000 CLP), para algunos mejor que el *rafting*.

👉 Circuitos

⭐ Aguaventura   AL AIRE LIBRE

(45-244-4246; www.aguaventura.com; Palguín 336; 8.30-22.00 dic-mar, hasta 20.30 abr-nov) Esta agencia de propiedad francesa ofrece guías altamente capacitados para subir al volcán (¡y después cerveza!) y se especializa en además en deportes de nieve y kayak, pero reserva todo tipo de actividades; también alquila lo necesario para la montaña, el agua y la nieve (incluido). Su copropietario, Vincent, se preocupa mucho de la seguridad.

Summit Chile   AIRE LIBRE

(45-244-3259; www.summitchile.org; Urrutia 585; 10.00-20.00 nov-mar, hasta 18.00 abr-oct) Fundada por el chileno Claudio Retamal, que fue campeón de escalada y hoy es el guía más experto del volcán. También acompaña hasta los demás volcanes –Lanín, Llaima y Lonquimay– o a escalar en roca, compartiendo sus conocimientos sobre geología y biología. Los esquiadores de nivel alto o de esquí de fondo pueden preguntar por las pistas que hay más arriba de Villarrica.

Antilco   PASEOS A CABALLO

(móvil 9-9713-9758; www.antilco.com; Carhuello, km 7) Esta empresa muy recomendable ofrece salidas a caballo desde medio día a 12 días en el valle de Liucura, el Parque Nacional Huerquehue, reservas mapuches y hasta Argentina. Están diseñadas para principiantes y expertos.

Aventur   AIRE LIBRE

(45-244-2796; www.aventurpucon.cl; Panguín 383; descenso ríos 1/2 días 20 000-25 000 CLP) Es la agencia recomendada para el hidrotrineo. En primavera e invierno, cuando aumenta el nivel del agua, es una gran aventura a buen precio en Pucón.

Bike Pucón   BICICLETA DE MONTAÑA

(móvil 9-9579-4818; www.bikepucon.com; esq. Caupolicán y Perú; circuitos medio día incl. alquiler de bicicletas desde 75 000; 10.00-14.00 y 17.00-21.00 dic-mar) Emocionantes descensos de 17-20 km que se reparten entre seis senderos que discurren por terreno volcánico, pistas simples y antiguas veredas cortafuegos; no son para novatos: se pueden acometer sin gran experiencia, pero contando con que se besará el suelo en algún momento.

Fuera de temporada alta, solo se puede reservar en línea.

Elementos   CULTURAL

(móvil 9-5689-3491; www.elementos-chile.com) Esta buena opción de etnoturismo, que fusiona naturaleza, cultura y gastronomía con un enfoque ecologista, es una agencia de gestión alemana que ofrece salidas desde medio día hasta varios días desde el Biobío a Chiloé, que se adentran en la cultura mapuche e incluyen clases de cocina con jefes mapuches, visitas a *rucas* (casas de paja tradicionales mapuches) y encuentros con curanderos mapuches, e intercalan algunas cascadas y lagunas andinas.

Se consiguen descuentos reservando en línea o por WhatsApp.

Canyoning Pucón
BARRANQUISMO

(📱móvil 9-9294-6913; www.canyoningpucon.cl; Blanco Encalada 185) La agencia recomendada para barranquismo ofrece salidas de medio día a los cañones de Pillán (oct-mar) y Nevados (dic-abr) por 35 000 CLP.

Kayak Pucón
KAYAK

(📱móvil 9-9716-2347; www.kayakpucon.com; av. O'Higgins 211; ⏰9.00-21.00 nov-feb; 🚻) Esta prestigiosa agencia ofrece cursos de tres días (240 000 CLP) y excursiones de varios días para expertos en kayak. Los circuitos de medio día en barcos inflables para una persona por rápidos de grado III suponen una buena opción para aquellos con menos experiencia en kayak (25 000 CLP). Ofrece *rafting* para niños y otros circuitos más intrépidos para expertos. También alquila equipo.

Free Tour Pucón
A PIE

(📱móvil 9-4305-5479; www.freetourpucon.com; ⏰11.00 mi-do dic-mar) GRATIS Javier es el guía de este fantástico circuito a pie de 2 h de duración; no hace falta reservar en temporada alta: basta con presentarse en la plaza delante de la iglesia.

Politur
RAFTING

(📱45-244-1373; www.politur.com; av. O'Higgins 635; ⏰8.00-23.00, hasta 20.00 may-oct) La mejor agencia para *rafting*.

🛏 Dónde dormir

⭐ ¡école!
ALBERGUE $

(📱45-244-1675; www.ecole.cl; Urrutia 592; h 36 000-58 000 CLP, i/d sin baño 20 000/24 000 CLP, dc con/sin ropa de cama 12 000/9000 CLP; 🅿@🛜) 🍃 Con conciencia ecológica, y toda una experiencia de viaje en sí misma. Es un punto de encuentro para viajeros responsables y un alojamiento sosegado y evocador. Las habitaciones son pequeñas, limpias y confortables, pero con paredes muy finas y un entorno muy apacible, así que nada de fiestas.

Las cuatro nuevas habitaciones dotadas de relajante madera de colores pastel y baños modernos con cortinas de ducha de algodón, se hallan en la parte trasera. Ofrece yoga tres veces al día, hay una sala de masajes, y el excelente restaurante vegetariano es uno de los mejores de Chile (platos principales 4800-5400 CLP). Ellos preconizaban la sostenibilidad, la conservación del medio ambiente y el "eco-lo-que-sea" casi dos décadas antes que nadie en Chile.

Chili Kiwi
ALBERGUE $

(📱45-244-9540; www.chilikiwihostel.com; Roberto Geis 355; dc desde 10 000, h sin baño desde 34 000 CLP; 🛜) 🍃 En una posición privilegiada a orillas de lago, es el albergue de Pucón que más invita al trato social. Dispone de varios dormitorios colectivos y opciones privadas (furgonetas transformadas, casas en los árboles, cabañas, refugios de estilo Quonset, con camas de la mejor calidad), cocinas y baños llenos de detalles de diseño y hasta dos enchufes por cama en el dormitorio colectivo.

El *pub*, solo para huéspedes, sirve cerveza artesanal y cuenta con una maravillosa terraza exterior construida por un *Wandergeselle* alemán, ofrece pintas más baratas que fuera. Todo es encantador.

French Andes II
ALBERGUE $

(📱45-244-3324; www.french-andes.com; Pasaje Luck 795; dc 1/2 personas 14 000/24 000 CLP, h sin baño 45 000 CLP; 🅿@🛜) 🍃 De propiedad francesa, tiene muchos atractivos: los dormitorios (i y d) de estilo cápsula japonés ofrecen en realidad más privacidad que uno estándar (el equipaje se deja fuera en cajas de seguridad o taquillas), y los baños compartidos de color rojo vivo desprenden personalidad. El jardín trasero, con su fuego, pone la guinda. Hay vistas impresionantes de Villarrica.

Okori Hostel
ALBERGUE $

(📱móvil 9-9821-9442; www.okorihostelpucon.com; camino Internacional, km 5; dc desde 12 000 CLP, h con/sin baño desde 65 000/50 000 CLP; 🅿🛜) Si no importa no estar en el centro de la ciudad o si apetece alojarse entre la naturaleza, esta opción escondida en un barrio residencial a 5 km de Pucón es un gran opción. El albergue se ha construido utilizando mucha madera autóctona; hay una barra de madera tallada, lavabos de madera tallada, barandillas de las escaleras de madera recuperada, etc.

Hostal Víctor
PENSIÓN $

(📱45-244-3525; www.hostalvictor.cl; Palguín 705; dc/h 15 000/40 000 CLP; @🛜) Si se valora el dormir bien, Víctor destaca por la limpieza y un ambiente cálido que favorece el descanso. Todas las habitaciones, incluidos los dormitorios colectivos de cuatro camas, cuentan con baño privado.

Hotel Antumalal
HOTEL-BOUTIQUE $$$

(📱45-244-1011; www.antumalal.com; camino Pucón-Villarrica, km 2; h desde 339 900, casa del lago para 6 personas 780 000 CLP; 🅿🏊) Este testimonio de la arquitectura de la Bauhaus en la carretera a Villarrica está construido sobre un promontorio rocoso que domina el lago; todo revela un afán de integración en el entorno al tiempo que parece extraña y maravillosamente fuera de lugar.

Sus enormes ventanas inclinadas descubren unas vistas insuperables del lago Villarrica desde las elegantes zonas comunes, y todas las habitaciones, de estilo minimalista, cuentan con chimenea; en algunas las paredes son de roca viva cubierta de helechos y musgo. El restaurante prepara cocina internacional con un toque chileno (platos principales 10 000-17 000 CLP), con muchos ingredientes procedentes de su pequeño huerto ecológico, una nimiedad en las 12 Ha de jardines de la finca.

Aldea Naukana
HOTEL-BOUTIQUE **$$$**

(☎45-244-3508; www.aldeanaukana.com; Gerónimo de Alderete 656; incl. desayuno h desde 143 000 CLP, ste 190 000 CLP; P ☎) Una maravillosa combinación de maderas autóctonas y piedra volcánica vertebran este hotel-*boutique* de 10 habitaciones, uno de los más aconsejables en el propio Pucón. Además de las comodísimas habitaciones, hay una pequeña sauna (incluida en el precio) y un *jacuzzi* de pago en la azotea con vistas sensacionales del volcán.

🍴 Dónde comer

⭐ Trawen
CHILENA, FUSIÓN **$**

(☎45-244 2024; www.trawen.cl; av. O'Higgins 311; platos principales 6200-16 800 CLP; ⊙8.30-24.00; ☎) 🖉 De larga tradición, ofrece una de las mejores comidas a buen precio de Pucón, con innovadoras combinaciones de sabores y multitud de horneados. Destacan los excelentes raviolis de trucha ahumada con salsa de espinacas, venado envuelto en beicon, *risotto* de pulpo con merquén ahumado y ensaladas de su propio huerto con certificado ecológico, el primero del sur de Chile. La comida se puede acompañar de vinos naturales biodinámicos. Suele acudir una clientela original.

Just Delicious
ORIENTE MEDIO **$**

(www.facebook.com/JDpucon; O'Higgins 717, local 7, Patagonia Blvd; ⊙12.00-16.00 y 18.30-21.00 ma-sa; ☎🖉) El israelí Tal hace de todo, a menudo con ingredientes procedentes de su patria, en este fantástico paraíso de Oriente Próximo con *hummus,* falafel, *shakshuka* (huevos con salsa de tomate picante), *baba ghanush, baklava* y otras delicias. El falafel en pita casera (con *hummus,* repollo encurtido, *tahini* y *matbukha* picante) es una revelación.

Incluso sus verduras encurtidas caseras son memorables. Solo acepta efectivo.

Sundar
VEGETARIANA **$**

(www.facebook.com/sundarvegetariano; Ansorena 438; comidas 3000 CLP; ⊙12.00-17.00, cerrado do; 🖉) Se sea o no vegetariano, esta es una de las mejores ofertas de Pucón. Es un local minúsculo al que acuden los lugareños por sus menús de almuerzo saludables. Está escondido en la parte trasera de un pequeño centro comercial.

Menta Negra
CAFÉ **$**

(www.facebook.com/emporiomentanegra/; O'Higgins 772; menú comidas 6900 CLP; ⊙9.00-24.00, cerrado do abr-nov; ☎) En un día de sol, nada mejor que instalarse en el patio de este café para tomar buena comida casera y contemplar vistas de la naturaleza y no de edificios, algo raro en Pucón.

La Picada
CHILENA **$**

(Paraguay 215; menú almuerzo 4500 CLP; ⊙12.00-16.00, cerrado do mar-nov) Se ha desvelado este secreto de los vecinos: un restaurante subterráneo en la sala de estar de alguien (o fuera en la terraza nueva) que sirve almuerzos fijos sin aspavientos, como ensaladas, pastel de choclo, cazuelas o pasta. No tiene cartel: hay que llamar a la puerta.

Latitude 39°
AMERICANA **$**

(Urrutia 436, local 2; platos principales 5900-7800 CLP; ⊙12.00-23.30, horario reducido invierno; ☎) Los propietarios, originarios de California, cubren el claramente apreciado nicho gringo en este restaurante para nostálgicos. Las jugosas hamburguesas de estilo estadounidense triunfan; se aconsejan la Grand Prix (cebolla caramelizada, beicon, mantequilla de cacahuete) o la Buddha (salsa sriracha, ensalada de col asiática, gambas rebozadas), pero también sirve un enorme burrito para el desayuno (y para el almuerzo), tacos de pescado, enrollados de pollo y todo lo que uno pueda echar de menos.

Express de Lider
SUPERMERCADO **$**

(www.lider.cl; Pasaje Las Rosas 635; ⊙8.30-22.00 lu-sa, 9.00-21.00 do) El mejor supermercado de Pucón de marcas internacionales.

El Castillo
INTERNACIONAL **$$**

(☎móvil 9-8901-8089; camino a Volcán, km 8; platos principales 3600-12 900 CLP; ⊙6.00-17.00 dic-feb, horario reducido invierno) En la carretera al volcán, del que brinda vistas de postal, este espacio de piedra volcánica y madera calentado con una estufa rusa es parada obligatoria si se viaja en automóvil. La chef Zoe prepara comida casera gastronómica, con acento en la caza –conejo de monte, venado, jabalí–, que satisface la necesidad de algo distinto.

La Maga   PARRILLA $$

(☎45-244 4277; www.lamagapucon.cl; Gerónimo de Alderete 276; bistecs 13 900-18 900 CLP; ☻13.00-16.00 y 20.00-23.00 dic-mar, cerrado lu mar-nov) Hay una parrilla para cada presupuesto en Pucón, pero este asador uruguayo sobresale por su bife de chorizo, sus patatas fritas caseras y su adictivo chimichurri. No es barato, pero es uno de los mejores del Sur Chico.

Viva Perú   PERUANA $$

(www.vivaperudeli.cl; Lincoyán 372; platos principales 8900-15 900 CLP; ☻13.00-24.00 dic-mar, 13.00-16.00 y 19.30-23.30 abr-nov; ☎) Un restaurante íntimo donde cocinan muy bien los clásicos peruanos: el cebiche, el tiradito (cebiche sin cebolla), los chicharrones y el ají de gallina, incluso los famosos platos de chifa (fusión con la cocina china).

Pizza Cala   PIZZERÍA $$

(Lincoyán 361; pizzas 5700-19 000 CLP; ☻12.00-24.00; ☎) La mejor *pizza* de Pucón, hecha en un enorme horno de 1300 ladrillos por un cocinero argentino-estadounidense. En invierno es el único restaurante caliente de la ciudad.

★ La Fleur de Sel   FRANCESA $$$

(☎45-197-0060; www.termaspeumayen.cl; camino Pucón-Huife, km 28; platos principales 8900-14 500 CLP; ☻13.00-16.00 y 19.30-21.00, cerrado lu med mar-med dic) 🍴 El chef del País Vasco francés Michel Moutrousteguy ofrece una carta francesa con influencias mapuches que merece la excursión hasta las termas Peumayén (por la comida, no por el servicio), 32 km al este de Pucón, aun cuando no se tenga previsto bañarse. Abundan los platos de carne (conejo salvaje, *pot au feu* de lengua de res, buey a la borgoñona), locales y de temporada, y es el destino de los sibaritas de la región.

Un menú de tres platos con entrada a las termas cuesta 27 500 CLP. A Peumayén se llega en coche o desde Pucón en uno de los cinco autobuses (1500 CLP) diarios de Fer Bus (p. 237).

🍺 Dónde beber y vida nocturna

BeerHouse   CERVEZA ARTESANA

(www.facebook.com/BeerHousePucon; Urrutia 324; pintas 3300-4000 CLP; ☻17.30-00.30 lu-ju, hasta 1.30 ju y vi) Los aficionados a la cerveza se congregan en este local, el único bar de Pucón dedicado a las cervezas artesanales. No ofrece muchas opciones (seis grifos y algunas botellas de Chile/EE UU), pero son muy buenas: IPA de Tübinger y Jester con intenso sabor de lúpulo, *stout* Cuello Negro y una selección de Ballast Point de San Diego, entre otras.

También sirve grandes hamburguesas y patatas fritas con piel. Se aconseja sentarse en el patio de la calle.

Madd Goat Coffee Roasters   CAFÉ

(www.facebook.com/patagoniaroast; O'Higgins 717, local 3, Patagonia Blvd; café 1600-4000 CLP; ☻9.00-21.00 lu-sa; ☎) Pucón puede haberse rendido a la moda del buen café dos décadas después que los demás, pero por fin cuenta con una cafetería de Tercera Ola para satisfacer a las masas con sobredosis de Nescafé. Su propietario estadounidense tuesta granos procedentes de Sudamérica y elabora sus expresos en una elegante máquina Pavoni italiana.

Mama's & Tapas   BAR, CLUB

(av. O'Higgins 597; cócteles desde 5500 CLP; ☻10.00-5.00 dic-mar, desde 18.00 abr-nov) Conocido como "Mama's" a secas, es el bar de renombre más veterano de Pucón, con paredes íntegramente revestidas de madera y un techo diseñado por un ingeniero de sonido; no se anima hasta la madrugada, cuando se transforma en discoteca.

Black Forest   LOUNGE

(www.blackforest.cl; O'Higgins 524; cócteles 3000-6000 CLP; ☻17.00-3.00 do-ju, hasta 4.00 vi-sa; ☎) Atiende a una clientela ligeramente más sofisticada que busca ambientes escondidos y chic para tomar cócteles con buen *sushi* y disfrutar de un poco de música en directo las noches de los sábados.

La Vieja Escuela   CLUB

(www.laviejaescuelacultobar.com; Colo Colo 450; ☻20.30-3.30 lu-ju, hasta 5.00 vi-do; ☎) Este oscuro y sexi bar/club/local de música en directo complace a una clientela sofisticada que pasa de los 30 años. Las butacas de terciopelo rojo sangre traen evocaciones victorianas, y todo el local es algo único. Con DJ y *rock* en directo.

ℹ Información

En Pucón han aumentado los hurtos menores, sobre todo en las zonas próximas a la playa. Los principales objetivos de los ladrones son las bicicletas y las mochilas, pero tampoco conviene dejar cosas de valor dentro del automóvil por la noche. Se aconseja prudencia.

Hay varios bancos con cajero automático en la **avenida O'Higgins.** Las tarifas para retirar dinero del Banco do Estado son las más baratas.

Banco de Chile (www.bancochile.cl; av. O'Higgins 311) Cajero automático.

BancoEstado (www.bancoestado.cl; av. O'Higgins 240) Cajero automático.

Carabineros de Chile (☏45-246-6339; www.carabineros.cl; O'Higgins 135; ⊙24 h) Policía.

Oficina de correos (www.correos.cl; Fresia 183; ⊙9.00-13.00 y 14.30-18.00 lu-vi, 9.00-12.30 sa)

Conaf (☏45-244-3781; www.conaf.cl; Lincoyán 336; ⊙8.30-18.30 lu-vi) La sucursal mejor equipada de la región.

Oficina de turismo (☏45-229-3001; www.destinopucon.com; esq. av. O'Higgins y Palguín; ⊙8.30-22.00, hasta 19.00 abr-oct) Tiene muchos folletos. Durante la temporada dispone de un **quiosco** (plaza de Armas; ⊙11.30-19.00 fiestas, fines de semana y jul, 8.30-22.00 med dic-med feb) en la plaza de Armas.

❶ Cómo llegar y salir

Las mejores opciones de transporte en autobús a/desde Santiago son las de **TurBus** (☏45-268-6102; www.turbus.com; av. Bernardo O'Higgins 447A; ⊙7.30-21.30), con su propia estación justo al este del centro, y las de **Pullman Bus** (☏45-241-4217; www.pullman.cl; Palguín 555; ⊙7.30-21.30), en el centro. Ambas compañías ofrecen unas cuantas salidas diarias a Viña del Mar/Valparaíso. **Buses JAC** (☏045-299-3183; www.jac.cl; esq. Uruguay y Palguín; ⊙7.00-19.00 lu-sa, 9.00-21.00 do) va a Temuco, además de a Puerto Montt vía Osorno y Puerto Varas. Para Valdivia, JAC tiene seis autobuses diarios, mientras que **Buses Vipu-Ray** (☏móvil 9-6835-5798; Palguín 550) y **Trans Curarrehue** (☏móvil 9-9273-1043; Palguín 550) ofrecen servicios continuos a Villarrica y Curarrehue. **Buses Caburgua** (☏móvil 9-9838-9047; Palguín 555) enlaza con el menos tres autobuses diarios el Parque Nacional Huerquehue. Desde la misma estación, **Fer Bus** (☏móvil 9-9047-6382; Palguín 555) viaja a las termas Los Pozones, las termas Peumayén y al santuario El Cañi.

Buses San Martín (☏45-244-2798; Uruguay C27; ⊙9.00 13.00 y 15.30 19.45 lu vi, 9.00-12.00 sa, 16.30-19.45 do) ofrece salidas a Argentina los martes y sábados a las 7.45 –a San Martín de los Andes–, y a Neuquén vía Junín. **Igi Llaima** (☏45-244-4762; www.igillaima.cl; esq. Palguín y Uruguay; ⊙7.00-13.30 y 15.00-21.00) se dirige a San Martín de los Andes y Neuquén.

DESTINO	PRECIO (CLP)	DURACIÓN (H)
Curarrehue	1000	¾
Neuquén (Ar)	42 000	9
Parque Nacional Huerquehue	2000	¾
Puerto Montt	9800	5
San Martín de los Andes (Ar)	14 000	5
Santiago	38 400/ 35 500	9½
Santuario El Cañi	1000	
Temuco	2800	1
Termas Los Pozones	1500	
Termas Peumayén	1500	
Valdivia	4700	3
Valparaíso/ Viña del Mar	35 500	12½
Villarrica	1000	½

❶ Cómo desplazarse

Pucón es muy cómodo para desplazarse a pie. Varias agencias de viajes alquilan automóviles; los precios pueden ser competitivos, sobre todo en temporada baja, aunque suelen subir los fines de semana.

Kilometro Libre (☏9-9218-7307; www.rentacarkilometrolibre.com; Palguín 212, Hotel Rangi Pucón; ⊙9.00-18.00)

Parque Nacional Villarrica

Es uno de los parques nacionales más populares del país por sus volcanes y lagos. Como está cerca de Pucón, es también accesible para todos, desde mochileros a esquiadores, escaladores y excursionistas.

Lo más notable de este parque de 630 km² son los tres volcanes: Villarrica (2847 m) –que registró una erupción breve pero espectacular en marzo del 2015, Quetrupillán (2360 m) y, en la frontera con Argentina, una parte del Lanín (3747 m). El resto del Lanín está protegido en un parque argentino igual de impresionante, y desde ese lado se puede escalar.

Desde la erupción del 2015 se han producido algunas alertas; conviene asegurarse de la situación una vez allí antes de la visita.

🏃 Actividades

Alpinismo

La ascensión al humeante cráter del volcán Villarrica, que a veces escupe lava, es una popular excursión de un día entero (unos 85 000-95 000 CLP, sin incluir la tarifa del telesilla de 10 000 CLP), saliendo de Pucón entre las 6.00 y las 7.00, según la estación. No hace falta ser alpinista, pero tampoco es un paseo sencillo. En otoño es más complicado, pues hay poca nieve. Conviene ir bien equipado y elegir una agencia con guías expertos. El mal tiempo puede retrasar las ascensiones durante días. Operadores menos reputados pueden llevar al viajero solo un tramo los días que saben que el tiempo no va a aguantar, para así no tener que devolver el dinero.

Los alpinistas sin guía deben obtener permiso de la Conaf en Pucón (p. 237).

Excursionismo

Rucapillán, el sector más accesible del parque, está justo al sur de Pucón, a lo largo de una carretera en buen estado, e incluye las rutas más populares para subir al volcán Villarrica o recorrer sus alrededores.

El sendero Challupén-Chinay (23 km, 12 h) rodea la cara sur del volcán, atraviesa un paisaje variado y finaliza en la entrada del sector de Quetrupillán. Este sector es de fácil acceso por la carretera de las termas de Palguín. Sin embargo, si se desea seguir hasta Coñaripe, la carretera que cruza el parque en dirección sur requiere un todoterreno incluso con buen tiempo. Una serie de rutas de 32 km de longitud, con un par de zonas de acampada, conecta con el sector de Puesco, cerca ya de la frontera argentina, donde hay transporte público para regresar a Curarrehue y Pucón (o conexiones para entrar en Argentina).

Si se piensa atravesar el volcán en vez de escalarlo se deberán pagar 10 000 CLP.

Esquí

Ski Pucón (📞45-244-1901; www.skipucon.cl; Clemente Holzapfel 190, oficina de Pucón en Enjoy Tour, Gran Hotel Pucón; forfait 1 día adultos/niños 38 000/32 000 CLP; ⏰9.00-17.00 jul med oct) es la estación de esquí con más instalaciones de la Araucanía. Dispone de seis telesillas y 17 pistas, aunque muchas pueden estar cerradas. Hay un parque de nieve artificial bastante bueno para esquiadores y practicantes de *snowboard freestyle,* y las erupciones han tallado algunos parajes naturales para saltar (medio tubos, etc.) con los años.

ℹ Cómo llegar y salir

Los taxis desde Pucón a la base del volcán (20 000-25 000 CLP, 30 min), coche propio o un circuito son las únicas formas de llegar al parque (aunque los ciclistas de montaña en forma también pueden llegar).

Valles del río Liucura y río Caburgua

Al noreste de Pucón, la carretera se bifurca en dos valles. Los lugares de más interés del valle del río Caburgua, por el norte, son el lago Caburgua y su playa Blanca (a 24 km), así como los Ojos del Caburgua, con muchas cascadas. La carretera de Camino Pucón-Huife lleva a numerosas aguas termales, el santuario de naturaleza El Cañi (www.santuariocani.cl; Pichares, km 21; con/sin guía 15 000/4000 CLP; ⏰entradas desde 8.00-12.00 solo) y brinda vistas de la cinta plateada que es el río Liucura atravesando este verde valle. Ambas rutas atraen a quienes escapan del bullicio de Pucón en busca de un entorno más relajante, sobre todo entusiastas de la naturaleza y aquellos que gustan de sumergirse durante el día o la noche en una de las pozas calientes naturales. Ambas carreteras acaban uniéndose con la que va al Parque Nacional Huerquehue.

🏃 Actividades

Dentro del santuario El Cañi, una ruta de senderismo (7,5 km, 3 h) desde la administración del parque asciende el empinado terreno (los primeros 3 km tienen mucha pendiente) de lengas y araucarias para llegar a la laguna Negra. Los días despejados, el mirador, a 1 km de distancia de allí, ofrece vistas espectaculares de los volcanes de la zona. El paisaje es especialmente bello en invierno, cuando el sotobosque está cubierto de nieve. Solo se puede subir con un guía, excepto en verano, cuando el sendero es fácil de seguir. Una ruta alternativa, que rodea los tramos más empinados, empieza en el camino a Coilaco; un guía resulta indispensable. En La Loma Pucón hay *camping* y otras opciones de alojamiento.

Un nuevo y excelente mapa de senderos, con información sobre flora y fauna, está disponible en ¡école! (p. 234), así como en la administración de El Cañi.

Cañi Guides Group   EXCURSIONISMO (📱móvil 9-9837-3928; contacto@santuariocani.cl) El santuario de naturaleza El Cañi es ahora una reserva que protege unas 500 Ha de bosque de araucaria antiguo, que se ha conseguido conservar, y ahora mantiene esta asociación local de guías.

🛏 Dónde dormir

La Loma Pucón   CAMPING $ (📱móvil 9-8882-9845; www.tocatierra.cl/tocatierra4.html; santuario El Cañi; parcelas 5000 CLP/persona) Rod Walker, una leyenda de la educación medioambiental en Chile, dirige estas instalaciones básicas de acampada en La Loma Pucón dentro del santuario. Está a 2 km de la administración del parque y funciona con un sistema a control remoto/de autoservicio, con una caja donde se deja el dinero y servicio a través del móvil. Véanse todos los detalles en la web.

Elementos Eco Lodge   REFUGIO $$$ (📞45-244-1750; www.elementos-chile.com; camino a Caburgua, km 16; incl. desayuno i/d/ste 100 000/120 000/160 000 CLP; 🅿📶) 🌿 Este nuevo *lodge* sostenible en la carretera a Caburgua dispone de ocho habitaciones y suites con techo de hierba, hechas de paja y barro, y con vistas al río Licura desde las bañeras y las duchas. Cada habitación está tematizada según un *ngen* (elemento espiritual) mapuche y combina colores y aromaterapia. Un *mamuilfe* (escultor ceremonial) mapuche talló todo el mobiliario de madera.

ℹ Cómo llegar y salir

La visita a El Cañi se puede tramitar en Pucón, en ¡école! (p. 234), o a la entrada del parque. Otra opción es viajar con **Fer Bus** (p. 237), que puede dejar al viajero allí en una de sus cinco rutas diarias a Caburgua entre las 7.00 y las 17.30 de lunes a sábados; los domingos realiza cuatro servicios diarios entre las 10.30 y las 17.30 (1000 CLP).

Parque Nacional Huerquehue

Sorprendentes lagos de color azul verdoso rodeados por verdes bosques antiguos hacen que el maravilloso **Parque Nacional Huerquehue** (✆móvil 9-6157-4089; www.conaf.cl/parques/parque-nacional-huerquehue; adultos/niños chilenos 3000/1500 CLP, extranjeros 5000/3000 CLP) sea una de las estrellas del sur y sobresalga entre los parques nacionales chilenos. La reserva de 125 km², fundada en 1912, está repleta de ríos y cascadas, lagos alpinos y bosques de araucarias, y una fauna interesante que incluye el pudú (el cérvido más pequeño del mundo) y las arañas pollito, parecidas a las tarántulas, que aparecen en otoño. Los senderos del parque están bien señalizados y mantenidos, y garantizan varios días de exploración, pero incluso los más presurosos no deberían perderse por lo menos una excursión de un día desde Pucón, 35 km al suroeste.

🛏 Dónde dormir

Lago Tinquilco   CAMPING $
(✆móvil 9-6157-4089; parque.huerquehue@conaf.cl; parcelas chilenos/extranjeros 15 000/18 000) Se puede acampar en las parcelas con electricidad y agua caliente de este *camping* gestionado por la Conaf.

Renahue   CAMPING $
(✆móvil 9-6157-4089; parque.huerquehue@conaf.cl; parcelas 15 000 CLP) *Camping* gestionado por la Conaf con instalaciones básicas en el camino de Los Huerquenes.

Refugio Tinquilco   RESERVA $$
(✆móvil 9-9539-2728; www.tinquilco.cl; incl. desayuno parcelas 20 000, dc 16 000, d con/sin baño 42 900/34 900 CLP, cabañas 75 000; ☺cerrado junago) En una propiedad privada en la cabecera del sendero del lago Verde, 2 km más allá de la entrada del parque, este lujoso refugio de dos plantas ofrece mucho más que cama, comida y un sitio tranquilo para olvidarse del mundo; toda una experiencia. Tras una caminata, nada mejor que su tratamiento de sauna/piscina en el bosque (14 000 CLP).

Patricio guisa unos platos chilenos caseros muy sabrosos, y con detalles como el café francés y una larga carta de vinos. También elabora una guía de campo inestimable, a años luz de cualquier publicación de la Conaf. Un almuerzo o una cena cuestan 10 500 CLP.

ℹ Información

Centro de Informaciones Ambientales (✆móvil 9-6157-4089; www.conaf.cl; ☺10.30-14.30 y 16.30-19.30) En la entrada del Parque Nacional Huequehue; mapas de senderismo e información del parque.

ℹ Cómo llegar y salir

Buses Caburgua (p. 237) tiene al menos tres autobuses diarios desde Pucón al Parque Nacional Huerquehue (2000 CLP, 45 min, 8.30, 13.00 y 16.00), que regresan del parque a las 9.30, 14.10 y 17.10.

Curarrehue

☎045 / 6624 HAB.

El bastión mapuche de Curarrehue, 40 km al oeste de la frontera argentina, está ganando popularidad gracias a su museo sobre la cultura mapuche y a sus numerosas opciones de etnoturismo. El pequeño pueblo –y su nueva y bonita plaza de Armas– cuenta entre sus habitantes con un 80% de mapuches y es la última población destacable antes del paso de Mamuil Malal (paso Tromen), la frontera con Argentina.

El escueto pero informativo museo sobre la cultura mapuche **Museo Intercultural Trawupeyüm** (Héroes de la Concepción 21; 1000 CLP; ☺9.00-20.00 lu-vi, desde 11.00 sa y do ene y feb, 9.30-17.30 lu-vi, 10.00-17.00 sa mar-dic) ocupa una moderna interpretación de una *ruca,* una vivienda circular tradicional mapuche orientada al este.

🛏 Dónde dormir y comer

Ko-Panqui   REFUGIO $$
(✆móvil 9-9441-5769; www.facebook.com/ko-panqui/; camino a Panqui, km 4,9; cabañas/ste 76 000/102 000 CLP; 🅿🛜❄) ✆ Situado 5 km al norte de Curarrehue en las colinas de Panqui, este *lodge* sostenible y retiro artístico, concebido por Claudio Ansorena (el nieto del fundador de Pucón) constituye un retiro idílico, que da la bienvenida a gais y a mascotas y está rodeado de un encanto bucólico. Las tres elegantes cabañas con el techo de hierba son magníficas; la piscina infinita con

plantas que filtran el agua –con vistas a tres volcanes– es un trozo del paraíso en Chile.

★ Anita Epulef
Cocina Mapuche CHILENA $

(Mapu Iyagl; 📱móvil 9-8788-7188; anita.epulef@gmail.com; camino al Curarrehue; menú 7500 CLP; ⏱13.30-17.30 dic-feb, con cita previa abr-nov; 🅿) La chef mapuche Anita Epulef usa ingredientes de temporada en sus menús-degustación de cocina mapuche para paladares osados. Aquí se pueden probar delicias indígenas tales como el millokin (especie de albóndigas de porotos o judías con quinua), piñones de araucaria salteados (solo en temporada) o el pan de maíz con varias salsas, todas ellas excelentes y muy originales.

Para quienes dispongan de tiempo, Anita ofrece también cursos de medio día (15 000 CLP/persona; abr-nov). Si se llega desde Pucón, se la encontrará a mano derecha en la carretera principal justo antes de la entrada a la población.

ℹ Información
Oficina de turismo (📞45-219-71574; www.curarrehue.cl; O'Higgins s/n; ⏱9.00-19.00 lu-vi) Pequeña y sin cartel –pero útil– oficina de turismo en la carretera principal que atraviesa la localidad.

ℹ Cómo llegar y salir
Trans Curarrehue (p. 237) va a Pucón (1000 CLP, 45 min, cada 30-60 min, 6.30-20.30).
Buses a Pucón (O'Higgins s/n)

LOS RÍOS

Valdivia
📞063 / 154 432 HAB.

Valdivia fue declarada en el 2007 capital de la región chilena más reciente, la Región XIV (Los Ríos), tras años y años de debatir su inclusión en la Región de Los Lagos a pesar de sus diferencias geográficas, históricas y culturales. La universidad, la más importante del sur de Chile, aporta mucho a la ciudad: una notable inquietud cultural, precios de estudiante en muchos albergues, restaurantes y bares, la mejor cerveza artesanal del sur de Chile y unas potentes dosis de energía juvenil y efervescencia alemana.

◉ Puntos de interés
Feria Fluvial MERCADO

(av. Prat s/n; ⏱7.00-15.30) En este animado mercado junto al río al sur del puente de Valdivia se vende pescado, carne y verduras frescos. Los lobos marinos han descubierto esta Tierra Prometida, un lugar donde pueden flotar todo el día y dejar que los turistas y pescadores les lancen los restos de la captura del día. Un cebiche recién hecho cuesta 1500 CLP.

Para acercarse a los lobos marinos, hay que ascender por la costanera otros 200 m.

Cervecería Kunstmann FÁBRICA DE CERVEZA

(📞63-229-2969; www.cerveza-kunstmann.cl; Ruta T-350 950; pintas 3100-3500 CLP, platos principales 6600-10 600 CLP; ⏱12.00-22.00) En la isla Teja, en el km 5 de la carretera a Niebla, se encuentra la mejor cervecería del sur. Los circuitos estándar (45 min) salen cada hora de 12.15 a 20.00 (10 000 CLP) e incluyen una jarra para llevar y una muestra de 300 ml de la Torobayo sin filtrar, solo disponible aquí, directamente del tanque. Un circuito más completo de 90 min (15 000 CLP), que incluye catas de cinco cervezas y un paseo por la fábrica en un vehículo eléctrico, se realiza cuatro veces diarias (12.15, 14.00, 16.00, 18.00; el horario puede variar).

Si no se es un apasionado de la historia de la cerveza, es mejor invertir el precio del circuito en probar algunas de sus aproximadamente 15 cervezas, junto con contundentes platos alemanes, como chuletas de cerdo, *sauerkraut* y *currywurst*. Con el *boom* de la cerveza artesanal de Valdivia, estas cervezas ya no disfrutan del mismo prestigio que en el pasado, no se ve a ningún alemán y está atestado de turistas y autobuses turísticos, pero hay cosas peores que pasar la tarde saboreando estas cervezas. El *micro* 20 de Carampangue a la isla Teja (600 CLP) puede dejar en este punto.

Museo Histórico y Antropológico MUSEO

(www.museosaustral.cl; Los Laureles s/n; adultos/niños 1500/300 CLP; ⏱10.00-20.00, horario reducido invierno) Ubicado en una bella mansión a orillas del río, en la isla Teja, es uno de los mejores museos de Chile. Cuenta con una gran y bien explicada colección desde la época precolombina hasta la actualidad, con muestras especialmente interesantes de objetos mapuches y exquisitos artículos de

Valvidia

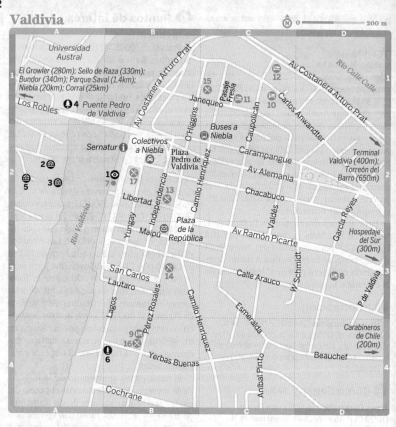

Valdivia

◉ Puntos de interés

◔ Actividades, cursos y circuitos

⬤ Dónde dormir

⊗ Dónde comer

plata y del hogar de los primeros asentamientos alemanes.

En el mismo complejo se halla el escueto **Museo de Arte Contemporáneo** (www.macvaldivia.uach.org; Los Laureles s/n; adultos/ni-ños 1500/300 CLP; ☉10.00-20.00, horario reducido invierno) y, en una casa cercana, el **RA Philippi Museo de la Exploración** (www.museosaustral.cl; Los Laureles s/n; adultos/niños 1500/300 CLP; ☉10.00-20.00, horario reducido invierno), de ciencia y naturaleza. La entrada, que también da acceso al Museo Histórico y Antropológico, cuesta 2500 CLP.

Parque Prochelle
PARQUE

(☺8.00-22.00) GRATIS Este parque urbano de la isla Teja alberga dos casas históricas frente a la carretera principal desde la entrada del parque.

Parque Saval
PARQUE

(adultos/niños 500/100 CLP; ☺8.00-24.00, horario reducido invierno) En la isla Teja, el parque Saval cuenta con una playa y un agradable sendero que corre a lo largo de la laguna de los Lotos, cubierta de liliáceas. Bueno para la observación de aves.

Torreón de los Canelos
TORRE

(esq. Yerbas Buenas y General Lagos) Esta inaccesible torre, que data del s. XVII, es una del par que se ven al este de la terminal de autobuses.

Torreón del Barro
TORRE

(av. Costanera Arturo Prat s/n) Es un fuerte español construido en 1774. Está cerrado al público.

⌖ Circuitos

Reina Sofía
CRUCERO

(☑63-220-7120; 20 000 CLP; ☺crucero 13.30) Una empresa recomendable (aunque algo avasalladora) para cruceros en barco estándar en Valdivia. Sale del puerto fluvial en la base de Arauco.

✵ Fiestas y celebraciones

Bierfest
CERVEZA

(http://bierfestkunstmann.cl; parque Saval; ☺ene) Festival cervecero organizado por Kunstmann.

Noche de Valdivia
CULTURAL

(www.nochevaldiviana.cl; ☺3er sa de feb) Durante el mayor evento de la ciudad, las barcazas se engalanan y hay fuegos artificiales.

⌂ Dónde dormir

★Airesbuenos Hostel y Permacultura
ALBERGUE $

(☑63-222-2202; www.airesbuenos.cl; García Reyes 550; dc/h incl. desayuno 12 000/38 000 CLP; @🗢) 🍃 Un simpático californiano regenta el mejor albergue de Valdivia, y ha convertido esta veterana institución en el alojamiento más ecológico del Sur Chico: duchas calentadas con energía solar, captación de agua de lluvia,

compostaje, toallas de fibra de bambú egipcio... Sostenibilidad aparte, los dormitorios compartidos son cómodos y coloridos y las habitaciones privadas, sencillas, son más bien pequeñas.

Hospedaje del Sur
B&B $

(☎móvil 9-8391-3169; franco.silvacampos@gmail.com; José Martí 301; i/d/tr incl. desayuno 22 000/36 000/50 000 CLP; P🗢) En la 3ª planta de un edificio de apartamentos contiguo a la terminal de autobuses, se halla esta fabulosa opción económica, donde el joven abogado Franco y su familia rezuman hospitalidad chilena. Ofrece tres habitaciones en verano (si no, solo una) amplias, con grandes TV de pantalla plana y por cable y un hogareño techo de madera. El desayuno es sorprendente: pan auténtico, bollería, queso y embutidos.

Hostal Tótem
PENSIÓN $

(☑63-222-9284; www.turismototem.cl; Carlos Anwandter 425; i/d/tr incl. desayuno 28 000/40 000/47 000 CLP; @🗢) De las muchas opciones de alojamiento de la avenida Carlos Anwandter, esta pensión con 11 habitaciones es la que sale más a cuenta. La limpieza, la simpatía del dueño y el soleado salón de desayunos compensan la falta de personalidad. Los suelos de madera crujen de lo lindo.

Hostel Bosque Nativo
ALBERGUE $

(☑63-243-3782; www.hostelnativo.cl; pasaje Fresia 290; incl. desayuno dc 12 000 CLP, i/d 32 000/35 000 CLP, sin baño 29 000/33 000 CLP; @🗢) Regentado por una ONG de silvicultura sostenible, es un oasis de confort escondido en una calle residencial a un corto trecho a pie de la estación de autobuses. Pero tiene también sus desventajas: no hay toallas de lavabo y, curiosamente, el papel higiénico está fuera en los baños comunitarios.

Pero las habitaciones privadas son unas de las de mejor precio de Valdivia y es uno de los albergues más acogedores de la ciudad.

Hotel Encanto del Río
HOTEL $$

(☑63-222-4744; www.hotelencantodelrio.cl; Prat 415; i/d 59 000/75 000 CLP; P🗢) Hotel de Fernando precio medio, situado en el tramo del río más tranquilo y elegante. Decorado con tejidos indígenas y reproducciones de obras de Fernando Botero, uno se siente en casa de un amigo, pero con los servicios de un hotel. Las habitaciones con vistas al curso de agua tienen patiecitos desde los que se ve, en la otra orilla del río Calle-Calle..., una fábrica.

Hostal Torreón
HOTEL HISTÓRICO **$$**

(☎63-221-3069; hostaltorreon@gmail.com; Pérez Rosales 783; i/d 25 000/40 000 CLP, sin baño 20 000/30 000 CLP; P🐾📶) Esta mansión apartada de la calle se enorgullece de sus suelos desnivelados –¡ha sobrevivido a dos terremotos!– y destaca por su personalidad y solera. Las zonas comunes dan fe del pasado de la casa, y las habitaciones de la 2ª planta tienen más luz y menos humedad que las del sótano. El desayuno cuesta 4000-7000 CLP.

🍴 Dónde comer

Café Moro
CHILENA **$**

(Paseo Libertad 174; menú 3600 CLP; ☉9.30-22.00 lu-vi, 11.00-22.00 sa; 📶) Excelente para almorzar, con un menú de óptima relación calidad-precio; atrae a una heterogénea mezcla de hípsters intelectuales e investigadores del Centro de Estudios Científicos de Valdivia, y se pasa a las copas conforme avanza la noche.

La Última Frontera
RESTAURANTE, BAR **$**

(Pérez Rosales 787; sándwiches 3000-5300 CLP; ☉10.00-2.00 lu-sa; 📶🐾) Este local de característico ambiente bohemio es un paraíso para los viajeros. Apartado y tranquilo en una mansión restaurada, sirve numerosos sándwiches originales, zumos recién hechos y cerveza artesanal local, unas 15 de grifo (Cuello Negro, Totem, Valtare, Duende) y algunas más de botella.

Por las noches se transforma en el mejor bar en kilómetros a la redonda por la irrupción de la hueste artístico-cultural de la ciudad, y uno puede perderse en los salones, saturados de arte, o atizarse una cerveza fría en el nuevo patio y terraza.

Entrelagos
CAFÉ **$**

(www.entrelagos.cl; Pérez Rosales 640; sándwiches 3260-6600 CLP; ☉9.00-21.30 lu-vi, 10.00-21.30 sa, 11.00-21.00 do) Este salón de té clásico es donde los valdivianos hablan sobre los viajeros mientras toman cortados (que se sirven siempre con agua con gas), pasteles y sándwiches. Los sándwiches calientes y las tablas (para compartir; después de las 16.00) atraen a quienes buscan más sustento (o quizá solo a soñadores, pues las sillas de estilo parisino no podrían desentonar más en Chile).

Mercado Municipal
CHILENA **$**

(Prat s/n; platos principales 300-8000 CLP; ☉9.00-21.00) Se sirven platos de pescado con patatas fritas o choritos al ajillo (mejillones con ajo y chile) en las tres plantas de restaurantes con vistas al río.

Sello de Raza
CHILENA **$$**

(☎63-222-6262; www.restaurantsellodraza.cl; Las Encinas 301; platos principales 8900-15 900 CLP; ☉19.00-1.00 ma-vi, 12.30-1.00 sa, 12.30-17.00 do; 📶) Destaca como parrilla (asador), pero también prepara excelentes platos típicos chilenos. El pastel de choclo es uno de los mejores que encontrará el viajero, y ofrece buenos chupe de jaiba, guatitas a la chilena, etc.

La Calesa
PERUANA **$$**

(http://lacalesarestaurante.blogspot.cl; O'Higgins 160; platos principales 7300-10 900 CLP; ☉12.00-16.00 y 19.00-23.00 lu-vi, 12.00-16.30 y 19.00-23.30 sa, 13.00-17.00 do; 📶) Sirve especialidades peruanas, como pollo asado con ajo, lomo saltado y entrantes a base de cebiche. Los pisco sours son fabulosos, al igual que el suspiro, un postre peruano elaborado con manjar (dulce de leche) y merengue y mezclado con pisco.

🍺 Dónde beber y vida nocturna

★ El Growler
CERVEZA ARTESANA

(www.elgrowler.cl; Saelzer 41; pintas 2800-4000 CLP; ☉12.00-2.00 lu-ju, hasta 3.00 vi y sa, hasta 1.00 do; 📶) La mejor dirección del Sur Chico para cerveza artesanal es una colaboración entre una cervecería de Oregón y su socio chileno. Hay 15 grifos, que abarcan IPA, *red ales, stouts, porters* de la casa y elaboraciones experimentales (y siempre una sidra); e invitados de la región y a veces de EE UU. Si la climatología lo permite, el patio está siempre abarrotado.

Gracias a su estupenda comida (tacos de pescado, deliciosos *reubens,* pescado con patatas fritas, e interesantes opciones vegetarianas como polenta y sándwiches de garbanzos) se puede pasar la noche, y no se encontrará una IPA mejor en kilómetros. Incluso cultivan su propio lúpulo en el patio.

Bundor
MICROCERVECERÍA

(www.cervezabundor.com; Los Alerces 31; pintas 2500-3000 CLP; ☉13.00-1.00 lu-ju, hasta 2.00 vi y sa, hasta 23.00 do; 📶) Esta cervecería con siete grifos en la moderna isla Teja elabora encomiables *russian imperial stouts, wee heavies, oatmeal stouts* y *american india pale ale*, entre otras, que se disfrutan más en este local acompañando algunas de sus muchas hamburguesas (5000-8900 CLP). En el patio exterior hay palés de madera que hacen de mesas.

ℹ️ Información

En el centro abundan los cajeros automáticos.

Banco de Chile (www.bancochile.cl; plaza de la República) Cajero automático.

BBVA (www.bbva.cl; esq. Arauco y Camilo Henríquez) Cajero automático.

Carabineros de Chile (☎63-226-7800; www.carabineros.cl; Beauchet 1025; ⏰24 h) Policía.

Oficina de correos (www.correos.cl; O'Higgins 575; h9.00-19.00 lu-vi, 9.30-13.00 sa).

Información turística (☎63-222-0498; www.valdiviaturismo.cl; Anfión Muñoz 360, Terminal Valdivia; ⏰8.00-22.00) En la terminal de autobuses, Zona B.

Sernatur (☎63-223-9060; descubrelosrios.cl/; Prat s/n; ⏰9.00-21.00) Consejos muy útiles.

DESTINO	PRECIO (CLP)	DURACIÓN (H)
Bariloche (Ar)	23 000	7
Castro (Chiloé)	9300	7
Futrono	2800	1½
Lago Ranco	3100	1¾
Osorno	4000	2
Panguipulli	3300	1¾
Pucón	4700	3
Puerto Montt	5000	3½
Santiago	20 600	12
Temuco	3800	2¼
Valparaíso/ Viña del Mar	27 400	13
Villarrica	4500	1¾

ℹ️ Cómo llegar y salir

AVIÓN

El **aeropuerto Pichoy** (☎63-227-2294; San José de la Mariquina, Mariquina) se halla 32 km al noreste de Valdivia en la Ruta 5. **LATAM** (☎600-526-2000; www.latam.com; Maipú 271; ⏰9.00-13.00 y 15.30-18.00 lu-vi, 10.00-13.00 sa) opera un vuelo diario desde Santiago. **JetSmart** (www.jetsmart.com) y **Sky Airline** (www.skyairline.com) también utilizan este aeropuerto.

AUTOBÚS

La céntrica **terminal Valdivia** (☎63-222-0498; www.terminalvaldivia.cl; Anfión Muñoz 360), por el lado nororiental de la costanera en Anfión Muñoz, es una de las más modernas y organizadas del sur de Chile. Se puede dejar la maleta en la custodia de equipaje (2000 CLP; 7.00-23.00).

Las taquillas se hallan en las zonas B y C de la terminal. Hay autobuses frecuentes a destinos en o cerca de la Panamericana entre Puerto Montt y Santiago, sobre todo con **TurBus** (☎63-221-2430; www.turbus.cl), **Pullman Bus** (☎63-220-4669; www.pullman.cl) y **Cruz del Sur** (☎63-221-3840; www.busescruzdelsur.cl), esta última con los servicios más frecuentes a Chiloé. Para Viña del Mar/Valparaíso, TurBus tiene tres salidas diarias.

Las empresas regionales incluyen **Buses Pirehueico** (☎63-221-3804 a Panguipulli; **Bus Futrono** (☎63-220-2225) a Futrono; y **Buses JAC** (☎63-233-3343; www.jac.cl) a Villarrica, Pucón y Temuco. **Ruta 5** (☎63-231-7040) no tiene oficina y fleta un autobús diario a Lago Ranco.

Andesmar (☎63-220-7948; www.andesmarchile.cl) tiene un autobús directo diario a Bariloche (Argentina) a las 8.15; otros autobuses salen también de Osorno. Para San Martín de los Andes, se tiene que ir a Villarrica. Para llegar a Neuquén, hay que dirigirse a Osorno.

ℹ️ Cómo desplazarse

Transfer Aeropuerto Valdivia (☎63-222-5533; 4000 CLP) proporciona microbuses a demanda con el aeropuerto, pero resulta más económico tomar cualquier autobús de **Buses Pirehueico** a Panguipulli desde la terminal de autobuses, que dejan en el aeropuerto (1000 CLP, 6.30-20.35). Un taxi desde la terminal de autobuses cuesta 20 000 CLP (un Uber cobra 12 500-17 500 CLP desde el centro). El trayecto dura unos 30 min.

Para ir de la **terminal de autobuses** a la plaza de la República, hay que dirigirse al extremo sur de la terminal y subir por la escalera automática hasta la salida de la 3ª planta a Carlos Anwandter, donde se puede tomar cualquier colectivo verde o amarillo (500 CLP/día, 600 CLP de noche) o el autobús nº 3 (450 CLP), que deja en Chacabuco, una manzana al norte de la plaza.

Para Niebla, se toma un colectivo (esq. Yungay y Chacabuco; 1000 CLP) o el *micro* 20 (Carampangue; 600 CLP). Desde el muelle Niebla, unos barcos pequeños zarpan hacia Corral más o menos cada 20 min de 8.00 a 21.00 (800 CLP) y hacia la isla Mancera cada 20 min varias veces al día (300 CLP; 9.00, 12.30, 14.30 y 17.30 lu-sa, 10.30, 12.00 y 16.00 do). También hay un **ferri** (p. 246) más grande que puede transportar coches a Corral (cada hora, 8.00-24.00).

Hertz (☎63-221-8316; Carampangue 488; ⏰8.00-20.00 lu-vi, 9.00-14.00 sa), entre otras agencias, alquila coches en la ciudad.

Alrededores de Valdivia

Al suroeste de Valdivia, donde los ríos Valdivia y Tornagaleones se unen al Pacífico, se encuentran varias fortificaciones españolas del s. XVII que merecen una visita en una tranquila excursión desde la ciudad. Niebla es especialmente agradable; esta población litoral rezuma un genuino ambiente playero y es una escapada sencilla desde Valdivia. En el otro sentido, 35 km al noroeste de Valdivia en Curiñanco, un buen ejemplo de pluvisilva está protegido en el Parque Punta Curiñanco, de 80 Ha, por donde se puede hacer senderismo.

Puntos de interés

Los fuertes españoles de Corral, Niebla e isla Mancera son los grandes atractivos. El mayor y mejor conservado es el castillo de Corral, compuesto por el castillo San Sebastián de la Cruz (1645), la batería de la Argolla (1764) y la batería de la Cortina (1767). El fuerte Castillo de Amargos, 30 min a pie al norte de Corral, acecha en un risco sobre una pequeña aldea de pescadores y está bien conservado.

Situadas en el lado norte del río, las desmoronadas murallas del castillo de la Pura y Limpia Concepción de Monfort de Lemus (o fuerte de Niebla; 1671) son las ruinas más antiguas. Permitía a las tropas españolas atrapar a los potenciales invasores en un fuego cruzado. El castillo San Pedro de Alcántara (1645) de la isla Mancera vigilaba la confluencia del Valdivia y el Tornagaleones, y más tarde se convirtió en la residencia del gobernador militar.

Parque Punta Curiñanco (📱móvil 9-8355-5938; www.codeff.cl/area-punta-curinanco; Curiñanco; adultos/niños 3000/1000 CLP, en invierno 2000/1000 CLP; ⏰9.00-19.00 dic-mar, 10.00-18.00 abr-nov, cerrado lu) 35 km al noroeste de Valdivia, en Curiñanco, es un trecho único de pluvisilva valdiviana que comprende cuatro tipos de sotobosque. Es ideal para practicar senderismo y hay vistas espectaculares del océano y una larga y bonita playa. Se pueden ver ranitas de Darwin, que se camuflan entre las hojas otoñales.

Para llegar desde Valdivia, hay que tomar un autobús a Curiñanco (1300 CLP, 45 min) a la izquierda del puente a la isla Teja (en el lado de Valdivia) o desde la terminal de autobuses e ir hasta el final de la carretera. La entrada del parque está oculta detrás de dos fincas privadas, marcadas con una señal roja a unos 20 m del final de la carretera; a la izquierda justo al lado de una parada de autobús ajada. Hay que seguir las señales unos 100 m hasta la entrada; en una caseta, un hombre abre la verja del parque y cobra la entrada.

ℹ Cómo llegar y salir

Los circuitos que salen del puerto fluvial de Valdivia pretenden hacer creer al viajero que son la única forma de llegar a las fortificaciones, pero existe una alternativa mucho más económica: los colectivos (que salen de la esquina de Chacabuco y Yungay; 1000 CLP, 20 min) o el micro nº 20 (600 CLP, 30 min).

Desde la nueva terminal de pasajeros de Niebla (T-350), los ferris de pasajeros van y vienen de Corral (1000 CLP, 30 min) cada 30 min de 8.00 a 20.20; y a la isla Mancera (1300 CLP, 20 min) cinco veces al día (lu-sa 9.30, 11.00, 13.00, 16.40 y 18.00; y do 10.30, 11.30, 15.00 y 18.00). Un ferri para vehículos zarpa hacia Corral desde un puerto (www.mtt.gob.cl; T-350; pasajero/automóvil 730/4620 CLP) separado unos cientos de metros al noreste de la nueva terminal, cada 2 h desde las 7.00 a las 23.00 en enero y febrero; hay cuatro salidas diarias el resto del año (7.15, 13.15, 17.15 y 19.15).

REGIÓN DE LOS LAGOS

Esta región debe su nombre a los numerosos lagos glaciares que salpican un paisaje con volcanes imponentes y cumbres nevadas, parques nacionales y pueblos lacustres apacibles. Es una de las regiones más pintorescas de Chile. Los aventureros se concentran por la bonita Puerto Varas, la localidad más turística de la región y punto de partida para conocer muchas de las atracciones de la zona, tanto los paseos a caballo o la escalada en roca por el valle del Cochamó, como la visita a los lagos Llanquihue, Puyehue o Todos los Santos, o el paseo con la mochila a cuestas por los impresionantes parques nacionales.

Osorno

📞064 / 151 913 HAB.

Esta activa población es el eje comercial de la zona agrícola de los alrededores. Aunque es un importante núcleo de transporte en la ruta entre Puerto Montt y Santiago y las comunidades huilliches de la costa de Osorno, casi todos los viajeros pasan poco tiempo en la localidad, a pesar de que se percibe una evidente modernización. Esta ciudad donde antaño faltaban locales de calidad para comer y beber, cuenta ahora con varios cafés modernos, buenos restaurantes y bares que entretendrían al viajero uno o dos días si fuera preciso.

COSTA DE OSORNO

Las comunidades huilliches indígenas de la preciosa costa descubrieron hace pocos años que se hallan sobre una mina de oro del etnoturismo. El viajero puede sumergirse en su forma de vida con salidas de varios días que pasan por las playas más asombrosas de Chile, senderos por el bosque valdiviano y estancias en casas rurales en San Juan de la Costa y el **territorio Mapu Lahual,** una zona indígena protegida que al sur alcanza la provincia de Río Negro y abarca la **caleta Cóndor,** uno de los destinos fuera de las rutas trilladas más asombrosos de Chile.

En San Juan de la Costa, una serie de cinco magníficas caletas –Pucatrihue, Maicolpué, Bahía Mansa, Manzano y Tril Tril– suponen el punto de partida para la caleta Cóndor.

Entre las excursiones populares están la caminata circular de 10 km desde Maicolpué a la playa Tril Tril (donde también se puede llegar en coche) y, desde Pucatrihue, una ruta circular de 16 km a la caleta Manzano (solo accesible en 1 km con todoterreno). También se ofrecen salidas en barco (10 000 CLP/persona, mín. 3) para visitar una colonia de pingüinos. A la puesta de sol, los surfistas surcan las olas en Maicolpué.

Se encontrarán varias cabañas, hospedajes y opciones de acampada, sobre todo en Bahía Mansa y Maicolpué. La céntrica **Hostería Miller** (☑64-255-0277; www.hosteriamiller.com; Maicolpué; incl. desayuno i/d sin baño 15 000/35 000 CLP; tr/c 45 000/60 000 CLP; P☎) está muy bien equipada para excursiones y actividades.

Encaramado sobre la playa de Maicolpué en Maicolpué Río Sur, el **Altos de Pichi Mallay** (☑64-255-4165; raicesrestaurant1@gmail.com; Maicolpué Río Sur camino a Tril Tril, Maicolpué Río Sur; parcelas/h por persona 5000/25 000 CLP; P☎) es un paraíso de gestión familiar con 12 habitaciones para huéspedes en el edificio principal con cubrecamas de lana, suelos de madera y vistas del mar, una panorámica que comparte el restaurante (platos principales 4500-9500 CLP). Pero su gran atractivo es la bañera para seis personas calentada con leña y escondida en el bosque, con vistas al océano.

Además de embelesarse con el paisaje, las principales actividades que se pueden practicar en la caleta Cóndor son kayak, submarinismo, excursionismo y equitación. La agencia **Caleta Cóndor Expediciones** (☑móvil 9-9773-6383; www.caletacondorexpediciones.cl) lo organiza todo y pone en contacto a viajeros con operadores. Una inmersión con 1/2 tanques cuesta 45 000/60 000 CLP. Se aconseja la excursión guiada de unos 45 min al mirador de la caleta Cóndor por las fabulosas vistas. Se puede dormir en el **Hostal Caleta Cóndor** (☑9-9382-4035; www.caletacondorexpediciones.cl; caleta Cóndor; h por persona sin baño incl. desayuno 18 000 CLP, comidas 5000 CLP), donde los caballos libres se conjugan con la perfecta playa del Pacífico.

Para llegar a la costa, parten *micros* regularmente desde la Feria Libre Rahue (p. 249) de Osorno hacia Bahía Mansa, Pucatrihue y Maicolpué (1800 CLP, 1½ h).

🛏 Dónde dormir

Hostel Vermont ALBERGUE $
(☑64-224-7030; www.hostelvermont.cl; Toribio Medina 2020; incl. desayuno dc 15 000 CLP, i/d sin baño 25 000/37 000 CLP, cabañas 50 000 CLP; cerrado abr-oct; @☎) El primer albergue pasable de Osorno lo regenta una *snowboarder* que ha vivido cerca de Burlington, en Vermont (EE UU); reúne todo lo deseable en un albergue: simpatía, limpieza y buen equipamiento. Lo malo es que cuesta dormir con el bullicio y el crujir de los suelos.

Hotel Villa Eduviges HOTEL $$
(☑64-223-5023; www.hoteleduviges.cl; Eduviges 856; i/d/tr desde 28 000/48 000/58 000 CLP;

P☎) Cómodo y de categoría media, es de los pocos hoteles de la Región de Los Lagos donde un viajero solo puede dormir en una doble pagando como si fuera individual. Situado en una tranquila zona residencial al sur de la terminal de autobuses, ofrece habitaciones amplias y anticuadas con baño y una gerencia amable.

🍴 Dónde comer

Café Central CAFÉ $
(O'Higgins 610; sándwiches 1950-6500 CLP; 8.00-24.00, hasta 22.00 do) Este local de dos plantas en la plaza se abarrota gracias a su buen café, sus hamburguesas colosales, sus sándwiches

y sus perritos calientes completísimos (con *sauerkraut*, aguacate, mayonesa).

Mercado municipal
CHILENA $

(esq. Prat y Erráuriz; ☺6.00-21.00) Este mercado grande y moderno cuenta con una serie de cocinerías que sirven comida buena y barata.

★ El Galpón
PARRILLA $$

(☑64-223-4098; www.hotelwaeger.cl; Cochrane 816; bistecs 13 000-18 500 CLP; ☺12.30-15.00 y 19.30-23.00 lu-sa; 🛜) Oculto a un lado del Hotel Waeger se encuentra este local de suelo oscuro y un ambiente rústico de corral (antiguos cubos metálicos como lámparas) que sirve unos bistecs a la parrilla perfectos. Los filetes son muy gruesos y los potentes pisco sours suelen aventajar a los vinos.

Se sirven cinco acompañamientos (mermelada, guacamole, chimichurri, ají y aceitunas marinadas), pero no son necesarios, pues la carne está mejor sola.

Panca
PERUANA $$

(☑64-223-2924; Rodríguez 1905; platos principales 5500-12 000 CLP; ☺12.30-15.00 y 20.00-23.30 lu-sa, 12.30-15.30 do; 🛜) Resulta sorprendente el sabor genuino de los platos clásicos peruanos de este nuevo y moderno local, si se tiene en cuenta que el socio peruano de esta empresa chileno-peruana se encarga de los números, no de la comida. Cebiche picante, chaufa (arroz frito peruano-chino), ají de gallina, lomo saltado; todo es perfecto.

Incluso el exquisito suspiro de limeña (manjar blanco con merengue) transporta al viajero a Perú.

🍷 Dónde beber y vida nocturna

★ Cervecería Artesanal Armin Schmid
MICROCERVECERÍA

(☑móvil 9-8294-1818; Ruta 215, km 12; cerveza 2300-3300 CLP, pizzas 8100 CLP; ☺13.30-22.30 ma-sa) Si se está dentro de un radio de 100 km de Osorno y se siente pasión por la cerveza, se aconseja adaptar el itinerario para visitar este templo improvisado de la cerveza, situado a 12 km de Osorno en la Ruta 215 hacia Entre Lagos y la frontera con Argentina.

Taberna Pirata
BAR

(www.facebook.com/tabernapirata; MacKenna 1873; ☺18.00-3.00 lu-sa; 🛜) Con su curiosa tematización, es lo más cercano a un bar legendario en Osorno, tiene cierto aire de antro para lugareños bohemios. Es el mejor local de cerveza artesanal de la ciudad, con 10 grifos en verano (si no, solo en fin de semana), que combinan cervezas de la casa y otras de micro/nanocervecerías chilenas de Valdivia y Puerto Varas (junto con una carta con muchas botellas de la costa oeste de EE UU).

Programa *rock* y pop en directo de miércoles a sábado (19.00).

Gallardía
GASTROPUB

(www.facebook.com/gallardia.sg; O'Higgins 1270; ☺18.00-1.00 lu, 13.00-1.00 ma-sa, 13.00-18.00 do; 🛜) Ocupa una residencia tradicional de Osorno y es un espacio adornado con gallos que sirve cervezas artesanales (Kross, junto con selecciones belgas, holandesas, españolas y alemanas), cócteles hechos con el licor de Patagonia, el Trä·kál (creado en Osorno; 5000 CLP) y sándwiches gastronómicos (5000-7300 CLP). Es donde van los jovenzuelos modernos.

🛈 Información

Hay cajeros automáticos en la plaza de Armas.

Osorno cuenta con dos útiles quioscos de información turística, uno en la **plaza de Armas** (☑64-221-8740; www.imo.cl/sitios/cp/turismo; plaza de Armas; ☺8.15-14.00 y 15.00-17.15 lu-vi, 10.30-13.30 sa) y otro dentro del **mercado municipal** (☑64-224-0304; Mercado Municipal; ☺8.15-14.00 y 15.00-17.15 lu-vi).

Oficina de correos (www.correos.cl; O'Higgins 645; ☺9.00-19.00 lu-vi, hasta 13.00 sa)

🛈 Cómo llegar y salir

AVIÓN

El **aeródromo Cañal Bajo-Carlos Hott Siebert** (ZOS; ☑64-224-7555; cerca de la Ruta CH-215) se encuentra a 7 km al este del centro. **LATAM** (☑600-526-2000; www.latam.com; Eleuterio Ramírez 802; ☺9.00-13.00 y 15.00-18.30 lu-vi, 9.30-13.00 sa) fleta un vuelo diario a Santiago solo los martes, viernes y domingos.

No hay transporte público al aeropuerto, pero cualquier autobús a Entre Lagos que salga de la **terminal Mercado Municipal** puede dejar al viajero en la entrada del aeropuerto, a 300 m de la terminal (700 CLP, 15 min). Imbatible ante los 4200-4900 CLP de un Uber.

AUTOBÚS

Los autobuses de largo recorrido utilizan la **terminal de buses de Osorno principal** (☑64-221-1120; Errázuriz 1400). Casi todos los servicios que van al norte por la Panamericana parten de Puerto Montt, con salidas más o menos cada hora y servicios principalmente nocturnos a Santiago. **Buses ETM** (www.etm.cl; Errázuriz

1400) ofrece los servicios directos más frecuentes a la capital; otras buenas opciones incluyen **Pullman Bus** ([☎]64-223-0808; www.pullman.cl), **TurBus** ([☎]64-220-1526; www.turbus.cl) y **Cruz del Sur** ([☎]64-226-0025; www.buses cruzdelsur.cl). Hay una pequeña custodia para dejar el equipaje (1000-2000 CLP; 7.30-22.30).

Para ir a Valparaíso/Viña del Mar, se puede probar con **Bus Norte** ([☎]64-223-3319; www.busnortechile.cl). **Buses JAC** ([☎]64-255-3300; www.jac.cl) ofrece numerosas salidas a Valdivia y Temuco, y seis salidas a Pucón en temporada alta (si no, tres). **Ruta 5** ([☎]64-231-7040) va a Lago Ranco. Cruz del Sur es la que tiene más servicios al sur para continuar hasta la isla de Chiloé.

Para la Patagonia chilena, **Queilen Bus** ([☎]64-226-0025; www.queilenbus.cl) se dirige a Coyhaique. Para ir a Punta Arenas, se puede intentar con Queilen Bus y Pullman Bus, entre otras. Los **autobuses a Anticura** (Prat, entre Carrera y Errázuriz) salen de una parada en Colón.

Entre los autobuses a Bariloche, Argentina, están **Bus Norte Internacional** ([☎]64-223-2777; www.busescruzdelsur.cl), **Vía Bariloche** ([☎]64-226-0025; www.viabariloche.com.ar; Errázuriz 1400, terminal de buses de Osorno) y **Andesmar** ([☎]64-223-5186; www.andesmar.com). Todos los autobuses a Bariloche paran en Villa Angostura, Argentina. Andesmar también viaja directamente a Neuquén y El Bolsón, Argentina, pasando por Bariloche. Para ir a Zapala, en Argentina, los autobuses directos salen de Temuco.

De la terminal principal de autobuses salen también varias excursiones diarias a lugares que rodean el lago Llanquihue, al pie del volcán Osorno.

Los *micros* (microbuses) para otros destinos locales y regionales parten de la **terminal Mercado Municipal** (Errázuriz, entre Prat y Colón) enfrente del nuevo mercado municipal. **Expreso Lago Puyehue** ([☎]móvil 9-8838-9527; www.expresolagopuyehue.wix.com/buses-expreso; Errázuriz, entre Prat y Colón, terminal Mercado Municipal) viaja a Termas Puyehue/Aguas Calientes y Entre Lagos. **Buses Río Negro** ([☎]64-223-6748; Errázuriz, entre Prat y Colón, terminal Mercado Municipal) va a Río Negro, desde donde se puede llegar a la caleta Cóndor (por tierra).

Para visitar las comunidades huilliches de San Juan de la Costa –Bahía Mansa, Pucatrihue y Maicolpué– los microbuses salen de la **Feria Libre Rahue** (esq. Chillán y Temuco). Para **llegar a la Feria** (Colón, entre Errázuriz y Carrera), se debe tomar el autobús nº 200 (púrpura) o el 300 (blanco); las rutas locales cambian según el color de la placa, así que hay que asegurarse de que se toma el correcto.

DESTINO	PRECIO (CLP)	DURACIÓN (H)
Aguas Calientes	2200	1½
Ancud	6200	4
Anticura	6000	½
Bariloche (Ar)	17 000	5
Concepción	17 000	9
Coyhaique	40 000	20
El Bolsón, (Arg., vía Bariloche)	23 400	10
Lago Ranco	1500	2
Neuquén (Arg., vía Bariloche)	24 000	12
Pucón	8400	4
Puerto Montt	2000	1¼
Puerto Varas	2000	1¼
Punta Arenas	35 000	28
Río Negro	1200	¾
San Juan de la Costa (Bahía Mansa, Pucatrihue y Maicolpué)	1800	1¾
Santiago	30 000	12
Temuco	5500	3½
Valdivia	3600	1¾
Valparaíso/ Viña del Mar	20 000	14
Villa Angostura (Arg.)	17 000	4

Parque Nacional Puyehue

El volcán Puyehue, de 2240 m de altitud, entró en erupción al día siguiente del terremoto de 1960, y convirtió una extensa zona de bosque denso y húmedo en un desnudo paisaje de dunas de arena y ríos de lava. El **Parque Nacional Puyehue** (www.conaf.cl/parques/parque-nacional-puyehue; Ruta Internacional 215, Puyehue; Anticura 1500 CLP) GRATIS protege 1070 km² de este paisaje de contrastes, y es uno de los parques nacionales más 'desarrollados' del país, con una estación de esquí y varios resorts de aguas termales dentro de sus límites.

🛏 Dónde dormir

Lodge El Taíque REFUGIO $$
(☎móvil 9-9213-8105; www.lodgeeltaique.cl; sector El Taíque Puyehue; i/d incl. desayuno 58 000/78 000 CLP, cabañas desde 90 000 CLP; P🐾📶) Situado a 8 km de la Ruta 215 entre Aguas Calientes y Entre Lagos, este elegante *lodge* de ocho habitaciones goza de vistas de postal del volcán Osorno, el volcán Puntiagudo y el lago Rupanco, y ofrece hospitalidad francesa y mucha atención a los detalles. Las habitaciones de tenues tonos grises disponen de camas *king-size* y baños de madera oscura (algunas con terraza).

El restaurante gastronómico (platos principales 6000-15 500 CLP) elabora delicias como venado con setas silvestres o avestruz con salsa de queso azul y nueces. Es un refugio perfecto a bastante distancia de Entre Lagos y todo lo relacionado con Puyehue.

ⓘ Información

Centro de Información Ambiental (☎64-197-4572; www.conaf.cl; Ruta 215, camino Antillanca, km 76; ⊗8.00-13.00 y 14.00-18.00) El Centro de Información Ambiental de la Conaf en Aguas Calientes alberga una muestra informativa sobre la historia natural y la geomorfología de Puyehue.

ⓘ Cómo llegar y salir

La linde occidental del parque está unos 75 km al este de Osorno por la ruta 215, que se prolonga a través del parque, a lo largo del curso del río Golgol, hasta la frontera con Argentina. Hay autobuses de Osorno a Aguas Calientes (2200 CLP, 1½ h, cada hora, 7.00-19.00) y Anticura (2000 CLP, 1½ h, 17.00). Se necesita coche propio para ir a Antillanca y El Caulle (aunque a este último se llega fácilmente a pie desde la Ruta 215; en cualquier autobús se puede pedir que pare allí).

Aguas Calientes

Las instalaciones de las **termas Aguas Calientes** (☎64-223-3178; www.termasaguascalientes.cl; Ruta 215, camino Antillanca km 76; 1 día sin/con comidas 12 500/35 000 CLP, sin comidas privado/público 14 500/4400 CLP) incluyen bañeras individuales y varias piscinas, alojamiento, un restaurante y un café.

El restaurante Los Canelos ofrece un bufé correcto pero caro (15 500 CLP); el más sencillo Café Boutique prepara tentempiés, café, *pizza,* sándwiches y empanadas (2000-3000 CLP).

El único alojamiento es **Cabañas Aguas Calientes** (☎64-233-1700; parcela 28 000, 2/4 personas sin baño 80 000/105 000 CLP, cabañas 4/8 personas desde 148 000/215 000 CLP; P🐾@📶🌊). Las cabañas con forma de "A" cubren la ladera como un pueblo en miniatura y son muy cómodas, con camas mullidas, cocinas completas, duchas con agua caliente y estufas de leña (y algunas con *jacuzzi,* aunque faltas de intimidad). Los confortables domos dan a la espalda al río.

La tarifa incluye las instalaciones del *spa* pero no el desayuno, a pesar de que los precios han subido a un ritmo alarmante con los años.

ⓘ Cómo llegar y salir

Expreso Lago Puyehue (p. 249) va a Aguas Calientes (2200 CLP, 1½ h, cada hora, 7.00-19.00) desde la terminal Mercado Municipal de Osorno.

Antillanca

La temporada de esquí dura desde principios de junio hasta septiembre. La **zona de esquí** (☎64-261-2070; www.skiantillanca.cl; Ruta U-485; forfait 32 000 CLP, alquiler adultos/niños 32 000/20 000 CLP) dispone de cinco telearrastres y un descenso vertical de 460 m. El complejo cuenta con un hotel de precio exagerado (dos edificios, Hotel Eduardo Meyer y Refugio Carlos) que abre todo el año y con las instalaciones típicas de una estación de esquí.

Hay un restaurante en el *lodge* del complejo (platos principales 6000-12 000 CLP). No hay transporte público a Antillanca. La estación ofrece traslados de ida y vuelta privados para hasta 14 personas desde Osorno (160 000 CLP, 1½ h), Puerto Montt (267 000 CLP, 2½ h) y otras ciudades de la región.

El Caulle

Oficialmente dentro de los límites del parque pero de propiedad privada, **El Caulle** (☎móvil 9-5008-6367; www.elcaulle.com; Fundo El Caulle s/n; entrada 10 000 CLP; ⊗restaurante 10.00-20.00 ma-do), 2 km al oeste de Anticura, marca la entrada sur para la caminata por la base occidental del volcán Puyehue. También hay un excelente restaurante (7500-10 000 CLP), que sirve platos como jabalí a la parrilla y pastel de jaiba, y ofrece alojamiento en dormitorios colectivos por 8000 CLP (con saco de dormir) y 13 000 CLP (con colchón).

MERECE LA PENA

RESERVA BIOLÓGICA HUILO HUILO

La carretera recientemente asfaltada desde el lago Pirihueico, 101 km al este de Valdivia y 80 km al sur de Villarrica, a Puerto Fuy discurre paralela al río Huilo Huilo, que fluye y se precipita por un paisaje impresionante hasta la sorprendente **Reserva Biológica Huilo Huilo** (2-2887-3535, www.huilohuilo.com, camino Internacional Panguipulli-Valdivia km 55; 24 h) GRATIS, un espectacular proyecto de conservación de ecoturismo que se engloba dentro de una reserva de la biosfera de la Unesco mucho mayor. Merece una visita incluso por los hoteles de fantasía de la reserva. Este parque de juegos al aire libre ofrece jornadas de aventuras y es uno de los destinos más vírgenes y gratificantes de la Región de Los Ríos.

Las opciones al aire libre incluyen excursionismo, escalada, equitación, *rafting*, kayak y visitas al asombroso salto de Huilo Huilo, de 37 m. En el 2017, abrió al público el **Teleférico Cóndor Andino** (adultos/niños 12 500/6000 CLP; 11.15-19.35 ene y feb, 12.00-19.00 sa y do mar-dic), el primer teleférico del sur de Chile. También ofrece con cinco pistas de enduro.

Con una bóveda de piedra, el **Museo de Volcanes** (adultos/niños 3000/1500 CLP; 10.00-20.00 dic-mar, hasta 18.00 abr-nov) es el museo arqueológico más impactante del Sur Chico; ilustra las culturas indígenas chilenas y cuenta con una de las mejores colecciones de ornamentos mapuches existentes.

La Montaña Mágica (2-2887-3535; i/d incl. desayuno 112 622/225 244 CLP; P @) es un edificio para *hobbits* con una fuente que mana desde la parte superior, llena de muebles *kitsch* y detalles sobrenaturales. Solo dispone de nueve habitaciones, así que se debe reservar con antelación. **Nothofagus Hotel & Spa** (2-2887-3535; i/d incl. desayuno 112 622/225 244 CLP; P @) es un cono invertido inspirado en Gaudí, suspendido en las copas de los árboles, con un restaurante que sirve cocina internacional y chilena con toques indígenas. Con 55 habitaciones, es el hotel más grande de Huilo Huilo. El exclusivo **Nawelpi Lodge** (2-2887-3535; i/d paquete 3 noches todo incluido 1 240 580/1 783 280 CLP; P) ofrece 12 cabañas amplias con mobiliario lujoso, chimeneas de piedra volcánica y soberbias terrazas con vistas al río Fuy.

Las 22 habitaciones inspiradas en el mundo de las setas del **Reino Fungi Lodge** (2-2887-3535; i/d incl. desayuno 112 622/225 244 CLP; P) constituyen uno de los alojamientos nuevos más surrealistas. Su *spa* y sauna son una bendición después de un día de actividades al aire libre. El **Canopy Village** (2-2887-3535; cabañas 2/6 personas desde 37 128/89 107 CLP; P) ofrece 27 casas elevadas en los árboles estilo refugio, conectadas por una pasarela de madera, una cocina para huéspedes y vistas maravillosas del volcán Mocho. Algo apartado de la ruta, **El Puma Backpackers** (2-2887-3535; dc 9000 CLP; P) cuenta con dos dormitorios colectivos bien cuidados. El **'Camping' Huilo Huilo** (2-2887-3535; www.huilohuilo.com; parcelas 11 000 CLP/persona) tiene electricidad, buenos baños con agua caliente y bañeras termales en la plataforma de madera del patio. Se puede tomar una cerveza y una *pizza* de masa fina en la **Cervecería Petermann** (pintas 4000 CLP; 12.00-22.30 do-ju, hasta 1.00 vi-sa, 12.30-19.30 mar-nov).

Desde Puerto Fuy, el ferri **Hua Hum** (móvil 9-4277-3450; barcazahuahum.com; Ruta Internacional CH-203, Puerto Fuy; automóvil 17 200-25 790, peatones extranjeros/residentes 950/680 CLP) transporta pasajeros y vehículos a/desde Puerto Pirihueico (1½ h) de abril a diciembre a las 13.00 cada día excepto los viernes, cuando circula dos veces, a las 12.00 y las 16.00. Desde el 15 de diciembre hasta finales de marzo, el ferri realiza tres viajes diarios (8.00, 13.00 y 18.00) de lunes a jueves, y cuatro de viernes a domingo (7.00, 11.00, 15.00 y 19.00). Hay que reservar para los vehículos.

Los autobuses regulares a Puerto Fuy desde Panguipulli (2000-3000 CLP, 1 h) pueden dejar al viajero en la pequeña aldea de Neltume, a 3 km de la recepción del parque, donde hay alojamiento más asequible. El mismo autobús lleva hasta Huilo Huilo.

Cualquier autobús de Osorno a Anticura puede dejar excursionistas en El Caulle.

Anticura

Cogestionado por un joven y entusiasta escalador de Osorno, **Patagonia Expeditions** (móvil 9-9104-8061; www.anticura.com; Ruta Internacional 215, km 90) opera la concesión en el Centro Turístico Anticura. Las excursiones cortas (1000 CLP) desde el centro de visitantes incluyen el salto de Princesa, el salto del Indio –donde, según cuenta la leyenda, un solitario mapuche se escondió para huir de servir en la encomienda (sistema de trabajo colonial) en una cercana mina de oro española– y Repucura, que acaba de vuelta en la Ruta 215 (los autobuses descienden por la carretera; hay que caminar por el lado contrario).

También se puede emprender una caminata de 4 km por terreno empinado hasta un mirador.

Las excursiones desde este lugar incluyen la ascensión al volcán Casablanca (1960 m; 40 000 CLP); el volcán Puyehue (2240 m; 55 000 CLP, o 90 000 CLP junto con el cráter de la erupción del Puyehue del 2011), visitas nocturnas a las cascadas y caminatas de varios días. Un restaurante sirve tres comidas diarias (5000-9000 CLP).

🛏 Dónde dormir

Camping Catrué CAMPING, CABAÑAS **$$**
(móvil 9-9104-8061; www.anticura.com; Ruta Internacional, 215 km 90; *camping* i/d 5000/9000 CLP, cabañas 2/4/6 40 000/52 000/60 000 CLP; 📞) Patagonia Expeditions administra este espacio con 15 parcelas en el bosque, mesas de pícnic, electricidad y baños con agua caliente. Las cabañas se han renovado y están totalmente equipadas. dos de ellas se han convertido en dormitorios colectivos, solo en temporada baja (15 000 CLP).

ℹ Cómo llegar y salir

Un **autobús público a Anticura** (p. 249) (y hasta la aduana chilena en la frontera argentina) sale de Prat, entre Carrera y Errázuriz en Osorno, cada día a las 17.00 (2000 CLP, 1½ h), y regresa de Anticura a las 7.30. Hay tres autobuses (1½ h, 6.30, 12.00, 16.00) de la **terminal Mercado Municipal** (p. 249) de Osorno con **Buses Carlos** (móvil 9-7265-9780; Errázuriz entre Prat y Colón, terminal Mercado Municipal), pero solo con reserva. Las tarifas son de 6000 CLP por persona, más o menos, según el tamaño del grupo.

Frutillar

📞 065 / 16 283 hab.

Un poco más arriba por la ribera del lago Llanquihue desde Puerto Varas, este encantador retiro está cobrando ritmo los últimos años. Primero, con un estupendo centro de artes escénicas inaugurado en el 2010; después, en el 2017, fue nombrada la primera Ciudad Creativa de la Música de la Unesco en Chile, en compañía de una impresionante lista de ciudades del mundo (Liverpool, Sevilla, Auckland y Adelaida, entre otras).

Hay un bonito muelle, una interminable playa lacustre y, sobre todo, pintoresca arquitectura alemana e innumerables *küchen* (pasteles), junto con una banda sonora a cargo de los ibis que gorjean desde los tejados de la ciudad. Aunque la "alemanidad" de la población puede a veces parecer forzada y demasiado turística en comparación con Puerto Octay, es un lugar tranquilo que supone una alternativa más agradable para pernoctar que el más caótico Puerto Varas.

⊙ Puntos de interés

Teatro del Lago CENTRO ARTÍSTICO
(65-242-2900; www.teatrodellago.cl; av. Philippi 1000; ⊙taquilla 10.00-18.00) Este sorprendente centro de artes escénicas de talla mundial se inauguró en el 2010, tardó 12 años en construirse y costó 25 millones de US$ para situar Frutillar en el mapa cultural del mundo. El edificio, con cubierta de cobre, es de gran belleza, está a orillas del lago y tiene vistas a cuatro volcanes. Los circuitos diarios (45 min) empiezan a las 12.00 todo el año (4500 CLP).

En el interior alberga una vanguardista sala de conciertos con 1178 asientos, con paredes de haya que aseguran su acústica, y un segundo anfiteatro para 278 personas, además de una pizzería y un café junto al lago (sándwiches 6500-7500 CLP). Programa numerosos eventos culturales, incluido el festival de música, y atrae a orquestas famosas internacionales y artistas de todos los géneros. Consúltese la programación en la web.

Museo Histórico Alemán MUSEO
(www.museosaustral.cl; esq. Pérez Rosales y Prat; 2500 CLP; ⊙9.00-17.30) El Museo Histórico Colonial Alemán se construyó con ayuda de Alemania y lo gestiona la Universidad Austral. Presenta reconstrucciones casi perfectas de un molino de agua, una herrería y una granja con campanario en unos jardines muy

cuidados. Se considera el mejor museo sobre colonialismo alemán de la región.

👉 Circuitos

Guillermo Duarte
AVENTURA

(📱móvil 9-7952-4279; www.facebook.com/guillermoduartetravel) Un poco vaquero imprudente, el completo guía Guillermo Duarte acompaña al viajero por senderos, a lomos de un caballo, en la ascensión a un volcán o en una salida de esquí de fondo, pero realmente destaca por sus circuitos a medida, sin aventuras atrevidas. Los precios rondan los 160 000 CLP/día por sus servicios y el vehículo; el viajero puede decidir el itinerario.

🎊 Fiestas y celebraciones

Semana Musical de Frutillar
MÚSICA

(📞65-242-1386; www.semanasmusicales.cl; Teatro del Lago; ⊙ene-feb) Dura 10 días (normalmente 27 ene-4 feb) y presenta una variedad de estilos musicales, desde música de cámara a *jazz,* con espectáculos diurnos informales y actuaciones nocturnas más formales de 20.00 a 22.00.

🛏 Dónde dormir y comer

Hotel Ayacara
B&B $$

(📞65-242-1550; av. Philippi 1215; i/d incl. desayuno desde 65 000/85 000 CLP) La luz se abre paso hasta las acogedoras zonas de estar, y las habitaciones de la planta superior que dan delante gozan de espectaculares vistas del volcán en esta casa renovada de 1910 que es ahora un hotel-*boutique* de ocho habitaciones. Suelen alojarse artistas, músicos y otros intérpretes del excepcional Teatro del Lago.

Cocina Frau Holle
PARRILLA $$

(📞65-242-1345; www.frauholle-frutillar.cl; Varas 54; bistec 9400-11 500 CLP; ⊙13.00-15.30 y 19.30-22.30, cerrado may; 🐾) No hay que dejar que el nombre evoque gnomos y *lederhosen,* pues se trata de un buen asador escondido, un poco alejado del lago, poco conocido. No sirve salsa bearnesa ni chimichurri ni salsa de pimiento verde, solo buenos cortes de carne, perfectamente asados sobre las llamas de madera de roble y sazonados solo con sal. Se aconseja acompañarlos con vino. ¡De nada!

Lavanda Casa de Té
SALÓN DE TÉ $$

(📱móvil 9-9458-0804; www.lavandacasadete.cl; camino a Quebrada Honda, km 1,5; menú 15 000 CLP; ⊙13.00-20.00 nov-mar, cerrado lu-mi abr-oct) En una granja de color lavanda justo a la salida de la población, es un lugar estupendo para un té, productos gastronómicos de lavanda y almuerzos con productos frescos de la granja. Hay que reservar para el té de la tarde (9800 CLP) o un almuerzo prolongado. Consumición mínima de 6000 CLP.

⭐Se Cocina
CHILENA $$$

(📱móvil 9-8972-8195; www.secocina.cl; camino a Quebrada Honda, km 2; platos principales 10 500 CLP, comida 3 platos 21 200 CLP; ⊙13.00-15.00 y 20.00-22.30 ma-do ene-feb, cerrado lu y ma dic-mar) Es impredecible, pero aun así esta bonita granja de la década de 1850 a 2 km de Frutillar es uno de los destinos gastronómicos más interesantes del lago. La carta cambia cada día y aúna la cocina nueva chilena con una atmósfera moderna en el interior de una granja protegida de interés histórico.

🔒 De compras

Vipa & Co.
COMIDA, COSMÉTICOS

(www.vipaonline.cl; av. Philippi 989; ⊙11.00-19.50) Gran tienda para productos alimenticios artesanales y cosmética biodegradable, con marcas de calidad como Melí (especias, salsas y mostazas) y Agua de Patagonia (jabones, champús, aromaterapia).

ℹ️ Información

La oficina de **información turística** (av. Philippi s/n; ⊙9.00-13.00 y 14.00-18.00) está cerca del muelle.

ℹ️ Cómo llegar y salir

Los **minibuses** (Jorge Montt, entre av. Philippi y Vicente Pérez Rosales) a Puerto Varas (1200 CLP, 30 min) y Puerto Montt (1600 CLP, 45 min) salen de una parada en Jorge Montt. Todos los demás parten de las terminales de Frutillar Alto, donde se llega con el colectivo 1 desde Frutillar Bajo (500-600 CLP, 5 min). **Cruz del Sur** (📞65-241-1552; www.cruzdelsur.cl; Palma 52) cuenta con los servicios más frecuentes a Osorno (1500 CLP, 45 min, 7 diarios, 8.20-20.20), Valdivia (4000 CLP, 2¼ h, 7 diarios, 8.20-20.20), Temuco (6000 CLP, 3½ h, 8.20, 14.35, 20.20) y Santiago (desde 27 000 CLP, 10½ h, 21.15), además de cuatro salidas diarias a Castro (Chiloé; 7000 CLP, 3¾ h), salidas diarias a Bariloche (18 000 CLP, 6 h, 9.25) y Punta Arenas los martes, jueves y sábados (50 000 CLP, 30 h, 11.55). **Buses ETM** (📞65-242-1852; www.etm.cl; Winkler 238) también viaja a Santiago (desde 16 000 CLP, 10½ h, 19.20 y 20.20) y Temuco (8500 CLP, 3½ h, 19.20), Osorno (1500 CLP, 19.20) y Concepción (18 000 CLP, 8 h, 10.55). **Thaebus** (www.thaebus.cl; Palma 381) fleta cinco autobuses diarios a Puerto Octay (1200 CLP, 45

PUERTO OCTAY

Bonito y pintoresco, Puerto Octay no es un lugar muy visitado, pero es una de las poblaciones más encantadoras del lago Llanquihue y supone una buena escapada de las localidades más turísticas al sur. Las calles tranquilas se encaraman por una ladera que domina el lago y cuentan con muchos vestigios arquitectónicos de los emigrantes alemanes de las primeras décadas del s. XIX. Es la población más antigua del lago donde se establecieron los germanos y, por supuesto, celebra la Oktoberfest (www.oktoberfestpuertooctay.cl).

Se puede dormir en el Zapato Amarillo (☑64-221-0787; www.zapatoamarillo.cl; Ruta 55, km 2,5, La Gruta; incl. desayuno dc 14 000, h 42 000 CLP, sin baño 27 000/36 000 CLP; P 🛜), situado en una pequeña granja unos 2 km al norte de la población hacia Osorno. Es un dormitorio octagonal con dos baños impolutos, además de tres edificios independientes que albergan habitaciones chic de trabajadores del campo. Ofrece cenas de *slow food* (solo para huéspedes) por 10 000 CLP, que son estupendas. Los hospitalarios propietarios chileno-suizos hacen de este uno de los lugares favoritos de los viajeros de todas las edades. Las motocicletas y bicicletas de montaña de alquiler permiten visitar las poblaciones del lago durante el día.

Los excursionistas de un día comen en el Rancho Espantapájaros (☑65-233-0049; www.espantapajaros.cl; Quilanto, camino Puerto Octay-Frutillar, km 5; bufé 17 000, sándwiches 3500-6500 CLP; ⏲12.00-22.00 ene-feb, 12.00-20.00 mar, 12.00-17.30 lu-ju, hasta 22.00 vi y sa, hasta 19.30 do abr-nov; 🛜), a 6 km de Puerto Octay en la carretera a Frutillar. Su atractivo principal es un suculento jabalí que se asa en espetones de 3,5 m sobre un gigantesco fogón por detrás del bufé. Es caro, pero ofrece un bufé libre e incluye un zumo, vino o cerveza, todo excelente.

Los conductores más aventureros pueden buscar la playa negra de Puerto Fonck, escondida al final de una larga carretera de grava 22 km al este de Puerto Octay.

La terminal de autobuses (☑64-239-1189; esq. Balmaceda y Esperanza) de Puerto Octay tiene servicios regulares a Osorno (1500 CLP, 1 h) y Cruce de Rupanco (1200 CLP, 15 min), desde donde se puede ir en autobús a Las Cascadas (30 min), otra de las poblaciones menos turísticas del lago, cada 20 min entre las 7.20 y las 20.15. También salen cinco autobuses diarios a Frutillar (1000 CLP, 30 min), Puerto Varas (1600 CLP, 1 h) y Puerto Montt (1900 CLP, 1¼ h) entre las 8.00 y las 18.00.

min, 7.15-19.15) además de a Puerto Varas y Puerto Montt.

Puerto Varas

☑065 / 37 942 HAB.

Dos amenazantes y nevados volcanes, el Osorno y el Calbuco, montan guardia sobre el pintoresco Puerto Varas y el bello lago Llanquihue. A tan solo 23 km de Puerto Montt, supera a esta localidad en encanto, belleza y servicios para el viajero, por lo que Puerto Varas ha sido calificado a veces como "el nuevo Pucón". Sin embargo, a diferencia de esta última, Puerto Varas ha conseguido controlar mejor su éxito como destino para los deportes de aventura y, por lo tanto, no está masificada.

Con todas las comodidades del cercano Puerto Montt, Puerto Varas es ideal para una estancia prolongada, además de una buena base para explorar la región. A muchos les parece demasiado turístico, pero la combinación de su pasado alemán con la adrenalina chilena actual puede resultar tan bonita como adictiva.

⊙ Puntos de interés y actividades

Paseo Patrimonial   ARQUITECTURA
Muchos edificios destacados son viviendas particulares de principios del s. XX. Se aconseja hacerse con un plano de la ciudad en la oficina de turismo y seguir el paseo Patrimonial, un circuito a pie por casas históricas protegidas. Varias de ellas son hospedajes, como la casa Schwerter (Del Carmen, 873) de 1941-1942, la casa Hitschfeld (Prat, 107) de 1930 y la casa Wetzel (O'Higgins, 608) de 1930.

Iglesia del Sagrado Corazón
IGLESIA

(San Francisco esq. Verbo Divino; ⊙horario variable) Esta imponente y colorida iglesia de 1915, situada en un promontorio con vistas al centro urbano, está inspirada en la Marienkirche de la Selva Negra alemana.

Al Sur
RAFTING, KAYAK

(☎65-223-2300; www.alsurexpeditions.com; esq. Aconcagua y Imperial) 🖉 Está especializado en *rafting* –con un exclusivo campo base a orillas del río Petrohué– y también organiza salidas de varios días en kayak por los fiordos del Parque Nacional Pumalín, siempre con ONG que trabajan por el medio ambiente.

Ko'Kayak
RAFTING, BARRANQUISMO

(☎65-223-3004; www.kokayak.cl; San Pedro 311; ⊙8.30-19.00) Esta veterana y popular empresa ofrece *rafting*, dos excursiones diarias de medio día por 35 000 CLP y salidas en kayak marino de uno/dos días por 70 000/165 000 CLP.

La Comarca
Puelo Adventure
BICICLETA DE MONTAÑA

(☎móvil 9-9799-1920; www.pueloadventure.cl; av. Vicente Pérez Rosales 1621) 🖉 Está especializada en espectaculares aventuras a medida a las zonas menos exploradas del valle del río Puelo, el valle del río Cochamó y más lejos. Cabe destacar las opciones de vacaciones en bicicleta de montaña y de carretera por Chile y Argentina (que incluyen una ruta de 12 días por una pista estrecha de Bariloche a Puerto Varas), la que combina cerveza y ciclismo, y una excursión de vinos y quesos al mirador a 900 m en Arco Iris, en La Junta.

El Bike & Beer es un divertido circuito en bicicleta de 30 km a orillas del lago que culmina con una degustación de cerveza artesanal en Chester Beer (p. 260). Los grupos nunca superan las 12 personas y se ofrece al viajero una experiencia única fuera de las rutas más trilladas. También alquila bicicletas de carretera, bicicletas con suspensión delantera y trasera y bicicletas eléctricas.

Trails of Chile
CIRCUITOS

(☎65-233-0737; www.trailsofchile.cl) Está especializada en excelentes circuitos profesionales y viajes de aventura con un servicio magnífico,

Birds Chile
OBSERVACIÓN DE AVES

(☎65-223-3004, móvil 9-9269-2606; www.birdschile.com; San Pedro 311; ⊙9.00-19.00) 🖉 Ofrece excelentes circuitos de observación de aves y de naturaleza con Raffaele Di Biase, importante naturalista y una persona estupenda con la

que pasar un día al aire libre. Este es el único turoperador de Chile con un sello de Nivel 3 de sostenibilidad de Sernatur, que refleja su excelencia.

Patagonia Fishing Rockers
PESCA

(☎móvil 9-9090-6958; www.facebook.com/patagoniafishingrockers) Está claro que el alegre pescador Gustavo Arenas no es el guía de pesca con mosca del abuelo; sus salidas por los ríos Maullín, Peulo y Petrohué van acompañadas de un toque de *rock and roll* y (quizá) un chupito de Jägermeister.

Está construyendo Puelo Lodge, un paraíso de ocho habitaciones para amantes de la naturaleza en la cuenca del río Puelo en el lago Tagua-Tagua, cuya inauguración estaba prevista para el 2019.

Moyca Expediciones
ALPINISMO

(☎móvil 9-7790-5679; www.facebook.com/moycaexpediciones; San José 192, oficina 203; ⊙10.00-14.00 y 15.00-19.00, horario reducido invierno) Esta empresa con sede en Puerto Varas es muy recomendable para ascender a los volcanes Osorno (2652 m) o Calbuco (2003 m). Está encima de la tienda Patagonia.

Yak Expediciones
KAYAK

(☎móvil 9-8332-0574; www.yakexpediciones.cl) Aconsejable tanto para salidas cortas como de varios días en kayak marino por el lago Todos Los Santos, el fiordo Reloncaví y más lejos.

Vive SUP
SURF DE REMO

(☎móvil 9-8475-7830; www.vivesup.com; Santa Rosa s/n; por h alquiler/clases 5000/8000 CLP; ⊙10.00-19.00 dic-feb) Eduardo es un entusiasta del surf de remo (SUP) y reparte su tiempo entre Portland (EE UU) y Puerto Varas. Ofrece excursiones: salidas a la puesta de sol a la laguna Escondida; salidas de nivel avanzado por el río Petrohué; una excursión espectacular de ocho días por el valle del río Puelo; salidas en surf de remo por la costa; clases, retiros de yoga y alquiler.

Pionero del Lago
BARCOS

(☎móvil 9-9229-6043; www.pionerodellago.cl; Santa Rosa s/n; adultos/niños 10 000/6000 CLP; ⊙salidas 12.30, 17.30, 19.30) Tres salidas diarias en catamarán por el lago Llanquihue, que incluyen un pisco sour o un refresco.

TurisTour
AIRE LIBRE

(☎65-222-8440; www.turistour.cl; Salvador 72; ⊙7.30-20.00 lu-sa, hasta 17.00 do) Organiza el CruceAndino, una excursión con transporte

Puerto Varas

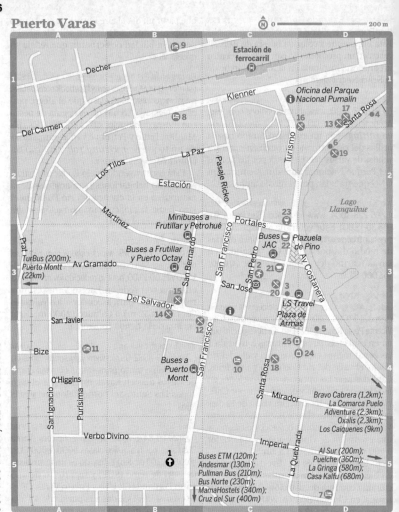

combinado en autobús y barco por los lagos y montañas del puerto Pérez Rosales hasta Bariloche, en Argentina, y viceversa. El coste total es de 280 US$ (mochilero/ciclista 120 US$), aunque hay descuentos según la temporada y los niños pagan un 50% menos. Hay salidas diarias todo el año. Ofrece también numerosas excursiones de un día por la región.

Se debe reservar como mínimo un día antes. También es posible comprar los tiques en el muelle de Petrohué. No es mala idea llevarse la comida para la primera parte de la excursión, pues según algunos las comidas que se ofrecen a bordo del catamarán son caras e insulsas. Además, se debe abonar una tasa de embarque de 23 ARS (solo efectivo en pesos argentinos o chilenos, dólares, euros o reales brasileños) para el Parque Nacional Nahuel Huapi en Argentina.

🛏 Dónde dormir

Hostel Melmac Patagonia ALBERGUE $
(☎65-223-0863; www.melmacpatagonia.com; Santa Rosa 608, Interior; dc 14 000 CLP, i/d desde 35 000/ 42 000 CLP; 🅿@🛜) Este albergue íntimo en

Puerto Varas

un lugar elevado, perfectamente situado sobre el centro, cuenta con todas las comodidades: una nevera con cerveza de producción casera, que se puede beber en la veranda (la primera cerveza gratis) y un *jacuzzi* exterior (10 000 CLP/persona).

Mapatagonia ALBERGUE $

(☏65-223-7695; www.mapatagonia.com; Purísima 681; dc 12 000 CLP, i/d sin baño 24 000/32 000 CLP; P@☎) Esta casa de 1932 figura en la lista de lugares protegidos de la ciudad por su valor histórico y patrimonial. Es el albergue más agradable de la urbe, y ofrece nueve habitaciones con baño más tranquilas, mucho más grandes y a mejores precios que casi toda la competencia, así como una generosa hospitalidad franco-chilena.

Galpón Aire Puro PENSIÓN $$

(☏móvil 9-9979-8009; www.galponairepuro.cl; esq. Decher y Independencia; incl. desayuno 39 000/58 000 CLP, ste 78 000 CLP; P@☎) La estadounidense Vicki Johnson –chef y maestra chocolatera– ha transformado este almacén de patatas de la década de 1920 en un bastión del buen gusto al trasladar aquí su café y tienda de chocolate, y ofrecer ocho amplias habitaciones para viajeros independientes en lo alto de un moderno espacio para oficinas. Las enormes habitaciones con techos abovedados, baños de piedra y un acogedor espacio común transmiten una cálida sensación de hogar y espíritu comunitario. El desayuno se toma abajo, en el **Gallo Negro Café**, o uno se lo puede preparar en la cocina para huéspedes.

Casa Azul ALBERGUE $$

(☏65-223-2904; www.casaazul.net; Manzanal 66; dc 10 000 CLP, d 37 000 CLP, i/d sin baño 20 000/29 000 CLP; P@☎) Es difícil poner pegas a este impecable albergue germano-chileno fuera del centro. El jardín y el estanque con carpas calman al instante los nervios. Las habitaciones son amplias, los baños se han alicatado recientemente y hay una gran cocina para huéspedes y una zona comunitaria con mobiliario moderno fabricado con ramas de árboles.

Compass del Sur B&B $$

(☏65-233-2044; www.compassdelsur.cl; Klenner 467; parcelas 10 000 CLP, dc 14 000 CLP, i/d 34 000/46 000 CLP, i/d sin baño 29 000/39 000 CLP; P☎) ✦ Esta encantadora casa colonial con detalles escandinavos y personal muy amable queda por encima del casco y se accede a ella por una calle escalonada; tiene camas cómodas y duchas con efecto lluvia que encantan a los mochileros de gusto refinado.

Una nueva calefacción con caldera de biomasa, baños y cocina comunitaria renovados y una terraza proyectada significan que se está esforzando por situarse al nivel de los demás establecimientos.

MamaHostels ALBERGUE $$

(☏móvil 9-6521-4688; www.mamahostels.cl; San Francisco 1256; incl. desayuno dc 15 000 CLP, i/d sin baño 40 000/45 000 CLP, h 50 000 CLP; P@☎) A pesar del nombre, se trata solo de un albergue muy bien situado para las salidas de autobuses de larga distancia. Gestionado por una simpática pareja chileno-venezolana, ofrece juegos como una Xbox, billar y ping-pong, además de lavabos de madera y camas dobles en el dormitorio compartido. Las habitaciones privadas lucen detalles de arte colorido y tienen un buen precio. También ofrece recogidas en el aeropuerto.

★ Los Caiquenes   B&B $$$

(📧 móvil 9-8159-0489; www.hotelloscaiquenes.cl; camino a Ensenada, km 9,5; h incl. desayuno desde 102 000 CLP; P 🛜 🛜 🛜) Elegante B&B-*boutique* a orillas de lago a 9 km de Puerto Varas en la carretera a Ensenada. La zona común y cocina, muy acogedora, tiene grandes ventanas con vistas al lago y chimenea; las habitaciones también seducen, con suelos de madera, buenas camas y unos baños fantásticos.

Es un refugio encantador que ofrece un estupendo servicio personalizado y satisface la glotonería gastronómica (platos principales 7500-13 000 CLP).

Casa Kalfu   B&B $$$

(📧 móvil 9-9959-4110; www.casakalfu.cl; Tronador 1134; i/d 86 000/113 000 CLP; P @ 🛜) Como ya existía un local con el nombre de Casa Azul, la pareja chileno-argentina que dirige esta excelente opción de precio medio optó por *kalfu* ("azul" en mapudungún). Se trata de un chalé reformado de la década de 1940, con 19 habitaciones, una decoración sencilla y paredes forradas de tapices de lana de oveja firmados por la prestigiosa artista local Kika Xicota.

🍴 Dónde comer

★ La Gringa   ESTADOUNIDENSE $

(www.lagringa.cl; Imperial 605; platos principales 4800-11 900 CLP; 8.00-23.00 lu-vi, 9.00-23.00 sa, 9.00-18.00 do; 🛜) 🖊 Evoca los cafés para días lluviosos del noroeste del Pacífico estadounidense. Es un lugar encantador gestionado por una adorable oriunda de Seattle que prepara deliciosos panes y bollería caseros, sustanciosos sándwiches y originales platos principales (costillitas a la barbacoa con puré de patatas y pimienta austral), junto con destacables menús por 7300 CLP (menú de precio fijo; 13.00-16.00 excepto feb).

★ Costumbrista   CHILENA $

(📧 móvil 9-6237-2801; Salvador 547B; platos principales 5000-6000 CLP; 13.00-16.00 y 19.00-21.30 lu-sa; 🛜) Este pequeño y modesto restaurante inspirado en Chiloé es la cocinería gastronómica secreta de Puerto Varas. Es un espectáculo de dos hombres y ocho mesas entre paredes de listones de color aguamarina con una carta limitada de pescado y platos más contundentes, como chuleta de cerdo, osobuco, salmón o merluza, que preparan con pericia y superan con creces su precio.

Pudú   HELADERÍA $

(www.facebook.com/Heladospudu; Santa Rosa 318; 1/2 bolas 2000/2500 CLP; 10.00-20.00 lu-vi, 11.00-21.00 sa y do) El helado artesanal favorito de todo el mundo, a menudo con ingredientes locales: manjar (dulce de leche) de Fundo Playa Venado, etc.

Puelche   HAMBURGUESERÍA $

(www.hotelpuelche.cl; Imperial 695; hamburguesa 6500-7500 CLP; 12.00-16.00 y 19.00-23.00 ma-sa, 12.00-17.00 do; 🛜) Un buen director ha contribuido a convertir este local de hamburguesas moderno de un hotel en el mejor lugar de la ciudad para una combinación clásica: hamburguesa, patatas y cerveza. Y nada de las raciones chilenas; estas maravillas de 160 g de carne no requieren mucho esfuerzo, pero son soberbias. Redondean la experiencia las maravillosas patatas fritas caseras, los encurtidos de la casa y la cerveza artesanal fría.

Café Dane's   CAFÉ $

(Salvador 441; platos principales 2100-11 400 CLP; 7.30-22.30 lu-sa, hasta 21.30 do; 🛜) Esta institución local resume la historia híbrida de la región: *küchen* y empanadas, arquitectura alpina y platos españoles, *apfelstrudel* y pastel de choclo. Es uno de los pocos que abren temprano los domingos.

★ La Marca   PARRILLA $$

(📞 65-223-2026; www.lamarca.cl; Santa Rosa 539; bistecs 7200-13 300 CLP; 12.30-23.30 lu-sa, 13.00-22.00 do; 🛜) Este es el lugar al que deben ir los carnívoros acérrimos en Puerto Varas para deleitarse con cortes sobresalientes de carne asada a la perfección. No cuenta con una decoración tipo rancho, todo es muy sutil y elegante; el servicio es cordial, a veces lento. El solomillo pequeño pesa lo suyo (300 gr).

Se aconseja pedir una botella de carmenere, a buen precio, y reservarse para los pecaminosos churros (7300 CLP), de los mejores que se probarán jamás.

El Humedal   FUSIÓN $$

(📞 65-223-6382; Turismo 145; platos principales 6200-9800 CLP; 12.30-23.00 ma-sa, 12.30-17.00 do; 🛜) En una casa adorable y acogedora sobre una colina encima de la población, este establecimiento sirve uno de los mejores almuerzos de Puerto Varas con sus interpretaciones de los curris y revueltos asiáticos, enchiladas y burritos mexicanos, cuencos de *ramen* y pescado con patatas fritas, entre otros. Los postres también son deliciosos.

Mesa Tropera
PIZZERÍA, CERVEZA **$$**

(www.mesatropera.cl; Santa Rosa 161; platos principales 6200-7900 CLP; ☺10.00-14.00 lu-sa, 🐾) Esta muy popular cervecería/pizzería originaria de Coyhaique combina una jovial mezcla de familias y cerveceros. Su ubicación es suprema: por encima del lago Llanquihue, y con vistas a tres volcanes los días despejados. La *pizza* no merece la pena, pero las tostas con tartares especialidad de la casa son excelentes (buey, pulpo, salmón, alcachofa). Las 12 cervezas artesanales caseras de grifo (cervezas 2000-3700 CLP) –incluidas IPA dobles, *brown ales* y *ales* de estilo belga– son las mejores de Puerto Varas.

La Jardinera
COMIDA DE PUB **$$**

(☑65-223-1684; www.lajardinera.cl; Santa Rosa 131; platos principales 8000-9500 CLP; ☺13.00-15.30 y 20.00-23.00 ma-sa, 13.00-15.30 do; 🐾) Una simpática pareja chilena supervisa su ecléctica carta, desarrollada tras cinco años trabajando en Londres. Pero la evolución del restaurante ha empezado ahora a favorecer los ingredientes producidos en la zona y ha dado como resultado una interesante fusión: croquetas de cangrejo con mayonesa de merquén, salmón con corteza de pistacho, confit de cordero.

Donde el Gordito
CHILENA, PESCADO **$$**

(San Bernardo 560; platos principales 6500-18 000 CLP; ☺12.00-16.30 y 18.30-22.00, cerrado jun) Este favorito de los lugareños es un íntimo restaurante de pescado en el mercado municipal. Prepara cosas maravillosas con salsa de cangrejo. Abundante pero excelente.

Casavaldés
CHILENA, PESCADO **$$$**

(☑móvil 9-9079-3938; www.facebook.com/restaurantecasavaldes; Santa Rosa 40; platos principales 7500-13 100 CLP; ☺12.30-16.00 y 19.00-23.00 lu-sa, 19.00-23.30 do; 🐾) Aunque es un poco pequeño, el restaurante de pescado más íntimo e interesante de Puerto Varas tiene vistas al lago Llanquihme y al volcán Calbuco. De su carta innovadora cabe mencionar los pimientos de piquillo rellenos de cangrejo y una larga lista de platos de pescado, realzados por el agradable toque picante del aliño donostiarra (aceite de oliva, ajo, guindilla y vinagre). Se aconseja reservar.

Oxalis
FUSIÓN **$$$**

(☑65-223-1957; av. Vicente Pérez Rosales 1679; platos principales 10 000-19 700 CLP; ☺12.30-15.30 y 19.30-23.30 do; ☺, 12.30-15.30 do; 🐾) Hay que tomar nota: este nuevo restaurante ofrece amplias vistas del lago y la ciudad desde su ubicación elevada en el extremo sureste de la costanera y obtiene grandes alabanzas por su creatividad y compromiso con los ingredientes locales. La carta europea moderna está aderezada con florituras asiáticas (atún ahumado con eucalipto y té verde, entrecot con setas silvestres y col china) y toques peruanos.

🍸 Dónde beber y vida nocturna

⭐ Caffé El Barista
CAFÉ

(www.elbarista.cl; Martínez 211; café 1400-3200 CLP; ☺8.00-1.00 lu-ju, hasta 2.00 vi y sa, 12.00-13.00 do, horario reducido invierno; 🐾) Esta elegante cafetería de estilo italiano sirve el mejor expreso del Sur Chico, que elabora con su cafetera La Marzocco. Atrae a la clientela con sus saludables desayunos y almuerzos hechos con huevo, sus excelentes menús del día por 6800 CLP y una selección de sabrosos sándwiches (3600-6200 CLP). Al caer la noche, se transforma en un refinado local para tomar una copa.

Pub Puerto Varas
BAR

(www.facebook.com/pubpuertovaras; Santa Rosa 068, 2° piso; pintas 3000 CLP; ☺17.00-2.00 lu, 14.00-2.00 ma-ju, 14.00-3.00 vi y sa, 14.00-1.00 do; 🐾) Dos mesoneros veteranos abrieron en el 2017 este bar de nombre obvio y así dieron a la ciudad lo que le faltaba, es decir, un local donde beber dedicado a beber (de ahí el eslogan "Drink & Drink", no "Food & Drink"). Tiene 12 grifos donde predominan las cervezas artesanales locales (Chester y Morchela), cócteles mezclados con licores sudamericanos y copas de vino que se sirven en un aireador Vinturi.

El amplio patio de la 2ª planta se llena con la gente guapa y atrevida de la ciudad, y se suele programar música en directo o con DJ.

Casa Mawen Café
CAFÉ

(Santa Rosa 218; café 1500-3300 CLP; ☺7.30-22.00 lu-vi, 9.30-23.00 sa y do; 🐾) En una casa grande y bonita con vistas al lago, este local es la otra gran cafetería de la ciudad, con un ambiente más local y familiar y un fabuloso café java, incluidos granos 100% arábica procedentes de México y Colombia. El gran patio exterior, también con vistas al lago, es

CHESTER BEER BREWING COMPANY

El microcervecero estadounidense Chester (de nombre real, Derek Way) se dedica a este negocio desde el 2006, mucho antes de que "artesanal" significara algo en Chile. Su rústica pero genial cervecería rural, la Chester Beer Brewing Company (www. chesterbeer.cl; Línea Nueva 93, fundo Molino Viejo; pintas 2500 CLP; ⊙10.00-17.00 lu-vi, 12.00-19.00 do), está hecha con contenedores. Es un verdadero paraíso de la cerveza, con cuatro grifos dedicados a elaboraciones experimentales y todas sus especialidades en botella (IPA, summer ale, APA y stout).

A la cervecería, 8 km al norte de Puerto Varas, no se puede llegar en transporte público, pero hay un 50% de descuento para quienes lleguen en bicicleta; otra opción es el Beer Bus (12.00, 13.30, 15.00, 16.30 y 18.00), que circula de miércoles a domingo de diciembre a marzo y de jueves a sábado de abril a noviembre, desde la plaza de Armas y la antigua estación de trenes de Puerto Varas.

Mientras se elaboraba esta guía, Derek estaba planeando trasladarse 1,5 km al noreste, en Línea Nueva (Llanquihue), a un nuevo caserón y cervecería de 220 km^2 con comida de pub, gastronetas en rotación y mesas de pícnic con parrillas (hay que llevar la carne).

maravilloso para pasar la tarde tomando café y contemplando a la gente.

Bravo Cabrera BAR, RESTAURANTE
(www.bravocabrera.cl; av. Vicente Pérez Rosales 1071; ⊙18.00-hasta tarde lu-ju, 12.30-3.00 vi y sa, 12.30-18.00 do; ⊛) Llamado así por un Robin Hood de la Patagonia que robaba carne de res a los ricos y montaba parrilladas para los pobres, a este elegante resto-bar acude la clase alta de Puerto Varas para tomar cervezas artesanales, cócteles y una sabrosa comida de pub (platos ppales. 6200-8400 CLP). Es ideal para huir del barullo turístico y ver cómo viven los puertovarinos acomodados. Un taxi por la noche para regresar al centro cuesta 1500 CLP.

🔒 De compras

Fundación Artesanías de Chile ARTESANÍA
(www.artesaniasdechile.cl; Salvador 109; ⊙9.00-21.00 lu-sa, 10.30-19.00 do) 🗫 Organización sin ánimo de lucro que vende hermosos textiles mapuches, así como joyas y cerámicas de calidad procedentes de todo el sur de Chile.

Feria Artesanal ARTESANÍA
(Salvador; ⊙11.00-19.30) Aquí se venden los típicos artículos para turistas.

ℹ Información

Banco de Chile (www.bancochile.cl; esq. Salvador y Santa Rosa) Cajero automático.
BBVA (www.bbvacompass.com; San Pedro 326) Cajero automático.
BCI (www.bci.cl; esq. San Pedro y Salvador) Cajero automático.

Carabineros de Chile (☎65-276-5100; www.carabineros.cl; San Francisco 241; ⊙24 h) Policía.
Clínica Puerto Varas (www.clinicapv.cl; Otto Bader 810; ⊙24 h) Cerca de la salida suroccidental de la ciudad por la calle del Salvador.
Oficina de correos (www.correos.cl; San José 242; ⊙9.00-13.30 y 15.00-18.00 lu-vi, 9.30-12.30 sa)
Oficina del Parque Nacional Pumalín (☎65-225-0079; www.parquepumalin.cl; Klenner 299; ⊙9.00-18.00 lu-vi) Aunque el parque se halla en el norte de Patagonia, esta es la oficina de turismo oficial del Parque Nacional Pumalín. El cartel reza "Tompkins Conservation".
Oficina de turismo (☎65-236-1175; www.ptovaras.cl; Salvador 320; ⊙8.30-21.00 lu-vi, 9.00-21.00 sa y do dic-feb, 8.30-19.00 lu-vi, 10.00-14.00 y 15.00-19.00 sa y do mar-nov)

ℹ Cómo llegar y salir

Casi todos los servicios de largo recorrido desde Puerto Varas parten de Puerto Montt. Los autobuses salen de unas pocas oficinas particulares y desde dos terminales: una para **Cruz del Sur** (☎65-223-6969; www.buscescruzdelsur.cl; San Francisco 1317; ⊙oficina 7.00-22.00) –y las salidas a Bariloche de Bus Norte– y la otra para **TurBus** (☎65-223-3787; www.turbus.cl; Salvador 1093; ⊙oficina 7.00-22.30 lu-vi, 7.00-14.00 y 16.00-22.30 sa y do), fuera del centro, que también utilizan JAC y **Cóndor**. Unas cuantas compañías venden billetes en sus propias oficinas del centro.

Para Osorno, Valdivia y Temuco, Cruz del Sur fleta varios autobuses diarios; también viaja a Chiloé y Punta Arenas. Para Santiago, **Buses ETM** (☎65-223-0830; www.etm.cl; Rosas 1017, oficina; ☺8.30-23.00), **Bus Norte** (☏65-223-4298; www.busnortechile.cl; Andrés Bello 304, 2º piso, oficina; ☺oficina 10.00-13.00 y 15.00-21.00 lu-vi, 11.00-13.00 y 14.30-21.00 sa-do) y **Pullman Bus** (☏65-223-7720; www.pullman.cl; San Francisco 1004, oficina; ☺8.00-15.00 y 16.45-23.00) ofrecen los mejores servicios. **Buses JAC** (☏65-238-3800; www.jac.cl; Martínez 230; ☺9.00-12.00 y 14.00-18.30 lu-vi, 10.00-13.00 sa), oficina de la ciudad que también usa TurBus, va a Villarrica y Pucón. Para Viña del Mar/Valparaíso, Pullman tiene un autobús nocturno, al igual que Buses ETM y TurBus.

Para Bariloche (Argentina), Cruz del Sur/**Bus Norte Internacional** viaja diariamente. **Andesmar** (☏móvil 9-9789-8296; www.andesmar.com; San Francisco 1057) tiene una salida diaria, y otra extra en verano; Andesmar sale de Pullman Bus, no de su oficina.

LS Travel (☏65-223-2424; www.lstravel.com; San José 128; ☺8.00-20.00) ofrece lanzaderas diarias (170 US$; 7.30) más exclusivas y combinados de lanzadera y barco (230 US$; 7.15) con paradas turísticas por el camino, pero solo salen si tienen una reserva de como mínimo cuatro personas.

DESTINO	PRECIO (CLP)	DURACIÓN (H)
Ancud	5000	2½
Bariloche (Arg.)	18 000	6
Castro (Chiloé)	6500	4½
Osorno	2000	1¼
Pucón	9300	5½
Punta Arenas	50 000	18
Santiago	25 000	12
Temuco	desde 6500	6
Valdivia	4500	3½
Viña del Mar/ Valparaíso	30 000	15

ℹ Cómo desplazarse

Los *micros* a/desde Ensenada y Petrohué salen regularmente desde una pequeña parada cerca de la esquina de Martínez y San Bernardo. El mejor punto para tomar un autobús a Puerto Montt es en el bloque 600 de San Francisco junto al centro comercial. Los microbuses con destino a Cochamó y Río Puelo pasan también por aquí unos 20 min después de salir de Puerto Montt (p. 273). Los microbuses que van a Frutillar y Puerto Octay salen de una parada de la avenida Gramado, cerca de San Bernardo.

Estas son las tarifas de los microbuses regulares que salen de Puerto Varas:

DESTINO	PRECIO (CLP)	DURACIÓN (H)
Cochamó	2500	1½
Ensenada	1200	1
Frutillar	1200	½
Petrohué	2500	1½
Puerto Montt	800	¼
Río Puelo	4000	3

Ensenada

☏065 / 1623 HAB.

La rústica Ensenada, a 45 km de Puerto Varas por una pintoresca carretera costera, es poco más que unos cuantos restaurantes, hospedajes y agencias de viajes, pero tiene el fantástico telón de fondo de tres majestuosos volcanes: Osorno, Calbuco y Puntiagudo. Pernoctar en Ensenada y no en Puerto Varas comporta algunas ventajas: si se tiene previsto subir al Osorno o esquiar por sus laderas se gana 1 h de sueño (y si el tiempo cambia, no se habrá ido tan lejos para nada). El volcán Calbuco también está a una distancia razonable, al sur de Ensenada. Y entre ambos se halla el fantástico Parque Nacional Vicente Pérez Rosales (p. 265), cuya entrada está a las afueras del pueblo.

Para pescar trucha y salmón en el río Petrohué, enormes truchas marrones en el río Maullín y pescar con mosca en la Región de los Lagos (salidas de un día, estancias en el *lodge* o viajes en coche por la Patagonia), se puede llamar a John Joy del **Tres Ríos Lodge** (☏65-271-5710, móvil 9-9825-8577; www.tresrioslodge.com; Ruta 225, km 37), que también lleva el Tradición Austral B&B de Puerto Varas.

🛏 Dónde dormir y comer

⭐**Hamilton's Place**   PENSIÓN $$
(☏móvil 9-8466-4146; www.hamiltonsplace.com; camino a Ensenada, km 42; dc 17 000 CLP, i/d 40 000/50 000 CLP, sin baño 30 000/35 000 CLP, cerrado abr-oct; P🐾) Una simpática pareja canadiense-brasileña conduce esta pensión situada cerca de Ensenada pero en una aislada calle residencial que parece estar en otro planeta. Las habitaciones, decoradas con gusto, cuentan con camas excelentes (los baños privados disponen de bañeras), tienen un aire de bosque y gozan de fabulosas vistas del Osorno y el Calbuco. En el 2017 instalaron un nuevo dormitorio colectivo.

¡OH NO, EL CALBUCO TAMBIÉN!

Como el Villarrica un mes antes, el volcán Calbuco, al sur de Ensenada, explotó espectacularmente el 22 de abril del 2015. La violenta erupción subpliniana (una erupción sostenida, no una de pocos segundos/minutos, de las cuales solo se han registrado 300 en la historia, no causó víctimas mortales, pero amenazó al ganado e incluso a miles de salmones de las granjas cercanas. Se declaró una alerta roja y se ordenó la evacuación de 400 personas en un radio de 20 km. A los residentes no les hizo falta la orden: las cosas se pusieron feas cuando una inmensa columna de gases, ceniza y piroclastos se elevó varios kilómetros, cubrió la zona de precipitaciones volcánicas y la población local tuvo que salir huyendo. Aunque el Calbuco está considerado uno de los tres volcanes más peligrosos de Chile, esta fue su primera erupción en 42 años.

Eloa, la chef brasileña, hornea un fantástico pan casero para su elaborado desayuno y comidas más sustanciosas para sus huéspedes, incluidas especialidades brasileñas como *feijoada* (guiso de frijoles negros y cerdo) y *moqueca* (guiso de pescado) de vez en cuando.

Quila Hostel   B&B $$
(☎móvil 9-6760-7039; www.quilahostal.com; camino a Ensenada, km 37; incl. desayuno i/d 53 000/58 000 CLP, sin baño desde 43 000/48 000 CLP; P@🤶) El veterano propietario francés de un albergue de Puerto Varas dirige esta opción rústica, totalmente renovada y de ambiente casero. La casa de seis habitaciones rezuma un ambiente antiguo y disfruta de fabulosas vistas del Osorno y el Calbuco. Uno queda algo aislado si no dispone de coche, pero forma parte del encanto.

⭐**Awa**   HOTEL-BOUTIQUE $$$
(☎65-229-2020; www.hotelawa.cl; Ruta 225, km 27; i/d incl. desayuno 370/400 US$, ste i/d 520/550 US$; P@🤶≋) Una familia de arquitectos construyó y es propietaria de este nuevo hotel, el más bonito del Sur Chico. Junto al lago y engañosamente pequeño, dispone de 16 habitaciones sostenibles con detalles exquisitos de diseño. Es rústico (con viejos barcos que cuelgan y mapas antiguos) y moderno (techos de cemento, suelos de pizarra, madera recuperada) en las zonas comunes; las habitaciones gozan de sorprendentes vistas al volcán desde las camas, con mantas hechas a mano, de colores que combinan con las pinturas cinéticas de Matilde Pérez.

La TV está escondida en un arcón antiguo y en las bañeras caben tres personas (con altavoces). También hay una piscina para nadar de 25 m y kayaks, bicicletas y tablas de surf de remo gratis. El restaurante está muy por encima del estándar de la región.

⭐**Awa**   CHILENA $$$
(☎65-229-2020; www.hotelawa.cl; Ruta 225, km 27; platos principales 13 000 CLP; ⏰13.00-15.00 y 20.00-22.00; 🤶) Tiene un sumiller de Borogo y un chef de La Percanta –dos de los mejores destinos gastronómicos de Santiago–, así que se pueden esperar grandes cosas. También entrega a domicilio. Con ingredientes acabados de recolectar de su propio invernadero biológico, los platos creativos cambian dos veces diarias (congrio en curri verde, ragú de osobuco, merluza con puré de habas y beicon).

La carta de vinos presenta vinos chilenos exclusivos como Tatay de Cristóbal y Viñedo Chadwick. El restaurante, como el propio hotel, se aprovisiona en todo lo posible de productos dentro de 100 km a la redonda. ¡Qué rico!

❶ Cómo llegar y salir

Circulan microbuses frecuentes entre Ensenada y Puerto Varas (1200 CLP, 50 min) y Petrohué (1000 CLP, 30 min). No hay transporte público entre Ensenada y Las Cascadas, que queda a 22 km por la carretera que lleva a Puerto Octay.

Parque Nacional Vicente Pérez Rosales

En este parque de lagos celestiales y altos volcanes destacan entre tanta maravilla el **lago Todos los Santos** y el **volcán Osorno**, aunque no son los únicos. Los lagos se suceden uno tras otro hasta un horizonte dominado por volcanes, que forman un escalonado paso a través de la cordillera de los Andes. La aguja del **volcán Puntiagudo** (2493 m) se cierne al norte, mientras que el accidentado **monte Tronador** (3491 m) marca la frontera con Argentina al este.

Fundado en 1926, el Vicente Pérez Rosales, de 2510 km², fue el primer parque nacional chileno, pero el territorio ya tenía una larga historia. En tiempos precolombinos, los araucanos recorrían el "camino de los vuriloches", una importante ruta trasandina que lograron ocultar a los españoles durante más de un siglo tras el levantamiento de 1599. Los misioneros jesuitas, para evitar la travesía más peligrosa de los lagos y ríos de la región, viajaban desde Chiloé, seguían por el estero de Reloncaví y cruzaban el paso al sur del Tronador hasta el lago Nahuel Huapi.

Hay un **centro de visitantes** (☏65-221-2036; www.conaf.cl; laguna Verde; ◷8.30-17.30 do-ju, hasta 16.30 vi) de la Conaf que proporciona información básica del parque y mapas.

Volcán Osorno

El volcán Osorno (2652 m), solo comparable con el Villarrica, dibuja un cono perfecto que se eleva al cielo sobre el azul de los lagos glaciares. Conserva su bella forma gracias a los 40 cráteres que se agrupan en torno a la base, que son los que producen las erupciones del volcán, y no el cráter de la cima.

Centro de esquí y montaña Volcán Osorno (☏móvil 9-9158-7337; www.volcanosorno.com; Ruta V-555, km 12; forfait medio día/día completo 20 000/26 000 CLP; ◷10.00-17.30) tiene dos telesillas para esquiar o ver las vistas,

restaurante (abierto todo el año) y tienda de alquiler de equipo de esquí y de *snowboard* (paquetes completos 20 000 CLP). También hay un parque de toboganes, que divierte a niños y adultos (desde 15 000 CLP).

Las opciones estivales incluyen tomar el telesilla para gozar de vistas panorámicas a 1420 m (12 000 CLP) o 1670 m (16 000 CLP). Se puede descender más rápido con las tirolinas (12 000 CLP).

Colina abajo desde las pistas de esquí, el renovado **refugio Teski** (☏065-256-6622; www.teski.cl; Ruta V-555, km 12; dc sin ropa de cama/saco 17 000/15 000 CLP, h con/sin baño 54 000/42 000 CLP; ⊙) ofrece un acceso inmejorable a la montaña. No siempre está gestionado de forma profesional, pero es un lugar espectacular para pernoctar, pues brinda vistas soberbias del lago Llanquihue y las montañas circundantes en soledad una vez parten los autobuses turísticos a última hora de la tarde.

Previo aviso (24 h antes), se puede alquilar un 'jacuzzi' en la ladera de la montaña (40 000 CLP por 3 h, que incluyen un pisco sour y algo de picar), y disfrutar de la noche.

❶ Cómo llegar y salir

Para llegar a las pistas de esquí y al refugio se sale por la carretera de Ensenada a Puerto Octay hasta una señal a unos 3 km de Ensenada,

Parque Nacional Vicente Pérez Rosales ⊛ N 0 ————— 10 km

Puerto Octay (20km);
Osorno (60km)

Sendero

Refugio La Picada

Cerro La Picada (1710m)

Las Cascadas

Centro de Ski y Montaña Volcán Osorno

Volcán Osorno (2660m)

Volcán Puntiagudo▲ (2493m)

Parque Nacional Puyehue

Parque Nacional Nahuel Huapi ❶

Río Negro

Cordillera de los Andes

Lago Nahuel Huapi

Lago Todos los Santos

Ferri

Peulla

Puerto Frías

Bariloche (50km)

Conaf

Petrohué

Saltos del Petrohué

Refugio Teski

Lago Llanquihue

Ensenada

Parque Nacional Vicente Pérez Rosales

Paso Pérez Rosales (1022m)

Monte Tronador (3491m)

Puerto Varas (30km)

Cayutué

Río Petrohué

Río Blanco

ARGENTINA

Volcán Calbuco (2003m)

Lago Cayutué

Lago Fonck

Sendero

Ralún

Seno de Reloncaví

Cochamó (5km);
La Junta (22km)

Paso Tronador (1390m)

y se siguen otros 10 km por la lateral. Vale la pena alquilar un automóvil e ir por la carretera asfaltada, que ofrece vistas espectaculares, con el Osorno a un lado, el Calbuco al otro y el lago Llanquihue a los pies. No hay transporte disponible a las pistas, excepto para grupos organizados.

Petrohué

Aunque muchos solo pasan por aquí para tomar el ferri hacia Peulla, la majestuosa y serena situación de Petrohué, junto al lago, suele seducir lo suficiente para prolongar la estancia. Y aunque la visita parece algo forzada, cuando se marcha el aluvión de turistas en circuito organizado o se cruza el lago hasta los hospedajes de la otra orilla, el lugar cambia por completo. Está a solo 20 min de Ensenada, por una pista sin asfaltar pero en bastante buen estado, así que disfruta de las mismas ventajas, pero en un entorno mucho más bonito.

Puntos de interés y actividades

Desde el *camping* Playa Petrohué de la Conaf, nada más pasar el aparcamiento de pago (se puede aparcar gratis), un camino de tierra conduce a la **playa Larga,** arenal negro mucho mejor que la playa próxima al hotel. Desde allí, el **sendero Los Alerces** sale en dirección oeste hasta encontrarse con el **sendero La Picada,** que trepa por el paso Desolación y sigue hasta el refugio La Picada, en el lado norte del volcán. Otra opción es regresar al hotel por el sendero Los Alerces.

Las excursiones a la **isla Margarita,** atolón boscoso con una pequeña laguna interior, cuestan 10 000 CLP con un mínimo de 10 personas (las barcas de pesca, más pequeñas, pueden resultar más económicas). Hay barqueros en el muelle que ofrecen un recorrido por el lago de 30 min (5000 CLP para hasta 5 personas).

Saltos del Petrohué CASCADA
(www.conaf.cl/parques/parque-nacional-vicente-perez-rosales; adultos/niños chilenos 2000/1000 CLP, extranjeros 4000/2000 CLP; ☉9.00-18.00) Unos 6 km al suroeste de Petrohué, estos saltos forman una torrencial y espumosa cascada a través de un angosto cañón de roca volcánica excavado por la lava. Quien se pregunte por qué las salidas de *rafting* no empiezan en el lago, encontrarán en este lugar la respuesta, aunque hay kayakistas experimentados que

los han superado. El aparcamiento cuesta 1000 CLP.

Dónde dormir

Hospedaje Esmeralda PENSIÓN $
(☎móvil 9-9839-2589, móvil 9-6225-6230; rosabur67@hotmail.com; incl. desayuno parcela/h por persona sin baño 7000/15 000 CLP, cabañas 70 000 CLP; @) Este hospedaje de madera sobre pilotes es un alojamiento casi de lujo regentado por el hijo de la matriarca Küschel, dueña de otro hospedaje más barato ubicado unos cientos de metros ribera abajo. Tiene una sala de desayunos preciosa con ventanales para disfrutar de las vistas del lago.

Petrohué Lodge REFUGIO $$$
(☎65-221-2025; www.petrohue.com; Ruta 225, km 60; i/d incl. desayuno desde 135 000/185 000 CLP, cabañas para 4 personas 175 000 CLP; P@🛜🏊) Esta especie de refugio para aventureros exclusivos se halla en un fantástico edificio de piedra con tejado de madera a dos aguas y una torre. La sala de estar, con iluminación cenital y chimeneas, es ideal para descansar, leer o reflexionar. Las habitaciones tienen cómodas camas con muchas mantas.

El restaurante abre para el público en general, y la agencia de turismo de aventura aquí instalada organiza excursiones de alpinismo, *rafting* y barranquismo y alquila kayaks. Las cabañas, también lujosas, están a orillas del lago.

Cómo llegar y salir

Circulan microbuses desde Puerto Varas (1500 CLP, 1 h) y Ensenada (1000 CLP, 15 min) a Petrohué durante todo el año.

Cochamó

☎065 / 3908 HAB.
La **iglesia parroquial María Inmaculada,** recubierta de alerce y de estilo chilote, se alza pintoresca sobre un telón de fondo de agua de un azul lechoso junto a la carretera a Cochamó. Es una de las imágenes más bellas de la región, así como la principal puerta de entrada al valle del río Cochamó. Además de su reformada costanera, unos cuantos alojamientos nuevos se disputan la atención del visitante, esforzándose por convertir Cochamó en algo más que un lugar para echar los kayaks en una excursión de un día desde Puerto Varas.

De gestión local, el **Southern Trips** (☎móvil 9-8407-2559; www.southern-trips.com; av. Cochamó,

Pueblo Hundido), en la carretera principal, ofrece salidas en caballo por la zona desde 3 días (231 000 CLP) a 11 días (960 000 CLP), así como caballos y burros de carga a La Junta (por caballo 30 000 CLP, máx. 65 kg). Al otro lado de la calle, su Coffee House (10.00-20.00 dic-mar) es el mejor local de Cochamó por sus expresos, bocadillos, ambiente entre viajeros y wifi.

🛏 Dónde dormir y comer

**Las Bandurrias
Eco Hostal**   PENSIÓN $
(☎móvil 9-9672-2590; www.hostalbandurrias.com; sector El Bosque s/n; dc 15 000 CLP, i/d sin baño 25 000/37 000 CLP) 🖉 Los propietarios suizochilenos de este "ecohostal" de nueva construcción recogen a sus clientes en el pueblo para trasladarlos a los mejores y más sostenibles alojamientos de estos contornos. Los baños y la cocina para huéspedes son magníficos, y el compostaje y la calefacción con energía solar son la norma. Destacan los panes caseros (como la *tresse* suiza) y las mesas y bancos del exterior con vistas al fiordo.

Hay que reservar con antelación, pues solo tiene cinco habitaciones, y seguir las indicaciones por la avenida del Bosque; con Google Maps uno se extravía.

Campo Aventura   REFUGIO $
(☎móvil 9-9289-4318; www.campo-aventura.com; Valle Concha s/n; parcelas 5000 CLP/persona, h por persona incl. desayuno 20 000 CLP) Tiene capacidad para 15 personas en tres habitaciones espléndidas y una casita en su campamento junto al río en Cochamó. Ofrece un delicioso desayuno y una bonita zona de acampada a orillas del río. Está bien equipado para llevar al viajero a La Junta con caballos de carga.

La Bicicleta   ALBERGUE $
(☎móvil 9-9402-9281; www.labicicletahostel.com; av. Cochamó 179; incl. desayuno dc 15 000, d sin baño 35 000 CLP; 🛜) Este albergue de temática ciclista es poco más que dos dormitorios colectivos de cuatro camas y una doble construidos detrás de la casa del simpático dueño junto a la carretera principal que atraviesa Cochamó; pero las instalaciones son bastante buenas, como robustas literas de madera, espejos y sillas de madera. Los baños compartidos las imitan y cuentan con toques agradables como portarrollos de ramas de madera reciclada.

Sixto, el propietario, prepara un estupendo desayuno campestre, con pan con churrasco (huevos de granja y mermeladas, miel y queso fantásticos). Hay wifi vía módem portátil, que Sixto permite llevar a la habitación para obtener mejor calidad. Los ciclistas pueden parar a tomar un café o tentempié si pasan por allí.

Patagonia Nativa   PENSIÓN $
(☎móvil 9-9316-5635; www.patagonianativa.cl; av. Aeródromo s/n; dc 17 000 CLP, h 40 000-42 000 CLP, h/tr sin baño 40 000/54 000 CLP; 🛜) Nuevo alojamiento en lo alto del pueblo, con unas vistas del fiordo Reloncaví que mejoran las de cualquier postal. El propietario, Cristian, ha construido una acogedora pensión que aún huele a pino. También ofrece salidas en kayak.

Hospedaje Maura   PENSIÓN $
(☎móvil 9-9334-9213; www.hostalmaura.cl; JJ Molina 77; h por persona sin baño 20 000 CLP, cabañas 75 000 CLP) Esta acogedora opción en la ciudad, con propietarios encantadores, cuenta con habitaciones recientemente renovadas, con buenas camas y techos muy bajos. Hay dos cabañas nuevas con neveras Electrolux y baños modernos. Se puede pasar la velada entre la cocina para huéspedes (con barbacoa de leña) y la sauna en el exterior. El desayuno cuesta 4000 CLP.

El Faro   CHILENA $
(Costanera s/n; platos principales 3700-8000 CLP; ⊗9.00-22.00, horario reducido invierno) Probablemente la mejor opción para una buena comida casera en Cochamó, prepara cebiches, pescado fresco como merluza y congrio, y otras delicias marineras. Está junto al agua, así que las vistas son espectaculares.

ℹ Información

El wifi por fin ha llegado a Cochamó. Si no alcanza el alojamiento, el viajero se puede conectar en la **biblioteca pública** (av. Cochamó s/n; ⊗9.00-13.00 y 14.30-19.00 lu-vi; 🛜) –tras registrarse rápidamente con el pasaporte– o con la contraseña (crdrcn20co90) en la contigua **Municipalidad de Cochamó** (red: Coordinacion Municipal). Ambas conexiones son gratis y solo funcionan en horas de oficina.

Municipalidad de Cochamó (☎65-256-2586, móvil 9-6480-9493; www.municochamo.cl; av. Cochamó s/n; ⊗8.30 13.00 y 14.30 17.30 lu-vi; 🛜) Mapas, información y wifi. Para ayuda fuera de horas de oficina, se puede llamar a Janette al ☎móvil 9-6480-9493.

ℹ Cómo llegar y salir

Buses Río Puelo/Estuario Reloncaví (☎65-284-1200; esq. av. Diego Portales y Lillo, terminal Puerto Montt, boletería 42) sale de Puerto Montt hacia Cochamó (3000 CLP, 2½ h) a las 7.45, 14.00 y 16.00 (7.45, 12.00 y 16.30 do). **Transhar** (☑65-225-4187; esq. av. Diego Portales y Lillo, terminal Puerto Montt, boletería 44) parte a las 12.15 y 15.30 de lunes a sábado (2½ h). Todos los servicios paran en Puerto Varas y Ensenada y siguen hasta Río Puelo (4500 CLP). De regreso, los autobuses pasan a las 6.30, 7.00, 8.00, 14.30 y 17.00; hay que hacer una señal para que se detengan en la carretera principal.

Valle del río Cochamó

Con sus imponentes domos graníticos que se alzan sobre el verde dosel y los alerces colosales que dominan el bosque pluvial, algunos proclaman que este espectacular valle es como el Yosemite chileno. Cerca, las aguas glaciares de la Región de Los Lagos se funden con el agua salada en el estero de Reloncaví, el fiordo de 80 km que da acceso a la Patagonia Norte en Argentina. Sin embargo, la popularidad de la región se ha disparado en los últimos años, en un principio entre los escaladores en roca, pues hay más de 300 vías y excursiones de seis días, pero más recientemente entre campistas. Esta evolución ha convertido el valle en un entorno fiestero para estudiantes en temporada alta (hasta el punto de que los carabineros emplean un perro detector de droga en el inicio del sendero). La zona es un lugar bonito que merece unos días; y se han impuesto controles para frenar el crecimiento y el impacto negativo en el medio ambiente, pero las comparaciones con el Parque Nacional de Yosemite, quizá inevitablemente, son muy acertadas.

🛏 Dónde dormir

La Frontera — CAMPING, REFUGIO $
(☑móvil 9-8554-9033; www.lafronteravallecochamo. com; La Junta; parcelas 5000 CLP/persona, i/d incl. desayuno 30 000/36 000 CLP) 🏵 De propiedad chileno-checa y bien organizada, es la mejor opción para dormir lo más cerca posible del inicio del sendero a La Junta (se halla a unos 900 m; es una ventaja). El acogedor refugio hexagonal se construyó casi completamente a mano y se diseñó para aprovechar al máximo la luz solar en una ubicación que de otro modo resulta húmeda y algo oscura. El *eco-camping* cuenta con duchas de agua caliente e inodoros de compostaje.

Se ofrece *pizza* y terapias biomagnéticas.

Agrupación de turismo — SERVICIOS DE
Valle Cochamó — ALOJAMIENTO $
(www.reservasvallecochamo.org) Todos los turistas que entran al valle del río Cochamó entre el 15 de diciembre y el 15 de marzo deben registrarse con antelación, elegir su alojamiento y conseguir un cupón que deberán mostrar en los controles del sendero. Si no se tiene el cupón y no hay espacio para la noche del día en que se está ascendiendo, habrá que dar la vuelta.

ℹ Cómo llegar y salir

La carretera al inicio del camino empieza justo antes del puente del río Cochamó a Campo Aventura, pero los visitantes suelen tomar un taxi desde Cochamó (desde 6000 CLP, 30 min) o conducir los primeros 7 km hasta la cabecera. Se puede aparcar en la última casa a la derecha por 2000 CLP.

La Junta

🛏 Dónde dormir

Camping La Junta — CAMPING $
(www.cochamo.com/camping; parcelas 5000 CLP/persona; ☺med sep-abr) 🏵 Este *camping* con vistas, gestionado por escaladores, dispone de duchas solares provisionales, seis retretes secos ecológicos, refugios calentados con braseros y fregaderos. Las excursiones de un día a La Junta empiezan en este punto. Para llegar a él, es necesario caminar 11 km aprox. y continuar después del paso del río con poleas de Campo Aventura menos de 1 km (10 min).

Refugio Cochamó — REFUGIO $$
(www.cochamo.com; valle La Junta Décima; dc 17 000 CLP, d/c sin baño desde 48 000/65 000 CLP; ☺dic-mar; @) Este impresionante lugar es una fantástica cabaña gringo-argentina gestionada por escaladores. Cuenta con duchas calentadas con leña, agua procedente directamente de la cascada Trinidad, *pizza* (desde 15 000 CLP) casera y platos especiales de noche (14 000 CLP). Se debe caminar unos 11 km y continuar después del paso del río con poleas de Campo Aventura al otro lado del Cochamó. Se sigue 10 min a la pampa del *camping* La Junta, y se siguen las señales al sistema de poleas del refugio.

Solo se admiten reservas a través de la web.

Campo Aventura

La Junta Ranch CAMPING $$

(📱móvil 9-9289-4318; www.campo-aventura.com; parcelas 5000 CLP/persona) Gestionada por la empresa más veterana de la zona, esta granja de 50 Ha iluminada con velas acepta el número máximo más pequeño de campistas por noche en el espacio más grande, es decir, hay espacio para moverse. Las instalaciones incluyen tres retretes exteriores de dos cubículos y un quincho para cocinarse la comida.

También hay un *lodge* de cuatro habitaciones con cuatro literas y duchas calentadas con leña, un comedor con una estufa de leña central y una terraza con vistas soberbias del Arco Iris, pero se alquila solo a grupos privados.

ℹ️ Cómo llegar y salir

La única forma de llegar y salir es a pie, una espectacular caminata de 12 km desde la cabecera en Cochamó, o a caballo. **La Comarca Puelo Adventure** (p. 255) de Puerto Varas organiza una excursión de tres días (390 000 CLP/persona con comidas, alojamiento y caballos de carga incl.). Si solo se busca transporte, se recomienda **Southern Trips** (p. 264), en Cochamó.

Río Puelo

La carretera continúa desde Cochamó por el estero de Reloncaví otros 31 km y atraviesa Río Puelo, una pequeña aldea bajo la mirada del volcán Yates y el río Puelo, de color jade. Es un lugar tranquilo y fotogénico que constituye una gran base para ir de pesca y de exploración al valle del río Puelo.

El **Parque Tagua Tagua** (📱65-256-6646; www.parquetaguatagua.cl; adultos/niños 5000/3500 CLP), una pluvisilva virgen valdiviana 15 km al este de Puelo, es el último parque del sur de Chile. Una iniciativa privada fundada por la Universidad Mayor de Santiago y dirigida por el Mítico Puelo Lodge y Miralejos Chile Adventure que protege 30 km² de bosque de alerce antes secreto junto a dos lagos, el Alerce y el Quetrus, delimitados por montañas de granito. El senderismo y el alpinismo son dos de sus principales reclamos, al igual que la observación de aves y la posibilidad de avistar pudúes (ciervos pequeños), pumas y cóndores.

El parque ofrece tres refugios de alerce, sencillos pero funcionales, con baños, paneles solares y estufas de leña, construidos a lo largo de los 25 km de senderos que cruzan ríos por puentes de madera. La capacidad limitada del parque se explica por su frágil ecosistema; solo se puede visitar con reserva.

Se llega en el autobús que viaja a diario al lago Tagua Tagua desde Puerto Montt (7.45) o Puerto Varas (8.20) y luego se toma el ferri que sale de un extremo del lago Tagua Tagua; debe llamarse antes a los guardaparques, que recogerán al visitante en el extremo opuesto del lago (Puerto Maldonado) para recorrer en barco el último tramo (10 min) del trayecto hasta el parque.

🛏️ Dónde dormir

Puelo SiempreVerde CABAÑAS $

(📱móvil 9-7668-7308; www.puelosiempreverde.cl; camino Internacional Río Puelo s/n; cabañas 2/7 personas 40 000/90 000 CLP; 🅿️🛜) Dos cabañas rústicas y chic con tejado de hierba a la orilla del río Puelo Chico. Con cocinas y baños modernos y una decoración de estilo indígena, se trata de retiros para parejas que quieren alejarse de todo.

Se alquilan bicicletas y se ofrecen salidas de kayak, pesca y excursionismo.

Camping Río Puelo CAMPING $

(📱móvil 9-6769-2918; www.cabalgatasriopuelo.cl; Puelo Alto; parcelas 5000 CLP/persona, cabañas d/c 30 000/50 000 CLP; 🅿️🛜) Este *camping* básico ofrece vistas encantadoras de los Andes, buenos baños (con una ducha exterior con energía solar) y wifi. El simpático y políglota propietario cuenta con algunas cabañas bien equipadas que disponen de su propio invento (del que está orgulloso): un calefactor giratorio que se puede dirigir a una zona concreta para concentrar el calor. Hay que llamar antes.

⭐ Domo Camp HOTEL $$

(📱móvil 9-6802-4275; www.andespatagonia.cl; Puelo Alto; d/tr/c/cabaña 45 000/55 000/65 000/45 000 CLP; 🅿️@🛜) Cada uno de estos domos geodésicos unidos por planchas a través de bosque autóctono dispone de chimenea propia, colchones cómodos y sacos de dormir. El uso sin restricciones del relajante *jacuzzi* al aire libre va incluido en el precio de los domos, y hay un quincho (cobertizo) magnífico para barbacoas. La agencia aquí instalada organiza excursiones para huéspedes y clientes externos.

ℹ️ Información

Oficina de turismo (📱65-256-2551, ext. 114; www.municochamo.cl; Santiago Bueras s/n;

⊙8.30-14.00 y 15.00-17.30 lu-vi) En el edificio de la Municipalidad, en la plaza, facilita un mapa e información sucinta sobre caminatas por la zona, alojamiento con familias y guías. Fuera de horas, se puede llamar a Eliseo al ☏ móvil 9-9631-1246.

❶ Cómo llegar y salir

Hay cinco salidas diarias a/desde Puerto Montt (4500 CLP, 4 h), que paran en Puerto Varas, Ensenada y Cochamó (menos los do). Desde la aldea, la carretera se dirige tierra adentro a Puerto Canelo, en el lago Tagua Tagua. En enero y febrero, **Transportes Puelche** (☏móvil 9-6159-3120; www.navierapuelche.cl; coches/peatones 7000/1050 CLP) opera el cruce del lago (45 min) hasta la extensión de la carretera en Puerto Maldonado tres veces diarias a las 7.30, 12.00 y 16.30, con regreso a las 8.30, 13.00 y 17.30 (la primera salida se elimina el resto del año). La carretera discurre entonces paralela al río durante 32 km hasta Llanada Grande. Los vehículos deben llegar 90 min antes de la salida para ponerse en cola.

Valle del Puelo

☑065 / 500 HAB.

El valle del río Puelo aún no se ha visto desvirtuado por el turismo, por lo que ofrece auténticas aventuras por parajes apenas hollados. Una ola de ecoturismo en la zona ha repelido las propuestas de presas hidroeléctricas (que inundarían la mayor parte del valle), pero la amenaza del desarrollo acecha siempre. Las actividades estrella son la pesca, el senderismo y la equitación.

Llanada Grande y más allá

La zona ha vivido un continuo surgimiento de nuevos hospedajes, *campings*, cabañas y algunos refugios de pesca exclusivos. Conviene preguntar en Campo Eggers por la red de casas de pioneros y B&B rústicos creada para los viajeros que continúan hacia el este desde aquí; de esta manera las caminatas y los paseos a caballo resultan menos turísticos y adquieren un carácter algo más cultural.

🛏 Dónde dormir

Campo Eggers AGROTURISMO $
(☏65-256-6644, móvil 9-8730-0953; agroturelsalto@gmail.com; h por persona sin baño incl. desayuno y cena 35 000 CLP, cabañas para 2/4/6 40 000/50 000/60 000 CLP; P🛜) 🍃 El alojamiento perfecto en estos parajes: una casa de troncos limpísima y amueblada con tino propiedad de la vitalista Blanca Eggers, que puede procurar alojamiento en casas de pioneros y B&B a lo largo de todo el trayecto hasta el lago Puelo, en Argentina. Se incluye el desayuno, *onces* (refrigerio) y la cena (con vino), casi todo procedente de la propia granja, y a menudo se sirve asado tradicional de cordero o jabalí.

El entorno de la granja repleto de animales, frente a la cascada El Salto, de 1200 m, enmarcada perfectamente por dos nuevas cabañas exclusivas, es un destino de por sí, pero puede resultar demasiado tranquilo si no está lleno.

Isla Las Bandurrias CHALÉ $$$
(☏móvil 9-9263-6861; www.opentravel.cl; isla Las Bandurrias, lago Las Rocas; h por persona incl. comidas 220 US$) 🍃 Rodeado por montañas a unos 20 km de la frontera con Argentina, el emplazamiento cinematográfico de las 4 Ha de este lugar es su punto fuerte. Ya se aloje uno en la encantadora casa principal o en la idílica cabaña, el mobiliario rústico y chic y los elementos reciclados de diseño junto con las antigüedades francesas y las estufas de leña convierten el alojamiento en el retiro definitivo en la naturaleza, con energía solar.

Sin duda es difícil llegar, pero es una suerte. La difunta madre de Cathy Berard, de OpenTravel, construyó este pequeño trozo aislado de paraíso en medio del lago Las Rocas, 20 km al sur de Llanada Grande, con troncos de ciprés recuperados del lago y una excepcional fuerza de voluntad. Es caro, pero la tarifa incluye tres comidas (con vino) y la merienda, pero no el traslado en barco por el lago Las Rocas, que cuesta 15 000 CLP para hasta ocho personas, organizado por OpenTravel.

❶ Cómo llegar y salir

La salida de las 7.45 de **Buses Río Puelo/Estuario Reloncaví** (p. 265) desde Puerto Montt a Río Puelo continúa hasta el punto donde zarpa el ferri en Puerto Canelo, en el lado norte del lago Tagua Tagua (5000 CLP, 4½ h), desde donde salen tres ferris diarios en enero y febrero (45 min; 7.30, 12.00 y 16.30). En Puerto Maldonado, en el lado sur, un autobús a Llanada Grande (1000 CLP, 45 min) espera el ferri de las 12.00 solo (pasa por Llanada Grande hacia las 10.00 y regresa para el ferri de las 12.00). Para volver, salen tres ferris diarios de Puerto Maldonado en temporada alta (45 min; 8.30, 13.00 y 16.30; solo los dos últimos el resto del año).

La salida de primera hora de la mañana se cancela el resto del año.

Puerto Montt

📞 065 / 218 858 HAB.

Digan lo que digan de Puerto Montt –hasta los lugareños lo apodan "Muerto Montt"–, si se quieren visitar los volcanes del sur de Chile, sus lagos glaciares y sus montañosos parques nacionales, es probable que visite la capital de la Región de Los Lagos, su centro comercial y de transportes.

La cualidad más positiva de Puerto Montt, junto a su gran número de puntos de salida –el ferri de Navimag zarpa de aquí–, es que se ha convertido en un lugar excelente para comer (cuenta con varios de los mejores restaurantes de la región). Aun así, casi todo el mundo, incluidos quienes de vez en cuando se encariñan con el tosco ambiente obrero chileno de Puerto Montt, optan por dirigirse a Puerto Varas.

⊙ Puntos de interés

Monte Verde   YACIMIENTO ARQUEOLÓGICO
(www.fundacionmonteverde.cl; V-830; ⊗24 h) GRATIS
La pequeña huella de un niño descubierta en un pantano 28 km al oeste de Puerto Montt revolucionó el mundo arqueológico en 1975; la evidencia de un asentamiento humano en América de repente era anterior en unos mil años al paradigma Clovis. Situado a orillas del arroyo Chinchihuapi, ahora se piensa que el yacimiento data de hace unos 18 500 años, el momento más frío de la Edad de Hielo.

El yacimiento está dirigido por el antropólogo estadounidense Tom Dillehay. Excavaciones recientes han descubierto cuerdas con nudos, objetos con forma de herramienta, huesos de mastodonte; unos 30 objetos de piedra y 12 pequeñas hogueras con huesos y vegetales. La infraestructura es mínima, pero hay paneles informativos que explican el yacimiento, así como una senda de 200 m con carteles que muestran los puntos donde se han realizado excavaciones. Está proyectado un museo. Se necesita vehículo propio para visitar el lugar.

**Puestos callejeros
de la avenida Angelmó**   MERCADO
(av. Angelmó) Por la concurrida y contaminada avenida Angelmó se dispone una desconcertante mezcla de puestos callejeros (que venden utensilios, mejillones ahumados, cochayuyo –alga marina comestible– y ba-

ratijas misteriosas), mercados de artesanías y restaurantes de pescado para turistas con camareros que dan gritos para atraer hacia sus mesas. Hay que disfrutar de la locura, pero pasar de largo...

La comida y artesanía de mejor calidad se encuentran al final de la carretera, en el pintoresco puerto pesquero de Angelmó, 3 km al oeste del centro. Se llega con facilidad con los frecuentes autobuses locales y colectivos.

Casa del Arte Diego Rivera   GALERÍA
(www.culturapuertomontt.cl; Quillota 116; ⊗9.00-13.00 y 15.00-18.30 lu-vi) GRATIS Es el resultado de un proyecto de cooperación chileno-mexicano que terminó en 1964; en la sala Hardy Wistuba del piso alto se exponen obras de pintores, escultores y fotógrafos locales. También alberga un café pequeño y una tienda excelente.

Catedral de Puerto Montt   IGLESIA
(Urmeneta s/n) Construida en madera de alerce en 1856, esta iglesia de la plaza de Armas es el edificio más antiguo de la ciudad y uno de los más bonitos.

☞ Circuitos

OpenTravel   AVENTURA
(☎65-226-0524; www.opentravel.cl) Ofrece excursiones y salidas a caballo fuera de las rutas trilladas a zonas apartadas del norte de la Patagonia y a través de los Andes hasta Argentina, que incluyen retiros aislados argentino-franceses en la isla Las Bandurrias del lago Las Rocas y salidas a caballo y culturales con pernocta en granjas entre Argentina y Chile.

🛏 Dónde dormir

Hospedaje Vista al Mar   PENSIÓN $
(☎65-225-5625; www.hospedajevistaalmar.cl; Vivar 1337; i/d 23 000/35 000 CLP, sin baño 15 000/30 000 CLP; @📶) Este recomendado alojamiento familiar es una de las pensiones más agradables de esta parte de la ciudad, con muebles de maderas nobles, baños impecables, habitaciones con televisión por cable y unas vistas maravillosas de la bahía. Eliana propicia una atmósfera ideal para familias (es muy servicial) y el desayuno supera el típico en Chile, con yogur, pan integral, pasteles, magdalenas y café de filtro.

Colores del Puerto   PENSIÓN $
(☎65-248-9360; pasaje Schwerter 207; i/d 25 000/36 000 CLP; 📶) Tomás, un simpático artista amateur aficionado a la música clásica, ofrece tres habitaciones con baño privado (una de

Puerto Montt

SUR CHICO

500 m

0

Ejército

Copiapó

Benavente

Urmeneta

Antonio Varas

Egaña

España

Quillota

Av Soler

O'Higgins

Manfredini

Vial

Conaf

Rengifo

San Martín

Plaza de Armas

Rancagua

Oficina de Cruz del Sur

Muelle

G Gallardo

Pedro Montt

Talca

Caquenes

Chillán

Av Diego Portales

Balmaceda

Concepción

Aníbal Pinto

Rengifo

Benavente

Urmeneta

Talcahuano

Valdivia

Juan Mira

Antonio Varas

Andrés Bello

Freire

Ancud

Costanera

Lillo

Terminal de autobuses

Miramar

Puerto Fritos (800m)

Presidente Salvador Allende

Pérez Rosales

Av Diego Portales

Puestos callejeros de la av. Angelmó (550m); Angelmó (1.2km); Puerto Chinqui (12km);

Terminal de Transbordadores

Crucero

Los Guindos

Manzanal

Chorrillos

Trigal

A Goecke

Philippi

Vivar

Constitución

Chiloé

Ecuador

Linares

Ñuble

Pudeto

Independencia

Pasaje Schwerter

Naviera Austral

Av Angelmó

Magnolia Café (360m); Tren del Sur (600m)

Mall Paseo del Mar

Pelluco (3.5km); Cotelé (3.5km)

Bahía de Puerto Montt

Seno de Reloncaví

Canal Tenglo

Facturación Navimag/ Transporte a Chinquihue

Puerto Montt

ellas con baño privado fuera de la habitación) y vistas en su bien equipada casa, adornada con sus propias acuarelas marinas.

Casa Perla PENSIÓN $
(☏65-226-2104; www.casaperla.com; Trigal 312; incl. desayuno parcelas 7000 CLP/persona, dc 11 000 CLP, h sin baño 26 000 CLP; @🛜) Aquí los huéspedes se sienten como en casa. Todos los baños son compartidos y los clientes pueden usar la cocina, donde Perla, la matriarca de la familia, prepara mermeladas en el fogón de leña. Es el alojamiento más acogedor de este barrio.

★ Tren del Sur HOTEL DE DISEÑO $$
(☏65-234-3939; www.trendelsur.cl; Santa Teresa 643; i/d 39 900/53 200 CLP; P@🛜) Este hotel-*boutique* del viejo barrio de Modelo está lleno de muebles construidos con caballetes de tren. El vestíbulo resulta acogedor y sigue los principios del *feng shui*. Las 17 habitaciones, algo menos elegantes que las zonas comunes, ofrecen calefacción central, y se accede a ellas por una galería con luz natural.

✗ Dónde comer

El Bosque CAFÉ, BAR $
(Rancagua 293; sándwiches 5600-6400 CLP; ⊙10.30-21.00; 🛜) Este bar-café de ambiente artístico bohemio rezuma personalidad. Se halla en una 2ª planta y luce un diseño rústico, a menudo con elementos de materiales reciclados. El menú diario de almuerzo (unas cuatro opciones; 4000-6000 CLP) atrae a una clientela moderna y entendida; también prepara sándwichs fantásticos, y hamburguesas

de quinua o setas para vegetarianos. Suena buena música.

Puerto Fritos PESCADO $
(av. Presidente Ibáñez 716, Mercado Municipal Presidente Ibáñez; platos principales 5300-8900 CLP; ⊙10.00-17.30; 🛜) ¡Olvídense de la turística bahía de Angelmó! Todo Puerto Montt se desplegará ante sus ojos en este bonito y casi secreto local con las mejores vistas de la ciudad. Los 2000 CLP del Uber merecen la pena para saborear un excelente caldillo de mariscos (5300-9900 CLP) y cebiches (5500-7600 CLP), que se sirven recién hechos directamente desde el colorido mercado del piso de abajo.

Los domingos, donde hay poco que ver, comer o hacer en la ciudad, se puede venir a tomar marisco y sauvignon.

Unimarc SUPERMERCADO $
(www.unimarc.cl; av. Soler Manfredini 51, paseo Costanera; ⊙9.00-22.00 lu-sa, 11.00-22.00 do) El supermercado más práctico de la ciudad para aprovisionarse para el Navimag. Se halla dentro del mismo centro comercial que el punto de las salidas del autobús a Chinquihue.

★ Cotelé PARRILLA $$
(☏65-227-8000; av. Soler Manfredini 1661, Pelluco; bistec 11 000-15 000; ⊙13.00-15.30 y 20.00-23.30 lu-sa; 🛜) La sólida reputación de este asador a modo de quincho se cimenta en la meticulosidad de sus parrilleros, que rinden honores a la carne con una destreza digna de Picasso. El maestro del grill Julio Elgueta, que timonea el fogón desde el 2002, no tiene reparo en proclamar su habilidad. Y tanto: los cortes de ternera de angus (solomillo, lomo y entrecot) son de concurso.

Los filetes cuestan desde 2000 CLP, y partir de ahí se cobran al peso (Julio lleva a la mesa la carne marcada a la parrilla y la corta al gusto del cliente) y se sirven con colines y una pasta de merquén, sopaipillas con pebre (cilantro, cebolla picada, aceite de oliva y guindillas) y patatas. La medida perfecta: un lomo de angus de 350 gr con salsa de pimienta verde. Mientras se elaboraba esta guía, el antiguo propietario había vendido el local; seguramente seguirá siendo bueno, pero los cambios siempre implican un riesgo.

En Pelluco se puede llegar fácilmente desde la terminal con un autobús que indique "Chamiza/Pelluco" (400 CLP, 10 min), pero ese bistec de *slow food* significa que se necesita un Uber (2000-4000 CLP) de regreso, pues los autobuses dejan de circular hacia las

20.30. Es buena idea reservar, sobre todo de jueves a sábado, porque solo hay 10 mesas.

★ **Chile Picante** CHILENA $$
(📱móvil 9-8454-8923; www.chilepicanterestoran.
cl; Vicente Pérez Rosales 567; menú 10 500 CLP;
⏰11.30-15.30 y 19.30-22.30 lu-sa; 🛜) El propietario, Francisco Sánchez Luengo, va por buen camino en este local gastronómico íntimo y alegre a un paseo (colina arriba) desde la mayor parte de alojamientos económicos. Con amplias vistas de la ciudad y el mar como telón de fondo, ofrece pocas opciones en su carta siempre cambiante de tres platos, todos presentados con exquisitez y repletos de los sabores del día en el mercado.

Se hace hincapié en las preparaciones originales a partir de ingredientes autóctonos: nalca (ruibarbo chileno), cochayuyo y huilte (algas marinas), *michuña* (patata autóctona de Chiloé), etc. Se aconseja reservar. Solo efectivo.

🍺 Dónde beber y vida nocturna

Cirus Bar BAR
(Miraflores 1177; ⏰10.00-24.00 lu-ju, hasta 1.00 vi-sa; 🛜) De día es uno de los destinos con mejor relación calidad-precio para almorzar en Puerto Montt. De noche, como asegura un vecino, "es un gran lugar para encontrar algunos personajes siniestros". Atrae a una prometedora mezcla de abogados, prostitutas, artistas, escritores y poetas –rebosa de color local– en una sala repleta de un popurrí bohemio de antigüedades y recuerdos.

De noche hay una animada banda sonora de música tradicional.

Magnolia Café CAFÉ
(Luis Ross 460; café 1400-2890 CLP; ⏰8.30-20.00; 🛜) 🍴 Adorable pequeño café escondido dentro de la Casa del Diamante, que también alberga un centro de yoga bikram. Es un exquisito secreto de los vecinos para saborear el desayuno (2900-4990 CLP), pasteles y bollería, y expreso.

🛍 De compras

Paseo Costanera COMPRAS
(www.paseocostanera.cl; Illapel 10; ⏰10.00-21.00) El mejor centro comercial de Puerto Montt, con un cine y un parque de camas elásticas para los pequeños. Si se ha llegado con el Navimag, se encontrarán las taquillas para Cruz del Sur y TurBus/JAC dentro del centro comercial. Si se busca equipo para deportes al aire libre, hay Lippi, Rockford, Merrell, Helly Hansen, Weinbrenner, Columbia, Doite, Andesgear, Ripley y Nike.

ℹ️ Información

Si se llega de noche, hay que ser cauto, pues abundan los hurtos. Hay que ser muy precavido en los alrededores de la estación de autobuses y por la Costanera y Antonio Varas, que se han convertido en tramos turbios y de mala reputación cuando oscurece.

Hay más bancos que en Suiza a lo largo de Antonio Varas cerca de la plaza de Armas. Las casas de cambio se concentran en torno a Diego Portales y Guillermo Gallardo.

Banco de Chile (www.bancodechile.cl; esq. Rancagua y Urmeneta) Cajero automático.

Banco de Chile (www.bancodechile.cl; esq. Pedro Montt y Antonio Varas) Cajero automático.

Conaf (📞65-248-6115; www.conaf.cl; Ochagavía 458; ⏰9.00-13.00 y 14.30-17.45 lu-ju, hasta 16.30 vi) Proporciona detalles sobre los parques nacionales cercanos.

Información Turística (Sernatur; 📞65-222-3016; www.sernatur.cl; San Martín 80; ⏰9.00-13.00 y 15.00-18.00 lu-vi, 9.00-14.00 sa) En la extensión del lado oeste de la plaza de Armas y en la zona de llegadas del **aeropuerto** (Sernatur; www.sernatur.cl; aeropuerto internacional El Tepual, vestíbulo de llegadas, San Antonio; ⏰9.00-17.50 lu-vi). Innumerables folletos.

Andina del Sud (📞65-222-8600; www.andinadelsud.com; Antonio Varas 216, Edificio Torre del Puerto, suite 907; ⏰9.00-19.00 lu-vi) Representa a CruceAndino en Puerto Montt.

Carabineros de Chile (📞65-276-5158; www.carabineros.cl; Guillermo Gallardo 517; ⏰24 h)

Clínica Puerto Montt (📞65-248-4800; www.clinpmontt.cl; Panamericana Sur 400; ⏰24 h) Uno de los hospitales privados más recomendables de Puerto Montt.

Consulado de Argentina (📞65-228-2878; www.cpmon.cancilleria.gov.ar; Pedro Montt 160, 6° piso, Puerto Montt)

Oficina de correos (www.correos.cl; Rancagua 126; ⏰9.00-19.00 lu-vi, 9.30-13.00 sa)

ℹ️ Cómo llegar y desplazarse

AVIÓN

El **aeropuerto El Tepual** (📞65-229-4161; www.aeropuertoeltepual.cl; V-60, San Antonio) se halla 16 km al oeste de la ciudad y lo utiliza **LATAM** (📞600-526-2000; www.latam.com; O'Higgins 167, Local 1-B; ⏰9.00-13.15 y 15.00-18.30 lu-vi, 10.00-13.30 sa), que fleta de 2-4 vuelos diarios a Punta Arenas, 2 diarios a Balmaceda/Coyhaique y hasta 10 diarios a Santiago. (Vuelos a Castro, Chiloé, solo desde

Santiago.) También usan el aeropuerto **Sky Airline** (www.skyairline.com) y **JetSmart** (www.jetsmart.com).

Andrés Tour (☑móvil 9-9647-2210; www.andrestur.com; esq. av. Diego Portales y Lillo, terminal Puerto Montt, puesto 38) va al aeropuerto desde la terminal de autobuses (2500 CLP; andenes 10-14). Se debe tomar el bus 2 h antes de la salida del vuelo (no hay que apurar con la hora de salida de la lanzadera; les multan si permanecen en su lugar asignado más de unos minutos y se van sin el pasajero si este llega tarde). También ofrece servicio puerta a puerta desde el aeropuerto a Puerto Montt (5000 CLP; 8000 CLP para 2 personas) y Puerto Varas (curiosamente, 10 000 CLP para 1 o 2 personas).

Los taxis al aeropuerto cuestan 12 000-15 000 CLP (Uber cobra 7000-9000 CLP); se tarda 30-45 min.

Además de las empresas de alquiler de vehículos del aeropuerto, la pequeña **terminal Rent-A-Car** (V-60, San Antonio; ⊙7.30-24.00 lu-vi, 8.00-19.00 sa-do), justo fuera del aeropuerto en la carretera principal, acoge varias agencias locales económicas.

Los vuelos chárteres salen del pequeño **aeródromo La Paloma**, 3 km al noreste del centro de Puerto Montt.

Pewen Servicios Aéreos (☑65-222-4000; www.pewenchile.com; aeródromo La Paloma s/n, Hangar 10) vuela a Chaitén de lunes a viernes (9.30, 11.30 y 15.30) y los sábados y domingos (9.30). **Aerocord** (☑65-226-2300; www.aerocord.cl; aeródromo La Paloma s/n, Hangar 7 y 8) opera la misma ruta diaria en verano, con menos salidas en temporada baja. Un billete de ida en cualquiera de las dos cuesta 50 000 CLP.

Un taxi desde la costanera de Puerto Montt vale 3500 CLP.

AUTOBÚS

La moderna terminal de autobuses de Puerto Montt (☑65-228-3000; www.terminalpm.cl; esq. av. Diego Portales y Lillo), a orillas del mar, es el principal nudo del transporte en la región; por el continuo tráfico de pasajeros hay que vigilar las pertenencias o dejarlas en la custodia (1200-2400 CLP/ 24 h) mientras se programa el viaje. En verano, los autobuses que van a Punta Arenas y Bariloche pueden estar completos, por lo que conviene reservar plaza.

Los *micros* (microbuses) regionales, que van a Puerto Varas (900 CLP, 25 min), Frutillar (1600 CLP, 1 h) y Puerto Octay (1900 CLP, 2 h), salen con frecuencia desde el lado norte de la terminal. **Buses Río Puelo/Estuario Reloncaví** (p. 265) se dirige a los pueblos de Ralún (2500 CLP, 2 h), Cochamó (3000 CLP, 2½ h) y Río Puelo (4500 CLP) a las 7.45, 14.00 y 16.00 de lunes a sábado, y a las 7.45, 12.00 y 16.30 los domingos. La salida de primera hora de la mañana continúa hasta el lago Tagua Tagua

EL NAVIMAG A PUERTO NATALES

Los cargueros de Navimag (☑22-869-9900; www.navimag.com; av. Diego Portales 2000, oficina; ⊙9.00-13.00 y 14.30-18.30 lu-vi, 15.00-18.00 sa), construidos en Japón y adaptados en la Patagonia, viajan durante días por fiordos deshabitados, se acercan a glaciares y brindan vistas de surrealistas puestas de sol anaranjadas sobre el Pacífico. Por el camino se pueden avistar ballenas, diversas aves, un viejo pecio y lobos marinos sudamericanos.

La vida a bordo goza de poco espacio, pero las camas son sorprendentemente acogedoras, en algún punto entre la 1ª clase de un tren indio y un autobús de gira de un grupo de *rock* medio.

Si hace mal tiempo, las vistas son limitadas y se pasa mucho tiempo viendo películas en la zona del comedor. Si el tiempo es peor, se puede pasar un día balanceándose de un lado a otro en el mar movido e intentando no vomitar el almuerzo. Si el tiempo es aún peor, la travesía se puede retrasar (durante días) antes de la salida e incluso se puede retrasar ya en ruta si el golfo de Penas (en aguas abiertas del Pacífico) está demasiado agitado para poder cruzarlo. También son frecuentes las cancelaciones. En cualquier caso, siempre hace frío y viento, incluso en verano.

Las siguientes tarifas corresponden al tramo Puerto Montt-Puerto Natales entre noviembre y marzo. En dirección contraria, las tarifas son ligeramente inferiores en temporada alta. En temporada baja (abr-oct), los precios disminuyen significativamente.

CLASE	AAA (US$)	BB (US$)	CC (US$)	C (US$)
Individual	1950	1500	780	–
Doble	2100	1520	1200	–
Triple	–	2010	1500	–
Cuádruple	–	2200	1800	400

(5000 CLP, 4½ h). **Transhar** (p. 266) cubre la ruta a Cochamó a las 12.15 y las 15.30 solo de lunes a sábado (4500 CLP hasta Río Puelo).

Las compañías de autobuses, todas con oficinas en la **terminal de autobuses**(p. 273), incluyen **Cruz del Sur** (☑65-248-3144; www.busescruzdelsur.cl; esq. av. Diego Portales y Lillo, terminal Puerto Montt), con servicios frecuentes a Chiloé; **Turbus** (☑65-249-3402; www.turbus.cl; esq. av. Diego Portales y Lillo, terminal Puerto Montt, boletería 4), con servicio diario a Valparaíso/Viña del Mar; **Pullman Bus** (☑65-225-4399; www.pullman.cl; esq. av. Diego Portales y Lillo, terminal Puerto Montt, boletería 30), con solo una salida con una parada a Santiago a las 21.30, y **Buses ETM** (☑65-225-6253; www.etm.cl; esq. av. Diego Portales y Lillo, terminal Puerto Montt, boletería 14). Todos estos servicios van a Santiago, y paran en varias ciudades por el camino (los lugareños consideran que ETM es la más fiable y cómoda); Buses ETM y **Bus Norte** (☑65-225-2783; www.busnorte.cl; esq. av. Diego Portales y Lillo, terminal Puerto Montt, boletería 12) ofrecen también servicio nocturno a Valparaíso/Viña del Mar. Cruz del Sur tiene también una **oficina en la ciudad** (☑65-228-1717; www.busescruzdelsur.cl; Antonio Varas 437; ⏰9.00-13.00 y 14.30-19.30 lu-vi).

Para Pucón, Villarrica y Valdivia, **Buses JAC** (☑65-238-4600; www.jac.cl; esq. av. Diego Portales y Lillo, terminal Puerto Montt, boletería 22) ofrece una decena de salidas diarias. **Kemelbus** (☑65-225-3530; www.kemelbus.cl; esq. av. Diego Portales y Lillo, terminal Puerto Montt, boletería 40) fleta un autobús diario a Chaitén que para en el Parque Nacional Pumalín; si no, se puede tomar uno de los más frecuentes autobuses a Hornopirén y cambiar allí.

Para viajes de larga distancia a Punta Arenas vía Argentina, se puede probar con **Queilen Bus** (☑65-225-3468; www.queilenbus.cl; esq. av. Diego Portales y Lillo, terminal Puerto Montt, boletería 26), Cruz del Sur y Pullman Bus. Queilen Bus también viaja a Coyhaique.

Para Bariloche, Argentina, pruébese con Cruz del Sur, **Vía Bariloche** (☑65-223-3633; www.viabariloche.com.ar; esq. av. Diego Portales y Lillo, terminal Puerto Montt, boletería 47), **Andesmar** (☑65-228-0999; www.andesmar.com; esq. av. Diego Portales y Lillo, terminal Puerto Montt, boletería 46) y **Trans Austral** (☑65-227-0984; www.transaustral.com; esq. av. Diego Portales y Lillo, terminal Puerto Montt, boletería 41).

Autobuses desde Puerto Montt

DESTINO	PRECIO (CLP)	DURACIÓN (H)
Ancud	4000	2½
Bariloche (Arg.)	18 000	6
Castro (Chiloé)	6000	4
Chaitén	20 000	9½
Concepción	17 100	10
Coyhaique	40 000	22
Hornopirén	4000	4
Osorno	2200	1½
Pucón	9800	5½
Punta Arenas	35 000	32
Quellón	8000	6
Santiago	11 900	13
Temuco	6700	5
Valdivia	5200	3½
Valparaíso/ Viña del Mar	12 000	15
Villarrica	9300	5

BARCO

Puerto Montt es el principal puerto de salida hacia la Patagonia. En la **terminal de transbordadores** (www.empormontt.cl; av. Angelmó 2187) hay taquillas de la **Naviera Austral** (☑65-227-0430; www.navieraustral.cl; av. Angelmó 1673; asiento 17 300 CLP, automóvil 95 100 CLP; ⏰9.00-14.45 y 15.00-18.45 lu-vi, 10.00-12.45 sa). Las oficinas de **Navimag** se hallan cerca de la estación de autobuses. Ambas compañías son principalmente comerciales, así que no hay que esperar lujos. Si se buscan más comodidades o una experiencia más estilo crucero, se puede optar por **Skorpios** (☑65-227-5646; www.skorpios.cl; av. Angelmó 1660; i/d incl. comidas y alcohol desde 3300/4400 US$; ⏰8.30-18.30 lu-vi).

Naviera Austral opera la nave *Jacaf* los lunes, jueves y viernes a Chaitén a las 23.00 cada día, todo el año. La travesía de 9 h suele durar toda la noche y no resulta confortable.

Los ferris de coches y pasajeros de **Pargua** (☑056-227-0700; www.transmarchilay.cl; Ruta 5; automóvil/peatones 12 200 CLP/gratis; ⏰24 h; ☎), 62 km al suroeste de Puerto Montt, salen hacia Chacao (30 min) desde el extremo norte de Chiloé, y aceptan pasajeros por orden de llegada, cada 30 min aprox.

TAXI

Los taxis a la mayor parte de los puntos de la ciudad cuestan unos 3000 CLP. Los colectivos y microbuses recorren la costanera y alrededores por 400-600 CLP.

Europcar (☑65-236-8215; www.europcar.com; Antonio Varas 162; ⏰8.00-19.00 lu-vi, hasta 13.30 sa).

Chiloé

Los mejores restaurantes

➧ Rucalaf Putemún (p. 290)

➧ Cazador (p. 291)

➧ Mercadito (p. 291)

➧ La Cocinería Dalcahue (p. 284)

➧ Cocinería Tradiciones Morelia (p. 294)

Los mejores alojamientos

➧ Tierra Chiloé (p. 287)

➧ Palafito del Mar (p. 290)

➧ OCIO Territorial Hotel (p. 287)

➧ Palafito Cucao Hostel (p. 294)

➧ Isla Bruja Lodge (p. 293)

Por qué ir

Cuando la niebla matutina cubre la brumosa Chiloé se intuye que algo diferente se esconde en el horizonte. Isla Grande de Chiloé es la quinta isla por tamaño de Sudamérica, hogar de un pueblo marinero muy independiente.

Los cambios más evidentes se ven en la arquitectura y en la cocina: las tejuelas, las famosas tejas de madera chilotes; los palafitos (casas sobre pilotes al borde del agua); las icónicas iglesias de madera (16 de ellas son Patrimonio Mundial de la Unesco) y el curanto, el famoso guiso de carne, patata y marisco. Pero una mirada más profunda revela una rica cultura espiritual basada en una mitología propia plagada de brujos, barcos fantasma y seres del bosque.

Y todo ello entretejido con húmedos paisajes azotados por el viento, ondulantes colinas, remotos parques nacionales y densos bosques, lo que confiere a Chiloé un aire distintivo y único.

Cuándo ir
Ancud

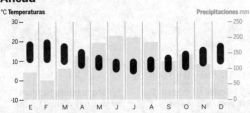

Feb Los cielos más despejados del año en Chiloé, pero aun así se necesita un poncho.

Sep-mar Los pingüinos se aparean en el Monumento Natural Islotes de Puñihuil.

Dic-may La mejor época para observar la amenazada ballena azul en la costa noroeste de Chiloé.

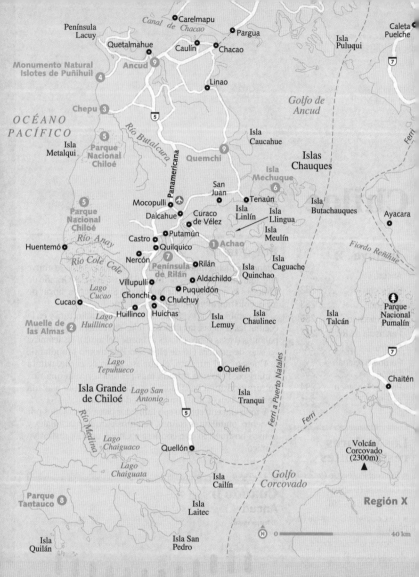

Imprescindible

1 Iglesias de madera del Patrimonio Mundial (p. 286) Arrodillarse boquiabierto en las iglesias de Chiloé.

2 Muelle de las Almas (p. 292) Practicar senderismo hasta el Muelle de las Almas.

3 Chepu (p. 282) Salir en kayak por un bosque sumergido.

4 Monumento Natural Islotes de Puñihuil (p. 281) Espiar a los pingüinos de Magallanes y Humboldt.

5 Parque Nacional Chiloé (p. 292) Ir de excursión por la costa oeste de Chiloé.

6 Isla Mechuque (p. 283) Deambular por el de la idílica miniisla chilota.

7 Península de Rilán (p. 287) Pernoctar a todo lujo en esta pintoresca península.

8 Parque Tantauco (p. 294) Perderse por un bosque pluvial templado indómito.

9 Curanto (p. 294) Destapar un cuenco con el plato chilota más tradicional.

Historia

Los primeros habitantes de las islas fueron los chonos, que se desplazaron hacia el archipiélago de Aysén a medida que los mapuches invadían el norte. Los españoles se apoderaron de Chiloé en 1567, unos cinco años después de la epidemia de varicela que acabó con gran parte de la población indígena. El posterior brote de sarampión de 1580 contribuyó aún más a debilitar la población nativa.

Durante las diversas guerras por la independencia, Chiloé fue un bastión español. Los realistas resistieron los ataques criollos de 1820 y 1824 desde Ancud, entonces muy fortificada, pero fueron derrotados en 1826. Estas islas pasaron relativamente desapercibidas hasta la década de 1850, cuando su proximidad al nuevo Puerto Montt les otorgó una creciente importancia comercial. Se tardó un siglo más en construir la carretera que atraviesa la isla principal. La pesca fue y sigue siendo la principal industria, aunque hoy en día predomina la piscicultura del salmón y del marisco.

ℹ️ Cómo llegar y salir

La ruta más popular entre los viajeros es el frecuente **ferri** (p. 274) entre Pargua, en tierra firme, 62 km al suroeste de Puerto Montt, y Chacao, un pueblo pequeño y anodino en la esquina noreste de la Isla Grande de Chiloé, pero esto cambiará en los próximos años. La construcción del polémico puente suspendido de Chacao, de 2,6 km –el más largo de este tipo en Latinoamérica– entre Chiloé y el continente ha sido aplazado varias veces pero quizá lo abran en la próxima década. Hasta entonces, las tarifas de autobús a/desde el continente incluyen el trayecto de media hora en ferri. La aerolínea LATAM opera un vuelo diario de Santiago a Castro vía Puerto Montt 5 días a la semana (4 en temporada baja).

Ancud

🛏 65 / 40 800 HAB.

Antaño fue una población de cierta opulencia, con bonitos edificios y palafitos y una extensa vía férrea, pero el terremoto de 1960 la arrasó. Hoy, la versión 2.0, aunque bastante pintoresca, es una ciudad extensa salpicada con algún que otro ejemplo de arquitectura autóctona que conduce hasta un espectacular litoral, con carriles bici, un muelle peatonal y zonas con asientos.

Pero la baza de Ancud es su entorno natural, y los que quieren conocer Chiloé pero carecen de tiempo para ir a Castro (al sur, su espectacular costa cercana), la excelente comida, los coquetos hoteles y la proximidad al Monumento Natural Islotes de Puñihuil constituyen una base completa para explorar la zona menos visitada de Chiloé.

⊙ Puntos de interés

★ Centro de Visitantes
Inmaculada Concepción   MUSEO

(www.iglesiasdechiloe.cl; Errázuriz 227; se sugiere donativo de 500 CLP; ⊙9.30-19.00 ene y feb, 9.30-13.00 y 14.30-18.00 lu-vi mar-nov) Antes de visitar las iglesias de Chiloé protegidas por la Unesco se aconseja pasar por este excelente museo, situado en el antiguo convento de la Inmaculada Concepción de Ancud (1875). Alberga maquetas de madera a escala de las 16 iglesias, que muestran su elaborado interior.

También hay una interesante tienda donde hacerse con la guía de visita gratuita *La ruta de las iglesias de Chiloé*. Si al viajero le gustan los templos chilotas, la fundación edita un buen libro de gran formato, también disponible en la tienda.

★ Museo Regional de Ancud
Aurelio Bórquez Canobra   MUSEO

(Museo Chilote; www.museoancud.cl; Libertad 370; ⊙10.00-19.30 ene y feb, 10.00-17.30 ma-vi, hasta 14.00 sa y do mar-dic) GRATIS Merece la pena visitar este museo, informalmente llamado Museo Chiloté, por las interesantes exposiciones sobre la historia de la isla, como una réplica a tamaño real de la goleta *Ancud*, que surcó los peligrosos fiordos del estrecho de Magallanes para reivindicar como chilenos los territorios meridionales; también se expone entero el enorme esqueleto de una ballena azul.

Fuerte San Antonio   FORTALEZA

(Lord Cochrane esq. Baquedano; ⊙8.30-21.00 lu-vi, 9.00-20.00 sa y do) GRATIS Durante las guerras de independencia, este fuerte fue la última fortaleza española de Chile. Se halla en la esquina noroeste del pueblo y alberga unos cañones de finales de la época colonial. Desde las ruinas del fuerte, de principios del s. XIX, se pueden apreciar bonitas vistas del puerto. Detrás del muro septentrional se halla la playa Gruesa, relativamente solitaria.

👉 Circuitos

Austral Adventures   AIRE LIBRE

(🛏65-262-5977; www.austral-adventures.com; av. Costanera 904) 🖋 El mejor operador de circuitos por Ancud, incluidas excursiones en plena naturaleza para ver pingüinos, kayak

Ancud

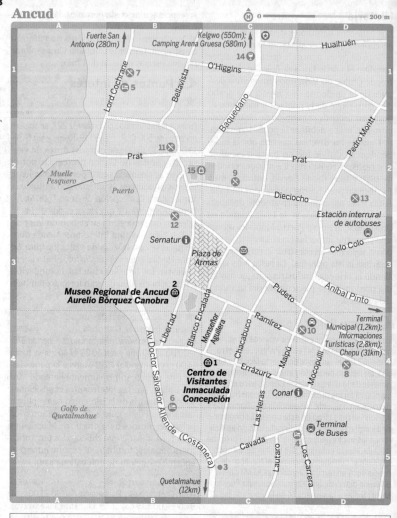

Ancud

◉ Principales puntos de interés
1 Centro de Visitantes Inmaculada
  Concepción..C4
2 Museo Regional de Ancud Aurelio
  Bórquez Canobra..................................B3

◉ Actividades, cursos y circuitos
3 Austral Adventures................................C5

◉ Dónde dormir
4 13 Lunas Hostel.....................................D5
5 Hostal Lluhay...B1
6 Hostal Mundo Nuevo.............................B4

◉ Dónde comer
7 Café Amaranthine..................................B1
8 Café Blanco...D4
9 Cocinerías Mercado Gastronómico.....C2
10 El Embrujo de Chiloé............................D4
11 Kuranton...B2
12 Retro's Pub...B3
13 Unimarc...D2

◉ Dónde beber y vida nocturna
14 Club Social Baquedano.........................C1

◉ De compras
15 Mercado municipal................................B2

en la bahía y observación de aves. Son circuitos más sostenibles y elaborados que los normales. Su propietario, el estadounidense Britt Lewis, es muy amable y experto.

🛏 Dónde dormir

⭐13 Lunas Hostel ALBERGUE $
(☎65-262-2106; www.13lunas.cl; Los Carrera 855; dc desde 11 500 CLP, i/d 22 000/30 000 CLP; 🅿@🛜) 🏄 Es la mejor opción para los mochileros en ruta, ubicado enfrente de la terminal principal de autobuses. El dueño, Claudio, y su personal multicultural son jóvenes, entusiastas y hablan inglés; el acogedor albergue de reluciente madera goza de mucha luz natural y cuenta con habitaciones de hotel estándar, un jardín y una maravillosa terraza con vistas. Además, tiene mentalidad ecológica, ya que calienta el agua con energía solar y practica el reciclaje activo.

Hostal Lluhay PENSIÓN $
(☎65-262-2656; www.hostal-lluhay.cl; Lord Cochrane 458; i/d/tr incl. desayuno 22 000/38 000/45 000 CLP; 🅿@🛜) Rebosante de carácter y de cursilería anticuada, se camela a los viajeros con la hospitalidad de sus propietarios. Quizá inviten al viajero a un delicioso *küchen* (pastel alemán) casero o a un cóctel junto a la chimenea o se pongan a tocar el piano.

Camping Arena Gruesa CAMPING $
(☎65-262-3428; www.hotelarenagruesa.cl; av. Costanera Norte 290; parcelas 7000 CLP/persona, i/d incl. desayuno desde 38 000/49 000 CLP; @🛜) No hay zona de acampada urbana con mejores vistas que esta, situada en un peñasco en el lado norte de la ciudad. El recinto tiene césped y está relativamente bien mantenido; cuenta con electricidad, agua caliente de noche, diminutos refugios para días lluviosos y unos baños luminosos y limpios como una patena. Además, está a un paso de la playa.

Chil-Hué PENSIÓN $$
(☎65-262-5977; www.chil-hue.com; playa Lechagua; h desde 70 000 CLP, casitas 110 000 CLP; 🛜) Alojamiento ideal para quienes dispongan de pesos de más y sientan predilección por la soledad. Los anfitriones son Britt, de Austral Adventures, y su mujer, Sandra, chef gastrónoma peruana (prepara cenas por 15 000 CLP) y maestra de ashtanga yoga; construyeron tres alojamientos en su propiedad en una playa aislada 6 km al sur de Ancud.

Hay dos elegantes apartamentos con cocina pequeña (se recolectan las verduras de cultivo ecológico del huerto contiguo), pero no se ve el mar. Sin embargo, en la casita aislada de la playa, solo estarán el viajero y los delfines de la bahía. Este refugio rústico y remoto no es apto para todos.

Hostal Mundo Nuevo ALBERGUE $$
(☎65-262-8383; www.facebook.com/mundonuevo.hostel; Costanera 748; dc/i/d/c 14 000/39 000/52 000/64 000 CLP, i/d sin baño 29 000/42 000 CLP; @🛜) De propiedad suiza, está a un tiro de piedra de la estación de autobuses Cruz del Sur. Desde el cómodo banco del porche delantero, con iluminación natural, se goza de unas vistas de postal del atardecer en la bahía, pero también desde las 13 habitaciones privadas (incluidas dos nuevas más grandes) y el dormitorio colectivo de seis camas.

El baño caliente exterior (desde 12 000 CLP para un máximo de 8 personas) debe reservarse con unas horas de antelación. Su nuevo restaurante tiene una terraza con vistas preciosas.

🍴 Dónde comer y beber

Unimarc SUPERMERCADO $
(www.unimarc.cl; Prat 318; ⊙9.00-21.30) El mejor de la ciudad.

Café Amaranthine CAFÉ $
(www.amaranthinechiloe.com; Lord Cochrane 412; platos principales 4500-5500 CLP; ⊙10.00-21.00 lu-sa; 🛜) 🏄 En 2017 la prestigiosa chef peruana Sandra Echegaray abrió esta chulísima cafetería, el primer establecimiento ecológico y vegetariano de Chiloé. Con toques rústicos chic como las coloridas sillas de hierro forjado y los sofás antiguos desparejos, el ambiente es supercoqueto, y los maravillosos cafés, tés, batidos y otros platos más sustanciosos (hamburguesas de quinua, pichangas vegetarianas, tarta de queso de maqui) son un agradable cambio respecto a los platos típicos chilenos.

Café Blanco CAFÉ $
(www.facebook.com/cafeblancoancud; Ramírez 359; platos principales 3700-6900 CLP; ⊙9.30-20.30 lu-sa, 16.00-19.00 do; 🛜) Novedad bien recibida en el panorama de restauración de Ancud, esta acogedora cafetería más propia de una ciudad como Castro ocupa una colorida y destartalada vieja casa chilota. Es una escala obligada por los sándwiches, las ensaladas y las tartas y pasteles para golosos (1500-3100 CLP). Tiene una tienda con productos locales de cultivo ecológico.

Retro's Pub
COMIDA DE PUB **$**

(www.facebook.com/retros.pub; Pudeto 44; platos principales 5000-13 000 CLP, *pizzas* 11 000 CLP; ⏲11.00-4.00 lu-vi, 18.00-4.00 sa; 🛜) Tras su reapertura como local más tabernario cerca de la plaza de Armas en 2016, el bar más inmortal de Ancud es un antro de los buenos. La carta está repleta de platos tex-mex, burritos tan grandes como la copa de un pino, hamburguesas de muerte en panecillos blandos y *pizzas* a la piedra, entre otros. No hay nada precocinado.

El simpático propietario cervecero fabrica una buena tripel belga estilo trapense, con *porters*, *stouts* e IPA de camino.

Cocinerías Mercado Gastronómico
MERCADO **$**

(Dieciocho; comidas 2500-7000 CLP; ⏲9.00-21.00) Por Dieciocho hay un conjunto de sencillos puestos de mercado donde se preparan cazuelas (guiso de carne y verduras), chupes (cazuela de pescado) y almuerzos fijos por 2500-7000 CLP.

El Embrujo de Chiloé
CAFÉ **$**

(Maipú 650; sándwiches 2500-3200 CLP; ⏲9.00-20.00 lu-vi, 10.00-19.00 sa; 🛜) Acogedora cafetería siempre abarrotada de exigentes lugareños que saborean un decente capuchino (1000-2800 CLP) o se toman un bocadillo barato. Hay un trasfondo bromista de brujería y es más chilote que ningún otro lugar.

Club Social Baquedano
BAR

(Baquedano 469; cervezas 2000-3000 CLP; ⏲13.00-1.00 lu-ju, hasta 2.00 vi y sa; 🛜) El bar más elegante de la ciudad está en una casa chilota de tejuelas, restaurada, que en las décadas de 1960 y 1970 acogía un club social homónimo. Hay cerveza de barril (Cuello Negro y Kross) y sofás de estilo victoriano donde relajarse.

🛍 De compras

Kelgwo
ROPA

(📱móvil 9-8424-3110; Costanera Norte 200; ⏲8.00-17.00 lu-vi) Esta *boutique*, un guiño a la antigua tradición textil chilota, está en una casa medio destartalada de Arena Gruesa. Venden prendas modernas bien tejidas y con tintes naturales, como abrigos, vestidos, bufandas, chales, camisetas y también tapices y otros cuadritos.

Mercado municipal
MERCADO

(Prat, esq. Dieciocho y Libertad; ⏲8.30-19.30 lu-sa, 9.00-18.30 do) Abundan los puestos de artesanía.

ℹ Información

Banco de Chile ATM (Libertad 621) Cajero automático.

Conaf (📞65-262-7520; www.conaf.cl; Errázuriz 317; ⏲8.30-12.50 y 14.30-17.30 lu y mi, 8.30-12.50 y 14.30-18.30 vi) Oficina de la Corporación Nacional Forestal chilena con información sobre los parques nacionales.

Oficina de correos (www.correos.cl; esq. Pudeto y Blanco Encalada; ⏲9.00-13.00 y 15.00-18.00 lu-vi, 9.30-12.30 sa)

Hospital de Ancud (www.hospitalancud.gov.cl; Almirante Latorre 301; ⏲24 h) En la esquina con Pedro Montt.

Informaciones turísticas (www.muniancud.cl; Ruta 5; ⏲10.00-17.00) Oficina municipal servicial a la entrada de la ciudad.

Sernatur (📞65-262-2800; www.sernatur.cl; Libertad 669; ⏲8.30-19.00 lu-vi, 9.30-19.00 sa y do dic-feb, 9.30-17.00 lu-ju, hasta 16.30 sa y do mar-nov; 🛜) La única oficina de turismo nacional formal de la isla. Personal muy amable, folletos, planos de la ciudad, listado de alojamientos y wifi.

ℹ Cómo llegar y salir

Ancud tiene tres terminales de autobuses. La **terminal de buses** principal (esq. Los Carreras y Cavada; ⏲6.00-23.00 lu-sa, 7.00-23.00 do), desde la que opera su dueña, **Cruz del Sur** (📞65-262-2265; www.busescruzdelsur.cl; ⏲6.00-23.00 lu-sa, 7.00-23.00 do), ofrece casi todos los servicios a las ciudades más meridionales de Chiloé, con salidas casi cada hora, y a urbes de la Panamericana hacia el norte (incluidos dos servicios diarios a Santiago a las 19.00 y 19.35). Se halla a 5 min a pie del puerto y del centro. Un taxi entre la terminal y la avenida Costanera, en el centro, cuesta 2000 CLP. **Queilen Bus** (📞65-262-1140; www.queilenbus.cl) opera la vieja **terminal municipal** (Aníbal Pinto 1200), a 1,5 km del centro.

DESTINO	PRECIO (CLP)	DURACIÓN (H)
Castro	2000	1½
Concepción	23 000	12
Dalcahue	1700	¾
Osorno	6200	4
Puerto Montt	4500	2
Puerto Varas	5000	1½
Punta Arenas	45 000	32
Quellón	4000	3
Santiago	30 000	16
Temuco	11 000	8
Valdivia	8500	6

INDISPENSABLE

CURANTO: EL TRIUNFO CULINARIO DE CHILOÉ

No hay palabras para expresar el instante en que uno se enfrenta por primera vez a un humeante bol de curanto caliente, aunque quizás se pregunte: "¿En qué me he metido?". Ante todo, tranquilidad, ya que son muchos los que se quedan boquiabiertos y acaban devorando a gusto el delicioso potaje. Se desconoce el origen de este plato tradicional de Chiloé, pero su preparación se remonta a los antiguos hornos cavados en la tierra de la cocina polinesia. Antaño, para cocinar el curanto se calentaban piedras en un hoyo cavado en el suelo y, cuando estaban al rojo vivo, se ponía encima marisco, cerdo y pollo, seguidos de hojas de nalca (similar al ruibarbo) o pangue (planta autóctona de Chile) y trapos húmedos. Al final, todo se cubría con tierra y hierba y se dejaba cocer a fuego lento durante casi 2 h. Así, los lugareños aún preparan el llamado "curanto al hoyo" en algunos sitios de la isla, como el **Restaurant Quetalmahue** (W-20, Quetalmahue; curanto 10 000 CLP; ☺11.00-20.00, hasta 22.00 ene-feb) de Quetalmahue, un pueblecito pesquero a 12 km de Ancud (solo en temporada alta, excepto los grupos grandes con reserva anticipada). Si no se puede tomar aquí (el curanto está listo de 14.00 a 16.00; un taxi ronda los 15 000 CLP aprox. ida y vuelta desde Ancud con espera), las mejores alternativas –sin el hoyo y la tierra– son **Kuranton** (Prat 94; curanto 8000 CLP; ☺11.00-20.00; ☎) en Ancud y **El Chejo** (p. 282) en Quemchi.

Los autobuses Cruz del Sur van a Punta Arenas cada martes, jueves y sábado a las 8.30. Queilen Bus sale los lunes a las 7:30. Para desplazarse a gran parte de las regiones meridionales más allá de Chiloé y a Bariloche (Argentina) es mejor tomar el autobús en Puerto Montt.

Las tarifas estándar de temporada alta son las siguientes (los precios pueden varias según la compañía y la calidad del autobús/clase):

Desde la pequeña **terminal Inter-Rural** (☎móvil 9-6301-9912; Colo Colo 860) salen los servicios hacia los destinos más rurales en el este de Chiloé, así como los autobuses vespertinos a Chepu, puerta de acceso al extremo norte del Parque Nacional Chiloé. El horario está expuesto cerca del baño (si no fuera así, pregúntese en la oficina administrativa); los billetes se compran a bordo.

Para visitar el Monumento Natural Islotes de Puñihuil con transporte público, **Buses Mar Brava** (terminal Inter-Rural) sale hacia la cercana Pumillahue (2000 CLP) a las 13.00 y 17.00 (de lunes a viernes) y a las 13.00 (sábados). **Buses Pumillahue** (☎móvil 9-8379-2328, móvil 9-9952-1984; Terminal Inter-Rural) lo hace a las 12.00 y 16.00 (lunes, miércoles y viernes), a las 16.00 (martes y jueves) y a las 13.00 (domingos). El autobús deja en el cruce de Piedra Run, desde donde quedan 2 km a pie hasta la playa (sígase la carretera asfaltada). En temporada baja, el servicio se reduce de forma sustancial.

ℹ Cómo desplazarse

Ancud es pequeña y se recorre bien a pie. A los lugares lejanos en la colina, como la terminal municipal, se puede llegar en colectivo por 400 CLP entre las 7.00 y las 21.00 (500 CLP de noche y domingos) desde Dieciocho, o en

taxi (☎65-262-2577; esq. Pudeto y Maipú) (2000 CLP).

Monumento Natural Islotes de Puñihuil

Hay tres islas frente a la costa de Puñihuil, en el océano Pacífico, donde van a aparearse los pingüinos de Magallanes y de Humboldt, dos especies en peligro de extinción. Toda la zona está protegida y en una parte de ella la pesca está vedada. Durante la cría, de septiembre a marzo, hay opciones de ver pingüinos. Existen varias agencias de viaje en Ancud que organizan excursiones al lugar.

La principal atracción son las travesías en barco para ver los pingüinos. **Ecoturismo Puñihuil** (☎móvil 9-8317-4302; www.pinguine raschiloe.cl; Puñihuil; circuito pingüinos adultos/niños 3500/700 CLP) representa a tres de los siete operadores con licencia para observar pingüinos; organiza unos 20 viajes al día en tres barcas de pesca locales modernizadas, entre las 10.00 y las 18.00, para que los viajeros vean más de cerca (aunque rápidamente) estas monísimas aves que no vuelan (si están completas, vuélvase a la playa para buscar otras alternativas). Proporcionan ropa impermeable. En temporada alta las barcas suelen llenarse, por lo que es mejor reservar antes en Austral Adventures (p. 277) en Ancud. Si el tiempo lo permite, Austral también tiene travesías por la zona para avistar ballenas y leones marinos.

CHEPU

Antes de difícil acceso y sin infraestructuras, el sector norte del Parque Nacional Chiloé, 38 km al suroeste de Ancud, sigue siendo un santuario de una belleza virgen. Chepu tiene un espectacular litoral, ríos y 128 especies de aves. Llévese provisiones pues es totalmente campestre.

Lo mejor de Chepu es un impresionante punto desde el que se observa la confluencia de tres ríos y 140 km² de bosque sumergido (fenómeno creado por el terremoto de 1960 en Valdivia, que al hundir el terreno unos 2 m permitió que entrara el agua salada en la zona y murieran los árboles). Se recomienda verlo al amanecer en una de las rutas en kayak de la agencia de turismo sostenible **Chiloé Natural** (p. 289) viajando de noche desde Castro (265 000 CLP por persona con alojamiento/comidas).

Visítese el **Muelle de la Luz** (por persona incl. transporte 25 000 CLP; ⊙9.00-19.00 sa-do), una versión más grande y nueva del místico y famoso Muelle de las Almas chilota, al que se llega tras 45 min de barco desde el muelle Anguay cerca del Refugio Lugar de Encuentro en Chepu. Ubicado donde el río Chepu desemboca al mar, el muelle resulta atractivo, pero carece del fuerte sentimiento mitológico del de las Almas.

Alójese en **Alihuen** (📱móvil 9-7489-9510; www.travelchiloe.com; d 30 000 CLP; 🐾) 🐾, donde el chef y exguía flamenco Jeroen (Yuna para los lugareños) gestiona una finca muy sostenible (captación de agua de lluvia, invernadero de cultivos ecológicos) cerca de su cálida Cabaña Reciclada, de dos habitaciones, construida con planchas de hierro ondulado reciclado. Este refugio apartado tiene una cocina con toques de madera de pino totalmente equipada, lavadora y zona exterior de barbacoa. Las comidas (desayuno 5000 CLP, cena 16 000 CLP) navegan entre la tradición belga y la chilota. **Agroturismo Chepu** (📱móvil 9-9635-0226, móvil 9-8523-6960; www.agroturismochepu.cl; camino Ancud-Castro, km 25; h con/sin baño por persona incl. cena 25 000/22 000 CLP) ofrece alojamiento en una granja en activo.

El autobús Juan Carlos Silva tiene una salida a las 16.00 desde la terminal Inter-Rural de Ancud los lunes, miércoles y viernes hacia Chepu. La vuelta es a las 17.30 (2000 CLP, 1 h); hágase una señal para pararlo en la calle principal.

❶ Cómo llegar y salir

Desde la terminal Inter-Rural de Ancud, los **Buses Mar Brava** (p. 281) salen hacia Pumillahue (2000 CLP), cerca del Monumento Natural Islotes de Puñihuil, a las a las 13.00 y 17.00 (de lunes a viernes) y a las 13.00 (sábados). **Buses Pumillahue** (p. 281) lo hace a las 12.00 y 16.00 (lunes, miércoles y viernes), a las 16.00 (martes y jueves) y a las 13.00 (domingos). El autobús deja en el cruce de Piedra Run, desde donde quedan 2 km a pie hasta la playa (sígase la carretera asfaltada). En temporada baja, el servicio se reduce de forma sustancial. Los autobuses salen de vuelta unos 75 min después de la salida de Ancud.

Un viaje de ida y vuelta en taxi desde Ancud con tiempo de espera cuesta 20 000 CLP.

Quemchi

📱065 / 9102 HAB.

En los días despejados de verano, por encima del nebuloso Quemchi se ven en la distancia las montañas del sur de Chile coronadas por la nieve, lo que realza aún más la vista de este pintoresco y tranquilo pueblecito. La zona litoral es ideal para perderse durante unos días, pasear por la bahía y comer en uno de los mejores restaurantes de Chiloé, El Chejo. Es el lugar de la isla donde las mareas varían más (7 m), y cuando el agua baja aparece un increíble paisaje de barcos varados.

🛏 Dónde dormir y comer

Hospedaje Costanera PENSIÓN $
(📱65-269-1230; ray.paredes.d@gmail.com; Diego Bahamonde 141; h por persona baño 10 000 CLP, i/d desde 20 000/25 000 CLP; 🅿🐾) No es el único alojamiento, pero ofrece las mejores vistas al mar y una ubicación privilegiada a 50 m de El Chejo. Escójase entre las habitaciones uno, dos o cinco para ver el mar, pero evítese la tres (no cabe el equipaje).

En la parte trasera también hay varias cabañas.

⭐**El Chejo** CHILENA $
(📱65-269-1490; Diego Bahamonde 251; comidas 4000-9800 CLP; ⊙9.00-23.00; 🐾) En esta joya de gestión familiar, donde los dueños se desviven por el cliente, ofrecen buenas comidas

preparadas con amor. No hay carta, se sirve lo que hay fresco cada día; p. ej., de primero una excelente empanada de centolla seguida de algún pescado, todo ello con una muestra de licores de frutas locales (se aconseja el de murtado, una baya medicinal).

Los domingos de temporada alta se sirve curanto al hoyo (preparado en el típico horno de tierra, 7000 CLP).

Dónde beber y vida nocturna

Barlovento's CERVECERÍA
(Yungay 08; ☺9.00-24.00 lu-sa, hasta 2.00 vi y sa, 11.00-19.00 do; ☏) Este restaurante con sus propias cervezas artesanales y vistas al mar es la única propuesta nocturna recomendable del pueblo. En la cocina se preparan los alimentos frescos del día (comidas 2000-7000 CLP) –empanadas, congrio, salmón– y el servicio es agradable.

ℹ️ Información

Hay un selectivo **cajero Banco de Chile** (Yunguy) en la biblioteca municipal, entre El Chejo y la terminal de transporte.

ℹ️ Cómo llegar y salir

Los autobuses rurales llevan a Ancud y Castro (1500 CLP, 1½ h a ambos destinos) cada 20-45 min entre las 6.40 y las 19.00, de lunes a viernes. El número de servicios se reduce los sábados y más aún los domingos. Los autobuses salen de la **terminal de transporte** (Yungay) al final de la carretera, donde se exponen los horarios de forma confusa.

Isla Mechuque

📞 065 / 500 HAB.

Cuanto más se penetra en las pequeñas islas de Chiloé, mayor es la sensación de haber retrocedido en el tiempo. Mechuque está a solo 45 min en barco de Tenaún, pero parece de otra era. Forma parte de las islas Chauques, consideradas la cadena isleña más bonita de Chiloé; Mechuque es pequeña pero imponente. Tiene dos museos, casas de tejuelas, un espléndido mirador, un pintoresco puente, el famoso curanto al hoyo y palafitos: es como un Chiloé en miniatura que ofrece todos los atractivos del archipiélago condensados en una zona perfecta para una memorable excursión de un día.

Casi todo el mundo la visita como excursión de un día desde Castro. Del conjunto de sencillas pensiones destaca el **Hospedaje**

María Humilde (☏móvil 9-9012-6233; ⊙sin baño 15 000 CLP/persona).

Varios barcos cubren el trayecto desde el muelle pesquero de Dalcahue cada semana. Las salidas suelen ser los martes a las 13.00, los miércoles y jueves a las 15.30 y los sábados a las 12.00, y las vueltas desde la isla, los miércoles a las 7.00 y los jueves a las 8.15, aunque como los horarios varían constantemente, lo mejor es informarse en la Alcaldía de Mar (p. 285) de Dalcahue o directamente en los barcos. Las tarifas oscilan entre 2000 CLP y 500 CLP según el barco. A la isla también se llega desde Tenaún; póngase en contacto con el Hospedaje Mirella (p. 285).

La forma más sencilla de explorar Mechuque es con una excursión de un día de Turismo Pehuén (p. 289) en Castro. En enero y febrero hay un circuito fijo los sábados a las 10.00; otras épocas del año solo con reserva.

Dalcahue

📞 065 / 8000 HAB.

En huilliche, dalcahue significa "lugar de dalcas", es decir, de las barcas que construían los primeros pobladores de Chiloé. Es un pueblo alegre que da al mar interior de la isla, famoso por su animada feria de artesanía dominical y por su iglesia Patrimonio Mundial de la Unesco. También es el punto de partida para ir a la isla Quinchao, una de las islas más interesantes, y a la isla Mechuque.

El renovado paseo marítimo cuenta con pasarela y bancos.

◉ Puntos de interés

Feria de artesanía MERCADO
(Pedro Montt; ⊙9.00-18.00 dic-feb, 9.00-17.00 do mar-nov) Aquí se encuentran los productos artesanales más auténticos de la isla, sobre todo jerséis, calcetines y gorros de lana de oveja teñidos con pigmentos naturales elaborados con raíces, hojas y lodo rico en hierro. Abre a diario, pero el mejor día es el domingo, cuando en él participan las islas vecinas.

Nuestra Señora de los Dolores IGLESIA
(plaza de Armas) Fundada en 1849, es una de las 16 protegidas por la Unesco. La restauración acabada en 2015 le confirió un nuevo aire luminoso (según algunos, no para bien).

🛏️ Dónde dormir

Hostal Lanita PENSIÓN $
(☏65-264-2020; www.lanitahostal.blogspot.com; O'Higgins 50B; ⊙sin baño por persona incl. desayuno

desde 12 500 CLP; P 🛜) Este B&B ofrece muy buena relación calidad-precio y está a tan solo una manzana del mar. Tiene una gran cocina común para uso de los huéspedes (solo almuerzo y cena) y las habitaciones, todas con baño compartido, están limpias y cuentan con camas cómodas con buenos edredones. Ana, oriunda de Valparaíso, prepara un delicioso desayuno.

Hostal Lüfkümen
HOSTAL $

(☑móvil 9-9000-6709; Ramón Freire 121; i/d incl. desayuno 20 000/40 000 CLP; P 🛜) Este hostal de la calle principal está en excelente estado (suelos brillantes, paredes de madera maciza) y, si bien carece de personalidad chilota, tiene una buena relación calidad-precio. Las habitaciones individuales con baño propio (15 000 CLP en temporada baja), son lo mejor que el viajero encontrará si compartir baño no es lo suyo.

Hostal Encanto Patagón
PENSIÓN $

(☑65-264-1651; www.hostalencantopatagon.blogs pot.com; Freire 26; dc 10 000 CLP/persona, h sin baño por persona 12 000 CLP; P @ 🛜) Pasar de una centenaria casa chilota repleta de encanto del pasado a una hacienda mucho menos sugerente repercute en la atmósfera de esta pensión, pero las habitaciones sencillas son una buena opción económica y, más aún, las excelentes cenas caseras que prepara la anfitriona, Cecilia (3000 CLP).

Refugio de Navegantes
HOTEL-BOUTIQUE $$$

(☑65-264-1128; www.refugiodenavegantes.cl; San Martín 165; d 100 000-150 000 CLP; P ❄ @ 🛜) Este elegante hotel-*boutique* en la plaza de Armas es el mejor establecimiento del pueblo. Las cinco habitaciones son amplísimas y disponen de cómodas camas con colchas típicas, además de terraza, baño moderno y bonitas piezas de arte local. La mejor habitación tiene unas maravillosas vistas de la iglesia. El café contiguo también es el mejor del pueblo.

✕ Dónde comer

★ La Cocinería Dalcahue
CHILENA $

(www.cocineriasdalcahue.blogspot.cl; Pedro Montt; platos principales 3000-8000 CLP; ⊘9.00-19.00) Escondido tras el mercado de artesanía, no hay que perderse este conjunto de puestos de comida, regentados por señoras con aspecto de abuelas que preparan curanto y cazuela, amasan milcaos (pan de patata) y reparten dulces chilotes. Los lugareños prefieren el nº 8 (Camila-Donde Lula), con una cazuela

de ternera y luche (algas) espectacular; basta con dejarse guiar por el instinto.

Refugio de Navegantes
CAFÉ $

(www.refugiodenavegantes.cl; San Martín 165; tentempiés 900-4900 CLP; ⊘9.00-23.00 lu-sa, hasta 20.00 do, horario reducido en invierno; 🛜) Joya de tejuelas en la plaza de Armas, donde acude la gente guapa y atrevida de Dalcahue, donde se sirve no solo el mejor café exprés del pueblo, sino tés de calidad, rollitos y postres. El salón del piso superior es el protagonista del verano.

Casita de Piedra
CAFÉ $

(www.facebook.com/artesania.casitadepiedra; Pedro Montt 144; pasteles y sándwiches 2200-5600 CLP; ⊘9.00-22.00 lu-sa, 12.00-20.00 do, reducida h invierno; 🛜) Maravillosa cafetería con una coqueta tienda de artesanía en el primer piso (menos el té y los aceites esenciales, lo demás es de producción local). Es un lugar sugerente junto al mar donde tomarse un exprés, una quiche, un sándwich o una deliciosa tarta de merengue al limón en el segundo piso.

Dalca
PESCADO $

(☑65-264-1222; calle Acceso Rampla; platos principales 1500-6800 CLP; ⊘10.00-23.30 lu-sa, 11.00-17.30 do; 🛜) En el mejor restaurante de pescado del pueblo se cocinan excelentes pescados del día al vapor y caldillo de mariscos (estofado).

❶ Información

Hay un cajero automático BancoEstado (Freire 245) en Freire, cerca de la gasolinera Copec.

❶ Cómo llegar y salir

Dalcahue no tiene terminal de autobuses. **Buses Dalcahue** tiene servicios a Castro (800 CLP, 30 min) y Mocopulli (600 CLP), para ir a los aeropuertos, cada 15 min de 7.00 a 20.30 desde una **parada** en Freire delante del Supermercado Otimarc entre Henríquez y Eugenin. También se pueden tomar otros autobuses en distintos puntos de Freire. **Cruz del Sur** (☑65-264-1050; www.buscruzdelsur.cl; San Martín 102; ⊘8.30-13.00 y 14.30-19.00 lu-sa, 14.30-19.00 do) tiene dos servicios diarios a Ancud (1700 CLP) y Puerto Montt (6000 CLP) con salidas a las 9.10 y 15.15; los domingos, también a las 19.00. Los autobuses salen desde la oficina en San Martín, al lado de la iglesia. Los autobuses entre Castro y Tenaún (1200 CLP, 40 min) pasan por aquí varias veces al día. Paran a lo largo de la calle principal.

Hay frecuentes **ferris a la isla Quinchao** desde las 6.10 hasta la 1.00. Los pasajeros sin automóvil viajan gratis. Se aconseja hacer el trayecto en uno de los autobuses de camino a Achao, ya que es el que hay que tomar desde el otro lado. Un coche cuesta 5000 CLP (ida y vuelta).

Asimismo, hay barcos hacia la isla Mechuque varios días a la semana; el calendario está expuesto en la **Alcaldía de Mar** (☎65-264-1570; Pedro Montt; ⏱24 h) en el edificio blanco junto al puerto pesquero. Suele costar 5000 CLP por persona. Normalmente zarpan los martes a las 13.00, miércoles y jueves a las 15.30 y sábados a las 12.00, pero conviene confirmarlo en la Alcaldía o preguntar directamente al patrón del barco:

Doña Luisa (☎móvil 9-9376-4088)

Doña Luisa II (☎móvil 9-9444-0123, móvil 9-9647-1610)

Isabel (☎móvil 9-9647-0948)

Don José H (☎móvil 9-9146-6548)

Isla Quinchao

☎065 / 9203 HAB.

A la alargada isla Quinchao se accede con facilidad mediante un corto trayecto en ferri desde Dalcahue. Se trata de un mosaico de tierras de pasto y colinas, que se halla salpicado de pequeñas aldeas.

Una buena carretera atraviesa la isla y pasa por los destinos más populares: Curaco de Vélez y Achao. En un día despejado, las vistas a Chiloé, al oeste, y a los picos nevados de la Patagonia Norte, al sureste, son espectaculares.

Curaco de Vélez

☎065 / 3403 HAB.

Este bonito pueblo es una grata sorpresa; es la primera población a la que se llega por la carretera principal desde el muelle de ferris de Quinchao. Muy tranquilo, merece la pena dedicarse una tarde a pasear por sus calles y admirar las bellas casas de madera de dos y tres pisos profusamente ornamentadas, y los ocho molinos de agua tradicionales que le dan fama.

No hay que perderse la cripta subterránea del héroe de la Guerra del Pacífico (s. xix) Galvarino Riveros Cárdenas, que está enterrado en la misma plaza.

El motivo principal por el que se visita Curaco de Vélez son las ostras frescas de los restaurantes del desagradable litoral, donde manadas de gente engullen los enormes bivalvos de Quinchao. También hay uno o dos restaurantes decentes situados por la plaza de Armas.

CHILOÉ ISLA QUINCHAO

MERECE LA PENA

TENAÚN

La diminuta Tenaún, 37 km al noreste de Dalcahue, es una meta agrícola, pero merece una visita por un buen motivo. La asombrosa **iglesia de Nuestra Señora del Patrocinio** (Galverino Riveros; ⏱11.00-18.00), de color azul, es seguramente una de las iglesias de madera del Patrimonio Mundial más maravillosas de Chiloé; sus tres torres azules dan un nuevo significado al concepto de arquitectura eclesiástica del viajero. No hay mucho más que hacer, pero si se busca una experiencia genuina, Tenaún seduce con su personalidad rural chilota y sus peculiares valores marineros.

Hospedaje Mirella (☎móvil 9-9647 6750; www.chiloeturismorural.cl/web/archivos/103; Galvarino Riveros; h con/sin baño incl. desayuno 16 000/14 000 CLP; @☎), situado junto a la iglesia y miembro de la red Agroturismo Network, hace que valga la pena dormir en Tenaún. La enérgica Mirella es una cocinera de excepción y procura que los huéspedes disfruten de sus comidas de varios platos (5000-12 000 CLP). Prepara curanto al hoyo, sabrosas empanadas de pescado, cazuelas o cualquier pescado fresco que le llegue del muelle ese día. También organiza travesías a la isla Mechuque (60 000 CLP ida y vuelta, 45 min, mínimo 4 personas). Siempre es mejor llamar antes.

Entre semana, hay autobuses frecuentes entre Castro y Tenaún (1600 CLP, 1½ h, 7.15-19.00), aunque hay menos los fines de semana; todos paran en Dalcahue (1200 CLP, 40 min). Hacia Ancud, **Buses Ramoncito** (☎móvil 9-9481-6079) tiene dos autobuses de lunes a viernes a las 8.30 y 15.30 (2300 CLP, 1½ h) vía Quemchi (1000 CLP, 30 min). Los autobuses salen de la parada junto a la Casona Bahamonde Werner en la esquina de las avenidas Quarto Centenario con Galverino Riveros; imposible no verla.

Achao

🏷 065 / 3452 HAB.

Cuando la niebla matutina desciende sobre el pueblo de Achao, 22 km al sureste de Dalcahue, el ambiente se torna misterioso y ya no cabe ninguna duda de que uno está en una remota aldea del litoral chilota. Pese a que carece del encanto y la quietud de Curaco, Achao también vale la pena por su iglesia (con un espectacular interior) y su arquitectura, además de sus vistas al continente en un día despejado. Suele haber una actividad bulliciosa en el pequeño embarcadero y la cercana Feria de Artesanía.

◉ Puntos de interés

★ Iglesia Santa María de Loreto   IGLESIA
(plaza de Armas; ⊘10.00-19.00) Su iglesia jesuita del s. XVIII, en el lado sur de la plaza de Armas, es la más antigua de Chiloé (1740). Coronada por una torre de 25 m, el templo Patrimonio Mundial presenta tejuelas de alerce y su armazón está ensamblado con tarugos de madera en lugar de clavos. Ha sido reformada por etapas y la madera nueva se mezcla con la antigua, pero se ha mantenido fiel al diseño original. No hay que perderse el interior: es una iglesia sin igual.

Mirador Alto la Paloma   MIRADOR
(W-59) Si se llega a Achao en coche, asegúrese de pasar por el sugerente mirador de la carretera a pocos kilómetros de la ciudad: en días despejados, se ven la espectacular bahía de Achao, las islas vecinas y Chaitén en el continente, al otro lado del mar.

Museo de Achao   MUSEO
(esq. Delicias y Amunátegui; entrada con donativo; ⊘10.00-18.00 dic-mar) Destaca diversos aspectos de la cultura de los chonos de Achao y de otros grupos indígenas de Chiloé. Las muestras son elegantes e incluyen objetos de madera, tejidos, piedras y plantas que se utilizan para teñir materiales; se ofrece abundante información.

🛏 Dónde dormir y comer

Hospedaje Plaza   PENSIÓN $
(🏷65-266-1283; Amunátegui 20; i/d incl. desayuno 9000/18 000 CLP, d sin baño 16 000 CLP; 🕾) Agradable vivienda familiar con ocho habitaciones, en la plaza. Es como dormir en casa de la abuela.

★ Restaurante El Medan   PESCADO $
(Serrano; comidas 2800 CLP; ⊘12.30-16.00 lu-sa, cerrado vi abr-nov) Sencillo restaurante sin carta, ya que cocinan los productos frescos del mercado de enfrente, como cazuela, pescado frito, paila marina, salmón al horno, además de cuatro platos del día que cambian siempre. Todo está riquísimo.

Mar y Velas   CHILENA, PESCADO $
(Serrano 2; platos principales 4500-9800 CLP; ⊘10.00-1.00; 🕾) Restaurante recomendado con vistas al concurrido malecón (y muchas veces a una espesa capa de niebla) y una carta extensa. Se aconseja el pescado al estilo de la casa, cubierto de queso, salchicha y mejillones.

🛍 De compras

Feria Municipal Achao   ARTESANÍA
(paseo Arturo Prat; ⊘10.00-17.00) En un tímido intento por hacerle la competencia al excelente mercado de artesanía de Dalcahue, Achao ha levantado otro pequeño en el agua. Está bastante surtido en cuanto a lanas y divertidos imanes de madera con forma de árbol y hojas de mullida lana. ¡Seguro que en casa nadie tiene uno así en la nevera!

Grupo Artesanal Llingua   MERCADO
(🏷móvil 9-7464-3319; esq. Serrano y Ricardo Jara; ⊘10.00-16.00 lu, ju y vi nov-feb) Los artesanos de la cercana isla Llingua montan un mercado de artesanía bien surtido, con tazas de café, bolsos y cestos de pan tejidos. Solo se ponen en temporada alta cuando llega el ferri de la

---

LAS MEJORES IGLESIAS DE CHILOÉ

Chiloé llegó a tener más de 150 iglesias y capillas de madera preciosas, una de las principales atracciones de la región. Hoy quedan unas 60, 16 de las cuales son Patrimonio Mundial de la Unesco. La mayoría están construidas con un estilo similar: una sola torre en la fachada, tejados laterales inclinados, entrada en arco y curiosas tejuelas de madera. Algunas presumen de un exterior espectacular, pero su tesoro es el interior, muy diferente al de las catedrales europeas. Destacan: Achao, Castro y Tenaún.

Para descubrir circuitos a algunas de las iglesias menos accesibles de la isla, contáctese con Chiloétnico (p. 289), en Castro.

isla. Si durante el resto del año el viajero ve algo que le interesa en un escaparate, llámese al número antes indicado para que le ayuden.

ℹ️ Información

Hay un **cajero de BancoEstado** en la esquina de Delicias con Miranda Velázquez y en la **Feria Municipal Achao** (p. 286) hay wifi gratis. **Oficina de Turismo** (📞65-266-1143; www.facebook.com/turismocomunaquinchao; Amunátegui 18; ⏰8.30-17.30 lu-vi) En la plaza de Armas.

ℹ️ Cómo llegar y salir

La **terminal de autobuses** (Miraflores esq. Zañartu) está una manzana al sur de la iglesia. Hay autobuses diarios a Dalcahue (1400 CLP), Castro (1800 CLP) y Curaco de Vélez (800 CLP) cada 15-30 min de 7.00 a 20.00. **Queilen Bus** (📞65-266-1345; www.queilenbus.cl; ⏰6.30-7.00, 10.00-13.30, 15.00-19.00 lu-vi, 10.00-11.00 do) también va a Puerto Montt (7000 CLP) de lunes a sábado a las 7.00 y los domingos a las 13.00. **Marorl Bus** (📞móvil 9-9905-6884) va a Puerto Montt a las 6.30 de lunes a sábado y a las 11.00 los domingos.

Península de Rilán

La belleza pura de Chiloé se ve por doquier, pero los rincones más apartados de la isla son aún más sugestivos. En la península de Rilán hay algunos refugios y pensiones remotos y de categoría superior, escondidos entre la naturaleza abrupta y remota de la isla.

La iglesia de Santa María de Rilán (plaza de Rilán), uno de los templos Patrimonio Mundial de Chiloé, está decorada con un popurrí de maderas autóctonas. Pese a la reciente renovación, que duró 12 años, no hay mucho que ver, pero el espectacular techo azul merece una foto. De estar cerrada, llámese a María al 9-8875-3061.

🛏️ Dónde dormir

OCIO Territorial Hotel HOTEL-BOUTIQUE $$$
(📞65-297-1911; www.ocioterritorial.com; Huenuco; i/d desde 249 900/333 200 CLP; 🅿️🛜) Retiro con tejuelas tradicionales de 15 habitaciones y fantásticas vistas del fiordo de Castro, recibe a los huéspedes en un acogedor salón con una chimenea con campana de cobre. Construido para fundirse con el entorno natural, las habitaciones estándar atraen a los remolones y disponen de balcón, productos de baño ecológicos y objetos decorativos lo-

cales. Las *deluxe*, de techos altos, presumen de *jacuzzi* y saloncito.

Tierra Chiloé REFUGIO $$$
(📞65-277-2080; www.tierrachiloe.com; bahía Pullao, San José Playa; paquete 2 noches pensión completa i/d 1950/3100 US$, i/d pensión 560/640 CLP; 🅿️🛜@🍴🏊) Este impresionante refugio de lujo, en el límite de los humedales más importantes de Chiloé, fue adquirido por Tierra Hotels en 2014 y se sumó a los alojamientos de San Pedro de Atacama y Torres del Paine, entre otros, que conforman su creciente lista de refugios *boutique* apartados.

Castro

📞065 / 41 600 HAB.

Si hay un lugar en Chiloé que puede calificarse de cosmopolita, ese es Castro, donde todas las idiosincrasias y atracciones de la isla se condensan con gracia en la gran ciudad. Aunque a veces es tan ruidosa y bulliciosa como cualquier ciudad chilena de clase media, en la capital del archipiélago conviven parte de su personalidad chilota y una dosis de desarrollo moderno, cómodas infraestructuras turísticas y un aire a la moda. En los últimos años, el panorama culinario ha pasado de los restaurantes de comida rápida al furor por lo gastronómico y hoy la ciudad, con tantos locales excelentes, es una auténtica meta gastronómica.

Situada 85 km al sur de Ancud, la ciudad se posa en un risco sobre un estuario protegido donde se suceden los característicos palafitos. En el centro de la isla, es un núcleo importante de transporte y una base perfecta para explorar metas más lejanas.

👁️ Puntos de interés

⭐ Iglesia de
San Francisco de Castro IGLESIA
(San Martín; ⏰9.30-22.00 ene y feb, 9.30-12.30 y 15.30-20.30 mar-dic) El italiano Eduardo Provasoli combinó los estilos neogótico y clásico para diseñar esta iglesia, una de las joyas de la Unesco que alberga Chiloé. Su construcción terminó en 1912 y sustituye a una iglesia anterior que fue víctima de un incendio (y que a su vez había sustituido a otra iglesia, también incendiada).

Este templo tiene un delicioso aspecto atípico: es amarillo con detalles morados. El interior es espectacular. A ser posible, lo me-

CHILOÉ CASTRO

Castro

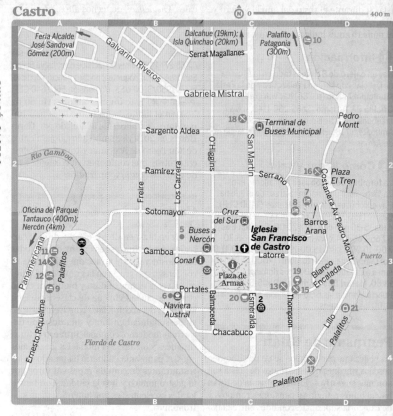

N 0 ——————— 400 m

Feria Alcalde José Sandoval Gómez (200m)

Galvarino Riveros

Dalcahue (19km); Isla Quinchao (20km)

Serrat Magallanes

Palafito Patagonia (300m)

10

Gabriela Mistral

Río Gamboa

Sargento Aldea

18

Terminal de Buses Municipal

Pedro Montt

Ramírez

Los Carrera

Freire

O'Higgins

San Martín

Serrano

16

Plaza El Tren

Costanera Av Pedro Montt

Oficina del Parque Tantauco (400m); Nercón (4km)

Sotomayor

Cruz del Sur

7

8

Barros Arana

11
14
12
9

Palafitos

3

Gamboa

5 Buses a Nercón

1 Iglesia San Francisco de Castro

Latorre

Panamericana

Conaf

Plaza de Armas

19

Blanco Encalada

4

Puerto

Ernesto Riquelme

Portales

6

Naviera Austral

20

13 15

2

Esmeralda

Thompson

21

Palafitos

Balmaceda

Chacabuco

Lillo

Fiordo de Castro

17

Palafitos

Castro

jor es visitarla un día soleado, ya que la luz penetra por las vidrieras de colores y resulta impresionante.

Iglesia de Nuestra Señora de Gracia de Nercón IGLESIA
(📱móvil 9-5704-3413; Nercón; ⏱horario variable)

Solo 4 km al sur de Castro hay otra de las iglesias de Chiloé protegidas por la Unesco. Construida en madera de ciprés y de alerce americano entre 1887 y 1888, fue restaurada en el 2012. Destaca su prominente torre de 25 m de altura, que puede verse desde la Ruta 5. En el interior destaca la talla de madera de san Miguel con un demonio y las columnas pintadas imitando el mármol. Completan el recinto un rudimentario jardín inglés y un cementerio; al lado, un pequeño centro de visitantes mejora la infraestructura turística del templo.

El horario de apertura varía, pero se puede llamar a Nancy al número antes indicado para que abra la iglesia si está cerrada. El autobús nº 2 (350 CLP) desde O'Higgins para a 50 m.

Feria Alcalde José Sandoval Gómez
MERCADO

(Feria Yumbel; Yumbel 863; ⊙8.00-20.00, hasta 18.00 en invierno) Este mercado bien organizado de productos frescos queda un poco a desmano, pero vale la pena por la colorida arquitectura y la amplia variedad de productos isleños (quesos, patatas, pescado...) dispuestos de forma atractiva y ordenada. En las cocinerías del segundo piso, unas seis, se sirven comidas caseras (2500-5500 CLP). Desde el centro, tómese el autobús nº 1B, 2 o 4 hasta Galvarino Riveros.

Mirador Puente Gamboa
MIRADOR

(Panamericana) El lado este del puente hacia la ciudad es el mejor mirador para observar los palafitos de Gamboa.

Museo Regional de Castro
MUSEO

(Esmeralda 255; ⊙9.30-19.00 lu-vi, hasta las 18.30 sa, 10.30-13.00 do ene y feb, 9.30-13.00 y 15.00-18.30 lu-vi, 9.30-13.00 sa mar-dic) GRATIS Este museo, a media manzana al sur de la plaza de Armas, alberga una buena colección de reliquias huilliches, instrumentos musicales, utensilios agrícolas tradicionales y maquetas de barcos de madera chilotes, además de exposiciones sobre la evolución de los pueblos de Chiloé. Las fotografías en blanco y negro anteriores al terremoto de 1960 ayudan a comprender el impacto de ese trágico acontecimiento.

Circuitos

★ Chiloétnico
AVENTURA, CULTURAL

(☑65-263-0951, móvil 9-4042-1505; www.chiloetnico.cl; Los Carrera 435; ⊙9.00-20.00, h reducido en invierno) Esta agencia muy recomendable está haciendo lo correcto en el lugar adecuado. Organizan estupendas rutas de bicicleta de montaña (incluso con bicis eléctricas) y de excursionismo al Parque Nacional Chiloé, Parque Tantauco e islas cercanas; excursiones de observación de la flora y la fauna; y viajes culturales a algunas de las iglesias menos conocidas en islas secundarias poco transitadas.

Se alquilan material de acampada y bicicletas.

★ Chiloé Natural
KAYAK

(☑65-253-4973, móvil 9-6319-7388; www.chiloenatural.com; Blanco Encalada 100; ⊙10.00-21.00 lu-sa, hasta 14.00 do, horario reducido en invierno) Agencia agradable y comprometida con el medio ambiente, especializada en circuitos en kayak marino y actividades insólitas (como clases de cocina o forja de cuchillos). Como viajes de uno/varios días por Castro y alrededores (desde 55 000 CLP por persona, mínimo dos) proponen una magnífica travesía en kayak al amanecer en Chepu (265 000 CLP por persona; ¡indispensable en Chiloé!) y una ruta por las iglesias de la Unesco (tres días; 240 000 CLP con almuerzo). El personal planta un árbol por cada cliente nuevo.

Turismo Pehuén
CIRCUITOS

(☑65-263-5254; www.turismopehuen.cl; Chacabuco 498; ⊙9.00-21.30 lu-sa, horario reducido en invierno) Agencia muy recomendable con circuitos de varios días a las islas cercanas, como Mechuque (desde 60 000 CLP con almuerzo) y el Parque Nacional Chiloé (desde 55 000 CLP con almuerzo). También es la sede oficial de la Naviera Austral en Castro.

★ Fiestas y celebraciones

Festival Costumbrista
CULTURAL

(⊙feb) Fiestas de una semana con música y danzas tradicionales, y platos típicos.

Dónde dormir

Palafito Waiwen
ALBERGUE $

(☑65-263-3888; www.palafitowaiwen.com; Riquelme 1236; dc/i/d incl. desayuno 15 000/45 000/55 000 CLP; @☎) Este palafito es equilibrado en varios sentidos: asequible pero elegante; como un albergue, pero apto para familias. La planta baja tiene dos dormitorios colectivos de cuatro camas con taquillas, calefacción central y baños propios, una cocina común y terraza con barbacoa y vistas del mar. Arriba, las habitaciones de tipo hotel están decoradas con piezas de arte local. Salpicado con antigüedades (butacas de teatro, radios), el albergue ofrece una de las mejores relaciones calidad-precio de la ciudad.

Hostal Cordillera
PENSIÓN $

(☎65-253-2247; www.hostalcordillera.cl; Barros Arana 175; i/d/tr 25 000/35 000/45 000 CLP, h sin baño 15 000 CLP/persona; @🖥) Si el viajero está desmoralizado por el clima, acabará sonriendo con las muestras de amor maternal de la dinámica propietaria de este núcleo de viajeros. Ofrece vistas al mar, grandes baños (dos de ellos recién renovados, en el piso superior), camas confortables, estufas eléctricas y televisión por cable.

Hospedaje Mirador
PENSIÓN $

(☎móvil 9-6570-5950; www.hostalelmiradorcastro.cl; Barros Arana 127; h 35 000 CLP, i/d sin baño 15 000/25 000 CLP; ☉nov-mar; P@🖥) Es una de las mejores opciones de Barros Arana. Tiene vistas al mar, baños fantásticos (para el estándar de Chiloé), un ambiente acogedor y aparcamiento cerca. Hay otra casa colina abajo cuyas habitaciones tienen baño propio. Sin desayuno.

Palafito del Mar
HOTEL-BOUTIQUE $$

(☎65-263-1622; Pedro Montt 567; h icl desayuno desde 60 000 CLP; 🖥) De todos los elegantes alojamientos en palafitos de Castro, este hotel minimalista de siete habitaciones situado en el tramo norte de los palafitos de Castro tiene un as en la manga: todas las habitaciones gozan de agradables terrazas con vistas totales o parciales del mar, listas para que el viajero se relaje con una botella de carmenere. Excelentes duchas y suelo de madera de mañío y ciprés.

Palafito 1326
HOTEL-BOUTIQUE $$

(☎65-253-0053; www.palafito1326.cl; Ernesto Riquelme 1326; h incl. desayuno desde 74 000 CLP; @🖥) De estilo chilote, con madera tallada de tepú y ciprés, este hotel palafito de diseño ofrece 12 habitaciones pequeñas con detalles de confort. En las que tienen vistas al fiordo el viajero creerá dormir sobre humedales, y en el tercer piso hay un excelente café con vistas de postal.

Palafito Hostel
ALBERGUE $$

(☎65-253-1008; www.palafitohostel.com; Ernesto Riquelme 1210; dc/i/d incl. desayuno 16 000/35 000/48 000 CLP; P@🖥) Este albergue en los Palafitos Gamboa para mochileros con más presupuesto revolucionó la ciudad cuando se inauguró en 2008 y fue el catalizador de Castro como destino de moda. Los dormitorios son más caros, pero la calidad (y las taquillas) marcan la diferencia, con grandes desayunos, vistas de ensueño y un ambiente de refugio de montaña. Hay aparcamiento privado por 2000 CLP/noche, pero también hay plazas libres en la calle.

🍴 Dónde comer

Sanguche Patito
SÁNDWICHES $

(www.facebook.com/sanguchepatito; San Martín 718; sándwiches 3200-2500 CLP; ☉13.00-21.30 lu-sa) Antro de bocadillos, cerca de la terminal municipal de autobuses, donde todo se prepara con mucho amor. Primero se elige la base (pollo, vacuno, cerdo, cerdo ahumado o champiñones) y luego se le añaden tres elementos de una larga lista de 18 ingredientes y nueve salsas. Se sirve en pan tostado, toda una revelación gastronómica.

Café Blanco
CAFÉ $

(www.facebook.com/cafeblancochiloe; Blanco 215; sándwiches 4100-5000 CLP; ☉9.00-21.30 lu-vi, 10.00-21.30 sa; 🖥) De las dos sucursales de esta calle, esta es más nueva, grande y mejor, una apuesta segura para tomar un exprés o un bocadillo, una ensalada, y, los más golosos, una tarta o pastel (1000-3000 CLP). La tienda ecológica contigua es ideal para comprar provisiones de cultivo local.

Hostalomera
CHILENA $

(Blanco Encalada 159; menú 3500 CLP; ☉10.00-24.00 lu-vi, 9.00-16.00 sa y do; 🖥) Restaurante artístico con tres excepcionales menús fijos caseros al día, que incluyen aperitivo y zumo. Si se come a la carta (platos principales 4500-5500 CLP) se puede elegir una pasta chilenizada, como los raviolis con cochayuyo (algas), u otros platos de carne y pescado más elaborados. El bar abre hasta las 3.00 los sábados y domingos.

★ Rucalaf Putemún
FUSIÓN $$

(☎móvil 9-9579-7571; www.rucalafputemun.cl; km 3,6 de la ruta a Rilán; platos principales 7900-12 500 CLP; ☉13.00-16.00 y 19.30-22.00 ma-sa, 13.00-16.00 do) En el diminuto Putamún (7 km a las afueras de Castro de camino a la península de Rilán y Dalcahue) hay uno de los mejores restaurantes de Chiloé. En una colorida y acogedora sala que recuerda a una cabaña y de ambiente rústico refinado, el encantador personal sirve exquisitos platos chilenos contemporáneos, como el excelente cebiche, la merluza con pesto y tomates secos, y pollo de granja en una especie de escabeche.

★ Cazador
CHILENA $$

Antes se llamaba Mar y Canela, restaurante excelente e innovador cuyo chef y su nueva socia, experta en vinos, han logrado mejorar el rompedor bistró en un palafito especializándose en platos sustanciosos y de caza, muchos servidos en sartenes de hierro.

Resérvese con tiempo, pues es pequeño. También alberga la mejor tienda de artesanía de Castro, Pura Isla.

Restaurant Travesía
CHILENA $$

(📞 65-263-0137; www.facebook.com/restauranttravesia; Lillo 188; platos principales 6000-13 000 CLP; ⏱13.00-23.00 lu-sa, hasta 16.00 do; 🛜) Dos lugareños (un historiador y una chef) están a las riendas del restaurante más genuino de Castro. Su extensa carta recupera viejas recetas isleñas transformadas en platos chilotes gastronómicos que dan protagonismo a los ingredientes locales (algas como el luche y la lamilla, por ejemplo). Destacan la chanchita tentación (cerdo ahumado guisado), una rica sopa de congrio (con cerdo ahumado, luche y navajas) y la murta (mirto de fresas). Solo efectivo.

Resérvese antes, es chiquitín (¡aquí creció la chef Lorna Muñoz!).

Mercadito
CHILENA $$

(📞 65-253-3866; www.elmercaditodechiloe.cl; Pedro Montt 210; platos principales 7200-10 000 CLP; ⏱12.30-16.40 y 19.00-23.00 lu-sa, 14.30-16.30 do; 🛜) Maravilloso y extravagante, es un paraíso para gastrónomos. Las propuestas creativas con productos de la zona llevan a la mesa platos excelentes, como el atún con puré de patata y pimiento amarillo o la merluza en costra de cilantro con curri de garbanzos, así como las ostras locales. Fuera de temporada no sirven marisco y las mesas están puestas con cuchillos Laguiole de los buenos.

Para animar a los sibaritas hay una larga carta de vinos y cervezas regionales. Resérvese antes.

🍺 Dónde beber
y vida nocturna

★ Palafito Patagonia
CAFÉ

(www.facebook.com/palafitopatagonia; Pedro Montt 651, ⏱12.00-21.00, reducido en invierno, 🛜) En esta maravillosa cafetería-galería se toman el café muy en serio: sirven el Intelligentsia y el Blue Bottle, dos de los mejores de EE UU, además del Lama y We Are Four torrefactos en Santiago. Es perfecta para tomarse una dosis de cafeína (exprés, V60, Chemex) y un tentempié mientras se goza de las fantásticas vistas desde el salón con luz natural o el aireado patio. Está en la zona de los palafitos del norte, cada vez más refinados.

Pioneras Casa Cervecera
CERVEZA ARTESANA

(www.facebook.com/pioneraschiloe; Ruta 5, Nercón; ⏱18.00-24.00 lu-ju, hasta 1.00 vi y sa) Fieles a su nombre, dos pioneras cerveceras abrieron el primer establecimiento de cerveza artesanal de Castro, un refugio superacogedor en Nercón. Las 11 variedades de barril son de producción propia y la carta incluye algunas botellas estadounidenses que escasean en Chile (Rogue, Goose Island) y otras belgas. Las IPA todavía están en producción, pero la imperial *red ale* debería agradar a los entendidos.

Almud Bar
BAR

(www.facebook.com/almudbar; Serrano 325; ⏱18.30-1.00 ma-ju, 19.30-3.30 vi, 8.30-3.30 sa) El mejor bar de verdad de Castro, llamado como la unidad de medidas chilota de las patatas, ofrece una amplia variedad de cócteles (3000-7500 CLP), cervezas artesanas (3000-4500 CLP) y vinos de aguja, así como sencillas comidas para hacer fondo.

La Cafeta
CAFÉ

(esq. Blanco Encalada y Esmeralda; ⏱8.00-13.00, horario reducido en invierno) Furgoneta reformada con el mejor exprés de Castro. El grano es peruano y se preparan las típicas variantes de la bebida.

🛍 De compras

Feria Artesanal
MERCADO

(Lillo; ⏱11.30-21.00) Situado en el paseo marítimo, es con mucho la más grande de la isla, pero cuidado, porque gran parte de los productos se importan de extranjis de China, la India, Perú y Ecuador. Los vendedores pregonan una buena selección de ponchos y jerséis de lana, gorros, guantes, cestas y licores.

ℹ Información

Hay muchos cajeros por la plaza de Armas y uno del **Banco de Chile** en la esquina de Blanco Encalada con Serrano.

Oficina de correos (www.correos.cl; O'Higgins 388; ⏱9.00-13.30 y 15.00-18.00 lu-vi, 10.00-12.30 sa)

Hospital de Castro (www.hospitalcastro.gov.cl; Freire 852)

Conaf (📞65-253-2501; www.conaf.cl; Gamboa 424; ⏱9.00-13.00 y 14.00-17.45 lu-vi) Corporación oficial de los parques nacionales con poca información.

Información turística (☎65-254-7706; www.visitchiloe.cl; plaza de Armas; ◷10.00-21.00 ene y feb, hasta 18.00 mar-dic) Folletos y mapas.

Oficina del Parque Tantauco (☎65-263-3805; www.parquetantauco.cl; Panamericana Sur 1826; ◷9.00-18.00 ene y feb, hasta 18.00 lu-vi mar-dic)

❶ Cómo llegar y salir

AVIÓN

El **aerodrómo Mocopulli** de Castro, 20 km al norte de la ciudad, por fin ha enlazado Chiloé con el resto del país con vuelos comerciales. **LATAM** (☎600-526-2000; www.latam.com; Blanco 180; ◷9.00-13.15 y 15.00-18.30 lu-vi, 10.00-13.15 sa) vuela desde Santiago vía Puerto Montt cinco días por semana con un horario variable en temporada alta (cuatro días en temporada baja).

AUTOBÚS

Por su céntrica ubicación, Castro es el gran eje de transporte de Chiloé. Hay dos terminales de autobús principales. Desde la estación rural, llamada también **terminal de buses municipal** (San Martín), salen la mayoría de los servicios a los destinos más pequeños y algún servicio de largo recorrido, como a Mocopulli (800 CLP), Dalcahue (800 CLP), Chonchi (800 CLP), isla Quinchao (1800 CLP) y Tenaún (1600 CLP). **Queilen Bus** (☎65-263-2594; www.queilenbus.cl) y una oficina que representa a Cruz del Sur y otras empresas también operan desde esta terminal hacia la mayoría de los destinos importantes, como Punta Arenas (a diario a las 6.20 dic-mar, solo los lunes el resto del año).

Buses Ojeda (☎móvil 9-9887-4129) y **Unión Expresos** (☎móvil 9-6668-3531) cubren la mayoría de los servicios a Cucao y el Parque Nacional Chiloé en la costa oeste, con 20 autobuses al día en total (200 CLP, 7.45-20.00). Ocúpese un asiento a la derecha para disfrutar de las mejores vistas del lago Cucao. Buses Ojeda también tiene un viaje diario al Muelle de las Almas (7000 CLP ida y vuelta, 10.30, 1¾ h).

La segunda terminal, la estación principal de **Cruz del Sur** (☎65-263-5152; www.buses cruzdelsur.cl; San Martín 486), se centra en el transporte a las principales ciudades chilotas, Quellón y Ancud, y en servicios de largo recorrido, incluida Punta Arenas (ma, ju y sa, 7.00).

Algunas tarifas y horarios:

DESTINO	PRECIO (CLP)	DURACIÓN (H)
Ancud	2000	1½
Concepción	25 000	13
Puerto Montt	6200	3¾
Quellón	2000	2

DESTINO	PRECIO (CLP)	DURACIÓN (H)
Quemchi	1500	1½
Santiago	31 000	16
Temuco	12 000	10
Valdivia	9500	7
Punta Arenas	50 000	36

BARCO

Naviera Austral (☎65-263-5254; www.naviera ustral.cl; Chacabuco 498) tiene un servicio de ferris en verano que enlaza con Chaitén, con salida los domingos a las 24.00 en enero y febrero. Un pasaje con asiento cuesta 12 700 CLP y embarcar el vehículo, 69 000 CLP.

❶ Cómo desplazarse

Castro es pequeñita y se recorre bien a pie. Para ir hasta la iglesia de Nuestra Señora de Gracia de Nercón, los **autobuses** (esq. O'Higgins y Latorre) salen desde Gamboa y Balmaceda cerca de la esquina noroeste de la plaza de Armas.

Parque Nacional Chiloé

Solo 30 km al oeste de Chonchi y 54 km al oeste de Castro, se halla el **Parque Nacional Chiloé** (☎65-297-0724; www.conaf.cl; adultos/niños chilenos 2000/1000 CLP, extranjeros 4000/2000 CLP; ◷9.30-19.30 lu-ju, hasta 18.00 vi-do dic-mar, 9.30-17.30 lu-ju, hasta 16.30 vi-do abr-nov), que retrocede desde la azotada costa del Pacífico y se extiende 430 km² por enormes conjuntos de bosque perenne autóctono. Está repleto de vida salvaje: 110 especies de aves, zorros y colonias del esquivo pudú (el ciervo más pequeño del mundo, que habita entre las sombras de los tepuales). En el parque y a lo largo del perímetro oriental hay muchas comunidades indígenas huilliches.

Los visitantes están a merced de las tormentas del Pacífico y hay que tener en cuenta que llueve bastante. La media anual de precipitaciones en Cucao, el epicentro del parque cerca del sector meridional de Chanquín, es de 2200 mm, y cualquiera que desee ir de paseo más de 1 h debe llevar calzado impermeable, calcetines de lana y un buen chubasquero. El repelente de insectos tampoco es una mala idea.

◉ Puntos de interés y actividades

★ **Muelle de las Almas**　　　　MUELLE
(☎móvil 9-9592-1286; punta Pirulil; 1500 CLP; ◷8.30-19.00 dic-feb, 9.00-17.30 mar-nov) Envuel-

QUEILÉN

La costera Queilén es perfecta si se busca un alojamiento rural en un entorno de paz y calma cerca del Parque Nacional Chiloé.

Hacia el interior del estuario de Paildad al suroeste de Queilén, a unos 15 km de la Ruta 5, una joven pareja chileno-estadounidense ha convertido su acogedor hogar en un maravilloso refugio con gusto. El **Isla Bruja Lodge** (✆móvil 9-7732-3226; www.islabrujalodge.com; Estero Paildad, comuna de Queilén; h incl. desayuno desde 93 000 CLP, cabañas 85 000 CLP, casa del árbol 100 000 CLP; P@🗑🛜) rezuma hospitalidad campechana, dispensada tanto por Francisco y Marie como por su oveja domesticada, Torpe (criada aquí tras ser abandonada al nacer). Desde la casa se pueden hacer excursiones a pie y en bicicleta de montaña. El suelo de madera da a la casa el aspecto de una cabaña del bosque, y es posible ver delfines en el estuario desde el baño caliente al aire libre (incluido en el precio, junto con kayaks y bicicletas). Es popular entre marineros, que llegan directamente en barca, y ciclistas de montaña, que recorren los senderos con Francisco. Para más intimidad, ocúpese de la nueva cabaña de dos habitaciones o las dos casas del árbol apartadas.

En **Espejo de Luna** (✆móvil 9-9040-5888; www.espejodeluna.cl; km 35 de la ruta Chonchi-Queilén; h incl. desayuno 122 000-205 000 CLP; P🛜) ⌀, un enorme barco inclinado, alberga la recepción y el restaurante de este coqueto refugio ecológico, a 7 km de Queilén. Dispone de varios bungalós de distintas formas y dimensiones repartidos por 3 Ha de terreno, comunicados mediante pasarelas de madera y con redes de pesca recicladas para sujetarse. Todas llevan un nombre mapudungún, como "el sabio", "la familia" y "los amantes", entre otros. Las almas románticas y solitarias podrían hacer una pausa de una semana escondidos en el bosque de arrayanes, saliendo solo para disfrutar del excelente *jacuzzi* privado al aire libre.

te en el folclore y la mitología huilliche, fue construido en 2005 por el arquitecto Marcelo Orellana. La pasarela curva se extiende 17 m por un paisaje de lo más sugerente y desaparece de repente en un precipicio de 70 m en la bahía de Cucao. Según narra la leyenda, las almas en pena deben llamar a un balsero, Tempilcahue, para que las lleve al más allá, so pena de quedarse llorando en la zona hasta la eternidad.

Para llegar hasta este remoto lugar por cuenta propia, hay que conducir hasta la **taquilla** (☉8.30-19.00 dic-feb, 9.00-17.30 mar-nov) en Rahue, 7 km al sur de Cucao, donde se paga la entrada a los dueños, don Orlando (¡visítese su colección de fósiles!) y doña Sonia. (Guárdese el billete, pues un revisor lo pide durante la excursión.) Desde aquí se conducen otros 2,8 km aprox. hasta el aparcamiento (2000 CLP); y luego se caminan otros 2,3 km por un sendero poco señalizado, a menudo embarrado y con subidas y bajadas. En temporada alta se admiten 700 personas al día, así que tal vez valga la pena volver en otra época del año para evitar las colas. Buses Ojeda (p. 292) en Castro organiza una excursión diaria hasta el muelle (10.30, 7000 CLP ida y vuelta).

Palafito Trip AVENTURA
(✆móvil 9-9884-9552; www.palafitotrip.cl; sector Chanquín, Palafito Cucao Hostel) Organiza rutas en kayak, a caballo y de senderismo por el Parque Nacional Chiloé y alrededores, y alquila bicicletas.

🛏 Dónde dormir y comer

Camping y cabañas del Parque CAMPING $
(www.parquechiloe.cl; parcelas 5000 CLP/persona, cabañas desde 35 000 CLP; P🅿) Zona de acampada y complejo de cabañas bien equipado situado unos 100 m después del centro de visitantes, hacia el parque. Las cabañas sorprenden por lo confortables que son, con muebles con estilo, agua corriente, duchas de agua caliente, chimenea y todas las comodidades. Los dormitorios solo para la temporada baja. Su apertura y funcionamiento dependen de si la Conaf (Corporación Nacional Forestal) adjudica la concesión a alguien.

Hay un pequeño **café** (sector Chanquín; platos principales 1500-7900 CLP; ☉9.00-18.30 15 dic-mar, 10.00-18.00 abr-14 dic; 🛜) genial para cargar las pilas antes de una excursión, y que además funciona como recepción.

Hospedaje Chucao PENSIÓN $
(☑móvil 9-9787-7319; Huentemó; h por persona sin baño incl. desayuno 10 000 CLP) Hospedaje sencillo para dormir en Huentemó. Llámese a Jorge Guenuman al número indicado para reservar.

★**Palafito Cucao Hostel** HOTEL $$
(☑65-297-1164; www.hostelpalafitocucao.cl; Camino Rural Cucao, Sector Chanquín; dc/i/d/tr incl. desayuno 16 000/45 000/55 000/75 000 CLP; P@🛜) Tan chic como su hermano de Castro el Palafito Hostel, este establecimiento del lago Cucao ofrece las mejores camas de Cucao, tanto si uno se acuesta en una de las 11 elegantes habitaciones con baño propio como en los dormitorios colectivos para seis e igual de modernos. Dispone de acogedora sala común, cocina y amplia terraza con vistas espectaculares y *jacuzzi*.

El Arrayán CHILENA $
(☑móvil 9-9297-7160; www.facebook.com/lagranjadenotuco; camino rural Cucao, sector Chanquín; platos principales 7500-9500 CLP; ⏲10.00-22.00, horario reducido en invierno; 🛜) Una encantadora pareja regenta el que seguramente sea el mejor restaurante del pueblo, un acogedor lugar donde todo se prepara al momento, desde los pisco sours hasta versiones sofisticadas de platos típicos chilenos. Pulpo, gambas, pescado fresco y platos de ternera maridan con buenos vinos y se sirven en un comedor templado gracias a la enorme parrilla que lo preside. También hay buenos postres.

★**Cocinería Tradiciones Morelia** CHILENA $$
(☑9-9794-6594; sector Quilque; platos principales 6500-9500 CLP; ⏲10.00-18.00, h reducido en invierno) Este cálido restaurante tradicional con chimenea situado en el lago Cucao atrae a aventureros hambrientos hasta su comedor artístico con abundante madera noble y bancos cubiertos de lanas y tejidos locales.

El menú cambia a diario y se centra en los productos de la zona, como zumo de fresas con nalca (ruibarbo chileno gigante), pastel de algas, cazuela con machas (molusco) y estofado de cerdo ahumado con luche (algas rojas).

❶ Información

El **centro de visitantes de la Conaf** (www. conaf.cl; ⏲9.30-19.30 lu-ju, hasta 18.00 vi-do dic-mar, 9.30-17.30 lu-ju, hasta 16.30 vi-do abr-nov) está 1 km después del puente de Cucao

y tiene información sobre el parque en cinco idiomas.

❶ Cómo llegar y salir

Cucao se halla a 54 km de Castro y 34 km al oeste de Chonchi, por una carretera de grava llena de baches que casi siempre es transitable. Hay 20 autobuses diarios de Castro a Cucao (2000 CLP; 7.45-20.00). El último de vuelta sale de Cucao a las 18.30. Tanto Unión Expresos como Buses Ojeda tienen sendos quiosquitos de venta de billetes cerca de la entrada al parque.

Parque Tantauco

Según Conservation International, uno de los 25 puntos críticos de la biodiversidad mundial es el **Parque Tantauco** (☑65-263-3805; www.parquetantauco.cl; Panamericana Sur 1826, Castro; adultos/niños 3500/500 CLP), de creación y propiedad de un magnate chileno de los negocios, reelegido presidente en el 2018, Sebastián Piñera. La reserva natural de 1180 km² al oeste de Quellón, con 130 km de senderos, está gestionada por su fundación. El parque es hábitat de nutrias autóctonas, zorros chilotes y pudúes (cérvido pequeño andino), así como del mamífero más grande del mundo (la ballena azul) y el marsupial más pequeño del mundo (el monito del monte). Pasar aquí un tiempo es estar a solas con la naturaleza, ya que se admiten únicamente ocho excursionistas al día.

Por la carretera, hay seis sencillos **refugios** (☑65-263-3805; www.parquetantauco.cl; h 15 000 CLP/persona) y una maravillosa **pensión** (☑65-263-3805; www.parquetantauco.cl; Inío; h con/sin baño incl. desayuno 70 000/60 000 CLP; 🛜) en Inío, un asombroso pueblo pesquero en el extremo de Chiloé donde acaba la excursión. También hay dos *campings* a la entrada (Chaiguata) y final (Inío) del parque, cuyas parcelas para cuatro personas cuestan 15 000 CLP.

Para más información, visítese la oficina del parque en Castro (p. 292).

Para llegar a Chaiguata la única opción es contratar un traslado particular en Castro (100 000 CLP, 2½ h, máximo cuatro personas con equipaje); pruébese con Chiloe Natural (p. 289). Desde Inío, hay que contratar un avión privado (250 000 CLP, máximo dos pasajeros con equipaje) o probar suerte en un bote sufragado por el Estado (solo en temporada alta) hasta Quellón (10 000 CLP por persona); los lugareños tienen prioridad.

Quellón

📞 065 / 21 823 HAB.

Pese a ser el extremo meridional de una de las mayores autopistas del mundo (la Panamericana, también conocida como Ruta 5) y un importante centro salmonero, Quellón es una localidad con escaso atractivo que solo se visita para subir o bajar del ferri a Chaitén.

Si uno llega en el ferri y está cansado de viajar, encontrará algunos restaurantes excelentes, pero el ambiente de marineros beodos hace de Quellón un lugar de paso.

🛏️ Dónde dormir y comer

Patagonia Insular HOTEL **$$**

(📞65-268-1610; www.hotelpatagoniainsular.cl; av. Juan Ladrilleros 1737; i/d incl. desayuno desde 62 000/68 000 CLP; 🅿️@🛜) Si el viajero desembarca de mal humor y necesita un buen descanso, esta es la mejor opción de Quellón, con 29 habitaciones posadas sobre el pueblo con vistas de la bahía. En ningún caso se trata de un hotel de lujo, pero lo separa un abismo de la mayoría de establecimientos; es moderno, agradable y muy conveniente. Desde el centro, un taxi cuesta 1500 CLP.

Hotel El Chico Leo HOTEL **$$**

(📞65-268-1567; ligorina@hotmail.com; costanera Pedro Montt 325; sin baño 12 000 CLP/persona, i/d 18 000/32 000 CLP; 🅿️🛜) Pese a la carencia de espacio, los abundantes perifollos de la abuela y los techos bajos que amenazan a los viajeros más altos, es una alternativa económica bastante cómoda.

Sandwichería Mitos SANDWICHES **$**

(www.mitoschiloe.cl; Jorge Vivar 145; sándwiches 4000-9000 CLP; ⏱️8.30-22.00 lu-vi, 10.00-22.00 sa, 10.00-16.00 do; 🛜) Si se busca algo genuino, este encantador restaurante en una calle paralela al mar está decorado con cálida madera maciza y revestimientos de lana. Los clientes ocupan un gran comedor con cocina abierta desde donde observan a un grupo de mujeres que trocea, saltea y aliña los ingredientes que conforman la extensa variedad de bocadillos de la carta.

Taberna Nos ESPAÑOLA **$**

(O'Higgins 150; tapas 2800-8000 CLP; ⏱️20.00-4.00 lu-sa; 🛜) De pasar la noche en Quellón, hay que recalar en este bar de lugareños regentado por un gallego de pura cepa. Ocupa una casa negra y sirve magníficas tapas y bebidas en un bar demasiado *cool* para el lugar donde se encuentra.

El Chico Leo PESCADO **$**

(costanera Pedro Montt 325; platos principales 4500-10 500 CLP; ⏱️9.00-23.30 lu-sa, 13.00-20.30 do; 🛜) Consolidado y acogedor restaurante de pescado de la costanera, lleva años nutriendo a hambrientos marineros en sus mesas de manteles rojos. El curanto es perfecto para abrir o cerrar una comida chilota, aunque también hay una amplia variedad de pescado (merluza, salmón, congrio), marisco y carne.

ℹ️ Información

Evítese deambular al oeste de Gómez García por la costanera o en los aledaños de la estación de autobuses, sobre todo de noche, ya que los borrachos suelen molestar a los forasteros.

Se puede sacar dinero en el **Banco de Chile** (Juan Ladrilleros 315) en la calle principal del pueblo.

ℹ️ Cómo llegar y salir

Los autobuses a Castro (2000 CLP, 2 h, cada 30 min, 6.00-19.30) salen desde la nueva **terminal Cruz del Sur** (📞65-268-1284; www.buses cruzdelsur.cl; Pedro Aguirre Cerda 052). También hay servicios a Puerto Montt (8000 CLP, 4½ h, 6.00-18.20) y Temuco (13 000 CLP, 8 h, 6.50, 12.00, 17.15).

Naviera Austral (📞65-268-2207; www.na vieraustral.cl; Pedro Montt 355; ⏱️9.00-13.00 y 15.00-19.00 lu-sa, 15.00-18.30 do) zarpa hacia Chaitén los jueves a las 3.00 y los domingos a las 18.00 todo el año (menos el segundo domingo de mes). Un pasaje con asiento cuesta 13 000 CLP y el vehículo son 71 000 CLP. Hacia Puerto Chacabuco sale los miércoles y los sábados a las 23.00 todo el año. Cuesta 17 450 CLP el asiento y 141 000 CLP el vehículo. El viaje dura 28 h.

Norte de Patagonia

Los mejores restaurantes

⇒ Dalí (p. 318)

⇒ Martín Pescador (p. 307)

⇒ El Rincón Gaucho (p. 329)

⇒ Ruibarbo (p. 317)

⇒ Mamma Gaucha (p. 316)

Los mejores alojamientos

⇒ Entre Hielos (p. 332)

⇒ Destino No Turístico (p. 327)

⇒ Uman Lodge (p. 307)

⇒ Lodge at Valle Chacabuco (p. 329)

Por qué ir

Durante un siglo, el norte de Patagonia fue la región más agreste y remota del Chile continental. Pese a su dureza, es una tierra de bellos paisajes, frondosos bosques húmedos, estepas cubiertas de maleza y picos inexpugnables en el horizonte; sin embargo, su esencia es el agua: desde cristalinos ríos y cascadas, hasta lagos color turquesa, enormes glaciares y laberínticos fiordos. Muchos viajeros que van al sur pasan de largo en su afán por llegar al Parque Nacional Torres del Paine, pero los tesoros ocultos del norte de Patagonia compensan con creces a los espíritus aventureros.

La carretera Austral, casi toda de grava, va de Puerto Montt a Villa O'Higgins, unos 1200 km al sur. Hay que ir en ferri los tramos del norte sin carretera, donde las montañas van al encuentro del mar. Se están asfaltando algunos tramos al norte de Coyhaique, pero el épico reto de conducir por el resto de la carretera sigue en pie.

Cuándo ir
Coyhaique

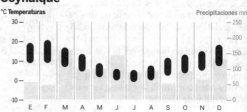

Nov-mar Los meses más cálidos y las mejores conexiones en autobús por la carretera Austral.

Feb El Festival Costumbrista conmemora la cultura de los pioneros con fiestas en muchos pueblos.

Jul-ago Días de cielos azules alrededor de Coyhaique; estaciones de esquí en las cercanías.

Historia

El norte de Patagonia, largo tiempo aislado y aún remoto, es la zona más joven de la nación chilena y la última en integrarse. A inicios del s. XX, Chile empezó a colonizarla, y muchas localidades cuentan apenas 50 años.

Durante miles de años, las etnias chono y alacalufe habitaron en sus canales e islas, mientras que los patagones (o tehuelches) vivían en las estepas continentales. Su geografía agreste impidió el asentamiento europeo, salvo por los cazafortunas que buscaban la mítica "Ciudad de los Césares". Fueron muchas las expediciones que llegaron a la zona a finales del s. XVIII e inicios del s. XIX y en una de ellas Charles Darwin buscó un paso protegido al océano Atlántico.

A principios del s. XX, el Gobierno dio en usufructo a largo plazo cerca de 10 000 km² en Coyhaique y sus alrededores a la Sociedad Industrial Aysén, con sede en Valparaíso, para la explotación ganadera y maderera. La empresa dominó la economía regional, y los colonos empezaron a llegar y reclamaron tierras remotas para su cultivo. Alentada por una ley chilena que recompensaba el desbroce con títulos de propiedad de la tierra, la Sociedad y los colonos quemaron casi 30 000 km² de bosque y destruyeron muchas hayas autóctonas de Aysén, incendios que se prologaron cerca de una década en la década de 1940.

La región está poco poblada, sobre todo al sur de Coyhaique, una zona devastada por la erupción del volcán Hudson en 1991. Al igual que sucedió en el 2008 con las erupciones del Chaitén, la ceniza cubrió miles de kilómetros cuadrados en Chile y Argentina y arruinó tierras de cultivo, matando de hambre al ganado al sepultar los pastos.

La cría del salmón es una de las principales industrias de la zona; las frías aguas de la Patagonia son idóneas para ello. La industria se desplazó hacia el sur tras contaminar algunas de las aguas de la Región de Los Lagos, donde los desperdicios de las piscifactorías alteraron gravemente el equilibrio ecológico. El grupo de presión del cultivo de salmón sigue fuerte, dada la poca diversidad industrial de la región.

En el 2014, una fuerte campaña pública contribuyó a la anulación de varios proyectos hidroeléctricos. En los últimos años, este y otros planes de industrialización caracterizan el continuo tira y afloja entre desarrollo y conservación de la región. En el 2017 el Gobierno chileno aceptó la donación de varios parques privados de la Patagonia por parte de la Tompkins Conservation y añadió más terreno federal; Chile es hoy la región con más densidad de parques del mundo.

ℹ Cómo llegar y desplazarse

Hay vuelos de Puerto Montt a Chaitén y Coyhaique (algunos directos desde Santiago). Dentro de la región operan chárteres y puede haber vuelos regionales entre Coyhaique, Cochrane y Villa O'Higgins.

La carretera Austral y sus secundarias quedan apartadas. Hay tramos asfaltados entre Chaitén y Balmaceda, pero los ramales de la carretera y aquellas más al sur no están pavimentadas y se encuentran en diferentes condiciones.

Muchos viajeros toman primero el ferri desde Puerto Montt o Chiloé hasta Chaitén o Puerto Chacabuco; también se puede ir en avión hasta Chaitén o, por tierra desde Argentina, pasando por Futaleufú. Para recorrer en automóvil toda la carretera Austral hay varios cruces obligados en ferri. Ahora se puede también viajar desde el sur, con un ferri para vehículos que une Puerto Natales con Caleta Tortel y Puerto Yungay.

Algunas rutas de autobús solo ofrecen servicios unos días a la semana, y en temporada baja son más escasos. En temporada alta, los autobuses de largo recorrido a menudo salen al inicio de la ruta y no admiten pasajeros de pie. Hay que reservar los billetes con al menos tres días de antelación.

El autostop, no recomendado por Lonely Planet, es posible a lo largo de la carretera Austral, aunque difícil en el caso de grupos o de viajeros con mucho equipaje.

Hornopirén

♪ 65 / 1283 HAB.

Pocas personas aprovechan el exuberante entorno de este eje de transportes y centro de piscifactorías del salmón. Si el ferri está lleno, quizá habrá que pasar aquí más tiempo del previsto. El ferri de la Ruta Bimodal comunica el sector septentrional del Parque Nacional Pumalín, carente de calzadas, con Caleta Gonzalo, donde la carretera continúa hacia el sur. La carretera entre el punto donde de arriba el ferri y Hornopirén está asfaltada.

El **Parque Nacional Hornopirén**, relativamente poco conocido y visitado, protege un frondoso territorio montañoso. Continúa siendo desconocido sobre todo porque carece de transporte público y porque a la entrada se llega en parte a pie. Los cami-

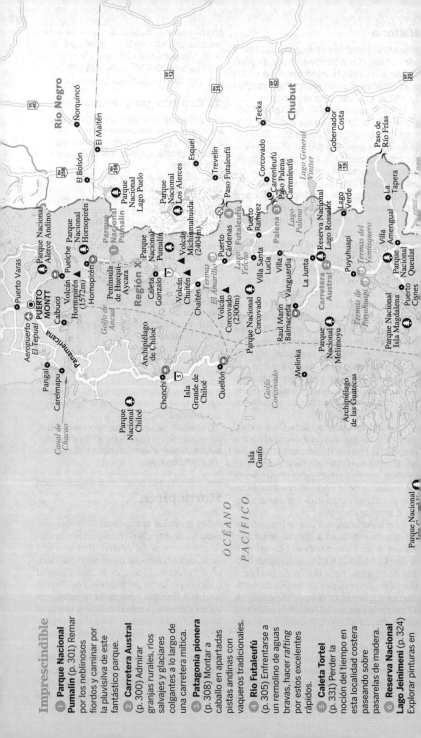

Imprescindible

1 Parque Nacional Pumalín (p. 301) Remar
por los neblinosos fiordos y caminar por la pluviisilva de este fantástico parque.

2 Carretera Austral
(p. 300) Admirar granjas rurales, ríos salvajes y glaciares colgantes a lo largo de una carretera mítica.

3 Patagonia pionera
(p. 308) Montar a caballo en apartadas pistas andinas con vaqueros tradicionales.

4 Río Futaleufú
(p. 305) Enfrentarse a un remolino de aguas bravas, hacer rafting por estos excelentes rápidos.

5 Caleta Tortel
(p. 331) Perder la noción del tiempo en esta localidad costera paseando sobre pasarelas de madera.

6 Reserva Nacional
Lago Jeinimeni (p. 324)
Explorar pinturas en

Río Negro

Norquincó

El Maitén

El Bolsón

Parque Nacional
Alerce Andino

Puelche

Parque Nacional
Hornopirén

Parque Nacional
Lago Puelo

Esquel

Parque Nacional
Los Alerces

Trevelin

Chubut

Tecka

Corcovado

Paso Futaleufú

Paso Palena
Carrenleufú

Carrenleufú

Gobernador
Costa

Lago General
Vintter

La Tapera

La
Amengual

Paso de
Río Frías

Puerto Varas

Puerto Montt

Aeropuerto
El Tepual

Panguipulli

Carelmapu

Calbuco

Volcán
Hornopirén
(1572m)

Hornopirén

Península
de Huequi-
Ayacara

Región X

Volcán
Pumalín

Volcán
Chaitén

Volcán
Michinmahuida
(2404m)

Parque
Nacional
Pumalín

Caleta
Gonzalo

Chaitén

Termas
El Amarillo

Puerto
Cárdenas

Villa Santa
Lucía

Villa
Vanguardia

La Junta

Palena

Puerto
Ramírez

Lago
Yelcho

Lago
Palena

Reserva Nacional
Lago Rosselot

Lago
Verde

Puyuhuapi

Termas del
Ventisquero

Termas de
Puyuhuapi

Villa
Amengual

Parque
Nacional
Queulat

Golfo
de
Ancud

Archipiélago
de Chiloé

Canal de
Chacao

Parque
Nacional
Chiloé

Chonchi

Isla
Grande
de Chiloé

Quellón

Golfo
Corcovado

Parque Nacional
Corcovado

Volcán
Corcovado
(2300m)

Raúl Marín
Balmaceda

Melinka

Archipiélago
de las Guaitecas

Parque
Nacional
Melimoyu

Parque Nacional
Isla Magdalena

Puerto
Cisnes

Isla Guafo

OCÉANO
PACÍFICO

Parque Nacional
Isla Guamblin

cuevas y espiar a los flamencos en un parque poco conocido.

Puerto Río Tranquilo (p. 324)
Experimentar de cerca el glaciar San Rafael o las cuevas de mármol en un circuito desde esta población cercana.

100 km

ARGENTINA

Río Mayo

Paso Alto Coyhaique

Paso Huemules (502m)

El Portezuelo

Villa Cerro Castillo

Perito Moreno

Los Antiguos

Chile Chico

Reserva Nacional Lago Jeinimeni

Paso Roballos (647m)

Cueva de las Manos

Bajo Caracoles

Santa Cruz

Lago Strobel

Lago Buenos Aires

Cordillera de los Andes

Nacional Coyhaique

Balmaceda
Cerro Castillo (2700m)

Dos Lagunas

COYHAIQUE

Puerto Aysén

Puerto Chacabuco

Volcán Hudson (2600m)

Parque Nacional Cerro Castillo

Puerto Ingeniero Ibáñez

Puerto Murta

Lago General Carrera

Mallín Grande

Puerto Guadal

Parque Nacional Patagonia

Lago Cochrane

Cochrane

Reserva Nacional Tamango

Puerto Río Tranquilo

Cruce El Maitén

Puerto Bertrand

Río Aysén

Bahía Exploradores

Estuario San Francisco

Monte San Valentín (4058m)

Glaciar San Rafael

Campo de Hielo

Laguna San Rafael

Parque Nacional Laguna San Rafael

Campo de Hielo Norte

Península de Taitao

El Vagabundo

Puerto Yungay

Caleta Tortel

Región XI

Villa O'Higgins

Lago O'Higgins

Candelario Mansilla

Campo de Hielo Sur

Parque Nacional Bernardo O'Higgins

Golfo de Penas

Península Tres Montes

Reserva Nacional Katalalixar

Ferri a Puerto Natales

VIAJE POR CARRETERA

La **carretera Austral** es una de las más maravillosas del mundo, con 1240 km, avanza a través de bosques, glaciares, granjas de pioneros y ríos color turquesa, y todo ello a la vera del encabritado Pacífico. Completada en 1996, su coste inicial fue de 300 millones de dólares, su construcción tardó más de 20 años y se cobró la vida de 11 trabajadores. El objetivo de Pinochet para trazar una carretera a través de Aysén no se basaba en el sentido común o en un plan pragmático, sino que tenía más que ver con el simbolismo de una vía que uniera puestos de avanzada olvidados con la identidad nacional.

Decir carretera es exagerar, pues la mitad sur de la ruta no está asfaltada y puede encontrarse en malas condiciones. Pero los viajeros se sienten atraídos a ella en parte porque la ruta no está flanqueada de gasolineras Shell y de Starbucks. Hay que planificar bien el viaje y ser muy prudente. Si gustan la fruta y los productos frescos, habrá que cargar provisiones, porque no siempre se encuentran.

Al norte de la carretera Austral, el servicio de ferris es insuficiente para la densidad del tráfico y solo funciona con regularidad en verano. En invierno son habituales los desprendimientos de roca, y los corrimientos de tierra a veces obligan a cortar la carretera varios días. Al sur, la carretera se alza apenas un metro por encima del río Baker, el más imponente de Chile, muy propenso a desbordarse.

Debido a su aislamiento, la región es cara, con precios un 20% superiores a los del resto de Chile. Hay que ir bien preparado:

➡ Revisar el vehículo antes de partir.

➡ Si es posible, reservar con antelación los pasajes de ferri.

➡ Llevar dinero (hay pocos cajeros automáticos y los de BancoEstado solo aceptan MasterCard).

➡ Conducir de día; no hay farolas y las curvas no están señalizadas con reflectores.

➡ Llevar provisiones de sobra de comida, agua y gasolina; una avería o un depósito vacío pueden ser un problema.

➡ Llevar siempre rueda de recambio y asegurarse de que el vehículo dispone de gato y pinzas.

➡ Ir con tranquilidad y disfrutar del paisaje: virar a gran velocidad en una carretera de grava lleva a un desastre seguro.

➡ Detenerse si alguien parece necesitar ayuda.

➡ Sobre la grava, ceder siempre el paso a los camiones; los parabrisas rotos son un clásico de la carretera Austral.

Si se pretende pasar a Argentina, conviene llevar todos los papeles en regla: el permiso para sacar el vehículo de alquiler del país y el seguro obligatorio. Está prohibido pasar combustible adicional, carne o productos agrícolas y lácteos al otro lado de la frontera.

---

nos hacia el parque y en su interior están señalizados, pero a veces resultan difíciles de seguir. Pero ofrece un paisaje estupendo y retiros rurales. Si se planea una excursión con pernoctación, hay que registrarse en la Conaf antes de partir.

Unos 6 km al sur de Hornopirén, la carretera se bifurca. La de la derecha lleva al final de la carretera en Pichanco. Si desde allí se caminan otros 8 km por una pista vagamente marcada, se llega a la entrada del parque. Unos 3 km más adelante, el lago General Pinto Concha tiene una playa virgen donde se permite la acampada libre.

🛏 Dónde dormir y comer

Hotel Hornopirén HOTEL $
(☎65-221-7256; carrera Pinto 388; d 35 000 CLP, i/d sin baño 13 000/30 000 CLP; @🛜) Tiene un desgastado carácter patagón, vistas al agua y a la señora Ollie. Las mejores habitaciones son las de la 2ª planta con vistas al agua.

Cabañas Lahuan CABAÑA $$
(☎65-221-7239, móvil 9-8409-0231; www.turismo lahuan.com; calle Cahuelmó 40; cabañas 5/8 personas 75 000/100 000 CLP; 🛜) Robustas cabañas de dos plantas con estufas de leña, parrillas y ventanales al puente. Hay kayaks para los

huéspedes. Si se avisa un día antes, los propietarios pueden ayudar a organizar excursiones a las encantadoras y aisladas termas Porcelanas, a 1½ h en barco.

★ **El Pescador** PESCADO $
(📱móvil 9-9508-9534; Río Barceló s/n; 6000 CLP; ⏰10.00-20.00) Ofrece platos chilenos sencillos pero sobresalientes. La merluza frita es crujiente, enorme y riquísima. Buenos guisos de marisco y un filete muy sabroso.

Cocinas Costumbristas PESCADO $
(esq. O'Higgins y Cordillera; platos principales 7000 CLP; ⏰8.30-21.00 lu-sa, 10.00-17.00 do) Comer en estas tiendas estilo mercado es como visitar a la abuela chilena, con pescado fresco y raciones enormes.

ℹ️ Información

Para información turística, véase la web de **Patagonia Verde** (http://patagoniaverde.org) o visítese el **quiosco turístico** (oficinadeturismohualaihue@gmail.com; 21 de Septiembre s/n; ⏰9.00-19.00 dic-feb) de la plaza.

ℹ️ Cómo llegar y salir

Kemelbus (📱en Puerto Montt 65-225-6450; Plaza s/n) fleta cuatro autobuses diarios a/desde la terminal de autobuses de Puerto Montt (4000 CLP, 4 h). El precio incluye el ferri que cruza el estuario de Reloncaví. Salen de Puerto Montt a las 6.00 y las 8.00, y se puede seguir hasta el Parque Nacional Pumalín o Chaitén (20 000 CLP, 10 h) con el ferri de la Ruta Bimodal; los billetes de autobús incluyen el precio del ferri.

Naviera Austral (📱en Puerto Montt 65-227-0430; www.taustral.cl; muelle del ferri, junto a Ingenieros Militares) realiza dos travesías en ferri importantes en la zona. Menos de 1 h al sur de Puerto Montt, una de 30 min va desde Caleta La Arena a Puelche (bicicleta/coche 2800/9800 CLP). Los ferris zarpan cada 30 min en temporada alta; el horario se amplía en verano.

Entre Hornopirén y el Parque Nacional Pumalín (pasajero/coche 5600/33 600 CLP), las travesías en ferri se conocen como la Ruta Bimodal, un sistema que coordina dos viajes en ferri con un corto tramo de 15 km por tierra entre ellos; los pasajeros solo pagan una vez. En total, el viaje entre Hornopirén y Caleta Gonzalo dura 5 h. Desde la primera semana de enero a finales de febrero hay tres salidas diarias, a las 10.30, 12.00 y 15.00. En verano suele haber mucha gente; hay que reservar en línea con una semana de antelación o con un depósito bancario directo que incluya los datos del pasaporte de todos los

ALERCE

Impermeable y casi indestructible, la madera de alerce sirvió antaño como moneda de cambio a los colonos alemanes del sur de Chile. Conocido como *lahuan* en mapuche, la *Fitzroya cupressoides* es uno de los árboles más antiguos y altos del mundo, con ejemplares de casi cuatro mil años. Estos gigantes de hoja perenne y 40 o 60 m de altura son fundamentales en los bosques húmedos templados, pero el valor de su madera para construir tejados, necesarios en un clima lluvioso, le ha llevado al borde de la extinción. Ya no es legal talar árboles vivos, pero aún pueden verse tejados de alerce en las casas chilotas, y ejemplares que crecen en lo más remoto de la Región de Los Lagos y los bosques del norte de Patagonia.

pasajeros y el número de matrícula del vehículo. Kemelbus opera esta ruta.

Parque Nacional Pumalín
📍65

Este **parque** (www.parquepumalin.cl) GRATIS verde y virgen, de 2889 km², abarca grandes extensiones de pluvisilva templada, ríos transparentes y paisajes marinos. Notable proyecto de conservación del bosque que va desde cerca de Hornopirén al sur de Chaitén, Pumalín atrae muchísimos visitantes internacionales. Creado por el filántropo estadounidense Doug Tompkins (p. 333), era uno de los parques privados más grandes del mundo antes de su donación a Chile en el 2017. Es un parque modelo, con pistas y carreteras bien mantenidas, amplias infraestructuras y un impacto mínimo. No se paga entrada para entrar en él.

Estuvo cerrado varios años tras la erupción del volcán Chaitén en el 2008. Ahora una pista lleva a un espectacular punto con vistas al humeante cráter.

🏃 Actividades

Conviene preguntar en un centro de información antes de salir, pues las condiciones son cambiantes.

★ **Sendero de los Alerces** EXCURSIONISMO
Esta pista de 1 km cruza el río hasta un bosque de alerces milenarios, con carteles inter-

pretativos por el camino. Está 12,5 km al sur de Caleta Gonzalo.

Aero Alerce
VUELOS PANORÁMICOS

(📱móvil 9-8198-7283; www.aeroalerce.com; 3 h de vuelo 500 US\$/persona) El piloto Rodrigo Noriega cuenta con décadas de experiencia en la Patagonia y se nota. Hay salidas que sobrevuelan los parques nacionales de Pumalín y Corcovado, visitas a destinos excelentes para la pesca con mosca y pernoctas en la naturaleza. Los precios son para cuatro pasajeros. El vuelo de 3 h incluye vistas de cerca al humeante cráter del Chaitén y un pícnic en el lago Negro.

Ruta del cráter del volcán Chaitén
EXCURSIONISMO

Esta excursión circular de 5 h para ver el humeante cráter asciende por el camino abierto por la explosión. En los tramos inferiores hay vegetación y la parte superior es yerma pero bella. El sendero, de 2,5 km, asciende un desnivel de 650 m; se trata de una ruta piroclástica del tipo del monte Santa Helena (Washington), que atraviesa bosques quemados por el calor, no por el fuego. Está cerca del puente Los Gigios.

Laguna Tronador
EXCURSIONISMO

Esta excursión de 4 h (4,8 km) no es tanto un camino como una escalera, a veces literalmente. Se cruza una pasarela de madera hasta un tramo de escaleras de mano. Se sube 1 h hasta un mirador en el paso de montaña con vistas del volcán Michinmahuida. La pista desciende hacia el lago con una zona de acampada de dos parcelas, mesas de pícnic y letrinas.

Está unos 11 km al sur de Caleta Gonzalo.

Ventisquero Amarillo
EXCURSIONISMO

(El Amarillo) Esta excursión llana y abierta de 10 km al glaciar colgante Amarillo se halla en el sector más nuevo de Pumalín, unos 20 km al sur de Chaitén. Se empieza en el *camping* Ventisquero hacia la base del glaciar Michinmahuida; el río se cruza en su punto más ancho, cerca del *camping*.

Michinmahuida
EXCURSIONISMO

(El Amarillo) En Michinmahuida, 33 km al sur de Caleta Gonzalo, una pista de 12 km asciende 700 m hasta la base del volcán.

Sendero Cascada
EXCURSIONISMO

Esta excursión circular de 3 h es una ascensión ondulada a través de un denso bosque que termina en una gran cascada. Vadear el río, a 1 h de la salida, puede ser peligroso cuando baja crecido.

Cascadas Escondidas
EXCURSIONISMO

Una pista de 1 h lleva desde el *camping* a un conjunto de cascadas, 14 km al sur de Caleta Gonzalo.

👉 Circuitos

De momento, solo se puede llegar a la aislada zona norte del parque en barco. Un puñado de operadores con sede en Puerto Varas organizan circuitos en barco y en kayak por los fiordos y a manantiales termales inaccesibles de otro modo. En Chaitén (p. 303), Chaitur informa sobre guías locales que llevan hasta el volcán.

Al Sur Expeditions
(📱en Puerto Varas 65-223-2300; www.alsurexpeditions.com) está especializado en kayak marino y proporciona transporte en barco a las apartadas fuentes termales de Cahuelmó.

🛏 Dónde dormir

Camping Tronador
CAMPING \$

Parcelas gratis de *camping* rural en la cuenca del asombroso lago con forma de anfiteatro en la pista de la laguna Tronador, una empinada ascensión de 2 h desde la cabecera del camino.

Lago Blanco
CAMPING \$

(parcela por persona/autocaravana 5000/10 000 CLP) Unos 20 km al sur de Caleta Gonzalo y 36 km al norte de Chaitén, ofrece unas cuantas parcelas cubiertas y fantásticas vistas al lago. No hay que perderse la panorámica, aún mejor, del mirador cercano. Se puede pescar en el lago, pero hay que solicitar el permiso en un puesto forestal. Hay una zona cubierta para cocinar y lavabos.

Sector Amarillo
CAMPING \$

(parcela por persona/autocaravana 6000/10 000 CLP) Este nuevo sector al sur de Chaitén ocupa antiguas tierras de cultivo más allá de las Termas El Amarillo. Vistas estupendas y parcelas llanas y abiertas en tres zonas separadas. Tiene zonas cubiertas para cocinar y lavabos. Accesible en automóvil o a varios días andando desde otras zonas.

Lago Negro
CAMPING \$

(parcela persona/autocaravana 5000/10 000 CLP) Gran zona de acampada cerca del lago con un refugio con cocina y lavabos.

Camping El Volcán CAMPING $
(parcela por persona/autocaravana 5000/10 000 CLP)
Amplia zona de acampada en el extremo meridional del parque antes de Chaitén, 2,5 km antes del puesto de guardabosques de la entrada sur. Plazas para caravanas e información. Tiene una zona cubierta para cocinas y lavabos con duchas frías.

Cascadas Escondidas CAMPING $
(parcela por persona/autocaravana 6000/10 000 CLP)
Tiene parcelas en una plataforma con techo en la cabecera del camino a las cascadas Escondidas. Cuenta con una zona para cocinar y lavabos.

Avellano Lodge REFUGIO $$
(65-257-6433, móvil 9-9641-4613; www.elavellanolodge.com; Ayacara; media pensión 30 000 CLP/persona; @) Justo fuera del parque en la península, este precioso establecimiento de madera ofrece una combinación insuperable de acceso al parque, servicio y confort. Dispone de circuitos de senderismo, pesca con mosca y kayak marino en paquetes con todo incluido, con traslado desde Puerto Montt.

★ **Cabañas Caleta Gonzalo** CABAÑAS $$$
(en Puerto Varas 65-225-0079; reservas@parquepumalin.cl; Caleta Gonzalo; parcela por persona/autocaravana 6000/10 000 CLP, i/d/t/c incl. desayuno 80 000/100 000/120 000/145 000 CLP)
Estas minúsculas cabañas (sin cocina) dan al fiordo y lucen detalles de madera y camas en la buhardilla para niños. Hay una zona de acampada cerca, en el río Gonzalo, que dispone de un refugio con cocina, lavabos y duchas de agua fría.

Cabañas Fundo del Río CABAÑAS $$$
(en Puerto Varas 65-225-0079; reservas@parquepumalin.cl; cabañas 2/4 personas 65 000/125 000 CLP) Escondidas en tierras de labranza, estas cabañas muy íntimas con cocina gozan de vistas al mar o al valle y tienen leña.

Dónde comer

Puma Verde MERCADO $
(65-220-2358; carretera Austral s/n, El Amarillo; 10.00-20.00) Vende provisiones a buen precio, incluidos vinos, huevos y productos agrícolas para campistas, así como artesanía local de gran calidad. El café vende expreso, bebidas y tentempiés.

Café Caleta Gonzalo CAFÉ $$
(Caleta Gonzalo; platos principales 8500-16 000 CLP; 9.00-22.00) El único restaurante del parque es este atractivo café con una enorme chimenea. Pan recién hecho, miel local y hortalizas de cultivo ecológico lo sitúan muy por encima de la media. También se pueden comprar galletas caseras, miel o bolsas de pícnic para llevar.

Información
Casi no hay cobertura móvil en el parque.
El **Centro de Visitantes Caleta Gonzalo** (www.parquepumalin.cl; Caleta Gonzalo; 9.00-19.00 lu-sa, 10.00-16.00 do) y **Centro de Visitantes El Amarillo** (www.parquepumalin.cl; El Amarillo; 9.00-19.00 lu-sa, 10.00-16.00 do) dispone de folletos del parque, fotos e información medioambiental, y vende artículos artesanales regionales.
Tompkins Conservation (en EE UU 1-415-229-9339; www.tompkinsconservation.org) facilita información sobre todos los proyectos de conservación respaldados por la Tompkins.

Cómo llegar y salir
Dos ferris diarios de **Naviera Austral** (65-221-7266; www.taustral.cl; muelle de ferris; pasajeros/automóvil 6000/34 000 CLP) zarpan de Caleta Gonzalo hacia Hornopirén (5-6 h) en temporada alta. Las combinaciones de autobús y barco que vienen de Puerto Montt pueden dejar pasajeros en el parque de camino a Chaitén.

Chaitén
65 / 6200 HAB.
La principal ciudad de servicios para el Parque Nacional Pumalín es también el principal centro de transportes del norte de la carretera Austral. Los vuelos y ferris procedentes de Puerto Montt y Chiloé llegan aquí, y es el punto de partida de muchas rutas de autobuses hacia el sur.

Cuando un volcán desconocido despertó el 2 de mayo del 2008, esta tranquila localidad quedó en estado de sitio. Sus habitantes fueron evacuados y sufrieron años de incertidumbre cuando el Gobierno no les autorizaba a regresar. Luego se opusieron a la decisión gubernamental inicial, que preveía trasladar el pueblo 10 km al norte, y han reconstruido su localidad.

Actividades

Termas El Amarillo FUENTES TERMALES
(Municipalidad de Chaitén 65-274-1500; 7000 CLP; 9.00-19.00) Es muy popular en verano, con varias piscinas con vistas al río Michinmahuida. Están 25 km al sureste de Chaitén, en un desvío al norte de la carretera Austral. Hay alojamiento y un *camping* en un terreno pri-

vado a 1 km. No hay teléfono; hay que llamar al ayuntameinto de Chaitén, que lo gestiona.

Chaitur CIRCUITOS
(☎65-273-7249, móvil 9-7468-5608; www.chaitur. com; O'Higgins 67; ☉horario variable) La mejor fuente de información local, Nicolás, despacha casi todos los autobuses y organiza visitas guiadas a Pumalín, el glaciar Yelcho, Termas El Amarillo y a las playas con colonias de lobos marinos. También ofrece excursiones por la ruta del cráter del volcán Chaitén con detallada información científica. Alquila bicicletas (10 000 CLP/día).

🛏 Dónde dormir

Doña Collita PENSIÓN $
(☎móvil 9-8445-7500; Portales 54; incl. desayuno por persona sin baño 15 000 CLP, d 35 000 CLP; ☎) Un hospedaje impecable, con habitaciones inmaculadas. Es uno de los pocos alojamientos de la carretera Austral con la calefacción siempre en marcha.

Cielo Mar Camping CAMPING $
(☎móvil 9-7468-5608; www.chaitur.com; esq. O'Higgins y costanera av. Corcovado; parcelas 5000 CLP/persona; ☎) Parcelas de acampada y duchas de agua caliente en pleno centro urbano.

Cabañas Grizzly CABAÑAS $$
(☎65-224-1908; elguetaangel@gmail.com; carretera Austral, km 25, El Amarillo; cabañas 2/4 personas 50 000/60 000 CLP; ☎) Estas impecables cabañas de estilo rural cuentan con verandas sombreadas, mobiliarios de madera, cocinas totalmente equipadas y televisión por cable.

Posada Expediciones Kahuel CABAÑAS $$
(☎móvil 9-8156-6148; www.pymesdechile.cl/posa dakahuel/index.php; carretera Austral s/n; d con desayuno 50 000 CLP, cabañas desde 88 000 CLP; ☎) Situado a las afueras de la población, este retiro boscoso consiste en pequeñas habitaciones con detalles de madera y mantas de lana, además de cabañas para grupos más grandes. Está a 400 m del océano, y puede resultar húmedo si llueve. Los propietarios ofrecen excursiones en barco (80 000 CLP para 4 personas) para ver lobos marinos, y quizá delfines. Acepta tarjetas de crédito.

🍴 Dónde comer

⭐**Cocinerías Costumbristas** PESCADO $
(☎móvil 9-8170-8983; Portales 258; comidas 3000-8000 CLP; ☉9.00-24.00) En unas cocinas diminutas se preparan empanadas de marisco, fuentes de pescado y paila marina (sopa de marisco). Conviene llegar temprano para comer porque se llena pronto de lugareños.

Café Pizzería Reconquista PIZZERÍA, CAFÉ $
(☎móvil 9-7495-4442; Portales 269; pizzas 5000-8000 CLP; ☉12.00-24.00) Una buena opción para *pizzas* de masa fina y hamburguesas, este resplandeciente café cuenta con varias mesas de pícnic en el interior y buen personal.

EL DESPERTAR DEL VOLCÁN CHAITÉN

Nadie lo consideraba un volcán, pero el 2 de mayo del 2008, el Chaitén, 10 km al noreste de la población homónima, despertó con una erupción que duró un mes y generó una columna de ceniza de 20 km. Durante la primera semana, las sucesivas explosiones emitieron más de un kilómetro cúbico de ceniza riolítica. El fenómeno causó inundaciones y daños en casas, carreteras y puentes, acabó con miles de cabezas de ganado y esparció cenizas que llegaron hasta Buenos Aires. Previamente, los 4000 habitantes de Chaitén habían sido evacuados. El Gobierno autorizó el traslado de la ciudad algo más al noroeste, al pueblo de Santa Bárbara (Nuevo Chaitén); pero gracias a las mejoras en la infraestructura de la vieja Chaitén, muchos han podido regresar a sus antiguos hogares.

Situado en el Parque Nacional Pumalín (p. 301), se ve desde algunos tramos de la carretera principal del parque, desde donde también se divisan los bosques del flanco noreste del volcán, calcificados por el flujo piroclástico. El cráter tiene 3 km de diámetro y cuenta con un nuevo conjunto de cúpulas riolíticas. Desde lo alto de la ruta del cráter (p. 302) hay vistas espectaculares del hoyo humeante. En verano hay que ir muy pronto o muy tarde, apenas hay sombra por el camino.

El parque reabrió en el 2011 gracias al trabajo de los guardabosques. El volcán es objeto de vigilancia constante por parte de Sernageomin (www.sernageomin.cl), la agencia gubernamental de geología y minería.

Natour FURGONETA $

(O'Higgins s/n; ⊗9.00-14.00 lu-sa; 🛜🅿) Café en grano, tortillas y sándwiches se agotan en esta gastroneta, que también sirve helados.

Restobar El Volcán CHILENA $$

(📱móvil 9-8186-9558; Prat 65; platos principales 6000-9000 CLP; ⊗9.00-24.00; 🛜) Ocupa una casa recubierta de guijarros y es un agradable bar-restaurante. En verano los productos agrícolas locales y mermeladas y zumos caseros adornan una carta típica de pescado de la zona, sabrosos bistecs y sándwiches. Las raciones son enormes. También sirve desayunos.

ℹ️ Información

BancoEstado (esq. Libertad y O'Higgins; ⊗9.00-14.00 lu-vi) Cajero automático y tipos de cambio poco favorables para dinero en efectivo.

Sernatur (📱65-273-1082; Portales 408; ⊗8.30-13.30 y 14.30-17.30 lu-vi) Promociona la ruta Patagonia Verde desde Hornopirén por Palena.

Quiosco turístico (esq. Costanera av. Corcovado y O'Higgins; ⊗9.00-21.00 ene-feb) Folletos y listados de alojamientos.

Hospital de Chaitén (📱65-731-244; av. Ignacio Carrera Pinto; ⊗24 h) Urgencias 24 h.

ℹ️ Cómo llegar y salir

Chaitén es un centro neurálgico para el tramo norte de la carretera Austral. Está 56 km al sur de Caleta Gonzalo y 45 km al noroeste de Puerto Cárdenas.

En diciembre del 2017 un gran desprendimiento de tierra afectó a Villa Santa Lucía, unos 75 km al sur, y causó 14 víctimas mortales, destruyó gran parte de la localidad y cortó las conexiones entre el norte y el sur durante meses. Como resultado, puede que haya menos transporte, alojamiento y servicios culinarios en Villa Santa Lucía.

AVIÓN

El **aeropuerto de Santa Bárbara** está 10 km al norte de Chaitén. **Aerocord** (📱móvil 9-7669-4515; www.aerocord.cl; Portales 287) y **Pewen** (📱móvil 9-9403-4298; www.pewenchile.com; O'Higgins s/n) vuelan al aeródromo La Paloma en Puerto Montt (ida 50 000 CLP, 45 min). Ambas vuelan cada día excepto domingos.

BARCO

Los horarios de los ferris varían, conviene confirmarlos en línea.

En verano el ferri para vehículos y pasajeros *Don Baldo*, de **Naviera Austral** (📱65-2731-011; www.navieraustral.cl; Riveros 181; plaza pasajero/automóvil 17 300/95 000 CLP), circula tres veces semanales a Puerto Montt (9 h) y dos semanales a Quellón (6 h) y Castro, Chiloé (5 h).

Si se llega en ferri, el puerto queda 500 m a pie al noroeste de la población.

AUTOBÚS

Los operadores de transporte de la carretera Austral y sus horarios varían. Salen de la **Chaitur Bus Terminal** (📱móvil 9-7468-5608; www.chaitur.com; O'Higgins 67; ⊗9.00-12.00 y 16.00-19.00). Kemelbus va a Puerto Montt (20 000 CLP, 9 h) cada día a las 10.00 y 12.00. Buses Becker viaja a Coyhaique los miércoles y domingos a las 12.00, con parada en Villa Santa Lucía (desde donde se puede llegar a Futaleufú y Palena), La Junta y Puyuhuapi por el camino. Esta ruta se estaba asfaltando cuando se elaboró esta guía, lo cual provocaba retrasos y cierres de la carretera. Debería estar finalizada cuando se publique esta obra, pero hay que informarse en la terminal.

Buses Cárdenas va a Futaleufú a diario a las 13.00 y a Palena, también a diario, a las 12.00. **Buses Cumbres Nevadas** va a Palena y Futaleufú a diario a las 16.00 y 19.00. Actualmente varias líneas de autobuses ofrecen tarifas subvencionadas para todos los pasajeros, pero en el futuro solo tendrán descuentos los residentes.

DESTINO	PRECIO (CLP)	DURACIÓN (H)
Coyhaique	24 000	8
Futaleufú	2000	3
La Junta	12 000	3
Palena	2000	3
Puyuhuapi	15 000	4½
Villa Santa Lucía	1000	1½

Futaleufú

📱65 / 2300 HAB.

Las aguas salvajes y gélidas del río Futaleufú han hecho famosa a esta población. No es solo una meca para el kayak y el *rafting*, sino que también ofrece pesca con mosca, senderismo y equitación. Debido a la mejora de las carreteras y a la cifra creciente de visitantes en circuitos, ya no queda fuera del mapa. Es un lugar divertido, pero si se prefiere una visita tranquila, hay que ir a principios o finales de verano.

Futaleufú, un pequeño núcleo de población de 20 manzanas con casas color pastel, 155 km al sureste de Chaitén, es sobre todo un centro aduanero –la frontera con Argentina está a solo 8 km–, y una comunidad apreciada por los amantes de los deportes acuáticos. Muchos cruzan la frontera argentina para visitar las ciudades de Trevelín y Esquel y el Parque Nacional Los Alerces.

 Actividades

El río Futa, o Fu, como lo llaman los lugareños, es difícil técnicamente para la práctica del *rafting*, con tramos solo aptos para los más expertos. Según la agencia elegida y los servicios incluidos puede costar a partir de 50 000 CLP por persona para la sección de media jornada llamada "Puente a Puente", con rápidos de clase IV y IV+. Un recorrido de toda una jornada solo apta para los más avezados llega hasta Macul, incluye otros dos rápidos de clase V, y cuesta a partir de 60 000 CLP.

Ideal para familias, hay *rafting* en el río Espolón, de clase III. Los novatos en la práctica del kayak pueden probar este río o ir al lago Espolón.

Bio Bio Expeditions   AL AIRE LIBRE
(☑22-196-4258, en EE UU, gratis, 1-800-246-7238; www.bbxrafting.com) Pionero en la región, este grupo de tendencia ecologista ofrece, entre otros servicios, descensos por el río y excursiones a caballo. Acepta clientes sin reserva.

Bochinche Rafting   RAFTING
(☑móvil 9-8847-6174; https://bochinchex.com; Cerda 697; ⏱9.00-22.00) Esta pequeña empresa ofrece salidas diarias de *rafting*, además de alquiler de kayaks y bicicletas y otras actividades guiadas al aire libre.

Expediciones Chile   AIRE LIBRE
(☑65-562-639; www.exchile.com; Mistral 296; ⏱9.00-23.00 dic-mar) Empresa con mucha experiencia. Su especialidad son los paquetes de una semana, pero también ofrece barranquismo, bicicleta de montaña, equitación y clases de kayak. También gestiona un *ecocamping* en el río Azul y una escuela de kayak en el río Espolón.

Carpintero Negro   EXCURSIONISMO
(☑móvil 9-5825-4073; www.carpinteronegro.com; Cerda 439; ⏱horario variable) Hay muchas opciones de senderismo por Futaleufú, pero poca información. Este servicio de guías cubre ese nicho con salidas de medio o varios días. Se contacta con ellos por WhatsApp.

Patagonia Elements   RAFTING
(☑móvil 9-7499-0296; www.patagoniaelements. com; Cerda 549; ⏱9.30-21.00) Guías chilenos

competentes; ofrece también alquiler de bicicletas de montaña (medio día 15 000 CLP).

Fiestas y celebraciones

Ruta de los Valles   DEPORTES
(www.futaleufu.cl; ⏱hasta tarde ene) Se puede correr por el precioso paisaje montañoso andino en esta carrera anual de ciclismo de montaña con circuitos de 20 y 48 km y participantes de todo el mundo.

Futa Fest   DEPORTES
(https://es-la.facebook.com/GenteDeRios; ⏱hasta tarde feb-ppios mar) Este festival anual celebra el poderoso río Futaleufú con concursos, fiestas y espectáculos. Se inició tras la erupción del volcán Chaitén, cuando la región sufrió muchísimo y padeció penurias económicas, con el objetivo de proteger el río y su increíble entorno natural.

Dónde dormir

Las Natalias   ALBERGUE $
(☑móvil 9-6283-5371; www.hostallasnatalias.cl; dc/tr 15 000/50 000 CLP, d con/sin baño 36 000/ 32 000 CLP; ⏱nov-abr) Albergue ideal para mochileros, con sugerencias de actividades al aire libre. Hay muchos baños compartidos, una gran zona común, vistas a las montañas y cocina para huéspedes. Se halla a 10 min andando desde el centro. Hay que seguir por Cerda y guiarse por las señales hacia las afueras al noroeste de Futaleufú; está justo después de subir la colina.

El dueño, Nate, ofrece también recomendadas clases de kayak (80 000 CLP/día).

Cara del Indio   CAMPING $
(☑WhatsApp 9-9467-2943; www.caradelindio.cl; Lonconao Sector; parcelas 5000 CLP/persona, cabañas 35 000-50 000 CLP; ⏱nov-abr) En un espectacular paraje ribereño, este campamento de aventuras (también ofrece *rafting*) regentado por Luis Toro y familia ofrece cabañas de varios tamaños en un tramo de 10 km. Hay duchas de agua caliente, cocina al aire libre y una sauna de madera. Los huéspedes pueden cenar en el *camping* o comprar productos de fabricación casera. Solo se puede contactar por WhatsApp.

Está a 15 km de Puerto Ramírez y a 35 km de la carretera Austral.

Posada Ely   PENSIÓN $
(☑65-272-1205; posada.ely.futaleufu@gmail.com; Balmaceda 409; i/d incl. desayuno 15 000/30 000 CLP; 🅿🛜) Las habitaciones están bien cuidadas por Betty, que elabora una fantás-

tica mermelada de escaramujo para el desayuno, con pan fresco, huevos, zumos, té, etc.

Martín Pescador B&B
B&B $

(☎65-272-1279; Balmaceda 603; por persona 20 000 CLP, cabañas 6 personas 60 000 CLP; ☎) Detrás del restaurante, esta acogedora casa es una ganga. Las rústicas y estilosas cabañas de dos dormitorios tienen escaleras estrechas y cocinas pequeñas. Mitch, el dueño, trabaja de guía por cuenta propia.

Aldea Puerto Espolón
CAMPING $

(☎móvil 9-5324-0305; www.aldeapuertoespolon. cl; Ruta 231; parcelas 7000 CLP/persona, domos 9000 CLP; ⊗ene-mar; ☎) Está en un entorno precioso en una orilla de arena flanqueada por montañas, justo antes de la entrada chilena de la población. Hay duchas de agua caliente y una cocina de gas cubierta para los campistas. Los grupos también pueden dormir en cúpulas geodésicas sobre plataformas; hay que llevar saco de dormir.

Adolfo's B&B
B&B $

(☎65-272-1256; pettyrios@gmail.com; O'Higgins 302; incl. desayuno i/d 20 000/40 000 CLP, h por persona sin baño 15 000 CLP; @☎) El mejor alojamiento económico de Futaleufú, situado en una casa de madera de una familia muy hospitalaria. El desayuno incluye huevos, pan casero y tarta de café.

★ La Antigua Casona
HOSTERÍA $$

(☎65-272-1311; silvanobmw@gmail.com; Rodríguez 215; d/tr incl. desayuno 60 000/80 000 CLP; ☎) Las habitaciones de este granero reformado con cariño y amor a los detalles tienen una bonita decoración inspirada en la naturaleza. Si se va de paso, se puede visitar el acogedor café con terraza a la sombra que atiende Silvano, experto en historia local.

La Gringa Carioca
B&B $$

(☎65-272-1260, móvil 9-9659-9341; Aldea 498; i/d incl. desayuno 100/120 US$; ☎) Dispone de una extensa zona ajardinada con hamacas en una antigua casa habitada. Adriana, la anfitriona brasileña, aconseja qué visitar en la zona. Pronto ofrecerá yoga, reiki y masajes. Los maravillosos desayunos incluyen huevos de granja y café de verdad. Pero las instalaciones y los lavabos son algo viejos.

Hostería Río Grande
HOTEL $$

(☎65-272-1320; www.pachile.com; O'Higgins 397; i/d/tr 35 000/55 000/65 000 CLP; P☎) Este confortable alojamiento recubierto de guijarros atrae a gringos deportistas. Las habi-

taciones son alegres, con moqueta y estufas portátiles y camas bajas. Dispone también de un café con wifi y una terraza con césped.

★ Uman Lodge
REFUGIO $$$

(☎65-272-1700; http://umanlodge.cl; Fundo La Confluencia; i/d incl. desayuno 490/550 US$; ☎☎) Este paraje de ríos que convergen es una de las mejores vistas de la Patagonia. Uman significa "alojamiento" en mapuche, y el refugio, con tarima de madera, busca una conexión nativa. Moderno y con gusto, ofrece 16 habitaciones de lujo, todas con vistas. Cuenta con piscina interior-exterior y se organizan circuitos de aventura. Está a 2,5 km del pueblo, tras una empinada cuesta de grava.

El restaurante del lugar tiene una buena bodega de vinos con catas guiadas por su sumiller.

Hotel El Barranco
HOTEL $$$

(☎65-272-1314; www.elbarrancochile.cl; O'Higgins 172; d incl. desayuno 215 US$; @☎☎) Este distinguido alojamiento en el límite de la población ofrece habitaciones elegantes y cómodas con madera tallada, toques coloniales y grandes camas, aunque el servicio es indolente. También hay un restaurante, piscina y sauna.

✘ Dónde comer y beber

Pizzas de Fabio
PIZZERÍA $

(☎móvil 9-5877-8334; Carnicer s/n; pizzas 6000 CLP; ⊗12.00-22.00; ☎) Uno no puede equivocarse con estas pizzas de masa fina y pringosas hechas por el argentino Fabio, que dejó la alta cocina para abrir su propio negocio de comida para llevar. Opciones veganas.

Picada de Colonos
CHILENA $

(☎65-272-1326; O'Higgins 782; platos principales 5000-7000 CLP; ⊗8.00-22.00 lu-sa) La cocina casera de Nelsa prepara chuletas de cerdo, cazuelas, milanesas y patatas fritas. En las mesas hay sopaipillas caseras (pan frito), especialidad patagona. Está de camino a la frontera.

Rincón de Mamá
CHILENA $

(☎65-272-1208; O'Higgins 465; platos principales 8000 CLP; ⊗11.30-14.30 y 18.30-22.00 lu-sa) Este local sencillo con colores cítricos y manteles de plástico sirve comidas caseras en la 2ª planta de una casa en un callejón.

Restaurant Antigua Casona
ITALIANA $$

(☎65-272-1311; Rodríguez 215; platos principales 10 000 CLP; ⊗12.00-22.00) Con un ambiente elegante, este café en el pequeño hotel La

PALENA

Apacible localidad de montaña a orillas del río del mismo nombre. Su atractivo es la exploración, a pie o a caballo, de verdes valles donde quedan vestigios del estilo de vida de los pioneros y una hospitalidad genuina. El Rodeo de Palena, el último fin de semana de enero, y la Semana Palena a finales de febrero ofrecen festivales vaqueros y música en directo.

En la plaza, la oficina de turismo (☑65-274-1221; www.municipalidadpalena.cl; O'Higgins 740; ⊙8.00-13.00 y 14.00-17.00 lu-vi) organiza salidas con caballos de carga, de *rafting* y de pesca con guías locales. Se necesita tiempo para concertarlo, pues con algunas empresas rurales hay que contactar por radio.

Se puede descender en balsa o flotando (14 000 CLP) por las aguas turquesas del río Palena con Auquinco (☑móvil 9-9514-7274; www.auquinco-patagonia-turismo.com/index.html; Palena; 17 000 CLP) y el experimentado guía Jorge Vásquez. También ofrece pesca con mosca (dos personas 120 000 CLP) de noviembre a abril y equitación. Los precios incluyen los traslados, la excursión guiada y las comidas.

Para una remota aventura pionera, hay que recorrer en coche o a pie 5 km hasta el Rincón de la Nieve (☑móvil 9-8186-4942; rincondelanieve@hotmail.com; Valle Azul; por persona incl. desayuno 18 000 CLP), la maravillosa granja de Casanova de Valle Azul. Se puede montar a caballo, visitar una cascada y reunir ganado o continuar por la pista hasta el lago Palena. Las comidas (7000 CLP) se elaboran con ingredientes locales frescos. Los caballos se pagan aparte. Como no hay servicio telefónico, todas las excursiones se deben organizar con antelación. Hay paquetes de tres días (108 000 CLP/persona), que incluyen salidas y actividades en la granja. Se debe llegar a la cabecera del camino, en el cruce de los ríos El Tigre y Azul, en todoterreno o tomar un traslado desde Palena (total 20 000 CLP).

En la población, se puede dormir en La Chilenita (☑móvil 9-6777-9112; Pudeto 681; por persona sin baño 10 000 CLP; ☎), donde la señora Elena acoge a los huéspedes en su casa como si fueran sus polluelos. El contiguo Restaurante El Paso (☑65-274-1226; Pudeto 661; menú 7000 CLP; ☎) sirve comidas caseras. También alquila habitaciones correctas en la planta de arriba (15 000 CLP).

Buses Palena (☑65-741-319; plaza de Armas) viaja a Chaitén (2000 CLP, 3 h) desde la plaza de Armas a las 6.45 los lunes, miércoles y viernes. Desde Chaitén, el autobús sale a las 15.30 los miércoles y viernes.

Antigua Casona (p. 307) elabora auténtica pasta casera, ñoquis y lasaña con opciones vegetarianas (el propietario es de Milán). Tiene horario continuo. Se aconseja probar una de las cervezas artesanas caseras.

Martín Pescador CHILENA **$$$**
(☑65-721-279; Balmaceda 603; platos principales 10 000-13 000 CLP; ⊙cena nov-abril; ☑) ◗ Este restaurante locávoro asume ciertos riesgos con una carta cambiante que presenta productos locales que no se verán en ningún otro lugar, como miel de flores de michay, setas del bosque, conejo y pescado tradicional huilliche. Hay un ambiente agradable con luz tenue y fuego de leña. La opción de cuatro platos (30 000 CLP) ofrece una buena muestra, con opciones vegetarianas (pídase con antelación).

Café Mandala CAFÉ
(Cerda s/n; ⊙11.00-20.00 lu-vi, 12.00-20.00 sa y do) Nada para despertarse feliz como las bebidas de café de este diminuto café frente a la plaza, que también sirve zumos, pasteles y queso asado.

Sur Andes CAFÉ, BAR
(☑móvil 9-7479-1638; Cerda 308; ⊙13.00-4.00 lu-sa; ☎) Un bar y café adorable con ambiente casero y comida de *pub*.

ⓘ Información

BancoEstado (esq. O'Higgins y Manuel Rodríguez; ⊙9.00-14.00 lu-vi) Hay que llevar todo el dinero que vaya a necesitarse; esta es la única opción para cambiar dinero y los lugareños dicen que las tarjetas extranjeras suelen tener problemas con el cajero automático.

Oficina de correos (☑65-223-7629; Balmaceda 501; ⊙9.00-13.00 y 15.00-19.00 lu-vi) Útil para horario de autobuses y venta de billetes para autobuses y ferris.

Oficina de turismo (☑65-223-7629; O'Higgins 536; ⊙9.00-21.00) Es útil e informa sobre cabañas, actividades y rutas de senderismo.

ℹ️ Cómo llegar y salir

Se debe estar atento, pues los horarios de autobuses cambian con frecuencia.

A Chaitén, **Bus D&R** (📞65-238-0898, móvil 9-9883-2974; Manuel Rodríguez s/n; ⏰9.00-12.00 y 15.00-19.00) viaja casi cada día a las 6.00 (2200 CLP, 3 h). **Buses Becker** (📞65-272 1360; www.busesbecker.com; csq. Balmaceda y Prat; ⏰9.00-13.00 y 15.00-19.00) va a Coyhaique (24 000 CLP, 10 h) los domingos a las 11.00 vía Villa Santa Lucía (1½ h), La Junta y Puyuhuapi. **Buses Jerry** (Lautaro s/n) viaja a Palena (2500 CLP, 2 h) tres veces semanales. (No hay oficina, el autobús para en la calle.) Para Puerto Montt, **Buses Apsa** va a Puerto Montt (18 000 CLP, 10 h) los martes y viernes a las 7.30; el billete se compra en la **oficina de correos. Bus Río Palena** (📞móvil 9-9321-0621; Carrera 500; ⏰8.00-19.00) realiza el mismo trayecto, empezando en Palena y siguiendo por Argentina los domingos a las 8.00.

International buses (📞65-272-1458; Cerda 436; 2500 CLP) a la frontera argentina (15 min) sale actualmente los lunes y viernes a las 9.00 y 19.00. En el lado argentino, **Transportes Jacobsen** (📞02945-454676) lleva pasajeros a Trevelín y Esquel. El **puesto fronterizo de Futaleufú** (Ruta Internacional s/n; ⏰8.00-20.00) es mucho más rápido y más eficiente que cruzar por Palena, enfrente de la ciudad fronteriza argentina de Carrenleufú.

Hay una gasolinera **Copec** en la carretera a la frontera. La gasolina es más barata en Argentina.

La Junta

📞67 / 914 HAB.

Con un ambiente pausado, La Junta es una antigua estancia (hacienda ganadera) en un cruce de caminos para los rancheros que se dirigían al mercado. A medio camino entre Chaitén y Coyhaique, es un importante eje de intercambio para las conexiones norte-sur, con buenas opciones de alojamiento. Sirve como parada para repostar y descansar, y está repleta de ferreterías anticuadas. En un extremo se alza una colina rocosa.

🏃 Actividades

Se puede navegar por el río Palena, pescar con mosca o hacer excursiones previa reserva. Las truchas comunes, arcoíris y asalmonadas abundan en la Reserva Nacional Lago Rosselot y en el lago Verde.

Termas del Sauce   FUENTES TERMALES
(📞móvil 9-9454-2711; camino a Raúl Marín Balmaceda, km 17; 5000 CLP/persona; ⏰10.30-20.30) Fuentes termales privadas con piscinas agradables pero rústicas y *camping* (10 000 CLP termas incl.) en un riachuelo 17 km fuera de la ciudad hacia Raúl Marín Balmaceda. Los campistas pueden disfrutar de las termas después del horario y usar un quincho (cocina/parrilla exterior) para cocinar.

Yagan Expeditions   AVENTURA
(📞67-231-4352; www.yaganexpeditions.com; 5 de Abril 350; ⏰horario variable) Pequeño operador que ofrece paseos a caballo, excursiones, visitas a zonas termales y kayak en el lago Rosselot.

🎉 Fiestas y celebraciones

Ruta de Palena   DEPORTES
(quiosco turístico; ⏰ppios feb) Celebra los dos ríos que convergen en La Junta, con una excursión colectiva de cuatro días con *camping* en el río Palena flotando río abajo desde Palena hasta el mar en Raúl Marín Balmaceda. Hay barbacoas y actuaciones tradicionales. Pídanse más detalles en la oficina de turismo de La Junta.

🛏️ Dónde dormir y comer

Mi Casita de Té   HOTEL $
(📞67-231-4206; www.facebook.com/micasita.dete; carretera Austral s/n; d/c incl. desayuno 35 000/55 000 CLP; 📶) Estas habitaciones de dos pisos en la carretera principal ofrecen una buena relación calidad-precio, además hay un restaurante homónimo que es el centro de la actividad de la población.

Hostería Mirador del Río   ESTANCIA EN GRANJA $
(📞móvil 9-6177-6894; www.miradordelrio.cl; camino a Raúl Marín Balmaceda, km 6; h sin baño incl. desayuno 15 000 CLP/persona, cabañas 3 personas 60 000 CLP) 🌿 Hay que apartarse de la polvorienta carretera Austral para ir a esta bonita granja con energía solar y por generador. La familia es encantadora, y los desayunos, muy copiosos, con mermelada casera y pan recién salido del horno de leña. El hijo es guía y ofrece salidas por el río Palena o a pescar. Está fuera de la población, de camino a Raúl Marín Balmaceda.

También hay una excursión a un lago de montaña (6 km ida y vuelta).

Hospedaje Tía Lety   PENSIÓN $
(📞móvil 9-8763-5191; Varas 596; h sin baño incl. desayuno 15 000 CLP/persona; 📶) Un agradable entorno familiar, con grandes camas en cuidadas habitaciones. El desayuno, con *küchen* (pasteles dulces de estilo alemán) caseros, mermelada y pan, es saciante, y la tía Lety,

MERECE LA PENA

RAÚL MARÍN BALMACEDA

Este pueblo isleño, mucho tiempo aislado, cuenta ahora con acceso por carretera y el desvío merece mucho la pena. Está situado en la desembocadura del Palena, nueva reserva fluvial que alberga abundante fauna, como nutrias, leones marinos y delfines australes. Para avistar animales marinos lo mejor es salir en kayak o apuntarse a un circuito en barco. El pueblo tiene calles de arena y caminos que llevan a una playa encantadora.

En el pueblo, **Los Lirios** (📱móvil 9-6242-0180; violaloslirios@gmail.com; av. Central; h por persona con/sin baño incl. desayuno desde 15 000/12 000 CLP; 🐾) ofrece una confortable estancia en familia.

En el agua, el **Refugio Puerto Palena** (📱móvil 9-7769-0375; born.ricardo@gmail.com; i/d 100/120 US$; 🐾) está ampliando su encantador B&B para convertirlo en un hotel-*boutique* con siete grandes habitaciones modernas y dos apartamentos. Los enormes ventanales acercan el fiordo a la habitación. Hay ascensor. Solo se puede ir con reserva previa. Puede ofrecer excursiones en catamarán.

Un autobús a La Junta (3000 CLP) parte desde la costanera los lunes, miércoles y viernes a las 8.30. El recorrido en automóvil dura 2 h por una buena carretera de grava. Hay una travesía en ferri obligatoria, y gratis, que cruza la desembocadura del Palena; los excursionistas de un día deben tener en cuenta que solo funciona hasta las 19.00.

Naviera Austral (📞600-401-9000; www.navieraustral.cl; junto av. Central; pasajero/automóvil 7500/55 000 CLP) opera un ferri semanal a Quellón, Chiloé, desde el muelle.

una anfitriona excepcional. Ofrece también empanadas y cenas por encargo.

Alto Melimoyu Hotel　　　　B&B $$
(📱67-231-4320; www.altomelimoyu.cl; carretera Austral 375; i/d incl. desayuno 42 000/55 000 CLP; 🐾) Un B&B de diseño en la carretera Austral, aunque lo bastante apartado de esta. Hay un baño caliente de madera y una sauna que se alquilan por horas. A veces los visitantes se lo han encontrado cerrado, así que es mejor comprobarlo antes.

★ Espacio y Tiempo　　　　REFUGIO $$$
(📱67-231-4141; www.espacioytiempo.cl; carretera Austral s/n; i/d/tr incl. desayuno 115/148/192 US$; 🐾) Selecto y confortable, es un refugio donde pescadores y otros visitantes acuden a relajarse con música clásica, extensos jardines y un bar bien surtido. Las habitaciones tienen colchones de gama alta. El desayuno bufé es abundante, y el café, excelente. Los anfitriones organizan excursiones por la zona y ofrecen consejos útiles.

El restaurante es popular entre los vecinos; sus especialidades incluyen raviolis caseros de venado con salsa de setas, pero también apetitosos boles de ensalada.

Mi Casita de Té　　　　CHILENA $$
(📱móvil 9-7802-0488; carretera Austral s/n; menú 8000 CLP; ⏰9.00-24.00) Eliana y su equipo cocinan y sirven comidas abundantes y recién hechas, e incluso expreso. En verano preparan ricas ensaladas con lechuga ecológica y zumo fresco de ruibarbo. La cazuela de res con verduras es un complaciente plato chileno. Desafortunadamente, las raciones no son siempre iguales para todos los clientes.

ℹ Información

Conaf (📞67-231-4128; Lynch s/n; ⏰9.00-17.00 lu-vi) Información sobre parques y reservas cercanos.

Quiosco turístico (esq. Portales y 1 de Noviembre; ⏰9.00-21.00 lu-vi, 10.30-19.30 sa y do dic-feb) En la plaza. Información sobre autobuses, alojamiento y actividades.

ℹ Cómo llegar y salir

No hay terminal de autobuses; hay que preguntar a los lugareños por los horarios y tomar un autobús que pase por la localidad.

Los autobuses que van de Chaitén (12 000 CLP, 3 h al norte) a Coyhaique (10 000 CLP, 6 h al sur) circulan por esta carretera en gran parte asfaltada. Cuando se escribió esta guía, la cuesta de Queulat, un breve tramo de montaña entre La Junta y Puyuhuapi, aún no estaba asfaltada.

Para Raúl Marín Balmaceda (3000 CLP, hasta 2 h), sale un bus los lunes, miércoles y viernes a las 15.00, con una breve travesía en ferri gratuita.

Puyuhuapi

📍67 / 535 HAB.

Enclavado en un paisaje jurásico de helechos enormes y plantas de nalca, este pintoresco pueblo marinero es la puerta de entrada al Parque Nacional Queulat (p. 312) y al prestigioso balneario de las Termas de Puyuhuapi (p. 317). En 1935 se establecieron aquí cuatro inmigrantes alemanes, atraídos por las aventuras del explorador Hans Steffen. El pueblo está en el extremo norte del Seno Ventisquero, un espectacular fiordo que forma parte del canal Puyuhuapi.

⊙ Puntos de interés y actividades

Fábrica de alfombras LUGAR HISTÓRICO
(☏móvil 9-9359-9515; www.puyuhuapi.com; Aysén s/n; ⊙9.00-12.00 y 15.00-18.30 lu-vi) A los cualificados trabajadores textiles chilotes se debe el éxito de la fábrica alemana de alfombras de 1947, que aún manufactura alfombras de gran calidad. Se venden en línea, pero a veces se permiten visitas a la fábrica.

Termas del Ventisquero FUENTES TERMALES
(☏móvil 9-7966-6805; www.termasventisquero puyuhuapi.cl; 18 000 CLP; ⊙9.00-23.00 dic-feb, reducida invierno h) Junto a la carretera Austral, 6 km al sur de Puyuhuapi. Tiene una piscina grande y tres pequeñas. El agua está a 36-40 °C, y hay casetas para cambiarse, con duchas y taquillas.

Experiencia Austral KAYAK
(☏móvil 9-8258-5799, móvil 9-7766-1524; http://experienciaustral.com; av. Otto Uebel 36; ⊙9.00-13.00 y 14.00-19.00) Los circuitos de aventura incluyen kayak en el fiordo (25 000 CLP/5 h), visitas a las Termas del Ventisquero en kayak y excursiones al Parque Nacional Queulat para remar en la laguna Ventisquero Colgante (12 000 CLP). También alquila bicicletas (2000 CLP/h) y kayaks (6000 CLP/h).

🛏 Dónde dormir

Los Mañíos del Queulat HOTEL $
(☏móvil 9-9491-1920; Circunvalación s/n; d incl. desayuno con/sin baño 45 000/35 000 CLP; 🖧) Encima del café, estas seis nuevas habitaciones tienen un bello mobiliario rústico artesanal y camas con buenos colchones y edredones. El desayuno es abundante.

Hostal Comuyhuapi PENSIÓN $
(☏móvil 9-7766-1984; www.comuyhuapi.cl; Llautureo 143; tw/d 35 000/40 000 CLP; 🖧) Una gran ganga, este anexo a una casa familiar dispone de habitaciones dobles y de dos camas correctas, y un servicio de comidas con platos de estilo rural y pan recién hecho.

Camping La Sirena CAMPING $
(☏67-232-5100, móvil 9-7880-6251; av. Costanera 148; parcelas 5000 CLP/persona) Las plazas están muy llenas, pero hay toldos, baños y duchas de agua caliente. Se entra por la carretera que pasa ante el parque de juegos hasta el agua.

Casa Ludwig PENSIÓN $$
(☏67-232-5220; www.casaludwig.cl; av. Otto Uebel 202; i/d 30 000/54 000 CLP, sin baño desde 20 000/30 000 CLP; ⊙oct-mar) Este monumento histórico es clásico, elegante y confortable, con grandes hogueras en la espaciosa sala de estar y opulentos desayunos. Los precios se corresponden con el tamaño de la habitación. Los propietarios pueden ayudar a organizar circuitos, pero se van a jubilar muy pronto.

Cabañas Aonikenk CABAÑAS $$
(☏67-232-5208; www.aonikenkpuyuhuapi.cl; Hamburgo 16; d/cabañas incl. desayuno 54 000/80 000 CLP; 🖧) Regentadas por la simpática Verónica, estas cabañas de madera tienen acogedoras camas blancas y pequeños balcones. Los huéspedes pueden usar una parrilla y la cocina; la cafetería sirve pasteles y café. Ofrece información turística.

🍴 Dónde comer

Los Mañíos del Queulat CAFÉ $$
(☏móvil 9-7664-9866; Circunvalación s/n; platos principales 8000 CLP; ⊙12.00-16.00 y 19.00-22.00) Este cuidado café familiar sirve hamburguesas, enormes platos de chuletas de res o cerdo, y una apetitosa selección de postres caseros y café de verdad, y se puede probar una Hopperdietzel, cerveza local de Puyuhuapi. También hay un menú infantil.

El Muelle PESCADO $$
(☏móvil 9-7654-3598; av. Otto Uebel s/n; platos principales 8000 CLP; ⊙12.00-22.00 ma-do) Si la merluza del plato estuviera más fresca, nadaría en el fiordo. Pese a la lentitud del servicio, vale la pena disfrutar de un abundante plato de pescado con patatas fritas o en puré. La casa de madera está frente a la comisaría.

ℹ Información

Hay wifi gratis en la plaza.

Uno de los mejores centros públicos de información de la Patagonia, la **oficina de turismo** (av. Otto Uebel s/n; ⊙9.00-21.00) tiene mucha información sobre alojamiento, aguas termales y restaurantes. También hay planos del circuito a pie por el pueblo.

❶ Cómo llegar y salir

La carretera que rodea Puyuhuapi, entre La Junta y el Parque Nacional Queulat, estará en construcción hasta el 2025 y algunos tramos cierran a horas determinadas. Consúltese el horario de los cierres en la oficina de turismo; asúmase que habrá retrasos.

Los autobuses entre Coyhaique y Chaitén dejan pasajeros en Puyuhuapi por la av. Otto Uebel, la carretera principal. Hay que comprar el billete de regreso con la mayor antelación posible, puesto que en verano la demanda supera la oferta. **Buses Becker** (☑67-223-2167; www.busesbecker.com; av. Otto Uebel s/n) va a Chaitén los jueves a las 12.00, y también a Futaleufú una vez por semana. Los autobuses al norte pasan por La Junta, incluidos los de **Entre Verdes** (☑móvil 9-9510-3196; parada av. Otto Uebel). **Terra Austral** (☑67-225-4335; av. Otto Uebel s/n, supermercado Nido de Puyes) tiene una salida diaria a las 6.00 a Coyhaique. Buses Becker circula los lunes, miércoles y viernes a las 15.30.

DESTINO	PRECIO (CLP)	DURACIÓN (H)
Chaitén	15 000	5
Coyhaique	9000	4-5
Futaleufú	15 000	6
La Junta	2000	1

Parque Nacional Queulat

Los 1540 km² del **Parque Nacional Queulat** (www.conaf.cl/parques/parque-nacional-queulat; 5000 CLP; ◷8.30-17.30) son un reino salvaje de ríos que serpentean a través de densos bosques de helechos y hayas australes. Cuando sale el sol es un paisaje asombroso, con los acantilados de los fiordos flanqueados por glaciares y picos volcánicos de 2000 m. El parque está atravesado por la carretera Austral a lo largo de 70 km, a medio camino entre Chaitén y Coyhaique.

Es muy popular, pero su remota ubicación lo deja solo al alcance de unos pocos. La lluvia es casi constante (hasta 4000 mm por año), y el follaje, impenetrable. A pesar de su tamaño, hay pocas rutas de senderismo. Conaf se ha esforzado en mantener la señalización de los caminos, pero casi todos están ocultos por la vegetación o han desaparecido.

🏃 Actividades

Cerca del centro de información hay un rápido camino a un mirador para ver el **ven-**

FUERA DE RUTA

CIRCUITO EN COCHE: VALLE MIRTA

Si aún no se está cansado de conducir, hay algunas bonitas rutas que se adentran en la remota Patagonia del pasado. Se toma la carretera Austral al norte durante 12 km al valle Mirta, se sigue hasta el **lago Verde** y se regresa por el **lago Rosselot**. Por el camino se disfruta de vistas del enorme volcán **Melimoyu**, ríos tranquilos y fincas remotas. Esta ruta de 52 km en el sentido de las agujas del reloj requiere unas 5 h, y se hace mejor en todoterreno.

tisquero Colgante, principal atracción del glaciar colgante. También se puede cruzar el puente sobre el río Ventisquero y seguir un sendero de 3,2 km en una cresta de morrena en el banco norte del río, con grandes vistas del glaciar. En la **laguna de los Témpanos** hay circuitos en barco al glaciar (5000 CLP; solo en verano).

Al norte de la entrada sur, en el km 170 de la carretera Austral, un húmedo sendero trepa por el valle del **río Cascadas** a través de un denso bosque de helechos, enredaderas de copihue, fucsias grandes como árboles, podocarpos y lengas. Las fuertes lluvias atraviesan las múltiples capas del follaje. Al cabo de una media hora, el sendero llega a una hondonada de granito, donde media docena de cascadas caen desde los glaciares colgantes.

La pesca es excelente en los cauces más grandes, como el río Cisnes, y las lenguas glaciares de los lagos Rosselot, Verde y Risopatrón.

🛏 Dónde dormir

Camping Ventisquero　　　　CAMPING $
(parcelas 5000 CLP) Cerca del ventisquero Colgante hay 10 bonitas parcelas privadas con barbacoas cubiertas, mesas de pícnic, duchas de agua caliente y leña. Son un poco rocosas para plantar muchas tiendas.

Camping Angostura　　　　CAMPING $
(lago Risopatrón; parcelas 5000 CLP) Está en un bosque húmedo, 15 km al norte de Puerto Puyuhuapi, pero las instalaciones son buenas; hay zona de hogueras y duchas de agua caliente.

ℹ️ Información

El **Centro de Información Ambiental** (🕗8.30-17.30), 22 km al sur de Puerto Puyuhuapi y a 2,5 km de la carretera, en el aparcamiento para el ventisquero Colgante, es el centro principal del parque y el lugar donde se cobran las tasas. Tiene paneles informativos sobre plantas y la actividad glacial, y los guardas ayudan a planear excursiones.

ℹ️ Cómo llegar y salir

Los autobuses que conectan Chaitén (4 h al norte) y Coyhaique (4½ h al sur) dejan pasajeros en este punto. En verano no hay que llegar muy tarde para acampar, las parcelas se llenan por la mañana y no hay transporte más allá. Si es posible, los billetes del autobús siguiente deben comprarse en Puyuhuapi.

Hacia la sur la carretera asciende en zigzag el portezuelo de Queulat, entre el km 175 y el 178, con vistas asombrosas del valle de Queulat. Una de las pocas zonas aún sin asfaltar de la carretera Austral al norte de Coyhaique, es estrecha y traicionera.

Alrededores del Parque Nacional Queulat

Esta región rural ofrece a los viajeros el sabor definitivo de los frondosos paisajes del norte de la Patagonia antes de las transiciones a la estepa de Coyhaique. Al sur del Parque Nacional Queulat, la carretera se divide en el desvío para Puerto Cisnes. Desde allí hasta Coyhaique está toda asfaltada. **Villa Amengual** es una aldea de pioneros, con una capilla de madera al estilo chilote, alojamientos familiares rudimentarios y servicios básicos. Está al pie del cerro Alto Nevado, de 2760 m.

Unos 13 km al sur de Villa Mañihuales, la carretera Austral se divide. La calzada que sale hacia el suroeste hasta Puerto Aysén y Puerto Chacabuco está toda asfaltada. La de Coyhaique cubre un recorrido espectacular a través de los Andes y un bosque primario con helechos y bejucos.

Un santuario isleño con fuentes termales y pistas, el **Parque Nacional Isla Magdalena** (🖱️en Coyhaique 67-221-2109; www.conaf.cl/parques/parque-nacional-isla-magdalena-2) es un interesante trayecto para aventureros, pero hay pocas infraestructuras de la Conaf y alquilar un barco es caro. Se entra por Puerto Cisnes, una zona de piscifactorías de salmones 35 km al oeste de la carretera Austral conectada con una carretera asfaltada. Llegan autobuses diarios desde La Junta (3 h).

🛏️ Dónde dormir

Aonikenk Karho CABAÑAS $
(🖱️en Puyuhuapi 67-232-5208; carretera Austral, km 198; parcelas 5000 CLP/persona, dc/cabañas 10 000/15 000 CLP; 🕗cerrado may) Estas sencillas cabañas cuelgan sobre los helechos con las hadas del bosque. Los mochileros desafían un esbozado paso para admirar las vistas secretas del glaciar Queulat. Una escalera lleva a través del bosque después de los lavabos compartidos y el quincho a las literas y las plataformas para acampar. Hay que llevar el saco de dormir. Está 2 km al sur del Parque Nacional Queulat.

⭐**Posada Queulat** CABAÑAS $$$
(🖱️móvil 9-9319-0297; www.posadaqueulat.cl; carretera Austral, km 228; d incl. media pensión 130 000 CLP; 🕗sep-abr; 📶) El refugio definitivo, estas cabañas rústicas junto al fiordo rezuman serenidad. Los alojamientos están espaciados para propiciar la privacidad y tienen estufas de leña. El servicio es agradable y personalizado. Hay kayaks para salidas guiadas (25 000 CLP), excursiones en barco (desde 30 000 CLP) y caminatas guiadas a una cascada (15 000 CLP). Internet, vía satélite, no siempre funciona bien.

Los Torreones REFUGIO $$$
(🖱️móvil 9-9829-3263, móvil 9-9873-9031; www.flyfishpatagonia.com; Camino Turístico; 4 noches todo incluido h doble pescador/no pescador 2700/1050 US$/persona; 🕗nov-may) Una buena opción para practicar la pesca con mosca y la equitación justo después del desvío a Puerto Aysén, este confortable alojamiento se halla en la bucólica zona rural junto al río Simpson. Para pescadores serios, es un paraíso. Desde Coyhaique hay 42 km al Camino Turístico; se debe tomar la primera a la izquierda.

ℹ️ Cómo llegar y salir

Los autobuses entre Puyuhuapi y Coyhaique paran en esta ruta. Pregúntese a los vecinos las horas exactas.

Coyhaique

📋 67 / 53 715 HAB.

Antiguo pueblito, hoy centro de la región rural de Aysén. Es lo bastante urbano como para albergar las últimas tecnologías, modas de centro comercial y discotecas. Todo ello en medio de la cordillera, con picos rocosos y montañas nevadas. Es la plataforma ideal para acometer aventuras por zonas remotas, ya sea para pescar con mosca, recorrer el casquete glaciar o seguir la carretera Austral hasta su final sur, en Villa O'Higgins. Para quienes acaban de llegar de los salvajes bosques húmedos del norte de Aysén puede ser un duro contraste entrar de nuevo en un mundo de camiones articulados y terrenos parcelados. Los trabajadores rurales llegan para trabajar en la industria maderera y en la del salmón, sumándose a la población creciente.

🎯 Puntos de interés y actividades

En la confluencia de los ríos Simpson y Coyhaique, el extenso centro de la población tiene una plaza mayor de planta pentagonal. El nuevo camino para bicicletas junto al río Simpson es excelente para hacer deporte.

Muchas agencias de circuitos ofrecen salidas de un día a la Capilla de Mármol (p. 324): no hay que realizarla si no se está dispuesto a pasar 8 h castigadoras en la carretera. Es mejor dirigirse al sur por medios propios, si se puede.

Mirador Río Simpson   MIRADOR
Para gozar de excelentes vistas al río, camínese hacia el oeste por J. M. Carrera hasta este mirador.

Monumento Natural
Dos Lagunas   RESERVA NATURAL
(www.conaf.cl/parques/monumento-natural-dos-lagunas; 3000 CLP) Cerca del paso Alto Coyhaique en la frontera argentina, una reserva de humedales de 181 Ha alberga aves diversas, como cisnes cuellinegros, fochas y somormujos. Es una zona de transición ecológica de bosque de haya del sur a estepa semiárida. Abundan las orquídeas. Un corto sendero lleva hasta la laguna El Toro, mientras que un circuito cerrado más largo bordea la orilla norte de la laguna Escondida. Cerca de la entrada hay una ruta naturalista (1 km) y una zona de pícnic. No hay transporte público hasta el parque, pero la oficina de Conaf en Coyhaique (p. 318) puede indicar cómo llegar.

Lago Elizalde   LAGO
Es uno de los muchos lagos de montaña que rodean Coyhaique, ideal para pescar truchas, montar en kayak o pasar el rato en la playa. Está a solo 33 km de Coyhaique; los autobuses salen de la terminal (p. 319).

Reserva Nacional
Coyhaique   RESERVA NATURAL
(📞67-221-2225; www.conaf.cl/parques/reserva-nacional-coyhaique; 3000 CLP) Llena de lengas, ñires y coihues, esta reserva nacional de 21,5 km² tiene pequeños lagos y el cerro Cinchao (1361 m). Está a 5 km de Coyhaique (1½ h a pie, aprox.), con vistas de la ciudad y de las enormes columnas basálticas del cerro Mackay en la distancia. Hay que salir por av. General Baquedano hacia el norte, cruzar el puente y girar a la derecha por la carretera de grava, una empinada ascensión.

Desde la entrada del parque hay 2,5 km hasta el sector Casa Bruja, donde hay plazas de *camping* (5000 CLP/plaza) con zona de hogueras, agua caliente, duchas y baños. Se puede andar 4 km entre bosques de coihues y lenga hasta la laguna Verde, que tiene zonas de pícnic y de acampada con instalaciones básicas. Otra opción son las rutas de senderismo a la laguna Los Sapos y la laguna Venus.

Patagonia Rafting Excursions   RAFTING
(📱móvil 9-5626-9633; paseo Horn 48; ⏰9.00-18.00) Ofrece *rafting* en el río Simpson y circuitos guiados por la carretera Austral. La oficina está en un restaurante local.

GeoSur Expediciones   AVENTURA
(📱móvil 9-9264-8671; www.geosur.com; Simón Bolívar 521; ⏰9.00-17.00 lu-vi) Esta recomendable agencia de aventuras y cultura regional ofrece salidas a medida en la carretera Austral, kayak, excursionismo o salidas rurales de un día en su centro de aventura situado 57 km al sur de Coyhaique. También realizan excursiones de varios días al cerro Castillo o a Jeinimeni-Chacabuco.

Alma Patagónica   SENDERISMO
(📱móvil 9-7618-3588; hcastaneda.c@gmail.com) El guía Hugo Castañeda dirige salidas de cuatro días por el cerro Castillo (300 000 CLP/persona), excursiones a glaciares y salidas más cortas por Coyhaique.

Carretera Austral   CIRCUITOS
(📱móvil 9-6636-7733; www.carretera-austral.info; 21 de Mayo 398; ⏰9.00-13.00 y 15.00-18.00 lu-vi) Especialistas en la carretera Austral con conocimientos locales y planes para cubrir toda la región en profundidad, incluida la Patagonia argentina.

🛏 Dónde dormir

Huella Patagónica   ALBERGUE $
(📞67-223-0002, móvil 9-4410-1571; Serrano 621; dc/d incl. desayuno 18 000/49 000 CLP; 🅿🛜) Este

Coyhaique

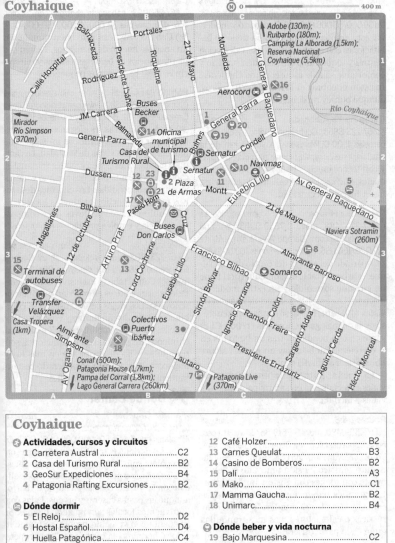

N 0 ━━━━━━ 400 m

Adobe (130m);
Ruibarbo (180m);
Camping La Alborada (1,5km);
Reserva Nacional
Coyhaique (5,5km)

Mirador
Río Simpson
(370m)

Río Coyhaique

Naviera Sotramin
(260m)

Casa Tropera
(1km)

Conaf (500m);
Patagonia House (1,7km);
Pampa del Corral (1,8km);
Lago General Carrera (260km)

Patagonia Live
(370m)

Coyhaique

albergue de tres plantas de chapa ondulada dispone de atractivos dormitorios colectivos modernos con suelo radiante y enchufes en cada litera. Los propietarios han trabajado mucho tiempo en el turismo regional y se nota. El café, abierto al público, sirve expresos y tentempiés.

NORTE DE PATAGONIA COYHAIQUE

Hostal Español
PENSIÓN $

(☏67-242-580; www.hostalcoyhaique.cl; Aldea 343; i/d 39 000/53 000 CLP; @) Con gusto y moderna, esta amplia casa de madera tiene 10 habitaciones con camas con colchas, calefacción central y toques algo cursis. Buen servicio y confortable sala de estar con una chimenea. Insisten el cobrar el IVA a los extranjeros, aunque por ley no deberían.

Camping La Alborada
CAMPING $

(☏67-223-8868; Coyhaique-Puerto Aysén, km 1; parcelas 4500 CLP/persona) A solo 1 km de la ciudad, este *camping* tiene parcelas limpias y con techo, muchos baños y lavabos individuales, duchas de agua caliente, lugares para hacer fuego y electricidad.

Patagonia House
HOTEL-BOUTIQUE $$

(☏67-221-1488, móvil 9-7659-9963; www.patagonia-house.com; Campo Alegre s/n; i/d/ste 110/120/160 US$, chalés 3 personas 160 US$; 🛜) 🍴 Apartado del ajetreo del centro de Coyhaique, este confortable alojamiento rural tiene un enfoque sostenible y un estilo moderno discreto. Las amplias habitaciones gozan de vistas al jardín. Los desayunos son generosos y las cenas gastronómicas (17 000 CLP) suponen una bendición tras un largo día en la carretera. También hay un *jacuzzi* al aire libre. Está a 3 km del centro.

La dueña, Ruth, tiene una agencia de viajes especializada en safaris patagónicos y viajes a medida.

Raíces B&B
B&B $$

(☏67-221-0490, móvil 9-9619-5672; www.raicesbedandbreakfast.com; av. General Baquedano 444; i/d incl. desayuno 100/145 US$; P🛜) Este alojamiento céntrico ha sido renovado recientemente con toques con gusto y minimalistas. Las grandes habitaciones tienen cómodas camas y detalles de madera y chimeneas rústicas o calefactores. Las más tranquilas están en la parte trasera.

Patagonia Live
PENSIÓN $$

(☏67-223-0892, móvil 9-9886-7982; www.hostalpatagonialive.cl; Lillo 826; i/d/tr 37 500/55 000/75 000 CLP; 🛜) 🍴 Víctor da una cálida bienvenida a sus huéspedes en esta impecable casa de las afueras. Hay una zona de desayunos y las habitaciones son confortables y modernas. Con descuentos por compensación de emisiones de carbono y un listado de artistas locales que aceptan visitas en sus talleres.

Cabañas La Estancia
CABAÑAS $$

(☏67-250-193; cabanasla@hotmail.com; Colón 166; d/tr cabañas 30 000/40 000/50 000 CLP; 🛜) Cabañas rústicas y de buen tamaño en un apacible huerto de manzanos. Tienen dos plantas, suelos de baldosas, estufas y minicocinas. Ideal para grupos pequeños.

Pampa del Corral
HOTEL-BOUTIQUE $$$

(☏móvil 9-8528-5680; www.pampadelcorral.com; Campo Alegre AB1; d incl. desayuno desde 152 US$; 🛜) 🍴 A las afueras, es elegante casa se extiende por una finca verde con un *jacuzzi* de madera y grandes vistas de la ciudad. Las amplias habitaciones tienen grandes ventanales, cabeceros de cama pintados a mano y mesas auxiliares suspendidas. Los enormes desayunos incluyen muchos productos locales. El hotel utiliza el agua de lluvia, hace compostaje, recicla y emplea productos ecológicos.

El Reloj
HOTEL-BOUTIQUE $$$

(☏67-223-1108; www.elrelojhotel.cl; av. General Baquedano 828; i/d incl. desayuno 98/125 US$; P@🛜) Confortable y exclusivo, este encantador alojamiento es en realidad un almacén renovado. Los viejos restos rústicos se combinan con un diseño limpio y elegante. Hay paredes de ciprés, mobiliario colonial y una chimenea de piedra. Las habitaciones son tranquilas, y las de arriba tienen más luz y mejores vistas. El bien considerado restaurante utiliza productos regionales.

🍴 Dónde comer

Mamma Gaucha
PIZZERÍA $

(☏67-221-0721; www.mammagaucha.cl; paseo Horn 47; platos principales 5000-10 000 CLP; ⊙10.00-1.30 lu-sa) Fusiona la tradición patagónica con una paleta sofisticada y precios razonables, y satisfará a los más exigentes. La especialidad son las *pizzas* cocidas en horno de barro, aunque las pastas caseras y las ensaladas con ingredientes locales son igual de buenas. Si se cuenta con vehículo propio, se puede ir al local hermano, la cervecería Casa Tropera (p. 318), en las afueras del pueblo.

Café de Mayo
CAFÉ $

(☏móvil 67-227-3020; 21 de Mayo 543; platos principales 4000-6000 CLP; ⊙9.00-22.00; 🛜🍴) Punto de encuentro especializado en cafés, desayunos con huevos de granja o contundentes platos caseros como el pastel de choclo. También sirve sándwiches, tablas de queso y pasteles caseros. Se puede optar por las mesas del exterior con sombra o el acogedor interior con teteras colgadas y chimenea.

Adobe
HAMBURGUESERÍA $

(☏67-224-0846; av. General Baquedano 9; platos principales 7000 CLP; ☺13.00-1.00 lu-mi, hasta 2.00 ju-sa) Enormes hamburguesas con beicon y queso servidas en panecillos esponjosos, sándwiches de cordero y sabrosísimas hamburguesas de verduras asadas se sirven en este restaurante estilo motel. También es un buen lugar para ver fútbol chileno con una cerveza o pisco con frutos del maqui infusionados. Buen ambiente y comida hasta la 1.00.

Café Holzer
CAFÉ $

(www.holzer.cl; Dussen 317; pasteles 2000 CLP; ☺9.30-21.00 ma-vi, 10.00-21.00 sa y do; ☎) Pequeño café, el favorito de los lugareños para tomar dulces y cafeína. Las tartas y los pasteles son de una famosa pastelería de Santiago. Sirve café de verdad y un notable chocolate caliente. También se puede probar una calabaza de mate.

Casino de Bomberos
CHILENA $

(☏67-223-1437; General Parra 365; platos principales 7000 CLP; ☺12.00-15.30) Una experiencia cultural, este restaurante clásico pero sin ventanas se abarrota de vecinos que devoran platos de pescado o bistec con huevos.

Café Confluencia
CAFÉ $

(☏67-224-5080; 21 de Mayo 544; platos principales 5000-7000 CLP; ☺10.30-22.30 lu-sa) Un restaurante popular con un patio cubierto que sirve sándwiches, tablas (de queso y de embutidos), té y zumos recién hechos.

Unimarc
SUPERMERCADO $

(☏800-510101; Lautaro 331; ☺9.00-21.00) Un supermercado para aprovisionarse.

Ruibarbo
CHILENA $$

(☏67-221-1826, móvil 9-5871-1869; av. General Baquedano 208; platos principales 8000-13 000 CLP; ☺7.30-20.30 lu-vi, 8.30-19.00 sa) Maravillosas cenas junto a la estufa de leña. Destacan entrantes como las almejas al horno con queso o el salmón ahumado con verduras y ciruelas. También sirven pisco sour y menús de almuerzo asequibles. Que nadie se pierda la *crème brûlée* de ruibarbo; el propietario es un chef muy creativo.

Carnes Queulat
PARRILLA $$

(☏67-225-0507; Ramón Freire 327; platos principales 6000-9000 CLP; ☺13.00-15.30 y 19.30-23.00) Este local sin lujos, oculto en un callejón de grava, sirve los mejores bistecs del lugar. La carne a la brasa es la especialidad de la casa. Lo mejor es acompañarla con unas empanadas caseras y un pisco sour.

Mako
SUSHI $$

(☏67-2210-2936; av. General Baquedano 400; platos principales 7000-11 000 CLP; ☺13.00-1.00 lu-sa; ☎) Agradable para tomar un bocado, este café japonés y peruano sirve *sushi,* platos de fusión y cócteles en un espacio moderno y minimalista. El cebiche abunda en jengibre y la merluza se acompaña de chili. Los enrollados están bien, pero son pesados por la crema de queso.

MERECE LA PENA

TERMAS DE PUYUHUAPI HOTEL & SPA

El principal resort de aguas termales de Chile, el lujoso **Termas de Puyuhuapi Hotel & Spa** (☏67-232-5117, 67-232-5103; www.puyuhuapilodge.com; d 320 US$, todo incluido 850 US$ por día y persona) se halla en un frondoso bosque en la orilla occidental del Seno Ventisquero. Solo se accede en barco. Los edificios combinan el aspecto rústico de los palafitos chilotes con influencias bávaras. La mayor parte de los huéspedes reservan paquetes vacacionales, con lo que hay pocas reservas de una noche. Se incluyen los traslados en coche.

Tres piscinas exteriores, incluida una laguna de barro caliente, todas en la orilla, permiten remojarse y sudar antes de saltar a las frescas aguas del estrecho. El spa interior es más sofisticado, pero no tan atractivo. Muchas familias frecuentan sus piscinas de agua fría, *jacuzzis* y una piscina grande con varios chorros. Los tratamientos spa y los masajes tienen coste extra.

No se ofrece uso diario en temporada alta (ene y feb) o si la ocupación es alta. Los excursionistas de un día tienen acceso a las piscinas exteriores (50 000 CLP), el transporte y el almuerzo. Sirven comida en el restaurante del hotel y en una cafetería más económica.

El acceso es en barco desde el muelle de la bahía Dorita, 13 km al sur de Puerto Puyuhuapi. Las lanchas salen entre las 10.00 y las 18.00.

★ **Dalí** CHILENA $$$

(☎67-224-5422, móvil 9-8198-2906; dalipatago
nia@gmail.com; Lautaro 82; platos principales
12 000 CLP; ⏱20.00-22.00 lu-sa) Una feliz sor-
presa, comer en este local es un aconteci-
miento especial. No hay carta, solo algunas
mesas a la luz de las velas. El chef usa ingre-
dientes de temporada, caza y productos loca-
les frescos en sus originales combinaciones.
Se puede empezar con un *calafate sour* y ter-
minar con un rico merengue de frambuesa.

Dónde beber y vida nocturna

Casa Tropera MICROCERVECERÍA

(☎móvil 9-6597-0585; Teniente Vidal, km 1,5;
⏱18.00-1.00 lu-ju, 12.00-2.00 vi y sa) *Hipsters* lo-
cales, atletas y montañeros se unen en el altar
de los tanques de acero para beber cuatro
variedades de cerveza elaboradas en aquí. Si
no se dispone de coche propio, es difícil de
llegar, pero merece la pena. También sirve
excelente comida de *pub*.

Bajo Marquesina BAR DEPORTIVO

(☎67-221-0720; bajo.marquesina@gmail.com; 21
de Mayo 306; ⏱17.00-24.00 ma-vi, 13.30-22.00 sa
y do) Con fotos antiguas de vaqueros de la
Patagonia jugando al fútbol y camisetas de
todos los equipos chilenos, este pub deportivo
y museo futbolístico posee reliquias de tiem-
pos pasados; se disfruta más si el propietario
tiene ganas de hablar.

Piel Roja BAR

(www.pielroja.cl; Moraleda 495; ⏱18.00-5.00)
Animado local nocturno que frecuentan los
jóvenes de la zona y algún que otro guía de
circuitos de aventura. De madrugada, el piso
superior se convierte en una divertida pista
de baile.

De compras

La Bodeguita ALCOHOL

(☎67-221-3709; www.facebook.com/labodeguita
coyhaique; Lautaro 261; ⏱10.30-20.30 lu-sa) Si se
buscan recuerdos regionales, se puede acudir
a esta linda tienda de cervezas y licores que
dispone de una variedad de cervezas artesa-
nas patagonas, además de tentempiés como
carne seca de wagyu. Ofrece catas regular-
mente.

Paredón REGALOS Y RECUERDOS

(☎móvil 9-9506-0304; Dussen 357; ⏱10.00-13.00
y 15.00-20.00) Esta encantadora tienda vende
productos elaborados a mano y libros 100%
chilenos de artistas patagones locales, libros
regionales y artesanías originales.

Feria Artesanal MERCADO

(plaza de Armas; ⏱horas de sol) Productos arte-
sanos, artículos de lana y tallas de madera;
la tienda nº 15 ofrece preciosos estandartes
acolchados originales que muestran la ex-
periencia de las mujeres patagonas, obra de
Sandra Bórquez Salas.

ℹ Información

Por Condell, entre la plaza de Armas y la
av. General Baquedano, hay bancos con cajero.
Conviene sacar dinero aquí, pues es de los pocos
sitios de la carretera Austral que aceptan Visa.

Conaf (☎67-221-2109; av. Ogana 1060;
⏱9.00-20.00 lu-sa, 10.00-18.00 do) Propor-
ciona información sobre los parques y reservas
de la zona.

Sernatur (☎67-224-0298; www.recorreaysen.
cl; Bulnes 35; ⏱9.00-18.30 lu-vi, 10.00-18.00
sa; 🖥) Útil oficina con listados de actividades,
alojamiento y opciones de transporte y sus
precios. También información regional.

Oficina de turismo (☎67-221-1253; plaza de
Armas; ⏱9.00-13.00 y 15.00-19.00 ju-ma)
Información sobre alojamiento y excursiones.

Casa del Turismo Rural (☎móvil 9-7954-
4794; www.casaturismorural.cl; plaza de
Armas; ⏱10.30-19.30 lu-vi, 14.00-18.00 sa)
Tiene información sobre estancias con familias
y agroturismo.

Hospital Regional (☎67-221-9100; Ibar 68;
⏱24 h) Urgencias 24 h.

Policía (☎67-221-5105; av. General Baquedano
534; ⏱24 h)

Oficina de correos (☎67-223-0013; Lord Co-
chrane 202; ⏱9.00-18.30 lu-vi, 10.00-13.00 sa)

Turismo Cabot (☎67-223-0101; Lautaro 339;
⏱9.00-17.00 lu-vi) Agencia de viajes.

ℹ Cómo llegar y salir

AVIÓN

Los vuelos van al **aeropuerto de Balmaceda**
(Balmaceda), 57 km al sur de la ciudad.

LATAM (☎600-526-2000; General Parra 402;
⏱9.00-13.00 y 15.00-18.30 lu-vi, 9.30-13.00
sa) tiene varios vuelos diarios (casi todos por
la mañana) a Puerto Montt (60 000 CLP) y
Santiago (180 000 CLP) desde el aeropuerto de
Balmaceda. Las tarifas pueden bajar mucho si
se compra dentro del país.

Sky Airline (☎67-240-827; www.skyairline.
cl; Balmaceda Airport; ⏱variable) tiene vuelos
desde Santiago que paran en el aeropuerto de
Balmaceda de camino a Punta Arenas.

Aerocord (☑67-224-6300; www.aerocord.cl; General Parra 21; ☺9.00-13.00 y 15.00-19.00 lu-vi) opera avionetas a Villa O'Higgins (28 000 CLP) los lunes y jueves a las 10.00, aunque no funcionaba cuando se redactó esta guía. Vuelos chárter a Raúl Marín Balmaceda, Parque Nacional Laguna San Rafael y Chile Chico.

Aerovías DAP (☑61-261 6100; www.aerovias dap.cl; O'Higgins 891) vuela a Balmaceda desde Punta Arenas. Para entradas, véase su web.

BARCO

Los ferris y cruceros a Puerto Montt, Chiloé y el Parque Nacional Laguna San Rafael zarpan desde Puerto Chacabuco, 78 km al oeste de Coyhaique (1 h en autobús); las oficinas regionales más cercanas están en Coyhaique.

Navimag (☑en Santiago 2-2869-9908; www. navimag.com; Lillo 91, Coyhaique; ferri hasta Puerto Montt pasajero/automóvil desde 51 000/ 120 000 CLP; ☺9.00-13.00 y 15.00-19.00 lu-vi, 10.00-13.00 sa) El ferri de Puerto Chacabuco a Puerto Montt tarda 24 h, navegando por los encantados fiordos e islas de la Patagonia, y viaja dos veces semanales en temporada alta. Los camarotes van de literas individuales en habitaciones compartidas a dobles privados. Hay que reservar con mucha antelación si se lleva el coche.

Somarco (☑67-224-7400; www.barcazas.cl/ barcazas/wp/region-de-aysen/lago-general-carrera; Bilbao 736; pasajero/automóvil 2250/19 500 CLP; ☺9.00-17.00 lu-vi) Quienes viajen a Chile Chico pueden comprar los billetes del ferri en línea. El ferri atraviesa el lago General Carrera entre Puerto Ingeniero Ibáñez y Chile Chico casi cada día, y ahorra mucho tiempo de carreteras malas. En verano conviene reservar con una semana de antelación si se lleva automóvil.

AUTOBÚS

Los autobuses operan desde la **terminal de autobuses** (☑67-225-8203; Lautaro 109; ☺8.00-19.00) y oficinas independientes. Los horarios cambian continuamente; consúltese con **Sernatur** (☑67-224-0290; Bulnes 35; ☺9.00-18.00 lu-sa). Entrar y salir de Coyhaique en autobús es casi tan desconcertante como rodear su plaza central.

DESTINO	PRECIO (CLP)	DURACIÓN (H)
Chaitén	15 000	9-11
Chile Chico	6000	3½ con ferri
Cochrane	14 000	7-10
Comodoro Rivadavia (Arg.)	2000	8
La Junta	10 000	6

DESTINO	PRECIO (CLP)	DURACIÓN (H)
Puerto Ingeniero Ibáñez	5000	1¾
Puerto Montt	40 000	23
Puyuhuapi	8000	5
Villa Cerro Castillo	5000	1½

Destinos al norte

Compañías que dan servicio a destinos del norte:

Buses Becker (☑67-223-2167; www.buses becker.com; General Parra 335) Va al norte a Puyuhuapi, La Junta, Villa Santa Lucía y Chaitén. Tiene una salida semanal a Futaleufú (24 000 CLP). También viaja a Puerto Natales (60 000 CLP) y Puerto Montt.

Queilen Bus (☑67-224-0760; Lautaro 109, terminal de buses; ☺11.30-13.30 y 14.30-18.30 lu-sa) Osorno (40 000 CLP), Puerto Montt y Chiloé (45 000 CLP) vía Argentina.

Transportes Terra Austral (☑67-225-4355; Lautaro 109, terminal de buses; ☺9.30-13.00 y 15.30-17.30) A Puyuhuapi y La Junta.

Destinos al sur

Águilas Patagónicas (☑67-221-1288; www. aguilaspatagonicas.cl; Lautaro 109, terminal de buses; ☺8.30-13.00 y 14.15-17.00 lu-sa) Salidas diarias a Cochrane a las 9.30, con paradas que incluyen Puerto Río Tranquilo (10 000 CLP) y Puerto Bertrand (13 000 CLP).

Buses Acuario 13/Buses Sao Paulo (☑67-224-0990; Lautaro 109, terminal de buses; ☺8.30-18.00 lu-vi, hasta 10.00 sa) Tres salidas semanales a Cochrane, con paradas en Villa Cerro Castillo (5000 CLP) y Puerto Guadal (11 000 CLP).

Buses Don Carlos (☑67-223-1981; Cruz 63) Villa Cerro Castillo, Puerto Río Tranquilo, Puerto Bertrand y Cochrane.

Colectivos Puerto Ibáñez (Lautaro s/n) Lanzadera puerta a puerta a Puerto Ingeniero Ibáñez (5000 CLP, 1¾ h), para continuar en ferri a Chile Chico. O se puede parar enfrente de **Unimarc** (p. 317).

Transaustral (☑67-223-2067; Lautaro 109, terminal de buses; ☺8.30-13.00 y 15.00-18.00) Va a Río Mayo (5 h, 20 000 CLP) y Comodoro Rivadavia, Argentina (8 h, 28 000 CLP), para conexiones al sur de Argentina y Punta Arenas. Sale los lunes y viernes a las 9.00.

ℹ Cómo desplazarse

A/DESDE EL AEROPUERTO

Las lanzaderas puerta a puerta (5000 CLP, 1 h) al aeropuerto de Balmaceda, 57 km al sureste de la población, parten 2 h antes de la salida del vuelo. Se puede tomar cualquier traslado al aeropuerto o llamar a **Transfer Velásquez** (☏67-225-0413, móvil 9-8906-4578; Lautaro s/n; lanzadera 5000 CLP) para concertar recogida.

Un autobús público (2000 CLP; 1 h 20 min) sale de Arturo Prat 265 y va al aeropuerto a las 8.00 y 12.00.

BICICLETA

Figon (☏67-223-4616; Simpson 888; ☺10.00-13.00 y 15.00-19.00 lu-sa) alquila y repara bicicletas.

AUTOMÓVIL Y MOTOCICLETA

Los automóviles de alquiler salen caros y escasean en verano. Sin embargo, son una opción muy popular ya que el transporte público escasea y se centra en destinos principales. Consúltense los precios para ver la mejor opción y reservar con antelación. Pruébese **Traeger** (☏67-223-1648; www.traeger.cl; av. General Baquedano 457; ☺9.00-18.00 lu-vi, hasta 12.00 sa), con taller y grúa propios.

Reserva Nacional Río Simpson

Rocas gigantes bordean los meandros del río Simpson en un amplio valle 37 km al oeste de Coyhaique. Esta reserva nacional, atravesada por la carretera de Puerto Chacabuco, es una zona protegida de 410 km², de fácil acceso y popular entre pescadores con mosca y bañistas veraniegos. Un breve camino desde el centro de visitantes (www.conaf.cl/parques/reserva-nacional-rio-simpson; 3000 CLP; ☺10.00-16.00 lu-sa, 11.00-14.00 do) de la Conaf lleva a la cascada de la Virgen, que resplandece en el lado norte de la carretera.

Cerca de la confluencia de los ríos Simpson y Correntoso, 24 km al oeste de Coyhaique, el 'Camping' Río Correntoso (☏67-232-005; parcelas 7000 CLP/persona) tiene 50 parcelas junto al río en un entorno bucólico. Las duchas son rústicas, pero de agua caliente.

El 'Camping' San Sebastián (parcelas 7000 CLP/persona), 5 km al noroeste del centro de visitantes, ofrece parcelas cubiertas y duchas de agua caliente.

Para llegar a la Reserva Nacional Río Simpson desde Coyhaique se debe tomar cualquier autobús que se dirija hacia el norte por la carretera Austral, incluidos lo que van a Puerto Aysén.

Parque Nacional Cerro Castillo

Las agujas de basalto del cerro Castillo son la atracción principal del Parque Nacional Cerro Castillo (www.conaf.cl/parques/reserva-nacional-cerro-castillo; 3000 CLP), un extenso parque de 1800 km² situado 75 km al sur de Coyhaique. Obtuvo el estatus de parque nacional en el 2017, aunque la infraestructura del parque todavía necesita mejorar y los puntos de acceso más utilizados siguen siendo de propiedad privada. Cuenta con buenas rutas de senderismo en un bosque de hayas australes y terreno abierto de alta montaña. El monte de 2700 m que le da nombre está flanqueado por tres grandes glaciares en sus laderas meridionales.

Los excursionistas pueden completar un segmento del Sendero de Chile con el tramo de 16 km hasta el Campamento Neozelandés. Una recomendable excursión de cuatro días por el cerro Castillo sale de la carretera Austral en el km 75, en el extremo norte del parque, y bordea el pico por una ruta elevada que pasa por glaciares, ríos y lagos para terminar en Villa Cerro Castillo. Es una excursión seria, por una zona aislada. Antes de partir, hay que informar de los planes y asesorarse con los guardas.

La Conaf opera un 'camping' (carretera Austral s/n; tienda 5000 CLP) en la laguna Chaguay, 67 km al sur de Coyhaique. Tiene lavabos y duchas de agua caliente.

Quienes realicen el circuito del cerro Castillo pueden comenzar en la laguna Chaguay y caminar por Villa Cerro Castillo al terminar. Los autobuses que recorren la carretera Austral pueden dejar pasajeros en el desvío al puesto de los guardas y el camping. Los excursionistas de un día suelen empezar en Villa Cerro Castillo.

Villa Cerro Castillo

Bajo la brillante cara del cerro Castillo luce simpático y aventurero este pueblo, buena base para explorar la reserva; está cerca de la carretera Austral, 10 km al oeste del cruce de Puerto Ingeniero Ibáñez. El Festival Costumbrista, que suele celebrarse en febrero, atrae a artistas y artesanos de todo Chile y Argentina.

Senderos Patagonia (☏móvil 9-6224-4725; www.aysensenderospatagonia.com; carretera Austral s/n) ofrece equitación (a la laguna Castillo 40 000 CLP), caballos de carga y circuitos con mochila. La excursión alrededor del cerro Castillo requiere cinco días (1300 US$/persona, mín. 2 personas), con porteadores, comida, guías, gran conocimiento local y buen servicio.

🛏 Dónde dormir y comer

⭐ **Hostal Senderos Patagonia**　ALBERGUE $
(☏móvil 9-6224-4725; www.aysensenderospatagonia.com; carretera Austral s/n; parcelas 5000 CLP/persona, dc 8000-10 000 CLP; 🛜) Ideal para excursionistas que se dirigen al Parque Nacional Cerro Castillo, este albergue también ofrece rutas de excursionismo a medida y salidas con caballos de carga. Los huéspedes pueden usar la cocina y ropa de cama por 2000 CLP. Los propietarios proporcionan información local. Se halla junto al puente en la carretera principal que atraviesa la localidad.

Gestionan cabañas ideales para grupos y propiedades exclusivas.

Refugio Aventura Tehuelche　CABAÑA $
(☏móvil 9-8411-8736; aventuratehuelche@gmail.com; sector La Chabela; parcelas 3000 CLP/persona, dc 5000 CLP) El guía Manuel Medina ofrece estancias en un refugio básico a 2 km del cerro Castillo. Situado a 100 m de la zona de escalada La Chabela, se dirige a los escaladores. Hay duchas de agua fría. Brinda consejos útiles de excursionismo.

Baqueanos de la Patagonia　CAMPING $
(☏móvil 9-6513-6226; camino sector Arroyo el Bosque; parcelas 4000 CLP/persona) Tiene duchas de agua caliente, barbacoas y bicicletas, y gestiona salidas de excursionismo al Parque Nacional Cerro Castillo. Fuera del parque ofrece equitación y practica la doma racional, un método suave de doma de caballos.

Cabañas Don Niba　PENSIÓN $
(☏móvil 9-9474-0408; donniba19@hotmail.com; Los Pioneros 872; d 23 000 CLP, h sin baño 10 000 CLP/persona) Este básico pero veterano alojamiento familiar sirve enormes desayunos y ofrece la compañía de don Niba, guía, narrador de historias y nieto de pioneros. Va a abrir un restaurante de platos típicos chilenos.

La Cocina de Sole　FURGONETA $
(☏móvil 9-9839-8135; carretera Austral s/n; sándwiches 4000 CLP; ⊙8.30-20.00) Este autobús pintado en tonos pastel junto a la carretera sirve enormes sándwiches de bistec y zumos.

La Querencia　CHILENA $
(☏móvil 9-9503-0746; av. O'Higgins 522; platos principales 6000-8000 CLP; ⊙8.00-20.00) Almuerzos caseros y sustanciosas comidas formales.

Villarica　CHILENA $
(☏móvil 9-6656-0173; av. O'Higgins 592; platos principales 6000-9000 CLP; ⊙9.00-20.00 diarios) Prepara almuerzos caseros y dispone de una carta de sándwiches de res y bistec con huevos. Alquila habitaciones básicas (15 000 CLP/persona).

ℹ Información

La **oficina de turismo** (esq. carretera Austral y av. O'Higgins; ⊙10.00-13.00 y 14.00-18.00 ene y feb) es un quiosco que solo abre en verano en la plaza.

ℹ Cómo llegar y salir

Cada día pasan los autobuses que van al norte a Coyhaique (5000 CLP, 1½ h) o al sur a Puerto Río Tranquilo (3½ h).

Puerto Ingeniero Ibáñez
📞67 / 3000 HAB.

En la orilla norte del lago General Carrera, el aletargado Puerto Ingeniero Ibáñez (también conocido como Puerto Ibáñez) sirve como estación de tránsito para pasajeros de los ferris que van a la orilla sur del lago y a Chile Chico. Los escaladores buscan las nuevas vías de escalada deportiva. Quedó muy dañado por la erupción del volcán Hudson en 1991, de la que ya se ha recuperado.

Los interesados en las artesanías pueden preguntar por la ceramista Marta Águila o por doña Juana Vega, tejedora y herbolaria. Los lugareños pueden indicar dónde hay pinturas en cuevas o las asombrosas cascadas del río Ibáñez, a 8 km.

🛏 Dónde dormir y comer

La Casona　PENSIÓN $
(☏móvil 9-7106-3591; senderospatagonia@gmail.com; camino a Puerto Ingeniero Ibáñez; incl. desayuno con baño compartido 20 000 CLP/persona, d/tw 60 000/50 000 CLP; 🛜) La maravillosa Mery ofrece alojamiento en una granja de color rosa eléctrico 1,5 km después del desvío a Ibáñez desde la carretera Austral. Las habitaciones de la planta superior tienen camas individuales con colchas y sábanas de franela.

Las habitaciones con baño privado fuera, en la parte trasera, concuerdan con el nivel del hotel, con grifería nueva y enormes ventanas.

Casa de Té Doña Leo
SALÓN DE TÉ $

(camino a Puerto Ingeniero Ibáñez; merienda-cena 6000 CLP; ⊙13.00-15.00 y 17.30-22.00 ma-do) Doña Leo elabora una docena de variedades de excelentes mermeladas a partir de frutos locales y también ofrece a sus huéspedes la clásica hora del té chilena, conocida como *once,* con pasteles, pan recién hecho, huevos revueltos, queso, fiambres y esa famosa mermelada. A las 13.00 sirve un almuerzo fijo. Está en la carretera principal 800 m al norte de la localidad.

❶ Cómo llegar y salir

El ferri de **Somarco** cruza el lago General Carrera a Chile Chico casi cada día; hay que llegar 30 min antes de la salida. Los horarios están actualizados en línea.

Los **autobuses a Coyhaique** (☑67-225-1579; zona de ferris) salen casi cada día (5000 CLP, 2 h) cuando llega el ferri de Chile Chico.

Chile Chico
☑67 / 4600 HAB.

Esta pequeña aldea rodeada de huertos, en la frontera con Argentina, ocupa la ventosa orilla sur del lago General Carrera. Un soleado microclima la convierte en un agradable oasis. Está conectada con Chile por ferri o una carretera de subidas y bajadas. Los lugareños que se ganaban la vida con la cría de ganado y la agricultura pasaron a la minería de oro y plata. Con las minas abocadas al cierre, muchos optan por el turismo.

No hay que perderse la Reserva Nacional Lago Jeinimeni, a 60 km, cuyos solitarios caminos recorren un árido país de las maravillas, con lagos de montaña habitados por flamencos. Los viajeros pueden cruzar fácilmente hasta Los Antiguos, Argentina, y seguir por la Ruta 40 y los puntos del sur.

◉ Puntos de interés y actividades

Casa de la Cultura
MUSEO

(☑67-241-1355; O'Higgins esq. Lautaro; ⊙9.00-13.00 y 15.00-18.00 lu-vi) GRATIS Expone obras de artistas regionales. En la 2ª planta hay una colección de objetos locales que incluye minerales y fósiles. Afuera está el barco *El Andes,* construido en Glasgow para navegar por el

Támesis y que llegó aquí para transportar pasajeros y carga alrededor del lago.

Patagonia Xpress
AVENTURA

(☑móvil 9-9802-0280; www.patagoniaxpress.com; O'Higgins 333, Galería Municipal Nº 8; excursión todo el día 80 US$; ⊙9.00-13.00 y 15.00-19.00) Una reputada empresa que alquila bicicletas de montaña (16 000 CLP/día entero) y acompaña en excursiones por la Reserva Nacional Lago Jeinimeni, donde puede ayudar a los excursionistas con el alojamiento. Los circuitos de senderismo destacan puntos de importancia histórica y cultural. Alquila equipo.

Turismo Tramal
CIRCUITOS

(☑móvil 9-7538-0178; www.turismotramal.cl; Manuel Rodríguez 487; circuito 45 000 CLP; ⊙9.00-13.00 y 15.00-18.00 lu-vi, 10.00-13.00 sa) Esta nueva agencia organiza circuitos de un día a la Capilla de Mármol en Puerto Río Tranquilo. Hay 15 000 CLP de descuento en los de solo ida.

🛏 Dónde dormir

Brisas del Lago
PENSIÓN $

(☑67-241-1204; brisasdellago@gmail.com; Manuel Rodríguez 443; i/d sin baño incl. desayuno 17 000/30 000 CLP, apt 40 000 CLP, d/tr cabañas 40 000/50 000 CLP; ☎) Este veterano alojamiento familiar ofrece habitaciones de buen tamaño limpias y confortables. Dispone también de bonitas cabañas en un jardín. Hay calefacción central.

Campamento Ñandú
ALBERGUE $

(☑móvil 9-6779-3390; www.nanducamp.com; O'Higgins 750; dc 14 000 CLP, i/d sin baño 20 000/30 000 CLP, c 45 000 CLP; ☎) Cuenta con amplios dormitorios colectivos y camas en litera en un espacio con cocina para huéspedes. Los propietarios gestionan refugios de montaña en la Reserva Nacional Lago Jeinimeni y ofrecen información para excursionistas, además de traslados al parque. El desayuno cuesta 2500 CLP.

Kon Aiken
PENSIÓN $

(☑67-241-1598, móvil 9-7571-3354; konaikenturis mochilechico@gmail.com; Pedro Burgos 6; parcelas 5000 CLP/persona, h incl. desayuno 15 000 CLP/persona, cabaña 7 personas 65 000 CLP; ☎) En este práctico alojamiento con ambiente familiar los amables propietarios comparten productos locales y organizan asados o salmón al horno. Una hilera de chopos protege a los campistas del viento y hay un quincho donde cocinar.

★ **Hostería de la Patagonia** PENSIÓN $$
(☑67-241-1337, móvil 9-8159-2146; hdelapatago
nia@gmail.com; camino Internacional s/n; parce-
las 4000 CLP/persona, incl. desayuno h sin baño
20 000 CLP/persona, i/d/tr 45 000/62 000/
76 000 CLP, cabañas 50 000 CLP; 🐾) 🐾 Esta gran-
ja conserva recuerdos antiguos y tiene un *ja-
cuzzi* en el jardín. Entre las habitaciones, con
calefacción central, hay una excelente doble
moderna hecha de materiales reciclados. Se
recomienda alojarse en el encantador barco
restaurado con cocina. Sirven cenas y ayudan
con los planes de viaje. Hay bicicletas para
los huéspedes.

El Engaño CABAÑAS $$
(☑móvil 9-9134-8162; www.turismoelengano.com;
Costanera s/n; cabañas 3/5 personas 70 000/
80 000 CLP; 🐾) Estas cabañas se hallan frente al agua y parecen aisladas de la ciudad,
aunque solo estén a una manzana. Algunas
cuentan con cocina. También hay un quincho para huéspedes y un *jacuzzi* de madera
(30 000 CLP). Buen restaurante.

La Posada del Río HOTEL $$
(☑móvil 9-8945-4078; camino Internacional, km 5;
d/tr incl. desayuno 62 000/70 000 CLP) En la es-
tepa abierta, con grandes vistas. Nuevo y con
forma de caja, ofrece habitaciones luminosas
y bonitas, y desayunos con zumos de naranja
y medialunas.

🍴 Dónde comer

Restaurante Jeinimeni PIZZERÍA $
(☑móvil 9-8139-7738; Blest Gana 120; platos princi-
pales 6000-8000 CLP; ☺13.00-15.00 y 19.00-23.00
lu-sa) Del horno de piedra salen *pizzas* de
masa fina; además, hay pescado, sándwiches
y clásicos chilenos. Es un local sociable y uno
de los pocos de la Patagonia con un servicio
rápido. Se aconseja la cerveza artesanal local
Hudson, de Puerto Ibáñez.

Casa Piedras del Lago INTERNACIONAL $$
(☑67-239-4757, móvil 9-9802-0280; esq. Ericksen
y Portales; platos principales 8000-12 000 CLP;
☺13.00-16.00 y 19.00-24.00) Innova con platos
gastronómicos y una exquisita selección de
vinos. Se debe empezar con su pisco sour.
Ofrece desde lomo de cerdo con setas cara-
melizadas y salsa de escaramujo a res a la
parrilla con colmenillas y pescado.

Casa Nativa CHILENA $$
(☑67-241-145; Manuel Rodríguez 243; platos princi-
pales 8000 CLP; ☺12.00-15.30 y 19.00-23.00) Sir-
ve clásicos chilenos como res o salmón con
patatas asadas. Tiene vistas al lago y detalles
de madera.

ℹ Información

Solo hay una máquina que facilite efectivo en la
ciudad, pero abundan las casas de cambio en la
calle principal.
BancoEstado (González 112; ☺9.00-14.00
lu-vi) Cajero automático.
Conaf (☑67-241-1325; Blest Gana 121; ☺10.00-
18.00 lu-vi, 11.00-16.00 sa) Información sobre
la Reserva Nacional Lago Jeinimeni.
Oficina de turismo (☑67-241-1751; www.
chilechico.cl; esq. O'Higgins y Blest Gana;
☺8.00-13.00 y 14.00-17.00 lu-ju, hasta 16.00
vi) Excelente información sobre la zona.
Sernatur (☑67-241-1303; www.recorreaysen.
cl; O'Higgins 333; ☺9.00-14.30 y 16.00-18.30
lu-vi, 10.00-14.00 sa) Información turística.
Comparte oficina con la de turismo.
Oficina de correos (Manuel Rodríguez 121;
☺9.00-18.00 lu-vi)

ℹ Cómo llegar y salir

Uno de los atractivos principales de la región
es el tramo de curvas desde Paso Las Llaves,
al oeste de Chile Chico, hasta el cruce con la
carretera Austral. Temible y sorprendente. Tiene
curvas ciegas y pendientes de grava muy incli-
nadas por encima del lago. Precaución: no hay
guardarraíles.
　Hay una gasolinera Copec cerca del muelle
del ferri.

BARCO
Un ferri, casi diario, operado por **Somarco**
(☑67-241-1093; www.barcazas.cl/barcazas/
wp/region-de-aysen/lago-general-carrera;
muelle Chile Chico; pasajero/automóvil 2250/19
500 CLP) cruza el lago General Carrera a Puerto
Ingeniero Ibáñez, un gran atajo a Coyhaique. Si
se va en automóvil conviene reservar una sema-
na antes en verano. Lléguese 30 min antes de la
hora de salida.

AUTOBÚS
Las rutas de autobús las gestionan particulares
que tienen que solicitar la concesión guberna-
mental, así que tanto empresas como horarios
pueden cambiar de un año para el otro.
　Para Puerto Guadal (8000 CLP, 2½ h), **Seguel**
(☑67-243-1214; av. O'Higgins s/n) y **Buses Eca**
(☑67 243 1224; av. O'Higgins s/n, estación de
autobuses) viajan de lunes a viernes a las 16.00
o 17.00.
　Costa Carrera (☑móvil 9-8739-2544;
av. O'Higgins s/n, estación de autobuses) tiene
dos servicios semanales a Puerto Río Tranquilo
(15 000 CLP, 4 h) y tres semanales a Cochrane
(5000 CLP, 4 h).

Buses Acuña (☎67-225-1579; Rodríguez 143), **Transportes Alejandro** (☎móvil 9-7652-9546) y **Buses Carolina** (☎67-241-1490; oficina de ferris) van a Coyhaique (5000 CLP) con una combinación de ferri y autobús (4½ h incl. ferri) vía Puerto Ibáñez. El ferri no está incluido en el billete. Algunos permiten reservas con anterioridad desde la **terminal de autobuses** (av. O'Higgins s/n) de Chile Chico, aunque los autobuses salen de Puerto Ibáñez.

CRUCE FRONTERIZO

La agencia de viajes Turismo Martín Pescador (☎67-241-1033; www.turismomartinpescador. cl; Bernardo O'Higgins 479; ☺8.00-21.00), viaja tres veces al día entre Chile Chico y Los Antiguos, Argentina (20 min-1 h, según la temporada; 3500 CLP), solo 9 km al este, con salidas desde la terminal de buses.

Desde Los Antiguos, se puede conectar en Argentina para ir a Perito Moreno, El Chaltén y a la Patagonia argentina del sur.

Reserva Nacional Lago Jeinimeni

Una sucesión de lagos en medio de un paisaje estepario de múltiples matices engalana la poco visitada Reserva Nacional Lago Jeinimeni, 52 km al suroeste de Chile Chico. Cubre 1610 km² en la zona de transición hacia la estepa patagónica, con maravillas que abarcan desde pinturas rupestres hasta zorros y flamencos. Excelentes opciones de senderismo; los excursionistas de paso pueden conectar con el valle Chacabuco en una travesía de tres días por la montaña; más información en el Parque Nacional Patagonia.

En ruta a la reserva, unos 25 km al sur de Chile Chico, una carretera de acceso lleva a la cueva de las Manos, con pinturas rupestres tehuelches menos impresionantes que la cueva argentina homónima. El acceso a la cueva es una empinada subida sin señalizar; es mejor ir con guía.

Se puede entrar al parque con circuitos que salen de Chile Chico.

A unos 400 m de la oficina de la Conaf hay tres zonas privadas de acampada en el lago Jeinimeni. Las tarifas por parcela son para 10 visitantes.

Para acceder al parque hace falta un todoterreno, ya que el río Jeinimeni atraviesa la carretera y a veces la inunda. Hay que salir temprano para poder volver a cruzar de regreso antes de las 16.00.

El sendero Lago Verde es una excursión circular de 3 h (10 km) a un lago precioso.

La ruta de los Contrabandistas que empieza en el lago Jeinimeni, es una ruta con mochila (3-4 días, 51 km) que va al valle de Avilés en el Parque Nacional Patagonia vía el paso de la Gloria. Cada vez despierta más interés, aunque la logística no es sencilla. Requiere sentido de la orientación y experiencia en la montaña, ya que las señales son mínimas y hay que vadear muchos ríos. Los traslados a/desde la cabecera del camino se deben organizar con antelación, pues no hay cobertura telefónica.

Contáctese con el centro de visitantes (p. 328) en el Parque Nacional Patagonia o las empresas locales en Chile Chico para más detalles sobre la caminata.

Puerto Río Tranquilo

☑67 / 500 HAB.

Este pueblo de casas recubiertas de guijarros en las orillas occidentales del lago General Carrera es una humilde parada que se enfrenta a una enorme fase de crecimiento. Antaño solo un lugar donde reposar, sus crecientes opciones al aire libre lo han situado en el mapa. Es el punto de acceso más cercano a las cuevas de la Capilla de Mármol y para circuitos económicos al impresionante glaciar San Rafael.

◉ Puntos de interés y actividades

Capilla de Mármol   PUNTO DE INTERÉS
(5 pasajeros 50 000 CLP) Vale la pena dar el rodeo para visitar estas formaciones geológicas, a las que se llega en barco por el lago General Carrera. Los trayectos en pequeños barcos motorizados o kayaks salen solo con buen tiempo. Si se conduce, hay que seguir 8 km al sur de Puerto Río Tranquilo hasta los barcos turísticos en Bahía Manso; está justo al otro lado de las cuevas y a una distancia más corta en barco.

Valle Exploradores   CAMINO PANORÁMICO
Esta carretera este-oeste va a la laguna San Rafael, pero termina en un cruce de río. Bella pero accidentada, merece la pena recorrerla en automóvil o bicicleta; está llena de glaciares y grandes nalcas. Hay que buscar el mirador del Glaciar Exploradores (4000 CLP de tasa de la pista) en el km 52. Los excursionistas de un día al glaciar San Rafael suelen encontrarse con sus operadores al final de la carretera.

El Puesto Expediciones   AVENTURA
(📱móvil 9-6207-3794; www.elpuesto.cl; Lagos 258;
excursión Exploradores 70 000 CLP) Francisco
Croxatto dirige respetadas excursiones en
hielo al glaciar Exploradores, que incluyen
traslados y kayak a la Capilla de Mármol
(42 000 CLP).

Lapo Expediciones   AVENTURA
(📱móvil 9-5632-2337) El experimentado guía
Guillermo Berracol va fuera de las rutas más
trilladas. Proporciona transporte.

Destino Patagonia   CIRCUITO
(📱móvil 9-9158-6044; www.destinopatagonia.cl;
Flores 208; día completo 145 US$/persona; ⏱10.00-
21.00) Los circuitos de un día visitan el glaciar San Rafael en un barco cubierto, con
almuerzo y *whisky* sobre el hielo milenario.
Se puede optar por transporte desde Puerto
Río Tranquilo o desde el km 77 de la carretera
al valle Exploradores (20 US$ de descuento).
También ofrece una salida de dos días con
excursionismo o una más larga de tres días
que cruza el istmo de Ofqui.

Ruta León   DEPORTES DE AVENTURA
(📱móvil 9-9154-1734; www.facebook.com/Ru-
taleonpatagonia; Costanera s/n; excursión 1 día
55 000 CLP; ⏱10.00-13.00 y 15.00-19.00 lu-vi) Excursiones por el glaciar Exploradores.

🛏 Dónde dormir

Están aumentando las opciones de alojamiento, pero hay pensiones sencillas y una
buena posada. Se está construyendo un albergue.

Explora Sur   PENSIÓN $
(📱móvil 9-7649-9047; www.explorasur.cl; carretera Austral 269; d/tw incl. desayuno 45 000/
50 000 CLP; 📶) Justo en el agua, estas elegantes habitaciones modernas con calefacción
central son una opción confortable y cálida.
Un balcón comunitario brinda vistas al lago.
Ofrece salidas en barco a las cuevas de mármol desde su muelle privado.

Camping Pudu   CAMPING $
(📱móvil 9 8020 5005; https://es-la.facebook.com/
campingpudu; parcelas 8000 CLP; ⏱med nov-mar)
Atractivo *camping* en la playa con duchas de
agua caliente, servicio de lavandería y sauna (12 000 CLP), 1 km al sureste de Puerto
Río Tranquilo. Ofrece información turística.
Acepta tarjetas de crédito.

Residencial Darka   PENSIÓN $
(📱móvil 9-9126-5292; Los Arrayanes 330; h
10 000 CLP/persona; 📶) De regencia familiar,
cuenta con habitaciones limpias. Ambiente
algo *kitsch*.

★ El Puesto   HOSTERÍA $$
(📱móvil 9-6207-3794; www.elpuesto.cl; Pedro Lagos
258; i/d/tr/c incl. desayuno US$127/168/225/266;
📶) 🅿 Hostería elegante, con 10 habitaciones
y muchos detalles: zapatillas de lana, colchas
artesanas, mecedoras y columpios. Los pro-
pietarios gestionan también reputados cir-
cuitos al glaciar Exploradores y kayak a las
cuevas de mármol. Sirven cenas (19 000 CLP)
bajo reserva; también ofrecen masaje y alqui-
lan cabañas. Utilizan energía solar y reciclan.

🍴 Dónde comer y beber

Donde Kike   CHILENA $
(Godoy 25; menú 6000 CLP; ⏱11.00-19.00) Este
pequeño café enfrente de la gasolinera pre-
para buenos clásicos chilenos, desde sopas a
carne o pescado con arroz y patatas.

★ Mate y Truco   CAFÉ $$
(📱móvil 9-9078-5698; carretera Austral 269; platos
principales 8000-12 000 CLP; ⏱12.00-23.00) Este
alegre y minúsculo café redime la escena gastronómica local con su *pizza* de masa fina,
ñoquis caseros y bistecs con salsa de colmenillas. Uno puede relajarse con una cerveza
local o una bebida de café mientras espera.
También hay buenas ensaladas, sándwiches
y enormes milanesas. Se adaptan a dietas
especiales.

Cervecería Río Tranquilo   CERVEZA ARTESANA
(📱móvil 9-5159-2351; carretera Austral s/n; ⏱12.00-
1.00) Frente al quiosco de turismo, este acogedor *pub* y café elabora cerveza, que sirve con
grandes platos de chorrillana: una bomba de
patatas fritas con carne o cebollas y pimientos fritos con huevos fritos por encima.

ℹ Información

No hay cajero automático. El **quiosco de turismo** (av. Costanera s/n; ⏱10.00-13.00 y 14.00-
18.30 ma-do dic-mar) abre esporádicamente,
pero tiene información sobre alojamiento, transporte alternativo (incluidas furgonetas al valle
Exploradores) y circuitos a la Capilla de Mármol.

ℹ Cómo llegar y salir

Los autobuses regulares entre Coyhaique
(10 000 CLP, 5 h) y Cochrane (8000 CLP, 3 h)
dejan y recogen pasajeros. Para ir a Coyhaique,
Vidal (📱móvil 9-9932-9896; esq. Godoy y

Exploradores) y el microbús **Pato Aventuras** (📱móvil 9-8755-9453; 10 000 CLP) circulan dos veces semanales. Los autobuses hacia Coyhaique que parten de más al sur suelen pasar hacia las 10.00. Los que van más al sur pasan entre las 13.00 y 14.00.

Costa Carrera (p. 323) tiene dos servicios semanales a Chile Chico (15 000 CLP, 4 h).

Parque Nacional Laguna San Rafael

Impresionante y remoto, este **parque nacional** (www.conaf.cl/parques/parque-nacional-laguna-san-rafael; 7000 CLP) acerca a los visitantes al glaciar San Valentín, de 30 000 años de antigüedad, en el Campo de Hielo Norte de Chile. Fundada en 1959, la Reserva de la Biosfera de la Unesco, de 12 000 km², es una de las grandes atracciones de la región. El parque abarca zonas pantanosas de turba, bosques húmedos templados de haya antártica y epifitos, y el monte San Valentín, el pico más alto de los Andes meridionales, de 4058 m. La extrema fluctuación del nivel del agua en la laguna, alimentada por el glaciar, ha suscitado el interés científico.

Una carretera construida a través del valle Exploradores ha reducido el tiempo que se tarda en llegar y permite ir por tierra con algo de ayuda por parte de los turoperadores de Puerto Río Tranquilo. Quienes llegan en un crucero se desplazan a una embarcación más pequeña para acercarse a la cara de 60 m del glaciar. Vale la pena quedarse de noche para escuchar el ruido del hielo al partirse.

🏃 Circuitos

Los cruceros de varios días zarpan de Puerto Chacabuco y Puerto Montt. En las webs de las compañías constan los horarios y los descuentos.

En Puerto Río Tranquilo, Destino Patagonia (p. 325) ofrece excursiones de un día y circuitos con pernocta.

Cruceros Skorpios CRUCERO
(📱en Santiago 2-2477-1900; www.skorpios.cl; crucero 6 días y 5 noches desde 4400 US$) En su ruta Chonos, que debe su nombre a los habitantes originales de la zona, el lujoso *Skorpios II* zarpa de Puerto Montt y pasa todo el tercer día en el glaciar. Hace escala en Quitralco, las termas privadas de Skorpios. De regreso visita la isla de Chiloé.

Catamaranes del Sur CRUCERO
(📱67-235-1112; www.catamaranesdelsur.cl; J. M. Carrera 50, Puerto Chacabuco; jornada en el glaciar por persona 200 000 CLP; ⏰9.00-18.00) Un circuito de 12 h desde Puerto Chacabuco con el *Catamarán Chaitén* y el *Iceberg Expedition,* más pequeño. Buenos descuentos en temporada baja. Viajar de día permite disfrutar de las vistas de los fiordos, pero se pasa menos tiempo en el glaciar. Se ofrece alojamiento en el exclusivo aunque anodino **Loberías del Sur** y visitas a su parque privado, **Aikén**. Descuentos para séniores.

🛏 Dónde dormir

Hay un **'camping'** (parcelas 5000 CLP) cerca de la oficina de Conaf, junto a la pista de aterrizaje. Cinco campamentos rústicos con agua y baños. Está prohibido encender fuego y no hay comida disponible en el parque.

❶ Cómo llegar y salir

Una carretera de grava de 78 km recorre el **valle Exploradores** desde Puerto Río Tranquilo. Se pueden realizar excursiones de un día desde Río Tranquilo, donde varias empresas proporcionan la travesía en barco para seguir desde donde termina la carretera en la bahía Exploradores.

Si se conduce, es mejor optar por un todoterreno elevado. No hay transporte público y los turoperadores de Puerto Río Tranquilo cobran un extra por el transporte. En el km 75 hay un puente que vehículos más grandes, como furgonetas estilo Sprinter y caravanas, no pueden cruzar.

Cruce El Maitén

Es poco más que una bifurcación en la carretera, donde una ruta se desvía hacia el este con destino a Chile Chico, a lo largo del lago General Carrera. Pero la situación es genial; se pueden explorar las maravillas del lago General Carrera, otros lagos o incluso el Parque Nacional Patagonia, más al sur.

El reputado turoperador **Pared Sur Camp** (📱móvil 9-9345-6736, en Santiago 2-2207-3525; www.paredsur.cl/camp; carretera Austral, km 270, Bahía Catalina) ofrece *camping* de lujo y alojamiento, además de paquetes de ciclismo, kayak, *rafting* y circuitos por el dosel arbóreo.

🛏 Dónde dormir

Mallín Colorado REFUGIO $$$
(📱móvil 9-7137-6242; www.mallincolorado.com; carretera Austral, km 273, Cruce El Maitén; d incl. desayuno 140-160 US$, cabañas desde 220 US$;

med oct-mar) Es una vasta finca con cabañas y una nueva pensión exclusiva con calefacción y ventanales. Ofrece servicio completo de restaurante. Aunque no está en el lago, hay grandes vistas del lago y una red de pistas para practicar senderismo o equitación.

Hacienda Tres Lagos REFUGIO **$$$**
(67-241-1323; www.haciendatreslagos.com; carretera Austral, km 274, Cruce El Maitén; d incl. desayuno 124 000 CLP, cabañas flotantes 200 000 CLP; @) Se halla junto al lago y está orientado sobre todo a grupos de paquetes turísticos. Ofrece alojamiento elegante, equitación y servicios variados, como una galería de arte, sauna, *jacuzzi*, café y sala de juegos. Su última incorporación son dos cabañas flotantes.

Cómo llegar y salir

Los autobuses entre Coyhaique y Cochrane paran en este tramo de la carretera; hay que preguntar a alguien del lugar por el mejor punto para esperar y los horarios, pues estos cambian con frecuencia. En verano los autobuses que estén llenos pasan de largo.

Puerto Guadal

Ventoso y tranquilo en exceso pero de gran belleza, Puerto Guadal se sitúa en el extremo suroeste del lago General Carrera, en el camino a Chile Chico, 13 km al este de la carretera Austral. Los alojamientos y sus fósiles y glaciares cercanos entretienen a los visitantes.

La empresa de actividades de aventura **Kalen Turismo Aventura** (67-243-1289, móvil 9-8811-2535; turismokalenpatagonia@gmail.com; Los Alerces 557; 9.00-21.00) está dirigida por un reputado guía. Ofrece equitación, salidas a glaciares y excursiones a un bonito lecho de fósiles. Contactar con antelación, la oficina cierra durante las salidas.

Dónde dormir

Destino No Turístico ALBERGUE **$**
(móvil 9-7392-5510; www.destino-noturistico.com; camino Laguna La Manga, km 1; parcelas 5500 CLP/persona, dc/d 25 000/60 000 CLP) Este *ecocamping* ofrece la oportunidad de vivir desconectado, con duchas solares e inodoros de compostaje. El albergue tiene camas cómodas, lamparitas individuales y cocina común. Tiene un fuerte componente educativo, con talleres sobre cultivo ecológico, permacultura, reforestación, meditación y yoga kundalini.

Está a 1,5 km de la ciudad, colina arriba; se puede tomar una camioneta desde la carretera principal (5000 CLP). Se aparca fuera de la verja de entrada.

Terra Luna CABAÑAS **$$**
(67-243-1263; www.terraluna.cl; parcelas 10 000 CLP, incl. desayuno cabañas 2 personas 70 US$, domos 120 US$, d/tr desde 100/120 US$;) Junto al lago, es el reposo perfecto o el "chute" de adrenalina. Tiene desde elegantes apartamentos a cabañas y domos, con la opción de un *jacuzzi* alimentado con leña frente al lago. El restaurante sirve un menú fijo de cena. Las parcelas y las cabañas con cocina se adecúan a los viajeros de presupuesto ajustado, pero hay pocas plazas.

Con un terreno extenso, hay una zona de juegos, kayaks y tirolinas. Lo dirige Azimut, un servicio de guías que ofrece excursiones, como la recomendable al glaciar Los Leones (mejor que la opción en lancha). También hay salidas en helicóptero al Campo de Hielo Norte. Está a 1,5 km de Puerto Guadal en dirección a Chile Chico.

El Mirador de Guadal REFUGIO **$$$**
(2-2813-7920; www.elmiradordeguadal.com; camino a Chile Chico, km 2; d desde 115/130 US$) Cuenta con un servicio simpático y profesional. Se halla junto al lago General Carrera, con vistas al monte San Valentín, acceso a playa privada y ayuda a organizar excursiones guiadas. El servicio de restaurante ofrece comidas elaboradas con ingredientes de su huerto.

Cómo llegar y salir

Salen cuatro autobuses semanales de **ECA** (67-252-8577, móvil 9-8418-1967; Las Magnolias 306) en dirección norte a Coyhaique (12 000 CLP, 6 h) por la mañana. Los autobuses hacia el sur pasan por los cruces fuera de la ciudad, a Cochrane (6000 CLP, 2 h) a partir de las 14.00. Tanto Buses Eca como **Seguel** (67-231-1214; Los Notros 560) van a Chile Chico (8000 CLP, 2½ h) los días laborables a las 7.30.

Hay que confirmar los horarios y días, pues cambian con frecuencia.

Puerto Bertrand y río Baker

67 / 300 HAB.
A orillas del lago Bertrand, de color azul ultramarino, y bajo el nevado San Valentín y el Campo de Hielo Norte, Puerto Bertrand es un espectáculo de contrastes. Ajadas casitas típicas comparten el espacio con lujosos

refugios de pesca en esta humilde y polvorienta localidad, 11 km al sur del Cruce El Maitén. También es la base de *rafting* de río Baker, el más caudaloso de Chile, que fluye desde el lago Bertrand, paralelo a la carretera Austral, en dirección sur hacia Cochrane. Cabañas y un museo flanquean este tramo panorámico.

◉ Puntos de interés y actividades

★ La Confluencia PUNTO DE INTERÉS
No hay que perderse este espectacular mirador para ver cómo el río Baker se precipita en una enorme cascada antes de unirse al río Nef. Está 12 km al sur de Puerto Bertrand. Se aparca junto a la carretera y se sigue la senda de 800 m.

Museo Pioneros del Baker MUSEO
(www.fundacionriobaker.cl; carretera Austral s/n; ☺por solicitud) GRATIS En una casa de pioneros, en este adorable museo cultural abundan los detalles, de refranes patagónicos a reliquias de pioneros y moldes de huellas animales. Pídase la llave en la casa del conserje, en la parte trasera. Está junto a la carretera, entre Puerto Bertrand y la entrada del valle Chacabuco/Parque Nacional Patagonia.

Baker Patagonia Aventura RAFTING
(☎móvil 9-8817-7525; www.bakerpatagonia.cl; Costanera s/n; *rafting* medio día 28 000 CLP; ☺9.30-21.00) *Rafting* (clase III) de cinco días y un día en el río Baker. La oficina está frente al lago Bertrand.

Patagonia Adventure Expeditions AVENTURA
(☎móvil 9-8182-0608; www.patagoniaadventu reexpeditions.com) Esta pionera empresa de aventuras de calidad superior añade apoyo científico y educación a la mezcla, y está construyendo el Wilderness Experience Center. Hace excursiones en caballo por la ruta del glaciar Aysén y navegación del hielo al mar en el río Baker. La base está a 4 h de Cochrane; contáctese primero a través de la web.

⌕ Dónde dormir y comer

Hostería Puerto Bertrand PENSIÓN $
(☎móvil 9-9219-1532; Costanera s/n; h sin baño 15 000 CLP/persona, cabañas 4 personas 50 000 CLP) Encima de la tienda del pueblo, esta destartalada casa de madera es acogedora. Pídase una habitación bien ventilada.

Patagonia Green Baker CABAÑAS $$
(☎móvil 9-9159-7757, in Santiago 2-2196-0409; www.greenlodgebaker.com; carretera Austral s/n; d incl. desayuno 132 US$, cabañas 2/4/7 personas 138/193/311 US$; ☎) En este complejo ribereño las habitaciones tienen mantas tejidas a mano y edredones acolchados. Hay un *jacuzzi*, restaurante y actividades como kayak, ciclismo de montaña y equitación. Ofrece, además, pesca guiada (145 000 CLP/día entero) y tirolinas por las copas de los árboles (20 000 CLP). Está 3 km al sur de Puerto Bertrand.

★ Bordebaker Lodge CABAÑAS $$$
(☎móvil 9-9234-5315, en Santiago 2-2585-8464; www.bordebaker.cl; carretera Austral s/n; d incl. desayuno 260 US$; ☺oct-abr; ☎) Un hotel de diseño con gusto y toques rústicos. Tiene una cabaña principal de dos plantas conectada por pasarelas de madera con cabañas más modernas. Cada una de ellas tiene vistas a un tramo sublime del río Baker. Ofrece **circuitos** con operadores locales y comidas ecológicas (cena 28 000 CLP). Está 8 km al sur de Puerto Bertrand.

Konaiken CAFÉ
(☎móvil 9-7891-3056; carretera Austral, km 301; platos principales desde 7000 CLP; ☺24 h) Este acogedor café sirve comidas de estilo rural, además de pasteles y tartas con café de verdad. Carolina y Héctor tienen contactos con servicios de guías y disponen de unas pocas **cabañas** (desde 45 000 CLP). Está 6 km al sur de Puerto Bertrand.

❶ Cómo llegar y salir

Los autobuses entre Coyhaique y Cochrane paran en este punto si se les pide antes.

Parque Nacional Patagonia

Estepa, bosques, montañas, lagos y lagunas patagones conforman los 690 km² del **Parque Nacional Patagonia** (www.parquepatago nia.org; valle Chacabuco) GRATIS, donde el viajero podrá observar la fauna y hacer excursiones de primera clase. Situado 18 km al norte de Cochrane, este parque era hasta hace poco una estancia con un pastoreo excesivo. **Tompkins Conservation** (www.tompkinsconser vation.org) inició su restauración en el 2004. Ahora se le apoda el Serengueti del Cono Sur, con miles de guanacos, una importante población de huemules (cérvido en peligro de extinción), flamencos, pumas, vizcachas y zorros. Se está reintroduciendo el ñandú, especie emparentada con el avestruz, casi extinto en el sur de Chile. El parque abarca el Valle Chacabuco desde el río Baker hasta la frontera argentina, que se puede cruzar con un vehículo particular en el paso Roballos. Si se sumara este valle con la Reserva Nacional Lago Jeinimeni al norte y la Reserva Nacional Tamango al sur se obtendría una reserva de 2400 km^2 en el corazón de la Patagonia.

🏃 Actividades

Sendero Lagunas Altas EXCURSIONISMO
Esta pista de 23 km asciende desde el Westwind Camping (cerca del centro de visitantes) hacia una cresta al sur y se dirige al este por terreno abierto y pequeños lagos preciosos antes de descender hacia los edificios administrativos. Tiene vistas espectaculares del Valle Chacabuco, San Lorenzo, el Campo de Hielo Norte de la Patagonia y los montes Jeinimeni. La excursión requiere un día largo; hay que llevar agua.

Sendero del valle de Avilés EXCURSIONISMO
Es un precioso circuito de 16 km por la estepa abierta. Empieza en el Camping Stone House (25 km más arriba desde el centro de visitantes). Se continúa de tres a cuatro días (unos 45 km) hasta la Reserva Nacional Lago Jeinimeni cerca de Chile Chico, pero hay que informarse primero con detalle, pues la reserva está lejos de la ciudad y no hay transporte público.

Sendero Lago Chico EXCURSIONISMO
Esta ruta circular de 16 km comienza cerca del mirador Douglas Tompkins, un soberbio mirador hacia el lago Cochrane y el monte San Lorenzo, y va hasta el lago Chico.

**Ruta en automóvil
por el valle** OBSERVACIÓN DE FAUNA
El trayecto de 72 km por carretera desde el río Baker hasta la frontera argentina asciende a través de la estepa; se verán flamencos en las lagunas y zorros. Conviene conducir despacio y salir solo cuando haya sitio.

🛌 Dónde dormir y comer

Camping Stone House CAMPING $
(parcela 8000 CLP/persona; ☉oct-abr) Ofrece parcelas cubiertas. La zona de cocina y los lavabos con duchas de agua caliente se hallan en un antiguo puesto de piedra de la época

del parque como estancia ovejera. Está a mitad del camino que asciende al valle, a unos 25 km del centro de visitantes.

Westwind Camping CAMPING $
(parcela 8000 CLP/persona; ☉oct-abr) En el valle, el *camping* principal del parque es esta gran zona con césped y 60 parcelas para tiendas, ocho cocinas cubiertas, servicio de lavandería y baños con duchas con energía solar. Las parcelas se adjudican por orden de llegada. Está 4 km al suroeste del centro de visitantes.

Camping Alto Valle CAMPING $
(módulo 4 personas 24 000 CLP; ☉oct-abr) 🅿
Recientemente inaugurado, cuenta con ocho parcelas cubiertas, lavabos con duchas y dos parcelas para autocaravanas. Está a 35 km de la zona del centro de visitantes hacia el paso Roballos.

**⭐Lodge at
Valle Chacabuco** HOTEL-BOUTIQUE $$$
(reservas@vallechacabuco.cl; i/d incl. desayuno 289/411 US$; ☉oct-abr; 🕾) Clásicas y refinadas, estas casas adosadas de piedra copiaron la arquitectura inglesa en el sur de Argentina y ofrecen un ambiente muy cálido, con guanacos que pasean por el prado justo al otro lado de la ventana. Las habitaciones son amplias y lujosas, con literas para familias. Previa reserva. Está cerca del centro de visitantes.

⭐El Rincón Gaucho INTERNACIONAL $$
(platos principales 7000-17 000 CLP; ☉7.30-10.00 y 13.00-22.00) Con exquisitos detalles de madera y grandes ventanales, es un bonito bar y restaurante para comidas o cenas. Un invernadero proporciona gran parte de los productos frescos y se sirve cordero local. Además de un buen menú fijo gastronómico, hay sándwiches, almuerzos para llevar y té. Está cerca del centro de visitantes.

ℹ Información

No se paga entrada. Para más información sobre el proyecto, véase la web de **Tompkins Conservation** (http://tompkinsconservation.org).

El nuevo **centro de visitantes y museo** (📞 teléfono por satélite 65-297-0833; 3000 CLP; ☉10.00-19.00 lu-sa) muestra maravillosas exposiciones sobre el parque en cuanto a la conservación y cuestiones medioambientales de todo el mundo.

ℹ️ Cómo llegar y salir

El acceso al parque está 18 km al norte de Cochrane; búsquese la señal "Entrada Baker". Los autobuses entre Cochrane y Coyhaique pueden dejar pasajeros en la entrada, pero la zona administrativa está 11 km más al este, en la carretera principal al paso a Roballos.

En Cochrane, **Turismo Cochrane Patagonia** organiza excursiones de un día en una furgoneta particular. Hay que reservar con mucha antelación.

Cochrane

📇 67 / 2900 HAB.

Este antiguo puesto ranchero es la población principal del sur de la carretera Austral. Con los planes para presas hidroeléctricas en las cercanías descartados, el *boom* especulativo ha terminado y la localidad ha vuelto a su estado lánguido.

Aunque prescinde del turismo, es la puerta de acceso al nuevo Parque Nacional Patagonia, la Reserva Nacional Tamango, y al lago Cochrane, destino pesquero. También es el mejor lugar para informarse en este solitario tramo de carretera, además del último sitio donde llenar el depósito del vehículo.

⊙ Puntos de interés y actividades

Reserva Nacional Tamango   PARQUE

(3000 CLP; parcela 5000 CLP) Con la mayor población de Chile de huemules, Tamango protege una zona de transición a la estepa patagona de 70 km². Los huemules son muy tímidos, pero en este lugar es donde hay más opciones de verlos. En la entrada hay pistas (1,5-7 km de longitud) que se dirigen a la laguna Elefantina, la laguna Tamanguito y al cerro Tamango, de 1722 m. La reserva está 6 km al noreste de Cochrane; no hay transporte público a la entrada.

En la esquina de Colonia y San Valentín, los excursionistas pueden tomar el pasaje nº 1 al norte y luego al este para acceder a los caminos hasta la entrada. La Conaf de Cochrane puede que tenga mapas de las pistas.

Glaciar Calluqueo   GLACIAR

Este glaciar que baja del flanco sureste del monte San Lorenzo es una atracción turística. Solo se llega en barco y hay que ir con un guía.

Mercado municipal   MERCADO

(Pioneros esq. Vicente Previske; ⊙9.00-19.00 lu-vi) Mercado cubierto de artesanía y productos locales. Abre los lunes, miércoles y viernes.

Turismo Cochrane Patagonia   CIRCUITO

(📱móvil 9-7450-2323; www.turismocochranepatagonia.com; excursión 1 día por el parque 30 000 CLP) Ofrece circuitos de un día en furgonetas privadas al Valle Chacabuco (Parque Nacional Patagonia), la Confluencia y el glaciar Calluqueo. Se agotan con bastante antelación.

Lord Patagonia   SENDERISMO

(📱móvil 9-8425-2419; www.lordpatagonia.cl; excursión día completo 50 000 CLP) El guía Jimmy Valdés lleva grupos al glaciar Calluqueo. Excursiones de un día y con pernocta.

🛏️ Dónde dormir y comer

Residencial Cero a Cero   PENSIÓN $

(📱67-252-2158, móvil 9-7607-8155; ceroacero@gmail.com; Lago Brown 464; incl. desayuno i/d 25 000/40 000 CLP, h sin baño 13 000 CLP/persona; 📶) Esta casa de madera muy espaciosa es una opción cómoda con buenas camas, muchas ventanas y un interior cálido y acogedor.

Latitud 47   PENSIÓN $

(📱móvil 9-5491-2576; Lago Brown 564; d 30 000 CLP, h sin baño 12 500 CLP/persona; 📶) Estrechas habitaciones en el piso superior, con camas individuales y una cocina común. En una zona aparte hay habitaciones con baño recién construidas que valen el precio extra.

Sur Austral   PENSIÓN $$

(📱67-252-2150; Arturo Prat s/n; d/cabañas 32 000/50 000 CLP) Esta pensión familiar tiene también una cabaña nueva equipada con cocina y acogedores dormitorios en la 2ª planta.

Cabañas Sol y Luna   CABAÑAS $$

(📱móvil 9-8157-9602; xmardonestorres@hotmail.com; camino a la Reserva Tamango; cabañas 4 personas 65 000 CLP; 📶) Agradables y bien equipadas, estas cabañas con cocina se encuentran a 1 km de la ciudad. Sauna y *jacuzzis*.

Café Tamango   CAFÉ $

(📱móvil 9-9158-4521; Esmeralda 464; platos principales 5000 CLP; ⊙9.00-21.00 lu-sa; 🍴) Todo tiene buena pinta, de los dulces caseros y el helado de castaña a los sándwiches, las hamburguesas de lentejas y el cuscús con lechuga del huerto. Queda apartado de la carretera y tiene sillas en el exterior.

🍷 Dónde beber y vida nocturna

Cervecería Tehuelche CERVEZA ARTESANA
(☑️móvil 9-7879-4509; Teniente Merino 372; *pizzas* 5000 CLP; ⏱️20.00-24.00) Esta microcervecería es un buen lugar para tomar una *pizza* de noche y beber buena cerveza local.

Nación Patagonia CAFÉ
(☑️móvil 9-9988-7766; Las Golondrinas 198; ⏱️horario variable) Ideal para un café y conversación, sirve sándwiches calientes, pastel de limón y zumos recién hechos. Vende mapas de excursionismo y artesanía local.

ℹ️ Información

Hay un **hospital** (☑️67-252-2131; O'Higgins 755; ⏱️24 h) con servicio de urgencias 24 h. Se está construyendo un nuevo hospital.

BancoEstado (Esmeralda 460; ⏱️9.00-14.00 lu-vi) El cajero automático solo acepta Master-Card, y cambia euros y dólares estadounidenses. Si el viajero se dirige más al sur, este es el último cajero.

Conaf (☑️67-522-164; Río Neff 417; ⏱️10.00-18.00 lu-sa) Ofrece información sobre reservas locales.

Oficina de correos (Esmeralda 199; ⏱️9.00-15.00 lu-vi, 11.00-14.00 sa)

Quiosco turístico (plaza de Armas; ⏱️9.00-13.00 y 14.00-21.00 ene y feb) Con horarios de autobuses, guías de pesca e información sobre taxis. En temporada baja la información turística se da en un edificio municipal cerca de la plaza.

ℹ️ Cómo llegar y salir

Hay autobuses diarios a Coyhaique de 6.30 a 9.00 operados por **Buses Don Carlos** (☑️67-252-2150; Las Golondrinas s/n, estación de autobuses; ⏱️8.30-12.30 y 15.00-19.00), **Buses Acuario 13** (☑️67-252-2143; Las Golondrinas s/n, estación de autobuses; ⏱️10.00-12.00 y 16.00-19.00) y **Buses Sao Paulo** (☑️67-252-2143; Las Golondrinas s/n, estación de autobuses; ⏱️9.00-12.00 y 14.30-19.30).

Varias compañías dan servicio matutino o vespertino a Caleta Tortel. Entre ellas se cuentan **Buses Aldea** (☑️67-263-8291; Las Golondrinas s/n, estación de autobuses; ⏱️9.30-13.00 y 16.00-19.00), **Pachamama** (p. 332), **Bus Patagonia** y Acuario 13.

Para ir a Villa O'Higgins (8000 CLP), **Águilas Patagónicas** (☑️67-252-2020; Las Golondrinas s/n, estación de autobuses; ⏱️10.00-13.00 y

15.00-20.00) sale a las 8.00 los martes y domingos.

A Chile Chico llega Buses Aldea tres días a la semana y **Transportes Marfer** (☑️móvil 9-7756-8234; Las Golondrinas s/n, estación de autobuses; ⏱️10.00-12.30 y 15.00-17.00), con paradas en Puerto Bertrand y Puerto Guadal.

DESTINO	PRECIO (CLP)	DURACIÓN (H)
Caleta Tortel	10 000	3
Chile Chico	15 000	4
Coyhaique	14 000	7-10
Villa O'Higgins	8000	6

ℹ️ Cómo desplazarse

Para ir al Parque Nacional Patagonia, el glaciar Calluqueo y La Confluencia, **Turismo Cochrane Patagonia** (☑️móvil 9-8256-7718, móvil 9-7450-2323; excursión 1 día parque 30 000 CLP) proporciona traslados.

No hay transporte público al Parque Nacional Patagonia, pero se puede tomar un taxi (30 000 CLP, aprox. 1 h) en la plaza.

Caleta Tortel

☑️67 / 523 HAB.

Con una red de pasarelas de madera sobre las aguas de origen glacial del canal, esta localidad de fábula no tiene calles. Sin duda, esta aldea de pescadores a los pies de un alto acantilado, declarada monumento nacional, es única. Entre dos campos de hielo, en la desembocadura del río Baker, fue primero habitada por los alacalufes (o kawésqar), y los colonos no llegaron hasta 1955. Los habitantes, aún aislados, pero más sociables que otros patagones, viven del turismo y de la explotación de madera de ciprés.

Dependen de una pequeña turbina, por lo que padecen restricciones de agua cuando se producen grandes seguías. Solo hay electricidad unas horas por la mañana y por la noche. Y hay que ahorrar en el uso del agua.

⦿ Puntos de interés y actividades

Existen varios glaciares, como el Montt (Campo de Hielo Sur) y el Steffens (Campo de Hielo Norte), a los que solo se puede llegar en barca. Los trayectos en lancha motorizada de 8-10 pasajeros cuestan alrededor de 500 000 CLP. Algunas excursiones incluyen tramos de senderismo o a caballo. La tarifa se divide entre los pasajeros y las salidas dependen de la meteorología.

Mirador Cerro Vigía   MIRADOR
Sobre el sector El Rincón de Tortel, esta excursión de 3 h (ida y vuelta) ofrece vistas del estuario y los canales del Baker.

Paz Austral   CIRCUITOS
(móvil 9-9579-3779; www.entrehielostortel.cl; excursión 1 día 70 000 CLP/persona) Salidas al ventisquero Montt (500 000 CLP para 12 pasajeros) y la desembocadura del río Baker y la isla de los Muertos (lu-do). Su preciosa nueva lancha de 16 m *Chilota* tiene capacidad para ocho pasajeros en los viajes con pernocta.

Destinos Patagonia   CIRCUITOS
(móvil 9-7704-2651; claudio.landeros@live.cl) El barco *Qawasqar* visita ambos glaciares, además de la isla de los Muertos (60 000 CLP).

🛏 Dónde dormir

Brisas del Sur   PENSIÓN $
(móvil 9-5688-2723; valerialanderos@hotmail.com; sector playa Ancha; incl. desayuno d 45 000 CLP, h sin baño 20 000 CLP/persona; 🛜) La señora Valeria aloja a sus huéspedes en ocho habitaciones con encantadoras vistas a la playa y aromas de buena cocina.

Camping Tortel   CAMPING $
(móvil 9-7521-5330; www.campingtortel.cl; parcelas 5000 CLP/persona) *Camping* en plataformas con duchas de agua caliente.

Residencial Estilo   PENSIÓN $$
(móvil 9-8255-8487; zuri1_67@hotmail.com; d 45 000 CLP, h sin baño 20 000 CLP/persona) La cuidada casa de madera de Alejandra, de vivos colores y con habitaciones dobles pulcras con colchas.

⭐ Entre Hielos   B&B $$$
(móvil 9-9579-3779; www.entrehielostortel.cl; i/d incl. desayuno 118/150 US$; 🛜) Una encantadora casa de madera de ciprés situada al final de unas empinadas escaleras, este maravilloso alojamiento atesora un estilo moderno y calidez familiar. Requiere una estancia mínima de dos noches en temporada alta. El desayuno incluye café de verdad y mermelada casera. Las cenas pueden incluir res local o salmón del río Baker y hay una estupenda selección de vinos. También gestiona salidas en barco como Paz Austral.

🍴 Dónde comer y beber

El Patagón   PESCADO $$
(móvil 9-5600-2560; platos principales 9000-11 000 CLP; 🕐13.00-21.00) Ofrece empanadas de abulón, pescado fresco y platos de carne.

Sabores Locales   CHILENA $$
(móvil 9-9087-3064; platos principales 6000-13 000 CLP; 🕐13.00-1.00; 🍴) Maritza cocina sopas, salmón ahumado y platos de pasta casera en este acogedor café con opciones vegetarianas, licores y cerveza local.

⭐ Cervecería Chelenka   CERVEZA ARTESANA
(móvil 9-9794-9033; 🕐12.00-22.30) ¿Quién hubiera dicho que la mejor cerveza de la Patagonia se fabrica en esta minúscula población sobre pasarelas de madera? El francés Julian elabora una suave IPA de estilo belga, una agradable *porter* y otras variedades, que sirve con cebiche o sándwiches en este sociable *pub*.

ℹ Información

Quiosco turístico (móvil 9-6230-4879; www.municipalidaddetortel.cl; 🕐10.00-22.00 ma-do) Es útil y está a la entrada del pueblo, donde paran los autobuses.

ℹ Cómo llegar y salir

Todos los autobuses salen de una parada situada junto a la oficina de turismo, en la entrada superior del pueblo, ya que los vehículos de motor no pueden entrar en la localidad. Las rutas de autobús son gestionadas por particulares que tienen que solicitar una concesión gubernamental, así que tanto las empresas como los horarios pueden cambiar de un año para el otro.

Hay tres compañías de autobuses que van a Cochrane (10 000 CLP, 3 h). **Buses Aldea** (móvil 9-6232-2798) tiene cuatro salidas semanales a varias horas. **Pachamama** (móvil 9-9411-4755; kamisaraki21@gmail.com) opera cuatro autobuses semanales, e **Hijos de Pioneros** (67-239-0877), a diario.

Vultur Patagonia (móvil 9-9350-8156; andrearosast@gmail.com) va a Villa O'Higgins (4000 CLP, 4 h) a las 16.30 los martes, jueves y sábados. Hijos de Pioneros sale a la 1.30 los jueves.

Llega un **ferri desde Puerto Natales** (en Punta Arenas 61-272-8100; www.tabsa.cl; muelle municipal; 125 000 CLP) cada semana en temporada alta, que continúa hacia Puerto Yungay. Suele llegar por la noche tarde. Dado que no hay farolas en la red de pasarelas, resulta útil llevar un frontal, así como guardar en el móvil los datos del alojamiento de forma que funcione sin internet.

ℹ Cómo desplazarse

La carretera termina en el límite de la población, cerca del sector El Rincón. Pasarelas y escaleras llevan al centro y hasta el sector de la playa Ancha. Es posible desplazarse por la localidad en taxi acuático; se aconseja llevar un equipaje mínimo (teniendo en cuenta las numerosas escaleras).

Los taxis acuáticos cobran por trayecto, no por persona, y salen del sector El Rincón hacia el centro (6000 CLP), la playa Ancha (7000 CLP) y la isla de los Muertos (60 000 CLP).

Puerto Yungay

Bienvenidos al medio de la nada. Con una nueva ruta de ferri desde Puerto Natales, esta localidad se ha convertido en un punto clave del tráfico que une el norte y el sur de la Patagonia, ahorrando días de viaje. Pero no hay que esperar mucho más. Salvajes tramos de torrenciales ríos y bosques vírgenes bordean la serpenteante carretera al sur de El Vagabundo y la que da acceso a Caleta Tortel. Hacia el sur por la carretera Austral, es la última parada antes de Villa O'Higgins.

Hay que llevar una tienda si se llega en ferri desde Puerto Natales. El alojamiento más cercano en este tramo agreste de la carretera está en Caleta Tortel o Villa O'Higgins.

Las únicas provisiones se venden en un pequeño quiosco en el muelle del ferri que abre cuando funciona el ferri. Sirve una deliciosa empanada.

El acceso por carretera solo se realiza en vehículo privado, preferentemente todoterreno. Aquí la carretera Austral exige una atención continua, pues hay tramos de calzada muy irregular y pueden producirse

EL LEGADO DE TOMPKINS

El 29 de enero del 2018 la presidenta Michelle Bachelet y Kristine Tompkins firmaron un decreto para ampliar la red de parques nacionales de Chile más de 4 millones de Ha. Esta acción crea cinco parques nacionales nuevos y amplía los tres existentes. Con unas 400 000 Ha de la Tompkins Conservation y más de 3,5 millones de Ha de territorio federal, esta donación es mayor en tamaño que Suiza. Es la mayor de este tipo en la historia y sitúa Chile a la vanguardia de los proyectos de conservación del mundo.

Es la culminación de 25 años de un duro trabajo por parte de Douglas y Kristine Tompkins, estadounidenses que llegaron a Chile como aventureros y filántropos con ganas de proteger la vasta naturaleza de la Patagonia en una época en que los ranchos habían dejado de ser rentables. Primero crearon el Parque Nacional Pumalín en 1991, y más tarde transformaron una estancia con pastoreo excesivo en el extraordinario Parque Nacional Patagonia. Corcovado, Melimoyu, la isla Magdalena y Yendegaia estaban protegidos y se han convertido en parte de la nueva donación. La pareja también creó importantes proyectos de conservación en Argentina, al proteger más de 800 000 Ha de tierra, más que ningún particular en la historia.

Mientras practicaba kayak en el lago General Carrera con sus amigos, Douglas Tompkins falleció de hipotermia el 8 de diciembre del 2015, después de que su embarcación volcara debido al fuerte viento. Con esta donación, el matrimonio ha pasado a formar parte de los grandes filántropos como Theodore Roosevelt y John Muir. "Espero que seamos recordados como personas que vivieron de una forma que hacía honor a nuestra creencia de que toda vida tiene un valor intrínseco de por sí –afirma Kris Tompkins–, en una época en que la sociedad humana está cada vez más distanciada de las cosas de las que depende."

En un país con poca tradición filantrópica, la compra de grandes extensiones de tierra por parte de los Tompkins inicialmente suscitó sospechas y resentimientos. Pero a medida que pasa el tiempo, el valor económico de los excepcionales parques se ha hecho evidente. Los esfuerzos de conservación de la pareja merecieron el Premio de Economía Global del Instituto Kiel en el 2015 y Kris recibió la Carnegie Medal of Philanthropy en el 2017. Sus donaciones incluso han inspirado imitadores, como el Parque Tantauco del presidente Sebastián Piñera en Chiloé. Pero, y aún más importante, los Tompkins han sido piezas clave para conservar la naturaleza virgen de Chile para todos nosotros.

corrimientos de tierra. Lo mejor es viajar en un vehículo de chasis alto.

Quienes tomen el ferri en Puerto Natales tienen la opción de desembarcar en Caleta Tortel o en Puerto Yungay, si se viaja con un vehículo. El ferri suele llegar tarde por la noche. Las condiciones de la carretera pueden ser malas y no hay alojamiento cerca.

En Puerto Yungay, un ferri gubernamental (www.barcazas.cl) transporta pasajeros y coches al extremo oriental del fiordo Mitchell en el río Bravo, a las 10.00, 12.00, 15.00 y 18.00 (gratis, 1 h) de diciembre a marzo, con dos salidas diarias en temporada baja. Los viajes de regreso desde el lado de Villa O'Higgins zarpan 1 h más tarde. Quienes lleven el coche deben llegar 1 h antes.

Después de la travesía en ferri, otros 100 km de accidentada carretera llevan al extremo norte de un brazo estrecho del lago O'Higgins (lago San Martín en el lado argentino) y Villa O'Higgins.

Villa O'Higgins

67 / 612 HAB.

La última parada en dirección sur por la carretera Austral, este pueblo mítico atrae por su aislamiento. Colonizado primero por los ingleses (1914-1916), atrajo luego a unos pocos chilenos, pero la carretera no llegó hasta 1999. Los espectaculares alrededores se pueden explorar a caballo o a pie, y hay pesca excelente y acceso en barco al glaciar O'Higgins. Cada vez más excursionistas y ciclistas llegan desde El Chaltén, Argentina. Los planes para crear una carretera que pase a Argentina por la Entrada Mayer y añadir una vía entre Candelario Mancilla y el lago del Desierto (que aún requerirá el uso de ferri) facilitarán el enlace con el país vecino.

Casi nadie utiliza direcciones, pero sus habitantes indican gustosos el camino correcto. No hay cajero; hay que llevar todo el efectivo que se vaya a necesitar, y pesos argentinos si se piensa cruzar la frontera.

Actividades

Wings Patagonia
VUELOS PANORÁMICOS
(Transportes Aéreos del Sur; móvil 9-9357-8196; www.transportesaereosdelsur.com; Vargas 497; vuelo panorámico 300 US$/persona; 9.00-13.00 y 15.00-20.00) Sobrevolando la Patagonia con vistas del Campo de Hielo Sur, solo un cóndor podría tener una panorámica mejor. Estas salidas de 4 h en un Cessna con un piloto

excelente requieren cierta fortaleza, pero son espectaculares. Las tarifas se basan en un mínimo de cuatro pasajeros. Los vuelos dependen de las condiciones atmosféricas. Se acepta tarjeta de crédito.

También opera chárteres al aeródromo Cerro Castillo (cerca de Torres del Paine) y al aeropuerto de Balmaceda.

Ruedas de la Patagonia
BARCO
(móvil 9-7604-2400; www.turismoruedasdelapatagonia.cl; Padre Antonio Ronchi 28; viaje 35 000 CLP; 9.00-21.00) Este barco de 12 m para 16 pasajeros une Candelario Mancilla y Puerto Bahamondez (1 h 40 min), normalmente los días que el ferri La Quetru de Robinson Crusoe no circula. El precio incluye el traslado en autobús a Villa O'Higgins. A veces no sale los días u horas programadas. También ofrece servicios chárter.

Glaciares Austral Expediciones
EXCURSIONISMO
(WhatsApp 9-4232-3013) Los guías Nicole Zúñiga y Misael Tiznado organizan salidas de excursionismo y con caballos de carga desde Candelario Mancilla o la península cercana al ventisquero Chico y el mirador del glaciar O'Higgins. Tienen previsto instalar un refugio de montaña de camino. Para los muy amantes de los glaciares, ofrecen una excursión de 10 días al Campo de Hielo Sur (850 000 CLP/persona, todo incl.).

Se debe contactar por WhatsApp, aunque tardan en contestar pues suelen estar sin cobertura.

Robinson Crusoe
CIRCUITOS
(67-243-1811; www.robinsoncrusoe.com; carretera Austral s/n; circuito glaciar 99 000 CLP; 9.00-13.00 y 15.00-19.00 lu-sa nov-mar) Desde Puerto Bahamondez el catamarán La Quetru realiza circuitos al glaciar impresionante O'Higgins, en el Campo Hielo Sur, con desembarco en Candelario Mancilla (36 000 CLP, 4 h) para quienes vayan de excursión a Argentina. Su paquete a El Chaltén (75 000 CLP) sale a buen precio, e incluye el barco y transporte al lado argentino de la frontera. También vende mapas de excursionismo.

La empresa tiene proyectado sumar un barco para 20 pasajeros que reducirá la duración del viaje a Candelario Mancilla.

Villa O'Higgins Expediciones
AVENTURA
(67-243-1821, móvil 9-8210-3191; www.villaohiggins.com; Teniente Merino s/n) Funciona espo-

A ARGENTINA POR LA PUERTA DE ATRÁS

Se puede bordear el Campo de Hielo Sur para ir de Villa O'Higgins al Parque Nacional Los Glaciares de Argentina y El Chaltén. Esta ruta (1-3 días) se puede realizar entre el 1 de noviembre y el 30 abril. Hay que llevar todas las provisiones, efectivo en ambas divisas, el pasaporte y ropa de lluvia. Se pueden producir retrasos debido al mal tiempo o a problemas con los barcos, así que hay que llevar comida y pesos extras. El viaje es como sigue:

➡ Salida de Villa O'Higgins en el autobús de las 8.00 hacia Puerto Bahamondez (2500 CLP).

➡ Se toma el catamarán de Robinson Crusoe (p. 334), *La Quetru* (36 000 CLP, 4 h), del puerto de Villa O'Higgins, Puerto Bahamondez, a Candelario Mancilla en la orilla sur del lago O'Higgins. Sale sobre todo los lunes, miércoles y sábados (1-3 semanas).

➡ Otra opción es el barco más pequeño y rápido de Ruedas de la Patagonia (p. 334) entre Candelario Mancilla y Puerto Bahamondez (1 h 40 min, 35 000 CLP), con traslado a Villa O'Higgins. Suele circular los días que no hay ferri.

➡ Candelario Mancilla ofrece alojamiento básico, monta en caballos de carga y alquiler de animales de carga (monta o caballos de carga 30 000 CLP). Hay que pasar la aduana chilena e inmigración.

➡ Trayecto a pie o a caballo hasta la laguna Redonda (2 h). Se prohíbe la acampada.

➡ Trayecto a pie o a caballo hasta la laguna Larga (1½ h). Se prohíbe la acampada.

➡ Trayecto a pie o a caballo hasta la orilla norte del lago del Desierto (1½ h). Se permite la acampada. Se cruza la aduana argentina.

➡ Trayecto en ferri de la orilla norte a la orilla sur del lago del Desierto (60 US$, 2¼ h). Otra opción es recorrer la costa a pie (15 km, 5 h). Se permite la acampada. En la aduana argentina informan sobre el horario del ferri.

➡ Trayecto en autobús lanzadera a El Chaltén, a 37 km (27 US$, 1 h).

Para más información, pregúntese en el Rancho Grande Hostel (p. 374) en el lado argentino. En Chile, Robinson Crusoe (p. 336) también ofrece todo el viaje por un precio de paquete.

rádicamente, pero ofrece salidas guiadas a caballo o de excursionismo. También alquila bicicletas.

🛌 Dónde dormir

⭐**El Mosco** ALBERGUE $
(📞67-243-1819, móvil 9-7658-3017; carretera Austral, km 1240; parcelas 6000 CLP/persona, dc 9000 CLP, incl. desayuno d 45 000 CLP, i/d sin baño 18 000/30 000 CLP, cabañas 4 personas 50 000 CLP) Acogedor, animado y con servicio completo, alberga a ciclistas, senderistas e incluso algún viajero convencional. El secreto está en el servicio, y Orfelina lo borda con su afecto maternal. Hay buena información de viaje, una colección de mapas topográficos de la zona y una sauna finlandesa.

Entre Patagones CABAÑAS $
(📞móvil 9-7642-7287; www.entrepatagones.cl; carretera Austral s/n; domos 90000 CLP, cabañas 2/4 personas 35 000/45 000 CLP) Alquila cabañas a buen precio en el restaurante homónimo

o cúpulas geodésicas nuevas con *jacuzzis* de madera particulares, justo a las afueras de la población. Las cúpulas lucen un buen trabajo en madera y se asientan sobre una colina boscosa.

Ruedas de la Patagonia PENSIÓN, CABAÑAS $
(📞móvil 9-6627-8836; calle Ronchi 128; h por persona incl. desayuno 15 000 CLP, cabañas 2/4/6 personas 40 000/55 000/65 000 CLP; 📶) Al final de una calle sin salida, estas cabañas de madera son una buena opción, aunque las dobles carecen de cocina. Las habitaciones de la pensión son correctas y el alojamiento acepta tarjetas de crédito.

Ecocamp Tsonek CAMPING $
(📞móvil 9-7892-9695; www.tsonek.cl; carretera Austral s/n; parcelas persona/ciclista 4000/3000 CLP; 📶) 🌿 Un proyecto de conservación en un bello bosque de hayas con plataformas para las tiendas (y tiendas para prestar), duchas solares de agua caliente y cocina. Es el sueño del

Pajarero, un talentoso guía de observación de aves que también acompaña en excursiones y salidas de navegación.

Hospedaje Rural Candelario Mancilla

PENSIÓN $

(☑WhatsApp 9-9316-2011; sector Candelario Mancilla; parcelas 5000 CLP/persona, h sin baño 10 000 CLP/persona) Si se busca la última frontera, váyase a este alojamiento en el sector más meridional de Candelario Mancilla, accesible solo en ferri o barco. Las comidas se pagan aparte (8000 CLP).

Robinson Crusoe Lodge

REFUGIO $$$

(☑móvil 9-6608-7168, en Santiago 2-2334-1503; www.robinsoncrusoe.com; carretera Austral, km 1240; i/d/tr incl. desayuno 194/230/300 US$; 🛜) En solitario en el rango exclusivo, esta moderna construcción prefabricada gana calidez con las mantas andinas y los sofás con cojines de punto. Aunque el hotel se excede con el precio de una cama *king size,* ofrece servicios agradables, como bufés variados de desayunos y un *jacuzzi* de madera. Los huéspedes suelen contratar un paquete con todo incluido, con actividad y guías bilingües.

🍴 Dónde comer y beber

Restaurante Lago Cisnes

CHILENA $$

(☑móvil 9-6673-2734; calle Nueva 1; platos principales 9000-12 000 CLP; ⊙11.00-23.00) Este restaurante sirve platos típicos chilenos, como sopas, pescado y res. El menú fijo de mediodía sale a buen precio (6000 CLP), pero no es tan sabroso como, p. ej., la merluza frita de la carta.

Entre Patagones

CHILENA $$

(☑móvil 9-7642-7287; carretera Austral s/n; platos principales 8000-10 000 CLP; ⊙13.00-24.00) Con el mejor ambiente de la población, este bar-restaurante de madera sirve abundantes platos de salmón y ensalada o especialidades a la barbacoa. Hay que llamar con antelación; está en la entrada de la localidad.

Cafe Noroeste

CAFÉ

(☑móvil 9-7669-4112; Teniente Merino s/n; ⊙7.30-13.30 y 16.00-21.30) Sirve bebidas de café y dulces, y es el único café de la población, aunque, fiel a la tradición local, incluso este lugar cierra a la hora del almuerzo.

ℹ Información

Quiosco de información (www.municipalidadohiggins.cl; plaza Cívica; ⊙8.30-13.00 y 14.30-19.00 nov-mar) Quizá dispongan de mapas de senderismo.

TAS (☑67-239-3163; www.transportesaereosdelsur.com; Vargas 497; ⊙9.00-13.00 y 15.00-20.00) Además dar información local y gestionar los vuelos panorámicos de Wings Patagonia, esta agencia ofrece traslados por carretera, de pesca con mosca guiada y kayak por el lago. Acepta tarjetas de crédito.

ℹ Cómo llegar y salir

Aerocord (p. 319) vuela a Coyhaique (28 000 CLP, 1½ h), pero los vuelos ahora se han interrumpido. Los lugareños tienen preferencia, ya que la región está aislada.

Se pueden tomar autobuses en la carretera Austral cerca de la entrada de la población. **Águilas Patagónicas** (p. 331) va a Cochrane (8000 CLP, 6 h) los viernes y lunes a las 8.00. La frecuencia varía en temporada baja.

PASO FRONTERIZO

Al norte de Villa O'Higgins, un ramal de la carretera Austral va al paso Mayer y la frontera argentina. Mientras que en el sector chileno hay una buena carretera de grava, en el argentino se carece de un puente muy necesario. Está bien para un todoterreno en temporada baja, pero en verano puede haber demasiada agua. Hay que preguntar a la policía local antes de intentar cruzar.

Sur de Patagonia

Los mejores restaurantes

➡ Singular Restaurant (p. 354)

➡ Afrigonia (p. 354)

➡ Santolla (p. 355)

➡ La Aldea (p. 354)

➡ El Fogón de Lalo (p. 344)

Los mejores alojamientos

➡ Patagonia Camp (p. 364)

➡ Singular Hotel (p. 353)

➡ La Yegua Loca (p. 343)

➡ Ilaia Hotel (p. 343)

➡ Wild Patagonia (p. 351)

➡ VinnHaus (p. 352)

Por qué ir

Vientos fuertes de poniente, inhóspitos paisajes marinos y las agujas escarpadas de Torres del Paine: esta es la esencia de la Patagonia. Las provincias de Magallanes y de Última Esperanza tienen un atractivo de frontera comparable a la Amazonia profunda y la Alaska más remota. Mucho antes de que hubiera vida humana en el continente, los glaciares cincelaron y tallaron estos paisajes fantásticos. Hoy en día, sus visitantes viven grandes aventuras caminando por suelos rocosos, viendo miles de pingüinos o paseando a caballo por la estepa.

La atracción estrella es el Parque Nacional Torres del Paine, uno de los mejores parques del continente. Por toda la región es fácil e interesante viajar entre Argentina y Chile. En este capítulo se incluye lo más destacado de la Patagonia argentina.

Cuándo ir
Punta Arenas

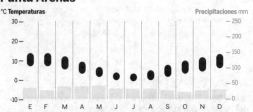

Dic-feb Son los meses más cálidos, ideales para visitar estancias y hacer excursionismo.

Med oct-ppios mar Abunda la fauna costera, los pingüinos y otras aves acuáticas.

Mar-abr Los fuertes vientos de verano empiezan a amainar y llegan los colores del otoño.

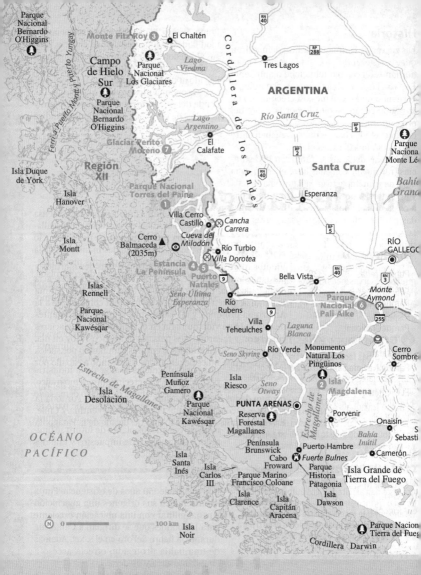

Imprescindible

1 Parque Nacional Torres del Paine (p. 357) Descubrir la parte más lejana de este parque nacional.

2 Isla Magdalena (p. 341) Unirse a la marcha de los pingüinos.

3 Cerro Fitz Roy (p. 377) Ir de excursión cerca de

El Chaltén, capital argentina del senderismo.

4 A los fogones (p. 349) Comer un asado tradicional en una estancia de verdad.

5 Puerto Natales (p. 348) Mimarse a base de masajes y deliciosas comidas tras pasar por Torres del Paine.

6 Parque Nacional Pali Aike (p. 348) Explorar la retorcida estepa volcánica de este parque menos famoso.

7 Glaciar Perito Moreno (p. 372) Observar los fantásticos contornos azules de este glaciar argentino.

Historia

Las cuevas de Última Esperanza demuestran que desde el 10000 a.C. en la región vivían humanos: el pueblo tehuelche o aonikenk. En 1520, llegó el primer europeo, el portugués Fernando de Magallanes. El crecimiento de la región se vio espoleado por la fiebre del oro californiano, que trajo consigo el comercio gracias a los barcos que navegaban entre Europa, California y Australia.

A finales del s. XIX se fundaron las estancias (ranchos) y con ellas llegó el *boom* de la lana, de gran impacto en la Patagonia chilena y argentina. Unos pocos amasaron fortunas a costa de las poblaciones nativas, mermadas por las enfermedades y las guerras. Con la apertura del canal de Panamá en 1914, el tráfico por el cabo de Hornos se redujo y con ello la importancia internacional de la zona.

Hoy en día la pesca, la silvicultura, las pequeñas reservas petrolíferas y la producción de metanol, junto con una industria turística en progresión, proporcionan una relativa prosperidad.

❶ Cómo llegar y desplazarse

La manera más fácil de llegar al sur de Patagonia es en avión desde Santiago o Puerto Montt hasta Punta Arenas. Hay vuelos diarios desde estas dos ciudades, y algo más espaciados desde otras poblaciones importantes de Chile. Otras opciones son el ferri de Navimag, que va desde Puerto Montt a Puerto Natales, o un largo viaje en autobús desde Puerto Montt hasta Argentina y luego se regresa a Chile a la altura de Punta Arenas.

A diferencia de otras zonas de la Patagonia, las carreteras de los alrededores de Punta Arenas están asfaltadas. Los autobuses a los destinos principales son frecuentes, pero en verano hay que reservar plaza con antelación. Los viajeros deben tomar el avión o el ferri para ir a Porvenir o Puerto Williams.

MAGALLANES

Este territorio abrupto y azotado por el clima lleva cientos de años habitado, si no miles. Aunque los habitantes actuales de estas tierras tienen poco que ver con los nativos que en otro tiempo remaban por los canales en canoas y cazaban guanacos, siguen estando aislados por grandes montañas y aguas heladas. La única manera de llegar aquí desde el resto de Chile es por aire o por mar, o por carretera a través de la Patagonia argentina.

Punta Arenas, la capital, ofrece todas las comodidades de una gran ciudad chilena, pero sus alrededores son yermos y desolados. Aquí se vive de cerca el sentimiento del pionero llegado al fin del mundo

La economía moderna de Magallanes depende del comercio, el negocio petrolífero y la industria pesquera. Su prosperidad indica que goza de uno de los niveles de ocupación más altos de Chile y de los mejores servicios públicos del país.

Punta Arenas

📞 061 / 124 500 HAB.

No es fácil definir Punta Arenas, una extensa metrópolis a orillas del estrecho de Magallanes. Es una rara combinación de lo ruin y lo majestuoso, con recargadas mansiones de la época boyante lanera y puertos modernizados junto a una urbanización descontrolada. Situada en el extremo más meridional del continente americano, disfruta de pocos momentos de clima benigno; es frecuente que el sol brille a través de la lluvia.

La hospitalidad de la región sigue viva en la cultura local, resuelta e incluso alimentada por la naturaleza inhóspita. Su reciente prosperidad, gracias al auge de la industria petroquímica y al crecimiento demográfico, ha puesto fin a su fama de pueblo demasiado rústico. Aunque sería deseable que parte de esa prosperidad se invirtiera en su restauración, parece que los planes de futuro se limitan a tiendas libres de impuestos y grandes centros comerciales.

Historia

Con menos de 150 años de existencia, Punta Arenas fue en sus orígenes una guarnición y penal militar con una ubicación excelente para los buques que se dirigían a California durante la fiebre del oro en el s. XIX. Además de una bahía protegida, ofrecía acceso a abundante agua y madera.

En un principio, Punta Arenas vivió de sus recursos naturales, que incluían pieles de foca, piel y plumas de guanaco, minerales como el carbón y el oro, guano, madera y leña. La economía no se disparó hasta el último cuarto del s. XIX, cuando el gobernador territorial autorizó la compra de 300 ovejas de pura raza de las islas Malvinas. El éxito de este experimento impulsó a invertir en ganado lanar, y para el cambio de centuria había casi dos millones de ovejas pastando por el territorio.

Los imperios comercial y lanar de la zona se basaron en el esfuerzo de inmigrantes de muchos países: ingleses, irlandeses, escoceses, croatas, franceses, alemanes, españoles e italianos, entre otros; muchos puntarenenses remontan sus orígenes familiares a estos colonos. Las mansiones edificadas hace años por los ricos albergan hoy hoteles, bancos y museos.

⊙ Puntos de interés

★ Cementerio municipal CEMENTERIO

(entrada principal av. Bulnes 949; ☺7.30-20.00) GRATIS Uno de los cementerios más fascinantes de Sudamérica, con humildes tumbas de emigrantes y mausoleos suntuosos como el del magnate lanero José Menéndez, una reproducción a escala del monumento al rey Víctor Manuel en Roma, según el escritor Bruce Chatwin. En la entrada principal se expone un plano.

Está al noreste de la plaza, a 15 min a pie, aunque también se puede llegar en taxi colectivo desde delante del Museo Regional de Magallanes.

Museo Regional de Magallanes MUSEO

(Museo Regional Braun Menéndez; ☑61-224-4216; Magallanes 949; ☺10.30-17.00 mi-lu, hasta 14.00 may-dic) GRATIS Esta opulenta mansión es testimonio del poder y la riqueza de los ganaderos laneros a finales del s. XIX. En su interior alberga un museo histórico de la región y el exquisito mobiliario modernista francés original, desde suelos de madera de complicados diseños hasta jarrones chinos. Abajo hay un café, ideal para tomar un pisco sour rodeado de todo este esplendor.

Museo Naval y Marítimo MUSEO

(☑61-220-5479; www.museonaval.cl; Pedro Montt 981; adultos/niños 1000/300 CLP; ☺9.30-12.30 y 14.00-17.00 ma-sa) Entre sus muestras históricas se cuenta un relato muy interesante de la misión chilena que rescató a la tripulación de Ernest Shackleton de la Antártida. La exposición más imaginativa es la réplica de un barco completo, con puente, mapas, cartas navales y sala de radio.

Casa Braun Menéndez EDIFICIO HISTÓRICO

(☑61-224-1489; ☺10.30-13.00 y 17.00-20.30 ma-vi, 10.30-13.00 y 20.00-22.00 sa, 11.00-14.00 do) GRATIS Orientado al lado norte de la plaza Muñoz Gamero está el Club de la Unión, que alberga el antiguo Palacio Sara Braun, hoy llamado Casa Braun Menéndez.

Museo Río Seco MUSEO

(☑móvil 9-5335-0707; www.museodehistorianaturalrioseco.org; Río Seco; ☺15.00-18.00 lu-vi, 10.00-12.00 y 15.00-18.00 sa y do) GRATIS Proyecto preferido de los hermanos Cáceres, este divertido museo es una buena alternativa para los amantes de la historia natural. Las exposiciones muestran excepcionales dibujos de naturalistas y esqueletos minuciosamente restaurados de aves marinas, leones marinos y ballenas. Llámese antes de visitarlo porque podrían estar limpiando huesos de ballena en la parte trasera.

Acogen voluntarios con estancias mínimas de una semana.

Plaza Muñoz Gamero PLAZA

Plaza central de magníficas coníferas rodeada de mansiones. En el lado norte, la Casa Braun Menéndez alberga el Club de la Unión, privado, con una taberna abajo (abierta al público). Cerca, el monumento que conmemora el 400 aniversario de la expedición de Magallanes fue donado por el magnate de la lana José Menéndez en 1920. Al este está la antigua Sociedad Menéndez Behety, que hoy alberga las instalaciones de Turismo Comapa. La catedral está al oeste.

Instituto de la Patagonia MUSEO

(☑61-220-7051; av. Bulnes 01890; ☺8.30-11.00 y 14.30-18.00 lu-vi) La época de los pioneros renace en el Museo del Recuerdo (☑61-220-7056; www.umag.cl; 2000 CLP; ☺8.30-11.00 y 14.30-18.00 lu-vi) del Instituto de la Patagonia, que forma parte de la Universidad de Magallanes. La biblioteca tiene mapas y publicaciones históricas y científicas. Los taxis colectivos que van a la zona franca paran también aquí.

🏃 Actividades

Patagonia Diving SUBMARINISMO, BUCEO

(☑móvil 9-8982-4635; www.patagoniadiving.cl; calle Juan Williams s/n, Río Seco; ☺horario variable) Con guías PADI, esta agencia lleva a pecios, corales y colonias de leones marinos. Por la zona también hay impresionantes lechos de algas y grupos de delfines. Inmersiones y cursos con equipo incluido. Está 13 km al norte de Punta Arenas, hacia el aeropuerto.

Cruceros Australis CRUCERO

(☑en Santiago 2442-3110; www.australis.com; ☺sep-may) Lujosos cruceros turísticos de cuatro y cinco días entre Punta Arenas y Ushuaia. Reservas en Turismo Comapa.

Ride Patagonia BICICLETA DE MONTAÑA
(📱móvil 9-7135-8831; www.ridepatagonia.cl; día completo 150 US$) Nuevo servicio de rutas guiadas por senderos estrechos y paseos por pistas más sencillas lejos del tráfico, por la zona de Punta Arenas e incluso en la Tierra del Fuego. Bicicletas con suspensión total.

👉 Circuitos

Patagonia Backroads CIRCUITOS
(📱61-222-1111, móvil 9-8393-6013; www.patago niabackroads.com; av. España 1032) Para los que sueñan con el viaje del Che en *Diarios de motocicleta*. Aníbal Vickacka organiza unos prestigiosos circuitos de 10 días en moto BMW (o todoterreno) por Patagonia.

Kayak Agua Fresca KAYAK
(📱móvil 9-9655-5073; www.kayakaguafresca.com; circuito 4½ h 70 000 CLP) En esos días raros de Punta Arenas en que el viento es suave y el mar un plato, la práctica del kayak marino es espectacular. También propone excursiones en zódiac. La agencia no tiene oficina; véase la información en su web.

Solo Expediciones CIRCUITOS
(📱61-271-0219; http://soloexpediciones.com; Nogueira 1255) Entre sus circuitos, hay uno a la isla Magdalena para ver pingüinos en barcos semirrígidos más rápidos y recomendables (otros circuitos se apoyan en los ferris) y una excursión de un día para observar las ballenas en el Parque Marino Francisco Coloane.

Isla Magdalena OBSERVACIÓN DE AVES
(entrada/circuito 7000/63 000 CLP; 🕓dic-feb) Cuenta con una colonia de pingüinos de Magallanes. Los circuitos en ferri de 5 h atracan durante 1 h y zarpan del puerto los martes, jueves y sábados de diciembre a febrero. Confírmese antes los horarios. Billetes en Turismo Comapa. Llévese almuerzo.

Turismo Comapa CIRCUITOS
(📱61-220-0200; www.comapa.com; Lautaro Navarro 1112; 🕓9.00-13.00 y 14.30-18.30 lu-vi) Excursiones de un día por Punta Arenas para ver los pingüinos de Magallanes en el Monumento Natural Los Pingüinos de la isla Magdalena, por ejemplo. También vende pasajes de Navimag.

Whale Sound OBSERVACIÓN DE BALLENAS
(📱61-222-1935; www.whalesound.com; Lautaro Navarro 1111; paquete 3 días 1500 US$; 🕓nov-abr) Financia estudios científicos con sus expediciones marítimas al remoto Parque Marino

INDISPENSABLE

MONUMENTO NATURAL LOS PINGÜINOS

Las prósperas colonias de pingüinos de Magallanes del Monumento Natural Los Pingüinos (www.conaf.cl/parques/monumento-natural-los-pinguinos; adultos/niños 7000/3500 CLP; 🕓nov-mar) de la isla Magdalena e isla Marta bien merecen una visita. Las islas están 35 km al noreste de Punta Arenas. Los circuitos en ferri de 5 h (adultos/niños 50000/25 000 CLP) tardan 1½ h en los desplazamientos y recalan 1 h en la isla; zarpan los martes, jueves y sábados, de diciembre a febrero. Confírmese antes el horario. Hay que reservar en Turismo Comapa y llevar almuerzo.

Francisco Coloane. Hay paquetes de 2 días/1 noche y de 4 días/5 noches con alojamiento en domo y en la Hostería Faro San Isidro.

Turismo Laguna Azul OBSERVACIÓN DE AVES
(📱61-222-5200; www.turismolagunaazul.com; Magallanes 1011; circuito 50 000 CLP) Organiza una excursión con salida antes de las 8.00 y regreso a las 21.00 para ver a los pingüinos reales de Tierra del Fuego (buena parte del tiempo se invierte en llegar). No hay guía ni almuerzo (hay que llevarlos), y la entrada a la Reserva Onaisin, de propiedad privada, se paga aparte (14 000 CLP).

Turismo Aonikenk CIRCUITOS
(📱61-222-8616; Magallanes 570) Agencia recomendable que solo trata con particulares, con rutas al cabo Froward, visitas a la colonia de los pingüinos reales de Tierra del Fuego y otras expediciones abiertas más baratas para participantes con experiencia.

🎉 Fiestas y celebraciones

Solsticio de invierno CULTURAL
(🕓21 jun) La noche más larga del año se celebra el 21 de junio.

Carnaval de Invierno CULTURAL
(🕓finales jul) A finales de julio: fuegos artificiales, desfiles y alegría.

🛏 Dónde dormir

Hostel Entrevientos ALBERGUE $
(📱61-237-1171; www.hostelentrevientos.cl; Jorge Montt 0690; incl. desayuno dc 21 US$, d/tr 56/80 US$; 🛜) Cerca del litoral, este espacio-

Punta Arenas

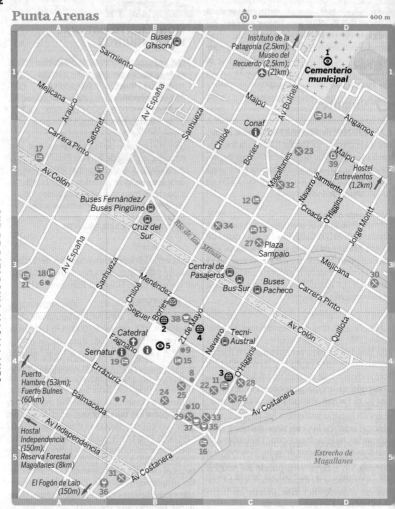

N
0 —————————— 400 m

so albergue tiene unas imponentes vistas del mar desde el acogedor saloncito del segundo piso. Cuenta con cocina para huéspedes y con dormitorios colectivos y pequeñas pero cálidas habitaciones con baño propio. Sus amables propietarios también alquilan bicicletas (7000 CLP al día). La pega es que queda a 25 min a pie del centro, aunque también hay autobuses.

Hostal Independencia PENSIÓN $
(☎61-222-7572; https://hostalindependencia.es.tl; av. Independencia 374; parcelas 5000 CLP/persona, dc incl. desayuno 10 000 CLP; @☎) Una de las

últimas guaridas para mochileros acérrimos, con precios baratos y buen ambiente. Pese al caos, las habitaciones están bastante limpias y se puede usar la cocina, hay zona de acampada y alquilan bicicletas (8000 CLP al día).

Al Fin del Mundo ALBERGUE $
(☎61-271-0185; www.alfindelmundo.hostel.com; O'Higgins 1026; dc/d sin baño 15 000/40 000 CLP; ☎) Situado en la segunda y tercera planta de un rancio edificio del centro, sus habitaciones son alegres aunque necesitan una renovación. Comparten baños con duchas de agua caliente, una gran cocina, y una sala de

Punta Arenas

estar con TV grande, billar y biblioteca de DVD. Alquilan bicicletas (1000 CLP por hora).

Hotel Lacolet HOTEL-BOUTIQUE **$$**
(☑61-222-2045; www.lacolet.cl; Arauco 786; d incl. desayuno 125-145 US$; [P][🛜]) Esta maravillosa casa de ladrillo antigua, a los pies del mirador del cerro de la Cruz, tiene parqué y cinco cómodas habitaciones con TV, baños embaldosados y secador de pelo. El servicio es bueno, y el desayuno de bufé, de los mejores de Patagonia, con cuatro tipos de pan casero, mermelada casera, huevos, fruta, embutidos y quesos.

Hotel Patagonia HOTEL **$$**
(☑61-222-7243; www.patagoniabb.cl; av. España 1048; d incl. desayuno 85-125 US$; [P][🛜]) Firme opción de categoría media con habitaciones prácticas con ropa de cama almidonada y decoración sencilla. El servicio peca de frío. Se accede por una larga entrada para vehículos por detrás del edificio principal.

Hospedaje Magallanes B&B **$$**
(☑61-222-8616; www.hospedaje-magallanes.com; Magallanes 570; d 60 000 CLP, dc/d sin baño 20 000/45 000 CLP; [@][🛜]) Una opción estupenda y barata gestionada por una pareja que también son guías de Torres del Paine

y tienen una agencia de viajes. Cuenta con pocas habitaciones, muy tranquilas, y cenas o parrilladas comunitarias frecuentes. El desayuno incluye pan integral.

Hostel Keoken PENSIÓN **$$**
(☑61-224-4086; www.hostelkeoken.cl; Magallanes 209; i/d 45 000/58 000 CLP, sin baño 35 000/45 000 CLP; [@]) Muy popular entre los mochileros: camas confortables y repostería casera para desayunar. El centro queda a pocos pasos.

★**La Yegua Loca** HOTEL-BOUTIQUE **$$$**
(☑61-237-1734; www.yegualoca.com; Fagnano 310; h 200-220 US$) El viajero puede sumergirse en el ambiente regional tradicional de este fantástico hotel con reliquias empleadas como muebles y elementos decorativos. Las grandes habitaciones siguen distintas temáticas, como el esquileo, la carpintería o el ordeñadero, todas con cómodas camas y calefacción. El servicio es atento. Se halla en una ladera con buenas vistas y tiene restaurante propio.

★**Ilaia Hotel** HOTEL-BOUTIQUE **$$$**
(☑61-272-3100; www.ilaia.cl; carrera Pinto 351; i/d/tr incl. desayuno 110/150/200 US$; ☉sep-abr; [P][🛜]) 🖉 Alegre, moderno y con un cálido ambiente familiar. Las habitaciones son sencillas

y limpias, y un increíble estudio acristalado se asoma al fiordo. Ofrece masajes y saludables desayunos con pan chapati, mermeladas caseras, aguacate y yogures, entre otros. Reciclan y crean compost.

Hostal Innata
PENSIÓN $$$

(📱móvil 9-6279-4254; www.innatapatagonia.com; Magallanes 631; d/apt 97 000/120 000 CLP; P🐕🛜) Pensión céntrica y agradable formada por una elegante casa de 11 habitaciones con edredones de plumón, y una nueva dependencia con apartamentos en la parte trasera. A la hora solicitada sirven el desayuno, que también preparan para llevar de excursión. Resérvese.

Hotel Dreams del Estrecho
HOTEL $$$

(📞gratis 600-626-0000; www.mundodreams.com/detalle/dreams-punta-arenas; O'Higgins 1235; d 158 000 CLP; P🐕🛜🏊) A orillas del mar. El entorno es rutilante, con habitaciones amplias y lujosas; pero lo que causa sensación es la piscina, que parece fundirse con el océano. Con *spa,* casino y un restaurante de postín.

Hotel Cabo de Hornos
HOTEL DE NEGOCIOS $$$

(📞61-224-2134; www.hotelcabodehornos.com; plaza Muñoz Gamero 1025; d/tr 235/280 US$; @🛜) Este bonito hotel de negocios ofrece un interior moderno, habitaciones tranquilas y luminosas y unas vistas de primera. Buen servicio y un elegante bar. También su restaurante tiene buena prensa.

Hotel plaza
HOTEL $$$

(📞61-224-1300; www.hotelplaza.cl; Nogueira 1116; d/tr incl. desayuno 70 000/101 000 CLP; 🛜) Mansión rehabilitada, con techos abovedados, vistas a la plaza y fotografías históricas en las paredes. El servicio es profesional y el emplazamiento, inmejorable.

🍴 Dónde comer

La Vianda
MERCADO $

(Errázuriz 928; tentempiés 4000 CLP; ⏰10.30-18.30 lu-vi) Quienes se preparan su propio almuerzo o emprenden temprano un viaje de larga distancia en autobús, pasan primero por este mercado con un surtido de excelentes panes, dulces y de masa madre, sopas naturales, mermeladas y zumos frescos de ruibarbo. También venden decentes bocadillos.

La Mesita Grande
PIZZERÍA $

(📞61-224-4312; O'Higgins 1001; platos principales 4000-9000 CLP; ⏰12.00-23.00 lu-sa, 13.00-20.00 do) Moderna y con ladrillo visto, sirve *pizzas* finas y crujientes con coberturas de cultivo

ecológico, pintas de cerveza local y helado casero, y unas ensaladas César deliciosas. La sucursal original está en Puerto Natales (p. 354).

Los Inmigrantes
CAFÉ $

(📞61-222-2205; www.inmigrante.cl; Quillota 559; platos principales 5000 CLP; ⏰14.30-21.00) En el histórico barrio croata, sirve tartas en un salón lleno de interesantes recuerdos de los inmigrantes dálmatas.

Mercado municipal
MERCADO $

(21 de Mayo 1465; platos principales 3000-6000 CLP; ⏰8.00-15.00) Mercado de abastos con cocinerías baratas en la 2ª planta: magnífico para platos económicos de pescado y marisco.

Café Almacén Tapiz
CAFÉ $

(📱móvil 8730-3481; www.cafetapiz.cl; Roca 912; platos principales 5000 CLP; ⏰9.00-21.30; 🛜) Cubierto de tablillas de alerce, es un sitio animado para un té. Además de unas tartas maravillosas, hay ensaladas y sándwiches de pan de pita con queso de cabra, carne o verduras asadas.

Fuente Hamburg
CHILENA $

(📞61-224-5375; Errázuriz 856; platos principales 3000-6500 CLP; ⏰10.30-20.30 lu-vi, 10.30-15.00 sa) Taburetes relucientes alrededor de una gran parrilla donde chisporrotean bocados deliciosos. El churrasco con tomates y judías verdes, servido con mayonesa y panecillos recién hechos, es delicioso.

Pachamama
SUPERMERCADO $

(📞61-222-6171; Magallanes 619A; ⏰10.00-13.00 y 15.00-20.00 lu-vi, 10.00-13.30 sa) Con productos económicos, cereales y cultivo ecológico para excursionistas hambrientos.

Kiosco Roca
SÁNDWICHES $

(Roca 875; tentempiés 700 CLP; ⏰7.00-19.00 lu-vi, 8.00-13.00 sa) Parada irresistible, con lugareños que aguardan pacientes un taburete junto a la barra. Solo sirven bocadillitos de chorizo, queso o ambos, que casan de maravilla con un batido de plátano.

Unimarc
SUPERMERCADO $

(Bories 647; ⏰9.00-22.00 lu-sa, 10.00-21.00 do) Grande y bien surtido.

El Fogon de Lalo
PARRILLA $$

(📞61-237-1149; 21 de Mayo 1650; platos principales 7000-12 000 CLP; ⏰20.00-23.00 ma-do) En este ruidoso establecimiento decorado con recuerdos de los pioneros asan a la perfección la carne de vacuno y de cordero local. También sirven buenas ensaladas y guarniciones, y todo es a la carta. El veterano camarero seguramente convencerá al comensal para tomarse un pisco sour y unos entrantes.

La Marmita
CHILENA $$

(☎61-222-2056; www.marmitamaga.cl; plaza Sampaio 678, platos principales 8000-12 000 CLP; ☼12.30-15.00 y 18.30-23.30 lu-sa; ☕) Bistró clásico muy popular por su ambiente festivo y su sabrosa comida. Además de ensaladas frescas y pan caliente, los platos sustanciosos como las cazuelas o los pescados y mariscos evocan la cocina de las abuelas chilenas. Buenas opciones vegetarianas y comida para llevar.

La Cuisine
FRANCESA $$

(☎61-222-8641; O'Higgins 1037; platos principales 8000-13 000 CLP; ☼12.30-14.45 y 19.30-23.00 lu-sa) Si apetecen verduras, en este restaurante francés los platos de pescado y marisco se acompañan con verduras salteadas, ensalada o *ratatouille*. Además, se ofrece paté casero y el vino por copas sale barato.

Damiana Elena
CHILENA $$

(☎móvil 9-6122-2818; Magallanes 341; platos principales 8000-14 000 CLP; ☼20.00-23.00 lu-sa) Fino restaurante en una casa antigua y romántica de un barrio residencial, fuera de las rutas habituales. En general, el desvío vale la pena.

Sotito's
PESCADO $$$

(☎61-224-3565; O'Higgins 1138; platos principales 8000-17 000 CLP; ☼12.00-15.00 y 19.00-23.00 lu-sa, 12.00-16.00 do) Esta marisquería, frecuentada por puntarenenses con dinero y cruceristas ávidos de darse un festín de centolla, es toda una institución. Su cocina no defrauda. En la planta alta se ofrece una carta más amplia y barata que incluye pastas.

🍷 Dónde beber y vida nocturna

★ Bodega 87
BAR

(☎61-237-1357; 21 de Mayo 1469; ☼20.30-1.30 do-ju, hasta 2.30 vi y sa) Este bar de barrio agradable y rebosante de vida es una gran novedad. Sirven memorables cócteles de autor y cervezas locales. Pruébese el mojito de calafate, no muy dulce.

Bar Clinic
PUB

(☎61-237-1250; Errázuriz 970; ☼18.00-2.30 lu-sa) Este fantástico *pub* esquinero con detalles de piel y suelos abrillantados ha vivido ya nueve vidas: ahora es una franquicia de un bar santiaguino llamado como el periódico de sátira política. Su interesante pasado no resulta evidente al cliente ocasional, pero las bebidas están buenas y cuestan la mitad de 18.00 a 21.00 de lunes a jueves.

SUR DE PATAGONIA PUNTA ARENAS

EXPOSICIÓN INDECENTE

A mediados de la década de 1980, los científicos británicos destinados en la Estación Halley, en la Antártida, se percataron de que su medidor de ozono parecía haberse estropeado; los niveles eran mucho más bajos que los registrados con anterioridad. Por desgracia, no era el medidor el que iba mal, sino el propio ozono; sobre la Antártida, sus niveles en primavera habían descendido por debajo de lo normal.

Poco después aislaron al culpable: los clorofluorocarburos (CFC), gases artificiales utilizados en aerosoles, refrigeración, aire acondicionado, disolventes industriales, inhaladores para asmáticos y extintores de incendios. En general, estos gases son inocuos, pero en la primavera antártica la combinación de temperaturas muy frías y el regreso de la luz del sol a la región polar provocan que los CFC devoren rápidamente el ozono de la estratosfera. Conforme avanza la primavera, las temperaturas antárticas empiezan a elevarse y el ozono comienza a recuperarse, pero vuelve a reducirse cuando llega la primavera siguiente.

El ozono protege de las radiaciones ultravioletas, que provocan quemaduras y cáncer de piel, entre otros males. El agujero en la capa de ozono ha ejercido más impacto en el sur de la Patagonia que en cualquier otra zona habitada del planeta, sobre todo en primavera. Los visitantes, y en particular los niños, deben llevar sombreros de ala ancha y gafas de sol, y aplicarse protector solar.

El Protocolo de Montreal de 1987 prohibió los CFC, y los niveles de ozono en la Antártida están empezando a recuperarse, pero deberán transcurrir otro par de décadas para volver a la normalidad. Lamentablemente, muchos de los gases que se usan hoy en sustitución de los CFC son de efecto invernadero, lo que contribuye al calentamiento del planeta.

Jocelyn Turnbull, atmosferóloga

Meraki Café
CAFÉ

(☎61-224-4097; Magallanes 922; ⊘9.00-20.00 lu-sa) Modesta cafetería con torrefacción, meta de cafeteros exigentes; también preparan bocadillos y tartas. Para las latitudes con escasez de café, mejor comprar una bolsita de grano de origen único (molido, si se desea).

Café Wake Up
CAFÉ

(☎61-237-1641; Errázuriz 944; ⊘7.00-20.00 lu-vi, 9.00-16.00 sa, 10.00-16.00 do) Si el viajero tiene un lado hípster, debe acudir a este café chic-industrial y pedir un *latte* doble. Con tentempiés relativamente económicos.

La Taberna
BAR

(☎61-222-2777; Casa Braun Menéndez, plaza Muñoz Gamero; ⊘19.00-2.00 lu-vi, 19.00-3.00 sa y do) En una refinada mansión, este elegante y oscuro bar con acogedores rincones que recuerdan a un barco de épocas pasadas es un clásico club de caballeros. Por la noche el humo de los puros llena los salones, pero se aconseja probar su pisco sour.

De compras

Andrea Araneda
ARTE

(☎móvil 9-8904-5392; aranedacreaciones@gmail.com; Errázuriz 910; ⊘con cita previa) Taller de la talentosa pintora local Andrea Araneda, con un divertido toque de temáticas de Magallanes. Como es su área de trabajo, se recomienda llamar antes y así la visita quizá incluya una copa de vino.

Zona Franca
CENTRO COMERCIAL

(Zofri, ☎61-236-2000; km 3,5 Norte; ⊘11.00-20.00 lu-sa) Se trata de un gran conjunto de tiendas libres de impuestos, especializadas en productos electrónicos, ropa, accesorios informáticos o equipo fotográfico. Los colectivos van y vienen desde el centro por la avenida Bulnes durante todo el día.

Información

Los bancos con cajeros salpican el centro. **Sur Cambios** (☎61-271-0317; Navarro 1001; ⊘9.00-19.00 lu-vi, 9.30-13.00 sa) cambia divisas, igual que algunas agencias de viajes.

La **oficina de correos** (Bories 911; ⊘9.00-18.30 lu-vi, 10.00-13.00 sa) está una cuadra al norte de la plaza Muñoz Gamero.

Conaf (☎61-223-0681; av. Bulnes 0309; ⊘9.00-17.00 lu-vi) Con información sobre los parques nacionales de los alrededores.

Quiosco de información (☎61-220-0610; plaza Muñoz Gamero; ⊘8.00-19.00 lu-sa, 9.00-19.00 do dic-feb) Información turística en el lado sur de la plaza.

Policía (☎61-224-1714; Errázuriz 977)

Sernatur (☎61-224-1330; www.sernatur.cl; Fagnano 643; ⊘8.30-18.00 lu-vi, 10.00-16.00 sa) Personal atento y bien informado; listados de alojamiento y transporte. Horario reducido en temporada baja.

Sernatur dispone de una lista de médicos recomendados. Dispensan asistencia sanitaria en el **Hospital Regional** (☎61-220-5000; esq. Arauco y Angamos).

Cómo llegar y salir

Las oficinas de turismo distribuyen un folleto útil con todos los medios de transporte disponibles.

AVIÓN

El aeropuerto de Punta Arenas (PUQ) queda 21 km al norte del centro.

Aerovías DAP (p. 319) ofrece circuitos por la Antártida (5500 US$ todo el día), vuelos chárter al cabo de Hornos o a otros destinos patagones, como Ushuaia y El Calafate, en Argentina. De noviembre a marzo, vuela a Porvenir (55 000 CLP ida y vuelta) de lunes a sábado varias veces al día, a Pampa Guanaco en la Tierra del Fuego, y a Puerto Williams (143 000 CLP ida y vuelta) de lunes a sábado a las 10.00. El equipaje está limitado a 10 kg por persona.

Sky Airline (☎61-271-0645; www.skyairline.cl; Roca 935) y **LATAM** (☎61-224-1100; www.latam.com; Bories 884) cubren las rutas a Puerto Montt y Santiago. Durante la redacción de la guía, LATAM tenía que añadir vuelos a Ushuaia. Aerolíneas Argentinas tiene vuelos en la región y a veces a Argentina.

BARCO

Transbordador Austral Broom (☎61-272-8100; www.tabsa.cl; av. Bulnes 05075) tiene tres ferris a la Tierra del Fuego. El ferri para automóviles y pasajeros con Porvenir (6200/39 800 CLP por persona/vehículo, 2½-4 h) suele zarpar a las 9.00, con algunas salidas por la tarde; los horarios pueden consultarse en línea. Desde Punta Arenas, es más rápida la travesía por Primera Angostura (1700/15 000 CLP por persona/vehículo, 20 min), al noreste de Punta Arenas, en un barco que zarpa cada 90 min de 8.30 a 23.45. Broom zarpa rumbo a Puerto Williams (butaca/litera 108 000/151 000 CLP incluidas comidas, 30 h), en la isla Navarino, tres o cuatro veces por mes solo los jueves, con regreso los sábados.

Cruceros Australis (p. 340) propone lujosos cruceros de cuatro y cinco días hasta Ushuaia y regreso a Punta Arenas. **Turismo Comapa** (p. 341) gestiona las reservas locales.

AUTOBÚS

Los autobuses salen de las oficinas de las compañías, la mayoría cerca de la avenida Colón. Se aconseja comprar los billetes varias horas (o días) antes. La **Central de Pasajeros** (✆61-224-5811; Magallanes esq. av. Colón) es lo más parecido a una oficina central de reservas.

Para Puerto Natales, viájese con **Buses Fernández** (✆61-224-2313; www.busesfernandez.com; Sanhueza 745) o **Bus Sur** (✆61-261-4224; www.bus-sur.cl; av. Colón 842).

Para Argentina, viájese con **Buses Ghisoni** (✆61-224-0646; www.busesbarria.cl; av. España 264), **Buses Pacheco** (✆61-224-2174; www.busespacheco.com; av. Colón 900) y **Tecni-Austral** (✆61-222-2078; Navarro 975).

Para la Región de Los Lagos chilena, óptese por **Cruz del Sur** (✆61-222-7970; www.buses cruzdelsur.cl; Sanhueza 745).

Destinos diarios y compañías:

DESTINO	PRECIO (CLP)	DURACIÓN (H)
Osorno	35 000	30
Puerto Natales	7000	3
Río Gallegos	20 000	5-8
Río Grande	30 000	7
Ushuaia	35 000	10

❶ Cómo desplazarse

A/DESDE EL AEROPUERTO

Los autobuses salen directamente del aeropuerto hacia Puerto Natales. **Patagon Transfer** (✆móvil 9-5096-3329; 5000 CLP) tiene un servicio puerta a puerta con la ciudad a la hora de los vuelos. **Buses Fernández** tiene una línea regular de traslado al aeropuerto (4000 CLP).

AUTOBÚS Y TAXI COLECTIVO

Los taxis colectivos, con rutas numeradas, salen algo más caros que los autobuses (unos 500 CLP, más a última hora de la noche y los domingos), pero son más cómodos y rápidos.

AUTOMÓVIL

El automóvil es un buen medio para recorrer Torres del Paine, pero sale muy caro alquilarlo en Chile porque al cruzar la frontera argentina hay que pagar el seguro internacional obligatorio. Si se viaja a El Calafate, es mejor alquilar el vehículo en Argentina.

Punta Arenas tiene las tarifas de alquiler más económicas de la Patagonia chilena y las agencias locales suelen dar mejor servicio. La recomendable **Adel Rent a Car** (✆61-222-4819; www.adelrentacar.cl; Pedro Montt 962; ⊙9.30-13.00 y 15.30-18.00 lu-vi, 9.30-13.00 sa) proporciona un servicio atento, precios competitivos, recogida en el aeropuerto y buenos consejos

de viaje. También están **Hertz** (✆61-224-8742; O'Higgins 987) y **Lubag** (✆61-271-0484; www.lubag.cl; Magallanes 970).

Alrededores de Punta Arenas

Monumentos históricos nacionales Puerto Hambre y Fuerte Bulnes

Dos monumentos nacionales conforman el Parque del Estrecho de Magallanes, con senderos y visitas guiadas que se suman al excelente museo y a la cafetería. Fundado en 1584 por Pedro Sarmiento de Gamboa, Puerto Hambre fue uno de los puestos fronterizos españoles más hostiles y efímeros de Sudamérica, y fue llamado así por las penurias que vivían sus habitantes.

En mayo de 1843 el presidente chileno Manuel Bulnes envió la goleta *Ancud*, con chilotes capitaneados por el exoficial británico John Williams, para ocupar esta zona meridional, habitada por pocos indígenas. Cuatro meses después, el 21 de septiembre, cuando la *Ancud* llegó a Puerto del Hambre, Williams declaró la zona territorio chileno y estableció el campamento en lo alto de una colina, a la que llamó Fuerte Bulnes. Sin embargo, su posición expuesta a las inclemencias del tiempo, la falta de agua potable y el terreno rocoso y poco apto para el pastoreo, empujaron a los colonizadores hacia una zona más abrigada al norte, la que los colonos llamaban Punta Arenosa y los tehuelche, Lacolet.

◉ Puntos de interés

★ Parque del Estrecho de Magallanes

PARQUE

(✆61-272-3195; www.phipa.cl; km 56 Sur; adultos/niños 14 000/6000 CLP; ⊙9.30-17.15) Los yacimientos históricos de Puerto Hambre y Fuerte Bulnes son los protagonistas de este parque de gestión privada, una excelente introducción a la historia regional. El museo es el mejor de Patagonia. Las presentaciones que se hacen cada hora dan una idea clara de cómo vivían los indígenas y los intrépidos colonos. Se observa un fuerte de madera restaurado, donde una valla de puntiagudos postes rodea el fortín, los barracones y la capilla. Por los 6 km de la red de senderos hay miradores al estrecho de Magallanes con vistas a la Tierra del Fuego.

Dedíquese al menos 1 h a visitar las originales exposiciones del museo sobre historia natural, exploración regional y los habitantes nativos. Resérvese una visita guiada para disfrutar de una explicación más dinámica.

🛈 Cómo llegar y salir

Una carretera asfaltada va 60 km hacia el sur, de Punta Arenas al fuerte restaurado. No hay transporte público, pero varias agencias organizan excursiones de medio día a Fuerte Bulnes y Puerto del Hambre.

Cabo Froward

El punto situado más al sur del continente, el cabo Froward, se halla 90 km al sur de Punta Arenas, y se llega a él tras una excursión de dos días que atraviesa riscos azotados por el viento.

Una vez allí, una colina de 365 m lleva hasta una enorme cruz, erigida originalmente por monseñor José Fagnano en 1913, aunque la actual se colocó en 1987 con motivo de la visita del papa Juan Pablo II. Se puede acampar a lo largo de la ruta; las excursiones guiadas se contratan en cualquiera de las agencias de Punta Arenas o en Erratic Rock, en Puerto Natales.

Unos 15 km antes de llegar al cabo Froward se halla el faro San Isidro, situado cerca de la base del monte Tarn (830 m). Esta escarpada zona alberga una prolífica población de aves y es muy recomendable para el senderismo. También es el punto de partida de las excursiones de avistamiento de ballenas jorobadas a la isla de Carlos III, en el Parque Marino Francisco Coloane, el primero de esta clase que se creó en Chile. Las ballenas jorobadas y los rorcuales aliblancos se alimentan en esta zona entre diciembre y mayo.

🛈 Cómo llegar y salir

Solo se puede acceder en barco o tras una excursión a pie de dos días, y teniendo en cuenta que las mareas pueden impedir el avance de la ruta.

Parque Nacional Pali Aike

Estepa volcánica escarpada y salpicada de cráteres, cuevas y formaciones rocosas, Pali Aike significa "tierra del diablo" en tehuelche. Este desolado paisaje es un parque 50 km² lindante con la frontera argentina. Las rocas de lava son rojas, amarillas o verdes grisáceas, según su composición mineral. En cuanto a la fauna, abundan los guanacos, los ñandúes, los zorros colorados y los armadillos. En la década de 1930, las excavaciones lideradas por Junius Bird en la **cueva de Pali Aike**, de 17 m de profundidad, extrajeron los primeros restos asociados con animales extintos del Nuevo Mundo como el milodón o el caballo nativo *Onohippidium*.

Parque Nacional Pali Aike (www.conaf.cl/parques/parque-nacional-pali-aike; adultos/niños menores 12 años 3000/1000 CLP) tiene varios senderos, incluido uno de 1,7 km a través de los lechos irregulares de lava del **Escorial del Diablo** hasta el impresionante **cráter Morada del Diablo;** llévese calzado resistente o los pies acabarán destrozados. Hay cientos de cráteres, algunos altísimos. El sendero de 9 km que va de la cueva Pali Aike a la **laguna Ana** enlaza con otro más corto que lleva a la carretera principal, a 5 km de la entrada del parque.

🛈 Cómo llegar y salir

La reserva está a 200 km al noreste de Punta Arenas; se llega por la RN 9, se sigue por la Ch 255 y después, por una carretera secundaria de grava que sale de la cooperativa Villa O'Higgins, 11 km al norte de la estancia Kimiri Aike. También hay un acceso desde el paso fronterizo chileno de Monte Aymond. No hay transporte público, pero las agencias de viajes de Punta Arenas ofrecen excursiones de un día.

ÚLTIMA ESPERANZA

Tanto el nombre como su remota ubicación evocan pensamientos románticos. Las tormentas azotan las vastas extensiones de tierra y el paisaje es excelso; no en vano, cerca se halla el Parque Nacional Torres del Paine y buena parte de los hielos continentales de la Patagonia meridional. Aunque a veces se la asocia a la vecina Magallanes, Última Esperanza es una provincia independiente. Puede ser un lugar algo difícil de atravesar en invierno, aunque ya no está tan aislada como antaño. De hecho, el *boom* turístico le ha restado algo del encanto rústico, pese a lo cual sigue teniendo interés para cualquier visitante.

Puerto Natales

📞 61 / 18 000 HAB.

Antaño fue un modesto puerto de pescadores, pero hoy Puerto Natales se ha convertido en la meca de los excursionistas. Puerta de acceso al Parque Nacional Torres del Paine, la localidad vive del turismo, con todo un abanico de posibilidades para la demanda constante. Durante la hora del té ahora se toman cervezas artesanales o se catan vinos, y las tiendas de material deportivo han suplantado a las de venta de lanas. No obstante, las casas de chapa ondulada pegadas entre sí y los coquetos establecimientos hogareños conservan el atractivo de la ciudad y ni el flujo casi constante de visitantes en verano ha conseguido alterar el paso tranquilo de la vida patagona.

Puerto Natales, 250 km al noroeste de Punta Arenas por la ruta 9, ofrece algunas vistas impresionantes de las montañas. Es la capital de la provincia de Última Esperanza y la estación término más meridional de la travesía en ferri por los fiordos chilenos.

Puntos de interés y actividades

Museo Histórico MUSEO
(☑61-241-1263; Bulnes 28; 1000 CLP; ⊙8.00-19.00 u-vi, 10.00-13.00 y 15.00-19.00 sa y do) Vale la pena visitar este museo, una especie de curso intensivo de historia local, con piezas arqueológicas, una canoa yagán, bolas tehuelches y fotos antiguas.

Mirador Dorotea CAMINO
(Ruta 9; 5000 CLP) Una caminata de un día por un bosque de lengas hasta contemplar unas vistas espléndidas de Puerto Natales y el valle glaciar. A menos de 10 km de Natales. Dorotea es el gran afloramiento rocoso junto a la Ruta 9.

Estancia La Península AIRE LIBRE
(☑móvil 9-6303-6497; www.estanciaspatagonia.com; península Antonio Varas; circuito 1 día 130 000 CLP) Estancia clásica gestionada por una familia con raíces en los pioneros de la región, situada en la orilla de enfrente; ofrece visitas de un día que incluyen excursiones a pie o a caballo, demostraciones con perros pastor y de esquileo de ovejas, y un fantástico cordero asado. También hay excelentes rutas de excursionismo de varios días por lugares más apartados. El punto de encuentro es el muelle del Singular Hotel (p. 353).

Mandala Andino SPA
(☑móvil 9-9930-2997; mandalaandino@yahoo.com; Bulnes 301; masajes desde 25 000 CLP; ⊙10.00-21.00 nov-mar) Centro de cuidados recomendado con masajes al momento, baños y tratamientos de belleza, como masajes con aceite de cannabis. También vende interesantes artículos de regalo y artesanía de la zona.

Patagom Lila YOGA
(☑móvil 9-6140-7857; www.yogapatagomlila.com; Galvarino 345) ✪ Susanne da clases de yoga en una casa del centro y en un espectacular domo geodésico con vistas al seno Última Esperanza, donde también ofrece cursos de permacultura, retiros para practicar yoga y masajes *thai* y con cuencos tibetanos. Además, Susanne ha llevado terapias alternativas a la comunidad navalina.

Circuitos

Antares/Bigfoot Patagonia AVENTURA
(☑61-241-4611; www.antarespatagonia.com; Costanera 161, av. Pedro Montt; kayak lago Grey 66 000 CLP) Especializada en Torres del Paine, facilita permisos de escalada y organiza excursiones personalizadas. Su socia, Bigfoot, tiene la concesión del parque para realizar actividades por el lago Grey, como las rutas de senderismo glaciar por el Grey y travesías en kayak, con una base en el parque.

Baqueano Zamora PASEO A CABALLO
(☑61-261-3530; www.baqueanozamora.cl; Baquedano 534; ⊙10.00-13.00 y 15.00-19.00) Excursiones a caballo y observación de caballos salvajes en Torres del Paine. Agencia recomendada.

Chile Nativo AVENTURA
(☑61-241-1835, móvil 9-9078-9168; www.chilenativo.cl; Eberhard 230, 2º piso) Pone en contacto a los visitantes con los gauchos, organiza safaris fotográficos y está especializada en viajes de aventura a medida.

Erratic Rock AVENTURA
(☑61-241-4317; www.erraticrock.com; Baquedano 955; ⊙10.00-13.00 y 14.00-23.00) ✪ Excursiones a Torres del Paine y otros parajes y alquiler de equipo; también caminatas al cabo Froward, la isla Navarino y destinos menos conocidos. Con excelentes sesiones informativas sobre Torres del Paine a las 11.00 y 15.00 a diario.

Turismo 21 de Mayo CIRCUITOS
(☑61-261-4420; www.turismo21demayo.com; Eberhard 560; ⊙8.00-22.00 oct-mar) Cruceros y excursiones de un día a los glaciares Balmaceda y Serrano (90 000 CLP) y paseos a caballo por

SUR DE PATAGONIA ÚLTIMA ESPERANZA

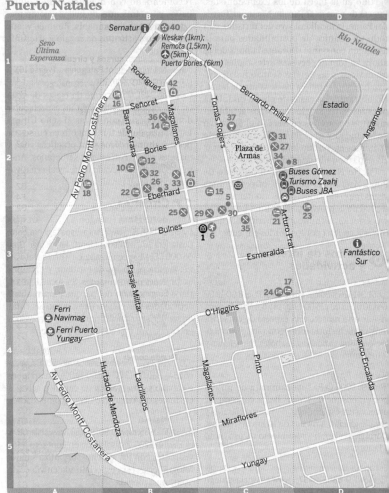

el cerro Dorotea (30 000 CLP), a las afueras de Puerto Natales.

Fortaleza Expediciones AVENTURA
(☎61-261-3395; www.fortalezapatagonia.cl; Tomás Rogers 235) Agencia muy profesional; alquila equipo de acampada.

Pingo Salvaje PASEOS A CABALLO
(☎móvil 9-6236-0371; www.pingosalvaje.com; Estancia Laguna Sofía; medio día paseo a caballo 40 000 CLP; ☉oct-abr) Deliciosa estancia con paseos a caballo y avistamiento de cóndores. Uno puede alojarse en la cómoda cabaña

compartida (22 000 CLP por persona; llévese saco de dormir) o en la zona de acampada (8000 CLP por persona) bajo los árboles, con barbacoas, mesas y duchas con agua caliente. Queda a 30 km de Puerto Natales; el transporte son 12 000 CLP por persona.

Turismo Fiordo Eberhard AVENTURA
(Estancia Puerto Consuelo; ☎móvil 9-6171-9655; www.fiordoeberhard.com; km 23 Norte) Esta fantástica estancia, rodeada por tranquilos fiordos y altas montañas, ofrece paseos a caballo y rutas en kayak.

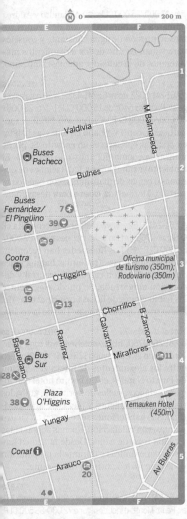

Puerto Natales

⊙ Puntos de interés

1	Museo Histórico	C3

⊕ Actividades, cursos y circuitos

	Antares/Bigfoot Patagonia	(véase 16)
2	Baqueano Zamora	E4
3	Chile Nativo	B2
4	Erratic Rock	E5
5	Fortaleza Expediciones	C2
6	Mandala Andino	C3
7	Patagom Lila	E2
8	Turismo 21 de Mayo	C2

⊜ Dónde dormir

9	4Elementos	E3
10	Amerindia	B2
11	Big Bang Patagonia	F4
12	Hostal Dos Lagunas	B2
13	Hostal Nancy	E3
14	Hotel IF Patagonia	B2
15	Hotel Vendaval	C2
16	Kau	B1
17	Lili Patagonico's Hostal	C3
18	Noi Indigo Patagonia	A2
19	Residencial Bernardita	E3
20	Singing Lamb	E5
21	Vinnhaus	C3
22	We Are Patagonia	B2
23	Wild Patagonia	D3
24	Yaganhouse	C3

⊗ Dónde comer

25	Afrigonia	B3
26	Aluén	B2
27	Asador Patagónico	C2
28	Café Kaiken	E4
29	Crepería	C3
30	El Bote	C3
31	El Living	C2
32	La Aldea	B2
	La Forastera	(véase 22)
33	La Guanaca	B2
34	La Mesita Grande	C2
35	Masay	C3
36	Santolla	B2

⊜ Dónde beber y vida nocturna

37	Baguales	C2
38	Base Camp	E4
39	Last Hope	E3

⊙ Ocio

40	Centro Cultural Galpón Patagonia	B1

⊜ De compras

41	Oneaco	B2
42	Wine & Market	B1

🛌 Dónde dormir

★ Wild Patagonia ALBERGUE **$**

(📱móvil 9-7715-2423; www.wildhostel.com; Bulnes 555; incl. desayuno d 85 US$, dc/d sin baño 24/70 US$; ☺sep-abr, 📶) Albergue con buena onda y agradables habitaciones situadas en cabañas en torno a un patio con hoguera. Para desayunar sirven pan recién hecho, yogur y mermelada.

La cafetería, abierta al público a partir de las 15.00, sirve unas deliciosas hamburguesas y a menudo hay actuaciones de música en directo por las noches. Los propietarios orientan a los huéspedes sobre los servicios del parque. También alquilan material deportivo.

★ Vinnhaus
HOTEL-BOUTIQUE $

(📱móvil 9-8269-2510; Bulnes 499; dc/d incl. desayuno 24/80 US$; ⊙sep-may; 🛜) En este establecimiento, cuyos dormitorios colectivos son un mundo aparte, predomina un fabuloso aire retro. Las literas tienen su propio USB y enchufes para distintos dispositivos. El bar de vinos y cafetería sirve de los mejores cafés de la zona. Desayuno de bufé y coqueto patio donde relajarse.

We Are Patagonia
B&B $

(📱móvil 9-7389-4802; www.wearepatagonia.com; Barros Arana 155; dc incl. desayuno 25 US$; 🛜) Albergue artístico con encanto nórdico minimalista y jardín trasero. La casita tiene dormitorios colectivos mixtos con 30 camas con edredón de plumón, cuatro baños y una pequeña cocina abierta. La recepción abre las 24 h y alquilan bicicletas (2000 CLP por hora).

Singing Lamb
ALBERGUE $

(📱61-241-0958; www.thesinginglamb.com; Arauco 779; incl. desayuno dc 23-28 US$, d 80 US$; @🛜) 🍃 Albergue limpio y ecológico con compostaje, reciclaje y captación de aguas pluviales. Los precios de las habitaciones compartidas se establecen según el número de camas (9 como máximo) y los espacios comunes son amplios. Se agradece la calefacción central y los desayunos caseros. Para llegar hay que seguir por Ramírez una cuadra, una vez pasada la plaza O'Higgins.

Yaganhouse
ALBERGUE $

(📱61-241-4137; www.yaganhouse.cl; O'Higgins 584; dc 15 000 CLP, d con/sin baño 40 000/36 000 CLP; 🛜) Casa campestre chilena con habitaciones renovadas, un bonito patio y un jardincito trasero. Hay varias habitaciones individuales (24 000 CLP, baño compartido) y acogedores espacios comunes, servicio de lavandería y alquiler de material deportivo.

Lili Patagonico's Hostal
ALBERGUE $

(📱61-241-4063; www.lilipatagonicos.com; Arturo Prat 479; incl. desayuno dc 14 000 CLP, d/tr 37 000/42 000 CLP, d/c sin baño 29 000/44 000 CLP; @🛜) Casa en expansión con pared de escalada, distintos dormitorios colectivos (algunos sin literas) y coloridas habitaciones dobles con baño y edredones de plumón. Recepción abierta las 24 h, servicio de lavandería y alquiler de material deportivo.

Hostal Dos Lagunas
PENSIÓN $

(📱móvil 9-8162-7755; hostaldoslagunas@gmail.com; esq. Barros Arana y Bories; dc/d sin baño y incl. desayuno 13 000/35 000 CLP; 🛜) Alejandro y Andrea miman a sus huéspedes con desayunos copiosos, presión de agua constante y consejos para viajar. Es uno de los alojamientos más veteranos de la ciudad y, además, limpísimo.

Hostal Nancy
PENSIÓN $

(📱61-241-0022, dorm 61-241-4325; www.nataleslodge.cl; Ramírez 540; dc 15 000 CLP, i/d/tr 25 000/40 000/46 000 CLP; 🛜) Pensión familiar modernizada, con TV y baño en todas las habitaciones; la propietaria es un encanto. Se puede utilizar la cocina del anexo de enfrente. El ambiente es familiar, con habitaciones de dos camas o camas de matrimonio con baño compartido. Mermelada casera para desayunar.

Residencial Bernardita
PENSIÓN $

(📱61-241-1162; www.residencialbernardita.cl; O'Higgins 765; i/d sin baño incl. desayuno 22 000/36 000 CLP; 🛜) Los huéspedes han recomendado vivamente las tranquilas habitaciones del Bernardita, con calefacción central y decoración abigarrada. Se puede elegir entre las habitaciones de la casa principal o las del anexo trasero, más íntimas. Uso de la cocina.

Hotel Vendaval
HOTEL-BOUTIQUE $$

(📱61-269-1760; http://hotelvendaval.com; Eberhard 333; d incl. desayuno 125 US$; 🛜) Pionero entre los alojamientos de nueva generación de Puerto Natales, es un bonito hotel con toques metálicos, suelos de hormigón, grabados tradicionales chilenos y piezas de arte marítimo. Sus habitaciones se reparten en cuatro plantas, con calefacción, duchas acristaladas y cálida ropa de cama. Desde la azotea hay vistas panorámicas y durante la preparación de la guía iban a abrir un restaurante.

Kau
B&B $$

(📱61-241-4611; www.kaulodge.com; Costanera 161, av. Pedro Montt; d incl. desayuno 72 000-88 500 CLP; 🛜🏊) 🍃 Con la sencillez como lema, este hotel con forma de caja resulta acogedor. Habitaciones con vistas al fiordo, calefacción central, artículos de aseo y cajas fuertes. El bar The Coffee Maker prepara unos *lattes* de fábula y los empleados facilitan copiosa información.

4Elementos
PENSIÓN $$

(📱móvil 9-9524-6956; www.4elementos.cl; Esmeralda 811; por persona 30 000 CLP; 🛜) 🍃 Pionera del reciclaje en la Patagonia, esta pensión educa sobre el consumo de agua. Los huéspedes pueden disfrutar de desayunos escandinavos. Se ofrece servicio de guías, reservas para los parques y circuitos por invernaderos. Solo con reserva; no abre siempre.

Hotel Temauken
B&B $$

(☑61-241-1666; www.temauken.cl; calle Ovejero 1123; i/d/tr incl. desayuno 65 000/75 000/ 85 000 CLP; ☎) Casa de tejuelas nueva y de tres pisos, una opción alegre, elegante, moderna y lejos del centro, con una salita luminosa y vistas panorámicas del mar.

Amerindia
B&B $$

(☑61-241-1945; www.hostelamerindia.com; Barros Arana 135; d 55 000-65 000 CLP, sin baño 48 000 CLP, apt 6 personas 120 000 CLP; @☎) Un refugio sencillo y tranquilo con estufa de leña, bonitos tejidos y vigas de madera. Los huéspedes desayunan tartas, huevos y copos de avena en un café abierto al público que también vende chocolate de cultivo ecológico, tés y productos sin gluten. Alquilan automóviles.

Big Bang Patagonia
B&B $$

(☑61-241-4317; www.bigbangpatagonia.com; Benjamín Zamora 732; d incl. desayuno 80 US$; @☎) Anunciada como "albergue alternativo para parejas", esta acogedora casa ofrece dobles espaciosas, pulcros cuartos de baño y abundantes desayunos en un luminoso comedor.

En temporada baja solo con reserva.

★ Singular Hotel
HOTEL-BOUTIQUE $$$

(☑61-241-4040, reservas en Santiago 2387-1500; www.thesingular.com; RN 9, km 1,5; d incl. desayuno 530 US$, d incl. pensión completa y excursiones 1630 US$; P@☎≋) Surgido de la reinvención de una planta procesadora de carne, aquí el diseño industrial, como las sillas fabricadas con radiadores, convive con fotografías del pasado y antigüedades. Las confortables habitaciones acristaladas dan al mar, y el reputado bar-restaurante sirve caza.

Los huéspedes pueden usar el *spa* con piscina y explorar los alrededores en bicicleta o en kayak. Está en Puerto Bories, a 6 km del centro.

Simple Patagonia
HOTEL-BOUTIQUE $$$

(☑móvil 9-9640-0512; www.simplepatagonia.cl; Puerto Bories; d incl. desayuno 250-290 US$; ☎) 🍃 Se respira serenidad en este moderno alojamiento que combina postes de luz reciclados, hormigón abrillantado y detalles en lenga con unos resultados maravillosos. Una familia cálida gestiona sus 11 habitaciones, que tienen caja fuerte, secador, calefacción radiante y vistas al mar. El restaurante ofrece cenas y desayunos gastronómicos por encar-

go. También se pueden usar sus bicis. Está a 4,5 km de Puerto Natales.

Estas tarifas permiten un cambio de fechas gratis.

Bories House
HOTEL $$$

(☑61-241-2221; www.borieshouse.com; Puerto Bories 13-B; d/tr 150/195 US$, chalé 350 US$; ☎) 🍃 Fuera de Puerto Natales, en el cercano Puerto Bories, este hotel posee la elegancia de una casa de campo inglesa con anchas vistas del fiordo, una confortable zona común y unas pocas habitaciones con robustos muebles de madera. Las cenas son por encargo.

Hotel IF Patagonia
HOTEL-BOUTIQUE $$$

(☑61-241-0312; www.hotelifpatagonia.com; Magallanes 73; i/d incl. desayuno 150/160 US$; P☎) 🍃 El IF (de Isabel y Fernando) es tan hospitalario como minimalista y bonito. Interior luminoso y moderno, con edredones de plumas y vistas del fiordo. Sauna y *jacuzzi* de madera en el jardín.

Remota
LODGE $$$

(☑61-241-4040, reservas en Santiago 2387-1500; www.remota.cl; RN 9, km 1,5; d incl. desayuno 370 US$; @☎≋) A diferencia de muchos otros hoteles, aquí destaca lo de fuera: el silencio se interrumpe por el sonido de los vientos racheados, las ventanas recuerdan antiguas cercas para el ganado y un pasadizo imita los corredores para ovejas de las estancias. Aunque las habitaciones son confortables, la sensación es de aislamiento y el servicio puede resultar frío. Organizan aventuras con todo incluido y paquetes de pesca con mosca.

Weskar
HOTEL $$$

(☑61-241-4168; www.weskar.cl; RN 9, km 5; d 150-250 US$; @☎) A las afueras de la ciudad, en la carretera que bordea el fiordo, este hotel de madera posee vistas magníficas y rincones acogedores. Los precios son altos para su estilo dispar y campechano y aunque las habitaciones con vistas al mar salen más a cuenta, en temporada media mejoran las tarifas. Se sirve un desayuno tipo bufé, y el restaurante ha cosechado elogios.

Noi Indigo Patagonia
HOTEL-BOUTIQUE $$$

(☑61-241-3609, www.indigopatagonia.com; Ladrilleros 105; d incl. desayuno desde 229 US$; @☎) Los excursionistas irán derechos a los *jacuzzis* de la azotea y al *spa* acristalado (no huéspedes 20 000 CLP). Los materiales combinan lo moderno y lo natural, aunque las habitaciones son algo pequeñas. La atracción estelar es el fiordo, que atrapa la mirada incluso desde la ducha. El hotel pertenece a la cadena chilena Noi.

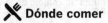 Dónde comer

La Forastera
HAMBURGUESERÍA $

(📱móvil 9-7389-4802; Barros Arana 155; platos principales 6900 CLP; ⏰13.00-15.00 y 19.30-23.00 ma-do) Sus riquísimas hamburguesas de autor desaparecen en un santiamén. Los sabrosos bocadillos de cordero o de lentejas y remolacha se sirven en esponjosos panecillos. También preparan alitas de pollo y aros de cebolla, a acompañar con cerveza local. Hay pocas mesas, pero sirven para llevar.

Café Kaiken
CHILENA $

(📱móvil 9-8295-2036; Baquedano 699; platos principales 78000-11 000 CLP; ⏰13.00-15.30 y 18.30-23.00 lu-sa) Con solo cinco mesas y una pareja que cocina, sirve y charla con los clientes, no puede ser más íntimo. Platos como el cebiche de champiñones, el cordero a fuego lento o los raviolis caseros justifican la espera. Conviene llegar temprano.

Aluén
HELADERÍA $

(Barros Arana 160; helado 2000 CLP; ⏰14.00-19.30 ma-do) Elaboran sabores tan deliciosos como el yogur ácido, el arroz con leche o el calafate.

Crepería
FRANCESA $

(📱móvil 9-6657-8348; Bulnes 358; platos principales 4000-9000 CLP; ⏰12.30-15.00 y 17.00-23.00 lu-sa) Un local alegre con crepes dulces y saladas, tés y cafés. Los productos frescos del país y la Nutella ayudan a romper la rutina culinaria.

La Mesita Grande
PIZZERÍA $

(📱móvil 9-6141-1571; www.mesitagrande.cl; Arturo Prat 196; *pizza* 4000-9000 CLP; ⏰12.30-15.00 y 19.00-23.30 lu-sa, 13.00-15.00 y 19.00-23.30 do) Los comensales comparten una mesa larga y desgastada para zamparse unas notables *pizzas* de masa fina, pastas de calidad y ensaladas con productos de cultivo ecológico.

El Living
CAFÉ $

(www.el-living.com; Arturo Prat 156; platos principales 4000-8000 CLP; ⏰11.00-22.00 lu-sa nov-med abr; 🍴) Relajada cafetería donde darse un capricho. Fue una de las primeras de Natales y ofrece platos frescos vegetarianos (también veganos y sin gluten), propuestas rápidas, curris y platos del día. Hay montones de revistas europeas y un patio trasero escondido con mesitas.

El Bote
CHILENA $

(📱61-241-0045; Bulnes 380; menú 4500 CLP; ⏰12.00-23.30 lu-sa) Bastión de la *comfort food* chilena, este restaurante sin pretensiones sirve pollo asado, cazuelas de pescado y marisco y sopas caseras, además de platos de caza más caros con guanaco y venado. Y de postre, castañas con nata.

Masay
SÁNDWICHES $

(📱61-241-5008; Bulnes 427; platos principales 3500-7000 CLP; ⏰11.00-24.00) Nada de campanillas: solo buenos sándwiches chilenos y servicio rápido.

La Guanaca
PIZZERÍA $$

(📱61-241-3245; Magallanes 167; platos principales 5000-16 000 CLP; 🍴) Restaurante campechano que ofrece comidas calentitas y sustanciosas, desde crujientes *pizzas* al horno de leña hasta crepes y tapas de champiñones marinados. Las enormes ensaladas son copiosas y variadas. Hay varias cervezas artesanales y vinos.

Afrigonia
FUSIÓN $$

(📱61-241-2877; Magallanes 247; platos principales 12 000-14 000 CLP; ⏰13.00-15.00 y 18.30-23.00) La cocina afrochilena, espectacular y de lo más original, es una joya para románticos, con aromáticos arroces, cebiches frescos y cordero asado a la menta preparados con precisión. Los postres también dan en el clavo. Resérvese.

La Aldea
MEDITERRÁNEA $$

(📱móvil 9-6141-4027; www.aldearestaurant.com; Barros Arana 132; platos principales 8000-16 000 CLP; ⏰19.00-23.00 mi-lu) El chef Pato cambia a diario la oferta, aunque siempre se centra en platos mediterráneos y de temporada con un guiño a los ingredientes locales. Por ejemplo, sirve almejas a la plancha, tayín de cordero y platos de quinua con una elegante presentación. No hay que perderse la exuberante tarta tres leches de postre.

Asador Patagónico
PARRILLA $$

(📱61-241-3553; Arturo Prat 158; platos principales 7500-17 000 CLP; ⏰12.30-15.00 y 21.00-23.30 lu-sa) Este asador argentino sirve cordero, filetes y ensaladas, así como mollejas, regados con vinos de calidad.

⭐Singular Restaurant
CHILENA $$$

(📱61-272-2030; Puerto Bories; platos principales 12000-18 000 CLP; ⏰8.00-23.00) El refugio perfecto durante una tormenta: en parte club gastronómico de antaño, en parte bistró moderno, con una comida exquisita y servicio esmerado. Los sofás de cuero y la madera se combinan con vigas vistas y la visión del fiordo. El chef Hernán Basso da nuevos bríos a los ingredientes de la zona: el cebiche más fresco, los tiernos medallones de cordero y unas ensaladas riquísimas, todo con guarniciones originales y buenos vinos chilenos. Las opciones vegetarianas son igual de destacables.

★**Santolla** PESCADO $$$
(☑61-241-3493; Magallanes 77; platos principales 15 000-22 000 CLP; ⏰19.00-23.00 lu-sa) Para platos de pescado de calidad, los de este coqueto restaurante ubicado en unos contenedores. El viajero podrá degustar ensaladas fabulosas y la centolla patagónica preparada de distintas formas, como con salsa a base de merquén (chile ahumado), vino blanco y perejil. También sirven filete o conejo en salsa de trufas negras.

🍺 Dónde beber y vida nocturna

★**Last Hope** DESTILERÍA
(☑móvil 9-7201-8585; www.lasthopedistillery.com; Esmeralda 882; ⏰17.00-2.00 mi-do) Dos australianos dejaron sus trabajos para destilar *whisky* y ginebra en el fin del mundo. Son cordiales, y el bar apunta tanto a lugareños como a viajeros con su variada carta de fantásticos cócteles. Su marca es el gin tonic de calafate. Es diminuto y el gentío aguarda fuera; abríguese.

Base Camp BAR
(☑61-241-4658; Baquedano 731; ⏰18.00-2.00) Garito de moda de estadounidenses donde contar batallitas de las expediciones. Concursos, buena comida y conciertos ocasionales.

Baguales MICROCERVECERÍA
(www.cervezabaguales.cl; Bories 430; ⏰18.00-2.30 lu-sa; 🛜) Unos amigos escaladores pusieron en marcha esta microcervecería, y el resultado no decepciona. El añadido de la 2ª planta pretende satisfacer la fuerte demanda. La comida del restaurante, de estilo estadounidense, no pasa de regular.

☆ Ocio

Centro Cultural Galpón Patagonia CENTRO CULTURAL
(http://galponpatagonia.cl; Pedro Montt 16; ⏰10.00-13.00 y 15.00-19.00 ma-do) Con exposiciones, teatro, danza y música, este centro cultural y salón de té ocupa un almacén reformado de

la década de 1920 con vigas vistas y gastados suelos de tablas.

🔒 De compras

Wine & Market VINO
(☑61-269-1138; www.wmpatagonia.cl; Magallanes 46; cata 20 000 CLP; ⏰10.00-22.00 lu-sa) Si se va de excursión hay que recalar en esta tienda con ricos productos gastronómicos de todo Chile y una fantástica selección de buenos vinos y cervezas artesanas. Si la zona vinícola del país no entra en la ruta del viajero, vale la pena acudir a las catas diarias con sumiller para probar cuatro vinos clásicos.

Oneaco DEPORTES Y AIRE LIBRE
(esq. Eberhard y Magallanes; ⏰10.00-21.00 lu-sa, 11.00-14.00 y 16.00-20.30 do) Plumíferos, botas de excursionismo y material de montaña de marcas internacionales. Puede que cueste el doble que en casa, pero salva vidas si se ha perdido el equipaje.

ℹ️ Información

Muchos bancos del centro tienen cajero automático. **La Hermandad** (Bulnes 692; ⏰10.00-19.00 lu-vi) ofrece tipos de cambio decentes en los cheques de viaje y en efectivo.

Un buen portal sobre la región es www.torresdelpaine.cl.

Conaf (☑61-241-1438; www.parquetorresdelpaine.cl; Baquedano 847; ⏰8.30-24.45 y 14.30-17.30 lu-vi) Oficina administrativa del servicio de parques nacionales. Contáctese en línea para reservar una plaza de acampada en Torres del Paine bajo la administración del parque; reserva anticipada obligatoria.

Fantástico Sur (☑61-261-4184; www.fantasticosur.com; Esmeralda 661; ⏰9.00-13.00 y 15.00-18.00 lu-vi) Regenta los refugios Torres, El Chileno, Los Cuernos en Torres del Paine y ofrece circuitos por el parque, servicio de guías y planificación de caminatas, entre ellas una autoguiada.

Hospital (☑61-241-1582; Pinto 537) Para urgencias.

Oficina de turismo (☑61-261-4808; terminal de buses; ⏰8.30-12.30 y 14.30-18.00 ma-do) Con listados de alojamientos en toda la región.

Oficina de correos (Eberhard 429; ⏰9.00-13.00 y 15.00-18.00 lu-vi)

Sernatur (☑61-241-2125; infonatales@sernatur.cl; Costanera 19, av. Pedro Montt; ⏰9.00-19.00 lu-vi, 9.30-18.00 sa y do) Planos de la ciudad y mapas de la región. En temporada alta abren una segunda oficina en la plaza.

Turismo Comapa (☑61-241-4300; www.comapa.com; Bulnes 541; ⏰9.00-13.00 y 15.00-

19.00 lu-vi, 10.00-14.00 sa) Reservas de vuelos, ferris Navimag y paquetes en Torres del Paine.

Vértice Patagonia (☑61-241-2742; www.verticepatagonia.com; Bulnes 100; ⊗9.00-13.00 y 14.30-18.00 lu-vi, 9.30-12.00 sa) Administra los refugios Grey, Dickson y Paine Grande, así como el 'Camping' Perros en Torres del Paine. Reserva imprescindible.

❶ Cómo llegar y salir

AVIÓN

El pequeño **aeropuerto** de Puerto Natales (Aeropuerto Teniente Julio Gallardo; Ruta 9) tiene un servicio irregular a Punta Arenas, desde donde hay vuelos a otras ciudades. **LATAM** (p. 346) ofrece vuelos directos a Santiago dos veces por semana, pero solo en temporada alta. **Sky Airline** (☑gratuito 600-600-2828; www.skyairline.cl; Bulnes 682) tiene un servicio a Santiago con escala en Puerto Montt.

BARCO
Ferri Navimag

Para muchos, un hito de su viaje es una travesía por los espectaculares fiordos chilenos a bordo del **ferri Navimag** (☑61-241-1421, Rodoviario 61-241-1642; www.navimag.com; Costanera 308, av. Pedro Montt; ⊗9.00-13.00 y 14.30-18.30 lu-vi). Este trayecto, de cuatro días y tres noches de duración, se ha vuelto tan popular que conviene reservarlo con mucha antelación. Para confirmar los horarios hay que ponerse en contacto con Turismo Comapa o Navimag un par de días antes de la fecha prevista de llegada. Hay una segunda oficina en el Rodoviario.

El ferri zarpa de Natales a las 8.00 los martes y para en Puerto Edén (o Glaciar Pía XI yendo al sur) de camino a Puerto Montt. Normalmente llega a Puerto Montt el viernes a las 8.00, pero los horarios varían en función del tiempo y las mareas. Los pasajeros que vayan a desembarcar deben permanecer a bordo mientras se estiba la carga; y los que embarquen deberán pasar la noche a bordo.

La temporada alta dura de noviembre a marzo; la media, de octubre a abril; y la baja, de mayo a septiembre. Los precios dependen de las vistas, del tamaño del camarote y de si el baño es privado o compartido, y todos incluyen las comidas (las vegetarianas deben pedirse al reservar) y charlas explicativas; en cualquier caso, hay que llevar agua, tentempiés y bebidas. Los precios por persona en temporada alta oscilan desde 450 US$ por una litera hasta 2100 US$ por un camarote AAA; los estudiantes y personas mayores se benefician de un 10-15% de descuento. En su web pueden consultarse tarifas y horarios.

Ferri de Puerto Yungay

Este nuevo ferri entre Puerto Natales y Puerto Yungay une dos zonas de Patagonia sin conexión por tierra. Transbordadora Austral Broom (TABSA)

es la empresa que gestiona el **ferri de Puerto Yungay** (Crux Australis; ☑61-241-5966; www.tabsa.cl; Costanera s/n; pasajero/bicicleta 120 000/10 000 CLP), de 41 h de viaje con escala en Puerto Edén. La frecuencia varía de mes a mes, pero en temporada alta suelen zarpar 10 barcos al mes.

Con el horario actual el ferri suele llegar a Puerto Edén y Puerto Yungay (sin servicios) de noche, por lo que es mejor reservar un hotel en Puerto Edén con antelación y llevar linterna.

AUTOBÚS

Los autobuses llegan al **Rodoviario** (terminal de buses; ☑61-241-2554; av. España 1455; ⊗6.30-24.00) en las afueras de la ciudad, aunque las compañías también despachan billetes en sus oficinas del centro. Se debe reservar al menos con un día de antelación, sobre todo para salidas a primera hora. Los servicios se reducen en temporada baja. Varias líneas van a Punta Arenas. Hacia Argentina, viájese con **Turismo Zaahj** (☑61-241-2260; www.turismozaahj.co.cl; Arturo Prat 236/270), **Cootra** (☑61-241-2785; Baquedano 244), **Bus Sur** (☑61-242-6011; www.bus-sur.cl; Baquedano 668) o **Buses Pacheco** (☑61-241-4800; www.busespacheco.com; Ramírez 224).

Entre los servicios hacia Torres del Paine están **Buses Fernández** (☑61-241-1111; www.busesfernandez.com; esq. Esmeralda y Ramírez), **Buses Gómez** (☑61-241-5700; www.busesgomez.com; Arturo Prat 234), **Buses JBA** (☑61-241-0242; Arturo Prat 258) y Turismo Zaahj. A diario salen dos o tres autobuses (7.00, 8.00 y 14.30) hacia Torres del Paine. Para llegar al Lodge Paine Grande en temporada baja, hay que subirse al autobús de la mañana para coincidir con el catamarán. Los billetes sirven también para los traslados dentro del parque, así que hay que conservar el resguardo. Como los horarios cambian, conviene confirmarlos antes de salir.

Las compañías y destinos son:

DESTINO	PRECIO (CLP)	DURACIÓN (H)
El Calafate	17 000	5
Punta Arenas	7000	3
Torres del Paine	8000	2
Ushuaia	38 000	13

❶ Cómo desplazarse

Muchos albergues alquilan bicicletas. Los precios de alquiler de coches suelen ser mejores en Punta Arenas. Se recomienda **Emsa/Avis** (☑61-261-4388; Barros Arana 118; ⊗9.00-13.00 y 14.30-19.00). Los conductores deben saber que hay dos rutas a Torres del Paine; la más directa es de grava y pasa por el lago Toro. Con **Radio Taxi** (☑61-241-2805; Arturo Prat esq. Bulnes) se puede contar incluso a altas horas de la noche.

Cueva del Milodón

En la década de 1890, el explorador alemán Hermann Eberhard descubrió restos de un enorme animal en una caverna, 24 km al noroeste de Puerto Natales. El milodón, un herbívoro de movimientos lentos, medía casi 4 m de alto y dicen que inspiró a Bruce Chatwin en su libro *En la Patagonia*. De 30 m de alto, la cueva del Milodón (www.cuevadelmilodon.cl; adultos/menores 12 años 4000/500 CLP; ⊙8.00-19.00 oct-abr, 8.30-18.00 may-sep) rinde homenaje a su antiguo habitante con una reproducción de plástico a tamaño real. No es un dechado de gusto, pero merece una parada para admirar la majestuosidad del entorno. Caminando un corto trecho se sube hasta un mirador.

Los autobuses que van a Torres del Paine pasan por la entrada, a 8 km de la cueva propiamente dicha. Hay circuitos, no muy frecuentes, desde Puerto Natales. Otra opción es hacer autostop o compartir un taxi colectivo (20 000 CLP). En temporada baja, los servicios de autobuses no son frecuentes.

Parque Nacional Bernardo O'Higgins

Prácticamente inaccesible, el Parque Nacional Bernardo O'Higgins (www.conaf.cl/parques/parque-nacional-bernardo-ohiggins) sigue siendo un escurridizo escondite de glaciares. Solo se puede entrar en barco. Desde Puerto Natales, Turismo 21 de Mayo (p. 349) organiza las excursiones de un día entero (90 000 CLP con almuerzo) a la base del glaciar Serrano.

La misma agencia también ofrece circuitos al glaciar Serrano que se adentran en Torres del Paine en barco. Tras visitar el glaciar, los pasajeros son trasladados en una zódiac, almuerzan en la estancia Balmaceda y siguen río Serrano arriba hasta llegar al límite sur del parque a las 17.00. Puede hacerse también en dirección contraria, saliendo del parque, pero entonces puede ser necesario acampar cerca del río para abordar la zódiac a las 9.00.

Parque Nacional Torres del Paine

Los pilares de granito del Parque Nacional Torres del Paine (www.parquetorresdelpaine.cl; entrada 3 días temporada alta/baja 21 000/11 000 CLP), que se elevan casi verticales sobre la estepa patagona, dominan el paisaje del parque nacional más bonito de Sudamérica. Entró a formar parte de la Reserva de la Biosfera de la Unesco en 1978 y sus 1810 km² no se limitan a las famosas torres. Su diversidad de paisajes abarca lagos de aguas cerúleas y verdes azuladas, bosques esmeraldas, impetuosos ríos y un gran glaciar de un azul resplandeciente. Los guanacos deambulan por la gran estepa mientras los cóndores andinos sobrevuelan los elevados picos.

Pero ni hablar de excursiones espartanas. Se puede recorrer todo el circuito W descansando en camas, tomando comidas calientes, disfrutando de duchas y brindando al final del día con un pisco sour. De todos modos, tampoco es pan comido. En un mismo día pueden vivirse las cuatro estaciones del año, con tormentas y ráfagas de viento repentinas tan fuertes como un apretón de manos patagón.

La gran popularidad del parque ha puesto a prueba las infraestructuras, un problema del que ahora se ocupan mediante un estricto sistema de reservas para los que pasan aquí la noche.

👁 Puntos de interés

Alberga bandadas de ñandúes, cóndores de los Andes, flamencos y muchas aves. Sin lugar a dudas su mayor éxito en el campo de la conservación es el guanaco, que pasta en las estepas abiertas para evitar el acecho de los pumas. Tras más de una década de protegerlos con éxito de los furtivos, los grandes rebaños están bastante habituados a la presencia de vehículos y seres humanos. La población de pumas también está creciendo y se han avistado huemules (un cérvido andino en peligro de extinción) en el valle del Francés.

🏃 Actividades

Los operadores de Puerto Natales ofrecen excursiones guiadas, que incluyen todas las comidas y alojamientos en refugios u hoteles. El precio por persona baja mucho si se viaja en grupo.

Se pueden hacer excursiones guiadas de un día en minibús saliendo de Puerto Natales, pero así solo se verá una mínima parte de todo lo que el parque tiene que ofrecer.

Excursionismo

Los picos graníticos (2800 m) de Torres del Paine atraen a senderistas de todo el mundo. La mayoría van al circuito del Paine o al W. Se tarda de siete a nueve días en recorrer el primero (el W más la parte de atrás de los

SUR DE PATAGONIA PARQUE NACIONAL TORRES DEL PAINE

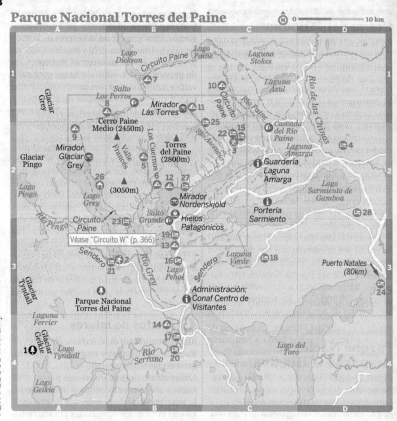

SUR DE PATAGONIA ÚLTIMA ESPERANZA

Parque Nacional Torres del Paine

picos del Paine), y de cuatro a cinco solo el W (así llamado porque su itinerario tiene la forma de esa letra). Hay que añadir uno o dos días más para las conexiones de transporte.

Los senderistas empiezan desde la laguna Amarga o van en catamarán desde Pudeto hasta el lago Pehoé y salen desde aquí; la ruta W de suroeste a noreste más o menos permite ver en más ocasiones Los Cuernos (2200-2600 m), unos picos negros sedimentarios.

Los senderistas que acudan en temporada media deben prestar atención a los cierres de rutas anticipados o por mal tiempo. Se desaconseja marchar solo, sobre todo por la parte posterior del circuito, una práctica que regulará la Conaf (Corporación Nacional Forestal).

En un intento de hacer hincapié en la seguridad en el parque, Conaf exige a todos los visitantes que firmen al entrar un documento con las normas del parque y las multas por infringirlas.

El W

El circuito de oeste a este brinda mayores vistas de los Cuernos, sobre todo entre el lago Pehoé y el valle del Francés. La mayoría de los senderistas cruzan el lago en catamarán y siguen hasta el refugio de montaña Paine Grande. En esta dirección, la ruta son unos 71 km en total. También se puede navegar desde el Hotel Lago Grey hasta el refugio Grey para evitar retroceder una parte.

Las siguientes distancias son solo de ida:

De la guardería Paine Grande al refugio Lago Grey (10 km, 4 h ida desde la guardería Paine Grande) Sendero relativamente fácil desde el lago Pehoé con algunos ascensos complicados, zona de acampada y refugios en ambos extremos. El mirador del glaciar queda a media hora de caminata más. La ruta aún está en recuperación tras el incendio de 2011. Se vuelve por el mismo camino.

De la guardería Paine Grande al valle del Francés (13 km, 5 h) Desde el refugio Paine Grande, el muelle del ferri queda a la derecha. Los Cuernos se elevan a la izquierda y el lago Skottsberg quedará a mano derecha. Sígase subiendo hacia al valle del Francés hasta llegar a un puente colgante antes del Campamento Británico.

Del valle del Francés a los Cuernos/lago Pehoé (10 km, 5 h) Con tiempo despejado, esta es una de las excursiones con los paisajes más bellos; al oeste se halla Paine Grande, con sus 3050 m de altura, y al este Torres del Paine y los Cuernos, no tan altos pero igual de espectaculares, en un camino jalonado de glaciares. Se acampa en el Italiano y en el Británico, en el corazón del valle, o a la entrada del valle en el 'Camping' Francés.

De los Cuernos al refugio Las Torres (12 km, 7 h) Es mejor quedarse en el sendero inferior; muchos se pierden en el de arriba, que no figura en los mapas. Hay un camping y un refugio. Los vientos de verano pueden ser terribles.

Del refugio Las Torres al mirador Las Torres (8 km, 4 h) Una ascensión moderada junto al río Ascencio hasta el lago de montaña que está a los pies de la cara este de las Torres del Paine. La última hora es por un campo de sedimentos con enormes rocas (con nieve hasta las rodillas o la cintura en invierno). Hay un camping y refugios en las Torres y Chileno. Se vuelve por la misma ruta.

De la guardería Paine Grande a Administración (16 km, 5 h) Abierto del 1 de mayo al 30 de septiembre, el sendero es una ruta alternativa al ferri de Pudeto. Rodea el lago Pehoé y luego atraviesa un extenso pastizal junto al río Grey. En el Lodge Paine Grande es posible llamar por radio y asegurarse de que en la oficina de la administración se podrá tomar el autobús de vuelta a Puerto Natales. También se puede comenzar aquí la W y hacer la ruta de este a oeste.

Circuito Paine

Si se busca soledad, vistas sin igual y sentir que se ha dado un paso más allá que el circuito W, este trayecto más largo es el desafío perfecto. Este recorrido circular comprende el W, más el tramo entre el refugio Grey y el refugio Las Torres; la distancia total ronda los 112 km. El paisaje es desolador pero bello. El paso John Gardner (1214 m; cerrado según la estación) es el tramo más difícil de la expedición, que a veces implica llenarse de barro y nieve hasta las rodillas.

Conaf prefiere que los senderistas emprendan la ruta en sentido antihorario. Éntrese al parque (en autobús) por la laguna Amarga y acábese el circuito en el valle del Francés y los Cuernos, con expedición hasta la parada del autobús del refugio Las Torres. El circuito Paine está cerrado en invierno.

Las distancias solo son de ida:

De la laguna Amarga al campamento Serón (15 km, 4-5 h) Inicio suave de la expedición, en un terreno bastante abierto. También se puede empezar desde el refugio Las Torres.

Del campamento Serón al campamento Lago Dickson (19 km, 6 h) A medida que el camino rodea el lago Paine, los vientos pueden arreciar y los senderos se vuelven menos evidentes; hay que mantenerse en el que se aleja más del lago.

Del campamento Dickson al campamento Los Perros (9 km, unas 4½ h) Tramo bastante sencillo pero ventoso.

Del campamento Los Perros al campamento Paso (12 km, 4 h) Ruta bastante embarrada y a veces con nieve; el hito físico y psicológico es el paso John Gardner (1241 m). No hay que dejarse engañar por lo que parece una zona de acampada nada más cruzar el paso; para llegar a la auténtica hay que seguir hasta que se vea una cabaña.

Del campamento Paso al refugio Lago Grey (10 km, 2 h hacia el sur) Tramo empinado de bajada con buenas vistas del glaciar. Los bastones salvarán las rodillas del viajero. Tres puentes colgantes (antes

Circuito W

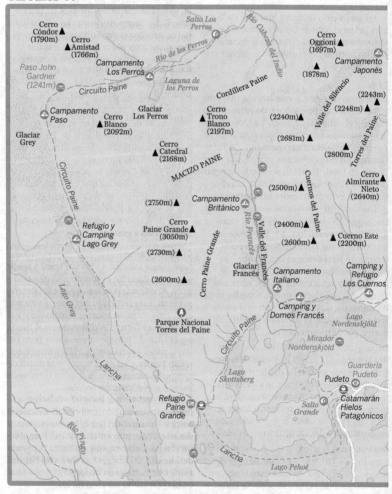

escaleras) vadean unos estrechos barrancos.

Otras caminatas

Desde la guardería Lago Grey sale una ruta de 4 h que pasa por el río Pingo y llega hasta el *camping* Zapata, de Conaf, desde el cual los senderistas pueden continuar (unas 2 h) hasta un mirador con impresionantes vistas del glaciar Zapata y el lago Pingo. Debido a los estudios en curso sobre fauna y fósiles, el senderismo en esta zona solo está permitido para grupos con un guía autorizado por Conaf.

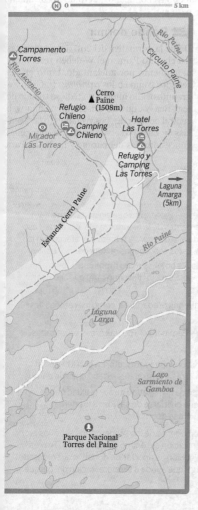

Desde la guardería Laguna Amarga, una caminata de 4 h conduce a la laguna Azul. El *camping* de su ribera nororiental se cerró después de un incendio; hay que ponerse al corriente de la situación con Conaf. Después de otras 2 h de caminata hacia el norte, el sendero llega al lago Paine. El río impide la confluencia con el sendero del circuito Paine al otro lado del lago.

Desde la Administración, la ruta de 3 horas que lleva a la Hostería Pehoé es un sendero sencillo y casi llano, con estupendas vistas. Si se quiere disfrutar de más soledad y observar aves, una ruta de 4 h se desgaja hacia el este tras cruzar el río Paine, asciende en zigzag por la falda de la sierra del Toro y llega a un rosario de lagos para terminar en la laguna Verde. Aquí no hay *camping*, pero quien esté dispuesto a rascarse el bolsillo puede hacer noche en la Hostería Mirador del Payne.

Excursiones de un día

Desde la guardería Pudeto, en la carretera principal del parque, se llega al salto Grande, una poderosa cascada situada entre los lagos Nordenskjöld y Pehoé. Otra hora de tranquilo paseo lleva hasta el mirador Nordenskjöld, con unas vistas soberbias del lago y las montañas.

Una caminata de un día más dificultosa, gozando de tranquilidad en medio de paisajes subyugantes, es la de 4 h al lago Paine; a su orilla norte solo se puede llegar desde la laguna Azul.

Senderismo glaciar

Un paseo divertido por un paisaje esculpido de hielo y sin necesidad de experiencia previa. Antares/Bigfoot Patagonia (📞61-241-4611; www.bigfootpatagonia.com; kayak 66 000 CLP, excursión por el hielo 105 000 CLP; 🕐oct-abr) es la única agencia con una concesión del parque para realizar senderismo por el glaciar Grey; se parte de la casa Conaf (antiguo refugio Grey).

La excursión de 5 h puede hacerse de octubre a abril, hasta tres veces al día en temporada alta.

Kayak, cruceros y paseos en balsa

Bigfoot Patagonia propone circuitos de 2½ h entre los icebergs del lago Grey varias veces al día en verano, una forma fantástica de acercarse a los glaciares. Hay otra ruta más dura de 5 h (160 000 CLP) por el río Pingo hacia el glaciar Grey, rodeado de icebergs y con final en el río Serrano.

De octubre a abril, el catamarán *Grey III* emprende la **navegación del glaciar Grey** (☎61-271-2100; www.lagogrey.com; adultos/niños ida y vuelta 75 000/37 500 CLP, ida 65 000 CLP; ☺oct-abr), un crucero de 3 h para ver el glaciar de cerca, con parada para que suban y bajen los senderistas. En temporada alta hay cuatro salidas diarias; en las dos últimas primero se observa el glaciar y luego se atraca en el sendero para pasajeros.

Fantástico Sur (p. 355) ofrece excursiones de *floating* para familias, en las que se baja en balsa por el manso río Serrano.

Paseos a caballo

A causa de las divisiones de propiedad del parque, los caballos no pueden cruzar de los sectores occidentales (lagos Grey y Pehoé, río Serrano) al oriental privado, la Reserva Cerro Paine (el 'Camping' Francés es más o menos el límite).

Baqueano Zamora (p. 349) organiza excursiones de un día y varios días a la laguna Azul, el valle del Francés, el glaciar Dickson y parajes más remotos.

Hotel Las Torres (p. 365) ofrece rutas de un día entero a caballo por el lago Nordenskjöld y más allá.

Bicicleta de montaña

Dos rutas autorizadas para bicicleta de montaña son la laguna Azul y el cañón de Perros; las tiendas del ramo en Puerto Natales informan sobre esta opción.

☞ Circuitos

Patagonia Bagual　　　　EXCURSIONISMO
(☎móvil 9-5325-1266; http://patagoniabagual.cl; laguna Azul; 135 000 CLP) Este original circuito lleva a los excursionistas por la zona más virgen de las Torres del Paine, para caminar campo a través observando los caballos salvajes. Todo en esta excursión es espontáneo. Los guías son experimentados. Traslado en todoterreno incluido, pero no la entrada al parque.

🛏 Dónde dormir

Desde la normativa del 2017, los senderistas del circuito Paine o el W deben reservar el alojamiento por adelantado, tanto en los refugios como en los *campings* (incluso los gratuitos). Ello implica un tedioso trabajo de logística, ya que no existe una página web central de reservas. Los visitantes (o las agencias de viajes) reservan en las dos compañías concesionarias del parque y la Conaf. Para

---

SENDERISMO NO AGRESIVO

Cada año, unos 200 000 turistas visitan Torres del Paine, cifra que sin duda aumentará debido a la popularidad del parque entre los amantes de la naturaleza y la aventura. Y eso supone un impacto. De hecho, en la temporada alta de enero y febrero hay atascos en las carreteras y las zonas de acampada se llenan. Estas son algunas recomendaciones:

➡ No beber agua embotellada; el reciclado de las botellas es un problema debido a que la basura se saca del parque a lomos de caballo. Es mejor llevar un purificador o usar tabletas.

➡ Empaquetar bien la basura, pues a los pequeños predadores, como los ratones, les encantan las zonas de acampada.

➡ Respetar las zonas oficiales de acampada y caminar solo por las áreas señalizadas.

➡ No encender fogatas: está prohibido.

➡ Mucho cuidado con los cigarrillos, hornillos, encendedores, etc. En el 2005 y en el 2011 los incendios causados por mochileros arrasaron grandes extensiones de parque.

➡ Mantener el buen humor. Cuanta más gente hay, el sentido de comunidad tiende a disminuir, pero no debería ser así. No hay que olvidarse de saludar a los demás excursionistas y ceder el paso a los que vayan más deprisa.

Se puede ejercer el voluntariado en el mantenimiento de los senderos, los estudios biológicos o los censos de animales con la organización sin ánimo de lucro **AMA Torres del Paine** (www.amatorresdelpaine.org). Otra opción es aportar un donativo al **Torres del Paine Legacy Found** (https://supporttdp.org), que ayuda a la reforestación del parque y el reciclaje en Puerto Natales.

ello es obligatorio el pasaporte, que el personal del parque puede escanear y verificar.

Los números de teléfono aquí recogidos corresponden a las oficinas en Puerto Natales.

Refugios y domos

Quien recorra el circuito W o el del Paine se alojará en el camino en refugios, domos (también llamados *yurtas*) y *campings*. Es fundamental reservar una plaza y, si se quiere comida vegetariana, indicarlo con antelación. Se aconseja hacerlo lo antes posible.

Las habitaciones de los refugios tienen 4-8 literas, derecho a cocina (para huéspedes y solo en el horario establecido), duchas de agua caliente y comidas. Para evitar los chinches, suelen dar ropa de cama o sacos de dormir. Las comidas se pagan aparte. En caso de que un refugio haya reservado más plazas de las disponibles, los encargados facilitan todo el equipo necesario para acampar. Casi todos cierran a finales de abril. Los domos son estructuras permanentes para acampar, de tela o de plástico, con literas o catres; su temporada puede ser más corta.

Los huéspedes deben utilizar los recursos con prudencia y ahorrar agua y electricidad. Como las habitaciones carecen de enchufes, habrá que llevar un cargador solar o baterías suficientes para recargar los dispositivos electrónicos.

Al registrarse se puede exigir un documento identificativo con fotografía. Llevar una fotocopia del pasaporte y de la tarjeta de turista puede agilizar los trámites. El personal de los refugios puede llamar por radio al siguiente alojamiento para confirmar las reservas. Debido al gran número de excursionistas, los problemas son inevitables, y la paciencia, la mejor arma.

La conexión wifi, en caso de haberla, suele pagarse aparte.

Refugio Grey
CABAÑA $

(📞61-241-2742; www.verticepatagonia.cl; dc desde 32 US$, incl. pensión completa 82 US$; ⊙todo el año) Alejado del lago hacia el interior, este lujoso refugio tiene un salón con sofás y bar, una cocina profesional y acogedoras habitaciones con literas y abundante espacio para las mochilas. También hay una tienda y un espacio cubierto para que cocinen los campistas.

Abre en invierno (may-sep). También se puede llegar con el catamarán *Grey III*. Reserva obligatoria.

CÓMO EVITAR LAS MULTITUDES

➡ Muchos excursionistas suben a las Torres alrededor de las 8.00 y bajan sobre las 16.00. En verano, cuando hay más luz, se puede evitar el gentío saliendo un par de horas antes o después; pregúntese sobre las horas del amanecer y anochecer en el refugio o al guardaparques.

➡ Recorrer el circuito completo, con menos aglomeraciones.

➡ Apuntarse a una excursión de kayak de varios días en el río Serrano o a un paseo a caballo; se obtiene una perspectiva muy distinta, además de vistas increíbles.

➡ Viajar en temporada media, aunque hace más fresco. Marzo es un mes excelente en el parque. El invierno resulta fascinante, pero hay que contar con una preparación extra y el material necesario.

➡ Caminar de forma responsable, hay cientos de miles de excursionistas al año.

Refugio Paine Grande
CABAÑA $

(📞61-241-2742; www.verticepatagonia.cl; dc desde 50 US$; pensión completa 100 US$; 📶) Es más agradable que la mayoría de los refugios, con vistas sublimes de los Cuernos desde todas las habitaciones. Abre todo el año, aunque en invierno no se sirven comidas (may-sep). Incluye un *camping*, un quiosco con alimentos básicos y una versión más lujosa de *camping* en domos.

Está situado entre el lago Grey y el valle del Francés, y queda a un día de caminata de ambos. También llega el ferri desde la otra ribera del lago Pehoé. Reserva obligatoria.

Refugio Lago Dickson
CABAÑA $

(📞61-241-2742; dc desde 32 US$, incl. pensión completa 82 US$; ⊙nov-mar) Es uno de los refugios más antiguos y el más pequeño, con 30 camas. Está en un lugar fabuloso del circuito Paine, cerca del glaciar Dickson. Reserva obligatoria.

Refugio Las Torres
REFUGIO $$

(📞61-261-4184; www.fantasticosur.com; dc 120 US$, incl. pensión completa 200 US$; ⊙todo el año; 📶) Amplio campamento base con un confortable

SUR DE PATAGONIA ÚLTIMA ESPERANZA

LAS TORRES EN INVIERNO

Los viajeros más robustos sienten la tentación de visitar el parque en invierno, atraídos por los paisajes nevados y sin aglomeraciones. Con la creciente demanda estival, la dirección del parque ha facilitado las visitas invernales ampliando los servicios y las rutas disponibles. Sin embargo, esta estación tiene riesgos inherentes. Hay que ir preparado con material deportivo de alta calidad. Los bastones e incluso los crampones resultan útiles.

El parque también exige a los senderistas que contraten a guías certificados para todas las excursiones entre el 1 de mayo y el 1 de agosto. En este período los viajeros deben acceder al parque acompañados por un guía. Por una excursión de un día cobran unos 80 000 CLP (hasta seis personas). Los guías pueden contratarse en las agencias de Puerto Natales, o los recomendados por los concesionarios del parque, hoteles o la Conaf. Para avisos y cierres recientes, visítese la página www.parquetorresdelpaine.cl.

salón, restaurante y bar. En temporada alta se utiliza un edificio cercano más antiguo con precios rebajados. Reserva obligatoria.

Refugio Nash Serrano   REFUGIO $$

(☑61-241-4611; www.nashpatagonia.com; Pueblito Río Serrano; dc/i/tw incl. desayuno 100/210/240 US$) Refugio de cinco cómodas habitaciones con calefacción central y sacos para dormir. Almuerzo y cena disponibles. Lo gestiona Bigfoot Patagonia y sirve como base para expediciones en kayak más largas.

Refugio Chileno   CABAÑA $$

(☑61-261-4184; www.fantasticosur.com; dc incl. pensión completa 170 US$; ☺oct-abr) 🐾 Es el refugio más próximo a las famosas torres, y también de los más pequeños; tiene quiosco de alimentación. Recurren a la energía eólica y en los cuartos de baño usan biofiltros de compost. Reserva obligatoria.

★ Patagonia Camp   YURTA $$$

(☑en Puerto Natales 61-241-5149; www.patagonia camp.com; d todo incluido incl. circuitos y desplazamientos 3 noches 3800 US$; ☺sep-med may; 🛜) 🐾 Campamento de lujo en plena naturaleza, lejos del gentío. Unas pasarelas comunican las cómodas y amplias *yurtas* que dan al lago del Toro. Está oculto en una estancia privada de 40 500 Ha donde se puede practicar kayak, surf de remo, senderismo y pesca con mosca. El servicio y las comidas son excelentes. Cuenta con una planta propia de potabilización.

Está en el km 74 de la carretera sin asfaltar hacia el parque que pasa por la cueva del Milodón.

Refugio Los Cuernos   CABAÑA $$$

(☑61-261-4184; www.fantasticosur.com; dc incl. pensión completa 170 US$, cabañas 2 personas 310 US$, incl. pensión completa 470 US$; ☺todo el año) Este alojamiento a mitad del circuito W suele estar apelotonado de senderistas que caminan en ambas direcciones. Pero con sus ocho camas por habitación, es más que acogedor. Las duchas separadas y los baños para campistas alivian la congestión. Hay cabañas con baño compartido y acceso a un *jacuzzi* de madera. Reserva obligatoria.

Ecocamp   DOMO $$$

(☑in Santiago 2-2923-5950; www.ecocamp.travel; paquete excursión W 5 días 2239 US$) Desde domos sencillos con baño de compostaje compartidos hasta versiones de lujo con calefacción, baño privado y camas con dosel, unidos por pasarelas que llevan a las zonas de comedor, bar y yoga, con un ambiente acogedor prosocialización. Las actividades guiadas incluyen excursiones, pesca con mosca y kayak.

Domos El Francés   DOMO $$$

(☑61-261-4184; www.fantasticosur.com; dc 130 US$, incl. pensión completa 210 US$; ☺oct-abr) Domos nuevos, todos con cuatro literas, calefacción central, baños individuales con ducha y comedor en el Camping Francés, a 40 min andando de los Cuernos.

Reserva obligatoria.

Acampada

El parque ofrece acampada de pago, con algunos servicios, y acampada libre; la Conaf permite esta última una sola noche por recinto. Según la normativa, hay que reservar obligatoriamente so pena de poder realizar solo excursiones breves en lugar de etapas del itinerario.

En los refugios y algunos domos alquilan el material necesario –tienda (25 US$ por noche), saco (17 US$) y aislante (7 US$)– aunque seguramente sea de calidad inferior al del viajero. En los quioscos venden platos de pasta, paquetes de sopa y cartuchos de gas a precios altísimos. En algunos *campings* los refugios para cocinar son útiles cuando hace mal tiempo.

Los campamentos suelen abrir de mediados de octubre a mediados de marzo, aunque los de la parte de atrás del circuito Paine, si hace mal tiempo, a veces no lo hacen hasta noviembre, según lo indique Conaf.

Para reservar, Vértice Patagonia (www.verticepatagonia.com) se ocupa de los *campings* Paine Grande, Grey y de los campamentos Lago Dickson, Los Perros y del refugio Paine Grande. Fantástico Sur (www.fantasticosur.com) gestiona los *campings* Las Torres, Chileno, Francés, Los Cuernos y el campamento Serón.

Las zonas de acampada administradas por la Conaf (www.parquetorresdelpaine.cl) son gratis pero muy espartanas. No alquilan material ni tienen duchas. Son los campamentos Británico, Italiano, El Paso, Torres y Los Guardas. Otros campamentos privados son Camping Pehoé y Camping Río Serrano.

Los roedores merodean por los *campings,* así que no hay que dejar comida en las mochilas ni las tiendas; lo mejor es colgarla de un árbol.

Hoteles y refugios

A la hora de elegir el alojamiento, el factor principal es su ubicación. Los que entran en el circuito W ofrecen más independencia y flexibilidad a los excursionistas. La mayoría cuentan con paquetes de varios días.

Los hoteles más baratos ocupan el sector de Pueblito Río Serrano, fuera del parque, en la pista de grava que viene de Puerto Natales. Desde las curvas cerradas de Río Serrano se contemplan unas vistas pasmosas de todo el macizo Paine, aunque para llegar a las cabeceras de los senderos principales se necesita transporte.

⭐ **Tierra Patagonia**　　　REFUGIO **$$$**
(☏en Santiago 2207-8861; www.tierrapatagonia.com; d 3 noches incl. pensión completa y desplazamiento desde 5267 US$, ⊙oct may; @🛜🏊🐾) Integrado en la vasta pampa, este refugio de lujo es superacogedor, con un animado salón y bar circular con chimenea en el centro, y un enorme mapa del parque. Las habitaciones, grandes pero no ostentosas, gozan de vistas del macizo Paine. Las tarifas incluyen traslados al aeropuertos, excursiones diarias, *spa,* comidas y bebidas.

Situado en la estancia Cerro Guido, las actividades relacionadas con la ganadería son un punto fuerte de este refugio a orillas del lago Sarmiento, fuera del parque nacional a unos 20 km de la laguna Amarga.

⭐ **Awasi**　　　REFUGIO **$$$**
(☏en Santiago 2233-9641; www.awasipatagonia.com; 3 noches todo incluido 3200 US$/persona; 🛜) Deslumbra con su estilo moderno y discreto y su posición alejada totalmente impregnada del entorno salvaje. Las villas con *jacuzzis* rodean un refugio principal con salones de descanso y wifi, y donde se sirven excelentes comidas. El precio incluye excursiones a medida. Precios para dos personas.

Está fuera del parque, en el lado noreste del lago Sarmiento, en la reserva privada de Tercera Barranca. Los desplazamientos requieren un poco de paciencia: queda a considerable distancia de los principales lugares de interés por una pista de grava, aunque se facilita transporte.

Explora　　　HOTEL **$$$**
(☏en Santiago 2-2395-2800; www.explora.com; d 3 noches incl. pensión completa y desplazamiento desde 5736 US$; @🛜) Hotel de alta categoría en lo alto de la cascada de Salto Chico, en el desaguadero del lago Pehoé, con vistas de todo el macizo Paine. El *spa* cuenta con piscina climatizada, sauna y *jacuzzi* al aire libre. El precio incluye traslados al aeropuerto, comidas completas gastronómicas y una gran variedad de excursiones guiadas por jóvenes amables y entusiastas.

Hotel Lago Grey　　　HOTEL **$$$**
(☏61-271-2100; www.lagogrey.cl; reservas en Lautaro Navarro 1061, Punta Arenas; i/d incl. desayuno desde 305/360 US$; @🛜) Abierto todo el año, este bonito hotel tiene chalés blancos y acogedores comunicados por pasarelas. Las habitaciones *deluxe* son preciosas, con vistas al lago y un estilo moderno y elegante. El café da a un paisaje espléndido. También se ofrecen excursiones guiadas y traslados por el parque. Los cruceros por el glaciar atracan al otro lado del lago Grey para recoger y dejar a los senderistas.

Hotel Las Torres　　　HOTEL **$$$**
(☏61-261-7450; www.lastorres.com; reservas en Magallanes 960, Punta Arenas; i/d incl. desayuno desde 382/437 US$; ⊙jul-may; 🛜) 🐾 Hospitalario y bien cuidado, con *spa* con *jacuzzi* y buenas excursiones guiadas. El hotel dona parte de los ingresos a AMA, un grupo ecologista sin

ánimo de lucro con sede en el parque. En el bufé hay productos del invernadero y carne de ganado local, todo ecológico. Los precios en temporada alta reflejan la demanda de camas junto al sendero.

Hostería Mirador del Payne HOSTERÍA **$$$**
(☎61-222-8712; www.miradordelpayne.cl; Laguna Verde; i/d/tr 200/245/265 US$) Dentro de la estancia El Lazo, en el poco visto sector de Laguna Verde, esta cómoda hostería se distingue por la serenidad de su ambiente, su proximidad a miradores espectaculares y un servicio de primera, aunque no por su fácil acceso a los senderos más recorridos. Las actividades incluyen observación de aves, excursiones a caballo y pesca deportiva. Llámese para pedir que le recojan en el cruce de la carretera.

Hostería Pehoé HOTEL **$$$**
(☎61-272-2853; www.hosteriapehoe.cl; i/d/tr incl. desayuno desde 190/213/276 US$) Situada en el extremo más alejado del lago Pehoé y comunicada con tierra firme por un largo puente peatonal. Goza de un panorama excepcional de los Cuernos y Paine Grande, mientras que las anticuadas habitaciones son decentes. El restaurante recibe malas críticas.

Hostería Lago del Toro HOSTERÍA **$$$**
(☎móvil 9-9678-9375; www.lagodeltoro.com; Pueblito Río Serrano; d incl. desayuno 165 US$; @🛜) Este alojamiento, de ambiente íntimo, recibe a los huéspedes con un fuego y suelos alfombrados. A orillas del río Serrano, cuenta con 10 cómodas habitaciones con baño privado y calefacción central.

Hotel Cabañas del Paine CABAÑA **$$$**
(☎61-273-0177; www.hoteldelpaine.cl; Pueblito Río Serrano; d incl. desayuno 200 US$) A orillas del río Serrano, estas cabañas se integran bien en el paisaje y gozan de magníficas vistas. Tiene bar, restaurante y alquiler de bicicletas, y hacen traslados.

ℹ Información

El Parque Nacional Torres del Paine está abierto todo el año, aunque llegar hasta allí depende de la habilidad del viajero. La entrada es válida para tres días. Si se prevé dormir fuera del parque durante la visita, es mejor obtener un sello de salida para poder entrar de nuevo con el mismo billete.

Los enlaces de transporte son menos frecuentes en temporada baja, y los alojamientos y servicios son más limitados. Sin embargo, los meses de noviembre y marzo son excelentes para el senderismo porque hay menos gente y, por lo general, el viento amaina en marzo. Es fundamental comprobar con antelación los horarios de todos los servicios que se precisen (cambian en función del tiempo cada año). La página www.parquetorresdelpaine.cl también tiene información útil.

El acceso principal donde se pagan las tasas es la **portería Sarmiento** (🕒horas de sol). A 37 km de la portería Sarmiento, el **Centro de Visitantes Conaf** (🕒9.00-20.00 dic-feb) ofrece buena información sobre el parque y el estado de los senderos. Aquí también está la **Administración** (☎61-236-0496; Villa Monzino; 🕒8.30-20.00). Hay una pequeña cafetería en Pudeto y se prevé la apertura de otra en la punta sur del lago Grey. La **portería y guardería Río Serrano** están ubicadas en la entrada por el río Serrano.

Erratic Rock (p. 349) ofrece una excelente sesión informativa a diario a las 15.00 en su campamento base de Puerto Natales. También lo hace **Fantástico Sur** (p. 355) en su oficina de Puerto Natales cada día a las 10.00 y las 15.00.

En Puerto Natales se encuentran mapas de senderismo fácilmente.

ℹ Cómo llegar y salir

El Parque Nacional Torres del Paine queda 112 km al norte de Puerto Natales. La carretera sin asfaltar que va desde Puerto Natales hasta la Administración es el acceso más corto y directo, pasando por Pueblito Río Serrano.

Argentina está cerca, pero desde el parque no hay transporte directo. Unos 40 km al sur de la entrada principal del parque, el paso fronterizo estacional de Cancha Carrera da acceso a Argentina en el cerro Castillo. Si se quiere acceder desde El Calafate en el mismo día hay que planificarlo bien, pues no existe servicio directo. Lo mejor es regresar a Puerto Natales.

ℹ Cómo desplazarse

Los servicios lanzadera (4000 CLP) por el interior del parque recogen y dejan a los pasajeros en la laguna Amarga, el amarre del catamarán en Pudeto y en la Administración.

El catamarán de **Hielos Patagónicos** (☎61-241-1133; www.hipsur.com; Pudeto; ida/ida y vuelta 18 000/28 000 CLP; 🕒sep-abr) une Pudeto con el refugio Paine Grande.

Los senderistas pueden aprovechar la travesía de la **navegación del glaciar Grey** (p. 362), que enlaza el refugio Grey con el Hotel Lago Grey con vistas del glaciar.

LA PATAGONIA ARGENTINA

El Calafate

☎02902 / 21130 HAB.

Recibe el nombre de una baya del lugar, que debe comerse si se desea regresar otra vez a la Patagonia. El Calafate atrapa con una atracción irresistible: el glaciar Perito Moreno, a 80 km de distancia, en el Parque Nacional Los Glaciares. Este magnífico glaciar ha convertido la otrora tranquila localidad en un destino de alto poder adquisitivo. Con todo un abanico de servicios para el viajero, no ha dejado de ser un lugar agradable. Por su posición estratégica entre El Chaltén y Torres del Paine (Chile), es una escala inevitable.

Está 320 km al noroeste de Río Gallegos y 32 km al oeste del cruce de la RP11 con la RN40 en dirección norte, en la orilla sur del lago Argentino.

◉ Puntos de interés y actividades

★ **Glaciarium** MUSEO
(☎02902-497912; www.glaciarium.com; adultos/niños 300/120 ARS; ⊗9.00-20.00 sep-may, 11.00-20.00 jun-ago) Único y fascinante, este museo ilustra sobre el mundo del hielo con exposiciones y películas que explican la formación de los glaciares y narran las expediciones por los hielos continentales, todo ello acompañado de reflexiones sobre el cambio climático. Los adultos se abrigan para entrar en el bar de hielo (240 ARS bebida incluida), iluminado de azul y con temperaturas bajo cero, donde se sirve vodka o fernet con cola en vasos de hielo.

Hielo y Aventura AIRE LIBRE, CRUCERO
(☎02902-492094, 02902-492205; www.hieloyaventura.com; Libertador 935) Su crucero clásico Safari Náutico (500 ARS, 1 h) navega por el brazo Rico del lago Argentino y el lado sur del canal de los Témpanos. Hasta 130 personas pueden apelotonarse en los catamaranes que zarpan cada hora entre las 10.30 y las 16.30 desde Puerto Bajo de las Sombras. En temporada alta se recomienda comprar el billete por adelantado para las salidas vespertinas.

Para ir al glaciar Perito Moreno, óptese por la excursión Mini Trekking (2700 ARS, menos de 2 h sobre el hielo) o por la Big Ice (5200

ARS, 4 h sobre el hielo), más larga y difícil. En ambas hay una breve travesía desde Puerto Bajo de las Sombras, una caminata por bosques de lenga, una charla sobre glaciología y luego un paseo por el hielo con crampones. Está prohibida a los menores de ocho años; resérvese con antelación y llévese el propio almuerzo. Vístase ropa impermeable: a menudo nieva por la zona del glaciar y uno se enfría y coge humedad rápido en la cubierta del barco. Los traslados aparte (1000 ARS).

☞ Circuitos

★ **Glaciar Sur** AVENTURA
(☎02902-495050; www.glaciarsur.com; 9 de Julio 57; 250 US$/persona; ⊗10.00-20.00) Estos recomendados circuitos de un día al extremo inexplorado del Parque Nacional Los Glaciares permiten eludir el gentío. Los grupos pequeños viajan en vehículos hasta el lago Rocas en compañía de un guía para ver el glaciar Frías. La excursión para aventureros consiste en una caminata de 4 h, y la versión cultural incluye la degustación de un asado y visitas al glaciar Perito Moreno fuera del horario habitual.

Chaltén Travel CIRCUITOS
(☎02902-492212; www.chaltentravel.com; Libertador 1174; ⊗9.00-21.00) Circuitos recomendados al glaciar Perito Moreno, con paradas para avistar animales (se facilitan prismáticos); también se especializa en excursiones por la RN40. Subcontrata algunas excursiones a Always Glaciers.

Caltur CIRCUITOS
(☎02902-491368; www.caltur.com.ar; Libertador 1080) Se especializa en circuitos a El Chaltén y en paquetes de alojamiento.

Overland Patagonia CIRCUITOS
(☎02902-492243, 02902-491243; www.glaciar.com; circuito por el hielo 52 US$) Opera desde el Hostel del Glaciar Libertador y el Hostel del Glaciar Pioneros (p. 369), y organiza un viaje alternativo al glaciar Perito Moreno que consiste en una visita a una estancia, 1 h de caminata por el parque y una travesía optativa por el lago (500 ARS extra).

Always Glaciers CIRCUITOS
(☎02902-493861; www.alwaysglaciers.com; Libertador 924) Ofrece circuitos a precios competitivos al Perito Moreno.

El Calafate

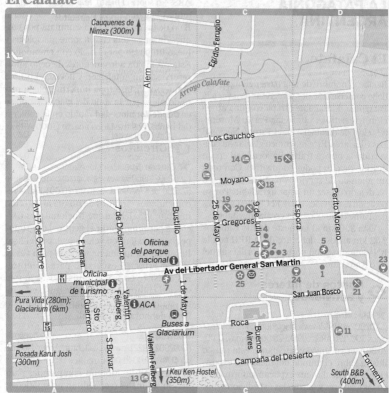

🛏 Dónde dormir

Hostal Schilling
PENSIÓN **$**

(☏02902-491453; http://hostalschilling.com; Gobernador Paradelo 141; dc 26 US$, d sin baño 65 US$, i/d/tr con baño 65/82/106 US$; 🛜) Económica y céntrica, esta agradable pensión es perfecta para viajeros que valoran el servicio. La familia propietaria se ocupa de los huéspedes con taza de té o ayuda logística para el viaje. Para desayunar sirven huevos revueltos, yogur y tartas, entre otros. Hay varias salas de estar, libros para colorear para adultos y juegos.

América del Sur
ALBERGUE **$**

(☏02902-493525; www.americahostel.com.ar; Puerto Deseado 151; dc 30 US$, d y c 140 US$; @🛜) Albergue predilecto de mochileros en un elegante refugio con vistas y suelo radiante. Las modernas habitaciones dobles con obras de arte hacen que el viajero se replantee las limitaciones de un albergue. Hay muchas ocasiones para socializar, como las asequibles barbacoas nocturnas con bufé de ensaladas en temporada alta. También alquilan bicicletas eléctricas.

Posada Karut Josh
B&B **$**

(☏02902-496444; www.posadakarutjosh.com.ar; calle 12, Nº 1882, barrio Bahía Redonda; d 71 US$; 🛜) Sereno B&B chapado en aluminio, con habitaciones grandes y luminosas y un precioso jardín con vistas al lago. El desayuno es abundante y también preparan copiosas comidas (280 ARS).

Las Cabañitas
CABAÑA **$**

(☏02902-491118; www.facebook.com/cabanitascalafate; Valentín Feilberg 218; incl. desayuno cabañas 2/3 personas 60/70 US$, apt 4 personas 80 US$; ☉sep-may; @🛜) Relajado establecimiento con acogedoras casitas con escalera de caracol hacia la cama en la habitación tipo *loft* y apartamentos. Lo regenta Eugenia, hija del servicial

SUR DE PATAGONIA LA PATAGONIA ARGENTINA

dueño original y cuenta con barbacoa, cocina para huéspedes y jardín con lavandas.

Hostel del Glaciar Libertador　ALBERGUE $
(☏02902-492492; www.glaciar.com; Libertador 587; dc/i/d 25/77/88 US$; @🛜) Lo mejor son las literas de los dormitorios colectivos y sus gruesas colchas, además de comodidades como cocina, calefacción por hilo radiante, ordenadores nuevos y una zona común muy amplia. Los huéspedes en dormitorio colectivo pagan el desayuno aparte (84 ARS).

I Keu Ken Hostel　ALBERGUE $
(☏02902-495175; www.patagoniaikeuken.com. ar; F. M. Pontoriero 171; dc 24 US$, cabañas incl. desayuno 70 US$/persona; @🛜) Con personal agradable, cerveza artesanal y bancos hechos con muelles, este peculiar y popular albergue cuenta con atractivas zonas comunes, una terraza donde relajarse y barbacoas de primera. Su posición, casi en lo alto de una empinada colina, ofrece vistas panorámicas; un taxi desde la terminal de autobuses cuesta 80 ARS.

Camping El Ovejero　CAMPING $
(☏02902-493422; www.campingelovejero.com.ar; José Pantín 64; parcelas 7 US$/persona; @🛜) Alojamiento de madera con parcelas de acampada bien mantenidas (y algo ruidosas) y duchas inmaculadas con agua caliente a todas horas. Los lugareños dicen que el restaurante hace unas de las mejores parrilladas del pueblo. También ofrece mesas privadas, electricidad y barbacoas. Está junto al arroyo, al norte del puente hacia el pueblo. Resérvese por internet.

**Hostel del Glaciar
Pioneros**　ALBERGUE $
(☏02902-491243; www.glaciar.com; Los Pioneros 251; dc/i/d 20/53/59 US$; ☾nov-mar; @🛜) Esta gran casa roja renovada, situada 15 min a pie del pueblo, es uno de los albergues más consolidados de El Calafate. Lugar donde

socializar, tiene varias zonas comunes cómodas, acogedores dormitorios colectivos y un pequeño restaurante con comidas caseras.

Calafate Hostel
ALBERGUE $

(☎02902-492450; www.calafatehostels.com; Moyano 1226; dc/i/d/tr 20/71/94/110 US$; @🛜) Adecuado para grupos grandes, esta mastodóntica cabaña de madera es más desabrida que la competencia. Los dormitorios colectivos con dos literas son acogedores, y en el nuevo edificio anexo hay limpias habitaciones dobles.

Cauquenes de Nimez
B&B $$

(☎02902-492306; www.cauquenesdenimez.com.ar; calle 303, Nº 79; d/tr incl. desayuno 100/124 US$; ❄🛜) 🏄 Moderna y rústica a la vez, la acogedora hostería de Gabriel goza de vistas de los flamencos en el lago (nov-verano). Las habitaciones son elegantes, con edredones, fotografías de naturaleza, caja fuerte y TV. Ofrece atención personalizada, té con magdalenas de lavanda cortesía de la casa y bicicletas gratuitas (los donativos se destinan a la reserva natural).

South B&B
B&B $$

(☎02902-489555; www.southbb.com.ar; av. Juan Domingo Perón 1016; d/tr/c incl. desayuno 85/120/150 US$; ⊙oct-abr; P🛜) Solo con un dron se superarían las vistas de este gigantesco hotel en la colina, transformado en B&B. Las habitaciones son amplias, coloridas y luminosas, aunque la wifi no llega a todas. Lo gestiona con esmero una familia, con un trío de caniches guardianes que también ofrece almuerzos para llevar (15 US$).

Hostería La Estepa
HOTEL-BOUTIQUE $$

(☎02902-496592; Libertador 5310; i/d incl. desayuno desde 130/150 US$; @🛜) Los huéspedes se sienten cómodos en esta rústica hostería con vistas panorámicas del lago y antigüedades típicas de las estancias. De las 26 habitaciones, unas cuantas tienen vistas al lago y las más lujosas cuentan con saloncitos. La amplia zona común de la 2ª planta está llena de mapas de la región y juegos de mesa. El restaurante sirve comidas caseras. Está 5 km al oeste del centro del pueblo, hacia el Parque Nacional Los Glaciares.

Madre Tierra
HOTEL-BOUTIQUE $$$

(☎02902-489880; www.madretierrapatagonia.com; 9 de Julio 239; d incl. desayuno 165 US$) Una maravilla envuelta en tejidos andinos y sencillez rústica. Su mayor atractivo es el salón del segundo piso, con cómodos sofás y una abrasadora estufa de leña. Solo cuenta con siete habitaciones, dotadas de enormes armarios y de un aire pulido y moderno. Lo gestionan dos guías expertos que además ofrecen circuitos y traslados en todoterreno. Reserva obligatoria.

🍴 Dónde comer

Olivia
CAFÉ $

(☎02902-488038; 9 de Julio 187; tentempiés 40-120 ARS; ⊙10.00-20.00; 🛜) Deliciosa cafetería con *croque monsieurs* (sándwiches de jamón y queso), dónuts recién hechos y cafés de grano colombiano en un entorno de tonos pastel. Para entrar en calor, pídase un bollito caliente de queso con nata.

Morfi Al Paso
COMIDA RÁPIDA $

(☎911-3143-6005; 25 de Mayo 130; platos principales 50-150 ARS; ⊙12.00-1.00 lu-sa) Para tomarse unas milanesas recién hechas, un perrito caliente o una hamburguesa a deshoras, acúdase a este limpio mostrador con taburetes donde preparan comidas para llevar. Morfi significa "comida" en lunfardo, una jerga argentina.

Viva la Pepa
CAFÉ $

(☎02902-491880; Amado 833; platos principales 85-200 ARS; ⊙12.00-21.00 lu-sa) Se especializa en crepes, pero ofrece también unos sándwiches sensacionales de pan casero (se aconseja el de pollo con manzana y queso azul), zumos y mate.

★ Buenos Cruces
ARGENTINA $$

(☎02902-492698; Espora 237; platos principales 130-280 ARS; ⊙19.00-23.00 lu-sa; 🪑) Dinámico restaurante familiar que ofrece platos típicos argentinos con un toque novedoso. Empiécese con una ensalada caliente de remolacha con reducción de vinagre balsámico. La trucha rebozada en frutos secos es enorme y sustanciosa, igual que el filete de guanaco o los raviolis al horno con el borde crujiente y calentito queso roquefort. El servicio es excelente y tiene una zona infantil.

★ Pura Vida
ARGENTINA $$

(☎02902-493356; Libertador 1876; platos principales 130-240 ARS; ⊙19.30-23.30 ju-ma; 🪑) Cocina casera argentina en un ambiente informal. A los propietarios se los ve cocinando pasteles de pollo y sirviendo vino. Los vegetarianos quedarán satisfechos con el arroz integral, las verduras en *wok* o las ensaladas. Las raciones son enormes. No hay que olvidarse del *brow-*

nie de chocolate con helado y salsa tibia de frutos del bosque. Se aconseja reservar.

Esquina Varela ARGENTINA **$$**
(☎02902-490666; Puerto Deseado 22; platos principales 190-245 ARS; ☺19.00-hasta tarde ju-ma; ✐) Restaurante donde se recomienda empezar con unos calamares fritos y una cerveza. Un sustancioso guiso de cordero, la carne de vacuno y la pasta casera componen la escueta carta que no olvida a los vegetarianos. Además, hay música en directo.

La Tablita PARRILLA **$$**
(☎02902-491065; www.la-tablita.com.ar; Rosales 24; platos principales 130-300 ARS; ☺12.00-15.30 y 19.00-24.00) Los bistecs y el cordero asado son las estrellas de esta generosa parrilla, de fama más que merecida. Para un apetito normal medio bistec puede ser suficiente, acompañado de un malbec, ensalada fresca o patatas fritas al ajo.

Mi Rancho ARGENTINA **$$$**
(☎02902-490540; Moyano 1089; platos principales 180-310 ARS; ☺12.00-15.30 y 20.00-24.00) Acertado y recogido, sirve gigantescos osobucos, deliciosas pastas con centolla patagona, maravillosas ensaladas y mollejas con espinacas rehogadas. De postre, el chocolate *fondant* o el *semifreddo* de maracuyá se merecen el exceso calórico. Está en una diminuta casa de pioneros con poco aforo.

🍷 Dónde beber y vida nocturna

★ La Zorra MICROCERVECERÍA
(☎02902-490444; av. San Martín s/n; ☺18.00-2.00 ma-do) Las largas y delgadas mesas están abarrotadas de lugareños y viajeros que dan tragos a la mejor cerveza artesana de Patagonia, La Zorra. La *porter* ahumada y la doble IPA tampoco están mal. Sirven comida de *pub*, como patatas fritas y salchichas.

Librobar BAR
(Libertador 1015; ☺11.00-3.00; 🛜) Café, cerveza artesana y cócteles caros. Se pueden hojear los libros con fotografías de la fauna patagónica o llevar el portátil y aprovechar la wifi gratis. Terraza con sillas en el segundo piso.

elba'r CAFÉ
(9 de Julio s/n; ☺11.00-22.00 ju-ma) Cafetería situada en un patio donde tomar un exprés, un submarino (leche caliente con una chocolatina derretida), un té verde, un tentempié

sin gluten o un bocadillo (platos principales 80-180 ARS).

Ocio

La Toldería MÚSICA EN DIRECTO
(☎02902-491443; www.facebook.com/LaTolderia; Libertador 1177; ☺12.00-4.00 lu-ju, hasta 6.00 vi-do) Pequeño establecimiento donde bailar y con actuaciones en directo por las noches; quizás el mejor lugar donde salir de fiesta.

ℹ️ Información

Muchas veces los cajeros automáticos se quedan vacíos los domingos, así que conviene tener reserva de dinero en efectivo. Si se va a El Chaltén se debe llevar el dinero desde aquí.

Banco Santa Cruz (Libertador 1285; ☺8.00-13.00 lu-vi) Cambia cheques de viajes y tiene cajero automático.

ACA (Automóvil Club Argentino; ☎02902-491004; Valentín Feilberg 51; ☺24 h) Bueno para conseguir mapas de carreteras provinciales.

Hospital de Alta Complejidad SAMIC (☎02902-491889; www.hospitalelcalafate.org; Jorge Newbury 453) En el barrio alto de El Calafate; lléguese en taxi desde el centro.

Oficina municipal de turismo (☎02902-491090, 02902-491466; www.elcalafate.tur.ar; Libertador 1411; ☺8.00-20.00) Con mapas de la ciudad e información general. Hay otro quiosco en la terminal de autobuses.

Oficina Parque Nacional (☎02902-491545; Libertador 1302; ☺8.00-20.00 dic-abr, hasta 18.00 may-nov) Con folletos y un mapa decente del Parque Nacional Los Glaciares. Infórmese aquí antes de visitarlo.

Oficina de correos (Libertador 1133; ☺8.00-16.30 lu-vi)

ℹ️ Cómo llegar y salir

AVIÓN

El moderno **aeropuerto El Calafate** (☎02902-491220) está 23 km al este de la ciudad por la RP11. Está previsto que nuevas compañías de bajo coste ofrezcan vuelos a Buenos Aires, Ushuaia y Río Grande. **Aviación Civil Argentina** (ANAC; www.anac.gob.ar) edita un mapa con las nuevas rutas y compañías.

Las siguientes tarifas son de solo ida. **Aerolíneas Argentinas** (☎02902-492814, 02902-492816; Libertador 1361; ☺9.30-17.00 lu-vi, 10.00-13.00 sa) vuela a diario a Bariloche (desde 1860 ARS), Ushuaia (1800 ARS), Trelew (4000 ARS), y Aeroparque y Ezeiza en Buenos Aires (desde 4400 ARS).

LATAM (☎02902-495548; 9 de Julio 81; ☺9.00-20.00 lu-vi) vuela semanalmente a

Ushuaia. **Aerovías DAP** (p. 319) lo hace a Punta Arenas en temporada alta (de diciembre a marzo).

AUTOBÚS

La nueva **terminal de autobuses** (☎02902-491476; Saint Exupéry 87; ☺24 h), en un cerro, se llega fácilmente a través de una escalera peatonal desde la esquina de Libertador con 9 de julio. Conviene reservar con tiempo en temporada alta.

Para ir a Río Gallegos, hay autobuses cuatro veces al día; contáctese con **Taqsa/Marga** (☎02902-491843; Saint Exupéry 87) o **Andesmar** (☎02902-494250; Saint Exupéry 87). Para seguir hasta Bariloche y Ushuaia a veces hay que salir de madrugada y hacer transbordo en Río Gallegos. **Sportman** (☎02902-492680; Saint Exupéry 87) sirve varios destinos en Patagonia.

A diario salen autobuses hacia El Chaltén a las 8.00, 14.00 y 18.00. **Caltur** (☎02902-491842; www.caltur.com.ar; Saint Exupéry 87) y **Chaltén Travel** (p. 367) van a El Chaltén y también recorren la RN40 hasta Bariloche (2425 ARS, 2 días) en verano. En invierno, estos autobuses a Bariloche tardan más porque van por la carretera de la costa.

Hacia Puerto Natales (Chile), **Cootra** (☎02902-491444; Saint Exupéry 87) y **Turismo Zahhj** (☎02902-491631; Saint Exupéry 87) salen a las 8.00 y 8.30 a diario (3 veces por semana en temporada baja) y cruzan la frontera por el puesto de Cerro Castillo, desde donde también se puede ir a Torres del Paine.

ⓘ Cómo desplazarse

Ves Patagonia (☎02902-494355; www.vespatagonia.com.ar; traslado aeropuerto 160 ARS) ofrece un servicio lanzadera al aeropuerto (160 ARS ida), aunque también se puede ir en taxi (480 ARS). En el aeropuerto hay varias agencias de alquiler de automóviles. **Localiza** (☎02902-491398; www.localiza.com.ar; Libertador 687; ☺9.00-20.00) y **Servi Car** (☎02902-492541; www.servicar4x4.com.ar; Libertador 695; ☺9.30-12.00 y 16.00-20.00 lu-sa) ofrecen servicio de alquiler desde las prácticas oficinas del centro.

Muchos alojamientos y algunas tiendas del centro alquilan bicicletas.

Parque Nacional Los Glaciares (sur)

Entre los campos de hielo más dinámicos y de fácil acceso del planeta, el glaciar Perito Moreno es el protagonista del sector sur del Parque Nacional Los Glaciares (www.parquesnacionales.gob.ar/areas-protegidas/region-patagonia-austral/pn-los-glaciares; adultos/niños 500/130 ARS, recogida después de 8.00). Mide 30 km de largo, 5 km de ancho y 60 m de alto, pero lo más singular es su avance constante: se desplaza poco a poco casi 2 m al día, lo que provoca el derrumbe de icebergs tan grandes como un edificio. Observar el glaciar es una experiencia sedentaria pero emocionante a la vez.

El glaciar tuvo su origen en una pequeña brecha formada en los Andes, en cuya cara este las tormentas del Pacífico fueron descargando su lluvia, que se acumuló en forma de nieve. Tras el paso de los milenios y con un peso monstruoso, esta nieve se ha cristalizado en hielo y se mueve lentamente hacia el este. La depresión de 1600 km² de lago Argentino, la mayor masa de agua del país, demuestra que antaño los glaciares eran mucho más extensos. Mientras la mayoría de los glaciares del mundo están retrocediendo este se considera estable.

🏃 Actividades

Southern Spirit   CRUCERO
(☎02902-491582; www.southernspiritfte.com.ar; Libertador 1319, El Calafate; 1 h crucero 1800 ARS ☺9.00-13.00 y 16.00-20.00) Propone cruceros de 1 a 3 h por el lago Argentino, en la zona sur del Parque Nacional Los Glaciares, para ver el Perito Moreno. Como alternativa activa, tiene rutas de excursionismo.

Cabalgatas del Glaciar   PASEO A CABALLO
(☎02902-495447; www.cabalgatasdelglaciar.com; día completo 2250 ARS) Ofrece paseos y viajes de uno o varios días, a caballo o a pie, al lago Roca y el paso Zamora, en la frontera chilena, para ver glaciares. Los circuitos incluyen el traslado desde El Calafate y un almuerzo a base de carne. No hay oficina en El Calafate; todo se tramita por internet o en la oficina de Caltur.

Solo Patagonia SA   CRUCERO
(☎02902-491115; www.solopatagonia.com; Libertador 867, El Calafate; ☺9.00-12.30 y 16.00-20.00) Ofrece el crucero Ríos de Hielo Express (1350 ARS) desde Puerto Punta Bandera para visitar los glaciares Upsala, Spegazzini y Perito Moreno. La ruta depende de las condiciones meteorológicas. Los traslados desde El Calafate se pagan aparte (450 ARS).

🛏 Dónde dormir

★ **Camping Lago Roca**   CAMPING $
(☎02902-499500; www.facebook.com/CampingLagoRoca; por persona 14 US$, cabaña dc 2/4 personas

LA HISTORIA DE LOS GLACIARES

Resulta abrumador contemplar la grandiosidad pura de los glaciares, esas masas de hielo que se extienden lisas en capas o esculpidas por el clima y agrietadas por la presión.

La nieve caída en la zona de acumulación se compacta y forma el hielo. El río de hielo se desplaza lentamente a causa de la gravedad, que deforma las capas al moverse. Cuando el glaciar llega a la parte baja, el hielo derretido se mezcla con rocas y tierra en la base, actuando como lubricante que sigue empujando el glaciar hacia delante. Al mismo tiempo, los derrubios de la roca aplastada caen hacia los lados del glaciar y crean las morrenas. El movimiento también provoca las rajas y deformaciones llamadas grietas.

La zona de ablación es donde el glaciar se derrite. Cuando la acumulación supera la fusión de la zona de ablación, el glaciar crece; cuando la evaporación o la fusión son mayores, el glaciar retrocede. Desde 1980, el calentamiento global ha contribuido mucho al retroceso de los glaciares.

De los glaciares también sorprenden sus tonalidades. ¿Por qué algunos parecen azules? Por las longitudes de onda y las burbujas de aire. Cuanto más compacto es el hielo, más camino debe recorrer la luz y más azul se ve el hielo. Las burbujas de aire en zonas no compactas absorben longitudes de onda largas de luz blanca, por eso se ve blanco. Cuando un glaciar desemboca en un lago, vierte una "harina glaciar" formada por granos finos de roca que confieren al agua un color grisáceo blancuzco. El mismo sedimento permanece no asentado en algunos lagos y al difractar la luz del sol crea una fascinante paleta de colores turquesa, verde pastel y azul.

Carolyn McCarthy, con aportaciones de Ursula Rick

88/59 US$) Tiene todos los servicios, incluido un bar-restaurante, y es una base excelente para expediciones. Los limpios dormitorios colectivos son una alternativa al *camping*. Los senderos abundan y el centro alquila equipo de pesca y bicicletas y coordina los paseos a caballo en la cercana estancia Nibepo Aike.

★ **Estancia Cristina** ESTANCIA $$$
(☎02902-491133, en Buenos Aires 011-4803-7352; www.estanciacristina.com; d 2 noches incl. pensión completa y actividades 1738 US$; ⊙oct-abr) Los entendidos dicen que las excursiones más espectaculares de la región están aquí. Ofrecen alojamiento en cabañas modernas y luminosas con vistas fantásticas. Una visita incluye las actividades guiadas y el crucero hasta el glaciar Upsala. Accesible en barco, está en Punta Bandera, junto al brazo norte del lago Argentino.

Estancia Nibepo Aike ESTANCIA $$$
(☎02902-492797, en Buenos Aires 011-5272-0341; www.nibepoaike.com.ar; RP 15, km 60; d por persona incl. pensión completa y actividades desde 152 US$; ⊙oct-abr; ☎) Estancia de pioneros croatas, aún abierta como rancho ganadero, ofrece lo típico de un alojamiento así, como demostraciones de destreza criolla y paseos a caballo. Las habitaciones son una delicia y las fotos son un testigo de la historia de la región. Los

huéspedes pueden explorar los alrededores en bicicleta. Se incluyen los traslados a El Calafate.

❶ Cómo llegar y salir

En El Calafate, localidad principal de acceso al sector sur del Parque Nacional Los Glaciares, se halla la mayoría de operadores de circuitos y actividades. El glaciar Perito Moreno está 80 km al oeste de El Calafate por la RP11 asfaltada, que atraviesa el asombroso paisaje del lago Argentino. Los circuitos en autobús (650 ARS idea y vuelta) son frecuentes en verano. Los autobuses salen de El Calafate a primera hora de la mañana y de la tarde, y regresan sobre las 12.00 y las 19.00.

En el parque hay un servicio lanzadera gratis desde los aparcamientos hasta las pasarelas.

El Chaltén
☎02962 / 1630 HAB.

Este colorido pueblo vigila el asombroso sector norte del Parque Nacional Los Glaciares. Cada verano, miles de senderistas exploran sus caminos de talla mundial. Fundado con prisas en 1985 para frenar a Chile en el reclamo de tierras, El Chaltén sigue siendo un pueblo de frontera poco convencional, con proyectos de construcción constantes, valores *hippies* y manadas de perros vagabundos. Cada año aumenta el número de turistas que acuden, pero en invierno (may-sep) casi todos los hoteles y servicios echan la persiana y los enlaces de transporte escasean. Para hacerse una idea de cómo es el pueblo, visítese www. elchalten.com.

☞ Circuitos

El Relincho
PASEOS A CABALLO

(☎02962-493007, en El Calafate 02902-491961; www.elrelinchopatagonia.com.ar; av. San Martín 505) Llevan a los jinetes al hermoso valle del río de las Vueltas (3 h) y ofrecen otros paseos más difíciles por el cerro de Vizcacha seguidos de una parrillada en una estancia tradicional. La compañía también dispone de alojamiento en una especie de cabañas.

Camino Abierto
CIRCUITOS

(☎02962-493043; www.caminoabierto.com) Operador de senderismo por Patagonia y cruce con guía a Villa O'Higgins. Está por la av. San Martín.

🛏 Dónde dormir

Albergue Patagonia
ALBERGUE $

(Patagonia Travellers' Hostel; ☎02962-493019; www.patagoniahostel.com.ar; av. San Martín 376; incl. desayuno d/tr 105/130 US$; dc/i/d sin baño 25/60/75 US$; ☺sep-may; @☎) Acogedora casa de madera con personal atento. Los dormitorios, en un edificio independiente, son amplios y modernos, con buen servicio y ambiente animado. El B&B ofrece habitaciones con baño privado, uso de la cocina y un opíparo desayuno bufé en el Fuegia Bistro.

También alquilan bicicletas y organizan un exclusivo circuito al lago del Desierto (1100 ARS) con posibilidad de traslados.

Camping El Relincho
CAMPING $

(☎02962-493007; www.elrelinchopatagonia.com. ar; av. San Martín 545; parcelas/vehículo/caravana 9/3/5 US$/persona, cabañas 4 personas 118 US$; ☎) Zona de acampada privada con parcelas desprotegidas y azotadas por el viento, y un recinto de cocina cerrado.

Cóndor de los Andes
ALBERGUE $

(☎02962-493101; www.condordelosandes.com; esq. Río de las Vueltas y Halvor Halvorsen; dc/d 28/91 US$; @☎) Este acogedor albergue con literas, habitaciones cálidas y una chimenea siempre encendida. Los precios de las elegantes dobles se disparan. La cocina para los huéspedes está muy limpia y las salas de estar son confortables.

Lo de Trivi
ALBERGUE $

(☎02962-493255; www.lodetrivi.com; av. San Martín 675; d 80 US$, dc/d sin baño 19/76 US$; ☎) Esta casa reconvertida, buena opción económica, ha añadido contenedores y plataformas con camas viejas para sentarse a descansar. Parece una chapuza, pero funciona. Hay varios espacios compartidos limpios con y sin TV; lo mejor es la gran cocina industrial para los huéspedes. En las habitaciones dobles de los estrechos contenedores apenas cabe una cama.

Rancho Grande Hostel
ALBERGUE $

(☎02962-493005; www.ranchograndehostel.com; av. San Martín 724; dc/d/tr/c 35/147/170/194 US$; @☎) Hace las veces de la estación central de Chaltén (los autobuses de Chaltén Travel paran aquí) y es un albergue muy saludable para mochileros. Hay para todos los gustos: desde reservas de billetes de autobús hasta internet (con suplemento) y servicio de café las 24 h. Las limpias habitaciones de cuatro camas cuentan con mantas y los cuartos de baño tienen las duchas en hileras. Las habitaciones privadas tienen cuarto de baño y desayuno gratuito.

★Nothofagus B&B
B&B $$

(☎02962-493087; www.nothofagusbb.com.ar; esq. Hensen y Riquelme; i/d/tr 74/94/106 US$, sin baño 59/71/99 US$; ☺oct-abr; @☎) 🍃 Este B&B de estilo chalé ofrece un lugar de retiro calentito y con desayunos sustanciosos. Se le ha otorgado el Sello Verde por sus prácticas ecológicas. Las habitaciones tienen moqueta y, en algunos casos, vistas; otras comparten un baño para cada dos. Los propietarios, antiguos guías, ayudan con las excursiones.

Anita's House
CABAÑA $$

(☎02962-493288; www.anitashouse.com.ar; av. San Martín 249; cabañas 2/3/4 personas 118/129/141 US$, cabañas 6 personas 188 US$; ☎) Cuando el viento aúlla, estos apartamentos modernos en pleno centro del pueblo son un lugar acogedor para grupos, parejas o familias. Los atienden sus dueños con un servicio impecable. Las cocinas están totalmente equipadas y hay servicio de habitaciones. Las casas más grandes de dos pisos son muy espaciosas.

El Barranco
HOSTERÍA $$

(☎02962-493006; www.posadaelbarranco.com; calle 2, N° 45; d/tr/c incl. desayuno 150/165/175 US$; ☎) Este alojamiento de 10 pulcras habitaciones da en el clavo con las duchas de cristal,

TV y cajas fuertes. El doble sistema del calentador de agua garantiza la ducha caliente. También hay tres cabañas de techos altos con cocinas pequeñas, en un frondoso jardín. Recepción las 24 h.

Inlandsis
PENSIÓN **$$**

(☏02962-493276; www.inlandsis.com.ar; Lago del Desierto 480; d 84-99 US$; ☉oct-abr; ☎) Esta pequeña casa de ambiente distendido ofrece habitaciones económicas con literas (algunas sin ventilación; compruébese antes) u otras dobles más grandes y caras con dos camas o una matrimonial. También tiene cabañas con bañera, cocina y DVD. Entre los fabulosos servicios ofrecen una tarta o un vino a media tarde, preparan almuerzos para las excursiones y organizan traslados al pueblo.

Pudu Lodge
HOTEL **$$**

(☏02962-493365; www.pudulodge.com; Las Loicas 97; d incl. desayuno 90 US$; P@☎) Cómodo y moderno alojamiento de servicio agradable, con 20 espaciosas habitaciones con buenos colchones. Está muy bien de precio. El bufé del desayuno se sirve en una gran sala de techos altos.

★ Senderos Hostería
B&B **$$$**

(☏02962-493336; www.senderoshosteria.com.ar; Perito Moreno 35; i/d incl. desayuno desde 125/150 US$) Esta casa prodiga atenciones a los senderistas que buscan comodidad. El restaurante ofrece comidas gastronómicas regadas con vinos de primera y un servicio atento. Y en las habitaciones, suaves sábanas blancas, camas firmes, cajas de seguridad y, en algunos casos, vistas del Fitz Roy.

Hostería El Puma
REFUGIO **$$$**

(☏02962-493095; www.hosteriaelpuma.com.ar; Lionel Terray 212; i/d/tr 146/164/191 US$; P☎) Este refugio de lujo con 12 cómodas habitaciones ofrece un ambiente íntimo discreto y un abundante bufé de desayuno. Tienen muchas fotografías de escalada y de las cimas y mapas en el vestíbulo, además de chimenea.

Kaulem
HOTEL-BOUTIQUE **$$$**

(☏02962-493251; www.kaulem.com.ar; esq. av. Antonio Rojo y Comandante Arrúa; d incl. desayuno 155 US$, cabaña d 135 US$; ☎) ✿ Este cálido hotel, con cafetería y galería de arte, es rústico y elegante a la vez y sus cuatro habitaciones regalan vistas del Fitz Roy; hay, además, una cabaña con cocina. El bufé del desayuno incluye yogur, pan casero y fruta. Los huéspedes se relajan en un enorme comedor-sala de estar abierto, con libros, ajedrez y buena música.

✘ Dónde comer

Cúrcuma
VEGANA **$**

(☏02902-485656; av. Rojo 219; platos principales 160 ARS; ☉10.00-22.00; ✐) Con una entusiasta clientela, esta cafetería vegana y sin gluten prepara casi todo para llevar, desde hamburguesas de frijoles adzuki hasta *pizzas* integrales o berenjena rellena de cuscús y rúcula. En la Patagonia, que te sirvan una ensalada, un *risotto* con leche de coco o un batido es algo insólito, aprovéchese. Los excursionistas pueden encargar un almuerzo.

Domo Blanco
HELADERÍA **$**

(av. San Martín 164; tentempiés 90 ARS; ☉14.00-24.00) Helados artesanales excelentes con gustos como el limón con jengibre o el mascarpone con bayas; la fruta se recolecta en una estancia de la zona y en los arbustos del pueblo.

Patagonicus
PIZZERÍA **$**

(☏02962-493025; av. M. M. de Güemes 57; *pizza* 100-160 ARS; ☉11.00-24.00 nov-abr) Establecimiento predilecto de los lugareños por sus 20 tipos de *pizza*, las ensaladas y el vino, servido en mesas de madera rodeadas por enormes ventanales. Buenos café y las tartas.

Techado Negro
CAFÉ **$**

(☏02962-493268; av. Antonio Rojo; platos principales 90-180 ARS; ☉12.00-24.00; ✐) ✿ Con cuadros, colores vivos y un ambiente bronco, este café sirve comida argentina abundante con buena relación calidad-precio y, a veces, saludable (empanadas caseras, calabacines rellenos de humita, arroz integral, platos vegetarianos, sopas y pastas); también ofrece comida en fiambreras.

★ Maffía
ITALIANA **$$**

(☏02966-449574; av. San Martín 107; platos principales 180-360 ARS; ☉11.00-23.00) Este restaurante de pasta prepara deliciosos *panzerotti* y sorrentinos con originales rellenos como trucha, berenjena con albahaca o queso. También hay sopas caseras y ensaladas verdes. El servicio es profesional y cordial. De postre, un enorme flan casero.

Estepa
ARGENTINA **$$**

(☏02962-493069; esq. Cerro Solo y av. Antonio Rojo; platos principales 100-300 ARS; ☉11.30-14.00 y 18.00-23.00) Platos consistentes y sabrosos, como cordero, raviolis de trucha o crepes de espinacas. Las raciones son pequeñas, pero están bien presentadas y las verduras vienen del invernadero del restaurante. Con poco presupuesto, óptese por el servicio de rosticería para llevar.

Don Guerra
INTERNACIONAL $$

(✆en Buenos Aires 011-15-6653-5746; av. San Martín s/n; platos principales 190-230 ARS; ⏱12.00-23.00) Patagónico hasta la médula, tiene una barra central rodeada por taburetes y unas acogedoras mesas con banco corrido. Tiran cervezas Esquel y sirven buenas pitanzas, como milanesas, fajitas o platos salteados.

El Muro
ARGENTINA $$

(✆02962-493248; av. San Martín 912; platos principales 90-210 ARS; ⏱12.00-15.00 y 19.00-23.00) Acúdase a este diminuto restaurante para degustar una sustanciosa cocina de montaña (como enormes platos salteados, carne a la stroganoff o trucha con verduras crujientes a la plancha).

La Cervecería
COMIDA DE PUB $$

(✆02962-493109; av. San Martín 320; platos principales 100-190 ARS; ⏱12.00-24.00) Muchos excursionistas que pasan a tomarse una cerveza tras una caminata acaban por cenar en este animado *pub* con un personal simpático y una enérgica maestra cervecera. Aquí se podrá saborear una *pilsner* sin filtrar o una turbia *bock* con pasta o locro (guiso de maíz, judías, y carne de cerdo y res).

La Oveja Negra
PARRILLA $$

(✆02962-271437; av. San Martín 226; platos principales 180-240 ARS; ⏱12.00-23.30) Este clásico asador argentino, ubicado en una agradable casa de madera, prepara cordero a la parrilla, filetes de vacuno y salchichas. Los vegetarianos tendrán que conformarse con las verduras a la plancha. Sirven cerveza artesana de barril y vinos.

★ La Tapera
ARGENTINA $$$

(✆02962-493195; Antonio Rojo 74; platos principales 260-330 ARS; ⏱12.00-15.00 y 18.30-23.00 oct-abr) Es difícil no comer bien en La Casa del Chipo, una especie de cabaña de madera con chimenea donde sirven jugosos filetes, truchas del lago del Desierto y copas de vino tinto descomunales. Los platos vegetarianos despiertan menor entusiasmo, mejores en otros sitios. De todos modos, el servicio es rápido, las raciones son generosas y los vinos, maravillosos.

🍷 Dónde beber y vida nocturna

La Vinería
BAR DE VINOS

(✆02962-493301; Lago del Desierto 265; ⏱14.30-3.00 oct-abr) Trasladado desde Alaska, este minúsculo y agradable bar de vinos ofrece una larga carta de caldos argentinos además de 70 tipos de cerveza artesana y buenos tentempiés. Se puede elegir entre 50 vinos en copa y una carta entera de ginebras.

La Chocolatería
CAFÉ

(✆02962-493008; Lago del Desierto 105; ⏱11.00-21.00 lu-vi, 9.00-21.00 sa y do nov-mar) Irresistible fábrica de chocolate en cuyas paredes se narra la historia de leyendas locales de la escalada. Es un lugar coqueto donde salir de noche a tomar un chocolate caliente con licor, un vino o una fondue. Chocolates y cafés 90 ARS.

Fresco
BAR

(Cabo García 38; ⏱17.00-24.00 lu-sa) Bar sencillito, en una casa de chapa ondulada, que se anima cuando hay música en directo. También sirven cerveza La Zorra de barril, una de las mejores de la Patagonia.

Laguna los Tres
BAR

(Trevisán 42; ⏱18.00-2.00) Bar desaliñado con mesa de ping-pong y una dosis de *rock* o *reggae*. Los fines de semana hay música en directo (programación en Facebook).

🛍 De compras

Viento Oeste
LIBROS

(✆02962-493200; av. San Martín 898; ⏱10.00-23.00) Venden libros, mapas, planos y recuerdos. También alquilan material de acampada, al igual que otras tiendas.

ℹ Información

Si se llega de El Calafate conviene llevar efectivo de más por si los cajeros automáticos de El Chaltén se quedan sin dinero o se estropean.

El **Banco de Santa Cruz** (terminal de buses; ⏱24 h) tiene un cajero de la red LINK dentro de la terminal de autobuses y otro fuera.

La nueva normativa obliga a los restaurantes y alojamientos a aceptar el pago con tarjeta de crédito, una medida que aún tardarán en adoptar algunos negocios. A la entrada del pueblo hay una gasolinera, que solo acepta efectivo. Se admiten pagos en euros y dólares estadounidenses.

Chaltén Travel (✆02962-493092; www.chaltentravel.com; av. M. M. de Güemes 7; ⏱7.00-12.00 y 17.00-21.00) Reserva billetes de avión (vuelos desde El Calafate) y de autobús para las rutas por la RN40.

Oficina municipal de turismo (02962-493370; www.elchalten.tur.ar; terminal de buses; 8.00-22.00) Personal amable y eficiente, con listados de alojamientos e información sobre el pueblo y las excursiones.

Oficina de los guardaparques (02962-493024, 02962-493004; pnlgzonanorte@apn.gob.ar; 9.00-17.00 sep-abr, 10.00-17.00 may-ago) Muchos autobuses diurnos paran un rato en este centro de visitantes para que los pasajeros asistan a una breve charla informativa, justo antes de cruzar el puente del río Fitz Roy. Los guardaparques distribuyen un mapa y un callejero del pueblo y explican los aspectos ecológicos del Parque Nacional Los Glaciares. Los documentales sobre escalada se proyectan a las 14.00 a diario (ideal para un día de lluvia).

❶ Cómo llegar y salir

El Chaltén está a 220 km de El Calafate por unas lisas carreteras asfaltadas. Un carril bici sale del pueblo hacia la Hostería El Pilar, en el Parque Nacional Los Glaciares. En varios puntos se alquilan bicicletas.

Muchos viajeros llegan a El Chaltén tras un circuito de uno a tres días en ferri y caminando desde Villa O'Higgins (p. 335). Todos los autobuses van a la **terminal de ómnibus** (02962-493370), cerca de la entrada del pueblo. Quienes vayan a abandonar el país deben pagar una tasa de salida aparte (20 ARS).

Para El Calafate (600 ARS, 3½ h), **Chaltén Travel** (02962-493092, 02962-493005; av. San Martín 635) tiene salidas diarias a las 7.30, 13.00 y 18.00 en verano. **Caltur** (02962-493150; av. San Martín 520) y **Taqsa/Marga** (02962-493130; terminal de buses) cubren la misma ruta. El servicio disminuye en temporada baja.

Las Lengas (02962-493023; Antonio de Viedma 95) tiene un servicio lanzadera directo al aeropuerto de El Calafate (600 ARS) en temporada alta, así como furgonetas al lago del Desierto (450 ARS ida y vuelta) con parada en la Hostería El Pilar y el río Eléctrico.

Chaltén Travel también lleva a Bariloche los días impares del mes en temporada alta (2425 ARS, 2 días), con noche de camino (comidas y alojamiento aparte). Taqsa va a Bariloche (2020 ARS), localidades intermedias por la RN40 y Ushuaia (2150 ARS).

Parque Nacional Los Glaciares (norte)

Este surrealista y asombroso paisaje montañoso es un desafío a la lógica. En el sector norte del parque, la cordillera del Fitz Roy, de naturaleza escabrosa y cimas afiladas, es la capital de facto del senderismo de Argentina. También es un imán de escaladores de talla mundial, para quienes el **cerro Torre** y el **cerro Fitz Roy** son famosos por las duras condiciones climáticas. Pero no hay que practicar un deporte de riesgo para disfrutar de los muchos senderos bien señalizados y del sensacional panorama; eso sí, tiene que estar despejado.

El Parque Nacional Los Glaciares se divide en el sector norte y el sur. El Chaltén es la localidad de acceso para el primero, y El Calafate, para el segundo, donde se halla el glaciar Perito Moreno. No hay senderos que los comuniquen y prácticamente son dos parques separados.

🏃 Actividades

⭐**Laguna de los Tres** EXCURSIONISMO
La excursión hasta esta laguna alpina atraviesa algunos de los lugares más sugerentes del parque. Como es bastante dura (10 km y 4 h solo ida) solo se recomienda a los viajeros en buena forma física. Con mal tiempo hay que extremar las precauciones porque los senderos son muy escarpados.

Laguna Torre EXCURSIONISMO
En este itinerario completo de 18 km destacan las vistas de la asombrosa aguja rocosa del cerro Torre. Si hace buen tiempo –es decir, poco viento– y está despejado, hay que aprovechar para hacerlo, porque el dentado cerro Torre es la cima más difícil de divisar en días normales tempestuosos.

Lago del Desierto y sendero a Chile EXCURSIONISMO
Este lago, próximo a la frontera chilena, está unos 37 km al norte de El Chaltén (a 1 h de coche por una carretera de grava). En el lago, un sendero de 500 m conduce a un mirador con buenas vistas del glaciar y del lago. Otro sendero por el lado este del lago llega hasta Candelario Mancilla, en Chile.

Cada vez es más frecuente cruzar a Chile pasando por este punto con una excursión combinada de senderismo y ferri de uno a tres días hasta Villa O'Higgins, donde acaba la carretera Austral. También es una ruta popular entre los ciclistas, aunque se pasan gran parte del viaje cargando con la mochila y la bici por tramos empinados demasiado estrechos para las alforjas. Está previsto crear una carretera, pero tardarán siglos.

Lomo del Pliegue
Tumbado y laguna Toro
EXCURSIONISMO

Este sendero (10 km y 4-5 h solo ida), que nace en la oficina del guardaparques de El Chaltén en dirección suroeste, bordea la cara oriental de la loma del Pliegue Tumbado hacia el río Túnel, luego gira al oeste y lleva hasta la laguna Toro. Está menos concurrido que otras rutas. La caminata no es dura, pero sí con fuertes vientos; llévese agua extra.

Piedra del Fraile
EXCURSIONISMO

Itinerario de 16 km en total (3 h solo ida) por el valle del río Eléctrico. Hay varios puntos donde cruzar el arroyo a través de sólidos troncos y un puente; todos están bien señalizados. Desde la Hostería El Pilar hay que caminar 1 km al noreste por la carretera principal hasta la señal de inicio del sendero a Piedra del Fraile, cerca de un gran puente de hierro.

Circuitos

Exploradores Lago del Desierto
BARCOS

(02962-493081; www.receptivochalten.com; circuito glaciar incl. transporte en autobús 1450 ARS) Este circuito conduce a los viajeros en barco por el lago del Desierto, con una breve caminata hasta el glaciar Vespignani. La tarifa es más barata sin el traslado desde El Chaltén. El barco también cruza el lago (40 US$ hasta Punta Norte) para llevar a los excursionistas hasta Candelario Mancilla, Chile.

Patagonia Aventura
AVENTURA

(02962-493110; www.patagonia-aventura.com; av. San Martín 56, El Chaltén) Ofrece cruceros (1100 ARS) por el lago Viedma para ver el glaciar Viedma, y senderismo (2100 ARS) por la península que da al glaciar, o bien ambas en un paquete (2400 ARS). Antes había una excursión de senderismo por el glaciar mismo, hoy imposible por su retroceso. Salidas desde Puerto Bahía Túnel.

Chaltén Mountain Guides
AIRE LIBRE

(02962-493329; www.chaltenmountainguides.com; Río de las Vueltas 212, El Chaltén) Guías con licencia dirigen las excursiones por los campos de hielo, de senderismo y alpinismo. Tarifas reducidas para grupos. La oficina está en el hotel Kaulem.

Fitzroy Expediciones
AIRE LIBRE

(Adventure Patagonia; 02962-436110; www.fitzroyexpediciones.com.ar; av. San Martín 56, El Chaltén; ⊙9.00-13.00 y 14.00-20.00) Excursiones de senderismo, senderismo glaciar por el Cagliero, kayak y rutas de cinco días con senderismo por la zona del Fitz Roy y el cerro Torre. A diferencia de la mayoría de los establecimientos del pueblo, no aceptan tarjetas de crédito.

Dónde dormir

Lodge Los Troncos
CABAÑAS $

(parcelas 20 US$/persona, dc 50 US$) No admite reservas porque no tiene teléfono; basta con presentarse allí. La zona de acampada tiene un quiosco, un restaurante y excelentes servicios.

Hostería El Pilar
ESTANCIA $$$

(02962-493002; www.hosteriaelpilar.com.ar; RP 23, km 17; i/d incl. desayuno 160/180 US$; ⊙con reserva solo nov-mar) Situada en el extremo sur del lago del Desierto, los viajeros pueden alojarse en una de sus 10 coquetas habitaciones de la estancia o comer en el tentador restaurante caracterizado por una excelente cocina de autor. Desde aquí hay senderos que conducen al parque o al valle del río Eléctrico. Está a 17 km de El Chaltén.

❶ Cómo llegar y salir

El Parque Nacional Los Glaciares está a las afueras de El Chaltén, donde empiezan casi todos los senderos; no es necesario ningún medio de transporte. Las excursiones organizadas y los taxis ofrecen traslados hasta senderos más lejanos, aunque los precios son exorbitantes.

Las Lengas (02962-493023; Antonio de Viedma 95, El Chaltén) pone un microbús al lago del Desierto (450 ARS ida y vuelta, 2 h), que sale a diario de El Chaltén a las 8.00, 12.00 y 15.00.

Desde Candelario Mancilla, Chile, el catamarán de Hielo Sur (en Chile +56-0672-431821; www.villaohiggins.com) cruza la frontera.

Tierra del Fuego

Los mejores restaurantes

➡ Kalma Restó (p. 396)

➡ La Picada de los Veleros (p. 387)

➡ María Lola Restó (p. 396)

➡ Club Croata (p. 383)

Los mejores alojamientos

➡ Yendegaia House (p. 383)

➡ Refugio El Padrino (p. 387)

➡ Lakutaia Lodge (p. 387)

➡ Errante Ecolodge (p. 387)

➡ Antarctica Hostel (p. 393)

Por qué ir

En el extremo austral de América, el inmenso páramo fueguino, con mares color pizarra, ciénagas de turbio carmesí y bosques azotados por el viento, permanece tan espectacular y excitante como cuando fue descubierto. La zona, dividida entre Chile y Argentina, también es bella y agreste. En la parte chilena hay poblaciones rudas, aislados ranchos de ovejas y una sucesión de bosques, lagos y montes anónimos e incomunicados por carretera.

Por el contrario, la parte argentina está llena de vida. Los cruceros que se dirigen a la Antártida y llegan a Ushuaia se topan con un animado panorama gastronómico y de actividades al aire. En la localidad turística más meridional del mundo se puede esquiar, dar un paseo en trineo de perros y navegar por el canal Beagle. La solitaria isla Navarino, al otro lado del canal, ofrece refugio lejos del alboroto. Varios grupos de islas deshabitadas dan paso al cabo de Hornos. Y, si Tierra del Fuego no es lo bastante remota, la Antártida queda a un corto trayecto en barco.

Cuándo ir
Porvenir

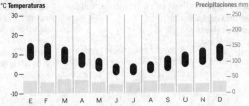

Nov-mar Cálido pero ventoso, ideal para senderismo, observar pingüinos y visitar estancias.

Med nov-med abr Temporada de pesca en la costa atlántica y el lejano lago Blanco de Chile.

Jul-sep Óptimo para practicar esquí y *snowboard* y pasear en trineo de perros en Ushuaia.

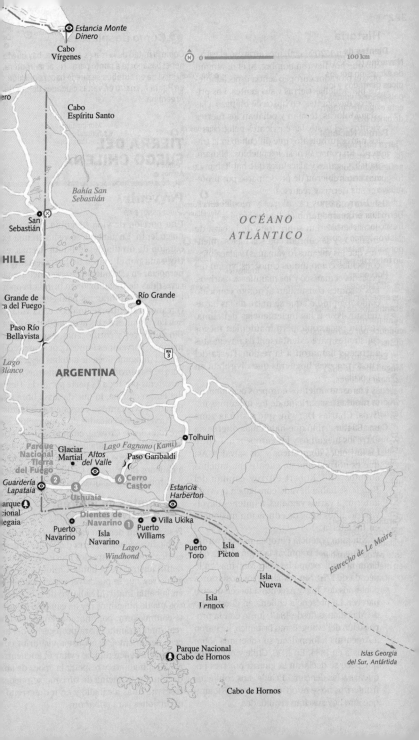

Estancia Monte
Dinero

Cabo
Vírgenes

Cabo
Espíritu Santo

Bahía San
Sebastián

OCÉANO
ATLÁNTICO

San
Sebastián

CHILE

Grande de
a del Fuego

Paso Río
Bellavista

Lago
Blanco

ARGENTINA

Río Grande

RN
3

Tolhuin

Parque
Nacional
Tierra
del Fuego

Glaciar
Martial

Altos
del Valle

Lago Fagnano (Kami)

Paso Garibaldi

Guardería
Lapataia

2

3

6

Cerro
Castor

Ushuaia

Estancia
Harberton

rque
cional
egaia

Dientes de
Navarino

1

Villa Ukika

Puerto
Navarino

Isla
Navarino

Puerto
Williams

Lago
Windhond

Puerto
Toro

Isla Picton

Isla
Nueva

Estrecho de Le Maire

Isla
Lennox

Parque Nacional
Cabo de Hornos

Islas Georgia
del Sur, Antártida

Cabo de Hornos

0   100 km

Historia

Cuando en 1520 Magallanes atravesó el estrecho que hoy lleva su nombre, ni él ni ningún otro explorador europeo sentía especial interés por aquellas tierras y sus gentes. Los primeros navegantes, en busca de un paso a las islas Molucas, temían y odiaban los fuertes vientos del oeste, las corrientes peligrosas y los mares turbulentos que dificultaban la travesía. En consecuencia, los pueblos selknam, haush, yaganes y alacalufes que habitaban la zona no hubieron de preocuparse por proteger sus tierras y recursos.

Eran grupos cazadores y recolectores. Los selknam –también llamados onas– y los haush subsistían sobre todo de la caza de guanacos y se cubrían con sus pieles, mientras que los yaganes (o yámanas) y alacalufes, conocidos como indios canoeros, vivían del pescado, el marisco y los mamíferos marinos. Los yaganes consumían el hongo conocido como "pan indio", que se nutre de las hayas del sur. Pese a las inclemencias del clima, vestían poca ropa, pero mantenían fuegos constantes para calentarse. Los navegantes europeos llamaron a la región Tierra del Fuego por esas hogueras que divisaban en las orillas.

Los asentamientos europeos ocasionaron la rápida desaparición de los fueguinos nativos. Charles Darwin, que visitó la zona en 1834, escribió que había más diferencia entre los fueguinos y los europeos que entre los animales domésticos y los salvajes. Así que es normal que no cuente con muchos adeptos aquí. Robert Fitzroy, capitán del *Beagle*, se había llevado consigo en un viaje anterior a varios yaganes, a quienes devolvió tras unos años de educación misionera en Inglaterra.

Ninguna potencia europea mostró verdadero interés por colonizar la región hasta que Gran Bretaña ocupó las islas Malvinas en la década de 1770. Sin embargo, los posteriores gobiernos de Chile y Argentina fueron de otro parecer. La presencia chilena en el estrecho de Magallanes desde 1843, junto con la propagación del evangelismo británico, incitaron a Argentina a formalizar su soberanía sobre Ushuaia en 1884. En 1978, Chile y Argentina por poco se declaran la guerra por tres pequeñas islas del canal Beagle. Los conflictos fronterizos no se resolvieron hasta 1984, aunque aún hoy suscitan rivalidades.

ⓘ Cómo desplazarse

Como la mitad de la isla es argentina, hay que tener el pasaporte a punto para cruzar la frontera. Si se viaja en autobús se puede hacer conexión en Punta Arenas o en varias ciudades del sur de Argentina.

TIERRA DEL FUEGO CHILENA

Porvenir

📌 061 / 5907 HAB.

Una porción de vida fueguina cocinada a fuego lento. En general, se visita en una excursión de un día desde Punta Arenas, estropeada por el mareo de la travesía. Pero pernoctar en este pueblo de casas victorianas revestidas de metal oxidado brinda la oportunidad de explorar las bahías y el campo cercanos y adentrarse un poco en la vida local. Los amantes de las aves pueden observar pingüinos rey y cormoranes, gansos y aves marinas. Porvenir es famosa por su inaccesibilidad (ninguna línea de autobús llega aquí), pero se está invirtiendo en la construcción de carreteras por toda la parte sur de la Tierra del Fuego chilena, lo que dará vía libre a la llegada de visitantes a ecosistemas intactos.

Porvenir vivió oleadas de inmigración, sobre todo desde Croacia, cuando se descubrió oro en 1879. Las estancias (ranchos) ovejeras crearon empleos más fiables que atrajeron a chilenos de la isla de Chiloé, que también llegaron por el trabajo en la pesca.

◉ Puntos de interés y actividades

Pese a ser un destino casi desconocido por su biodiversidad, la Tierra del Fuego chilena es rica en aves y especies marinas, como el delfín austral de la bahía Chilota y el pingüino rey, que se puede ver estacionalmente en la bahía Inútil. El hallazgo de esta nueva colonia de pingüinos rey ha causado bastante conmoción y, por ahora, apenas se están realizando trámites para protegerlos del exceso de turismo. Se aconseja visitarlos con una agencia acreditada, evitar el encuentro con los pingüinos y respetar la época de anidación. En la oficina de turismo se pueden reservar rutas a caballo y en todoterreno y excursiones para cribar oro.

Museo de
Tierra del Fuego   MUSEO
(☑61-258-1800; Jorge Schythe 71; 1000 CLP; ⊗8.00-1/.00 lu-ju, hasta 16.00 vi, 10.30-13.30 y 15.00-17.00 sa y do) En la plaza de Armas, expone material inesperado como cráneos y momias de los selknam e instrumentos musicales utilizados por los indios de las misiones de la Isla Dawson.

Far South Expeditions   AIRE LIBRE
(www.fsexpeditions.com) Excelentes circuitos dirigidos por un naturalista, con transporte desde Punta Arenas. Ofrece excursiones de un día y con pernocta a la colonia de pingüinos rey o paquetes de todo incluido. Contáctese por teléfono o correo electrónico.

Big Pampa   AIRE LIBRE
(☑móvil 9-6190-4183; www.bigpampa.com; Croacia 702; ⊗horario variable) La única agencia con sede en Tierra del Fuego en la parte chilena de la Isla Grande organiza circuitos a la colonia de pingüinos rey, visitas al Parque Karukinka y excursiones por los lagos. Está en Yendegaia House.

Travesía del Fin del Mundo   PASEOS A CABALLO
(☑móvil 9-4204-0362; wilke.chile@gmail.com; estancia Por Fin; circuito 8 días 500 000 CLP) El veterano guía Wilke está organizando circuitos a caballo en Tierra del Fuego, con observación de caballos salvajes a estancias remotas. Los caballos se consideran una plaga en la isla porque desequilibran su frágil ecosistema; el empeño de Wilke por domar y vender los caballos pretende conseguir una solución pacífica. El circuito se dirige a jinetes expertos.

Los traslados a/desde Porvenir (80 km) están incluidos. Puede resultar difícil establecer contacto porque Wilke se aparta de las zonas con cobertura para móviles. Acepta voluntarios.

🛏 Dónde dormir y comer

Hotel España   HOTEL $
(☑61-258-016U; Croacia 698; i/d/tr 25 000/35 000/43 000 CLP; 🅿🛜) Habitaciones espaciosas e impecables con vistas a la bahía. Cuentan con alfombras bereberes y calefacción central. Abajo hay una cafetería, y en la parte trasera, un aparcamiento.

Hotel Yagan   PENSIÓN $
(☑61-258-0936; Philippi 296; i/d 62/80 US$; 🛜) Ofrece 11 habitaciones limpias y agradables con calefacción y televisión por cable, algunas

con vistas maravillosas. El restaurante, que sirve pescado fresco entre otras delicias, se llena para las comidas.

★Yendegaia House   B&B $$
(☑61 258-1919; www.facebook.com/yendegaiahouse; Croacia /02, i/d/tr incl. desayuno 67/100/120 US$; 🛜) Libros sobre la naturaleza (algunos escritos por el dueño), desayuno abundante, vistas del estrecho y habitaciones espaciosas con edredones de plumón. Esta histórica casa magallánica (el primer alojamiento de Porvenir) ha sido restaurada con cariño, y la familia que lo regenta es muy servicial. Su agencia de circuitos, Far South Expeditions, organiza excursiones dirigidas por naturalistas. Alquila bicicletas.

La cafetería sirve bebidas de café, sándwiches y *pizza*.

El Chispa   CAFÉ $
(☑61-258-0054; Señoret 202; platos principales 5000-9000 CLP; ⊗horario variable) En un antiguo parque de bomberos de color aguamarina, se abarrota de porvenireños que se echan al coleto salmón, cordero con puré de patatas y otras comidas. Queda a un par de manzanas del mar, cuesta arriba.

Club Croata   PESCADO $$
(☑61-258-0053; Señoret 542; platos principales 5000-12 000 CLP; ⊗11.00-16.00 y 19.00-22.30 ma-do) Formal por tradición, el restaurante más fiable de la población sirve buen pescado a precios razonables. También hay especialidades croatas, como chuletas de cerdo con chucrut. El *pub* abre hasta las 3.00.

❶ Información

Para información turística, hay que dirigirse a la **oficina de turismo** (☑61-258-0098, 61-258-0094; www.muniporvenir.cl; Zavattaro 434; ⊗9.00-17.00 lu-vi, 11.00-17.00 sa y do) o al **quiosco** (⊗ene-feb) frente al parque Yugoslavo.

BancoEstado (esq. Philippi y Croacia; ⊗10.00-13.00 lu-vi) tiene un cajero automático.

La **oficina de correos** (Philippi 176; ⊗9.00-13.00 y 15.00-17.00 lu-vi) está enfrente de la plaza.

❶ Cómo llegar y salir

Se puede volar desde Punta Arenas con **Aerovías DAP** (☑61-261-6100; www.aeroviasdap.cl; esq. Señoret y Philippi) o tomar el ferri de **Transbordador Austral Broom** (☑61-258-0089; www.tabsa.cl; pasajero/vehículo Porvenir-Punta Arenas 6200/39 800 CLP).

Una buena carretera de grava (ruta 257) va hacia el este por la bahía Inútil hasta la frontera argentina en San Sebastián; hay que calcular unas 4 h. Desde allí, donde hay una gasolinera y un motel, quien se dirija al norte debería evitar la transitada y bacheada ruta de camiones que va directa y tomar la carretera que va de Onaisín a la localidad petrolera de Cerro Sombrero, para llegar al estrecho de Magallanes por Punta Delgada-Puerto Espora.

Nona Nina CAFÉ
(☎61-274-4349; www.nonanina.cl; Ruta 257, km 87 estancia Miriana; desde 3000 CLP; ⊘horario variable) Si se va a la Tierra del Fuego argentina por San Sebastián, se aconseja parar en este salón de té familiar y acogedor de la estancia Miriana para tomar café de verdad y tés servidos con pan casero, mermelada de ruibarbo y magníficos pasteles y tartas.

Interior de Tierra del Fuego

420 HAB.

Se puede ver el interior agreste de dos formas: como el futuro del turismo o como la tierra de nadie. Para aventureros y pescadores, tiene su misterio. Al sur de Cameron, el acceso a la Tierra del Fuego chilena se desvaneció en una naturaleza oscura y sin carreteras y la accidentada cordillera Darwin. El Ministerio de Obras Públicas está trabajando para crear un acceso a estos puntos meridionales y habrá conexión con Ushuaia (Argentina) vía el lago Fagnano. En el futuro esta misma carretera se prolongará hasta el Parque Nacional Yendegaia.

Al sur de la bahía Inútil, la región de Timaukel ocupa el tramo sur de la Tierra del Fuego chilena. Existen *lodges* exclusivos en el preciado retiro para la pesca con mosca del lago Blanco y el Parque Natural Karukinka.

Pocas carreteras conducen a esta región y el transporte público es escaso.

⊙ Puntos de interés

Parque Natural Karukinka RESERVA NATURAL
(☎en Santiago 2-2222-2697; www.karukinkanatural.cl) Este primitivo parque privado propiedad de la Wildlife Conservation Society tiene 300 000 Ha de frondosas marismas, bosques de lengas y picos nevados. Es excelente para observar aves, y se pueden avistar guanacos, zorros, nutrias de río, delfines, focas y elefantes marinos. Hay *camping* y una lista de alojamientos cercanos en la web. No se puede hacer fuego. Solo se puede llegar en coche desde Porvenir o con vuelos de temporada desde Punta Arenas a Pampa Guanaco, a unos 20 min.

🛏 Dónde dormir y comer

Se puede acampar en algunas zonas; hay un *lodge* de pesca y algunas estancias ofrecen alojamiento.

Parque Nacional Yendegaia

Este parque nacional de 1500 km² alberga bahías bordeadas de glaciares y bosque nativo fueguino. Situado en la cordillera Darwin, el **Parque Nacional Yendegaia** (www.conaf.cl) es un corredor estratégico para la fauna y flora entre el Parque Nacional Tierra del Fuego argentino y el Parque Nacional Alberto de Agostini de Chile.

Una parte del parque era una estancia de 400 km² y aún se está trasladando el ganado y rehabilitando los senderos. La carretera Vicuña-Yendegaia que atravesará el parque estará terminada en el 2012. Los senderos y las infraestructuras continúan en obras.

Pero el acceso es difícil y caro. Hay que llevar equipo de acampada y todo lo necesario para sobrevivir, pues aquí no hay provisiones ni teléfono.

❶ Cómo llegar y salir

El ferri de **Transbordador Austral Broom** (p. 388) viaja entre Punta Arenas y Puerto Williams y deja pasajeros si se avisa con antelación. Hay que informarse de las fechas en que circula y reservar, ya que solo hay un servicio semanal en cada sentido, y los retrasos debidos a la climatología pueden alterar horarios o fechas.

Isla Navarino

En cuanto a atmósfera de fin del mundo, esta isla remota gana el concurso sin esforzarse. Situada al sur de Ushuaia, al otro lado del canal Beagle, sus tierras casi deshabitadas albergan un terreno escabroso de turberas, bosques de hayas meridionales y unas agujas dentadas conocidas como Dientes de Navarino, por donde discurre también una afamada ruta de senderismo. Curiosamente, Santiago considera la isla como parte de la Antártica Chilena, no de Tierra del Fuego ni de Magallanes. Puerto Williams es la única población y puerto oficial de entrada para los buques que van al cabo de Hornos y la Antártida, y hogar del último hablante vivo de yagán.

A mediados del s. XIX se estableció una presencia permanente de europeos con la llegada de misioneros, seguidos de buscadores de fortuna durante la fiebre del oro de la década de 1890. La población actual está compuesta por soldados de la Marina chilena, funcionarios municipales y pescadores de pulpos y cangrejos. Los descendientes mestizos que quedan de los yaganes habitan en el pequeño pueblo costero de Villa Ukika.

ℹ️ Cómo llegar y salir

Desde Punta Arenas hay vuelos y un ferri con **Transbordador Austral Broom** (p. 388). También circulan pequeños barcos que llegan a Ushuaia con buen tiempo. También se puede parar con un crucero.

Puerto Williams

📱 61 / 1677 HAB.

Los residentes pueden sentirse abandonados, pero para los viajeros Puerto Williams abunda en aventuras magníficas, con opciones excelentes de senderismo y kayak. No pasan muchas cosas en este lugar. En el pueblo, el viento barre escombros mientras los becerros pastan en la plaza y en los patios se amontona la leña. Con la mejora de las conexiones de transporte, más visitantes podrán descubrir la población más meridional de Sudamérica.

◉ Puntos de interés

Museo Martín Gusinde   MUSEO
(📞 61-262-1043; www.museomartingusinde.cl; esq. Araguay y Gusinde; donativo previo; ◷ 9.30-13.00 y 15.00-18.30 ma-vi, 14.30-18.30 sa y do, horario reducido en temporada baja) Este museo de etnografía e historia natural recibe el nombre del sacerdote y etnógrafo alemán que trabajó entre los yaganes de 1918 a 1923. Wifi pública en la biblioteca. Información sobre espectáculos en su página de Facebook.

Club de Yates Micalvi   PUNTO DE INTERÉS
(◷ finales sep-may) El *Micalvi*, un carguero alemán que encalló, fue declarado museo naval de la región en 1976, pero encontró un uso mucho mejor como bar flotante, frecuentado por marinos y propietarios de yates; es una pena que el bar no esté abierto al público.

Réplica del 'Yelcho'   PUNTO DE INTERÉS
Cerca de la entrada al cuartel militar se halla la proa original del barco que en 1916 rescató

a la expedición antártica de Ernest Shackleton en la isla Elefante.

🏃 Actividades

La bicicleta de montaña es una manera magnífica de recorrer la isla, atravesada por una carretera litoral de grava en su cara norte. El Lakutaia Lodge ofrece equitación y helipesca, aunque no se sea huésped.

Los visitantes pueden fletar barcas para visitar los glaciares Italia y Holanda; pregúntese en las agencias.

★ Explora Isla Navarino   DEPORTES DE AVENTURA
(📱 móvil 9-9185-0155; www.exploraislanavarino.com; Centro Comercial 140B; ◷ 10.00-13.00 y 15.00-19.00 lu-vi) 🌿 Esta excelente empresa organiza salidas en kayak en una bahía resguardada, carreras de montaña, ciclismo y otras actividades, y usa un autobús renovado como campamento base. También hay salidas de excursionismo de uno o varios días al circuito de Dientes y otros con guías con teléfono por satélite. Trabaja con grupos pequeños e incorpora historia local en los circuitos.

Dientes de Navarino   EXCURSIONISMO
Este circuito ofrece vistas impagables bajo las dentadas agujas de Navarino; empieza en el altar de la Virgen, a las afueras de la ciudad, y serpentea 53,5 km por un espectacular paraje de rocas desnudas y lagos apartados. Los senderistas en buena forma pueden invertir cuatro días en los meses de verano, relativamente secos. La señalización es mínima; un GPS con mapas es imprescindible.

En invierno, las caminatas se aconsejan solo a senderistas experimentados. La oficina de turismo ofrece un folleto útil con información detallada de la ruta.

Cerro Bandera   EXCURSIONISMO
Con anchas vistas del canal Beagle, esta excursión de 4 h de duración (ida y vuelta) cubre el primer tramo del circuito Navarino. La pista asciende abruptamente entre lengas a una ventosa colina pedregosa con una bandera chilena.

Turismo Shila   AIRE LIBRE
(📱 móvil 9-7897-2005; www.turismoshila.cl; O'Higgins 220; ◷ 9.00-13.30 y 16.00-20.00 lu-sa) Muy útil para los excursionistas, ofrece guías y porteadores para excursiones en Dientes, material de *camping*, alquiler de bicicletas, raquetas de nieve, equipo de pesca y coordenadas de GPS para las pistas. También vende

MANUAL PARA LOS DIENTES DE NAVARINO

Aunque su popularidad crece, el circuito Dientes de Navarino (p. 385) requiere más conocimientos de navegación y experiencia en terrenos agrestes que Torres del Paine. Allí arriba, uno está prácticamente solo. Antes de partir:

➡ Decidir si se prefiere un guía naturalista o guías y porteadores locales.

➡ Al elegir un guía, solicitar que tengan certificación en primeros auxilios y experiencia previa.

➡ El equipaje que se lleve en el vuelo no puede pesar más de 10 kg. Se puede alquilar el equipo y comprar bombonas de gas y provisiones básicas en la isla. Hay muchos productos imperecederos, pero hay que llevarse las barritas energéticas.

➡ Elaborar un plan B para el mal tiempo, como un cambio de destino, un aplazamiento o más tiempo.

➡ Registrarse en la comisaría (por seguridad) antes de emprender la caminata.

➡ Es buena idea disponer de un GPS y una radio VHF.

billetes del barco de Ushuaia y organiza circuitos en barco a los glaciares.

Parque de Aventuras
Subantártico DEPORTES DE AVENTURA
(📱móvil 9-8883-9884; www.facebook.com/parque deaventurassubantartico; Y-905 s/n; 10 000 CLP; ⊙9.00-19.00) Con una tirolina por el dosel arbóreo y actividades en el lago, es genial para familias.

Lago Windhond EXCURSIONISMO
Este lago remoto es menos conocido, pero una buena alternativa al circuito de Dientes, pues el sendero discurre al abrigo de bosques y turberas. La ruta de ida y vuelta de cuatro días es una opción recomendable en caso de vientos fuertes. Se puede obtener más información en Turismo Shila o contratando un guía.

Waia Glacier
Expeditions BARCOS
(📱móvil 9-6228-4207; waiaexpedition@gmail.com) Este barco rápido ofrece travesías alrededor de la isla y para ver los glaciares si la climatología lo permite. El nivel de confort es básico, con una zona cubierta pero sin baño.

👉 Circuitos

Denis Chevallay CIRCUITOS
(📱móvil 9-7876-6934; denischevallay@gmail.com; Ortiz 260; ⊙con cita previa) Para excursiones de un día guiadas, circuitos por la ciudad y observación de aves, Denis tiene muchos conocimientos de botánica e historia.

John Cano EXCURSIONISMO
(📱móvil 9-9127-6313; www.extremewilliams.com; por día 60 000 CLP) John es un guía experimentado que trabaja en el circuito de Dientes de Navarino. El servicio de porteador es un extra.

Turismo SIM BARCOS
(📱móvil 9-9354-8322; www.simexpeditions.com; expediciones de 1 día desde 350 US$/persona; ⊙nov-abr) Wolf y Jeanette navegan (resérvese con mucha antelación) al canal Beagle, el cabo de Hornos, las islas Georgias del Sur y la Antártida.

Parque Etnobotánico
Omora CIRCUITO ECOLÓGICO
(📱61-262-1715; www.omora.org; adultos/niños 15 000/7500 CLP; ⊙8.00-17.00) Genial para quienes deseen aprender sobre la flora y fauna local, el parque está abierto para circuitos (2½ h) dirigidos por expertos solo con reserva. Están indicados los nombres de las plantas que bordean los senderos. Está en la carretera a la derecha del altar de la Virgen, 4 km (1 h) en dirección a Puerto Navarino.

🛏 Dónde dormir

Hostal Pusaki PENSIÓN $
(📱móvil 9-9833-3248; pattypusaki@yahoo.es; Piloto Pardo 222; incl. desayuno d 75 US$, h sin baño 28 US$/persona) Patty da la bienvenida a los viajeros en su acogedor hogar con una calidez legendaria y habitaciones alfombradas y confortables. Aunque no se sea huésped, se puede disfrutar de sus excelentes cenas de grupo con pescado fresco.

Hostal Miramar PENSIÓN $
(📱61-272-1372; www.hostalmiramar.wordpress. com; Muñoz 555; d con/sin baño incl. desayuno 40 000/30 000 CLP; 📶) La señora Nuri acoge

en su encantador hogar lleno de luz y con vistas canal de Beagle; hay calefacción central. Cenas por encargo.

Refugio El Padrino ALBERGUE $
(✉61-262-1136, móvil 9-8438-0843; Costanera 276; parcelas 25 US$/persona, dc incl. desayuno 13 US$/persona) Este albergue de autoservicio y prosocialización es también un centro social bajo la gestión de la efervescente Cecilia. Los pequeños dormitorios colectivos se hallan a la derecha del canal. Señalizada con banderas, la zona de acampada tiene una agradable sala de estar, una cocina y duchas de agua caliente, y se encuentra en un pasaje cerca de la gasolinera Copec a varias manzanas.

Hostal Paso McKinlay PENSIÓN $
(✉móvil 9-7998-7598; www.hostalpasomckinlay.cl; Piloto Pardo 213; i/d incl. desayuno 30 000/40 000 CLP; 🖅) Este alojamiento dispone de habitaciones limpias y remozadas con calefacción central y un mirador en la 3ª planta. Hay una cocina común y servicio de lavandería, pero lo mejor es el pescado fresco de las cenas.

Hotel Fio Fio HOTEL $$
(✉móvil 9-3186-0121; Cabo de Hornos 14; i/d/tr incl. desayuno 85/110/135 US$) Este elegante hotel de seis habitaciones es una exquisita incorporación, con alfombras bereberes, calefacción central y decoración en tonos naturales y apagados. Incluye transporte al aeropuerto.

Errante Ecolodge REFUGIO $$$
(✉móvil 9-9368-9723; www.errantecolodge.com; dc/i/d incl. desayuno 60/170/200 US$; 🖅) 🍴 Situado cerca del final de la excursión de Dientes, este *lodge* frente al agua construido por una joven pareja está impregnado de naturaleza fueguina. El diseño es moderno y elegante, con energía solar, calefacción central y edredones gruesos. Las habitaciones tienen grandes ventanales que dan al canal Beagle. También alquila bicicletas. Las maravillosas cenas se sirven en una mesa comunitaria. Incluye transporte al aeropuerto.

Los dos amplios dormitorios colectivos gozan de techos altos con bien diseñadas literas triples.

Lakutaia Lodge HOTEL $$$
(✉61-262-1733; lakutaia.com; i/d/tr 233/292/349 US$) Unos 3 km al este de la localidad, este moderno *lodge* con todos los servicios ofrece descanso en un encantador entorno rural. Hay un restaurante y la biblioteca incluye interesantes títulos sobre historia y naturale-za. También ofrece excursiones y equitación. La única desventaja es su aislamiento.

🍴 Dónde comer y beber

Diente de Navarino COLOMBIANA $$
(✉móvil 9-7586-7840; Centro Comercial s/n; platos principales 4000-12000 CLP; 🕐11.00-24.00 ma-sa) Este café colombiano vibra con ritmos tropicales y sirve grandes sándwiches, arepas y guisos. La bandeja paisa alimenta grandes apetitos con sabrosos frijoles y arroz, plátano macho frito, huevo y carne.

Wulaia CHILENA $$
(✉61-263-9675; Centro Comercial s/n; platos principales 9000-13000 CLP; 🕐12.30-15.00 y 19.00-23.00 lu-sa) Una buena opción para pescado frito, chupe de centolla y abundantes platos de carne, aunque a las verduras les falta lustre. El servicio puede ser lento.

Kansaka PIZZERÍA $$
(✉móvil 9-7987-5491; Costanera 273; *pizza* 7000 CLP; 🕐19.30-23.30 nov-mar) Deliciosas *pizzas* de masa fina a degustar en una sala de estar en la carretera litoral. Búsquese la casa de color verde lima. Se puede llevar la bebida. Las raciones son pequeñas.

La Picada de los Veleros CHILENA $$$
(✉móvil 9-9833-3248; Piloto Pardo 222; comidas 15 000-25 000 CLP; 🕐cenas con reserva) Patty sirve cenas familiares y es genial preparando pescados y mariscos. Aquí reina un ambiente jovial. Una botella de vino siempre es bienvenida.

Puerto Luisa Café CAFÉ
(✉móvil 9-9934-0849; Costanera 317; tentempiés 3000 CLP; 🕐10.00-13.00 y 16.00-21.00 lu-vi, 8.30-21.00 sa nov-mar; 🖅) Junto al muelle, este pequeño paraíso ofrece bebidas de café y pastel de queso en un entorno acogedor de grandes sillas con estupendas vistas del mar.

El Alambique PUB
(Piloto Pardo 217; 🕐20.00-1.00 ma-sa) Cubierto de murales, este local cavernoso es el único establecimiento con ambiente de *pub* por la noche.

ℹ Información

Banco de Chile (✉61-637-3737; Centro Comercial s/n; 🕐9.00-14.00 lu-vi) El único cajero automático de la isla suele quedarse sin dinero, pero el banco ofrece adelantos de efectivo con la tarjeta de crédito.

Información turística municipal (www.

ptowilliams.cl/Turismo.html; Centro Comercial; ⊗9.00-13.00 y 14.30-18.00 lu-vi, 9.00-13.00 sa) Un quiosco con planos del pueblo y mapas de senderismo e información sobre las condiciones meteorológicas y el estado de la ruta para el lago Windhond y los Dientes de Navarino.

Turismo Shila (p. 385) Vende billetes del barco de Ushuaia y organiza salidas en barco para ver glaciares.

❶ Cómo llegar y salir

A Puerto Williams solo se puede llegar en avión o barco, aunque el mal tiempo puede ocasionar retrasos; hay que dejar un margen amplio para entrar y salir de la isla. Estas son algunas opciones de transporte desde Punta Arenas, en Chile:

Aerovías DAP (✍61-262-1052; www.aerovias dap.cl; Centro Comercial s/n; ida 75 000 CLP; ⊗9.00-13.00 y 14.30-18.30 lu-vi, 10.00-13.30 sa) Ofrece vuelos diarios a Punta Arenas (75 000 CLP, 1¼ h) de lunes a sábado de noviembre a marzo, con menor frecuencia en invierno. Hay que reservar con antelación, pues hay mucha demanda.

El aeropuerto está a 30 min a pie del centro. Los hoteles ofrecen recogida. Los servicios de traslado recogen a los pasajeros en la terminal (2500 CLP/persona). A veces los vuelos de DAP a la Antártida hacen una breve escala aquí.

Transbordador Austral Broom (✍61-272-8100; www.tabsa.cl; asiento reclinable/litera incl. comidas 108 000/151 000 CLP, 32 h) Un ferri navega desde el sector Tres Puentes de Punta Arenas a Puerto Williams tres o cuatro veces al mes, normalmente los jueves, con salidas desde Puerto Williams de regreso a Punta Arenas habitualmente los sábados. Solo se pueden reservar las literas; las butacas están reservadas para la población local, aunque se pueden solicitar y por lo general se consiguen. Es delirante: si el tiempo lo permite se ven los glaciares en la punta desde Punta Arenas, y cabe la posibilidad de avistar delfines o ballenas ente diciembre y abril. En la travesía desde Puerto Williams se pasa junto a los glaciares por la noche.

Las opciones para viajar desde Ushuaia, en Argentina, cambian con frecuencia. **Turismo Shila** tiene información actualizada y ofrece reservas:

Barcos rápidos a Argentina (✍en Argentina 02901-436193; www.facebook.com/Boating Ushuaia; ida 120 US$; ⊗servicio lu-sa oct-abr) Tres servicios de barco visitan Ushuaia con fuerabordas. Los billetes incluyen una travesía de 40 min, a veces con mucho traqueteo y expuesta a los elementos, más enlaces por tierra con Puerto Navarino. Las inclemencias meteorológicas provocan con frecuencia cancelaciones o aplazamientos indefinidos.

❶ Cómo desplazarse

Ferri Puerto Toro (⊗8.00 salida, 15.00 ida y vuelta) El último domingo de mes hay un ferri gratis a Puerto Toro, un aislado puesto de pesca en la costa oriental de la isla Navarino. Merece la pena ir a echar un vistazo o a recorrer en bici la zona. Es un trayecto de 2 h desde Puerto Williams. Hay que reservar plaza en la oficina de turismo.

Cabo de Hornos e islas circundantes

Si se ha llegado hasta la isla Navarino o a Ushuaia, ya falta poco para alcanzar el confín del continente, el cabo de Hornos. Este pequeño grupo de islas chilenas deshabitadas es sinónimo de aventura y del romanticismo de los antiguos navegantes (aunque estos solían temer la dura y gélida travesía).

Las islas Shetland del Sur, situadas en el extremo norte de la península Antártica, son uno de los lugares más visitados del continente, gracias a su paisaje, la abundante fauna y la proximidad a Tierra del Fuego, que se halla 1000 km al norte, al otro lado del paso de Drake.

Como parte de la política chilena de intentar incorporar su reclamado Territorio Chileno Antártico, el Gobierno ha instado a las familias a establecerse en la base Frei, y en el 1984 nacieron los primeros niños. Hoy, la base alberga durante el verano a unos 80 trabajadores en casas austeras.

☞ Circuitos

Aerovías DAP CIRCUITO
(✍61-222-3340; www.dap.cl; ⊗nov-abr) Vuela de Punta Arenas a la estación Frei en la isla del Rey Jorge (3 h). Los programas, de 1 y 2 días, incluyen circuitos a Villa Las Estrellas, las colonias de leones marinos y pingüinos, y otras estaciones científicas de la isla; también se pueden contratar vuelos al cabo de Hornos. Para fechas de salida y precios actualizados, consúltese la web.

Antarctica XXI CIRCUITO
(✍Punta Arenas 61-261-4100; www.antarcticaxxi. com; 7 días/6 noches doble 14 995 US$) Gestiona el único combinado por aire y crucero; vuela desde Punta Arenas a la base Frei de Chile en la isla del Rey Jorge, con un traslado a un barco para navegar varios días por las islas Shetland del Sur y la zona de la península. La duración es variable. La agencia está afiliada

a la IAATO, un organismo que establece normas muy estrictas para viajar a la Antártida.

ℹ Cómo llegar y salir

Aparte de contar con yate propio, la única forma de llegar a este lugar es en un paquete o un chárter. **Aerovías DAP** (p. 388) opera vuelos chárteres sobre el cabo de Hornos sin aterrizaje. También se puede fletar un velero con **Turismo SIM** (p. 386).

Todo el transporte depende de la climatología, aunque los barcos tienen más probabilidades de salir en malas condiciones que las avionetas. Hay que contar con posibles retrasos; si no se puede esperar, no se reembolsará lo pagado. Para ofertas de última hora desde Puerto Williams, consúltese con el Hotel Lakutaia.

TIERRA DEL FUEGO ARGENTINA

ℹ Cómo llegar y salir

La ruta más habitual por tierra desde la Patagonia es con la travesía en ferri de 20 min de **Punta Delgada** (Primera Angostura; ☑56-61-272-8100; www.tabsa.cl; automóvil/pasajero 15 000/1700 CLP; ☺horas de sol), Chile. A diferencia del resto de Argentina, Tierra del Fuego no tiene carreteras provinciales, sino vías secundarias conocidas como rutas complementarias, modificadas con una letra minúscula. Estas carreteras se indican, p. ej., como RC-a.

Al alquilar un coche en la Argentina continental, hay que tener en cuenta que se debe pasar por Chile un par de veces para llegar a Tierra del Fuego. Esto requiere documentos especiales, prestar atención a los artículos prohibidos (fruta, productos lácteos, carne y semillas) y cobertura internacional adicional del seguro. Casi todas las agencias de alquiler de vehículos pueden encargarse del papeleo si se avisa con antelación.

Chile está construyendo una carretera alternativa al extremo sur de la isla. Cuando se redactó esta guía, la unía con el lago Fagnano, pero se necesitaba un todoterreno.

Se puede volar a Río Grande o Ushuaia. Los autobuses toman el ferri desde Punta Delgada, Chile; todos pasan por Río Grande antes de llegar a Ushuaia.

Ushuaia

☑02901 / 57 000 HAB.

Este ajetreado puerto y centro de aventuras está formado por calles empinadas y un batiburrillo de edificios bajo los picos nevados de la sierra Martial. Los Andes se detienen abruptamente en el canal Beagle para hacer sitio a la ciudad.

Ushuaia aprovecha al máximo su condición de fin del mundo y cada vez más navíos que se dirigen a la Antártida utilizan su puerto. La vida mercantil de la ciudad carece de ironía: hay una tienda de recuerdos que recibe el nombre de Jemmy Button (un fueguino trasladado a Inglaterra para ser mostrado) y el centro de esquí se llama como la dañina especie invasora, el castor. Dicho esto, con una cerveza en la mano de la microcervecería más meridional del mundo, se pueden planificar las opciones al aire libre: senderismo, navegación con vela, esquí, kayak e incluso buceo.

Los salarios elevados de Tierra del Fuego atraen a argentinos de todo el país, y algunos vecinos lamentan la falta de planificación urbanística y la pérdida de la cultura propia de una pequeña ciudad.

◎ Puntos de interés

Museo Marítimo y Museo del Presidio MUSEO
(☑02901-437481; www.museomaritimo.com; esq. Yaganes y Gobernador Paz; adultos/estudiantes/familias 300/200/650 ARS; ☺10.00-20.00 abr-nov, 9.00-20.00 dic-mar, última entrada 19.30) En 1906 se trasladaron presos desde la isla de los Estados hasta Ushuaia para construir este presidio, que se terminó en el año 1920. Las deprimentes celdas, diseñadas para 380 reclusos, albergaron hasta a 800 antes de que la prisión cerrara en 1947. Entre sus presos famosos se cuentan el escritor Ricardo Rojas y el anarquista Simón Radowitzky. Las explicaciones sobre la vida en la penitenciaria y las exposiciones sobre temas marítimos proporcionan una visión única de la historia de la región.

Museo del Fin del Mundo MUSEO
(☑02901-421863; www.tierradelfuego.org.ar/museo; esq. av. Maipú y Rivadavia; 130 ARS; ☺10.00-19.00) Construido en 1903, este antiguo banco, cerca del puerto, contiene muestras sobre la historia natural fueguina, aves disecadas y fotos de nativos y de las primeras colonias penales. Visitas guiadas a las 11.00 y 15.30.

Ushuaia

🏃 Actividades

Aeroclub Ushuaia   VUELOS PANORÁMICOS
(☎02901-421717, 02901-421892; www.aeroclub
ushuaia.com; Luis Pedro Fique 151; 15/60 min
70/205 US$/persona) Ofrece vuelos panorá-
micos sobre el canal y la cordillera Darwin.
Los vuelos salen antes de las 13.00; se debe
intentar confirmar tres días antes. El tiempo
cambia rápidamente, así que el vuelo puede
sufrir retrasos o ser cancelado.

Cerro Castor   ESQUÍ
(☎02901-499301; www.cerrocastor.com; forfait
día completo temporada baja/alta 885/1120 ARS;
⊗med jun-med oct) Muy paisajístico, este
enorme resort ubicado a 26 km de Ushuaia
por la RN 3 tiene 15 pistas que abarcan 400
Ha, bonitas cabañas y numerosos restaurantes. Alquilan esquís y tablas. Los forfaits de
varios días y en temporada media tienen
descuento. En los días de mucho frío instalan cortavientos en los remontes. El mejor
mes para gozar de unas condiciones de la
nieve estupendas es agosto.

**Cerro Martial
y glaciar Martial**   AIRE LIBRE
Las vistas de Ushuaia y el canal Beagle desde este lugar son más impresionantes que
el glaciar, un tanto pequeño. El tiempo es
impredecible, así que hay que llevar ropa de
abrigo y calzado resistente. Se puede caminar
o realizar un circuito por el dosel arbóreo.
Para llegar, se debe tomar un taxi o furgoneta
hasta el cerro Martial; las furgonetas salen
de la esquina de la avenida Maipú con Juana
Fadul cada 30 min de 8.30 a 18.30.

Cruceros Australis   CRUCERO
(☎en Buenos Aires 011-5128-4632; www.australis.
com; 3 noches y 4 días desde 1190 US$/persona;
⊗fin sep-ppios abr) Lujosos cruceros turísticos de tres o cuatro noches desde Ushuaia

a Punta Arenas (Chile), con la posibilidad de desembarcar en el cabo de Hornos.

Rayen Aventura AVENTURA
(☏02901-15-580517, 02901-437005; www.rayenaventura.com; av. San Martín 611) Es conocido por sus animados circuitos en todoterreno al lago Fagnano, con opciones de excursionismo o kayak y visitas a estancias. También ofrece circuitos invernales.

★ Tierra AVENTURA
(☏02901-15-486880, 02901-433800; www.tierraturismo.com; oficina 4C, Onas 235) ✿ Ofrece circuitos activos y salidas a medida poco comunes. Esta pequeña agencia la crearon unos simpáticos guías que querían ofrecer una experiencia más personalizada. Las opciones incluyen salidas en todoterreno que combinan kayak y senderismo, excursiones por el Parque Nacional Tierra del Fuego y visitas a la estancia Harberton.

Canal Fun AVENTURA
(☏02901-435777; www.canalfun.com; Roca 136; 🖝) Dirigidas por un grupo de guías jóvenes, estas

populares salidas de día completo incluyen senderismo y kayak en el Parque Nacional Tierra del Fuego, la famosa aventura en todoterreno alrededor del lago Fagnano, y una salida multideportiva por la estancia Harberton que incluye kayak y una visita en barco a la colonia de pingüinos.

Piratour
BARCOS

(☏02901-15-604646, 02901-435557; www.piratour. net; av. San Martín 847; circuito colonia pingüinos 2500 ARS, además peaje puerto 20 ARS; ⊙9.00-21.00) Opera circuitos para 20 personas a la isla Martillo para hacer excursionismo y avistar pingüinos papúa y de Magallanes, además de una visita a Harberton. Es la única agencia con la que se camina por la isla; con las demás se observan los pingüinos desde la costa en barco. Tiene también barcos a Puerto Williams (Chile; dic-mar). Dispone de otra oficina en el muelle turístico.

Canopy Tours
AVENTURA

(☏02901-503767; www.canopyushuaia.com.ar; refugio de montaña, cerro Martial; ruta larga/corta 600/450 ARS; ⊙10.00-17.00 oct-jun) Estos circuitos por las copas de los árboles, aptos para familias, ofrecen una ruta larga (nueve líneas y dos puentes colgantes) y una más corta (siete líneas) para lanzarse en tirolina a través del bosque. Solo con reserva. El complejo tiene también un café acogedor con sándwiches, postres y bebidas calientes, justo antes de empezar la pista al glaciar Martial.

Patagonia Adventure Explorer
BARCOS

(☏02901-15-465842; www.patagoniaadvent.com. ar, muelle turístico) Barcos confortables con tentempiés y una pequeña excursión en la isla Bridges. Para algo más aventurero y una experiencia más íntima en el canal Beagle, se puede navegar en un velero de 5,5 m. También ofrece salidas de navegación de varios días y de día entero con vino y refrigerios gastronómicos.

Che Turismo Alternativo
BARCOS

(☏02901-15-517967; www.facebook.com/elcheturis moalternativo; circuito medio día 1200 ARS, muelle turístico) Este circuito al canal Beagle incluye una excursión en la isla Bridges y cerveza local durante la travesía de regreso al puerto; es muy popular entre los huéspedes del albergue. Se debe pagar una tasa adicional de 20 ARS en el puerto antes de que salga el barco. Los circuitos son diarios, parten a las 10.00 y duran 4 h.

Compañía de Guías de Patagonia
AVENTURA

(☏02901-437753; www.companiadeguias.com.ar; excursión día completo 105 US$) Esta reputada empresa organiza expediciones y excursiones de varios días por Ushuaia, la isla Navarino y más lejos en la remota Tierra del Fuego. Ofrece también excursiones por glaciares, ciclismo de montaña y salidas a la Antártida con kayak marino.

Turismo Comapa
CIRCUITOS

(☏02901-430727; www.comapa.com; av. San Martín 409) Se pueden confirmar los viajes de Navimag y Cruceros Australis en esta veterana agencia con sede en Chile. Vende también circuitos convencionales y traslados en barco a Puerto Williams (Chile).

Tierra Mayor
AVENTURA

(Antartur; ☏02901-430329; http://antartur.com. ar; RN 3, km 3018; trineo tirado por perros con guía 50 US$) Ofrece circuitos de aventura a precios competitivos y cuenta con su propia base de montaña. Es posible ir con raquetas de nieve a un bonito valle alpino o en trineo de perros por Tierra Mayor. Para una noche memorable, se pueden combinar con una fogata nocturna (130-145 US$).

También ofrece salidas guiadas en *snowcat* y excursiones de un día en todoterreno al lago Fagnano con piraguas y barbacoa. Está ubicado a 19 km de Ushuaia por la RN 3.

Tres Marías Excursiones
BARCOS

(☏02901-15-611199, 02901-436416; www.tresma riasweb.com) El único operador con permiso para atracar en la isla H, en la reserva natural de las islas Bridges, con montones de conchas y una colonia de cormoranes de cuello negro. Su velero, pequeño y pintoresco, es solo para ocho pasajeros.

Tolkar
CIRCUITOS

(☏02901-431408, 02901-431412; www.tolkarturis mo.com.ar; Roca 157) Esta completa agencia, útil y popular, está asociada con los autobuses Tecni-Austral (p. 398).

Ushuaia Turismo
CIRCUITO

(☏02901-436003; www.ushuaiaturismoevt.com.ar; Gobernador Paz 865) Reservas de último minuto a la Antártida.

🛏 Dónde dormir

Camping Municipal
CAMPING $

(RN 3; parcelas gratis) Unos 10 km al oeste de la ciudad, de camino al Parque Nacional Tierra del Fuego, este *camping* goza de un emplazamiento encantador, pero con instalaciones mínimas.

★ Antarctica Hostel
ALBERGUE $

(☎02901-435774; www.antarcticahostel.com; Antártida Argentina 270; dc/d 26/97 US$; @🜨) Albergue mochilero con un ambiente acogedor y personal servicial. La planta diáfana y la cerveza ayudan a hacer amigos. Los huéspedes descansan y juegan a las cartas en la sala común y cocinan en una fresca cocina en el balcón. Las habitaciones son limpias y espaciosas, con calefacción por suelo radiante.

Hostel Cruz del Sur
ALBERGUE $

(☎02901-434099; Deloquí 242; dc 25 US$; @🜨) Este relajado albergue consta de dos casas renovadas (de 1920 y 1926) unidas por un pasaje. Los precios de los dormitorios colectivos se basan en la capacidad de la habitación, y el único inconveniente es que el baño puede estar en otro piso. Hay un bonito patio trasero, pero pocos espacios comunitarios interiores. Se ofrecen descuentos para estancias superiores a cuatro noches.

La Posta
ALBERGUE $

(☎02901-444650; www.lapostahostel.com.ar; Perón Sur 864; dc/d 22/65 US$; @🜨) Este acogedor albergue y pensión a las afueras de la ciudad es muy popular entre los viajeros jóvenes gracias a su servicio cálido, su decoración hogareña y su impoluta cocina abierta. El inconveniente es que se halla lejos del centro, pero abundan los autobuses y taxis.

Los Cormoranes
ALBERGUE $

(☎02901-423459; www.loscormoranes.com; Kamshen 788; dc 31-40 US$, d/tr/c 107/132/155 US$; @🜨) Este sociable y apacible albergue de HI está a 10 min (colina arriba) a pie al norte del centro. Los dormitorios colectivos de seis camas, algunos con baño privado, dan a pasillos de tablas exteriores. Las dobles tienen suelos de cemento pulido y edredones; la mejor es la nº 10, con vistas a la bahía. Las sábanas se deberían renovar y los espacios comunes son regulares. El desayuno incluye huevos para prepararse uno mismo y zumo de naranja recién hecho.

Yakush
ALBERGUE $

(☎02901-435807; www.hostelyakush.com; Piedrabuena 118; dc 23-25 US$, d con/sin baño 85/75 US$; ⊙med oct-med abr; @🜨) Colorido albergue que, aunque es céntrico y de ambiente sociable, resulta un tanto caro para lo que ofrece.

★ Galeazzi-Basily B&B
B&B $$

(☎02901-423213; www.avesdelsur.com.ar; Fernández Valdez 323; i/d sin baño 45/65 US$, cabañas 2/4 personas 110/140 US$; @🜨) Elegante residencia de madera donde uno se siente como en casa. Las habitaciones son pequeñas, pero con un toque personal. Las camas son individuales, así que las modernas cabañas de la parte trasera son ideales para parejas.

Familia Piatti B&B
B&B $$

(☎02901-15-613485, 02901-437104; www.familiapiatti.com; Bahía Paraíso 812, Bosque del Faldeo; d 80 US$, ste 139-190 US$; @🜨) 🌿 Si apetece relajarse en el bosque, hay que ir a este agradable B&B a solo 5 min de la ciudad, con edredones y muebles de madera. Hay pistas de senderismo que ascienden a las montañas. Los simpáticos propietarios pueden organizar transporte y excursiones guiadas. En la web hay indicaciones para llegar.

Mysten Kepen
PENSIÓN $$

(☎02901-430156, 02901-15-497391; http://mystenkepen.blogspot.com; Rivadavia 826; d/tr/c 94/144/175 US$; 🜨) Roberto y Rosario cuentan historias de sus huéspedes de años pasados, y su casa es animada. Las habitaciones son más o menos nuevas, con edredones y estanterías para las lecturas nocturnas. También ofrecen traslados al aeropuerto y descuentos en invierno.

Martín Fierro B&B
B&B $$

(☎02901-430525; www.martinfierrobyb.com.ar; 9 de Julio 175; i/d 70/110 US$; ⊙sep-abr; P🜨) Este encantador alojamiento es como la cabaña de montaña de un amigo de mundo que hace café fuerte y tiene una estupenda colección de libros. Javier construyó los interiores con madera y piedra locales; cultiva un ambiente amistoso y relajado donde los viajeros entablan conversaciones profundas en la mesa del desayuno.

Posada de Fin del Mundo
B&B $$

(☎02901-437345; www.posadafindelmundo.com.ar; esq. Rivadavia y Valdez; d 140 US$) Esta vasta casa rezuma buen gusto y personalidad, desde la sala de estar con vistas acuáticas al laboratorio de chocolate. De las nueve habitaciones (algunas pequeñas), las mejores están arriba. El desayuno es abundante y también hay té y pasteles por la tarde. En invierno a veces está lleno con equipos de esquí.

La Casa de Tere
B&B $$

(☎02901-422312; www.lacasadetere.com.ar; Rivadavia 620; d con/sin baño 120/85 US$) En esta bonita y moderna casa con estupendas vistas Tere colma de atenciones a los huéspedes. Las tres pulcras habitaciones se llenan pronto. Los clientes pueden cocinar y hay televisión por cable y chimenea en el salón. A un corto pero empinado paseo cuesta arriba desde el centro.

Arakur
HOTEL $$$

(☎02901-442900; www.arakur.com; cerro Alarken; d vistas al valle/al océano 370/400 US$; P❄@🛜🏊) Por encima de la ciudad en un promontorio boscoso, este es el hotel de lujo más nuevo de la ciudad y alberga un festival de música anual. El aspecto es elegante y moderno, con tonos neutros y un servicio personalizado, y las vistas son inigualables. Las habitaciones tienen baños con paredes de cristal. La piscina infinita interior-exterior está caliente todo el año.

Los Cauquenes
Resort y Spa
CENTRO VACACIONAL $$$

(☎02901-441300; www.loscauquenes.com; d desde 275 US$; @🛜🏊) Este exclusivo *lodge* de madera se encuentra sobre el canal Beagle en un barrio privado accesible por una carretera de grava. Las habitaciones están hechas con gusto y bien equipadas; hay una sala con juegos infantiles y terrazas exteriores acristaladas, además de asombrosas vistas del canal. Tiene lanzaderas al centro. Está 4 km al oeste del aeropuerto.

También hay un *spa,* una sauna y una piscina interior-exterior.

Cabañas del Beagle
CABAÑA $$$

(☎02901-15-511323, 02901-432785; www.cabanas delbeagle.com; Las Aljabas 375; cabañas 2 personas 140 US$) A las parejas que buscan un escondrijo romántico les encantan estas cabañas rústicas y elegantes, con suelos de piedra con calefacción, chimeneas y cocinas bien equipadas que se aprovisionan a diario con pan, café y otros productos. Alejandro ha recibido elogios por su servicio esmerado. Está 13 cuadras cuesta arriba desde el centro, por la avenida Leandro Alem. Estancia mínima de cuatro noches.

Cabañas Aldea Nevada
CABAÑA $$$

(☎02901-422851; www.aldeanevada.com.ar; Martial 1430; cabañas 2/4 personas desde 140/190 US$; @🛜) Este bonito tramo de aspecto élfico de bosque de lengas de 6 Ha tiene 13 cabañas de madera con barbacoa en el exterior. Los interiores son rústicos, pero modernos, con cocinas funcionales, estufas de leña y maderas nobles. Hay bancos toscos para contemplar los estanques y una glorieta sobre el canal Beagle. Estancia mínima de dos noches.

Cumbres del Martial
HOSTERÍA $$$

(☎02901-424779; Martial 3560; d/cabañas 220/340 US$; @🛜) En la base del glaciar Martial. Las habitaciones normales tienen un aire de casita de campo inglesa. Las cabañas de madera de dos pisos son maravillosas, con chimeneas de piedra, *jacuzzi* y ventanas abovedadas. Los masajes opcionales (extras) y los periódicos extranjeros son algunos de los detalles que lo hacen especial.

Mil 810
HOTEL $$$

(☎02901-437710; www.hotel1810.com; 25 de Mayo 245; d 200 US$; @) Con precios de hotel-*boutique,* es más bien un pequeño hotel lujoso. El diseño es moderno con elementos naturales, como un muro de piedras del río y una cara de piedra con un hilo de agua. Sus 38 habitaciones lucen paredes forradas de tela, tonos cálidos, tejidos suntuosos y toques de arte abstracto. Las habitaciones tienen cajas de seguridad y en los pasillos hay cámaras.

🍴 Dónde comer

★ Almacén de Ramos Generales
CAFÉ $

(☎02901-424-7317; av. Maipú 749; platos principales 73-175 ARS; ⏱9.00-24.00) Con su extravagante conjunto de recuerdos y notas sobre cuestiones medioambientales, este antiguo almacén, cálido y acogedor, representa la auténtica Ushuaia. Es el local donde se reúnen los vecinos. Cada día se hornean cruasanes y crujientes barras de pan. También hay cerveza local de grifo, carta de vinos y comidas ligeras como sándwiches, sopas y quiches.

Café Bar Banana
CAFÉ $

(☎02901-435035; av. San Martín 273; platos principales 80-150 ARS; ⏱8.00-1.00) Sirve hamburguesas y patatas fritas caseras, sándwiches, bistec con huevo, y es el local predilecto para comer mucho y por poco dinero con los amigos.

Freddo
HELADERÍA $

(av. San Martín 209; ⏱9.30-0.30) Una de las heladerías más queridas de Argentina ha abierto sus puertas en la nevada Ushuaia, y de repente es verano.

Tante Sara
CAFÉ $
(☏02901-433710; esq. Rivadavia y av. San Martín; platos principales 60-130 ARS; ◷8.00-20.30 lu-ju, hasta 21.00 vi y sa) Buena pastelería y *brunch* de fin de semana.

El Turco
CAFÉ $
(☏02901-424711; av. San Martín 1410; platos principales 70-130 ARS; ◷12.00-15.00 y 20.00-24.00) Nada sofisticado y con buenos precios, este café argentino clásico y anticuado resulta encantador con sus camareros con pajarita. Entre sus platos habituales destacan la milanesa (carne empanada), las *pizzas*, las patatas fritas y el pollo asado.

Lomitos Martinica
ARGENTINA $
(☏02901-432134; av. San Martín 68; platos principales 85-125 ARS; ◷11.30-15.00 y 20.30-24.00 lu-sa) Barato, animado y lleno de lugareños que compran comida para llevar, este local con sillas junto a la parrilla sirve enormes sándwiches de milanesa y ofrece un plato especial económico a la hora del almuerzo.

La Anónima
SUPERMERCADO $
(esq. Gobernador Paz y Rivadavia; ◷9.00-22.00) Comida barata para llevar.

Volver
PESCADO $$
(☏02901-423977; av. Maipú 37) Anuncia que sirve "cebiche de la puta madre" y está dirigido por un carismático y querido cocinero. La comida se sirve de forma sencilla, pero es de una calidad increíble. Quienes crean que no les gusta el centollo, deberían darle una segunda oportunidad: no le añaden salsas y lo cocinan a la perfección.

Bodegón Fueguino
PATAGONIA $$
(☏02901-431972; av. San Martín 859; platos principales 130-250 ARS; ◷12.00-14.45 y 20.00-23.45 ma-do) Adecuado para probar comida casera de la Patagonia o aprovisionarse de vino o entrantes. Esta centenaria casa fueguina está embellecida con bancos forrados de piel, barricas de cedro y helechos. Una picada (bandeja con aperitivos) para dos incluye berenjena, brochetas de cordero, cangrejo y ciruelas con panceta.

Paso Garibaldi
ARGENTINA $$
(☏02901-432380; Deloquí 133; platos principales 180-290 ARS; ◷12.00-14.30 y 19.00-23.30 ma-sa, 19.00-23.30 do) Sirve platos locales, como frijoles estofados, sabrosas ensaladas y merluza

asada. Esta nueva incorporación es refrescante sin pretensiones; su decoración reciclada parece demasiado improvisada, pero el servicio es muy atento y los platos tienen buenos precios.

Küar 1900
TAPAS $$
(☏02901-436807; http://kuar.com.ar; 2º piso, av. San Martín 471; platos principales 120-180 ARS; ◷12.00-15.30 y 18.30-24.00 lu-sa) Sirve carne artesanal, queso, bandejas de pescado y marisco para compartir y cerveza artesana local, todo bajo una luz tenue. Hay más variedad en el local de la costa.

Christopher
PARRILLA $$
(☏02901-425079; www.christopherushuaia.com. ar; av. Maipú 828; platos principales 120-280 ARS; ◷12.00-15.00 y 20.00-24.00, hasta 1.00 sa; ℗) Esta parrilla clásica y microcervecería merece su popularidad entre los vecinos. Destacan las costillas a la barbacoa, las grandes ensaladas y las hamburguesas. Tiene buenos precios y raciones generosas, y un buen coctelero. Las mesas junto a la ventana gozan de vistas del puerto.

La Estancia
PARRILLA $$
(☏02901-431421; esq. Godoy y av. San Martín; platos principales 120-240 ARS; ◷12.00-15.00 y 20.00-23.00) Para disfrutar de un auténtico asado argentino, nada como esta churrasquería reputada y con buenos precios; hay muchas otras en la calle principal, pero esta siempre da la talla. Los grandes apetitos deben inclinarse por el tenedor libre (bufé). Lugareños y viajeros se dan un festín a base de cordero, bistecs, costillas y ensaladas.

Chiko
PESCADO $$
(☏02901-431736; www.chikorestaurant.com.ar; 25 de Mayo 62; platos principales 140-300 ARS; ◷12.00-15.00 y 19.30-23.30 lu-sa) En esta bendición chilena para los amantes del pescado y el marisco se preparan tan bien los enormes aros de calamar, la paila marina y los platos de pescado como el abadejo al pil pil, que no importa la lentitud del servicio.

Placeres Patagónicos
ARGENTINA $$
(☏02901-433798; www.facebook.com/Placeres-Patagonicos-Ushuaia-178544198846139; 289 Deloquí; tentempiés 65 ARS, tablas desde 100 ARS; ◷12.00-24.00) Este elegante café-delicatesen sirve tablas con pan casero y apetitosas especialidades locales como trucha ahumada y jabalí. Es un buen lugar para saborear un mate con tortas fritas. El café se sirve humeante en un cuenco.

Küar Resto Bar COMIDA DE PUB **$$**
(✆02901-437396; http://kuar.com.ar; av. Perito Moreno 2232; platos principales 115-300 ARS; ⏱18.00-hasta tarde) Este moderno local estilo cabaña de madera ofrece cerveza local, queso y tapas, además de comidas completas con mucho pescado fresco. El interior es elegante, pero destaca, sobre todo a la puesta del sol, la maravillosa vista sobre el agua. Está a 5 min del centro en taxi. Tiene un local más pequeño en el centro, el Küar 1900, dedicado a las tapas.

Tante Sara CAFÉ **$$**
(✆02901-423912; www.tantesara.com; esq. San Martín y Juana Fadul; platos principales 154-265 ARS; ⏱8.00-2.00) Este bistró esquinero, frecuentado tanto por turistas como por lugareños, sirve los platos habituales en un ambiente cálido. Es la mejor opción para un bocado tardío, pues es la única cocina abierta hasta las 2.00. El menú de hamburguesa es creativo y amplio.

⭐**Kalma Restó** INTERNACIONAL **$$$**
(✆02901-425786; www.kalmaresto.com.ar; Valdez 293; platos principales 350-470 ARS, menú degustación 5 platos 950 ARS; ⏱19.00-23.00 lu-sa) Esta joya presenta especialidades fueguinas como cangrejo y pulpo en un nuevo contexto creativo. La lubina negra se acompaña de una salsa de tomate; hay cordero relleno, y las verduras estivales y flores comestibles provienen del jardín. Es gastronómico, pero no pretencioso. La carta de vinos es asombrosa.

El servicio es supremo, con el carismático, modesto y joven chef Jorge haciendo la ronda y compartiendo su entusiasmo por los productos locales. De postre, hay que darse un capricho con el pastel de chocolate deconstruido, no demasiado dulce.

⭐**Kaupé** INTERNACIONAL **$$$**
(✆02901-422704; www.kaupe.com.ar; Roca 470; platos principales 300-500 ARS) Para una experiencia extracorporal a base de pescado, hay que reservar en esta casa a la luz de las velas con vistas a la bahía. El chef Ernesto Vivian emplea los productos más frescos y el servicio es impecable. El menú gastronómico consta de dos entrantes, un plato principal y postre; cabe destacar el centollo con sopa de pescado y espinacas y la lubina negra con mantequilla negra.

Chez Manu INTERNACIONAL **$$$**
(✆02901-432253; www.chezmanu.com; Martial 2135; platos principales 190-300 ARS) Si se va hacia el glaciar Martial, no hay que perderse este gran local de camino. Está a solo 2 km de la ciudad, pero uno se siente en medio de la naturaleza. El chef Emmanuel añade un toque francés a los ingredientes locales frescos, como el cordero fueguino o las bandejas frías de marisco, y el servicio es excepcional. El menú fijo de almuerzo de tres platos sale al mejor precio. Tiene vistas increíbles.

María Lola Restó ARGENTINA **$$$**
(✆02901-421185; www.marialolaresto.com.ar; Deloquí 1048; platos principales 250-400 ARS; ⏱12.00-24.00 lu-sa; 🅿) Este creativo restaurante domina el canal. Atrae a los lugareños con su pasta casera con marisco o el solomillo con salsa de setas; el menú fijo de almuerzo en días laborables con bebida incluida cuesta 500 ARS. El servicio es bueno y las raciones tienden a ser descomunales; los postres se pueden compartir fácilmente. Es uno de los pocos restaurantes del centro con aparcamiento privado.

🍺 Dónde beber y vida nocturna

Dublín PUB IRLANDÉS
(✆02901-430744; 9 de Julio 168; ⏱19.00-4.00) Dublín no parece estar tan lejos en este *pub* de iluminación suave. Popular entre los vecinos, es escenario de charlas animadas y bebidas sin restricciones. A veces hay música en directo. Imprescindible probar al menos una de sus cervezas locales Beagle. Hay que llegar hacia las 21.00 para conseguir asiento.

Viagro BAR
(✆02901-421617; Roca 55; ⏱20.00-4.00) Si se puede obviar el desafortunado nombre, este pequeño local de cócteles es perfecto para una cita con iluminación tenue, combinados exóticos y apetecibles tapas. Hay baile los sábados por la noche.

☆ Ocio

Casa de la Cultura ARTES ESCÉNICAS
(✆02901-422417; esq. Malvinas Argentinas y 12 de Octubre) Oculto tras un gimnasio, este lugar programa de vez en cuando música en directo. Está 6 km al norte del centro por la avenida Maipú.

🛍 De compras

Vinoteca Quelhué VINO
(✆02901-435882; www.quelhue.com.ar; av. San Martín 253; ⏱9.30-21.15) No parece que vendan ni una botella mala. Es un paraíso para los amantes del vino, con estanterías llenas de

ESTANCIA HARBERTON

La primera estancia de Tierra del Fuego, Harberton (✆Skype estanciaharberton.turismo; www.estanciaharberton.com; entrada adultos/niños 240 ARS /gratis, dc 50 US$, i/d incl. pensión completa y actividades 325/580 US$; ⊗10.00-19.00 del 15 oct-15 abr), la fundaron en 1886 el misionero Thomas Bridges y su familia. El lugar cobró fama por el libro de memorias del hijo de Bridges, E. Lucas, *El último confín de la tierra*, sobre su paso a la edad adulta entre selknams y yaganes, hoy desaparecidos. El libro es una excelente introducción a la historia de la región y la forma de vida de los pueblos indígenas.

Los propietarios y administradores de la estancia, que goza de una espléndida ubicación, son los descendientes de Thomas Bridges. Ofrecen alojamiento, pero si se visita en un solo día se puede hacer un circuito guiado (incluye la casa más antigua de la isla y una réplica de una vivienda yagán), comer en el restaurante y visitar la colonia de pingüinos de la Reserva Yecapasela. También es un destino muy popular para los amantes de la observación de aves.

El impresionante Museo Acatushún (www.estanciaharberton.com/museoacatushu nenglish.html; entrada con visita a la estancia adultos/niños 240 ARS/gratis) fue creado por Natalie Prosser Goodall, una bióloga estadounidense emparentada con la familia Bridges. Hay catalogados miles de especímenes de mamíferos y aves; entre los más raros, un zifio de Héctor (*Mesoplodon hectori*). Gran parte de esta vasta colección se encontró en la bahía San Sebastián, al norte de Río Grande, donde una diferencia de 11 km entre la marea alta y la baja deja muchas criaturas varadas. Pregúntese el horario del museo en la Estancia Harberton.

Está 85 km al este de Ushuaia por la RN 3 y la accidentada RC-J (1½-2 horas en automóvil). Hay un servicio de enlace desde Ushuaia, con salida de la calle 25 de Mayo con av. Maipú a las 9.00 y regreso a las 15.00. Algunas agencias locales organizan circuitos de un día entero en catamarán.

los mejores tintos, blancos y espumosos argentinos. También vende una buena selección de comida perfecta para pícnic: carnes secas, quesos y chocolates de calidad.

Paseo de los Artesanos MERCADO
(plaza 25 de Mayo) Este mercado de artesanos cubierto vende productos hechos a mano, como joyas, artículos de lana, mates tradicionales y objetos para el hogar. La mayoría solo acepta pesos argentinos en efectivo. El horario varía según la estación y el vendedor, pero casi todos los puestos abren de 12.00 a 19.00. Está justo al lado del puerto principal.

Boutique del Libro LIBROS
(✆02901-424750; av. San Martín 1120) Notable fondo sobre la Patagonia y la Antártida, con literatura, guías y libros ilustrados.

ℹ Información

En las avenidas Maipú y San Martín hay varios bancos con cajero automático.

Oficina de turismo Antártida (✆02901-430015; www.tierradelfuego.org.ar/antartida; av. Maipú 505; ⊗con barco en el Puerto 9.00-17.00) Oficina muy útil en el muelle.

All Patagonia (✆02901-433622; www.allpata gonia.com; Juana Fadul 48; ⊗10.00-19.00 lu-vi, hasta 13.00 sa) Representante de Amex que ofrece viajes convencionales y lujosos.

Asociación Caza y Pesca (✆02901-422423, 02901-423168; www.cazaypescaushuaia.org; av. Maipú 822) Se debe contactar con ellos para obtener una licencia 1, válida en toda la provincia excepto en el Parque Nacional Tierra del Fuego. Su web tiene gráficos de mareas.

Automóvil Club Argentino (ACA; www.aca.org. ar; Malvinas Argentinas esq. Onachaga) Ofrecen mapas de carreteras provinciales.

Club Andino Ushuaia (✆02901-422335, 02901-440732; www.clubandinoushuaia.com. ar; Refugio Wallner, LN Alem 2873; ⊗10.00-13.00 y 15.00-20.00 lu-vi) Vende un mapa y una guía de senderismo, escalada y bicicleta de montaña; también organiza caminatas de vez en cuando y puede recomendar guías. Se halla 5 km al oeste de Ushuaia.

Freestyle Adventure Travel (✆02901-609792, 02901-606661; www.freestyleadventuretravel. com; Gobernador Paz 866) Agencia con grandes ofertas de última hora a la Antártida y el cabo de Hornos. Es miembro de la International Association of Antarctica Tour Operators y dona el 1% para el planeta. En su oficina, llamada con cariño "el búnker", se puede tomar un café caliente y charlar sobre las opciones de salidas.

Hospital Regional (✆ext. 107, 02901-423200; esq. Fitz Roy y 12 de Octubre) Urgencias. Está al suroeste del centro por la av. Maipú.

Instituto Fueguino de Turismo (Infuetur; ✆02901-421423; www.tierradelfuego.org.ar; av. Maipú 505) Oficina de turismo de Tierra del Fuego. Se puede preguntar sobre el desarrollo de las rutas de senderismo de la isla, el llamado Huella del Fin del Mundo. Está en la planta baja del Hotel Albatros.

Oficina municipal de turismo (✆02901-437666; www.turismoushuaia.com; Prefectura Naval 470; ◷8.00-21.00) Muy útil, tiene un tablón de anuncios y folletos en varios idiomas, además de buen alojamiento, actividades e información de transporte. También cuelga fuera una lista de alojamientos disponibles cuando cierra. Hay otra oficina en el **aeropuerto** (✆02901-423970; ◷durante llegada de vuelos).

Administración de los Parques Nacionales (✆02901-421315; av. San Martín 1395; ◷9.00-17.00 lu-vi) Ofrece información sobre el Parque Nacional Tierra del Fuego.

Oficina de correos (esq. av. San Martín y Godoy; ◷9.00-18.00 lu-vi)

Rumbo Sur (✆02901-421139; av. San Martín 350; ◷9.00-19.00 lu-vi) La agencia más veterana de Ushuaia está especializada en las actividades convencionales, además de un crucero en catamarán por el puerto. Gestiona reservas a la Antártida.

❶ Cómo llegar y salir

AVIÓN

LAN es la mejor opción para Buenos Aires; los billetes se compran en las agencias locales. **Aerolíneas Argentinas** (✆0810-2228-6527; www.aerolineas.com.ar; esq. av. Maipú y 9 de Julio) tiene varios vuelos diarios a Buenos Aires (ida 3½ h), que a veces paran en El Calafate (70 min).

LADE (✆02901-421123, en Buenos Aires 011-5353-2387; www.lade.com.ar; av. San Martín 542) vuela a Buenos Aires, El Calafate y Río Grande, y puede ir a otros destinos.

BARCO

Para ir a Puerto Williams (Chile), **Ushuaia Boating** (✆02901-609030; www.facebook.com/BoatingUshuaia; muelle turístico s/n; ida 120 US$) va cada día en fuerabordas. Los billetes incluyen una travesía de 40 min y un traslado por tierra desde Puerto Navarino. Las inclemencias del tiempo pueden implicar cancelaciones. Hay una salida a las 9.30 y a veces (con suficiente demanda) otra a las 18.00. **Piratour** (p. 392) ofrece otra opción a Puerto Williams.

En el muelle se paga una pequeña tasa de embarque.

AUTOBÚS

Ushuaia no tiene terminal de autobuses. Conviene reservar los billetes de salida con la mayor antelación posible. Muchos viajeros se quejan de haberse quedado atrapados allí en temporada alta. También puede haber largas esperas en los pasos fronterizos.

Bus Sur (✆02901-430727; http://bussur.com; av. San Martín 245) fleta tres buses semanales a Punta Arenas y Puerto Natales (Chile) a las 8.00, que conectan con los servicios de Montiel. Comparte oficina con Turismo Comapa, que también ofrece circuitos y opera ferris en Chile.

Hay autobuses diarios de **Tecni-Austral** (✆02901-431408; www.busbud.com; Roca 157) a Río Grande y Río Gallegos vía Tolhuin, y tres semanales a Punta Arenas. **Taqsa** (✆02901-435453; www.taqsa.com.ar; Juana Fadul 126) fleta también autobuses a las 7.00 a Río Grande y Río Gallegos vía Tolhuin; tres semanales a Punta Arenas y Puerto Natales; y autobuses diarios a Río Gallegos, El Calafate y Bariloche.

Lider (✆02901-442264, 02901-436421; Gobernador Paz 921) opera de seis a ocho servicios diarios puerta a puerta en furgoneta a Tolhuin y Río Grande, con menos salidas los domingos. **Montiel** (Transporte Montiel; ✆02901-421366; Gobernador Paz 605) ofrece servicios similares.

DESTINO	PRECIO (AR$)	DURACIÓN (H)
El Calafate	1190	18
Punta Arenas, Chile	920	12
Río Gallegos	785	13
Río Grande	410	3½
Tolhuin	260	1½

❶ Cómo desplazarse

Los taxis a/desde el aeropuerto moderno, 4 km al suroeste del centro, cuestan 120 ARS. Se puede contratar un taxi por unos 1300 ARS/3 h. Hay un servicio de autobuses urbanos que va por av. Maipú.

Las tarifas de alquiler de un vehículo pequeño, con seguro incluido, parten de unos 800 ARS/día; pruébese con **Localiza** (✆02901-430739; www.localiza.com; av. Maipú 768). Algunas agencias no cobran por dejar en otras partes de la Tierra del Fuego argentina.

Cada hora (9.00-14.00, lu-do) salen lanzaderas para esquiar (250 ARS ida y vuelta) de la esquina de Juana Fadul y la av. Maipú hacia los resorts por la RN 3. Todas las estaciones ofrecen también su propio servicio de transporte desde el centro de Ushuaia.

Parque Nacional Tierra del Fuego

En la orilla del canal Beagle, los silenciosos y fragantes bosques australes de Tierra del Fuego son un entorno asombroso para explorar. Unos 12 km al oeste de Ushuaia por la RN 3, el Parque Nacional Tierra del Fuego (www.parquesnacionales.gob.ar; 350 ARS, visitas 8.00-20.00) fue el primer parque nacional litoral de Argentina. Abarca 630 km² desde el canal Beagle al sur hasta más allá del lago Fagnano al norte.

Hay acceso al límite meridional del parque con excursiones panorámicas por bahías y ríos, o a través de densos bosques nativos. Para disfrutar de los colores, hay que ir en otoño, cuando las laderas repletas de ñires se tiñen de rojo.

Las aves proliferan, sobre todo en la zona litoral. Con atención, se divisarán cóndores, albatros, cormoranes, gaviotas, charranes, ostreros, somormujos, carancas y el cómico pato vapor de pico naranja, que no puede volar. Dos especies invasoras comunes son el conejo europeo y el castor norteamericano, que causan estragos ecológicos pese a su aspecto adorable. También se pueden avistar zorros grises y rojos disfrutando de la abundancia de conejos.

🏃 Actividades

Tras discurrir 3242 km desde Buenos Aires, la RN 3 llega a su fin a orillas de la bahía Lapataia. Desde este punto, las pistas del mirador Lapataia (500 m), con vistas excelentes, y la senda del Turbal (400 m) serpentean por el bosque de lengas hacia la bahía. Otras caminatas cortas incluyen la pista de naturaleza autoguiada senda Laguna Negra (950 m), por turberas, y la senda Castorera (400 m), con enormes embalses de castores abandonados.

Al final de la carretera al lago Roca, una pista llana (10 km, 4 h i/v) bordea la boscosa orilla nororiental del lago Roca hasta el hito XXIV, que marca la frontera argentino-chilena. Es ilegal cruzar la frontera, por la que se patrulla con regularidad.

Desde la misma cabecera de sendero se puede alcanzar el cerro Guanaco (973 m) por la empinada y exigente pista de 8 km homónima; es un recorrido largo, colina arriba, pero las vistas son soberbias.

🛏 Dónde dormir

Hay muchos lugares para acampar. El 'camping' Ensenada está a 16 km de la entrada del parque y es el más cercano a la senda Costera; el 'camping' Río Pipo está a 6 km de la entrada y se llega fácilmente desde la carretera a Cañadón del Toro o la senda Pampa Alta. Los 'campings' Laguna Verde y Los Cauquenes están en las islas del río Lapataia. No hay servicios en ninguno de ellos; contáctese con el Centro de Visitantes Alakush (9.00-19.00, horario reducido mar-nov) para más información.

El parque ha cerrado el *camping* de pago del lago Roca, pero proyecta uno nuevo con duchas en una ubicación aún por determinar.

ℹ Cómo llegar y salir

Si se comparten los taxis, el precio puede ser igual al de los billetes de autobús. También llegan autobuses de circuitos privados.

La forma más turística y, aparte de corriendo, más lenta de llegar al parque es con El Tren del Fin del Mundo (02901-431600; www.trendel findelmundo.com.ar; adultos/niños con entrada parque 790/150 ARS), que originalmente llevaba prisioneros a los campos de trabajo. Efectúa tres o cuatro salidas diarias en verano desde la Estación del Fin del Mundo, 8 km al oeste de Ushuaia, y una o dos diarias en invierno.

El viaje panorámico por vías estrechas dura 1 h e incluye explicaciones históricas. Se necesita reservar en enero y febrero, cuando llegan los circuitos de cruceros. Se puede tomar solo de ida y regresar en microbús, aunque la tarifa del tren es la misma para ida y para ida y vuelta.

Llegar al parque en autostop es factible, pero hay que tener en cuenta que muchos vehículos ya irán llenos.

Tolhuin y lago Fagnano

02901

Recibe su nombre de la palabra selknam que significa "como un corazón". Tolhuin (2000 hab.) es una población lacustre acurrucada en el centro de Tierra del Fuego, 132 km al sur de Río Grande y 104 km al noreste de Ushuaia por suaves carreteras de asfalto. Calles de lodo y bosques talados caracterizan esta localidad fronteriza de rápido crecimiento frente a la ribera oriental del lago Fagnano, también conocido como lago Kami. Compartido con Chile, este lago de origen glaciar permite practicar equitación, ciclismo de montaña, remo y pesca.

⊙ Puntos de interés

Museo Histórico Kami   MUSEO
(tdf@gmail.com; lago Fagnano s/n; ⊙15.00-19.00
ma-do) GRATIS Esta pequeña casa ocupa un antiguo puesto de policía de la década de 1920. Se
consagra a la historia de la región, y empieza
con el pueblo selknam. Documenta historias
de miembros de la comunidad de los primeros tiempos. Está junto al *camping* Hain, en
el lago Fagnano. Solicítese un circuito.

Parque Hain   PARQUE DE ATRACCIONES
(lago Fagnano s/n; adultos/niños 50/20 ARS;
⊙9.00-17.00; 🌟) Producto de la mente creativa
de Roberto Barbel, este original parque está
hecho de materiales reciclados, en concreto
5000 palés de madera, neumáticos y botellas.
Roberto posee también el *camping* al otro
lado de la calle, con rarezas similares, que
brinda una experiencia interesante.

🛏 Dónde dormir y comer

Hostería Ruta al Sur   HOTEL $$
(☎02901-492278; RN 3, km 2954; d incl. desayuno
125 US$; ⊙med oct-abr; @🍽🌊) En la carretera
principal, este encantador *lodge* entre viejas
hayas resulta una sorpresa, al igual que el
irregular servicio. Hay habitaciones des-
lumbrantes, una amplia sala de estar y un
restaurante que sirve desayunos básicos. Se
debe confirmar la tarifa con antelación, pues
a veces cobra más a los extranjeros.

Panadería La Unión   PANADERÍA $
(☎02901-492202; www.panaderialaunion.com.
ar; Jeujepen 450; tentempiés 100 ARS; ⊙24 h)
Está junto a la carretera y ofrece excelen-
tes facturas (bollos) y buenos capuchinos
instantáneos. Puede que se reconozca o no
a los famosos argentinos que adornan las
paredes (los hombres son viejas estrellas del
rock). Los autobuses paran en este punto
para recoger pasajeros y agua caliente para
el mate.

ℹ Información

Banco de Tierra del Fuego (☎02901-492030;
Minkiol s/n; ⊙10.00-15.00 ma-vi) Cajero
automático.
Oficina de turismo (☎02901-492125; www.
tierradelfuego.org.ar; av. de los Shelknam 80;
⊙8.00-22.00 lu-vi) Información sobre sende-
rismo, circuitos a caballo y alquiler de equipo.
Se puede obtener información más completa
en la oficina de turismo de Ushuaia.

ℹ Cómo llegar y salir

Durante el día los autobuses y furgonetas que
circulan por la RN 3 (a menudo ya llenos en tem-
porada alta) se detienen en la panadería La Unión
de camino a Ushuaia o Río Grande (280 ARS).

Río Grande

☎02964 / 66 500 HAB.
La estatua de una gigantesca trucha a la en-
trada de la ciudad anuncia la capital de facto
de la pesca con mosca en Tierra del Fuego,
con excelentes opciones para pescar truchas
descomunales. Quienes no pesquen proba-
blemente pasarán por el ventoso Río Grande
lo justo para tomar un autobús a Ushuaia,
230 km al suroeste.

🛏 Dónde dormir y comer

Hotel Villa   HOTEL $
(☎02964-424998; av. San Martín 281; d/tr
57/77 US$; P@🌐🛜) Enfrente del Casino Status,
este renovado establecimiento cuenta con
una docena de habitaciones espaciosas y ele-
gantes con edredones, desayuno con media-
lunas (cruasanes) y un popular restaurante.

Posada de los Sauces   HOTEL $$
(☎02964-432895; http://posadadelossauces.com;
Elcano 839; d 97 US$; @🌐) Este hotel cálido y
profesional aloja sobre todo a pescadores
con dinero, y fomenta una atmósfera de
lodge, con aromas frescos y toques bosco-
sos. Las habitaciones *deluxe* tienen *jacuzzi*.
En el bar-restaurante de la planta superior,
adornado con madera oscura y verde bosque, los puros y los relatos fantásticos llenan el aire.

Don Peppone   ITALIANA $$
(☎02964-432066; Perito Moreno 247; platos prin-
cipales 180-250 ARS; ⊙12.00-24.00 ma-do) Los
fines de semana hay una dosis de locura en
esta animada pizzería, con creaciones prin-
gosas en el horno de ladrillos y una enorme
variedad de pastas y platos de carne. Acepta
tarjetas de crédito.

Tante Sara   CAFÉ $$
(☎02964-421114; av. San Martín 192; platos prin-
cipales 120-280 ARS; ⊙8.00-1.00 do-ju, hasta 2.00
vi y sa) Una cadena exclusiva en Tierra del
Fuego, este local acogedor atrae tanto a damas que toman té y pasteles como a chicos,
en la barra barnizada, que toman cerveza y
hamburguesas. Las ensaladas (con lechuga

romana, huevo, queso azul y beicon) son muy buenas, aunque el servicio puede ser bastante indolente.

ⓘ Información

Instituto Fueguino de Turismo (Infuetur; ☏02964-426805; www.tierradelfuego.org.ar; av. Belgrano 319; ☻9.00-21.00) Información turística para toda la Tierra del Fuego argentina.

Quiosco municipal de turismo (☏02964-431324; turismo@riogrande.gob.ar; Rosales 350; ☻9.00-20.00) Quiosco útil en la plaza Almirante Brown, con mapas, folletos de estancias y detalles sobre pesca.

ⓘ Cómo llegar y salir

AVIÓN

El **aeropuerto** (☏02964-420699) está a un corto trayecto en taxi, cerca de la RN 3. **Aerolíneas Argentinas** (☏02964-424467; av. San Martín 607; ☻9.30-17.30 lu-vi) opera vuelos diarios a Buenos Aires. **LADE** (☏02964-422968; Lasserre 429; ☻9.00-15.00 lu-vi) tiene un par de vuelos semanales a Río Gallegos, El Calafate y Buenos Aires. Nuevas aerolíneas de bajo coste prevén ofrecer vuelos a Buenos Aires, Ushuaia y El Calafate. **Aviación Civil Argentina** (ANAC; www.anac.gob.ar) tiene un mapa con nuevas rutas y aerolíneas.

AUTOBÚS

Las siguientes compañías de autobuses salen de la **terminal Fueguina** (Finocchio 1194):

Bus Sur (☏02964-420997; www.bus-sur.cl; 25 de Mayo 712) Tres autobuses semanales a Ushuaia, Punta Arenas y Puerto Natales a las 5.30, que conectan con Montiel. La oficina para comprar los billetes está en 25 de Mayo.

Buses Pacheco (☏02964-421554) Autobuses a Punta Arenas tres veces por semana a las 10.00.

Taqsa/Marga (☏02964-434316) Autobuses a Ushuaia pasando por Tolhuin.

Tecni-Austral (☏02964-430610) Tres autobuses semanales a Ushuaia vía Tolhuin a las 8.30; también tres semanales a Río Gallegos y Punta Arenas.

Otros autobuses:

Lider (☏02964-420003; av. Belgrano 1122) La mejor opción para ir a Ushuaia y Tolhuin es este servicio de puerta a puerta con varias salidas diarias. Llámese para reservar.

Montiel (☏02964-420997; 25 de Mayo 712) Autobuses a Ushuaia y Tolhuin.

DESTINO	PRECIO (ARS)	DURACIÓN (H)
Punta Arenas, Chile	900	9
Río Gallegos	750	8
Tolhuin	280	2
Ushuaia	370	4

TIERRA DEL FUEGO RÍO GRANDE

Isla de Pascua (Rapa Nui)

Los mejores restaurantes

➡ Te Moai Sunset (p. 410)
➡ La Kaleta (p. 410)
➡ Te Moana (p. 411)
➡ Haka Honu (p. 410)
➡ Ariki o Te Pana-Tía Berta (p. 410)

Los mejores alojamientos

➡ Lemu Lodge Vaihu (p. 409)
➡ Explora Rapa Nui (p. 409)
➡ Cabañas Christophe (p. 407)
➡ Camping Mihinoa (p. 406)
➡ Pikera Uri (p. 409)

Por qué ir

Pocas partes del mundo poseen el atractivo místico de esta pequeña mota de tierra en el océano, uno de los lugares más aislados de la Tierra. Aquí es difícil sentirse en Chile, a más de 3700 km al este, o incluso en el mismo mundo. Dotada de estatuas únicas que desafían toda lógica, los familiares moáis, Rapa Nui (el nombre polinesio de la isla de Pascua) emana una vibración magnética y enigmática.

Pero Rapa Nui es mucho más que un museo al aire libre. Aquí el submarinismo y el buceo de tubo son fabulosos. En tierra, la mejor y más ecológica manera de explorar su belleza salvaje es a pie, en bicicleta o a caballo. Pero si solo se quiere recargar las pilas, hay un par de fantásticas playas de arena blanca.

Aunque la isla de Pascua es famosa en todo el mundo y su número de visitantes crece cada año, todo sigue siendo pequeño y agradable; ecoturismo en estado puro.

Cuándo ir
Hanga Roa

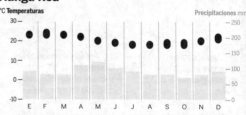

Ene-mar Precios altos y hoteles escasos, sobre todo en febrero, durante el Tapati Rapa Nui.

Jul-sep Tiempo fresco, adecuado para el senderismo y la equitación.

Abr-jun y oct-dic La temporada media no es mala época para una visita; el clima es templado.

Hanga Roa

📋 32 / 8300 HAB.

Es el único pueblo de la isla. No tiene mucho atractivo, pero está cerca de casi todos los puntos de interés y acoge la mayoría de los hoteles, restaurantes, tiendas y servicios de la isla, por lo que es el ideal para alojarse. Cuenta con un pintoresco puerto de pesca, un par de pozas para nadar y lugares para hacer surf, además de algunos yacimientos arqueológicos.

⊙ Puntos de interés

Ahu Tahai   YACIMIENTO ARQUEOLÓGICO

Este fotogénico lugar presenta tres *ahu* (plataformas ceremoniales) restaurados. Ahu Tahai en sí es el *ahu* del centro, sobre el que se halla un solitario moái (gran estatua antropomórfica) sin tocado. El del norte es el Ahu Ko Te Riku, con un moái con tocado y globos oculares. El del otro lado es el Ahu Vai Uri, con cinco moáis de diferentes tamaños y formas. En las laderas se hallan los cimientos

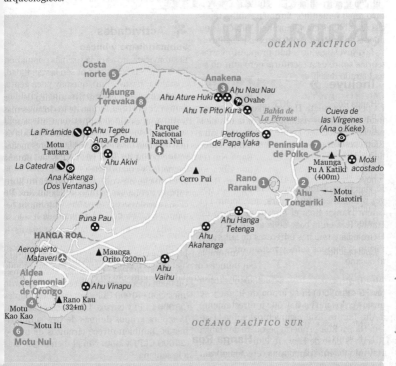

OCÉANO PACÍFICO

Costa norte ⑤

Maunga Terevaka ⑧

Anakena
Ahu Ature Huki ③ Ahu Nau Nau
Ovahe
Ahu Te Pito Kura   *Bahía de La Pérouse*

La Pirámide — Ahu Tepeu
Ana Te Pahu
Motu Tautara
La Catedral
Ana Kakenga (Dos Ventanas)
Ahu Akivi

Parque Nacional Rapa Nui

Petroglifos de Papa Vaka
Península de Poike ⑦
Cueva de las Vírgenes (Ana o Keke)
Maunga Pu A Katiki (400m)   Moái acostado

Cerro Pui   Rano Raraku ①   Motu Marotiri
Ahu Tongariki ②

Puna Pau

HANGA ROA

Ahu Hanga Tetenga
Ahu Akahanga

Aeropuerto Mataveri   Maunga Orito (220m)
Ahu Vaihu

Aldea ceremonial de Orongo ④   Ahu Vinapu
Rano Kau (324m)
Motu Kao Kao
Motu Iti ⑥
Motu Nui

OCÉANO PACÍFICO SUR

ISLA DE PASCUA (RAPA NUI) HANGA ROA

Imprescindible

① **Rano Raraku** (p. 414) Aprender arqueología en esta 'guardería' de los moáis.

② **Ahu Tongariki** (p. 414) Ver salir el sol sobre una hilera de estatuas enigmáticas.

③ **Anakena** (p. 414) Siestear bajo el bamboleo de las palmeras de esta seductora playa.

④ **Aldea ceremonial de Orongo** (p. 413) Pensar sobre el misterioso pasado de la isla en esta aldea al borde de Rano Kau.

⑤ **Costa norte** (p. 405) Recorrer a pie las irregulares pistas del rincón menos visitado de la isla.

⑥ **Motu Nui** (p. 404) Disfrutar de las aguas transparentes en una salida

de buceo o submarinismo alrededor de este islote.

⑦ **Península de Poike** (p. 414) Bañarse en cuevas y ascender a cúpulas volcánicas por las pistas de senderismo de esta península barrida por el viento.

⑧ **Maunga Terevaka** (p. 413) Galopar por las laderas de un volcán extinguido.

de varias *hare paenga* (casas tradicionales que parecen canoas bocabajo, con una única y estrecha puerta de entrada).

Museo Antropológico
Sebastián Englert   MUSEO
(☎32-255-1020; www.museorapanui.cl; sector Tahai; ⊙9.30-17.30 ma-vi, hasta 12.30 sa y do) GRATIS Bien organizado, es una perfecta introducción a la historia y la cultura de la isla. Muestra anzuelos de basalto, puntas de lanza de obsidiana y otras armas, cabañas circulares en forma de colmena, petroglifos, cistas funerarias y un raro moái femenino. También exhibe réplicas de tablillas en rongorongo, cubiertas de hileras de simbolitos que parecen jeroglíficos.

Los investigadores han propuesto varias teorías sobre esta escritura, pero aún no se ha logrado descifrar.

Caleta Hanga Piko   PUERTO
La pequeña caleta Hanga Piko suele pasar inadvertida a los visitantes, pero la usan los pescadores locales. Frente a ella está el Ahu Riata, restaurado, que sostiene un moái solitario.

Caleta Hanga Roa   BAHÍA
El viajero probablemente verá un moái por vez primera en Ahu Tautira, que domina la caleta Hanga Roa, el puerto pesquero de Hanga Roa en la base de la av. Te Pito o Te Henua. Hay muchas empresas de submarinismo, y algunos cafés y restaurantes junto al océano.

Ahu Tautira   YACIMIENTO ARQUEOLÓGICO
(av. Policarpo Toro) Si se acaba de llegar y se ansía ver los moáis, hay que ir directamente a Ahu Tautira. Este yacimiento domina la caleta Hanga Roa, el puerto pesquero de Hanga Roa en la base de la av. Te Pito o Te Henua. Hay un solo *ahu* (plataforma ceremonial) con dos moáis magníficos.

Iglesia Hanga Roa   IGLESIA
(av. Tu'u Koihu s/n) De visita obligada, el templo católico de la isla contiene espectaculares tallas de madera que integran la fe cristiana a la tradición rapanui. Los domingos por la mañana ofrece un colorido espectáculo.

Centro de Interpretación   PARQUE
(sector Caleta Vaihu) Este nuevo centro de interpretación al aire libre ayuda a entender mejor los alrededores llenos de escombros de muchos de los yacimientos de la isla reviviendo la historia. Hay una réplica de una aldea construida con rocas volcánicas y llena

de cobertizos para barcas, hoyos en la tierra para cocinar *(umu pae),* gallineros de piedra y *mana vai* (jardines circulares rodeados de muros de piedra).

Ahu Akapu   YACIMIENTO ARQUEOLÓGICO
Un *ahu* con un moái solitario a lo largo de la costa, al norte de Hanga Roa.

Playa Pea   PLAYA
Para bañarse, la minúscula playa Pea, en el lado sur de la caleta Hanga Roa, está bien, aunque es más una cala rocosa que un oasis de arena.

🏃 Actividades

Submarinismo y buceo
El submarinismo es cada vez más popular en Rapa Nui. Sus bazas a favor son la visibilidad, cristalina (hasta 50 m), que hay poca gente, el espectacular paisaje submarino y la abundancia de prístinas formaciones coralinas. La lástima es que la vida marina es escasa. El submarinismo puede practicarse todo el año; la temperatura del agua oscila entre los 20°C en invierno y los 26°C en verano. La mayoría de las zonas de inmersión están repartidas por la costa oeste. No hace falta ser un gran experto, hay zonas para todos los niveles. De ellas cabe destacar Motu Nui y las impresionantes La Catedral y La Pyramide.

Mike Rapu
Diving Center   SUBMARINISMO, BUCEO
(☎32-255-1055; www.mikerapu.cl; caleta Hanga Roa s/n; ⊙8.30-19.00 lu-sa, horario más extenso dic-mar) Un buen operador que ofrece inmersiones de iniciación (40 000 CLP), inmersiones simples (35 000 CLP) y cursos. Los precios bajan un 15% para grupos de más de tres submarinistas. También ofrece circuitos de buceo (25 000 CLP) a Motu Nui al menos tres días a la semana.

Orca Diving
Center   SUBMARINISMO, BUCEO
(☎32-255-0877; www.orcadivingcenter.cl; caleta Hanga Roa s/n; ⊙9.00-19.00 lu-sa) Esta empresa moderna ofrece toda la gama de actividades submarinas, incluidas inmersiones introductorias (50 000 CLP con fotos subacuáticas), inmersiones individuales (40 000 CLP), cursos y paquetes, además de salidas de buceo a Motu Nui (28 000 CLP).

Surf
Durante todo el año fuertes oleajes golpean la isla de Pascua desde los cuatro puntos cardinales y producen olas irresistibles de dere-

ha e izquierda de hasta 5 m, casi siempre en rompientes de lava. Los puntos preferidos de los surfistas están a lo largo de la costa oeste. Para los principiantes hay un par de buenas olas frente a la caleta Hanga Roa.

Mare Orca   SURF

☑ 32-255-0877; caleta Hanga Roa s/n; alquiler medio día 10 000-15 000 CLP; ⊙ 9.00-19.00 lu-sa) Junto al Orca Diving Center (p. 404), alquila tablas de *bodysurf*, de surf, de surf de remo y equipo de buceo.

Excursionismo

Existen senderos fantásticos por la isla. Una caminata memorable es la señalizada como Ruta Patrimonial, que sube del Museo Antropológico Sebastián Englert a la aldea ceremonial de Orongo por la bien indicada pista Te Ara o Te Ao (unas 4 h, 7 km). Otras rutas aconsejables son la ascensión al Maunga Terevaka desde cerca de Ahu Akivi (3 h aprox.) y el circuito por la península de Poike (1 día). Para la ruta entre Ahu Tepeu y la playa de Anakena (6-7 h, 13 km) por la costa norte, se recomienda ir con un guía: el sendero no está señalizado.

Ciclismo

La bicicleta supone una forma estupenda de ver la isla. Quienes deseen dar la vuelta a la isla de Pascua en bicicleta (pedaleando por la costa sur a Ahu Tongariki, subiendo por Poike a Anakena y regresando a Hanga Roa por la carretera central) deben estar preparados para un recorrido de 48 km. La carretera litoral es bastante llana, pero la que atraviesa la isla presenta algunas colinas suaves. Se puede dividir en etapas y dormir en el Camping Sustentable Ana Tekena (p. 414), junto a la playa de Anakena.

Makemake Rentabike   CICLISMO

☑ móvil 9-8733-5596; av. Atamu Tekena; 12 000 CLP/día; ⊙ 9.00-13.00 y 16.00-20.00 lu-sa, 9.00-13.00 do) Alquila bicicletas de montaña en condiciones excelentes. Proporciona casco, mapa y kit de emergencias, y es el único lugar de la ciudad donde no hay que dejar un depósito con la tarjeta de crédito como garantía para la bicicleta. Ofrece descuentos para alquileres de varios días.

Paseos a caballo

Cabalgatas Pantu   PASEOS A CABALLO

☑ 32-210-0577; www.pikerauri.com; sector Tahai s/n; medio día/día completo 35 000/75 000 CLP; ⊙ diarios con reserva) Organiza salidas guiadas que visitan algunos de los yacimientos cerca de Hanga Roa o lugares más remotos, como Maunga Terevaka, Anakena y la costa norte. Se admiten principiantes. Hay una tasa adicional si se paga con tarjeta de crédito.

👉 Circuitos

⭐ Kava Kava Tours   CULTURAL

(☑ móvil 9-4066-9236; www.kavakavatours.com; circuitos día completo desde 90 US$/persona) Está dirigido por un joven y entendido pascuense que ofrece circuitos privados a medida, además de salidas de excursionismo muy recomendadas a Poike. La web es útil para conocer bien la isla.

Haumaka Tours   CULTURAL

(☑ 32-210-0274; esq. avs. Atamu Tekena y Hotu Matua; 250 US$/persona (hasta 3 personas), 75 US$/persona para grupos más grandes) Gestionados por Aloha Nui, estos circuitos privados están muy recomendados y se adaptan a las necesidades del viajero.

Rapa Nui Travel   CULTURAL

(☑ 32-210-0548; www.rapanuitravel.com; av. Tu'u Koihu; ⊙ 8.00-17.30 lu-vi, 8.30-13.00 sa y do) Está dirigido por una pareja pascuense-alemana y ofrece circuitos personalizados y opciones compartidas económicas (medio día/día entero 30/45 US$).

Aku Aku Turismo   CULTURAL

(☑ 32-210-0770; www.akuakuturismo.cl; av. Tu'u Koihu s/n; ⊙ 8.30-17.00) Empresa consolidada con guías competentes.

🎊 Fiestas y celebraciones

El principal festival de la isla, el **Tapat Rapa Nui**, se celebra en la primera mitad de febrero y dura dos semanas. Es tan impresionante que casi vale la pena programar el viaje para coincidir con él (la oficina de turismo informa sobre las fechas exactas). Son una serie de competiciones de música, danza, cultura y deporte entre dos clanes que presentan a dos candidatas que optan al título de Reina del Festival. El acto más espectacular es el Haka Pei: en los flancos del cerro Pui, una docena de contendientes masculinos corren colina abajo sobre un trineo improvisado a velocidades que alcanzan los 70 km/h.

No menos sorprendente es el **Taua Rapa Nui**. Este triatlón se celebra en el entorno mágico del cráter Rano Raraku (si el tiempo lo permite). La primera etapa consiste en remar por el lago en una barca de juncos. Después los competidores corren alrededor del lago llevando un manojo de plátanos a

Hanga Roa

cuestas. El último tramo consiste en cruzar el lago a nado usando una balsa de juncos como tabla. El último día el festival culmina con un desfile por Hanga Roa, con carrozas y disfraces.

🛏 Dónde dormir

Tipanie Moana CAMPING, ALBERGUE **$**
(www.campingtipaniemoana.cl; cerca de Tu'u Koihu; parcela con/sin tienda 7000/6500 CLP, dc 14 500 CLP, d con/sin baño 35 000/25 000 CLP; 🛜) Ojalá todos los *campings* del mundo estuvieran tan limpios como este, con baños impo-

lutos, amplias cocinas comunitarias e incluse cuerdas para tender la ropa. También dispon de algunos dormitorios colectivos y estupen das habitaciones económicas. El ambiente e animado y genial para conocer otros viajeros pero no resulta ideal para madrugadores.

Camping Mihinoa CAMPING
(☎32-255-1593; www.camping-mihinoa.com av. Pont s/n; parcelas por persona con/sin tienda equipo 8000/7000 CLP, dc 13 000 CLP, d 25 000 45 000 CLP; 🛜) Ofrece varias opciones: un pu ñado de habitaciones pulcras (las más caras

Hanga Roa

con mayor privacidad), varios dormitorios de entre dos y cinco plazas, algunos de ellos con baño, y un *camping* en una zona de césped (sin sombra). Hay un edificio con duchas de agua caliente. Los servicios incluyen alquiler de tiendas de acampada, wifi, cocina comunitaria y una lavandería. Muy bien situado, a tiro de piedra de la costa.

★ **Cabañas Christophe**   BUNGALÓS **$$**
(☑32-210-0826; av. Policarpo Toro s/n; d 60 000-90 000 CLP, f 150 000 CLP; ☎) La opción con mejor relación calidad-precio de Hanga Roa. Un lugar encantador que seduce a quienes buscan confort y carácter, con cuatro bungalós que combinan madera y piedra volcánica. Son amplios, muy luminosos y tienen camas enormes, cocina y terraza privada. Está al inicio del sendero de Orongo, a 1,5 km del centro. Resérvese con bastante antelación.

Cuando se redactó esta guía, se estaban construyendo otros dos bungalós en una parcela a 100 m con vistas a Orongo.

Hare Swiss   BUNGALÓS **$$**
(☑32-255-2221; www.hareswiss.com; sector Tahai; i/d/tr desde 90/130/160 US$; ☎) Regentado por una encantadora pareja suizo-rapanui, es una gran opción, con tres bungalós impecables en una ladera con vistas al océano. Los bungalós están equipados con baño, camas enormes, cocina y una terraza con vistas al mar. Está un poco lejos del centro (se necesita una bicicleta).

Cabañas Mana Nui Inn
CABAÑAS $$

(☎32-210-0811; sector Tahai; i/d/f 40 000/60 000/ 120 000 CLP; ☎) Esta eficaz empresa dispone de ocho habitaciones en un jardín tranquilo con vistas espectaculares del océano. También hay dos casitas independientes, además de una cocina para huéspedes.

Cabañas Ngahu
CABAÑAS $$

(☎móvil 9-9090-2774; www.ngahu.cl; av. Policarpo Toro s/n; d 98-190 US$; ☎) Una gran opción, con servicio amable, propietarios simpáticos y huéspedes felices. Son cinco cabañas bien equipadas y de varios tamaños, todas ellas con vistas al mar. Por su ambiente casual y las excelentes puestas de sol, uno pierde la cuenta del día en el que vive.

Aukara Lodge
PENSIÓN $$

(☎32-210-0539; www.aukara.cl; av. Pont s/n; i/d 45 000/75 000 CLP; ☎) Una buena opción, aunque lo de *lodge* (refugio) no es muy apropiado; ¿en qué otro lugar puede uno encontrar un lugar con una galería de arte con cuadros y esculturas de Bene Tuki, el propietario? Las habitaciones no son nada del otro mundo, pero están cuidadas, y el frondoso jardín es ideal para relajarse. Está cerca del meollo urbano.

La mujer de Bene, Ana María, también es artista (y autora de libros infantiles) y es una gran conocedora de la historia de la isla. La galería merece una visita, aunque no se vaya a pernoctar.

Hostal Tojika
PENSIÓN $$

(☎móvil 9-9215-2167; www.tojika.com; av. Apina s/n; d/tr/c desde 45 000/55 000/90 000 CLP; ☎) Esta buena opción de bajo presupuesto cuenta con varias habitaciones diferentes, así como una cocina comunitaria en un edificio con vistas al mar. Algunos cuartos carecen de privacidad, pero cumplen su función. No se sirven desayunos, pero hay un pequeño restaurante en la entrada de la propiedad.

Aloha Nui
PENSIÓN $$

(☎32-210-0274; haumakatours@gmail.com; av. Atamu Tekena s/n; i/d desde 75/125 US$; ☎) Un sitio agradable con seis habitaciones bien organizadas y un amplio salón que da a un jardín con flores. Pero la verdadera razón para alojarse en este lugar es para hablar de arqueología pascuense con Josefina Nahoe Mulloy y su esposo, Ramón, que dirigen la reputada Haumaka Tours.

Cabañas Tokerau
BUNGALÓS $$

(☎32-210 0023; www.cabanastokerau.cl; sector Tahai; d/f 80 000/170 000 CLP; ☎) Perfecto si se busca un lugar relajado en un entorno tranquilo. Consta de dos bungalós de madera equipados con una práctica minicocina y una terraza con vistas (parciales) del mar. En el más grande caben seis personas, y en el pequeño, dos.

Hostal Petero Atamu
PENSIÓN $$

(☎32-255-1823; www.hostalpeteroatamu.com cerca de Petero Atamu; con/sin baño i 40 000/ 25 000 CLP, d 60 000/40 000 CLP; ☎) Popular entre mochileros japoneses, es una opción sencilla no muy alejada del centro. Los que quieran ahorrar al máximo pueden optar por una de las habitaciones básicas con baño compartido; los que no, pueden elegir una habitación con baño privado y terraza; las habitaciones 1, 2 y 3 son las mejores. Cuenta con salón de TV, cocina y una encantadora terraza.

Hostal Raioha
PENSIÓN $$

(☎32-210-0851; cerca de av. Te Pito o Te Henua d 55 000 CLP) Regentado por una simpática pareja, este sitio discreto es una opción válida y confortable en el centro de la ciudad. Las cinco habitaciones son sencillas, pero están bien cuidadas y dan a un jardín. No ofrece desayuno ni wifi, pero hay una cocina comunitaria, y un cibercafé justo calle arriba.

Inaki Uhi
PENSIÓN $$

(☎32-210-0231; www.inakiuhi.com; av. Atamu Tekena s/n; i/d/tr 80/130/170 US$; ☎) Cuenta con 15 habitaciones bastante pequeñas que ocupan dos hileras de edificios bajos, unas frente a otras. No se sirve desayuno, pero hay cuatro cocinas comunitarias. Está en la calle principal, cerca de todo. Tienen mucha experiencia ayudando a viajeros con la logística y planificación de excursiones.

Hotel Taura'a
HOTEL $$

(☎32-210-0463; www.tauraahotel.cl; av. Atamu Tekena s/n; i/d 75 000/90 000 CLP; ☎) Las 15 habitaciones están impolutas y llenas de luz natural, y cuentan con buenas camas y baños correctos, pero no hay vistas al mar. Sirve un sustancioso desayuno y Bill, el propietario, es una gran fuente de información local.

Su inigualable situación, junto a la calle principal, lo convierte en una base excelente para pasear por la ciudad.

Vaianny PENSIÓN **$$**

(☑️32-210-0650; www.residencialvaianny.com; av. Tuki Haka He Vari; i/d 35 000/45 000 CLP; 📶) Esta céntrica y envejecida pensión es una buena opción si se dispone de un presupuesto ajustado, con habitaciones básicas pero limpias que se encuentran en una minúscula zona ajardinada. Hay cocina comunitaria. Lo mejor es que está muy cerca de algunos de los mejores bares y restaurantes de la ciudad.

⭐**Lemu Lodge Vaihu** TIENDAS DE CAMPAÑA **$$$**

(☑️móvil 9-9299-6722; http://lemulodge.com; sector Caleta Vaihu; d 250-270 US$) 🥾 El *clubhouse* de este nuevo *lodge* en el remoto sector de la caleta Vaihu deslumbra con sus columnas de madera tallada, paredes de piedra y troncos a guisa de mesa. Cuenta con seis cabañas-tienda (dos con vistas del mar) respetuosas con el medio ambiente y se puede conectar con la naturaleza sin renunciar al confort. Se necesita vehículo, pues está a unos 20 min en coche de Hanga Roa.

Ofrece masajes y yoga en un pabellón exterior, y hay un hoyo para hacer fogatas bajo el cielo negro de Rapa Nui.

⭐**Pikera Uri** BUNGALÓS **$$$**

(☑️32-210-0577; www.pikerauri.com; Tahai s/n; d/tr 208/260 US$; 📶) Su genial ubicación y su decoración hacen de esta opción uno de los mejores refugios de Hanga Roa. Destaca por los bungalós con vistas al océano; el Rito Mata y el Uri tienen las mejores vistas. Todos son cómodos, luminosos, están bien decorados y dan a un pequeño corral donde el propietario, Pantu, reúne a sus caballos cada mañana.

⭐**Explora Rapa Nui** HOTEL-BOUTIQUE **$$$**

(☑️en Santiago 2-2395-2800; www.explora. com; paquetes 3 noches todo incluido desde i/d 2980/4450 US$; ❄️📶) 🥾 El establecimiento más lujoso de Rapa Nui se fusiona en un tramo boscoso de terreno chamuscado por el volcán. Las habitaciones, todas con vistas al Pacífico y las intensas puestas del sol, presentan muchos materiales autóctonos (madera de raulí, piedra volcánica) que aportan un sentido de la ubicación. Los precios incluyen comidas, bebidas y excursiones magníficas.

Parece un poco distanciado del resto de la isla, pues está 6 km al este de Hanga Roa.

Mamma Nui TIENDAS DE CAMPAÑA **$$$**

(☑️móvil 9-7395 5796; av. Policarpo Toro s/n; domos desde 100 000 CLP; ❄️📶) *Glamping* exquisito, con cúpulas sobre pilares para hasta cuatro personas y vistas al mar. También dispone de una pequeña piscina y zonas de descanso debajo de las cúpulas con hamacas y sillas en un hoyo de arena blanca. Incluso si uno no se aloja en este lugar, se aconseja ir a probar los cebiches, pastas y *pizzas* de marisco en su restaurante.

Hotel Hare Boutik HOTEL-BOUTIQUE **$$$**

(☑️32-255-0134; av. Hotu Matua s/n; d 350 US$; 📶📱) Un hotel con clase y sin pretensiones. El alojamiento es en bungalós de madera y piedra repartidos por una bonita finca no muy lejos del aeropuerto. Son amplios, luminosos y están bien distribuidos; tienen muebles elegantes, buenos servicios y terraza privada. Como están bastante separados unos de otros, hay cierta privacidad. El restaurante es excelente. Está un poco lejos del centro, pero prestan bicicletas.

Hanga Roa Eco Village & Spa HOTEL DE LUJO **$$$**

(☑️32-255-3700; www.hangaroa.cl; av. Pont s/n; i/d desde 200/400 US$; ❄️📶📱) 🥾 Este gran establecimiento es uno de los mejores hoteles de la isla, con habitaciones y suites de diseño creativo que dan al mar. Todas están construidas con materiales naturales y su disposición se inspira en la aldea ceremonial de Orongo, con líneas y formas curvas. Los restaurantes sirven comida refinada y el *spa* es precioso.

Lo mejor es que es respetuoso con el medio ambiente, pues cuenta con un sistema de ahorro de agua y electricidad.

Cabañas Morerava BUNGALÓS **$$$**

(☑️móvil 9-9499-1898, móvil 9-9319-6547; www. morerava.com; sector Tahai; tr/c/f 181/187/225 US$; 📶) No hay muchas vistas, ya que está en el interior, pero nada turbará el sueño del viajero en esta bucólica finca. Las cuatro bonitas casitas están hechas con materiales naturales –los propietarios son arquitectos– y albergan hasta seis personas. Está en las afueras de la ciudad, pero facilitan bicicletas.

Altiplanico HOTEL **$$$**

(☑️32 255 2190; www.altiplanico.cl; sector Tahai; i/d 350 000/390 000 CLP; @📶📱) Lo mejor de este hotel tan bien dirigido y de estilo *boutique* es su excelente ubicación en una suave ladera en Tahai. Hay 17 bungalós impecables y decorados con originalidad, si bien están todos muy juntos y las tarifas están un poco infladas. Los bungalós nº 1, 2, 3, 10, 11 o 17 tienen vistas panorámicas al mar. El restaurante es elegante pero caro (*pizza* 30 US$).

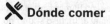 Dónde comer

⭐ Ariki o Te Pana-Tía Berta   CHILENA $
(av. Atamu Tekena s/n; platos principales 3000-10 000 CLP; ⊗10.00-22.00 lu-sa) En este modesto local preparan empanadas de estilo casero que se deshacen en la boca.

Hai Tonga   CHILENA $
(✆móvil 9-8242-9835; av. Te Pito o Te Henua s/n; platos principales 5500-12 000 CLP; ⊗12.00-23.00) Este restaurante abierto en el borde del campo de fútbol luce un alegre mobiliario turquesa, una bonita barra de madera tallada y un gran TV con vídeos de surf para inspirar a la clientela joven y moderna. Sirve buenos sándwiches chilenos, fajitas y cerveza artesanal de grifo.

Moiko Ra'a   CAFÉ $
(✆32-255-0149; av. Atamu Tekena s/n; tentempiés 3000-7000 CLP; ⊗9.00-23.00) Esta deliciosa y pequeña cafetería dispone de una amplia variedad de bollería, además de excelentes sándwiches, tartas y empanadas. Se aconseja probar el untuoso chocolate caliente.

Casa Esquina   COMIDA RÁPIDA $
(✆32-255-0205; av. Te Pito o Te Henua; tentempiés 3000 CLP, platos principales 6000-10 000 CLP; ⊗12.00-23.00 ma-do) Gran relación calidad-precio y una terraza con vistas a la iglesia. Se puede elegir entre empanadas, *pizzas,* sándwiches, ensaladas y *shawarma,* que se pueden acompañar con un enorme jugo natural.

Mikafé   CAFÉ $
(caleta Hanga Roa s/n; helado 2000-3500 CLP, sándwiches y pasteles 3500-7000 CLP; ⊗9.00-21.00 lu-sa) ¡Mmm, qué ricos los helados artesanales! ¡Qué adictiva la tarta de plátano po'e! Otras delicias de esta cafetería incluyen paninis, sándwiches, magdalenas y *brownies.* También sirve desayunos completos (desde 6000 CLP) y expresos de verdad.

Mara Pika   CHILENA $
(av. Apina s/n; platos principales 6000 CLP; ⊗8.00-16.00 lu-vi) No hay otro sitio en Hanga Roa donde sentarse a comer por menos dinero. Es una cantina de las buenas, con servicio amable y cocina casera chilena que incluye platos del día.

⭐ Te Moai Sunset   PESCADO, CHILENA $$
(✆móvil 9-4241-8603; www.facebook.com/temoaisunset; sector Tahai; platos principales 12 000-16 000 CLP; ⊗12.30-23.00 lu-sa; 🔊) Este nuevo restaurante chic es el lugar al que ir a última hora de la tarde, cuando la silueta de los moáis de Tahai se recorta en el crepúsculo justo debajo de la mesa. Se come al fresco en sillas de mimbre colgantes o junto a una de las ventanas del 2º piso, con mejores vistas. El chef aporta un giro creativo a las especialidades chilenas; el cebiche tiene la acidez perfecta.

⭐ La Kaleta   PESCADO, CHILENA $$
(✆32-255-2244; www.lakaletarestaurant.com; caleta Hanga Roa; platos principales 9000-16 000 CLP ⊗11.00-23.00 lu-sa) El periódico *El Mercurio* de Santiago lo coronó como el mejor restaurante regional de Chile en el 2016 y las mesas frente al agua se llenan desde entonces de chilenos de vacaciones. La carta cambia según la temporada para ofrecer los productos más frescos del mar, pero suele incluir cebiche, pescado a la parrilla y pasta con marisco. La carta de vino es también memorable.

⭐ Haka Honu   CHILENA $$
(✆32-255-2260; av. Policarpo Toro s/n; platos principales 11 000-16 000; ⊗12.30-22.30 ma-do) Platos de pescado, filetes, pasta casera, hamburguesas y ensaladas completan la carta de este afamado restaurante dotado de insuperables vistas al mar. El pescado a la parrilla con *chutney* de papaya es especialmente sabroso.

Tataku Vave   PESCADO $$
(✆32-255-1544; caleta Hanga Piko s/n; platos principales 12 000-13 500 CLP; ⊗11.00-22.30 lu-sa) Oculto tras la caleta Hanga Piko, Tataku Vave es el típico "lugar secreto" que recomiendan los lugareños y que suele pasar inadvertido a los turistas. Tiene una terraza muy fresca a pocos metros de la orilla. Sirve soberbios platos de pescado con el sonido de las olas de fondo. Se puede llamar con antelación para organizar el transporte desde el hotel.

Au Bout du Monde   INTERNACIONAL $$
(✆32-255-2060; av. Policarpo Toro s/n; platos principales 11 000-18 000 CLP; ⊗12.30-14.30 y 18.00-22.30, cerrado jun y jul) Este restaurante de aspecto algo insulso ofrece una cocina estelar. Se debe probar el atún con salsa de vainilla tahitiana, la pasta casera o el filete de res ecológico. Hay que dejar espacio para el postre: la *mousse* de chocolate belga es divina.

Kuki Varua   PESCADO $$
(✆móvil 9-8192-1940; av. Te Pito o Te Henua s/n; platos principales 10 000-14 000 CLP; ⊗12.00-16.00

18.00-23.00 mi-lu) Ofrece una amplia selección de pescados, que llegan a diario desde el puerto, incluidos el atún y el mero. La terraza superior es ideal para disfrutar de la brisa oceánica. Se debe reservar apetito para los postres, como la *crème brûlée* con fruta de la pasión.

Motu Hava Kafe PESCADO $$

móvil 9-9620-1907; caleta Hanga Roa s/n; empanadas 3000 CLP, platos principales 9500-15 000 CLP; 9.00-16.30 lu-vi) Con un simple pestañeo, se pasará por alto la entrada de este sencillo localito que domina sobre la caleta Hanga Roa. Improvisa empanadas, cebiches y filetes de atún recién preparados.

Te Moana CHILENA $$$

32-255-1578; av. Policarpo Toro s/n; platos principales 10 000-21 000 CLP; 12.30-23.00 lu-sa) Una de las opciones más fiables de Hanga Roa, este animado restaurante presume de una ubicación espléndida, con un porche encantador que mira al océano. Es famoso por sus sabrosos platos de carne y de pescado. La decoración, de estilo polinesio, es otro acierto, con tallas y objetos artesanales que adornan las paredes.

Kanahau PESCADO $$$

32-255-1923; av. Atamu Tekena s/n; platos principales 13 000-22 000 CLP; 10.00-24.00 lu-sa) Ya se opte por el atún fresquísimo o por el lomo (res con una salsa casera), entre la variedad de platos sustanciosos, se quedará complacido por la cuidadosa presentación, el servicio atento y la decoración evocadora. El grupo de danza Varua Ora ofrece tres actuaciones semanales.

Dónde beber y vida nocturna

Polynesian Coffee & Tea CAFÉ

www.facebook.com/polynesiancoffee; av. Atamu Tekena s/n; 7.00-21.00 lu-sa, 8.00-15.00 do) Zumos detox, licuados de fruta, infusiones y cafés calientes (o fríos) hacen de este local playero con temática hawaiana un local muy recomendado para ir por la mañana. Los desayunos saludables (con cuencos de açaí y yogur con granola) redondean la oferta, sólida y a buen precio.

Hay que visitar la tienda anexa, con tejidos y accesorios polinesios hechos en la zona.

Piroto Henua BAR

móvil 9-8812-5794; www.facebook.com/pirotohenua; av. Hotu Matua s/n; 20.00-2.30 lu-sa) A veces este garito con luces verdes junto al aeropuerto es un bar de deportes con fútbol en la gran pantalla. Otras veces es un local para un concierto o un ruidoso karaoke. Cualquier noche (véase su Facebook) es un buen lugar para codearse con los isleños.

Rapa Rock Resto Bar BAR

(32-255-0411; av. Apina s/n; 10.00-2.00 mi-lu) En este bar al aire libre frente al agua suenan *rock* y pop cuando no hay bandas tocando en el escenario de la arena.

Kanahau BAR

(32-255-1923; av. Atamu Tekena s/n; 10.00-24.00 lu-sa) Alegre y decorado en madera, es ideal para empezar la noche con un pisco intenso. También sirve excelentes picoteos (tapas).

Caramelo CAFÉ

(32-255-0132; av. Atamu Tekena s/n; 10.00-21.30 lu-sa) En parte tienda de productos para panadería y en parte panadería, es el lugar al que ir para tés, cafés, zumos y licuados de sabores que van del mango a la guayaba y la chirimoya. También ofrece un tentador surtido de bollos y pasteles.

☆ Ocio

Kari Kari DANZA TRADICIONAL

(móvil 9-4280-5388; www.facebook.com/karikari.balletcultural; av. Atamu Tekena s/n; entradas 15 000 CLP, con cena 40 000 CLP; espectáculo 21.00 ma, ju y sa) Este grupo con talento y elaborados trajes representa leyendas de la isla con canciones y bailes en un local cerca de la calle principal. Con 15 programas diferentes, se puede asistir varias veces y no ver nunca el mismo espectáculo. Es el grupo más antiguo de la isla y su academia ha formado a muchos bailarines que se pueden ver en otros espectáculos.

Su tienda de regalos apoya a diseñadores polinesios y vende algunos de los tejidos y recuerdos más auténticos de Hanga Roa.

Varua Ora DANZA TRADICIONAL

(32-255-1923; Atamu Tekena s/n; entradas 15 000 CLP; espectáculo a 21.00 lu, mi y vi) Nancy Manutomatoma es la primera coreógrafa de la isla y su recomendable espectáculo en el restaurante Kanahau incluye danzas guerreras *hoko*, juegos con cuerdas *kai kai*, antiguas leyendas polinesias y más.

Pikano

MÚSICA EN DIRECTO

(📱móvil 9-9141-4254; www.facebook.com/pikanora panui; entrada desde 3000 CLP; ⊙horario variable según espectáculo) El local más grande de la isla para eventos está aislado en la carretera a Anakena, a unos 3 km del aeropuerto. Es muy popular los fines de semana, cuando una numerosa y ecléctica clientela engulle vasos de cerveza mientras escucha a los grupos en directo. Más tarde, por la noche, se transforma en un club. En su Facebook se anuncian los últimos acontecimientos.

Maori Tupuna

DANZA TRADICIONAL

(📱32-255-0556; www.maoritupuna.com; av. Policarpo Toro s/n; entradas 15 000 CLP; ⊙espectáculo 21.00 lu, ju y sa) Ofrece excelentes espectáculos de danza con una gran banda y algunos toques musicales modernos. Hay que ir a las 20.30 para ver la tradicional pintura corporal *takona*.

🔒 De compras

Mercado artesanal

ARTESANÍA

(esq. avs. Tu'u Koihu y Ara Roa Rakei; ⊙9.00-20.00 lu-sa) Enfrente de la iglesia, este lugar vende un poco de todo, desde collares de conchas a camisetas florales y las ubicuas réplicas de moáis.

Feria artesanal

ARTE Y ARTESANÍA

(esq. avs. Atamu Tekena y Tu'u Maheke; ⊙10.00-20.00 lu-sa) Buenos precios. Destacan las pequeñas réplicas de los moáis, talladas en piedra o madera, y los fragmentos de obsidiana.

ℹ️ Información

Banco Santander (av. Policarpo Toro; ⊙8.00-13.00 lu-vi) Cambia moneda (hasta las 11.00) y tiene dos cajeros automáticos que aceptan Visa y MasterCard. Con la tarjeta de crédito también puede pedirse un avance de dinero (presentando el pasaporte) en el mostrador durante las horas de atención al público.

BancoEstado (av. Tu'u Maheke s/n; ⊙8.00-13.00 lu-vi) Cambia dólares estadounidenses y euros, y hay tres cajeros automáticos 24 h.

Farmacia Cruz Verde (av. Atamu Tekena; ⊙8.30-22.00 lu-sa, 9.30-21.00 do) Grande y surtida.

Hospital Hanga Roa (📱32-210-0215; av. Simón Paoa s/n) Recientemente modernizada. La visita de urgencias cuesta 25 000-30 000, más el coste de los tratamientos.

Policía (📱133; av. Simón Paoa s/n)

Oficina de correos (av. Te Pito o Te Henua s/n; ⊙8.30-12.30 y 14.00-18.00 lu-vi, 9.00-13.00 sa)

Puna Vai (av. Hotu Matua; ⊙8.30-13.30 y 15.00-20.30 lu-sa, 9.00-14.00 do) Esta gasolinera es también un minimercado y una oficina de cambio de divisas (dólares estadounidenses y euros). Es mucho más práctica que los bancos (sin colas, horario más amplio) y dispone de una gran selección de vinos chilenos.

ℹ️ Cómo desplazarse

Casi todas las empresas de alquiler de vehículos ofrecen también bicicletas y escúteres. Están en la av. Atamu Tekena.

Insular Rent a Car (📱32-210-0480; www.rentainsular.cl; av. Atamu Tekena s/n; bicicletas/motocicletas/automóviles desde 15 000/30 000/50 000; ⊙9.00-20.00)

Oceanic Rapa Nui Rent a Car (📱32-210-0985; www.rentacaroceanic.com; av. Atamu Tekena s/n; bicicletas/motocicletas/automóviles desde 8000/30 000/50 000 CLP; ⊙9.00-20.30)

Parque Nacional Rapa Nui

Desde 1935, la mayor parte del territorio de Rapa Nui y todos sus yacimientos arqueológicos están protegidos dentro de un **parque nacional** (https://parquenacionalrapanui.cl; adultos/niños 54 000/27 000 CLP), que está repleto de cuevas, *ahu* (plataformas ceremoniales), moáis caídos, estructuras de aldeas y petroglifos. Orongo y Rano Raraku se pueden visitar una sola vez, pero los otros yacimientos permiten varias visitas, si se desea.

ℹ️ Información

Las entradas para el Parque Nacional Rapa Nui se pueden comprar en una caseta a la llegada en el aeropuerto. El precio ha subido mucho en los últimos años, aunque este dinero adicional se destina a buenos usos, como los aseos secos ecológicos cerca de muchos yacimientos arqueológicos y los próximos accesos para discapacitados en las principales atracciones. La tarifa actual es de 54 000 CLP para adultos y de 27 000 para niños. Las entradas son válidas durante 10 días a partir del primer día que se usen. También se pueden comprar en la oficina central de **Ma'u Henua** (📱32-210-0827; https://parquenacionalrapanui.cl; sector Mataveri; entradas adultos/niños 54 000/27 000 CLP; ⊙8.30-16.00) o en la pequeña taquilla de la av. Atamu Tekena en Hanga Roa. No se venden en ningún otro lugar de la isla.

ℹ️ Cómo llegar y salir

Para visitar los yacimientos arqueológicos desde Hanga Roa se necesita un coche, motocicleta o (si se está en forma) una bicicleta. Otra opción

ISLA DE PASCUA (RAPA NUI) PARQUE NACIONAL RAPA NUI

es formar parte de un circuito guiado o tomar el autobús **Ara Moai** (☏móvil 9-9715-5811; www.maururutravel.com; av. Pont s/n; 15 000; ⊗diarios nov-feb, 10 personas mínimo resto del año) de subida y bajada libre en varios puntos.

Circuito norte

⊙ Puntos de interés

Ahu Akivi   YACIMIENTO ARQUEOLÓGICO
Inusual por su ubicación en el interior, la primera restauración científica de la isla (en 1960) cuenta con siete moáis restaurados. Son los únicos que miran al mar, pero, como todos los demás, dominan un asentamiento cuyos restos aún pueden verse. Se trata de un yacimiento con valor astronómico: durante los equinoccios, las siete estatuas miran directamente al sol que se pone.

Maunga Terevaka   MONTAÑA
Es el punto más elevado de la isla (507 m) y el más joven de sus tres volcanes. A esta colina árida solo se puede acceder a pie o a caballo, y sin duda merece el esfuerzo por sus sensacionales vistas panorámicas.

Ana Te Pahu   CUEVA
Junto al camino de tierra que va a Akivi, esta antigua vivienda rupestre tiene un huerto con boniatos, taro y plátanos. Las cuevas son tubos volcánicos, creados al solidificarse la roca alrededor de un río de lava.

Ahu Tepeu   YACIMIENTO ARQUEOLÓGICO
Este *ahu* cuenta con varios moáis caídos, los restos de una aldea con cimientos de *hare paenga* (casas elípticas) y los muros de varias casas redondas, que consisten en rocas libremente apiladas.

Ana Kakenga   CUEVA
(Dos Ventanas) Se encuentra unos 2 km al norte de Tahai. Se trata de un recinto con dos aberturas que dan al océano (hay que llevar linterna).

Circuito suroeste

⊙ Puntos de interés y actividades

★**Aldea ceremonial de Orongo**   ZONA
(⊗9.30-17.30) Casi cubierto por una ciénaga de totoras flotantes, el lago en un cráter de **Rano Kau** parece un gigante con su caldera y es un invernadero natural de biodiversidad endémica. A 300 m de altura, en el borde de la pared del cráter por un lado y limitando con una caída vertical que muere en el océano azul cobalto por el otro, la aldea ceremonial de Orongo atesora uno de los paisajes más espectaculares del Pacífico sur. Domina varias pequeñas *motu* (islas frente a la costa), incluidas Motu Nui, Motu Iti y Motu Kao Kao.

Construidas dentro de la ladera, las casas presentan unas paredes hechas de bloques de piedra superpuestos horizontalmente, con un techo abovedado cubierto de tierra de materiales similares, con lo que parecen parcialmente subterráneas. Orongo fue el centro de un culto a las aves, extendido por toda la isla y relacionado con el dios Makemake, en los ss. XVIII y XIX. Hay petroglifos de hombres pájaro en un grupo de cantos rodados entre la cima del acantilado y el borde del cráter. Orongo está a una empinada ascensión a pie o a un corto y panorámico trayecto en automóvil de 4 km del centro del pueblo.

Ana Kai Tangata   CUEVA
Esta enorme cueva tallada en un acantilado negro luce bonitas pinturas rupestres con motivos de hombres pájaro. Sin embargo, cuando se redactó esta guía estaba cerrada por el desprendimiento de algunas rocas.

En la siguiente cala hacia el norte hay una piscina natural; a menudo es demasiado peligroso bañarse debido al fuerte oleaje.

Puna Pau   YACIMIENTO ARQUEOLÓGICO
Esta cantera volcánica se utilizó para hacer los rojizos *pukao* (tocados) cilíndricos que se colocaron en muchos moáis. Unos 60 fueron transportados a puntos de toda la isla y otros 25 permanecen en la cantera o cerca de ella.

Ahu Vinapu   YACIMIENTO ARQUEOLÓGICO
Más allá del extremo este de la pista del aeropuerto, una carretera va hacia el sur, pasando ante enormes depósitos de petróleo, hacia esta plataforma ceremonial, con dos *ahus* principales. Uno de ellos presenta losas pulidas encajadas sin mortero, que recuerdan a las de las ruinas incas. Antaño ambos albergaban moáis que hoy yacen rotos bocabajo en el suelo.

Motu Kao Kao   SUBMARINISMO, BUCEO
Parece un moái gigante que se eleva 55 m sobre el lecho marino. El plan típico de submarinismo consiste en nadar alrededor de la estructura, empezando a unos 25 m. Son habituales los bancos de chopas.

Circuito noreste

◉ Puntos de interés

★ Anakena
PLAYA

Los amantes de la playa que busquen un lugar donde tostarse estarán encantados con esta playa de arena blanca. También es el telón de fondo ideal para Ahu Nau Nau, que alberga siete moáis, algunos con moño. En un saliente al sur de la playa se alza el Ahu Ature Huki y su solitario moái, recolocado por el explorador noruego Thor Heyerdahl con la ayuda de una docena de isleños en 1956. Las instalaciones incluyen aseos públicos, así como puestos de comida y de recuerdos.

★ Rano Raraku
YACIMIENTO ARQUEOLÓGICO

(⊙9.30-17.00) Conocido como el "semillero", este volcán, a 18 km de Hanga Roa, es la cantera de toba volcánica en la que se tallaban los moáis. Uno sentirá como si hubiera retrocedido a la antigua polinesia al pasear entre docenas de moáis, en todos los estados de conservación, plantados en la ladera sur. En la cumbre, las vistas de 360º son asombrosas. En el interior del cráter hay un pequeño y brillante lago y dos decenas de moáis en pie.

En la ladera suroriental de la montaña, el raro moái arrodillado, Tukuturi; tiene el cuerpo entero agachado sobre los talones, con los antebrazos y las manos apoyados en los muslos.

★ Ahu Tongariki
YACIMIENTO ARQUEOLÓGICO

Este monumental y fotogénico *ahu* soporta 15 imponentes estatuas y es el mayor jamás construido. Las estatuas contemplan una aldea a niveles con ruinas repartidas por todas partes y algunos petroglifos cercanos, entre cuyas figuras se detectan una tortuga con rostro humano, un atún y un hombre alado. El yacimiento fue restaurado por un equipo japonés entre 1992 y 1996. En 1960 un tsunami erosionó las estatuas y esparció varios moños por el interior de la isla; solo uno de los moños ha vuelto a su sitio, sobre uno de los moáis.

Península de Poike
PENÍNSULA

En la punta este de la isla, este altiplano está coronado por el volcán extinto Maunga Pu A Katiki (400 m) y rodeado de abruptos acantilados. También hay tres pequeñas cúpulas volcánicas, una de las cuales presenta una gran máscara tallada en la roca que recuerda a una gárgola gigantesca. También destaca la serie de pequeños moáis que yacen bocabajo, entre la hierba, así como la cueva de las Vírgenes (Ana O Keke).

Según la leyenda, en esta cueva se confinaba a las vírgenes para que su piel se mantuviera lo más pálida posible. Merece la pena gatear para entrar si uno no se marea (un pequeño sendero lleva hasta allí, en un saliente, con las vistas interminables del Pacífico por debajo) para admirar un conjunto de petroglifos.

La mejor forma de apreciar la crudeza primigenia de la península de Poike es en una excursión de un día con un guía, porque los puntos de interés no son fáciles de encontrar.

Ahu Te Pito Kura
YACIMIENTO ARQUEOLÓGICO

Junto a la bahía La Pérouse, un moái de casi 10 m de longitud yace bocabajo con el cuello roto; es el moái más grande trasladado desde Rano Raraku y levantado sobre un *ahu*. Cerca en el suelo hay un tocado, más ovalado que redondo, como en Vinapu.

Ovahe
PLAYA

Cerca de Anakena, esta playa ofrece aislamiento para aspirantes a Robinson Crusoe, pero se considera peligrosa por el desprendimiento de rocas.

Petroglifos de Papa Vaka
YACIMIENTO ARQUEOLÓGICO

A unos 100 m de la carretera de la costa (búsquese el rótulo) hay un par de enormes bloques de basalto decorados con grabados que representan un atún, un tiburón, un pulpo y una gran canoa.

🛏 Dónde dormir

Camping Sustentable Ana Tekena
CAMPING $

(☑móvil 9-9690-6941; www.facebook.com/camping-sustentable.anatekena; playa Anakena; parcela con/sin tienda y equipo 16 000/12 000 CLP) ✎ Puede que sea el *camping* más caro en esta isla tan cara, pero la ubicación justo encima de la playa Anakena es insuperable. Este lugar autosuficiente dispone de duchas de agua caliente que funcionan con energía solar y cocina de leña. También hay una hamaca tan grande que puede alojar a un equipo de fútbol. Se avisa de que de noche puede haber muchos bichitos.

El transporte con el aeropuerto cuesta 7000 CLP. Los propietarios ofrecen circuitos de buceo, pesca y equitación por la zona.

COMPRENDER LA ISLA DE PASCUA

La isla de Pascua hoy

En el 2007, la isla de Pascua fue declarada "territorio" especial inserto en Chile, lo que implica un mayor grado de autonomía para sus habitantes. Pero la independencia no está a la orden del día; la economía depende totalmente del Chile continental, por lo que esta opción es impensable en un futuro próximo.

Los pascuenses también están preocupados por el desarrollo y el control de la industria turística. No existe el turismo de masas, pero el aumento de la cifra de visitantes –de unos 50 000 hace 10 años a unos 100 000 en el 2016– ha tenido impacto en el medio ambiente. El reciente influjo de chilenos del continente (sobre todo para trabajar en la industria del turismo) ha generado tensiones con algunos lugareños, que los ven como 'alborotadores'. Está previsto establecer unos controles de inmigración más rígidos en la isla, similares a los establecidos en las islas Galápagos de Ecuador.

En octubre del 2015, el Gobierno chileno desveló un ambicioso plan medioambiental para la isla de Pascua, la creación de un enorme parque marino para proteger los bancos de peces de la isla, que están amenazados por la pesca ilegal por parte de barcos industriales. Este santuario marino de 720 000 km² se convirtió en uno de los más grandes del mundo cuando los residentes dieron su aprobación en septiembre del 2017.

Desde el 2010 una disputa territorial enfrenta a un clan rapanui con los propietarios del hotel Hanga Roa. De hecho, la devolución de tierras de los nativos ha sido desde hace mucho tiempo un tema de disputa para los rapanuis indígenas, que no controlan prácticamente ningún territorio aparte de Hanga Roa. Tras años de peticiones de más autonomía, finalmente su deseo se cumplió en noviembre del 2017, cuando la presidenta Michelle Bachelet devolvió oficialmente el control de los yacimientos arqueológicos de la isla a una entidad local llamada Ma'u Henua.

Historia

Los primeros habitantes de la isla llegaron desde las islas Marquesas, las Mangarevas, las Cook o la isla Pitcairn entre los ss. IV y VIII.

Los rapanuis desarrollaron una civilización única caracterizada por la construcción de plataformas ceremoniales llamadas *ahus* y las icónicas estatuas pascuenses, los *moáis*. La población alcanzó su mayor número en el s. XVII, con unos 15 000 habitantes. Los conflictos por el control del territorio y los recursos terminaron en una guerra entre tribus a finales del s. XVII, poco antes de la llegada de los europeos, y la población empezó a menguar. Más tarde, las disputas entre clanes derivaron en sangrientas contiendas y en canibalismo, y muchos moáis fueron derribados de sus *ahus*. Los desastres naturales, como terremotos y tsunamis, también contribuyeron a su destrucción. Los únicos moáis hoy en pie fueron restaurados durante el último siglo.

El contacto con los forasteros casi aniquiló a la población indígena. En 1862, una incursión de traficantes de esclavos apresó a casi mil quinientos isleños para trabajar en los depósitos de guano de las peruanas islas Chincha. Tras las insistentes protestas de la Iglesia católica, algunos supervivientes regresaron a la isla de Pascua, pero las enfermedades y la dureza del trabajo habían acabado ya con un 90% de ellos.

En la década de 1860, tras un breve período de actividad misionera francesa, la mayor parte de los isleños se convirtió al catolicismo.

Chile se anexionó oficialmente la isla en 1888 durante un período de expansión que también incluyó la adquisición de territorios de Perú y Bolivia tras la Guerra del Pacífico (1879-1884).

En 1897, Rapa Nui se encontraba bajo el control de una sola empresa lanera, que se convirtió en el gobierno de facto de la isla y prolongó el comercio de lana hasta mediados del s. XX.

En 1953, el Gobierno chileno se hizo cargo de la isla y extendió el poder imperial al que habían estado sometidos los nativos durante casi un siglo. Al tener sus derechos limitados –como restricciones a la hora de viajar o la imposibilidad de votar–, los pascuenses sentían que estaban siendo tratados como ciudadanos de segunda. En 1967, la creación de una línea aérea comercial regular entre Santiago y Tahití con escala técnica en Rapa Nui abrió la isla al mundo y trajo muchos beneficios a sus habitantes.

SABER QUÉ ES UN 'AHU' Y UN MOÁI

'Ahu'

Son monumentos funerarios y centros ceremoniales, y se cree que derivan de los altares de la Polinesia Francesa. Algunas de estas 350 plataformas de piedra están esparcidas por la costa. Tienen la parte superior cubierta con losas más o menos lisas y una pared vertical en el lado del mar y en cada extremo.

De los varios tipos de *ahu,* construidos en diferentes épocas por motivos diversos, los más impresionantes son los *ahu moai* que soportan las enormes estatuas.

Moáis

Son la imagen más omnipresente de la isla. Se trata de esculturas enormes que, al parecer, representan a ancestros del clan. De entre 2 y 10 m de altura, estas estatuas pétreas dan la espalda al océano Pacífico. Algunos han sido restaurados completamente, mientras que otros se han erigido de nuevo, pero están erosionados. Muchos, caídos, yacen por tierra. De los 887 moáis conocidos, solo 288 llegaron a su *ahu,* mientras que 92 se malograron por el camino.

Durante siglos se ha debatido sobre las técnicas empleadas para mover y levantar los moáis, que pesan una media de 12,5 toneladas. Durante muchas décadas los expertos creyeron que las estatuas se transportaban en una especie de trineos de madera o sobre rodillos, pero a principios, de la década del 2000 los arqueólogos llegaron a la conclusión que los moáis no se arrastraban en sentido horizontal, sino vertical, con la ayuda de cuerdas. Esta teoría encaja con la tradición histórica oral, según la cual los moáis "caminaban" hacia sus respectivos *ahus.* Es fácil darse cuenta de que es un debate interminable, que aporta misterio y hace que esta isla sea tan fascinante.

Tocados

Los arqueólogos creen que los cilíndricos *pukao* rojos que coronan muchos moáis reflejan un estilo capilar masculino antaño usado en Rapa Nui.

Extraída de la cantera del pequeño cráter de Puna Pau, la escoria volcánica de la que los tocados están hechos es relativamente blanda y fácil de trabajar. Tallados como los moáis, los tocados puede que fueran simples ornamentos, que se llevaban rodando hasta su destino final y entonces, aunque pesan lo mismo que dos elefantes, se colocaban de algún modo encima del moái.

Cultura

La sociedad pascuense es bastante conservadora, y la familia, el matrimonio y los hijos aún desempeñan un papel central en la vida diaria, al igual que la religión.

Más de un tercio de la población insular procede del Chile continental o de Europa. Sorprende sobre todo la fascinante mezcla de costumbres polinesias y chilenas. Aunque nunca lo admitan abiertamente, los habitantes de Rapa Nui tienen un pie en Sudamérica y el otro en la Polinesia.

Pese a su idioma e historia únicos, la isla de Pascua contemporánea no parece una sociedad tradicional, y es que su continuidad fue truncada por la casi extinción de la población autóctona en el último siglo. No obstante, aunque hayan adoptado en gran parte un estilo de vida occidentalizado, los pascuenses están orgullosos de su historia y su cultura, y luchan por conservar sus tradiciones.

Arte

Al igual que en Tahití, la danza tradicional no es una mera atracción turística, sino una de las formas más vibrantes de expresión de la cultura popular polinesia. Un par de talentosos grupos de baile actúan regularmente en varios hoteles y restaurantes. Los tatuajes son otro aspecto de la cultura polinesia, y han experimentado un renacimiento entre los más jóvenes desde finales de la década de 1980. La escultura está también muy arraigada.

Geología

La isla de Pascua tiene una forma triangular, con un volcán extinto en cada esquina.

De ellos, el Maunga (monte) Terevaka, en el ángulo noroeste, es su cima, con 507 m. Su longitud máxima es de 24 km, y en su punto más ancho mide solo 12 km. Gran parte del interior son praderas, y el terreno cultivable se intercala con abruptos campos de lava. La erosión del mar ha creado enormes acantilados en torno a gran parte del litoral, y Anakena, en la orilla norte, es la única playa de arena ancha. Aunque hay algunos corales en aguas poco profundas, Rapa Nui no tiene arrecifes de coral. Ante la ausencia de arrecifes, el océano ha creado enormes acantilados, algunos de los cuales se elevan 300 m.

La erosión, exacerbada por la deforestación y el pastoreo excesivo, es el problema más grave de la isla. En los peores casos, la tierra se ha desprendido y ha dejado corrimientos erosionados de tierra marrón, particularmente notables en la península de Poike. Para contrastar sus efectos, se está llevando a cabo un programa de reforestación a pequeña escala en esta península.

GUÍA PRÁCTICA

❶ Datos prácticos A-Z

ACCESO A INTERNET
En Hanga Roa quedan dos cibercafés; el más popular es el **Cibercafé Omotohi** (av. Te Pito o Te Henua s/n; por h 1000-1500 CLP; ⊘8.30-22.00 lu-vi, 9.30-22.00 sa y do; 🛜). También existen cuatro zonas con wifi pública. Además, hay wifi en casi todos los hoteles y pensiones, pero la conexión a veces puede ser muy lenta (o inexistente después de una tormenta) incluso en los alojamientos más lujosos.

ALOJAMIENTO
Si se llega desde Chile continental hay que estar preparado para una sorpresa. Pese al gran número de establecimientos (aprox. 160 cuando los autores de esta guía la visitaron), el alojamiento aquí es más caro.

El siguiente baremo de precios hace referencia a una habitación doble con baño y desayuno.

$ menos de 40 000 CLP
$$ 40 000-80 000 CLP
$$$ más de 80 000 CLP

COMIDA
Los precios siguientes son por un plato principal estándar.

$ menos de 8000 CLP
$$ 8000-15 000 CLP
$$$ más de 15 000 CLP

❶ DATOS PRÁCTICOS

88.9 Radio Manukena Música, noticias de la isla y más en esta querida emisora de radio.
Canal 13 Canal de televisión de noticias locales.
Electricidad 240V, 50Hz AC
Pesos y medidas Se utiliza el sistema métrico.

DINERO
Hanga Roa cuenta con cinco cajeros automáticos que dispensan la moneda local, el peso chileno (CLP). Algunos negocios aceptan también dólares estadounidenses o euros.

Muchos *residenciales* (alojamientos económicos), hoteles, restaurantes y agencias de circuitos aceptan tarjetas de crédito.

Hay dos bancos y una oficina de cambio de divisa en Hanga Roa. Si se llevan divisas, lo mejor es el dólar de EE UU, seguido del euro. Los tipos de cambio en la isla de Pascua son más elevados que en Chile continental.

Las propinas no forman parte tradicional de la cultura polinesia.

INFORMACIÓN TURÍSTICA
Sernatur (☑32-210-0255; www.chile.travel/en; av. Policarpo Toro s/n; ⊘8.30-17.00 lu-vi) Dispone de varios folletos, mapas y listados de alojamientos.

TELÉFONO
El prefijo telefónico internacional de la isla de Pascua es el mismo que el de Chile (56), y el de zona (32) cubre toda la isla. Hay varios locutorios privados en el pueblo. Entel es la única empresa que ofrece servicio de telefonía móvil 4G, y se pueden comprar tarjetas SIM de prepago en su oficina enfrente del BancoEstado. Pregúntese a la compañía por los acuerdos de *roaming* internacional y su coste.

❶ Cómo llegar y salir

AVIÓN
La única aerolínea que viaja a la isla de Pascua es **LATAM** (☑600-526-2000; www.latam.com; av. Atamu Tekena s/n; ⊘9.00-16.30 lu-vi, hasta 12.30 sa). Tiene enlaces diarios con Santiago y un vuelo semanal a/desde Papeete (Tahití). Un billete de ida y vuelta en clase turista desde Santiago cuesta entre 450 y 900 US$.

POR MAR
Unos cinco o seis cruceros pasan por la isla cada año, sobre todo en los meses de verano. Algunos yates también paran en ella, normalmente en

enero, febrero y marzo. Los fondeaderos no están bien protegidos.

ℹ Cómo desplazarse

Fuera de Hanga Roa, casi toda la carretera de la costa este y la carretera a Anakena están asfaltadas.

A/DESDE EL AEROPUERTO

Aeropuerto Mataveri (Hanga Roa) El aeropuerto está a las afueras de Hanga Roa. Los propietarios de los alojamientos esperan a los viajeros en el aeropuerto y los llevan gratis al hotel o residencial.

BICICLETA

Se pueden alquilar bicicletas de montaña en Hanga Roa por unos 8000-12 000 CLP/día.

AUTOMÓVIL Y MOTOCICLETA

Algunos hoteles y agencias alquilan todoterrenos por 50 000-70 000 CLP/24 h, según el vehículo. Atención: no se pueden contratar seguros, por lo que el usuario no está cubierto si el vehículo sufre algún daño. No hay que dejar objetos valiosos en el vehículo.

Los escúteres y las motocicletas se alquilan por unos 30 000-35 000/día.

TAXI

Los taxis tienen una tarifa plana de 2000 CLP para la mayoría de los recorridos por la ciudad y otra de 3000 CLP con el aeropuerto.

Comprender Chile

Chile hoy

En el Chile moderno se han producido movimientos de magnitud importante, y no precisamente seísmos. El cambio, desde el estilo de vida hasta la globalización, llega a una velocidad de vértigo en el país con la mayor renta familiar de Hispanoamérica. A finales del 2017, el multimillonario y expresidente Sebastián Piñera (2010-2014) salió elegido para tomar de nuevo las riendas del Estado con la promesa de impulsar la economía modernizando las infraestructuras y rebajando los impuestos al comercio. En términos bancarios, Chile se alinea con las últimas tendencias de la región.

Mejores películas

Diarios de motocicleta (2004) El viaje de un revolucionario.
La nana (2009) Una sirvienta se cuestiona su lealtad.
Sur 180° (2010) Tras los pasos de un viajero.
Violeta se fue a los cielos (2012) Biopic de la cantautora Violeta Parra.
Gloria (2013) Retrato divertido y original de una mujer de 58 años poco convencional.
No (2013) ¿Derribó una campaña publicitaria a un dictador?
Neruda (2016) El poeta comunista se da a la fuga.
Una mujer fantástica (2017) La identidad transgénero y la sociedad.

Mejores libros

En la Patagonia (Bruce Chatwin; 1977) Obra emblemática sobre el espíritu patagón.
Patagonia Express (Luis Sepúlveda; 1995) Cuentos divertidos sobre el fin del mundo.
Formas de volver a casa (Alejandro Zambra; 2011) Metaficción sobre una infancia durante la dictadura.
En la oscuridad (Héctor Tobar; 2014) La fascinante historia de los 33 mineros atrapados.

La brecha chilena

El edificio más alto del continente, la Gran Torre, de 64 pisos, despunta en el horizonte santiaguino cual símbolo irrefutable del creciente prestigio del país. Y, sin embargo, según la Organización para la Cooperación y el Desarrollo Económico, Chile (con México y EE UU) tiene el nivel más elevado de desigualdad social de los países desarrollados. El 1% de la población concentra la mitad de la riqueza nacional. Si bien durante el último gobierno hubo avances en materia de educación y reformas fiscales, aún queda por hacer. La brecha social ha acosado a Piñera desde su primer mandato; hoy, apuesta por un Chile abierto a los negocios como solución.

Las nuevas caras de Chile

Si se viaja hasta los confines de Chile por las carreteras secundarias de Patagonia es muy probable encontrarse con un tendero haitiano y un venezolano regentando un café de carretera. Lejos de la capital cosmopolita, el país está experimentando un cambio radical. En una década, Chile ha pasado de tener pocos inmigrantes a alcanzar casi las proporciones del Reino Unido en relación con su población. El medio millón de inmigrantes del país suma solo un 3% del total y, aun así, representan un cambio cultural incómodo para algunos chilenos.

Durante la campaña de las elecciones del 2017, ambas facciones avivaron los sentimientos nacionalistas. Tanto la derecha como la izquierda veían obsoletas las leyes de inmigración de la década de 1970. La presidenta Bachelet sugirió que los recién llegados podrían suplir las vacantes del mercado que dejaba la población envejecida. Muchos de los inmigrantes del país huyen de la pobreza y del fracaso económico.

Los avances sociales están en la agenda nacional. Chile legalizó las uniones civiles de personas del mismo sexo y parejas no casadas en enero del 2015. Se está elaborando una propuesta de ley para reconocer los derechos de las personas transgénero. Las mujeres también se han manifestado para protestar contra injusticias como el feminicidio o el aborto, entre otros. Con una de las leyes sobre el aborto más rígidas del mundo, Chile lo despenalizó en el 2017 para los casos de violación, inviabilidad fetal o embarazo de riesgo para la madre. Aunque a muchos les gustaría conquistar más derechos para la mujer, no ha sido fácil despojar a este país católico de sus costumbres conservadoras.

El futuro es verde

Los expertos mundiales de turismo consideran a Chile como una meta en alza, lo cual no es de extrañar. Con variados paisajes, el país con el desierto más seco del mundo también agrupa el 80% de los glaciares del continente. En el 2017, el turismo creció un 17% y supuso el 10% del PIB. El país celebró su primera cumbre sobre el turismo y los World Travel Awards lo declararon la mejor meta del turismo de aventuras.

Asimismo, están ampliando los parques nacionales. El 15 de marzo del 2017, la presidenta Michelle Bachelet y la filántropa estadounidense Kristine Tompkins se comprometieron a extender el sistema de parques nacionales en 40 500 km², con la creación de cinco nuevos y la ampliación de tres ya existentes, que en total sumarían una superficie mayor que Suiza. Así, Patagonia presumirá de la concentración de parques más alta del mundo. Ello se traduce en beneficios para la economía local y para el planeta, sin mencionar las ventajas para los viajeros en busca de los rincones más vírgenes del planeta.

De todos modos, sin inversión no hay conservación. En Costa Rica, el sistema de parques gasta 16 US$ por hectárea conservada, frente al dólar por hectárea chileno, una diferencia abrumadora. Con un mayor interés por los parques chilenos, hará falta más financiación.

Pero los problemas no se han hecho esperar. En Torres del Paine, el parque más popular del país, han tardado en crear una normativa de visitas más estricta. Con unos niveles de entradas insostenibles, en el 2017 la administración empezó a exigir que los senderistas reservaran el alojamiento. Con riesgos por baños inadecuados o los peligros de los fuegos incontrolados, la ligereza de los viajes de antaño es impensable. No cabe duda de que invertir en parques asegura un futuro sostenible, pero hasta que ello no sea una prioridad, puede que ni toda la fama del mundo ayude.

POBLACIÓN: **17,8 MILLONES**

PIB: **247 000 MILLONES DE US$**

INFLACIÓN: **4%**

USUARIOS DE INTERNET: **12 MILLONES**

ESPERANZA DE VIDA: **79 AÑOS**

EDAD MEDIA: **34**

DESEMPLEO: **6,5%**

si Chile tuviera 100 habitantes

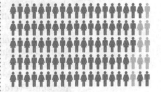

89 serían blancos
9 serían mapuches
2 serían de otros grupos indígenas

grupos religiosos
(% de población)

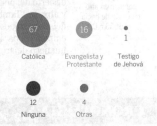

67 Católica
16 Evangelista y Protestante
1 Testigo de Jehová
12 Ninguna
4 Otras

población por km²

CHILE   EE UU   ESPAÑA

≈ 25 personas

Historia

El pasado de Chile, que alberga el asentamiento más antiguo del continente americano, empieza a desenterrarse y estudiarse. El país ha llegado lejos desde sus inicios como remanso del Imperio español. La cultura actual aún soporta el peso de una pequeña élite terrateniente, una gran industria minera y políticos que tanto frustran como luchan por las reformas. Su capacidad de resistencia ha hecho que Chile sea uno de los países más estables e influyentes de Hispanoamérica.

Orígenes

La huella del pie de un niño en un terreno pantanoso hizo tambalear los cimientos de la arqueología americana en la década de 1980. La pisada, de unos 12 500 años, constató la presencia humana en Monte Verde, cerca de Puerto Montt. Otros restos la evidencian hasta 33 000 años atrás. Estas controvertidas dataciones invalidan el modelo Clovis, según el cual los primeros pobladores de América llegaron a través de un puente de tierra sobre el estrecho de Bering 11 500 años y después se fueron dispersando hacia el sur. Nuevas teorías sugieren que se produjeron múltiples entradas o desembarcos. En el histórico congreso de 1998, el yacimiento de Monte Verde fue reconocido como el asentamiento más antiguo de América, aunque descubrimientos arqueológicos más recientes, ubicados sobre todo en Nuevo México, se remontan a 40 000 años atrás.

Culturas antiguas

La mayor parte de los restos precolombinos del país se ha hallado en el norte de Chile gracias a la aridez del desierto. La cultura nómada de Chinchorro dejó las momias conocidas más antiguas. En los cañones del desierto del norte, los aimaras cultivaban maíz y patatas y criaban llamas y alpacas. También en los confines del norte, la cultura atacameña ha dejado vestigios bien conservados, como momias y tabletas ornamentales empleadas para preparar sustancias alucinógenas. Las de El Molle y Tiahuanaco dejaron cerámicas, petroglifos y enormes geoglifos aún visibles

La cultura de Chinchorro empezó a momificar a sus muertos dos mil años antes que los egipcios. La momia más antigua data de hacia el 5050 a.C.

CRONOLOGÍA

12 500 a.C.
La huella de una pisada de niño descubierta en Monte Verde, cerca de Puerto Montt contradice la supuesta migración humana llegada a través del estrecho de Bering.

1520
Fernando de Magallanes es el primer europeo en avistar territorio chileno el 1 de noviembre de 1520 mientras navega por el estrecho que hoy lleva su nombre.

1535
Diego de Almagro intenta conquistar Chile con 500 hombres, 100 esclavos africanos y 10 000 indios. Muchos mueren de frío al cruzar los Andes. Tras no hallar fortuna, Almagro abandona su causa.

en el norte. Los pescadores camachos ocupaban las zonas costeras del norte, y los diaguitas habitaban los valles y ríos del interior.

La invasora cultura inca gozó de una breve supremacía en el norte de Chile, pero su preponderancia apenas tocó el Valle Central y los bosques del sur, donde los agricultores picunches y araucanos se resistieron ferozmente a los ataques. Mientras tanto, los cuncos pescaban y cultivaban la tierra en la isla de Chiloé y en las costas de los golfos de Reloncaví y Ancud.

La conquista española

En 1495, y prescindiendo de las poblaciones indígenas, dos superpotencias de la época se dividían el continente americano: España y Portugal. A mediados del s. XVI, los españoles dominaban desde Florida y México hasta el centro de Chile. Aunque escasos en número, los conquistadores eran hombres valerosos, imbuidos de un espíritu de cruzada y movidos por una fuerte ambición. A pesar de su superioridad militar, sobre todo en armas de fuego y caballos, su principal aliado fueron las enfermedades infecciosas, para las que los nativos no estaban inmunizados.

La primera incursión de los españoles al norte de Chile se llevó a cabo en 1535 bajo las órdenes de Diego de Almagro a través de los helados pasos andinos. Aunque fracasó, allanó el terreno a la expedición de Pedro de Valdivia de 1540. Tras sobrevivir a la sequía del desierto, llegaron al fértil valle del Mapocho en 1541. Valdivia sometió a los grupos indígenas de la zona y fundó Santiago el 12 de febrero. Seis meses después, los indígenas arrasaron la ciudad y se apoderaron de casi todas las provisiones de los colonos. Pero los españoles no cejaron y la población fue creciendo. Cuando Valdivia murió en 1553 a manos de los araucanos, capitaneados por los caciques Caupolicán y Lautaro, había fundado ya numerosas poblaciones y colocado los cimientos de una nueva sociedad.

El Chile colonial

La codicia de oro y plata estuvo presente en la agenda española, pero pronto se dieron cuenta de que la auténtica riqueza del Nuevo Mundo era su contingente humano. El sistema de la encomienda, que permitía a los españoles beneficiarse del trabajo indígena, se estableció con facilidad en el norte de Chile, donde la población nativa estaba muy organizada e incluso habituada a formas similares de explotación.

Los españoles también dominaron el centro de Chile, pero los pueblos semisedentarios y nómadas del sur opusieron una tenaz resistencia. Los caballos montaraces de las pampas argentinas ayudaron a los mapuches a aumentar su movilidad y capacidad de ataque.

Pese a la oposición de la Corona, Valdivia recompensó a sus seguidores con enormes extensiones de tierra. Estos latifundios, muchos de los cuales

Los antiguos atacameños tomaban alucinógenos. Se conservan miniespátulas, tableros para esnifar, tubitos, pequeñas cajas y saquitos de lana.

Caupolicán lideró a los araucanos en su primer levantamiento contra los españoles. Se cree que se convirtió en *toqui* (líder militar) sujetando el tronco de un árbol tres días y tres noches mientras improvisaba un discurso poético para incitar a los mapuches a rebelarse contra los españoles.

1535-1880	1540	1541	1548
La Guerra de Arauco marca el inicio de los 300 años de resistencia mapuche. La zona al sur del río Biobío sigue siendo su bastión.	Tras atravesar el desierto de Atacama y sobrevivir a sus temperaturas extremas, Pedro de Valdivia y un grupo de 150 españoles fundan una colonia a orillas del río Mapocho.	El 11 de septiembre se funda oficialmente Santiago, pese a la feroz resistencia de los araucanos (unos 500 000). La presencia de colonos trae enfermedades y muerte a los indígenas.	Misioneros y conquistadores llevan el vino a Chile. Los jesuitas cultivan los primeros viñedos del país. Hoy, Chile tiene más de 70 bodegas y distribución internacional.

permanecieron intactos hasta finales de la década de 1960, fueron una constante en la agricultura y la sociedad chilena.

Los mestizos, hijos de españoles y nativos, pronto superaron en número a la población indígena, mermada por las epidemias, el trabajo forzado y la guerra. Esta nueva aristocracia chilena acabó instalándose en las grandes haciendas.

Revolución e independencia

Los movimientos independentistas que nacieron entre 1808 y 1810 surgieron del auge de la clase criolla (descendientes de españoles nacidos en América), que ansiaba el poder político. Para facilitar la recaudación fiscal, la metrópoli decretó que todo el comercio pasase por tierra a través de Panamá en vez de enviarse directamente por mar. Este complicado sistema obstaculizó el comercio y avivó el malestar.

Durante la época colonial, Chile era una subdivisión del virreinato de Perú llamada Audiencia de Chile, que abarcaba desde la actual Chañaral hasta Puerto Aysén, más las provincias, hoy en día argentinas, de Mendoza, San Juan y San Luis. Chile se desarrolló casi aislado de Perú, lo que forjó identidades muy diferenciadas.

En la década de 1820 estallaron por toda América del Sur movimientos independentistas. Desde Venezuela, un ejército criollo al mando de Simón Bolívar se abrió paso hasta Perú. El libertador argentino José de San Martín penetró en Chile a través de los Andes, ocupó Santiago y llegó por mar hasta Lima.

San Martín designó a Bernardo O'Higgins subgeneral en jefe de sus fuerzas. O'Higgins, hijo bastardo de un irlandés que había sido virrey de Perú, se convirtió en mandatario supremo de la nueva república chilena, y ayudó a expulsar a los españoles de Perú transportando su ejército en barcos capturados a los españoles o adquiridos a británicos y estadounidenses, quienes aspiraban a ocupar el dominio del sur americano. Por ello, el escocés Thomas Cochrane, antiguo oficial de la Royal Navy, fundó y dirigió la Marina chilena.

Los albores de la República

Maltrecho pero alentado por la independencia, Chile era una fracción del país actual y compartía unas poco claras fronteras con Bolivia, Argentina y los hostiles mapuches, que vivían al sur del río Biobío. Políticamente estable, desarrolló pronto la agricultura, minería, industria y comercio. O'Higgins dominó la política durante cinco años tras la declaración de independencia de 1818, pero la élite terrateniente se opuso al aumento de los impuestos, a la abolición de los títulos y a las limitaciones en materia de sucesiones. Obligado a dimitir en 1823, O'Higgins se exilió en Perú.

Aunque la población chilena parezca homogénea, la cultura negra se remonta hasta la temprana Arica, que en 1620, eligió a un alcalde negro (más adelante el virrey de Perú anuló su victoria). Hoy en día, la Fundación Oro Negro conserva ese legado cultural.

1553	1818	1834-1835	1860
Pedro de Valdivia es capturado en la batalla de Tucapel, cuando 6000 guerreros mapuches atacan los fuertes españoles en el sur. Valdivia es atado a un árbol y decapitado.	Una oleada independentista se extiende por el continente y el argentino José de San Martín libera Santiago. Bernardo O'Higgins se convierte en el "director supremo" de la República chilena.	El HMS *Beagle* navega por la costa chilena con Charles Darwin a bordo. La expedición, prevista para dos años, durará cinco, y Darwin podrá recopilar datos para elaborar su teoría de la evolución.	El aventurero francés Orélie Antoine de Tounens traba amistad con los líderes mapuches y adopta el título de rey de la Araucanía y la Patagonia. Este hecho acabará con su reclusión en un manicomio.

Diego Portales fue ministro del Interior y dictador de facto hasta su ejecución, tras un levantamiento, en 1837. Su Constitución centralizó el poder en Santiago, limitó el sufragio a los propietarios y creó elecciones indirectas para la presidencia y el Senado.

El final del s. xix fue una época de fronteras cambiantes. Los tratados con los mapuches (1881) colocaron los territorios del sur bajo soberanía chilena. Forzado a ceder gran parte de la Patagonia a Argentina, Chile reforzó su presencia en el Pacífico con la anexión de la remota isla de Pascua (Rapa Nui) en 1888.

La película *Subterra* (2003), dirigida por Marcelo Ferrari, retrata la salvaje explotación que se sufría en las minas chilenas, muchas de ellas en manos de empresas estadounidenses.

Guerra civil

La expansión de la minería dio origen a una nueva clase obrera y también a una casta de nuevos ricos; todos ellos desafiaron el poder de los terratenientes. El primer político que intentó corregir la mala distribución de la riqueza nacional fue el presidente José Manuel Balmaceda, elegido en 1886. Su Gobierno acometió proyectos de obras públicas que mejoraron escuelas y hospitales, pero en 1890 fue destituido.

El almirante Jorge Montt fue elegido para liderar el Gobierno provisional. En la guerra civil subsiguiente, la Marina de Montt controló los puertos y derrocó al gobierno. Murieron diez mil personas y Balmaceda se suicidó.

Comienzos del siglo XX

La economía chilena se resintió de su dependencia de los nitratos (salitre), que habían sido sustituidos por nuevos fertilizantes derivados del petróleo. La apertura del canal de Panamá en 1914 dejó casi obsoleta la ruta del cabo de Hornos y sus muchos puertos chilenos.

Tras varios períodos de liderazgo débil, distintos grupos de izquierdas impusieron una breve república socialista. Las luchas internas dividieron al Partido Comunista, y las facciones escindidas de los partidos Radical y Reformista crearon una mezcla de organizaciones políticas. Durante gran parte de las décadas de 1930 y 1940 la izquierda democrática dominó la política chilena.

Desde principios del s. xx, las empresas estadounidenses se habían hecho con el control de las minas de cobre, y la II Guerra Mundial hizo crecer la demanda de este metal propiciando el crecimiento económico.

En 1915, marineros alemanes abandonaron el SMS *Dresden* en el puerto de la isla Robinson Crusoe tras el ataque de la Marina Real Británica. El escurridizo crucero bélico evitó ser detectado durante toda la I Guerra Mundial y no fue descubierto hasta que sus tripulantes se pusieron a jugar al fútbol en la orilla.

Reforma agraria

En la década de 1920, las haciendas controlaban el 80% de la tierra cultivable. Los arrendatarios seguían estando a merced de los latifundistas y hasta su voto pertenecía a estos. Estas haciendas no se modernizaron y la producción se estancó hasta la década de 1960.

1879-1884	1881	1885-1900	1888-década 1960
La explotación de nitratos en territorio peruano y boliviano por parte de Chile provoca la Guerra del Pacífico. El país crece en extensión en un tercio tras vencer a ambos rivales.	Mientras se expande por el norte, Chile firma un tratado con Argentina por el que le cede el este de Patagonia, pero conserva su soberanía sobre el estrecho de Magallanes.	Capital británico, estadounidense y alemán transforma Atacama en una mina de oro; los nitratos traen prosperidad, crean una clase media urbana y financian al Gobierno.	Chile se anexiona la isla de Pascua y confina a los rapanuis en Hanga Roa. El resto de la isla se convierte en pastos para ovejas hasta los años sesenta, cuando se reabre a los indígenas.

El antiguo orden recelaba del sentimiento reformista, así que conservadores y liberales unieron sus fuerzas y eligieron un candidato común, Jorge Alessandri, quien ganó las elecciones de 1958. El Congreso, con mayoría opositora, obligó a Alessandri a aceptar una moderada reforma agraria.

Las elecciones presidenciales de 1964 enfrentaron a Salvador Allende y el democristiano Eduardo Frei Montalva, que obtuvo el apoyo de los grupos conservadores. Ambos partidos prometieron la reforma agraria y el fin del sistema de haciendas, y apoyaron la sindicación rural. El fraccionamiento del voto de la izquierda perjudicó a Allende y Frei venció por un cómodo margen.

Período democristiano

Los democristianos, comprometidos con la transformación social, intentaron controlar la inflación, equilibrar la balanza comercial y aplicar las reformas. Su política amenazaba los privilegios de las clases dominantes, pero también su tradicional apoyo de los obreros a la izquierda radical.

La economía del país había empeorado bajo el mandato de Alessandri, lo que forzó a muchos desposeídos a emigrar a las ciudades, que se llenaron de "callampas" (chabolas). También hubo protestas en el sector de las exportaciones: el presidente Frei abogaba por deshacerse de los inversores extranjeros en la industria del cobre, mientras que Allende defendía su nacionalización.

Los democristianos afrontaron también el desafío de grupos como el Movimiento de Izquierda Revolucionario (MIR), nacido entre los estudiantes de clase media y alta de Concepción. El activismo también caló entre los campesinos, que ansiaban una reforma agraria. Otros grupos de izquierda apoyaron las huelgas y las ocupaciones de tierras llevadas a cabo por mapuches y braceros.

Las reformas de Frei eran demasiado lentas para la izquierda y demasiado rápidas para el conservador Partido Nacional. A pesar de la mejora en las condiciones de vida de muchos braceros y de los avances en educación y sanidad, el país se hallaba afectado por la inflación, la dependencia de mercados y capitales extranjeros, y la desigual distribución de la riqueza.

Allende llega al poder

En medio de un clima de malestar político, una nueva coalición de izquierdas aunaba fuerzas. Liderada por Allende, la Unidad Popular (UP) dio forma a un programa que propugnaba la nacionalización de la minería, la banca y los seguros, además de la expropiación y el reparto de los latifundios. En las elecciones de 1970, Allende obtuvo el 36% de los votos, frente al 35% del Partido Nacional, y se convirtió en el primer presidente marxista del mundo elegido democráticamente.

En la década de 1950, el noruego Thor Heyerdahl exploró la isla de Pascua mientras navegaba por el Pacífico. Esa experiencia le sirvió para plantear sus teorías sobre los contactos entre las culturas polinesias y sudamericanas. Para más detalles se recomiendan los libros *Aku-Aku, el secreto de la isla de Pascua* y *La expedición de la Kon-Tiki*.

En La Victoria, un barrio pobre de Santiago, hay murales de protesta de la BRP (Brigada Ramona Parra) desde la década de 1940. Durante años han incitado a muchos a la subversión; pueden verse a lo largo de la avenida 30 de Mayo.

1890-1891	1927	1938-1946	1945
Las reformas del presidente José Manuel Balmaceda para paliar la desigual distribución de la riqueza y el poder sublevan al Congreso en 1890, y ocasiona una guerra civil con 10 000 muertes y su suicidio.	El general Carlos Ibáñez del Campo establece una dictadura de facto durante una década en la que se suceden diez gobiernos.	Comunistas, socialistas y radicales integran el Frente Popular, que pronto gana popularidad entre la clase trabajadora sindicalizada y adquiere un papel relevante en el movimiento obrero chileno.	La poetisa y diplomática Gabriela Mistral, que inició su carrera como maestra rural, se convierte en la primera mujer hispanoamericana y la quinta del mundo en ganar un Nobel, el de Literatura.

Pero el país y la coalición de Allende estaban lejos de la unidad. La UP agrupaba a socialistas, comunistas y radicales con objetivos dispares. Allende tuvo que lidiar con un Congreso de mayoría opositora, los recelos del Gobierno de EE UU y una extrema derecha que propugnaba su derrocamiento por medios violentos.

El programa económico de Allende incluía la nacionalización de muchas empresas y la redistribución generalizada de la riqueza. El plan funcionó un tiempo, pero los aprensivos empresarios y terratenientes, preocupados por las expropiaciones y nacionalizaciones, vendieron a bajo precio acciones, maquinaria y ganado. La caída en picado de la producción industrial provocó desabastecimiento, una inflación desbocada y la aparición del mercado negro. Los campesinos, frustrados por la reforma agraria, ocuparon las tierras y la producción agrícola se hundió. El Gobierno tuvo que utilizar las escasas divisas disponibles para importar alimentos.

La política chilena se polarizaba y radicalizaba por momentos, al tiempo que muchos de los votantes de Allende lamentaban su deriva radical y su errática política económica. Para colmo, el MIR intensificó su actividad guerrillera.

La expropiación de las minas de cobre y otras empresas bajo control estadounidense, sumada a las cordiales relaciones con Cuba, provocó la hostilidad de EE UU. Más tarde, las comisiones de investigación del Congreso de EE UU revelaron que el presidente Richard Nixon y el secretario de Estado, Henry Kissinger, habían conspirado contra Allende vetando la concesión de créditos a las entidades financieras internacionales y prestando apoyo a la oposición. Por otra parte, y según las memorias de un disidente soviético publicadas en el 2005, la KGB retiró su respaldo a Allende por negarse a imponer una dictadura comunista *manu militari*.

El Gobierno chileno intentó evitar el conflicto fijando límites muy precisos a la nacionalización; pero, por desgracia, ni la extrema izquierda, que creía que el socialismo solo podía conquistarse por la fuerza, ni la extrema derecha, que pensaba que solo la fuerza podía impedirlo, estaban dispuestos a negociar.

Reacción de la derecha

En 1972 Chile quedó paralizado por una huelga general de camioneros que contaba con el apoyo de los democristianos y el Partido Nacional. Viendo que la autoridad gubernamental se tambaleaba, un desesperado Allende invitó al comandante general del Ejército de Tierra, el general Carlos Prats, a que ocupara el delicado cargo de ministro del Interior. A pesar de la crisis económica, los resultados de las elecciones al Congreso de marzo de 1973 demostraron que el apoyo a Allende había crecido con relación a 1970, pero incluso así la unificada oposición reforzó su control

La obra *Los libertadores: la lucha por la independencia de América Latina* (2002) de Robert Harvey cuenta la épica historia de la independencia de Hispanoamérica a través de grandes héroes y aventureros como O'Higgins, San Martín o Cochrane.

1948-1958	1952	1964	1970
Se prohíbe el Partido Comunista ante el temor de que su base electoral se fortalezca en medio del clima cada vez más conservador de la Guerra Fría.	Ibáñez regresa como presidente electo y promete acabar con la corrupción. Revoca la prohibición del Partido Comunista, pero sus planes de un autogolpe de Estado acaban con su mandato.	En la isla de Pascua, los rapanuis logran la plena ciudadanía chilena y el derecho a voto. Tres años después, los vuelos comerciales los conectan al mundo.	Salvador Allende se convierte en el primer presidente marxista del mundo elegido democráticamente. Lleva a cabo una reforma social radical, nacionaliza empresas privadas y redistribuye la riqueza.

El terremoto más fuerte jamás registrado se produjo el 22 de mayo de 1960 y alcanzó entre 8,6 y 9,5 en la escala de Richter. Se notó desde Concepción hasta Chiloé, y provocó un tsunami que causó estragos a 10 000 km de distancia, en Hawái y Japón.

del Congreso, lo cual evidenciaba la polarización de la política chilena. En junio de 1973 se produjo una intentona golpista fallida.

Al mes siguiente, los camioneros y otros sectores derechistas declararon de nuevo una huelga. Ya sin apoyos militares, el general Prats dimitió y fue sustituido por el general Augusto Pinochet Ugarte, oscuro personaje a quien tanto Prats como Allende creían leal al Gobierno constitucional.

El 11 de septiembre de 1973 Pinochet llevó a cabo un brutal golpe de Estado que derribó al Gobierno de la UP y causó la muerte de Allende (por suicidio) y la de miles de sus seguidores. La policía y el ejército detuvieron a miles de izquierdistas, sospechosos de serlo y a simpatizantes, muchos de los cuales fueron confinados en el Estadio Nacional de Santiago, torturados e incluso ejecutados. Cientos de miles de chilenos marcharon al exilio.

Los militares justificaron el empleo de la fuerza alegando que el Gobierno de Allende había propiciado el caos político y económico. Es cierto que la incapacidad política causó el "caos económico", pero no lo es menos que los sectores reaccionarios, animados y secundados desde el extranjero, engordaron la escasez, lo que creó un mercado negro que enrareció aún más la convivencia. Allende creía en la democracia, pero su incapacidad o renuncia a controlar las facciones situadas a su izquierda aterrorizaron tanto a la clase media como a la oligarquía.

Dictadura militar

Muchos líderes de la oposición, algunos de los cuales habían apoyado el golpe, esperaban una rápida vuelta al poder civil constitucional, pero no así el general Pinochet, quien de 1973 a 1989 encabezó una junta militar que disolvió el Congreso, ilegalizó los partidos de izquierda y prohibió casi toda actividad política, gobernando a golpe de decretos. Tras acceder a la presidencia en 1974, Pinochet se empleó a fondo en reordenar la política y la economía del país mediante la represión, la tortura y el asesinato. La "Caravana de la Muerte", un grupo de militares que viajaba en helicóptero de una ciudad a otra, sobre todo en el norte de Chile, asesinó a muchos opositores. Los detenidos procedían de todas las esferas sociales: desde campesinos hasta profesores universitarios. Cerca de 35 000 fueron torturados y 3000 desaparecieron durante los 17 años de su dictadura.

El CNI (Central Nacional de Informaciones) y con anterioridad la DINA (Dirección de Inteligencia Nacional) aplicaron con afán el terrorismo de Estado. Se perpetraron asesinatos en el extranjero: un coche bomba mató en Buenos Aires al general Prats un año después del golpe, el democristiano Bernardo Leighton sobrevivió a un tiroteo en Roma en 1975 y el ministro de Asuntos Exteriores de Allende, Orlando Letelier, fue el asesinato en 1976 al estallar su automóvil con una bomba en Washington.

1973	1973-1989	1978	1980
El 11 de septiembre de 1973 un golpe militar derroca al Gobierno de la Unidad Popular, Allende se suicida y matan a miles de sus simpatizantes.	El general Augusto Pinochet encabeza una junta que disuelve el Congreso, ilegaliza los partidos de izquierdas y suspende al resto, prohíbe casi toda actividad política y gobierna a golpe de decreto.	Chile y Argentina casi se declaran en guerra por las tres pequeñas islas del canal Beagle. El conflicto se resuelve por mediación del papa en 1979.	Pinochet presenta una nueva Constitución hecha a su medida que ratifica su presidencia hasta 1989. Se aprueba pese a la alta abstención en señal de protesta.

En 1977 un miembro de la Junta Militar, el general de Aviación Gustavo Leigh, consideró tan exitosa la campaña contra la subversión que propuso el regreso al poder civil; pero Pinochet lo obligó a dimitir, asegurando así la preeminencia del Ejército y su propia perpetuación en el poder. En 1980 Pinochet se sintió lo bastante confiado como para proponer a la ciudadanía una nueva Constitución hecha a su medida. En un plebiscito con muy poco margen de elección, unos dos tercios de los votantes aprobaron la nueva Carta Magna y ratificaron la presidencia de Pinochet hasta 1989, aunque muchos se abstuvieron en señal de protesta.

La novela histórica de Isabel Allende *Inés del alma mía* está basada en hechos reales y trata sobre la vida de una antigua costurera que siguió a Pedro de Valdivia hasta Chile.

Retorno a la democracia

Las fracturas internas del régimen empezaron a manifestarse hacia 1983, cuando la izquierda se atrevió a salir a la calle y comenzaron a formarse grupos opositores en las barriadas periféricas. Los partidos políticos también empezaron a reagruparse, si bien hubo que esperar hasta 1987 para que funcionaran con normalidad. A finales de 1988, y en un intento de ampliar su presidencia hasta 1997, Pinochet convocó otro plebiscito; pero en esta ocasión fracasó.

En las elecciones pluripartidistas de 1989, fue elegido el democristiano Patricio Aylwin, candidato de una coalición opositora, Concertación de Partidos por la Democracia. Consolidada la democracia, tras el mandato de Aylwin llegó otro presidente de Concertación, Eduardo Frei Ruiz-Tagle.

La Concertación mantuvo las políticas de libre mercado de Pinochet, pero los senadores militares designados por el dictador aún pudieron bloquear otra reforma. En 1998, Pinochet se retiró del Ejército y asumió su cargo como senador vitalicio, en parte porque esta condición le otorgaba inmunidad frente a un posible procesamiento en Chile. Esta rémora legal nacida de la dictadura fue suprimida en el 2005.

Proceso a Pinochet

En septiembre de 1998 la detención del general Pinochet en Londres a instancias del juez español Baltasar Garzón, que investigaba las muertes y desapariciones de ciudadanos españoles tras el golpe de 1973, causó un gran revuelo internacional.

A resultas de la detención, el entonces presidente norteamericano, Bill Clinton hizo públicos diversos documentos que probaban que EE UU había conspirado activamente para deteriorar la presidencia de Allende y crear el ambiente propicio para un golpe de Estado. Pinochet quedó bajo arresto domiciliario y durante cuatro años los abogados discutieron sobre si, en razón de su estado físico y mental, se hallaba o no en condiciones de ser enjuiciado por los crímenes cometidos por la "Caravana de la Muerte". Tanto la Corte de Apelaciones en el 2000 como la Corte Suprema en el

1989	1994	1998	2000
La Concertación de Partidos por la Democracia se forma a partir de 17 partidos. Su candidato, el democristiano Patricio Aylwin, vence a Pinochet en las primeras elecciones libres desde 1970.	El democristiano Eduardo Frei, marca el inicio de una era de políticas pregresistas, pero debe luchar contra una Constitución en la que el Ejército aún ostenta un poder considerable.	Pinochet es arrestado en el Reino Unido de acuerdo con la jurisdicción internacional acusado de crímenes durante su mandato. Siguen siete años de batallas legales.	El socialdemócrata Ricardo Lagos gana las elecciones frente a un antiguo colaborador de Pinochet y es elegido presidente. Una nueva oleada de gobiernos de izquierdas recorre Sudamérica.

2002 lo declararon incapacitado para someterse a un proceso. Los tribunales lo declararon demente y Pinochet renunció a su cargo de senador vitalicio.

Aquel parecía el final de los esfuerzos judiciales para que Pinochet respondiera del cargo de violación de los derechos humanos; pero en el 2004 el dictador apareció muy lúcido en una entrevista televisada, y el posterior rosario de sentencias lo privó de su inmunidad como antiguo jefe del Estado. Uno de los principales cargos que se le imputaron tenía relación con su presunto papel en la Operación Cóndor, una campaña coordinada entre varias dictaduras militares sudamericanas en las décadas de 1970 y 1980 para eliminar a los opositores de izquierda.

Los chilenos fueron entonces testigos de un vaivén de decisiones judiciales sobre el general; primero lo privaron de inmunidad, luego se revocó el fallo y después se le volvió a declarar en condiciones de ser juzgado. Las revelaciones a principios del 2005 sobre las cuentas bancarias secretas de Pinochet en el extranjero, con 27 millones de dólares, se sumaron a los cargos, implicando a su esposa y a su hijo.

A pesar de la intensa actividad legal, Pinochet nunca llegó a juicio: murió el 10 de diciembre del 2006 a los 91 años. En la plaza Italia de Santiago seis mil manifestantes se congregaron para celebrarlo, pero también hubo disturbios violentos.

En el 2014 un tribunal chileno sentó jurisprudencia al fallar una indemnización de 7,5 millones de dólares para 31 antiguos disidentes torturados y detenidos en isla Dawson. Fue la primera vez que se indemnizaba a unas víctimas torturadas en la dictadura. En el 2015 dos exoficiales de inteligencia militar fueron acusados de la desaparición y muerte de dos estadounidenses en 1973, uno de ellos el periodista Charles Horman, cuya historia inspiró la película *Desaparecido* (1982).

El ascenso de la izquierda

En los comicios de 2000, la Concertación logró su tercer mandato con una victoria muy justa del socialdemócrata Ricardo Lagos, que se sumaba al creciente número de gobernantes de izquierda elegidos en Sudamérica. Lagos adquirió relevancia en el 2003, pues fue uno de los miembros del Consejo de Seguridad de la ONU que se opuso a la guerra de Iraq.

En estos años, Chile empezó a despojarse de gran parte de su tradicional conservadurismo. En el 2001 se abolió la pena de muerte y en el 2004 se ratificó la ley de divorcio. Las artes y la prensa libre volvieron a florecer, y se promulgaron más leyes a favor de los derechos de la mujer.

En el 2006, Michelle Bachelet, exministra de Defensa en el Gobierno de Lagos, fue elegida presidenta; todo un hito en la historia chilena. No solo por ser mujer, sino porque es agnóstica declarada, madre soltera y socialista, es decir, representa todo aquello contrario a la tradición chilena.

El 11 de septiembre es una fecha importante para los chilenos. Se trata del día del golpe de 1973; una de las avenidas más importantes de Santiago lleva ese nombre.

Pinochet; los archivos secretos, de Peter Kornbluh (2004), es un revelador y sorprendente libro sobre la implicación de EE UU en la política chilena y la antesala de la dictadura militar (1973-1989).

2003	2004	2005	2006
En pleno *boom* económico, Chile toma una polémica decisión y se convierte en el primer país de América del Sur en firmar un Tratado de Libre Comercio con EE UU.	Chile rompe con la tradición ultraconservadora católica y establece el derecho al divorcio. Los juzgados se ven desbordados y los procesos se retrasan.	El Senado aprueba más de 50 reformas constitucionales para restaurar la democracia y permite al presidente destituir a senadores no electos (vitalicios) y comandantes militares.	Michelle Bachelet es la primera mujer elegida presidente de Chile y se enfrenta a varias crisis: protestas estudiantiles a favor de la reforma educativa y paros en Santiago por la reforma del transporte.

Su padre, Alberto Bachelet, fue general del Ejército del Aire y durante el mandato de Pinochet fue detenido y murió; Bachelet también fue detenida y torturada, pero tras su puesta en libertad se exilió en el extranjero. Su habilidad para el consenso le ayudó a cerrar viejas heridas con el Ejército y la ciudadanía. Para los votantes representó la continuidad de la política de Ricardo Lagos y de la próspera economía nacional.

Bachelet asumió la presidencia con gran popularidad, pero las divisiones dentro de su coalición (Concertación de Partidos por la Democracia) dificultaron la aplicación de reformas. También su capacidad se puso a prueba ante varias crisis de difícil respuesta. Un nuevo sistema de autobuses urbanos, Transantiago, eliminó varias rutas, dejando a miles de usuarios sin transporte. Las protestas estudiantiles del 2006 y el 2007 alertaron al Gobierno. Pero fue un gran desastre natural lo que consiguió aunar de nuevo al pueblo en torno a Bachelet.

Atrapados bajo tierra, los 33 pidieron vino y tabaco para sobrellevar el estrés, pero el médico de la NASA les envió parches de nicotina.

HISTORIA UN CAMBIO SÍSMICO

Un cambio sísmico

En la madrugada del 27 de febrero del 2010, uno de los mayores terremotos jamás registrados sacudió la costa del centro de Chile. De 8,8 grados de magnitud en la escala de Richter, causó una destrucción masiva y desencadenó tsunamis en el litoral y en el archipiélago Juan Fernández que costaron la vida a 525 personas. Las aseguradoras cifraron los daños en miles de millones de dólares.

Tras algunos saqueos en las zonas afectadas, pronto se volvió a la normalidad. El Teletón, un evento benéfico anual televisado, recaudó la inaudita cantidad de 39 millones de US$ para la causa. A varios oficiales del Gobierno se les imputaron cargos por no advertir del tsunami al archipiélago Juan Fernández. En general, el Gobierno fue elogiado por la rapidez de las obras de reconstrucción. Al mismo tiempo, la efusión de solidaridad demostrada por los chilenos fomentó el orgullo nacional.

DOCUMENTANDO LOS AÑOS DE PINOCHET

→ *La exitosa Machuca* (2004), del director chileno Andrés Wood, es una historia agridulce de la llegada a la madurez de dos chicos de clases sociales muy diferentes en el Santiago de 1973.

→ El documental *La batalla de Chile*, de Patricio Guzmán, es una brillante crónica del año anterior al golpe militar de 1973. Algunas escenas se rodaron en secreto y otras se mandaron desde el extranjero, y se editó clandestinamente fuera de Chile.

→ *Chile bajo Pinochet*, de Claudio Katz (1998), es una buena obra sobre la figura de Pinochet y la historia reciente de Chile.

2006	2009	2010	2010
Pinochet muere a los 91 años sin haber sido juzgado. Se le deniega un funeral de Estado. La presidenta Bachelet no acude a su entierro.	China desplaza a EE UU como principal socio comercial de Chile. A finales del 2010, la inversión china en Chile era de 440 millones de dólares.	El 27 de febrero, un terremoto de 8,8 grados y un tsunami acaban con la vida de 525 personas y siembran la destrucción en el país. El epicentro está a 113 km de Concepción.	Solo 11 días después del terremoto, el empresario multimillonario Sebastián Piñera se convierte en el primer presidente de derechas desde la época de Pinochet. Su prioridad es reconstruir Chile.

En la oscuridad, de Héctor Tobar, es el apasionante relato de la supervivencia de los 33 mineros chilenos durante 69 días en la mina San José.

El mandato de Bachelet estaba a punto de concluir cuando se produjo el seísmo. Tras 20 años de mandato liberal de Concertación, Chile había elegido al empresario conservador multimillonario Sebastián Piñera, del partido de centro-derecha Alianza por Chile, en teoría el primer gobierno de derechas desde Pinochet. Cuando Piñera juraba su cargo, en Santiago se produjo una réplica de magnitud 6,9. Para los comentaristas liberales, incluida la novelista Isabel Allende, aquello era toda una metáfora.

Meses después, los chilenos formaron de nuevo una piña para vitorear a los 33 mineros atrapados en la mina San José. Tras 17 días, y cuando se temía que hubiesen muerto, una sonda llegó a su refugio de emergencia. Los mineros enviaron un mensaje garabateado que el presidente Piñera leyó en directo en TV: "Estamos bien en el refugio los 33". Los equipos de rescate trabajaron contrarreloj y todos los trabajadores lograron sobrevivir 69 días bajo tierra. Los supervivientes sufren graves secuelas: trastorno por estrés postraumático, problemas económicos y depresión. Tras el incidente se implementaron reformas mineras largamente esperadas con la adopción de la convención de la Organización Internacional del Trabajo (OIT) de seguridad minera.

La toma de las calles

Las manifestaciones, escasas durante la dictadura, son hoy un elemento habitual del paisaje político en Chile. Empezaron con el primer mandato de Bachelet, cuando los estudiantes chilenos (apodados "pingüinos" por sus uniformes) protestaban en masa por la baja calidad de la enseñanza pública. La violencia arruinó algunas protestas, pero se logró que el Gobierno mejorara la educación primaria y secundaria.

El problema es la desigualdad. En un examen nacional, los estudiantes de cuarto grado de las escuelas privadas obtuvieron un 50% más de puntuación que sus homólogos de las públicas. Menos de la mitad de los estudiantes chilenos asisten a escuelas públicas infradotadas, mientras que aquellos que en la educación privada se goza de enormes privilegios. El Gobierno de Bachelet prometió becas estatales y creó una agencia de calidad para monitorizar la educación. Con el Gobierno de Piñera, el foco volvió a la carísima formación superior, y cuando este no supo responder, los manifestantes se presentaron ante el palacio presidencial vestidos de zombis y protestando al ritmo del *Thriller* de Michael Jackson. El "invierno chileno" fue la mayor manifestación pública en décadas.

En febrero del 2012, las protestas ciudadanas de Puerto Aysén y Coyhaique cerraron gran parte de la provincia patagónica durante casi un mes. Unidos por los sindicatos, los manifestantes del Movimiento Social por Aysén organizaron bloqueos y cerraron carreteras, lo que anuló el mejor mes turístico de la región. Protestaban por la falta de calidad de la asis-

Durante la crisis económica mundial de 2008, Chile asumió el reto y ofreció préstamos a EE UU, una inversión de papeles a favor de la entonces presidenta Bachelet.

2010	2011	2011	2013
La hazaña de los 33 mineros chilenos sepultados durante 69 días a 700 m bajo tierra cerca de Copiapó (la permanencia bajo tierra más larga de la historia) cautiva al mundo.	En un intento por resolver el mayor misterio de Chile, se exhuman los restos del expresidente Salvador Allende y se determina que murió por suicidio.	Las protestas estudiantiles en pro de una mejor educación alcanzan su punto álgido y su líder, Camila Vallejo, de 23 años, dialoga con el Gobierno y se convierte en un icono internacional.	Los progresistas celebran la tardía inauguración del edificio más alto del continente, la Gran Torre Santiago, de 64 pisos. El proyecto se había complicado tras la crisis financiera mundial del 2008.

Chile
en imágenes

Naturaleza

Vino chileno

Naturaleza

La vasta soledad del desierto, escarpadas cimas andinas, los bosques sagrados de Pablo Neruda. Surf, remo o navegación por la costa infinita. Los misterios de la isla de Pascua, cielos estrellados, aguas termales, glaciares que se parten. En Chile, todos los caminos llevan a la naturaleza.

ANDREW CLIFFORTH/SHUTTERSTOCK ©

SUNSINGER/SHUTTERSTOCK ©

1. Isla de Pascua (p. 402)
El Parque Nacional Rapa Nui está lleno de enigmáticos moáis (grandes estatuas antropomórficas).

2. Parque Nacional Lauca (p. 184)
Esta reserva de la biosfera de la Unesco alberga el lago Chungará, uno de los más altos del mundo.

3. Lago General Carrera (p. 324)
Se puede ir en barco o kayak a las cuevas de mármol de la Capilla de Mármol.

4. Valle de la Luna (p. 153)
Grandes dunas de arena y surrealistas paisajes lunares.

DUDAREV MIKHAIL/SHUTTERSTOCK ©

1. Isla Magdalena (p. 341)
Enormes colonias de pingüinos de Magallanes residen en esta isla de octubre a marzo.

2. Géiseres de El Tatio (p. 154)
Alimentado por 64 géiseres y 100 fumarolas, El Tatio parece un gigantesco y borboteante baño de vapor.

3. San Pedro de Atacama (p. 144)
Este oasis de adobe de la precordillera es uno de los paisajes más espectaculares de Chile.

4. Parque Nacional Torres del Paine (p. 357)
Picos impresionantes, lagos cerúleos y un enorme glaciar conforman el mejor parque nacional de Chile.

GJ-NYC/SHUTTERSTOCK ©

GUAXINIM/SHUTTERSTOCK ©

Carretera Austral (p. 300)

...e viaje de 1240 km por bosques
...iguos, glaciares, ríos turquesas
...oleaje de Pacífico es uno de
...rayectos por carretera más
...ectaculares del mundo.

**Parque Nacional Pumalín
(.301)**

...e parque de 2889 km² creado por
...ántropo norteamericano Doug
...pkins fue uno de los parques
...ados más grandes del mundo antes
...er donado a Chile en el 2017.

**Parque Nacional Laguna
...n Rafael (p. 326)**

...el Campo de Hielo Norte de la
...agonia, en Chile, se congregan
...grandes glaciares.

DUDAREV MIKHAIL/SHUTTERSTOCK ©

2

Vino chileno

Si uno imagina un increíble cielo azul, robustos racimos de uvas en las vides, álamos elevados y relucientes picos en la distancia, podría creer que el paisaje es de California o el norte de Italia, pero no: la región vinícola de Chile abarca desde las grandes fincas de dinastías familiares hasta los nuevos vinos de garaje. Hay que descorcharlos y saborearlos.

1

FREE WIND 2014/SHUTTERSTOCK ©

ECKHARD SUPPY/SHUTTERSTOCK ©

1. Viña Indómita (p. 107)
Entre Santiago y Valparaíso, el turismo enológico es importante en el valle de Casablanca.

2. Viña Concha y Toro (p. 83)
Barricas de vino en la bodega más grande e industrial de Chile, en el valle del Maipo.

3. Vendimia
Recogida de uvas cabernet sauvignon en Viña Concha y Toro en el valle del Maipo.

4. Viña Veramonte (p. 108)
Esta bodega del valle de Casablanca es conocida por sus galardonados cabernets y chardonnays.

ALFREDO MAQUEZ/SHUTTERSTOCK ©

X

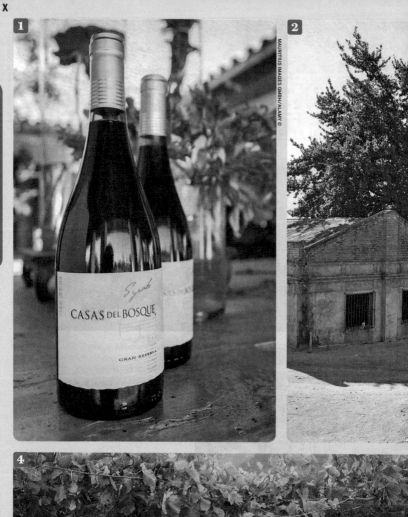

MAURITIUS IMAGES GMBH/ALAMY ©

JORGE LEON CABELLO/GETTY IMAGES ©

TETYANA DOTSENKO/SHUTTERSTOCK ©

…iña Casas del Bosque (p. 108)
…odegas del valle de Casablanca son
…cidas por sus excelentes chardonnays,
…gnon blancs y pinot noirs.

…alle de Colchagua (p. 113)
…misioneros jesuitas introdujeron los viñedos
…a zona de Chile a mediados del s. XVI.

…alle del Maipo (p. 82)
…gas preciosas y producciones masivas
…terizan al valle del Maipo, al sur de Santiago.

…alle del Elqui (p. 197)
…conocido por su potente pisco, el valle del
…alberga también numerosas bodegas.

3

Palmeras en la playa, Rapa Nui, isla de Pascua.

tencia médica, la educación y las infraestructuras de la región, sumadas al elevado coste de la vida en las provincias más abandonadas.

Junto con las peticiones públicas, las grandes manifestaciones también fueron clave para la cancelación por parte del Gobierno del proyecto de las presas de HidroAysén, valorado en 3200 millones de dólares. Era el mayor proyecto energético jamás ideado en Chile, con cinco grandes presas en dos ríos patagónicos y un grave impacto en las comunidades y parques vecinos.

El malestar de los mapuches es otra constante. Las disputas territoriales con compañías madereras conllevaron ataques con incendios provocados que resultaron fatales entre el 2011 y la actualidad. Las relaciones con el Estado ya estaban deterioradas desde el asesinato de varios jóvenes mapuches en el 2005 y el 2008 por parte de la policía; la tensión entre el Gobierno y la comunidad mapuche, que hoy agrupa a un millón de personas, sigue muy viva.

Sentar las bases

En la primera década del milenio, Chile se alzó como la estrella de la economía, impulsada por los precios de récord que alcanzó su exportación estrella: el cobre. Cuando la crisis económica mundial sacudió el planeta, Chile siguió en pie. Fue el primer país hispanoamericano que firmó un acuerdo de libre comercio con EE UU, si bien hoy su principal socio comercial es China. Por mucho que Chile intente diversificar sus esfuerzos, el cobre sigue concentrando el 60% de las importaciones; aunque ahora que la demanda china de cobre va a la baja, el peso chileno empieza a perder valor.

Chile cerró el año 2013 eligiendo de nuevo a Michelle Bachelet como presidenta. En las primeras elecciones presidenciales en que el voto ya no era obligatorio, el resultado fue bastante bajo. Bachelet centró su administración en abordar las desigualdades. Las elecciones también auparon al Congreso a jóvenes candidatos reformadores como Camila Vallejo y Giorgio Jackson, líderes universitarios de las protestas estudiantiles.

Durante su segundo mandato, Bachelet remató asuntos pendientes. Su administración creó el Ministerio de la Mujer y la Equidad de Género, legalizó el aborto en algunos casos y fomentó los derechos de la comunidad homosexual y transgénero, incluido el matrimonio entre personas del mismo sexo. Gracias a las donaciones de la Tompkins Conservation, su gobierno destinó 40 500 km² de tierras a la creación de parques nacionales.

A principios del s. xx, gracias al nitrato natural o caliche se vivió un período de gran bonanza económica. Hoy, en el desierto de Atacama hay unas 170 salitreras abandonadas. Solo una, María Elena, sigue en funcionamiento.

2013	2014	2015	2017
Tras una segunda vuelta, el 15 de diciembre Michelle Bachelet vuelve a ser elegida, y con ella la izquierda vuelve al poder. Son las primeras elecciones sin voto obligatorio y la participación es baja.	Un tribunal chileno falla la indemnización de 7,5 millones de dólares para 30 expresioneros políticos víctimas de torturas en la remota isla Dawson durante dos años de la dictadura de Pinochet.	Tras exhumar por segunda vez los restos del poeta Pablo Neruda, un equipo distinto de expertos forenses de tres lugares del mundo determina que no fue envenenado.	El conservador Sebastián Piñera vuelve a la presidencia de la República tras una reñida segunda vuelta electoral.

La vida en Chile

En esta "isla" entre los Andes y el océano, el aislamiento que forjó a los chilenos durante décadas deja paso a la globalización. Las redes sociales e internet recalibran a toda velocidad los valores, gustos y normas sociales de esta sociedad antaño ultraconservadora. Pero el cambio es incómodo. Chile no abandona su vertiente provincial; representada por la sacrosanta barbacoa casera y los domingos familiares que reúnen a todas las generaciones. Como encrucijada cultural, Chile da al viajero mucho que disfrutar, debatir y procesar.

La sociedad chilena

En la página de tradiciones populares chilena www.folklore.cl hay desde adivinanzas verdes y trabalenguas hasta recetas de callos.

En Chile se ha fomentado un alto grado de homogeneidad cultural y conservadurismo tras largos siglos de relativo aislamiento y la fuerte influencia de la Iglesia católica. Durante los años de represión y censura de la dictadura de Pinochet, esta reclusión se agravó. Quizá por eso muchos extranjeros comentan que los chilenos parecen más sobrios que el resto de los hispanoamericanos; hablan menos, andan más cabizbajos y son más trabajadores.

Hoy, el país vive su momento de mayor tolerancia y está en vías de afrontar un cambio social radical. La Iglesia católica se ha vuelto más progresista. La sociedad empieza a abrirse, se introducen leyes liberales y se desafían los valores conservadores. Y de ello da fe la juventud urbana.

En el pasado los chilenos eran conocidos por su conformismo y su pasividad política; hoy solo hay que leer los periódicos para ver cómo se cuece el malestar. El cambio social llega por mandato de las generaciones Y y Z, las primeras que crecieron sin censura, toque de queda o la represión de la dictadura; por ello son gente más curiosa que no se desanima ante consecuencias teóricas. Las autoridades la perciben como una amenaza, pero la juventud chilena ha defendido sus ideales de una forma impensable para sus predecesores. Este ímpetu también ha incitado a algunas provincias, como Magallanes y Aysén, a protestar contra la subida de los precios y el abandono por parte del Gobierno.

Y aun así, se trata de una sociedad que adora la armonía. Pero la impresión más duradera que el forastero se lleva de los chilenos es sin duda la de su hospitalidad, amabilidad, curiosidad y sinceros desvelos por que uno se sienta como en casa.

Forma de vida

El viajero que llega a Chile tal vez se pregunte dónde fueron a parar los tópicos sobre Sudamérica. En apariencia, la forma de vida de los chilenos guarda muchas semejanzas con la europea. Se visten de forma conservadora y tienden a lo formal, salvo los adolescentes. Y aunque se sienten orgullosos de su patrimonio cultural, se invierte poco en cuidarlo.

El chileno medio vive dedicado a la familia, al hogar y el trabajo. A los niños no se les empuja a crecer deprisa y se pasa mucho tiempo en familia. La independencia no se valora tanto como la unidad familiar. Aunque el Gobierno de Bachelet legalizó el aborto en poquísimos casos, la nueva administración ha aprobado nuevas leyes que, según los defensores de los derechos humanos, socavarán en gran medida la autoridad del fallo.

   La legalización del divorcio hace una década ayudó a acabar con el estigma de las parejas fracasadas y los casos pendientes se acumularon en los juzgados. Sin ser agresivamente homófobo, Chile desde siempre ha negado el apoyo público a los estilos de vida alternativos, pero con la aprobación de las uniones civiles de parejas homosexuales (y heterosexuales) en enero del 2015, el país da un gran paso al frente en este aspecto. En general, el famoso machismo hispanoamericano es muy sutil entre los chilenos, que respetan bastante a las mujeres. En Chile, los papeles tradicionales siguen muy arraigados y las amistades más cercanas se definen por las fronteras del género.

   Los chilenos se rigen por una fuerte ética del trabajo; muchos trabajan seis días a la semana, lo cual no impide que tengan siempre ganas de un buen *carrete* (fiesta). El servicio militar es voluntario, aunque se conserva el derecho al reclutamiento obligatorio. Cada vez hay más mujeres en las Fuerzas Armadas y en el cuerpo de policía.

   La brecha entre los ingresos más altos y los más bajos es enorme y la conciencia de clase es muy marcada. Los cuicos de Santiago viven con todo tipo de lujos, mientras que, en el extremo opuesto, el pueblo ocupa casas precarias sin agua corriente. Sin embargo, la pobreza se ha reducido a la mitad en las últimas décadas, y los planes de vivienda y los programas sociales han dado algún respiro a los chilenos más pobres. La escasa diversidad étnica y religiosa hace que el racismo no sea un gran problema, pero los mapuches siguen marginados.

Población

Aunque la inmensa mayoría de la población procede de antepasados españoles mezclados con indígenas, Chile ha recibido también varias oleadas de inmigrantes, en particular británicos, irlandeses, franceses, italianos, croatas (sobre todo en Magallanes y Tierra del Fuego), alemanes y palestinos. Los alemanes empezaron a llegar en 1848 y han dejado una profunda huella en la Región de Los Lagos. Hoy la población inmigrante va al alza, con los peruanos y argentinos a la cabeza.

   Al norte, en los Andes viven unos 69 200 aimaras y atacameños. Esta cifra se multiplica casi por 10 (620 000 aprox.) en el caso de los mapuches, que viven principalmente en la Araucanía. El nombre procede de las palabras *mapu* ("tierra") y *che* ("gente"). Unos 3800 rapanuis, etnia de origen polinesio, habitan en la isla de Pascua.

   Cerca del 75% de la población ocupa tan solo el 20% de la superficie total del país, sobre todo en el centro, que es la principal zona agrícola. Esta región incluye Gran Santiago (capital y periferia), donde vive más de un tercio de los casi 18 millones de habitantes del país. Más del 85% de los chilenos reside en ciudades. En la Patagonia, en Aysén, la relación persona-km² es de 1:1, mientras que en la Región Metropolitana es casi de 400:1.

PROTOCOLO

➡ Hay que comportarse con discreción con la población indígena, sobre todo en el altiplano y en los centros mapuches del sur.

➡ Al saludarse y despedirse, los hombres y las mujeres, y las mujeres entre sí, intercambian un solo beso en la mejilla. Se rozan la mejilla y lanzan un beso al aire. Los hombres se dan un apretón de manos.

➡ Para los chilenos, la dictadura es agua pasada. Las charlas deberían iniciarse con temas más actuales.

➡ Los chilenos a menudo se reservan sus opiniones más radicales por educación. No está bien visto aseverar enseguida una opinión.

Literatura y cine

Aunque la poesía siempre ha sido su perla, el prestigio internacional del cine chileno va en aumento. La generación anterior se caracterizó por la censura y el éxodo de artistas durante la dictadura militar, pero el Chile de hoy se ha recuperado con un realce de las artes fresco y a veces atrevido.

Literatura y poesía

El s. xx ha dado en Chile muchos de los escritores más reputados de Hispanoamérica. Los más aclamados son los poetas Pablo Neruda y Gabriela Mistral.

Gabriela Mistral (seudónimo de Lucila de María del Perpetuo Socorro Godoy Alcayaga; 1889-1957) alcanzó el éxito con su poesía sensible, reflexiva y mística. En 1945 se le concedió el Premio Nobel de Literatura, el primero otorgado a un autor hispanoamericano. Una buena introducción a su obra es su *Antología esencial*.

Los detectives salvajes es una de las mejores novelas de Roberto Bolaño; y tiene de todo: amor, sexo, asesinatos y recitales de poesía. Como él mismo, el personaje principal es un poeta chileno exiliado en México y España.

Nicanor Parra (1914-2018) fue candidato al Premio Nobel por su influyente "antipoesía" y ganó el Cervantes en 2011; dos de sus libros más conocidos son *Poemas y antipoemas* (1954) *y Hojas de parra* (1985). El bohemio Jorge Teillier (1935-1996) compuso poemas sobre la angustia y la soledad adolescentes, compilados en *El árbol de la memoria*. El gran poeta Vicente Huidobro (1893-1948) inició en París el creacionismo junto con Pierre Reverdy. Su obra cumbre fue *Altazor* (1931), compuesta por siete cantos muy vanguardistas.

José Donoso (1924-1996) exploró a fondo las estructuras sociales. Su famosa novela *La desesperanza* (1986) ofrece un retrato de la vida bajo la dictadura a través de los ojos de un exiliado que retorna al país, mientras que *Coronación* (1958) retrata la decadencia de una dinastía familiar.

La figura literaria exportada más comercial del Chile contemporáneo es Isabel Allende (1942), sobrina de Salvador Allende. Divulgadora popular del realismo mágico, Allende teje ficciones de fácil lectura y muy populares, que abundan en referencias a la historia chilena, como *La casa de los espíritus, De amor y de sombra, Eva Luna, Hija de la fortuna, Retrato en sepia y El cuaderno de Maya*. En el 2014 obtuvo la Medalla Presidencial de la Libertad de EE UU.

Residente en EE UU, Ariel Dorfman (1942) es otro gran autor, con obras como *La Negra Ester* y *La muerte y la doncella*. Esta última trata sobre la caída de un dictador sudamericano.

Antonio Skármeta (1940) se hizo famoso con su novela *Ardiente paciencia*, inspirada en la figura de Neruda, que fue adaptada al cine con el título de *El cartero (y Pablo Neruda)*.

Luis Sepúlveda (1949) es uno de los escritores más prolíficos de Chile, con obras tan célebres como *Un viejo que leía novelas de amor, Nombre de torero* o la excelente recopilación de relatos *Patagonia Express*. En *Últimas noticias del sur* narra las vivencias de su viaje por la Patagonia y sus mitos. Otro autor imprescindible es Jorge Edwards (1931), que ganó el Premio Cervantes en 1999 y es autor de una sólida obra narrativa y ensayística que retrata las contradicciones y caídas de la clase media.

PABLO NERUDA: POETA Y POLÍTICO

Nacido en una pequeña ciudad de provincias, Ricardo Eliecer Neftalí Reyes Basoalto utilizó un seudónimo para ocultar a su conservadora familia su ambición literaria. Este poeta de izquierdas llevó una vida extravagante y tuvo casas muy peculiares en Santiago, Valparaíso e Isla Negra. El nombre de su residencia más famosa, La Chascona, alude a la enmarañada cabellera –en Chile llaman "chascón" al pelo desgreñado– de su tercera mujer, Matilde Urrutia.

Su éxito literario le valió un puesto de diplomático y se hizo famoso por no ocultar sus opiniones políticas. Tras la Guerra Civil española, ayudó a muchos refugiados republicanos a salir del país y, cuando regresó a Chile, ingresó en el Partido Comunista, en cuyas listas fue elegido senador. Dio su apoyo a Gabriel González Videla, que fue elegido presidente en 1946, pero después se convirtió en su crítico más notorio; en 1949 se dictó una orden de detención contra él y tuvo que huir del país atravesando los Andes.

Neruda nunca dejó de escribir poemas. Se presentó a las elecciones presidenciales de 1969, pero renunció a su candidatura para respaldar a Salvador Allende. Siendo embajador del Gobierno de Allende en Francia, recibió el Premio Nobel de Literatura (1971).

Poco después, enfermo, regresó a Chile, cuando la presidencia de Allende ya se hallaba en peligro. Días después del golpe de septiembre de 1973 Neruda murió de cáncer. En su testamento legó cuanto poseía al pueblo chileno a través de una fundación. El régimen de Pinochet autorizó la quema de sus libros y el saqueo de sus casas. Más tarde, su viuda las restauró, y hoy están abiertas al público.

Entre sus obras destacan *Veinte poemas de amor y una canción desesperada* (1924), *Residencia en la tierra* (1935), *Canto general* (1950) y *Confieso que he vivido* (memorias publicadas a título póstumo, en 1974).

Considerado uno de los grandes de la literatura hispanoamericana, la obra de Roberto Bolaño (1955-2005) vive hoy un renacimiento. La publicación póstuma de su enciclopédico *2666* le valió el estatus de autor de culto. Nacido en Santiago, pasó la mayor parte de su vida adulta en México y España.

La escritora de superventas Marcela Serrano (1951) aborda cuestiones femeninas en varias de sus obras, como *Antigua vida mía*. Pedro Lemebel (1952-2015) trata sobre la homosexualidad y otros temas tabúes con una gran calidad literaria en su novela *Tengo miedo torero*.

Entre los autores jóvenes contrarios al realismo mágico de la literatura iberoamericana se cuenta el escritor y cineasta Alberto Fuguet (1964), fundador del grupo literario McOndo, cuyas *Sobredosis* y *Mala onda* han despertado pasiones. Entre otros talentos contemporáneos están Andrea Maturana y su narrativa erótica, Alejandro Zambra con sus relatos de ficción, el novelista Carlos Franz y los escritores Marcelo Mellado, Gonzalo Contreras, María Luisa Bombal, Lina Meruane y Claudia Apablaza.

Cine

Antes del golpe de 1973 el cine chileno destacaba como uno de los más experimentales de Hispanoamérica y hoy está recuperando esa condición. La excéntrica *El Topo* (1971), de Alejandro Jodorowsky, es una película *underground* clásica de culto, con una mezcla de géneros muy personal.

Durante los años de Pinochet apenas se rodaron películas en Chile, pero los directores exiliados se mantuvieron muy activos. *Alsino y el cóndor* (1983), de Miguel Littin, estuvo nominada al Oscar. El realizador de documentales exiliado Patricio Guzmán (1941) ha tratado con frecuencia el tema de las dictaduras militares. Al prolífico Raúl Ruiz (1941-2011), que residió en París, se deben la célebre *Tres tristes tigres* (1968), el *thriller* psicológico *Jessie* (1998), *El tiempo recobrado* (1999), una adaptación de

En busca del tiempo perdido de Marcel Proust y *Días de campo* (2004). Tras la dictadura, la debilitada industria cinematográfica chilena vivió una época de resaca del antiguo régimen. *La frontera* (1991), de Ricardo Larraín, exploró el exilio interior; y la película de Gonzalo Justiniano *Amnesia* (1994) narra la historia de un soldado chileno obligado a fusilar prisioneros.

Pero pronto el ambiente se relajó. La película chilena más premiada hasta la fecha es *El chacotero sentimental* (1999), de Cristián Galaz, una historia real sobre un programa de radio donde los oyentes cuentan sus problemas amorosos. Silvio Caiozzi, un renombrado y veterano director, realizó *Julio comienza en julio*, elegida en 1999 como la mejor película chilena del siglo. Además, en *Coronación* (2000) adaptó la novela a homónima de José Donoso sobre la caída de una dinastía familiar. La comedia *Taxi para tres* (2001), de Orlando Lubbert, sigue a unos atracadores de bancos en el taxi que han secuestrado. En *Tony Manero* (2008), Pablo Larraín narra la vida de un asesino discotequero.

Un drama de época sobre el referéndum de la presidencia de Pinochet, *No* (2013), dirigido por Pablo Larraín y protagonizado por Gael García Bernal, fue el primer filme chileno nominado al Oscar a Mejor Película Extranjera. Larraín ha seguido dirigiendo cintas internacionales, como la premiada *Jackie* (2017), y realizando otros clásicos chilenos como *El club* (2015), sobre delitos sexuales en el seno de la Iglesia católica, y *Neruda* (2016), un relato dramatizado sobre el exilio forzado del gran poeta cuando se ilegalizó el comunismo.

La industria cinematográfica ha superado el pasado traumático del país gracias a los éxitos internacionales. *Machuca* (2004), de Andrés Wood, muestra la vida de dos niños durante el golpe. *Subterra* (2003), de Marcelo Ferrari y basada en el libro *Subterra* de Baldomero Lillo, trata de la explotación minera. *Mi mejor enemigo* (2004), ambientada en la Patagonia, narra la disputa territorial entre Argentina y Chile, en 1978. *El perro* (2017), de Marcela Said, explora la difícil amistad entre una mujer de clase alta y un exmiembro de la policía secreta.

Pero no todo es guerra, tortura y política. La nueva ola de películas adolescentes globales nació con *Promedio rojo* (2005) del director Nicolás López. En *Crystal Fairy y el cactus mágico* (2013) el cómico Michael Cera representa a un turista arrogante en busca del cactus de San Pedro. *La vida de los peces* (2010) y *En la cama* (2005), del director Matías Bize, llamaron la atención en el extranjero. *La once* (2015), de la directora Maite Alberdi, es un discreto documental sobre la amistad de unas mujeres. *El futuro* (2013), con buena acogida en el Festival Sundance, es la emotiva adaptación de la cineasta Alicia Scherson de una novela de Bolaño.

Entre las tendencias actuales, se examina el prolífico argumento del conflicto de clases y hay más protagonistas femeninas. Cinta mimada del Festival de Sundance, *La nana* (2009), de Sebastián Silva, habla sobre la vida persona de una empleada del hogar. Tras su estela, *Gloria* (2013), de Sebastián Lelio, fue otro éxito en los festivales internacionales. El mismo director firmó la revolucionaria *Una mujer fantástica* (2017), un cautivador retrato de una mujer transgénero de Santiago.

Por sus fabulosos paisajes, Chile es un escenario de ensueño para cintas extranjeras; aquí se han rodado películas actuales como *Diarios de motocicleta* (2004), *Quantum of Solace* (2008) de James Bond y *Colonia Dignidad,* basada en una secta nazi chilena, con Emma Watson. El documental *180° South* (2010) aprovecha el viaje de un surfista para explorar la Patagonia y exponer temas medioambientales. La taquillera *Los 33* (2015) llevó a las pantallas el desastre de los mineros chilenos.

La naturaleza

Los Andes empequeñecen a los rascacielos santiaguinos, pues la naturaleza es lo que impacta a quienes visitan Chile. Los estudiantes de geografía podrían cubrir un temario entero en este estrecho país de 4300 km de largo por 200 km de ancho, desde el desierto más seco del mundo hasta el sur helado. Con una variedad sorprendente, más de la mitad de las especies de flora y fauna del país son autóctonas. Si bien las presiones aúpan la minería, la industria y la electricidad, la conservación natural sigue siendo un asunto clave.

El país

Los Andes, que conforman la escarpada espina dorsal de Chile, comenzaron a formarse hace unos 60 millones de años. Mientras el sur del país era engullido por los glaciares, el norte quedaba sumergido bajo el océano: por eso el yermo norte está hoy cubierto de salares y el sur aparece surcado de profundos lagos tallados por el hielo, onduladas morrenas y preciosos valles.

Aún jóvenes en términos geológicos, los Andes chilenos llegan a los 6893 m del Ojos del Salado, la segunda cima más alta de América del Sur y el volcán activo más elevado del mundo.

Cual un tótem, Chile podría dividirse en secciones horizontales. Asentado sobre el Trópico de Capricornio, Norte Grande está dominado por el desierto de Atacama, el más seco del mundo, con zonas donde jamás ha llovido. La fría corriente de Humboldt, paralela a la costa, atempera el clima. El exceso de humedad se traduce en un denso manto de niebla, la *camanchaca,* que se condensa en las zonas costeras. La escasa agua de las ciudades del litoral proviene de valles fluviales, pozos subterráneos y trasvases de ríos lejanos. Los desfiladeros de la precordillera se dirigen hacia el este hasta el altiplano y los puertos de montaña nevados. Más al sur, en el Norte Chico, el desierto da paso a matorrales y bosquecillos. Los verdes valles fluviales que se extienden de este a oeste son tierras de labranza.

Al sur del río Aconcagua comienza el fértil corazón del Valle Central, alfombrado de viñas y bendecido con una rica agricultura. También alberga la capital, Santiago, puertos importantes y el grueso de la industria.

Más hacia el sur se llega a la Región de Los Lagos, rica en pastos y selvas templadas y dominada por volcanes nevados. Las lluvias son abundantes y suelen descargar con mayor fuerza entre mayo y septiembre, aunque ningún mes está libre de ellas. Los cálidos y fuertes vientos del este reciben el nombre de puelches. En invierno, la nieve dificulta el paso por los puestos fronterizos.

La isla más grande del país, Chiloé, cuelga de esta parte del continente, expuesta por los vientos y las tormentas del Pacífico. Las islas más pequeñas que conforman el archipiélago de Chiloé tampoco escapan a la lluvia, con precipitaciones unos 150 días al año.

La región de Aysén presenta fiordos, ríos atronadores, bosques impenetrables y altas cumbres. Los Andes avanzan hacia el oeste hasta el Pacífico y el vasto Campo de Hielo Norte, donde convergen 19 glaciares importantes. Al este, la montañosa selva deja paso a la estéril estepa de la

En Chile están aproximadamente el 10% de los volcanes activos del mundo.

Patagonia. El lago más profundo de América del Sur, el enorme General Carrera, se adentra hasta Argentina.

El Campo de Hielo Sur cierra el paso entre la carretera Austral y las extensas regiones de Magallanes y Tierra del Fuego. El tiempo aquí es muy variable, y los vientos, demoledores. En el extremo sur del continente, los glaciares, fiordos, campos de hielo y montañas convergen antes de llegar al estrecho de Magallanes y a Tierra del Fuego. Las yermas pampas del este se extienden por el norte de Tierra del Fuego y desaparecen repentinamente junto a la cordillera Darwin.

Fauna y flora

Una atracción añadida a los bellos paisajes chilenos es su fascinante naturaleza. Delimitado por el océano, el desierto y la montaña, el país alberga un ecosistema que en gran medida ha evolucionado aparte y ha generado un gran número de especies endémicas.

Animales

Los camélidos domésticos chilenos y sus delgados primos salvajes viven en el altiplano del norte. Resultan también exóticos el ñandú, que habita el altiplano del norte y la estepa del sur, y la vizcacha (pariente salvaje de la suave chinchilla), que se esconde entre las rocas a altitudes elevadas.

Aunque son difíciles de ver, los pumas campan por los Andes. El pudú, un cérvido diminuto, se esconde en los frondosos bosques del sur. Más raro es el huemul, un cérvido en peligro de extinción endémico de los Andes meridionales.

La larga costa de Chile acoge a numerosos mamíferos marinos, incluidas colonias de leones marinos, nutrias y focas peludas (en el sur). Es posible ver ballenas y manadas de delfines; y las bandejas de marisco prueban la abundancia de pescado y crustáceos.

Los ornitólogos estarán encantados. El altiplano del norte cuenta con diversidad de pájaros: desde gaviotas andinas hasta fochas gigantes. Las grandes colonias de flamencos pueblan los lagos de alta montaña, desde el extremo norte hasta Torres del Paine. De las tres especies que habitan

Los excursionistas pueden descargarse la pormenorizada aplicación Trekking in Chile (www.fundacion trekkingchile.cl/programasturis moemocional/trekkingchile app), con información de los senderos, y a la que se accede sin internet.

TODO SOBRE LOS CAMÉLIDOS

Durante milenios, los pueblos de los Andes han dependido de los camélidos americanos, los guanacos y las vicuñas (salvajes) y las llamas y alpacas (domesticadas), para la obtención de alimento y material textil.

El guanaco, de finas patas y un cuello largo, habita las tierras del norte y del sur, en altitudes que rondan los 4000 m. Se concentra sobre todo en las llanuras de la Patagonia, incluido el Parque Nacional Torres del Paine. En el norte es menos común y más esquivo.

La vicuña, de patas largas, es el camélido más pequeño. Tiene el cuello largo y una cabeza pequeña. Solo vive por encima de los 4000 m en la puna (tierras altas andinas) y el altiplano, desde el centro-sur de Perú hasta el noroeste de Argentina. Su fina lana fue en su día propiedad exclusiva de los soberanos incas, pero, tras la invasión española, se le cazó sin clemencia. En el Parque Nacional Lauca y sus alrededores, los programas ecológicos han conseguido su recuperación: en 1973 solo quedaban 1000 ejemplares y hoy en día hay más de 25 000.

Muchas comunidades de las tierras altas del norte de Chile aún dependen de las llamas y alpacas domesticadas para su subsistencia. La llama, más alta, flaca y resistente, es un animal de carga cuya lana relativamente basta sirve para hacer mantas, capas y otras ropas de casa, y con su carne se hace un buen charqui. Puede sobrevivir con pastos pobres y secos.

Algo más pequeña, pero mucho más lanuda, la alpaca no se utiliza como animal de carga. Necesita praderas bien regadas para producir su lana, de excelente calidad.

EN DEFENSA DE LOS GRANDONES

El animal más grande del mundo estuvo a punto de extinguirse hace pocas décadas. De ahí el alborozo generalizado en el 2003, cuando se descubrió una especie de "guardería" de ballenas azules en los fiordos al sureste de Chiloé, en el golfo del Corcovado. Allí se reunían más de 100 ballenas para comer, incluidas 11 madres con sus crías.

En el 2008 Chile prohibió la caza de ballenas en sus costas. A principios del 2014, el Gobierno chileno creó la reserva marina del Parque Marino Tic Toc, de 120 000 Ha, para ayudar a recuperar las poblaciones menguantes de vida marina. En el 2017, Chile sumó dos nuevos parques marinos para conservar una zona del tamaño de Francia, uno alrededor del archipiélago Juan Fernández y el otro por el cabo de Hornos. Para más información sobre conservación, véase la Whale and Dolphin Conservation Society (https://ar.whales.org).

En la Patagonia, la observación de ballenas es cada vez más popular. Hay varias especies, incluidos rorcuales comunes, rorcuales jorobados, orcas y cachalotes. Para ver cetáceos en la Patagonia, destacan el pueblo costero de Raúl Marín Balmaceda y, en Argentina, Puerto Madryn.

el lugar, se cuenta una rara variedad: la parina chica o chururu (también llamado flamenco de James). Las colonias de los pingüinos de Humboldt y de Magallanes están diseminadas por el largo litoral chileno. Se pueden ver en la Reserva Nacional Pingüino de Humboldt, junto a la costa noroeste de Chiloé, y cerca de Punta Arenas. Además, existe una colonia de pingüinos rey en Tierra del Fuego.

El legendario cóndor andino sobrevuela las altas cumbres de todo Chile. El ibis suele verse en las praderas. El elegante queltehue, con sus característicos trazos negros, blancos y grises, emite un grito estridente para proteger sus nidos a ras de suelo (hay quien dice que son mejores guardianes que los perros).

Flora

Chile puede presumir de una interesante y particular flora. Aunque son pocas las plantas que sobreviven en el desierto del norte, existen más de 20 especies de cactus y plantas carnosas que se alimentan absorbiendo la humedad de la niebla oceánica. Una de las variedades más impresionantes es el cactus candelabro, especie amenazada que puede alcanzar más de 5 m de altura.

El paisaje característico del altiplano es la pradera irregular, con matorrales de queñoas y plantas rastreras como la llareta, que tiñe los suelos de verde lima. El tamarugo es un árbol autóctono que en tiempos cubría grandes extensiones del desierto del norte de Chile; sus raíces pueden llegar a profundidades de hasta 8 m en busca de agua.

En Norte Chico, la mayor sorpresa que depara el desierto aparece los años de repentinos chaparrones. De la árida superficie del desierto emergen delicadas flores, un espectacular fenómeno conocido como "desierto florido", que deja al descubierto especies endémicas poco comunes.

Desde el Norte Chico y en gran parte del Chile central, la flora autóctona está formada en su mayor parte por matorrales, cuyas hojas gruesas conservan el agua durante la estación seca. Sin embargo, en las zonas costeras hay pequeños hayedos (del género *Nothofagus*) que sobreviven gracias a la espesa bruma del océano. Quedan unos pocos ejemplares de la majestuosa palmera chilena, endémica, en el Parque Nacional La Campana.

En el sur se halla una de las selvas templadas más grandes del mundo. Su parte norte está clasificada como selva valdiviana, un laberinto de árboles de hoja perenne, cubiertos de enredaderas, cuyas raíces se pierden bajo impenetrables matorrales de plantas parecidas al bambú. Más al sur, la selva magallánica posee menos diversidad, pero acoge a numerosas especies. Igual de sobrecogedora es la selva araucaria, hogar de la araucaria, una antigua especie de conífera que puede llegar a vivir mil años.

En la zona meridional de Los lagos crece el alerce, uno de los árboles más longevos del mundo, pues puede vivir unos cuatro mil años. Se pueden admirar en el Parque Nacional Alerce Andino y en el Parque Pumalín.

En Chiloé, en la Región de los Lagos y en Aysén, vive el pangue o nalca. Parecido al ruibarbo, es la planta herbácea más grande del mundo, con unas hojas enormes y ásperas. El fruto parece una drupa pequeña y se puede comer en noviembre; el tallo se usa en medicina (es astringente) y para teñir y curtir.

El archipiélago Juan Fernández es un enorme jardín botánico de una diversidad asombrosa: de las 140 plantas indígenas de las islas, 101 son endémicas.

El medio ambiente

Ante el *boom* industrial, Chile se enfrenta a una avalancha de cuestiones medioambientales. Junto con Ciudad de México y São Paulo, Santiago es una de las ciudades más contaminadas de América. A veces sus habitantes se ponen mascarillas, los colegios cancelan las actividades deportivas y se aconseja a los ancianos que no salgan a la calle. La ciudad restringe algunos días el uso de vehículos privados, y pretende incorporar carriles-bici y ampliar las líneas del metro. Por ello, el país está invirtiendo 1000 millones de US$ en el programa Santiago Respira, para reducir las emisiones globales de partículas en un 60%. En el sur, donde predominan los calefactores de leña, se está incentivando para sustituirlos por los de pellet o parafina para reducir las emisiones.

La contaminación del aire y del agua provocada por la minería dispararon hace tiempo las alarmas y obligaron a trasladar algunas poblaciones mineras. Una parte del problema es que la industria tiene una elevada demanda de energía y agua, y las ubicaciones de las minas pueden interferir con la hidrografía, contaminando el agua y destruyendo la agricultura. Es frecuente que en los centros mineros el número de casos de cáncer sea atípicamente más alto. El organismo regulador del medioambiente chileno ha aplicado mano dura en la mala gestión del agua en la minería, con cargos contra la mina de cobre Los Pelambres de Antofagasta Minerals y el cierre definitivo en el 2016 del yacimiento de oro de Maricunga de Kinross Gold.

En el 2017, Chile vivió los peores incendios de su historia, en los que perdió 200 000 Ha de bosque y 11 personas. Con el calentamiento global, los bosques del país están en peligro. Además, los bosques chilenos siguen perdiendo terreno frente a plantaciones exóticas de rápido crecimiento, como el eucalipto o el pino de Monterrey. La explotación forestal ha mermado en mucho el número de especies autóctonas, en conflicto por su valor económico, pero también ecológico.

Otro tema importante es la utilización desmedida de pesticidas y productos químicos para favorecer las exportaciones de fruta de Chile, que, durante el verano austral, abastecen al hemisferio norte de productos frescos. En el 2011, el Gobierno chileno aprobó el registro de semillas transgénicas, otorgando a la controvertida multinacional Monsanto un gran peso en el futuro de la agricultura nacional. Los desechos de esta industria también son un grave problema.

Chile es el segundo productor mundial de salmón. La continua expansión de los criaderos del sur del país está contaminando las aguas, arrasa la ecología submarina y disminuye las poblaciones de otras especies. En el 2016, la industria perdió 800 millones de US$ por una proliferación de algas, que también acabó con otras vidas marinas, y por infecciones víricas del pescado. Un estudio publicado por Oxford University Press

LOS REVESES DE LA INDUSTRIA DEL SALMÓN

El salmón llegó a Chile hace más o menos un siglo. Hasta mediados de la década de 1980 no desarrollaron la cría de este pescado en jaulas sumergidas a gran escala. Hoy Chile es el segundo productor mundial de salmón, por detrás de Noruega. Puerto Montt es el epicentro de la industria de cría y exportación, donde a finales de la década del 2000, una inversión de miles de millones de dólares trasladó las operaciones más al sur de la Patagonia, hasta el estrecho de Magallanes, con la previsión de que el sector duplicara su tamaño y su crecimiento para 2020 y así adelantar a Noruega. En el 2006 el salmón era el tercer producto más exportado del país (por detrás del cobre y el molibdeno); le esperaba un futuro brillante. Pero luego el mercado se desplomó.

Además de la recesión global, la industria del salmón chilena recibió un duro golpe a causa de un repentino brote de anemia infecciosa del salmón (ISA), que se detectó por primera vez en el 2007 en una granja de propiedad noruega. Entre el 2005 y el 2010, la producción anual de salmón atlántico cayó de 400 000 a 100 000 toneladas; se perdieron 26 000 trabajos (y 5000 millones de US$) en Puerto Montt y alrededores y muchos actores del sector quebraron. Chile se vio sumida en el pánico, y el aumento de la delincuencia en Puerto Montt y la duplicación del índice de suicidios tampoco ayudaron demasiado. De todos modos, se veía venir. Las enormes montañas de desechos orgánicos procedentes de la comida extra y las heces de los salmones causaron una contaminación profunda y la merma de otras especies de peces; y los problemas de saneamiento y la aglomeración en las jaulas fueron preocupaciones graves de la industria durante años.

Los ecologistas, como la organización medioambiental **Oceana** (☎2-2925-5600; www.oceana.org; av. Suecia 0155, Providencia; Ⓜ Los Leones), y el difunto Doug Tompkins, fundador del Parque Nacional Pumalín (p. 301), mostraron su preocupación directamente al Gobierno chileno por las consecuencias negativas de la industria del salmón. La Fundación Terram (p. 444), que supervisa de cerca la industria, ha publicado informes sobre distintos asuntos, desde las condiciones laborales hasta los daños ambientales.

Hacia 2012 el salmón parecía recuperarse, gracias sobre todo al insaciable mercado emergente brasileño, que temporalmente sustituyó a EE UU como segundo consumidor mundial de salmón chileno de criadero por detrás de Japón en el 2010. En el 2014, la industria se había recuperado del todo y había desbancado al molibdeno como el segundo bien de exportación chileno por su valor, con unas ventas que alcanzaron los 4000 millones de US$ gracias al apetito recobrado por EE UU, Japón y Brasil. Pero en el 2016, las algas rojas barrieron un 20% de la producción del país, a causa de las emisiones de residuos de las piscifactorías, según los ecologistas.

La crisis es cosa del pasado, pero no los problemas. El Servicio Nacional de Pesca y Acuicultura (Sernapesca), que vigila las buenas prácticas en el sector, ha descubierto que la industria chilena usa más antibióticos que ningún otro país (la sorprendente cifra de 557 toneladas en el 2015, siete veces más que Noruega, un récord para la cantidad de peces). Entre ellos están las quinolonas, una familia de antibióticos no permitidos en la acuicultura de FF UU ni otros países por sus consecuencias negativas en el sistema inmunitario humano. En el 2017 se publicó un informe de SalmonChile (www.salmonchile.cl), la asociación comercial del país, donde se anunciaba una reducción del 30% del uso de antibióticos en todas las granjas chilenas.

Aparte de todo eso, hay que tener en cuenta que todo el salmón de calidad de Chile se exporta, así que si aparece en las cartas del país puede deberse a dos motivos: o se ha rebajado de categoría (por defectuoso o no apto para su exportación) o es "salvaje", es decir, que se ha escapado de una granja.

¡Buen provecho!

EL LAGO QUE DESAPARECE

En abril del 2008, en cuestión de horas, el lago Cachet 2 vertió sus 200 millones de m³ en el Baker, el río más caudaloso de Chile. La gran ola que levantó llegó hasta el Pacífico. La naturaleza hace cosas extrañas. Pero luego este misterioso suceso se ha repetido siete veces en dos años.

Según la revista *Nature* se debe al cambio climático. Se trata de una crecida por el vaciado de un lago glaciar (fenómeno conocido como GLOF, siglas en inglés de *glacial lake outburst flood*), tras el derretimiento de los glaciares patagónicos vecinos, que son como presas naturales. Después de vaciarse, el lago se llena de nuevo con el agua derretida del glaciar. Supone una amenaza para quienes viven en las riberas del río Colonia, aunque ya se han instalado sistemas de monitorización.

muestra que el uso de antibióticos en los peces ha generado bacterias más resistentes, además de contaminar los parajes de acuicultura chilenos.

Rapa Nui se halla bajo la presión creciente al aumentar el turismo. Al contar con recursos naturales limitados, la isla depende del continente para abastecerse de suministros y combustible. La buena noticia es que en el 2017 se creó una de las reservas marinas más grandes del planeta en las costas de la isla de Pascua, que acoge 140 especies únicas de la zona.

La protección de los ecosistemas marinos es un asunto importante. En el 2015, 343 ballenas, algunas de la especie sei, se quedaron varadas en aguas patagonas, el mayor número de la historia. Los científicos atribuyeron la muerte de los animales a una especie tóxica de alga marina. Estos sucesos están relacionados con el aumento de la temperatura de los océanos.

El agujero de la capa de ozono sobre la Antártica es una cuestión tan grave que las autoridades sanitarias recomiendan cubrirse bien el cuerpo y ponerse protección solar del factor más alto, sobre todo en la Patagonia.

Además, el calentamiento global también afecta a Chile: según estudios científicos, en los últimos años muchos glaciares han duplicado su índice de disminución, mientras que los campos de Hielo Norte y Sur siguen en retroceso. En especial y cada vez más, el Campo de Hielo Norte está contribuyendo a la subida del nivel de los océanos. De hecho, los estudios indican que los glaciares disminuyen más rápido de lo que sería explicable. Este cambio también afecta a la fauna y la flora, los niveles de agua de lagos y ríos y la sostenibilidad en general.

Organismos medioambientales

A continuación, se citan algunos entes chilenos.

Codeff (Comité Pro Defensa de la Fauna y Flora; ☎2-2777-2534; www.codeff.cl; Sara del Campo 570, Santiago; 🖰) Campañas para proteger la flora y fauna del país, sobre todo las especies en peligro de extinción. Organizan viajes, seminarios y proyectos para voluntarios.

Fundación Terram (☎2-2269-4499; www.terram.cl; Bustamante 24, Providencia, Santiago; Ⓜ Baquedano) Grupo medioambiental de activistas muy comprometidos.

Greenpeace Chile (☎2-2634-2120; www.greenpeace.cl; Agromedo 50, Centro, Santiago) Se centra en la conservación de los bosques, la ecología de los océanos y el tratamiento de los residuos tóxicos.

WWF (☎63-227-2100; www.wwf.cl; General Lagos 1355, Valdivia) Colabora en la preservación de los bosques templados de la zona de Valdivia, la conservación del sur de Patagonia y la protección de la fauna autóctona y los océanos.

Para estar al corriente de los últimos titulares medioambientales, léase *El Mercurio* (www.elmercurio.com), uno de los periódicos nacionales más importantes y la revista bilingüe *Patagon Journal* (www.patagonjournal.com).

Parques nacionales

Aproximadamente el 29% de Chile está protegido en más de cien parques nacionales, monumentos nacionales, reservas y áreas de conservación. Entre las principales atracciones del país, los parques reciben más de tres millones de visitantes al año, el doble que hace una década. Pero mientras estrellas como Torres del Paine se llenan anualmente, la mayoría de las zonas protegidas de Chile permanecen infrautilizadas y salvajes. En estas, los excursionistas eligen sus rutas y es fácil disfrutar de la soledad, sobre todo fuera de la temporada alta de verano, en enero y febrero.

Las zonas protegidas de Chile comprenden tres categorías distintas: los parques nacionales; las reservas nacionales, abiertas a la explotación económica limitada; y los monumentos naturales, que son más pequeños, pero incluyen zonas o elementos estrictamente protegidos.

La Conaf (Corporación Nacional Forestal), cuyo principal objetivo es gestionar los bosques y su desarrollo, administra los parques y reservas, y el turismo no es uno de sus objetivos prioritarios. En los últimos años, la dirección de refugios y servicios de los parques se ha cedido a concesionarias privadas. Hay presiones para que se cree un Servicio de Parques Nacionales, pero aún no está previsto.

En Santiago se puede visitar la Conaf (p. 78) para abastecerse de folletos y planos básicos. En los parques cada vez hay más instalaciones, como refugios, *campings* y restaurantes dirigidos por concesionarias privadas. Conaf sufre una falta de fondos endémica, y muchos parques no están bien protegidos, por lo cual problemas como los incendios forestales son de máxima gravedad. Sin embargo, existen otros proyectos financiados por el Gobierno que son una clara apuesta por el ecoturismo, como el larguísimo Sendero de Chile, que une 8000 km de senderos del norte al sur del país.

El pase anual de la Conaf permite entrar a todos los parques nacionales menos Torres del Paine, la Reserva Nacional Los Flamencos y el Parque Nacional Rapa Nui. Cuesta 12 000/35 000 CLP por persona/familia.

Zonas protegidas privadas

La ley chilena permite las reservas naturales privadas: las áreas de protección turística y los *santuarios de la naturaleza*. Pero los parques privados saltaron a los titulares chilenos cuando los ecologistas estadounidenses Kris y Douglas Tompkins empezaron a crearlos por toda Patagonia. El primero fue el Parque Nacional Pumalín, seguido del Parque Nacional Corcovado y el Parque Nacional Yendegaia en la Tierra del Fuego, y el más reciente, el Parque Nacional Patagonia. Todos se han donado al Estado o están en proceso. Si bien al principio dichas reservas desencadenaron un encendido debate sobre la propiedad y el uso de las tierras, han servido de inspiración para otros, como el presidente Sebastián Piñera, que creó el Parque Tantauco de Chiloé. También destacan el Parque Natural Karukinka y la Reserva Biológica Huilo Huilo.

Chile tiene unos 133 parques privados, con un total de casi 4000 km². Codeff (p. 444) mantiene una base de datos de propiedades que forman la Red de Áreas Protegidas Privadas (RAPP).

PRINCIPALES PARQUES NACIONALES DE CHILE

ÁREA PROTEGIDA	CARACTERÍSTICAS	LO MÁS DESTACADO	MEJOR ÉPOCA
Parque Nacional Archipiélago Juan Fernández (p. 140)	Archipiélago remoto, mina ecológica de plantas endémicas	Excursiones, circuitos en barco, submarinismo, flora	Dic-mar
Parque Nacional Bernardo O'Higgins (p. 357)	Campos de hielo remotos, glaciares, cascadas; cormoranes, cóndores	Circuitos en barco	Dic-mar
Parque Nacional Bosques de Fray Jorge (p. 195)	Bosque nuboso en un desierto seco, litoral	Excursiones, flora	Todo el año
Parque Nacional Chiloé (p. 292)	Dunas costeras, lagunas y bosque con tradiciones; aves marinas, pudúes, leones marinos	Excursiones, fauna, kayak, senderismo a caballo	Dic-mar
Parque Nacional Conguillío (p. 223)	Bosques montañosos de araucaria, lagos, cañones, volcán activo	Excursiones, alpinismo, esquí, paseos en barco	Jun-oct
Parque Nacional Huerquehue (p. 240)	Bosques, lagos, cascadas y vistas espectaculares	Excursiones	Dic-mar
Parque Nacional La Campana (p. 110)	Cordillera costera: bosques de robles y palmeras chilenas	Excursiones, flora	Nov-feb
Parque Nacional Laguna del Laja (p. 133)	Laderas andinas, cascadas, lagos, árboles raros; cóndores	Excursiones	Dic-mar
Parque Nacional Laguna San Rafael (p. 326)	Los glaciares llegan al mar en este espectacular campo de hielo	Circuitos en barco, vuelos, excursiones, alpinismo	Sep-mar
Parque Nacional Lauca (p. 184)	Volcanes de altiplano, lagos, estepas; abundantes aves y vicuñas	Excursiones, fauna, aldeas tradicionales, fuentes termales	Todo el año
Parque Nacional Llanos de Challe (p. 207)	Llanuras costeras; el "desierto florido", tras fuertes lluvias; guanacos	Flora y fauna	Jul-sep los años lluviosos
Parque Nacional Nahuelbuta (p. 135)	Bosques de araucarias, flores silvestres; pumas, pudúes, pájaros carpinteros rarísimos	Excursiones	Nov-abr
Parque Nacional Nevado Tres Cruces (p. 210)	Volcán Ojos del Salado; vicuñas, flamencos, guanacos	Alpinismo, excursiones, fauna	Dic-feb
Parque Nacional Pan de Azúcar (p. 215)	Desierto costero; pingüinos, nutrias, leones marinos, guanacos y cactus	Circuitos en barco, natación, excursiones, fauna	Todo el año
Parque Nacional Patagonia (p. 328)	Estepas y terrenos alto alpinos recuperados; guanacos, flamencos, pumas	Excursiones, fauna	Dic-mar

ÁREA PROTEGIDA	CARACTERÍSTICAS	LO MÁS DESTACADO	MEJOR ÉPOCA
Parque Nacional Puyehue (p. 249)	Dunas volcánicas, ríos de lava y bosques	Excursiones, esquí, fuentes termales, ciclismo, lagos en canoa	Dic-mar (excursiones), jun-oct (esquí)
Parque Nacional Rapa Nui (p. 412)	Remota isla polinesia con enigmáticos tesoros arqueológicos	Arqueología, buceo, excursiones, equitación	Todo el año
Parque Nacional Torres del Paine (p. 357)	La estrella de los parques de Chile, con espectaculares picos, bosques, glaciares; guanacos, cóndores, ñandúes, flamencos...	Senderismo, fauna, alpinismo, senderismo en glaciares, kayak, equitación	Dic-mar
Parque Nacional Vicente Pérez Rosales (p. 262)	El más antiguo de Chile, repleto de lagos y volcanes	Excursiones, alpinismo, esquí, *rafting*, kayak, piragüismo	Jun-oct
Parque Nacional Villarrica (p. 237)	Cono volcánico humeante con vistas a lagos y resorts	Senderismo, alpinismo, esquí	Dic-mar (excursiones), jun-oct (esquí)
Parque Nacional Volcán Isluga (p. 270)	Altiplano remoto, volcanes, géiseres, cultura pastoral única; muchas aves	Aldeas, excursiones, observación de aves, fuentes termales	Todo el año

PARQUES NACIONALES ZONAS PROTEGIDAS PRIVADAS

Guía práctica

Datos prácticos
A-Z

PRECIOS

Los precios siguientes corresponden a habitaciones en temporada alta con desayuno incluido y baño privado.

$ menos de 50 000 CLP

$$ 50 000-78 000 CLP

$$$ más de 78 000 CLP

Acceso a internet

Casi todas las regiones tienen conexiones excelentes a internet; los hoteles, albergues y cafeterías suelen tener wifi. No así gran parte de la Patagonia, aunque hay wifi pública gratis en algunas plazas principales. Los cibercafés suelen cobrar 500-1200 CLP/h; las tarifas solo son muy altas en zonas apartadas.

Aduanas

➡ Para saber qué se puede traer y llevar del país y en qué cantidades, hay que consultar la web de Aduana Chilena (www.aduana.cl).

➡ No hay restricciones en la importación y exportación de moneda local o extranjera, y se pueden transportar libres de impuestos bienes por un valor de hasta 500 US$.

➡ Las inspecciones son rutinarias, aunque a algunos viajeros se los registra más a fondo. Las personas que salen de las Regiones I y XII, libres de impuestos, están sujetas a inspección aduanera interna.

➡ Al entrar en el país conviene comprobar si se lleva comida en el equipaje, ya que se imponen multas cuantiosas por llevar fruta, lácteos, especias, frutos secos, carne y productos de agricultura ecológica. El SAG (Servicio Agrícola y Ganadero) inspecciona las maletas y pone multas para evitar la propagación de enfermedades y plagas que hagan peligrar las exportaciones de fruta de Chile.

➡ Se usan máquinas de rayos X en los principales cruces fronterizos internacionales, como Los Libertadores (paso desde Mendoza, Argentina) y Pajaritos (paso desde Bariloche, Argentina).

Alojamiento

En Chile existen alojamientos para todos los bolsillos. Los precios de las habitaciones pueden ser los mismos si las ocupan una o dos personas, aunque puede haber diferencias entre una doble con dos camas y otra con cama matrimonial (con frecuencia esta última cuesta más). La wifi es habitual.

Hoteles De la austeridad de una estrella al lujo de cinco.

B&B Habituales en ciudades y destinos turísticos, normalmente de precio medio.

Hospedajes Hogareños, a veces con baño privado.

Cabañas En zonas vacacionales, una buena opción para grupos, normalmente con cocina.

Albergues Económicos dormitorios colectivos para viajeros jóvenes.

'Campings' Abundantes en verano, a veces con tarifas de grupo.

Alquiler

Para un alquiler a largo plazo en Santiago hay que buscar en el periódico *El Mercurio* (www.elmercurio.cl) el domingo, en Santiago Craigslist (https://santiago.craigslist.org/) o en la lista semanal El Rastro (www.elrastro.cl). En destinos vacacionales como Viña del Mar, La Serena, Villarrica o Puerto Varas, hay mucha gente en verano ofreciendo alojamiento en las calles principales. También se puede consultar en la oficina turística, en los tablones de anuncios del exterior de los supermercados o en los diarios locales.

Cabañas

Excelente opción para grupos y familias, son muy comunes en Chile, sobre todo en pueblos de veraneo, parques nacionales y *campings*. La mayoría dispone de baño privado y cocina equipada. En zonas turísticas las cabañas se apretujan en parcelas pequeñas; si se busca intimidad hay que averiguar los detalles al reservar.

'Campings'

Chile ha desarrollado toda una cultura de la acampada, de ambiente juvenil y que pasa la noche en vela, bebiendo y cantando. La mayor parte de las zonas de acampada organizadas están destinadas a las familias y cuentan con grandes parcelas, baños completos, servicio de lavandería, zona para hogueras, restaurante o puesto de tentempiés y una parrilla. Muchas resultan algo caras porque cobran un mínimo de cinco personas; interesa solicitar precios por persona. Las zonas más remotas suelen tener parcelas de acampada gratis, pero muchas veces sin agua potable ni aseos.

La acampada libre es posible, aunque la policía la reprime con energía en el norte. En zonas rurales hay que pedir permiso a los propietarios. Nunca se debe encender un fuego sin autorización y hay que utilizar el espacio designado al efecto. El equipo de acampada se consigue con facilidad, pero puede resultar caro.

En Santiago, **Sernatur** (www.chile.travel) facilita un folleto gratis con *campings* de todo Chile. Otra web con listas es www.solocampings. com.

Casas de familia y casas rurales

Para sumergirse en la cultura local, nada mejor que alojarse en una casa de familia. En el sur, donde el turismo está menos organizado, es habitual que familias y granjas abran sus hogares a los viajeros. Los huéspedes no siempre tienen derecho a cocina, pero en general pueden obtener comidas abundantes

o servicio de lavandería por un precio razonable. Las oficinas de turismo suelen tener listados de este tipo de alojamientos.

Las redes organizadas se hallan principalmente en Chiloé y Lago Ranco, los alrededores de Pucón y la Patagonia. Para la Patagonia, pruébese la **Casa del Turismo Rural** (plano p. 315; ☏móvil 9-7954-4794; plaza de Armas; ☺10.30-19.30 lu-vi, 14.00-18.00 sa) de Coyhaique. Para alojamientos en todo el país lo mejor es visitar **Turismo Rural** (www.turismo ruralchile.cl) o preguntar en las oficinas de turismo.

Hospedajes

Los hospedajes y residenciales son alojamientos económicos sencillos y hogareños, en general con colchones de espuma, almohadas duras, sábanas limpias y mantas. Los baños y duchas suelen ser compartidos, pero algunos disponen de habitaciones con baño. Es posible que haya que pedir que enciendan el calefón (calentador de gas) antes de ducharse. El desayuno suele constar de café y panecillos.

Hostales y albergues

Además de dormitorios colectivos, también suelen ofrecer unas pocas dobles más caras para parejas. Hay que buscar los folletos de Backpackers Chile (www. backpackerschile.com), con muchos hostales de buen nivel en todo el país. La mayor parte de los hostales no requieren el carné de Hostelling International (HI), pero cobran un poco más a los no socios. El miembro local de HI es la **Asociación Chilena de Albergues Turísticos Juveniles** (plano p. 62; ☏2-

2577-1200; www.hostelling. cl; av. Hernando de Aguirre 201, oficina 401, Providencia; Ⓜ Tobalaba). La oficina central vende carnés de socio por 14 000 CLP.

Hoteles

Los hoteles ofrecen una habitación con baño privado, teléfono y televisión por cable o satélite. Siempre sirven desayuno, aunque sea modesto, y con frecuencia está incluido en el precio. Por lo común, solo es preciso reservar si se llega a horas intempestivas, durante la temporada alta o los fines de semana.

En casi toda Sudamérica el término "motel" es un eufemismo que designa los hoteles para parejas, algunos con tarifas por horas.

Refugios

Dentro de algunos parques nacionales, la Conaf o un concesionario se encarga de los refugios para senderistas y excursionistas. En muchos falta mantenimiento, debido al limitado presupuesto de la Conaf. Las reservas privadas a veces cuentan con refugios para hacer senderismo de albergue en albergue.

Tasas

En muchos hoteles de nivel medio y alto, si se paga en dólares (efectivo o tarjeta) se evita legalmente el 19% de IVA. En caso de duda sobre la inclusión del IVA en las tarifas, conviene aclararlo antes de abonar la cuenta. Algunos hoteles no lo ofrecen a menos que el cliente lo pida expresamente. Puede que haya que mostrar un pasaporte extranjero.

Temporadas pico

En destinos turísticos los precios pueden doblarse

RESERVAS DE HOTEL EN LÍNEA

Si se busca alojamiento, en http://viajes.lonelyplanet.es/ hoteles se encontrarán hoteles de todo el mundo, con la posibilidad de hacer reservas en línea.

durante el apogeo de la temporada alta (fin dic-feb), y se cobran suplementos en Navidad, Año Nuevo y Semana Santa. Para obtener descuentos o habitaciones más baratas conviene solicitarlo al efectuar la reserva, pues está mal visto negociar una vez en el hotel.

Aseos públicos

Las cañerías y redes de alcantarillado de los edificios antiguos son bastante frágiles, por lo que el papel higiénico usado debe depositarse en las cestas que hay a tal efecto en los baños. En los alojamientos baratos y en los lavabos públicos casi nunca se encuentra papel higiénico, así que lo mejor es llevarlo. Los restaurantes y cafés de cierta categoría son buenas alternativas a los aseos públicos, que pueden estar sucios.

Comida

No se permite fumar en ningún restaurante a menos que cuente con un espacio independiente y cerrado especial para fumadores.

Comidas

En general, son sustanciosas y tradicionales. Nunca faltan las sopas, la carne con patatas y guisos maravillosos como el pastel de choclo (de maíz) y el chupe de jaiba (de cangrejo). La mayoría de las ciudades costeras tienen un

PRECIOS EN RESTAURANTES

Los siguientes precios se refieren a un plato principal estándar.

$ menos de 7000 CLP

$$ 7000-12 000 CLP

$$$ más de 12 000 CLP

mercado de marisco donde se puede comprar pescado fresco o comer en pequeñas cocinas. Si gusta lo picante hay que buscar el merquén mapuche (condimento de ají rojo mezclado con semillas de cilantro y otras especias) o el ají chileno, una salsa moderadamente picante que se encuentra a veces en los restaurantes.

El desayuno suele consistir en panecillos con mantequilla y mermelada, té y café instantáneo. Se ofrece café en grano en algunas cafeterías y alojamientos.

En las casas se suele comer ligero por la noche. Las onces o merienda —una bebida caliente, pan, queso y mermelada— es muy habitual en el sur, donde añaden *küchen* (pasteles de estilo alemán).

Bebidas

El vino es el protagonista, pero hay mucho más. La bebida nacional es el pisco, aguardiente con uvas cultivadas en los suelos secos del norte. Los pisco sours, habituales para empezar la hora de los cócteles, llevan pisco, azúcar y limón. Los estudiantes prefieren las piscolas, mezclas de pisco con Coca Cola u otros refrescos.

La cerveza de barril se conoce como *schop*. Las microcervecerías y las cervezas regionales artesanas despuntan sobre todo en el sur. Se recomiendan las cervezas Szot, Kross y Spoh.

Comunidad homosexual

Chile es un país muy conservador y católico, aunque la tolerancia progresa. Las uniones civiles para parejas del mismo sexo se legalizaron en enero del 2015. La presidenta Michelle Bachelet presentó un proyecto de ley al Congreso para legalizar el matrimonio homosexual en su segundo mandato, pero puede que este asunto no progrese bajo el

gobierno del nuevo presidente, Sebastián Piñera.

Muchos de los bares y clubes urbanos más modernos tienen una escena gay activa. En Santiago, es sorprendentemente buena; la vida nocturna se centra en el barrio Bellavista. Movilh (Movimiento de Integración y Liberación Homosexual; www.movilh. cl) defiende los derechos del colectivo y organiza el desfile anual del Día del Orgullo Gay en junio, que congrega a miles de personas. VamosGay (www.vamosgay.com) y Guía Gay Chile (www.guiagay. cl/) listan algunos clubes de Santiago.

Correos

El servicio postal nacional, **Correos de Chile** (☎800-267-736; www.correos.cl), es bastante fiable, pero a veces lento. Para enviar paquetes dentro de Chile, resulta mucho más fiable y eficiente la encomienda (el sistema de autobuses).

Cuestiones legales

Los carabineros chilenos (policía) tienen fama de profesionales y educados. Los castigos por delitos comunes son parecidos a los que imponen en buena parte de Europa. Chile ha aprobado la Ley de Tolerancia Cero Alcohol, así que hay que abstenerse de tomar alcohol si se va a conducir.

La posesión, consumo o tráfico de drogas —cannabis incluido— se castiga con severidad y puede acarrear multas elevadas e ingreso en prisión.

La policía puede pedir la documentación en cualquier momento, así que es preciso llevar siempre el pasaporte. El número gratuito para llamar a la policía en caso de urgencia es el ☎133 en todo el país.

Los chilenos suelen referirse a los policías como "pacos", término poco respetuoso que, aunque no llega a constituir un insulto, jamás debe utilizarse en presencia de un agente.

Nunca hay que fotografiar instalaciones del ejército.

Si uno se ve involucrado en un accidente de circulación, el permiso de conducir (por lo común el internacional) quedará confiscado hasta que el caso se resuelva, aunque los funcionarios de tráfico suelen expedir uno temporal en cuestión de días. Tras la obligatoria prueba de alcohol en sangre, uno será trasladado a una comisaría para declarar y después, en la mayoría de los casos, quedará en libertad. Por regla general, no está permitido salir de Chile hasta que el incidente se resuelva; en este caso, lo mejor es consultar con la embajada o consulado, la compañía de seguros y un abogado.

De compras

En muchas ciudades se celebran buenos mercados de antigüedades, y de ellos merecen la pena sobre todo el mercado Franklin de Santiago y el de la plaza O'Higgins de Valparaíso. Los mercadillos se conocen con el nombre de "ferias persas". **Fundación Artesanías de Chile** (www. artesaniasdechile.cl) vende artesanía de calidad.

Especialidades regionales

Chile es uno de los pocos países del mundo donde se encuentra lapislázuli, una piedra semipreciosa de un color azul profundo con la que se elaboran joyas sofisticadas; se encuentran en casi todas las joyerías chilenas. Hay que comprobar la calidad del engarce y la plata utilizada, pues a menudo solo están bañados en plata y son muy blandos.

Por todo el país se instalan mercados de artesanía. En el norte, los artesanos confeccionan con lana de llama y alpaca gruesos jerséis, bufandas y otras prendas para las gélidas noches del altiplano; muchas de ellas son parecidas a las de Bolivia y Perú. También se ven labores de artesanía hechas con fibra de cactus y, en el Norte Chico, bonitos artículos de cuero.

En Chiloé y la Patagonia, las prendas de lana hechas a mano, como los gruesos jerséis y las mantas, se venden a precios razonables y son muy útiles en invierno. En la Araucanía merece la pena su singular joyería basada en diseños mapuches. Además, también se elaboran tejidos y cestas de calidad. En la Región de Los Lagos y en la Patagonia, los artesanos labran platos y cuencos de madera de raulí.

Los amantes del vino deben visitar las bodegas *boutique,* con vinos que no se encuentran en el país del viajero, o seleccionar botellas de pisco, muy fuerte y difícil de hallar fuera de Chile. Otros comestibles artesanales son la sabrosa miel de ulmo, especialidad patagona, y la mermelada de murta, que se elabora con una baya de un vivo color rojo. Si el envase está bien sellado, no debería suponer un problema el pasar por la aduana con cualquiera de estos artículos.

Regateo

Los mercados de artesanía son los únicos sitios donde cabe regatear. Los precios del transporte y los alojamientos suelen ser fijos y se exponen en lugar visible. A los chilenos les puede ofender el regateo contumaz porque no forma parte de su cultura.

Dinero

La moneda chilena es el peso (CLP). Se emiten billetes de 500, 1000, 2000, 5000, 10 000 y 20 000 pesos. Las monedas son de 1, 5, 10, 50, 100 y 500 pesos, aunque las de 1 peso están en vías de desaparición y las de 5 y 10 circulan poco. Conviene llevar billetes pequeños porque en zonas rurales puede ser difícil cambiar los grandes.

Los tipos de cambio más favorables suelen conseguirse en Santiago. En los últimos años, el peso se ha mantenido bastante estable. Da la sensación que el valor del dólar siempre baja durante el auge de la temporada turística y sube en marzo. A veces se puede pagar con dólares estadounidenses en efectivo, sobre todo en las agencias turísticas (hay que mirar bien el tipo de cambio). Muchos de los hoteles de mayor categoría dan el precio en dólares con un tipo de cambio sensiblemente más bajo que el del día. Lo mejor es pagar siempre en pesos.

Las transferencias deberían llegar en pocos días. Los bancos chilenos facilitan dólares estadounidenses si se solicita. Por todo Chile hay oficinas de Western Union, generalmente junto a las oficinas de correos.

Cajeros automáticos

Conocidos como *redbanc,* abundan y son la forma más práctica de obtener dinero. Las tasas por transacción pueden ser de hasta 10 US$; conviene extraer sumas grandes para pagar menos tasas. Algunos viajeros dicen que no pueden utilizar el BancoEstado.

Hay que escoger la opción "tarjeta extranjera" antes de comenzar. No se puede confiar en los cajeros de Pisco Elqui, Bahía Inglesa ni de los pueblos pequeños patagones. En toda la Patagonia, muchos pueblos pequeños tienen solo un banco, el BancoEstado, cuyos cajeros a veces solo aceptan MasterCard.

Quienes crucen por tierra desde El Chaltén en Argentina hasta Villa O'Higgins deben llevar muchos pesos chilenos, pues los bancos fiables más cercanos están en Coyhaique.

Algunos bancos extranjeros reembolsan las tasas por transacción de los cajeros automáticos; vale la pena informarse antes. La cantidad máxima que se puede retirar es de 200 000 CLP.

Efectivo

Algunos bancos y casas de cambio cambian efectivo, por lo general solo dólares; en estas últimas hay que comprobar las comisiones y los tipos de cambio. Las excursiones y las facturas de hotel, por su elevado importe, a veces también pueden pagarse en dólares.

Propinas

Restaurantes Se suele dejar un 10% de la cuenta (que quizá la incluya como "servicio").

Taxis No son necesarias, pero se puede redondear el precio.

Tarjetas de crédito

Las tarjetas de crédito (principalmente Visa y MasterCard) se aceptan en casi todos los establecimientos, aunque muchos cobran hasta un 6% de recargo para cubrir el pago por la operación. Las tarjetas de crédito también pueden resultar útiles a la hora de demostrar que se dispone de fondos suficientes para entrar en otro país suramericano.

Direcciones

Los nombres de plazas, calles y otras vías urbanas son a menudo largos, pero en los planos suelen figurar abreviados; p. ej., la avenida Libertador General Bernardo O'Higgins puede aparecer como avenida B. O'Higgins, O'Higgins o incluso en forma coloquial (p. ej., Alameda).

Los números de las calles pueden empezar con cero, p. ej. Bosque Norte 084; ello induce a confusión y por lo general significa que un tramo nuevo de una misma calle se prolonga en dirección opuesta al número 1.

Electricidad

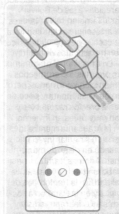

**Tipo C
220V/50Hz**

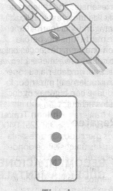

**Tipo L
220V/50Hz**

Embajadas y consulados

Argentina Consulado Antofagasta (☎055-292-8757; Washington 2562); consulado Arica (☎(058) 258-3390; Patricio Lynch 298); consulado Calama (☎061-226- 1912; av. 21 de Mayo 1878); embajada (☎022-582-2606; http://csigo.cancilleria.gov.ar; Vicuña Mackenna 41, Santiago)

Bolivia Consulado Antofagasta (☎055-225-9008; Washington 2675); consulado Arica (☎058-223-1030; www.consuladobolivia.cl; Lynch 298); consulado Calama (☎055-234-4413; La Torre 2611, sector Centro); consulado Iquique (☎057-252-7472; Global Center Calle Las Torres 504, piso 5, of. 502); embajada (☎022-232-8180; cgbolivia@manquehue.net; av. Santa María 2796, Santiago)

Brasil Consulado Santiago (2-2820-5800; http://cgsantiago.itamaraty.gov.br/es-es; Los Militares 6191, Las Condes); embajada (☎2-2876-3400; http://santiago.itamaraty.gov.br/es-es; Apoquindo 3039, Las Condes, Santiago)

España Embajada y consulado (☎02-2235-2754; av. Andrés Bello, 1895, Providencia, Santiago; ⊗8.00-16.00 lu-vi)

Perú Consulado Arica (☎058-223-1020; 18 de Septiembre 1554); consulado Iquique (☎057-241-1466; Zegers 570, 2ª planta); consulado Valparaíso (☎3225-3403; av. Errázuriz 1178, of. 71); embajada (☎022-235-4600; www.embajadadelperu.cl; Andrés Bello 1751, Providencia, Santiago)

Fiestas oficiales

A continuación, se relacionan las fiestas nacionales. Se pretende reducir su número e incluso eliminar los puentes.

Año Nuevo 1 de enero

Semana Santa Marzo o abril

Día del Trabajo 1 de mayo

Glorias Navales (conmemoración de la batalla naval de Iquique) 21 de mayo

Corpus Christi Mayo o junio; la fecha varía

Día de San Pedro y San Pablo 29 de junio

Asunción de la Virgen 15 de agosto

Día de Unidad Nacional Primer lunes de septiembre

Día de la Independencia Nacional 18 de septiembre

Día del Ejército 19 de septiembre

Día de la Raza 12 de octubre

Todos los Santos 1 de noviembre

Inmaculada Concepción 8 de diciembre

Navidad 25 de diciembre

Hora local

Durante casi todo el año Chile está 4 h por detrás del GMT, pero desde mediados de diciembre a finales de marzo, por el horario de verano, la diferencia es de 3 h. La fecha exacta del cambio de hora varía de un año al otro. En la isla de Pascua son 2 h menos que en el continente.

Horarios

Se facilitan los horarios para temporada alta. En muchas ciudades y pueblos de provincias, los restaurantes y servicios cierran los domingos y las oficinas de turismo cierran en la temporada baja.

Bancos 9.00-14.00 días laborables, a veces 10.00-13.00 sábados

Oficinas gubernamentales y empresas 9.00-18.00 días laborables

Museos Suelen cerrar los lunes

Oficinas de correos 9.00-18.00 de lunes a viernes, 9.00-12.00 sábados

Restaurantes 12.00-23.00, muchos cierran 16.00-19.00

Tiendas 10.00-20.00, algunas cierran 13.00-15.00

Información turística

Todas las capitales regionales y algunas ciudades cuentan con una oficina de **Sernatur** (https://chile.travel), servicio nacional de turismo. En algunas, los empleados están bien informados, pero en otras saben muy poco de los destinos que les corresponden.

Muchas municipalidades gestionan sus propias oficinas de turismo, por lo común instaladas en la plaza principal o en la terminal de autobuses. En algunas zonas del país solo abren en verano.

Si se prevé caminar hay que comprar buenos mapas topográficos de la zona que se vaya a recorrer en tiendas especializadas, pues los parques casi nunca disponen de mapas detallados.

En el extranjero hay algunas representaciones oficiales de turismo de Chile. En los consulados chilenos de las grandes ciudades quizá haya un funcionario responsable de turismo, pero la información más accesible y completa se obtiene a través de agencias de viajes especializadas y en internet.

En Chile, algunas agencias de viajes trabajan con filiales extranjeras. **Chilean Travel Service** (CTS; 2-2251-0400; www.chileantravelservices. com; Antonio Bellet 77, oficina 101, Providencia; MPedro de Valdivia) tiene personal bien informado y puede organizar alojamientos y circuitos por todo Chile a través de la agencia de viajes local del viajero. **STA** (www.statravel. com) ofrece servicios de viajes para estudiantes.

Mapas

En Santiago, el **Instituto Geográfico Militar** (2-2410-9300; www.igm. cl; Santa Isabel 1651, Centro; 8.30-13.00 y 14.00-17.00 lu-vi; MToesca), al sur de la Alameda, edita mapas excelentes, que vende también en línea. La serie topográfica del IGM 1:50 000 es ideal para senderistas, aunque algunos mapas están algo desfasados y no los hay de algunas zonas fronterizas (donde están la mayor parte de los parques nacionales).

JLM Mapas publica mapas de casi todas las regiones y de las zonas transitadas por los senderistas a escalas que van de 1:50 000 a 1:500 000. Estos mapas tienen una amplia distribución, son fáciles de usar y ofrecen información válida, pero no son muy precisos.

En casi todas las ciudades importantes el **Automóvil**

RECOMENDACIONES DE VIAJE GUBERNAMENTALES

Las siguientes webs gubernamentales ofrecen recomendaciones de viaje e información sobre lugares conflictivos.

Ministerio de Relaciones Exteriores y de Culto de Argentina (www.mrecic.gov.ar)

Ministerio de Asuntos Exteriores de España (www. exteriores.gob.es/Portal/es/Paginas/inicio.aspx)

Secretaría de Relaciones Exteriores de México (http://guiadelviajero.sre.gob.mx)

Departamento de Estado de EE UU (www.travel.state. gov)

Club de Chile (☏600-450-6000; www.automovilclub.cl; av. Andrés Bello 1863, Providencia; Ⓜ Pedro de Valdivia) tiene una oficina que vende mapas de carreteras. A los conductores pueden resultarles útiles los mapas de Copec de **Compass** (www.mapascompass.cl), a la venta en las gasolineras de Copec. Algunas webs de los gobiernos locales cuentan con planos interactivos que permiten buscar cualquier dirección en las principales ciudades. El Plano Digital de Publiguías (www.planos.cl) redirecciona desde las páginas amarillas.

La mejor fuente para mapas topográficos detallados de la Patagonia y Tierra del Fuego, incluido Torres del Paine, es SIG Patagon (www.facebook.com/sigpatagon).

Precauciones

En comparación con otros países de Sudamérica y gran parte de Norteamérica, Chile es muy seguro. Los hurtos son un problema en las ciudades grandes, estaciones de autobuses y lugares turísticos de la costa en verano, por lo que se aconseja vigilar de cerca las pertenencias.

Perros e insectos

Los perros callejeros suponen un problema creciente. Muchos tienen sarna; no hay que tocar a los que presenten problemas graves en la piel, pues es muy contagiosa.

En el sur, en verano, aparecen grandes y molestos tábanos. Sus picaduras son más un incordio que un riesgo para la salud. Conviene llevar repelente de insectos y vestir ropa de colores claros.

Peligros naturales

Los terremotos son una realidad en Chile. A menudo los edificios no cumplen las medidas antisísmicas; los de adobe son especialmente vulnerables. Dada la naturaleza imprevisible de los seísmos, los viajeros no pueden hacer gran cosa para prevenirse.

Los volcanes en activo no suponen tanto riesgo, pues suelen dar señales de aviso. No obstante, debido a las erupciones inesperadas de los últimos años, los volcanes se monitorizan más que nunca.

Muchas de las mejores playas tienen peligrosas corrientes de resaca cerca de la orilla, por lo que conviene informarse antes de entrar en el agua y comunicarle a alguien por qué zona se va a nadar. En muchas playas hay letreros de "apto para bañarse" y "no apto para bañarse" o "peligroso".

En invierno, el *smog* (niebla mezclada con humo) es un riesgo para la salud en Santiago. Cuando esta niebla tóxica alcanza cotas peligrosas, la Municipalidad declara el estado de "preemergencia" o "emergencia" y toma medidas para limitar las emisiones. Los niños, ancianos y personas con problemas respiratorios no deben ir al centro de Santiago en tales períodos.

Seguridad personal y robos

La delincuencia se concentra sobre todo en zonas urbanas densamente pobladas, aunque aumenta en los destinos turísticos durante el verano. Quienes se alojen en cabañas deberán cerrar con llave puertas y ventanas antes de salir, sobre todo en las ciudades más turísticas. En la playa hay que tener cuidado con los carteristas y no dejar objetos de valor desatendidos cuando se vaya a nadar. Siempre hay que cerrar el coche, guardar los objetos de valor en maletero y no dejar nada ni en los asientos ni en el suelo.

El viajero ha de tener cuidado con las distracciones, p. ej. si alguien le da un golpecito en el hombro, escupe o le derrama algo encima; tales "accidentes" suelen formar parte de una estrategia para robar en grupo. Conviene vigilar las pertenencias y no hacer ostentación.

En la capital, las protestas políticas suelen desembocar en enfrentamientos violentos.

Es buena idea asegurar el equipaje. Nunca hay que dejar objetos valiosos, como dinero o cámaras, en la habitación del hotel. Algunos viajeros llevan su propio candado. Los hoteles de categoría alta a menudo instalan cajas fuertes en las habitaciones.

Salud

Si se toman las precauciones básicas que dicta el sentido común, viajar por Chile no resulta un problema. No se requiere ninguna vacuna especial, aunque conviene estar al día con las vacunas de rutina. En la América del Sur templada, las enfermedades transmitidas por mosquitos no suelen suponer un problema; la mayoría de las infecciones se relacionan con el consumo de comida y bebida contaminadas.

Disponibilidad y coste de la asistencia sanitaria

Las instalaciones modernas de Santiago ofrecen servicio de urgencias 24 h, además de especialistas (con cita previa) y hospitalización; entre ellas se cuenta la **Clínica Las Condes** (☏2-2210-4000; www.clinicalascondes.cl; Lo Fontecilla 441, Las Condes). Para un listado de médicos, dentistas y laboratorios en Santiago, véase la web de la embajada de EE UU (https://cl.usembassy.gov).

Por lo general, la atención médica en Santiago y otras ciudades es buena, pero en zonas más remotas puede ser difícil de encontrar. La mayoría de los médicos y hospitales esperan que se les pague en efectivo, independientemente de si el paciente cuenta con seguro de viaje. Se puede encontrar un listado de empresas de evacuación de enfermos y seguros de viaje en la web del Departamento de Estado de EE UU (www.state.gov).

La mayoría de las farmacias están bien abastecidas y atendidas por farmacéuticos titulados, y la calidad de los medicamentos es la habitual en cualquier país industrializado. Algunos fármacos que en otros países requieren prescripción facultativa se dispensan aquí sin receta. Quien se esté medicando debe conocer el nombre del principio activo del fármaco por si necesita comprarlo.

La atención médica en la isla de Pascua (Rapa Nui) y en pueblos del norte de la Patagonia es muy limitada. Las postas (centros de asistencia primaria) casi nunca están bien abastecidas de medicamentos y suelen estar atendidas solo por paramédicos. Los problemas de salud graves requieren la evacuación a una ciudad grande.

Enfermedades infecciosas y riesgos específicos

AGUA

Por lo general, el agua del grifo es segura en las ciudades, pero su elevado contenido en minerales puede causar malestar estomacal; el agua embotellada conviene a estómagos delicados y en el norte.

El método más eficaz para purificar el agua es hervirla durante 1 min, o 3 min a más de 2000 m de altura. También puede desinfectarse con pastillas de yodo, un filtro o Steripen.

ARAÑA DE RINCÓN

Se halla por todo el país. No es agresiva, pero su veneno es muy peligroso: puede producir lesiones, insuficiencia renal e incluso la muerte. Mide entre 8 y 30 mm (patas incluidas) y se identifica por su color marrón, manchas en forma de violín y por tener

seis ojos. En caso de sufrir una picadura hay que aplicarse hielo y buscar atención médica inmediata.

BARTONELOSIS (FIEBRE DE LA OROYA)

La transmiten los jejenes en los valles áridos de las laderas occidentales de los Andes, entre los 800 y los 3000 m de altitud. Los síntomas principales son fiebre y fuertes dolores corporales. Algunas complicaciones posibles son una anemia aguda, dilatación del hígado y el bazo y, en ocasiones, la muerte. Suele tratarse con cloranfenicol, aunque la doxiciclina también es eficaz.

HANTAVIRUS

Infección muy grave y de progresión rápida que transmiten los roedores. A finales del 2010 se produjo un brote en zonas rurales del sur y del centro de Chile, y desde entonces se han registrado casos esporádicos. La enfermedad se da en personas que viven en contacto con los excrementos de roedores.

Es poco probable que los viajeros resulten afectados, aunque quienes se alojen en zonas forestales quizá corran mayor riesgo. Nunca se debe acampar en refugios abandonados, donde existe peligro de exponerse a excrementos infectados. Lo más seguro es montar la tienda de campaña. Los campistas que vayan a una zona con hantavirus pueden informarse en los puestos de los guardabosques.

MAL DE ALTURA

También conocido como soroche, el mal de altura se puede producir si se asciende rápidamente a más de 2500 m. Los posibles síntomas son dolor de cabeza, náuseas, vómitos, mareos, malestar general, insomnio y pérdida de apetito. Los casos graves pueden complicarse con fluido en los pulmones (edema pulmonar de altura)

o hinchazón del cerebro (edema cerebral de altura).

El mejor tratamiento para el mal de altura es bajar. Si alguien presenta síntomas, no debe ascender, y si los síntomas son graves o persistentes, debe descender de inmediato.

Hay que dejar un tiempo para aclimatarse a las altitudes más elevadas y beber mucho líquido, pero no alcohol. Si se planea una ascensión o excursión a gran altura, se aconseja llevar una receta de Diamox; se debe tomar 24 h antes de acceder a la región.

Seguro

Se recomienda contratar un seguro médico. En caso de sufrir un problema médico potencialmente fatal, quizá se quiera ser repatriado, y esto puede ser muy caro. La embajada del país de origen puede recomendar servicios médicos.

Teléfono

Los locutorios se están reemplazando rápidamente por cibercafés. Los alojamientos y operadores turísticos situados en lugares remotos tienen teléfonos vía satélite con prefijo de Santiago.

Las llamadas desde móviles o fijos llevan prefijos distintos. Los listados de Lonely Planet muestran los números de teléfono tal como se deben marcar desde un teléfono móvil, ya que predominan los viajeros que compran tarjetas SIM locales.

Prefijos

El prefijo de Chile es el ☏56. Todos los números de Santiago y la Región Metropolitana constan de siete cifras; los demás tienen seis, excepto ciertos números gratuitos y de urgencias. El teléfono gratuito de la policía es el ☏133. Para llamar a una ambulancia hay que marcar ☏131 y para información, ☏103.

DE INTERÉS

Periódicos *El Mercurio* (www.elmercurio.cl) es un diario conservador pero muy respetado. *La Tercera* (www.latercera.cl) es otra opción popular. El periódico alternativo *The Clinic* (www.theclinic.cl) trae editoriales mordaces y sátiras sobre política y sociedad.

Radio Una emisora de noticias recomendada es Radio Cooperativa (103.1FM).

TV La televisión por cable está generalizada; casi todos los hoteles y hospedajes (alojamientos baratos) tienen conexión.

Pesos y medidas El empleo del sistema métrico decimal es general, salvo para la presión de los neumáticos, que se mide en libras por pulgada cuadrada.

Para hacer una llamada de larga distancia hay que anteponer al número el prefijo de la compañía telefónica: p. ej., Entel (www.entel.cl) Para llamadas a cobro revertido hay que marcar 182 y hablar con la operadora.

Teléfonos móviles

Los extranjeros con móviles libres solo pueden usar una tarjeta SIM chilena después de registrar su aparato en Chile. La web nacional de telecomunicaciones ofrece un listado de las compañías que certifican teléfonos (www.multibanda.cl/empresas-certificadoras). Es posible registrarse en línea o en una oficina local, un proceso de cinco días.

TARJETAS SIM

Las tarjetas SIM locales son baratas y fáciles de obtener, y se pueden usar en teléfonos libres GSM 850/1900. En los centros urbanos hay acceso 3G o 4G.

Los números de teléfonos móviles tienen nueve dígitos, empiezan por 9. Si se llama de un móvil a un fijo, hay que usar el prefijo de zona.

Paga quien llama desde un teléfono móvil. Las llamadas entre móvil y fijo son caras y pueden agotar pronto el saldo de la tarjeta.

Se compra una nueva tarjeta SIM de un operador chileno, como Entel o Movistar. Después se compra saldo del mismo operador en quioscos, farmacias o las cajas de los supermercados. En la Patagonia, téngase en cuenta que Entel tiene mucha mejor cobertura que otras compañías.

La cobertura alcanza casi todas las zonas habitadas; donde peor llega la señal es en medio del desierto de Atacama y en parte de la Patagonia.

Trabajo

Como cada vez resulta más difícil obtener los permisos de residencia y trabajo en Chile, muchos extranjeros ni se molestan en pedirlos, pero las empresas más fiables exigen el visado adecuado. Si se necesita uno, hay que ir al **Departamento de Extranjería** (www.extranjeria.gob.cl).

Muchos albergues juveniles de Santiago ofrecen trabajo, que suelen anunciar en sus páginas web.

Viajeros con discapacidades

Viajar por Chile es un gran desafío para las personas con discapacidades, a pesar de que se logra mucho con una buena planificación. Son pocos los hoteles con rampas o habitaciones adaptadas para sillas de ruedas. Los ascensores son más comunes en los grandes hoteles que en los pequeños y, hoy en día, la normativa dicta que los edificios públicos nuevos han de tener acceso para personas con discapacidades.

El **Metro** (www.metro.cl; desde 610 CLP/trayecto; 6.00-23.00 lu-sa, 8.00-23.00do) de Santiago tiene ascensores y el **Transantiago** (800-730-073; www.transantiago.cl; desde 610 CLP/trayecto) dispone de rampas de acceso y espacio para sillas de ruedas en los autobuses nuevos. Hay pocos semáforos que emitan una señal acústica. Las aceras son estrechas, están mal conservadas y llenas de baches: malo para las sillas de ruedas. También resulta arduo cruzar la calle, a pesar de que la mayoría de los conductores chilenos son muy educados con los peatones, sobre todo con los discapacitados.

Wheel the World (https://gowheeltheworld.com) hace más accesibles los extremos de Chile para los viajeros con discapacidades, con opciones muy interesantes en la Patagonia y la isla de Pascua.

La entrada a los parques nacionales suele tener descuento, y a veces es gratis, para los visitantes con discapacidades (consúltese con la Conaf; www.conaf.cl). A veces los cruceros o ferris, como los de **Navimag** (plano p. 350; 61-241-1421, Rodoviario 61-241-1642; www.navimag.com; Costanera 308, av. Pedro Montt; 9.00-13.00 y 14.30-18.30 lu-vi) ofrecen mejoras de categoría a los viajeros con discapacidades, y algunas estaciones de esquí cerca de Santiago disponen de estabilos para esquiadores con discapacidades.

Visados

Los ciudadanos de la UE, de EE UU y de la mayoría de los países de Centro y Sudamérica no necesitan visado para entrar en Chile para estancias de hasta 90 días. Es imprescindible llevar el pasaporte para cambiar cheques de viaje, registrarse en un hotel y otras actividades rutinarias; además, la policía puede pedir la documentación en cualquier momento.

El pasaporte siempre debe llevarse encima; la policía chilena puede requerir la identificación en cualquier momento, y muchos hoteles lo exigen al registrarse.

En caso de robo o extravío del pasaporte hay que dar parte a la policía, pedir una copia de la denuncia y notificarlo al consulado lo antes posible.

Tarjetas turísticas

A la llegada se recibe una tarjeta turística de 90 días en el formato de un recibo con un código de barras. No hay que perderla. Si se pierde, hay que ir a la policía internacional local o la comisaría de policía más cercana. Se solicita al dejar el país.

Es posible renovar una tarjeta turística para más de 90 días en el **Departamento de Extranjería** (plano p. 57; ☏2-2550-2484, centro de llamadas 2-3239-3100; www.extranjeria. gob.cl; Fanor Velasco 56, Centro; ⏱8.30-14.00 lu-vi; Ⓜ Los Héroes). No olvidarse de llevar la fotocopia del pasaporte y la tarjeta de turista. También se puede acudir al Departamento de Extranjería en una capital regional. Muchos visitantes prefieren cruzar la frontera a Argentina y volver a entrar en el país.

Voluntariado

Para los guías de actividades al aire libre con experiencia existe la posibilidad de intercambiar trabajo por alojamiento durante la temporada alta, sobre todo si pueden permanecer el tiempo previsto.

AMA Torres del Paine (www.amatorresdelpaine.org) Situado en el parque nacional, trabaja con un número limitado de voluntarios.

Experiment Chile (www. experiment.cl) Programas de 14 semanas de voluntariado y aprendizaje de idiomas.

Un Techo para Chile (www.untechoparachile.cl) Organización sin ánimo de lucro que construye viviendas para familias con pocos recursos.

WWOOF Chile (Worldwide Opportunities on Organic Farms; ☏móvil 9-9129-5033; www.wwoofchile.cl) Para vivir y aprender en una granja ecológica.

Transporte

CÓMO LLEGAR Y SALIR

Se puede llegar a Chile en avión, por tierra o en crucero. Hay numerosos vuelos internacionales y autobuses a los países vecinos y más lejos. Se pueden reservar vuelos, automóviles y circuitos en línea en lonelyplanet.com/bookings.

Llegada al país

La entrada no suele plantear problemas si el pasaporte tiene una vigencia de al menos seis meses después de la fecha de llegada.

Billetes

Chile exige a los viajeros un billete de ida y vuelta o de salida del país; a veces hay que presentarlo en el mostrador de facturación del país de origen. Lo mejor es comprar un billete de avión que se pueda devolver o uno de autobús a un país limítrofe a través de alguna compañía que los venda por internet e imprimir el recibo.

Avión

Chile tiene vuelos directos a los países vecinos, EE UU y Europa. Los vuelos internacionales dentro de Sudamérica son bastante caros, a menos que se compren como parte de un viaje intercontinental. Hay tarifas económicas entre Buenos Aires o Lima y Santiago.

Aeropuertos

Los vuelos de larga distancia llegan a Santiago y aterrizan en el **aeropuerto internacional Arturo Merino Benítez** (SCL; ☎2-2690-1796; www.nuevopudahuel.cl), en el barrio de Pudahuel.

Los vuelos desde los países vecinos pueden llegar a los aeropuertos regionales de Arica (www.chacalluta.cl), Iquique (www.aeropuertodiegoaracena.cl) y Punta Arenas (www.aeropuertodepuntarenas.cl).

Billetes multidestino (RTW)

La mayoría de las aerolíneas intercontinentales que van a Chile ofrecen billetes multidestino (RTW) junto con otras compañías asociadas. Algunas compañías, como **Airtreks** (☎EE UU 415-977-7100, llamada gratis 877-247-8735; www.airtreks.com), ofrecen billetes RTW a medida, más flexibles, que no obligan a viajar con uno de sus socios. Las tarifas "Circle Pacific", similares, permiten realizar excursiones entre Australasia y Chile, a menudo con parada en la isla de Pascua (Rapa Nui). Conviene leer la letra pequeña por si se aplican restricciones. Estas son algunas agencias que venden billetes RTW: **Flight**

EL CAMBIO CLIMÁTICO Y LOS VIAJES

Todos los viajes con motor generan una cierta cantidad de CO_2, la principal causa del cambio climático provocado por el hombre. En la actualidad, el principal medio de transporte para los viajes son los aviones, que emplean menos cantidad de combustible por kilómetro y persona que la mayoría de los automóviles, pero también recorren distancias mucho mayores. La altura a la que los aviones emiten gases (incluido el CO_2) y partículas también contribuye a su impacto en el cambio climático. Muchas páginas web ofrecen "calculadoras de carbono" que permiten al viajero hacer un cálculo estimado de las emisiones de carbono que genera en su viaje y, si lo desea, compensar el impacto de los gases invernadero emitidos participando en iniciativas de carácter ecológico por todo el mundo. Lonely Planet compensa todos los viajes de su personal y de los autores de sus guías.

TASA DE SALIDA

La tasa de salida chilena para vuelos internacionales va incluida en el precio de los billetes.

Centre (www.flightcentre.com) y **STA** (www.statravel.com)

Polinesia Francesa

LATAM tiene un vuelo semanal con Papeete, Tahití, con escala en la isla de Pascua.

América del Sur

Numerosas compañías vuelan a diario entre Santiago y Buenos Aires (Argentina) por unos 275 US$ ida y vuelta. Además, las aerolíneas europeas que recogen y desembarcan a la mayor parte del pasaje en Buenos Aires a veces intentan llenar las plazas libres vendiendo billetes baratos de ida y vuelta entre ambas capitales. LATAM tiene una de las mejores redes dentro de Sudamérica, aunque hay otras aerolíneas muy competitivas.

Hay vuelos asequibles de Santiago a Mendoza (ida y vuelta 180 US$, 2 diarios) y a Córdoba (ida y vuelta 250 US$, 2 diarios).

Hay muchos vuelos diarios desde Lima, Perú, a Santiago por unos 260 US$ (ida y vuelta); suele haber ofertas en esta línea. Desde Lima, LATAM ofrece vuelos directos a la isla de Pascua. LATAM vuela también de Lima a Tacna, en el sur, a solo 50 km de la ciudad fronteriza chilena de Arica (ida y vuelta 161 US$). Hay vuelos diarios desde Santiago a La Paz, Bolivia (ida y vuelta 228 US$), con escala en el norte de Chile.

Avianca une a diario Santiago con Bogotá, Colombia (ida y vuelta 500 US$), a veces con alguna escala sudamericana. LATAM vuela a Montevideo, la capital de Uruguay (ida y vuelta 300 US$). Gol y LATAM operan vuelos a destinos brasileños y paraguayos.

La nueva aerolínea boliviana Amazonas ofrece vuelos al norte de Chile. Las rutas más útiles para los viajeros son las conexiones internacionales, como Iquique-Salta y Iquique-Cochabamba.

Por tierra

Cruces fronterizos

El norte de Chile limita con Perú y Bolivia, mientras que su vasta frontera este discurre paralela a Argentina. De los muchos pasos fronterizos con Argentina, solo unos pocos disponen de servicio público de transporte.

Autobús

A los destinos internacionales habituales llegan las compañías de autobuses de la **terminal de Buses Sur** (av. O'Higgins 3850, Barrio Estación Central; Ⓜ Universidad de Santiago).

Automóvil y motocicleta

Salir de Chile con un vehículo alquilado requiere papeleo y, quizá, acarree gastos adicionales; hay que pedir a la agencia que explique los detalles.

Desde Argentina

Solo se pueden evitar los Andes si se cruza la frontera desde el extremo sur de Chile. Únicamente algunos pasos fronterizos a Argentina cuentan con transporte público, y muchos puertos cierran en invierno.

RUTAS POR EL NORTE

De Calama a Jujuy y Salta La Ruta 27 es un itinerario popular todo el año. Atraviesa los Andes, pasa por San Pedro de Atacama y cruza por el paso de Jama. Hay un servicio regular de autobuses (conviene reservar con antelación). Un poco más al sur, en la Ruta 23, los motoristas encontrarán en el paso de Lago Sico

(4079 m) una alternativa de verano más dura, aunque pasable. La aduana chilena se halla en San Pedro de Atacama.

De Iquique a Oruro Unos pocos autobuses recorren una carretera asfaltada desde Iquique, a través del Parque Nacional Volcán Isluga, hasta el paso Colchane; aquí se puede tomar una camioneta o un autobús que continúe a Oruro (por una carretera sin asfaltar).

De Copiapó a Catamarca y La Rioja No hay transporte público al paso de San Francisco (4726 m); es una carretera de tierra que exige un vehículo de chasis alto, pero que recompensa con paisajes tan espectaculares como la laguna Verde.

De La Serena a San Juan Dinamitado por los militares argentinos durante la disputa por el canal Beagle en 1978-1979, el paso de Agua Negra (4779 m) es una ruta preciosa, pero la carretera está sin asfaltar más allá de Guanta y los autobuses la evitan. Es buena para la bicicleta; desde el lado argentino, salen circuitos a manantiales termales.

VALLE CENTRAL

De Santiago o Valparaíso a Mendoza y Buenos Aires Más de una docena de empresas de autobuses cubren esta bella y vital línea que enlaza con Argentina y transcurre por la Ruta 60 a través del túnel Los Libertadores. La nieve a veces obliga a cerrarla, aunque, en general, por poco tiempo.

De Talca a Malargüe y San Rafael No hay transporte público a través de la Ruta 115 para cruzar el paso Pehuenche (2553 m), ubicado al sudeste de Talca. Se está construyendo otro cruce desde Curicó, por el paso Vergara (2502 m), pero aún resulta difícil el acceso.

RUTAS POR EL SUR

Varios itinerarios de bellos paisajes llegan hasta Argentina desde Temuco, al sur de Puerto Montt, algunos mediante trayectos en autobús muy populares en verano (reservar con antelación).

De Temuco a Zapala y Neuquén Una buena carretera cruza por el paso de Pino Hachado (1884 m), justo al este de Temuco por el río Biobío. Una segunda ruta no asfaltada por el sur es la del paso de Icalma (1298 m), con mucho tráfico estival de autobuses.

De Temuco a San Martín de los Andes La ruta más popular desde Temuco pasa por el lago Villarrica, Pucón y Curarrehue de camino al paso de Mamuil Malal (conocido en Argentina como paso Tromen). En el lado argentino, la carretera se bifurca hacia las laderas de la parte norte del volcán Lanín. En verano hay un autobús regular, pero el puerto a veces cierra en invierno.

De Valdivia a San Martín de los Andes Esta ruta comienza tomando un autobús de Valdivia a Panguipulli, Choshuenco y Puerto Fuy, seguido de un ferri a través del lago Pirihueico en dirección al pueblo de Pirihueico; de aquí sale un autobús a la aduana argentina del paso Hua Hum (659 m), de donde otro autobús lleva a San Martín.

De Osorno a Bariloche vía el paso Cardenal Samoré Este paso fronterizo, conocido popularmente como Pajaritos, es la ruta más rápida de la sureña Región de Los Lagos; atraviesa el Parque Nacional Puyehue, en tierra chilena, y el Parque Nacional Nahuel Huapi, ya en Argentina. Hay un servicio frecuente de autobuses todo el año.

De Puerto Varas a Bariloche Muy popular en verano, aunque abierta todo el año, esta combinación autobús-ferri vía el Parque Nacional Vicente Pérez Rosales comienza en Puerto Varas. Un ferri va de Pe-

trohué, en el extremo oeste del lago Todos los Santos, a Peulla, y un autobús cruza el paso de Pérez Rosales (1022 m) hacia la aduana argentina de Puerto Frías. Tras cruzar el lago Frías en lancha, queda un corto trayecto en autobús hasta Puerto Blest, en el lago Nahuel Huapi, y otro en ferri hasta Puerto Pañuelo (Llao Llao). Desde Llao Llao autobuses frecuentes a Bariloche.

RUTAS POR LA PATAGONIA

De Puerto Ramírez a Esquel Hay dos opciones. Desde Villa Santa Lucía, en la carretera Austral, una buena carretera lateral se bifurca en Puerto Ramírez. El desvío norte va a Futaleufú, donde un puente cruza el río hasta el lado argentino, desde el que salen colectivos (taxis compartidos) a Esquel. El desvío sur va a Palena y a la aduana argentina en Carrenleufú, con autobuses poco frecuentes a Trevelin y Esquel. El paso más eficaz es el de Futaleufú.

De Coyhaique a Comodoro Rivadavia Hay varios autobuses a la semana, a menudo con todos los asientos reservados, de Coyhaique a Comodoro Rivadavia vía Río Mayo. Para los automóviles particulares hay una ruta alternativa de Balmaceda al Perito Moreno vía el paso Huemules (502 m).

De Chile Chico a Los Antiguos En Puerto Ibáñez hay que tomar el ferri a Chile Chico, en la orilla sur del lago General Carrera, y allí un autobús lanzadera a Los Antiguos, donde hay conexiones a ciudades de la costa atlántica y a la Ruta 40. Salen autobuses a Chile Chico desde Cruce El Maitén, en el extremo suroeste del lago General Carrera.

De Cochrane a Bajo Caracoles Por el Valle Chacabuco (Parque Nacional Patagonia), el paso Roballos (647 m) comunica Cochrane con un pequeño

puesto en la provincia argentina de Santa Cruz.

De Puerto Natales a Río Turbio y El Calafate Todo el año hay autobuses frecuentes desde Puerto Natales a Río Gallegos y El Calafate pasando por Río Turbio. De Puerto Natales también salen autobuses directos que atraviesan el paso Río Don Guillermo y llegan a El Calafate, punto de acceso al Parque Nacional Los Glaciares.

De Punta Arenas a Río Gallegos Muchos autobuses cubren el trayecto entre Punta Arenas y Río Gallegos. Es un viaje de entre 5 y 8 h debido a los lentos registros de aduanas y a un tramo malo de la ruta nacional (RN) 3 argentina.

De Punta Arenas a Tierra del Fuego Desde Punta Arenas, un viaje de 2½ h en ferri o 10 min en avión lleva a Porvenir, en la Tierra del Fuego chilena, pero hoy no hay autobuses que continúen hasta Argentina. La mejor opción son los autobuses directos de Punta Arenas a Ushuaia vía Primera Angostura, con un servicio de ferris más corto y frecuente.

De Puerto Williams a Ushuaia Desde Puerto Williams, en la isla Navarino (a la que se llega en avión o barco desde Punta Arenas) zarpa un barco de pasajeros hacia la ciudad argentina de Ushuaia. Funciona todo el año si las condiciones meteorológicas lo permiten.

Desde Bolivia

Entre Bolivia y Chile, una carretera asfaltada va de Arica a La Paz. La ruta desde Iquique a Colchane también está asfaltada, aunque la carretera que continúa desde Oruro no lo está. En ambas rutas hay autobuses, aunque son más numerosos en la primera.

Es posible ir de Uyuni (Bolivia) a San Pedro de Atacama por el Portezuelo del

Cajón en un viaje organizado en todoterreno.

Desde Perú

El único paso por tierra es desde Tacna hasta Arica en autobús, colectivo o taxi.

Por mar

Las líneas de cruceros internacionales tienen rutas que unen Chile con los países vecinos, Norteamérica e incluso la Antártida.

Tren

La reanudación de la línea peruana Arica-Tacna es una gran noticia. Hay dos trenes diarios desde la **estación de ferrocarril Arica-Tacna** (📞móvil 9-7633-2896; av. Máximo Lira, enfrente de Chacabuco) de Arica.

CÓMO DESPLAZARSE

Viajar de una punta de Chile a la otra es fácil por los continuos vuelos y autobuses que conectan las ciudades de todo el país. Menos fácil resulta desplazarse de este a oeste y desde Puerto Montt hacia el sur, donde el país se convierte en un laberinto de fiordos, glaciares y montañas. Sin embargo, las rutas están mejorando. Los conductores suelen ser corteses y organizados. Los peajes son habituales.

Autobús

Los autobuses de largo recorrido tienen una envidiable reputación de puntualidad, eficiencia y confort, aunque los precios y clases varían de una empresa a otra. La mayor parte de las ciudades chilenas poseen una terminal central, pero en algunas las empresas tienen oficinas separadas. Las estaciones de autobuses están bien organizadas, con destinos, horarios y tarifas bien anunciados. Los precios son más baratos que en Europa.

Las carreteras principales y algunas carreteras secundarias están asfaltadas (excepto importantes tramos de la carretera Austral), pero muchas carreteras secundarias son de grava o tierra. Por lo general, los autobuses de largo recorrido poseen baño, y a menudo sirven café, té e incluso comidas a bordo; en caso contrario, hacen paradas regulares.

En las carreteras secundarias el transporte es más lento; además, los minibuses (llamados *micros*) son menos frecuentes, más viejos y básicos.

Santiago, el centro neurálgico del país, tiene cuatro terminales principales de autobuses desde donde salen autobuses con destino al norte, centro y sur.

La mayor compañía de autobuses de Chile es **TurBus** (📞600-660-6600; www.turbus. cl), que cuenta con una red de servicios que abarca todo el país. Se conoce por su extrema puntualidad. Ofrecen descuentos comprando los billetes por internet (se recogen después en ventanilla).

Su mayor competidor es **Pullman** (📞600-320-3200; www.pullman.cl), que también cuenta con una extensa red de rutas por todo el país.

La argentina **Chaltén Travel** (📞0297-623-4882; www.chaltentravel.com; av. Tehuelches s/n, Los Antiguos) circula entre El Calafate y Torres del Paine y por la Ruta 40 de Argentina.

Clases

Existe una gran variedad de nombres para designar los distintos niveles de comodidad de los autobuses de largo recorrido. Los autobuses "clásico" o "pullman" tienen unos 46 asientos normales que apenas se reclinan y baños deficientes. La siguiente categoría es el "ejecutivo" y luego, el "semicama"; ambos se refieren a autobuses de unas 38 plazas, que cuentan con más espacio para las piernas y un apoyo para los pies. Las butacas de "semicama" son más cómodas y reclinables, y a veces se trata de autobuses de dos pisos. En el servicio "salón cama" caben solo 24 pasajeros en asientos que se reclinan casi por completo. Los infrecuentes y muy selectos servicios "premium" ofrecen asientos que se quedan en posición

EJEMPLOS DE PRECIOS Y TRAYECTOS EN AUTOBÚS

DESTINO	PRECIO (CLP)	DURACIÓN (H)
Asunción, Paraguay	76 000	45
Buenos Aires, Argentina	78 000	22
Córdoba, Argentina	60 000	17
Lima, Perú	95 000	48
Mendoza, Argentina	36 000	7
Montevideo, Uruguay	69 000	32
Río de Janeiro, Brasil	142 000	72
São Paulo, Brasil	96 000	55

horizontal. En los autobuses nocturnos el desayuno suele estar incluido, pero se puede ahorrar algún dinero si se compra comida para llevar y no se pide la cena.

Por lo general con salida nocturna, los servicios "salón cama" y "premium" cuestan hasta un 50% o más que los autobuses ordinarios, pero se agradecen en los viajes largos. Los autobuses regulares también son confortables, sobre todo comparados con los que circulan por Perú y Bolivia. Está prohibido fumar.

Precios

Las tarifas varían en función de las empresas y las clases, por lo que conviene comparar. Fuera de la temporada alta veraniega hay ofertas que reducen las tarifas normales a la mitad y las tarifas para estudiantes en un 25%.

Reservas

Salvo en las vacaciones (Navidad, enero, febrero, Semana Santa y fiestas patrióticas de mediados de septiembre), así como de viernes a domingo, rara vez hace falta reservar con más de unas horas de antelación. En viajes muy largos, como de Arica a Santiago, o en rutas rurales con servicios limitados (p. ej., por la carretera Austral), es mejor reservar con antelación.

Automóvil y motocicleta

Es necesario contar con un vehículo propio para llegar a parques nacionales lejanos y otros lugares apartados, en especial, al desierto de Atacama y por la carretera Austral. Los problemas de seguridad son mínimos, pero siempre hay que cerrar el vehículo con llave y dejar los objetos de valor fuera de la vista. Debido a la niebla tóxica, Santiago y sus alrededores sufren restricciones frecuentes.

Los mapas de las guías anuales Copec recogen los cambios recientes, sobre todo en lo que afecta a carreteras acabadas de asfaltar.

Asociaciones automovilísticas

El **Automóvil Club de Chile** (☎600-450-6000; www.automovilclub.cl; av. Andrés Bello 1863, Providencia, Santiago; ⓂPedro de Valdivia) dispone de oficinas en casi todas las ciudades principales. Facilita información útil, vende mapas de carreteras y alquila vehículos. También ofrece servicios a sus miembros y otorga descuentos a los asociados de sus homólogos extranjeros, como el RACE español. Además, ofrecen grúa gratuita y otros servicios en un radio de 25 km de una oficina del club.

Con vehículo propio

Se puede embarcar un vehículo desde el extranjero con destino a Chile, pero es caro. Se recomienda consultar con los transportistas de automóviles en el país de origen; al embarcar, no dejar objetos de valor en su interior.

Los permisos para vehículos importados temporalmente pueden extenderse más allá del período inicial de 90 días, aunque quizá resulte más fácil cruzar la frontera de Argentina y volver a entrar, lo que otorga otros 90 días.

Para embarcar un vehículo desde Chile al país de origen se puede contactar con la empresa **Ultramar** (☎2-2630-1000; www.ultramar.cl).

Carnet de conducir

No se necesita un permiso internacional de conducción, pero, si se tiene, se aconseja llevarlo además del nacional. Algunas agencias de alquiler de automóviles no requieren este permiso internacional.

Combustible y piezas de recambio

El precio de la gasolina es de unos 750 CLP el litro, según el tipo; el gasoil (diésel) es más económico.

Hasta en la población más pequeña parece haber al menos un mecánico competente y hábil.

Alquiler

Las principales agencias de alquiler internacionales cuentan con oficinas en Santiago, así como en las ciudades importantes y las zonas turísticas. **Wicked Campers** (☎2-2697-0527; http://wickedsouthamerica.com) y **Chile Campers** (☎45-244-3309; www.chile-campers.com; 45 400-55 900 CLP/día), esta última en Pucón, alquilan autocaravanas muy básicas. Se exige un permiso de conducir internacional en vigor, una edad mínima de 25 años y una tarjeta de crédito (MasterCard o Visa), o bien dejar una elevada fianza en efectivo. Los españoles pueden canjear su permiso de conducir español por uno chileno (ver http://www.mtt.gob.cl/canje-de-licencia-de-conducir-espanola).

Los precios del alquiler son elevados incluso en las agencias pequeñas. Los vehículos de menor tamaño cuestan unos 24 000 CLP por día con 150-200 km o kilometraje ilimitado incluido. Si a esto se añade el coste de cualquier seguro adicional, el combustible y nada menos que el 19% de IVA, al final el alquiler sale muy caro. Lo más rentable son las tarifas de fin de semana o semanales sin límite de kilometraje. El alquiler de ida es difícil de contratar, sobre todo con agencias ajenas a las grandes cadenas, y puede comportar un recargo elevado por la entrega del vehículo en otro punto. No obstante, algunas agencias pequeñas suelen arreglar los papeles para llevar automóviles a Argentina, siempre que sean devueltos a la oficina de origen; esto puede suponer un gasto adicional y, además, habrá que contratar otro seguro.

Si se viaja por zonas remotas, donde escasean las gasolineras, conviene llevar bidones de gasolina. Las agencias de alquiler a menudo ofrecen uno.

Seguro

Todos los vehículos deben llevar el seguro obligatorio, pero es muy recomendable contratar un seguro adicional de responsabilidad civil. Las agencias de alquiler ofrecen los seguros necesarios. Conviene comprobar las limitaciones de la póliza; por lo general se puede circular por una pista de tierra, pero no por campo a través. Las principales tarjetas de crédito incluyen a veces un seguro con cobertura para alquilar un automóvil.

Para visitar Argentina se exige un seguro especial. Se puede acudir a cualquier compañía; el precio ronda los 20 000 CLP por una semana.

Aparcamiento

En muchas ciudades se cobra por aparcar en la calle (desde 300 CLP por ½ h). Los vigilantes callejeros dejan un papel bajo el limpiaparabrisas con la hora de llegada y cobran a los conductores cuando se marchan. Aparcar suele ser gratis los fines de semana, pero puede haber vigilantes y el pago es voluntario.

Compra

Si se viaja durante varios meses, cabe plantearse adquirir un automóvil. Debe efectuarse el cambio de nombre antes de 30 días si se quiere evitar la multa; se puede hacer a través de cualquier notario pidiendo una compraventa, que cuesta unos 8000 CLP. Hace falta tener un número de identificación fiscal RUT (Rol Único Tributario), disponible en Impuestos Internos (www.sii.cl), la Hacienda chilena; se consigue en unos 10 días. Los automóviles chilenos no siempre pueden venderse en el extranjero.

Atención: aunque en las zonas libres de impuestos de las Regiones I y XII (Tarapacá y Magallanes) hay muchos automóviles a la venta a buen precio, solo los residentes permanentes legales de estas regiones pueden sacarlos de dichas zonas durante un máximo de 90 días por año de calendario.

Estado de las carreteras

La Panamericana tiene calzadas de buena calidad y peajes cada cierto tiempo. Existen dos tipos de peaje: los que se pagan por un tramo de la vía (de 600 a 3000 CLP) y los que se pagan al salir de la autopista para acceder a un pueblo o ciudad (600 CLP).

Muchas carreteras del sur se están asfaltando. En la Panamericana y en la Austral hay señales que indican la distancia cada 5 km; muchos las usan como referencia para dar la ubicación.

Peligros en la carretera

Los perros vagabundos invaden las carreteras, incluidas las principales, y los visitantes de países europeos suelen desconcertarse ante la forma en la que los peatones cruzan la autopista.

Normas de circulación

Los conductores chilenos son comedidos en comparación con sus vecinos y especialmente educados con los peatones; sin embargo, los de ciudad tienen fama de saltarse los semáforos y no avisar de sus maniobras. Los excesos de velocidad se sancionan con multas de 35 000 CLP.

En Chile rige la Ley de Tolerancia Cero Alcohol para los conductores; basta una copa para superar el límite legal. Los castigos van desde multas y retirada del permiso de conducción hasta pena de cárcel.

En Santiago, la restricción de vehículos depende de los niveles de contaminación. El sistema se aplica de acuerdo con los últimos dígitos de la matrícula: los números afectados se anuncian en las noticias el día antes de la restricción. Los infractores se exponen a una multa; más información en www.uoct.cl.

Autostop

Es una práctica habitual en Chile, uno de los países más seguros de Hispanoamérica para viajar de esta manera. Dicho esto, hacer autostop nunca es seguro del todo y esta guía no lo recomienda. Los viajeros que opten por el autostop deben saber que asumen un peligro pequeño, pero potencialmente grave.

En verano, los vehículos chilenos suelen ir repletos de familias de vacaciones, y la espera puede ser larga. Pocos conductores recogen a grupos. En la Patagonia, con grandes distancias y pocos vehículos, también tocará esperar. Conviene llevar algún tentempié y agua en abundancia, sobre todo en el desértico norte.

Avión

Los vuelos internos ahorran tiempo y se han vuelto más asequibles; a veces son más baratos que un autobús confortable de largo recorrido. El vuelo Arica-Santiago dura unas pocas horas, mientras que en autobús se tardan 28 h. Aparte de los lentos ferris, el avión es con frecuencia el único medio para llegar puntualmente a regiones aisladas del sur. Las tarifas de ida y vuelta suelen ser más baratas.

Aerolíneas

Chile cuenta con varias aerolíneas de vuelos nacionales. LATAM es la que tiene más rutas. Otras opciones son Sky Airline y JetSmart.

Las aerolíneas regionales y los taxis aéreos conectan regiones aisladas del sur y el archipiélago Juan Fernández. Casi todas las ciudades chilenas tienen un aeropuerto cerca con vuelos nacionales para pasajeros. El **aeropuerto internacional Arturo Merino Benítez** (SCL; ☏2-2690-1796; www.nuevopudahuel.cl) de Santiago tiene una terminal independiente para vuelos nacionales; en Santiago hay también aeródromos más pequeños para los servicios de taxi aéreo al archipiélago Juan Fernández.

Los precios de los billetes de avión incluyen la tasa de salida.

Billetes de avión

Las aerolíneas de bajo coste están haciendo que los precios de los vuelos en Chile disminuyan. Sky Airline suele ofrecer precios de ida. Las mejores tarifas de LATAM se encuentran en su página web chilena, solo accesible desde Chile, con descuentos de hasta el 40%, sobre todo para rutas muy demandadas, como Puerto Montt-Punta Arenas. Se ahorra algo reservando con antelación y comprando billetes de ida y vuelta. LATAM Pass ofrece millas en la alianza One World, con asociados como American Airlines, British Airways, Iberia y Qantas.

DESTINO	PRECIO (IDA Y VUELTA, CLP)
Antofagasta	47 000
Arica	68 000
Calama	50 000
Concepción	70 000
Copiapó	56 000
Coyhaique (Balmaceda)	90 000
Iquique	78 000
La Serena	37 000
Puerto Montt	44 000
Punta Arenas	105 000
Temuco	52 000

Barco

Pese a que hay muchos puertos y embarcaderos en la costa chilena, las opciones de los viajeros de moverse en barco se concentran en el sur.

Recorrer la enmarañada costa sureña de Chile en ferri es algo más que ir de un punto a otro; es una parte esencial de la experiencia del viaje. Desde Puerto Montt hacia el sur, los ferris que van a la Patagonia chilena y Tierra del Fuego viajan por un laberinto de islas y fiordos con paisajes espectaculares.

A finales de la temporada alta disminuyen los servicios de ferri.

El servicio de ferri de Navimag desde Puerto Montt a Puerto Natales es una de las experiencias más emocionantes. A continuación, se citan solo los principales servicios de ferri para pasajeros. También hay unos pocos operadores de circuitos exclusivos que organizan sus propios cruceros.

Estas son algunas rutas habituales:

De Castro a la laguna San Rafael El *Mare Australis* de Navimag va a la impresionante laguna San Rafael.

De Chiloé a Chaitén En verano Transmarchilay, Naviera Austral y Navimag se desplazan entre Quellón, en Chiloé, y Chaitén; también hay servicio de Castro a Chaitén.

De Hornopirén a Caleta Gonzalo En verano, Naviera Austral surca la Ruta Bimodal (dos ferris enlazados por un breve tramo de tierra) hasta Caleta Gonzalo en el Parque Pumalín, unos 60 km al norte de Chaitén.

De La Arena a Puelche Los ferris van y vienen por un brazo de mar, unos 45 km al sudeste de Puerto Montt, para conectar dos tramos del norte de la carretera Austral.

De tierra firme a Chiloé Ferris regulares recorren el tramo entre Pargua y Chacao, en la punta norte de la isla de Chiloé.

De Puerto Ibáñez a Chile Chico Sotramin opera con ferris para automóviles y pasajeros por el lago General Carrera, al sur de Coyhaique. Además, hay servicio exprés desde Chile Chico hasta el pueblo argentino de Los Antiguos.

De Puerto Montt a Chaitén Naviera Austral ofrece un ferri de automóviles y pasajeros de Puerto Montt a Chaitén.

De Puerto Montt a la laguna San Rafael Los caros cruceros de Catamaranes del Sur y Cruceros Skorpios realizan un recorrido por la bella laguna San Rafael.

De Puerto Montt a Puerto Chacabuco Navimag va de Puerto Montt a Puerto Chacabuco; varios autobuses continúan hasta Coyhaique y el Parque Nacional Laguna San Rafael.

De Puerto Montt a Puerto Natales Navimag zarpa semanalmente de Puerto Montt y tarda unos cuatro días en llegar a Puerto Natales. La climatología de la Patagonia puede cambiar todos los horarios.

De Puerto Williams a Puerto Yungay Esta nueva ruta de Transbordador Austral Broom une el sur de la Patagonia con el final de la carretera Austral (Puerto Yungay está entre Villa O'Higgins y Caleta Tortel). Hace escala en Caleta Tortel.

De Puerto Williams a Ushuaia Ningún ferri público cubre todavía esta ruta tan necesaria, pero sí se cuenta con un servicio regular de motoras privadas.

De Punta Arenas a Tierra del Fuego Transbordador Austral Broom opera ferris de la terminal de Punta Arenas Tres Puentes a Porvenir; desde Punta Delgada, al este de Punta Arenas, a Bahía Azul; y de Tres Puentes a Puerto Williams, en la isla Navarino.

Bicicleta

Para pedalear por Chile es imprescindible una bicicleta de montaña (en Chile, bici todoterreno) o una de turismo con neumáticos gruesos. El clima puede comportar dificultades: desde Temuco hacia el sur hay que ir preparados para la lluvia; desde Santiago hacia el norte, y sobre todo en la inmensidad del desierto de Atacama, el agua escasea y entre los núcleos de población median distancias enormes. En algunas zonas el viento representa un problema grave; por lo general, es más fácil viajar de norte a sur que de sur a norte, aunque algunos viajeros han informado de fuertes vientos contrarios cuando se dirigían al sur en verano. Los automovilistas chilenos suelen comportarse con civismo, pero en carreteras estrechas de dos carriles y sin arcenes la circulación puede suponer un peligro.

En la Patagonia, los ferris para vehículos suelen cobrar por transportar bicicletas. Fuera de la carretera Austral se encuentran talleres de reparación en casi todas las poblaciones. Los autobuses admiten por lo general bicicletas, aunque las aerolíneas suelen cobrar un recargo; hay que consultarlo con la compañía.

Alquiler

En la mayoría de las ciudades turísticas se alquilan bicicletas, aunque su calidad varía. No hay muchas tiendas de alquiler, pero los hospedajes y agencias de viajes suelen disponer de bicis. Cuestan 10 000-16 000 CLP/día. Una buena bicicleta de montaña con suspensión delantera y frenos en condiciones puede costar 22 000 CLP/día o más, pero solo se encuentra en destinos de actividades al aire libre.

Normalmente hay que dejar alguna fianza o garantía; un documento de identidad suele bastar.

Compra

Las bicicletas no son muy baratas. Quien quiera vender la suya al final del viaje puede probar suerte en alguna agencia que la alquile.

Circuitos

Los turoperadores de actividades de aventura han proliferado por todo Chile; casi todos cuentan con oficinas en Santiago y oficinas de temporada en el lugar donde se desarrollan sus salidas.

Véanse las poblaciones individualmente para conocer detalles sobre los operadores.

Transporte local

Autobús

Las rutas de los autobuses son numerosas, y las tarifas, baratas (600 CLP aprox. por un trayecto corto). Como muchos autobuses con numeración idéntica recorren rutas algo diferentes, hay que comprobar los rótulos que indican el destino final. Al subir se debe especificar el destino; el conductor dirá el importe y entregará el billete.

El sistema de autobuses de Santiago **Transantiago** (☏800-730-073; www.tran santiago.cl; 610 CLP/trayecto) dispone de máquinas automáticas de billetes. La ruta se puede consultarse en internet.

Colectivo

Los colectivos se parecen a los taxis normales, pero recorren rutas prefijadas, como los autobuses; el destino se indica con un letrero en la capota o la ventanilla. Son rápidos, confortables y no mucho más caros que los autobuses (en general, entre 700 y 1500 CLP dentro de la ciudad).

Trenes de cercanías

Tanto Santiago como Valparaíso poseen una red de trenes de cercanías. La moderna línea de metrotren de Santiago va desde San Fernando hasta la Estación Central, en la Alameda de Santiago, pasando por Rancagua, capital de la Región VI. El tren de Valparaíso conecta Viña del Mar con Valparaíso.

Metro

La supereficiente red de metro de Santiago se ha ampliado recientemente. Mejor evitar las horas puntas, pues se abarrota.

Taxi y servicios de coche compartido

Casi todos los taxis chilenos llevan taxímetro. En Santiago se cobran 300 CLP por la bajada de bandera más 150 CLP por cada 200 m. Los letreros expuestos en los taxis indican las tarifas autorizadas. Uber tiene conductores en muchas ciudades y pueblos chilenos, aunque puede haber poca disponibilidad.

Tren

Los ferrocarriles de Chile surgieron a finales del s. XIX, pero hoy casi todas las vías se encuentran descuidadas o abandonadas. No obstante, el servicio ferroviario continúa en todo el Valle Central, y el metrotren va desde Santiago hasta San Fernando. Para detalles y precios, véase la web de **Tren Central** (taquilla de EFE; ☏2-2585-5000; www.trencentral.cl; Estación Central, Barrio Estación Central; ◷billetes 7.15-20.00 lu-vi, 8.00-19.00 sa; Ⓜ Estación Central).

Es difícil, aunque no imposible, viajar en un tren de carga desde Baquedano (en la Panamericana, al noreste de Antofagasta) hasta el pueblo fronterizo de Socompa, y después, a Salta, en Argentina.

Glosario

IP indica que es un término propio de la isla de Pascua.

abulón – molusco de carne comestible muy preciada que se cría sobre las rocas

agüita – infusión

ahu (IP) – plataforma de piedra para moáis (estatuas)

alfajores – galletas rellenas de dulce de leche y rebozadas en coco rallado

aliado – sándwich frío de jamón y queso

alpaca – mamífero rumiante de la familia de los camélidos, muy apreciado por su lana, que se emplea en la industria textil

apunamiento – mal de altura, soroche; de puna (altiplano)

araucanos – grupo de pueblos indígenas que incluye a mapuches, picunches y pehuenches

ascensor – funicular

ayllu – comunidad indígena andina; en Chile se usa en Norte Grande

aymara – habitantes indígenas del altiplano andino de Perú, Bolivia y el norte de Chile

bajativo – bebida alcohólica digestiva para después de comer

Barros Jarpa – sándwich caliente de jamón y queso

Barros Luco – sándwich de filete con queso fundido

Bilz – refresco chileno

bofedal – pastos pantanosos aluviales del altiplano

bracero – peón, jornalero

cacique – jefe indio

cajón – cañada larga por cuyo fondo corre algún río o arroyo

calefón – calentador de agua

callampas – barriada de chabolas; del quechua *callampa*, literalmente "champiñón"

camanchaca – niebla oceánica a lo largo del desierto costero

capitán – bebida elaborada con pisco y vermú

carabineros – policía

caracoles – carreteras con muchas curvas

carrete – diversión, fiesta

casino de bomberos – restaurante en la estación de bomberos con menús baratos

chachacoma – planta nativa de los Andes; supuestas propiedades curativas del mal de altura

charqui – carne salada y secada al aire o al sol

chifa – restaurante de comida china

chilote – habitante de Chiloé; a veces con connotaciones de "pueblerino"

cocinerías – cafés o restaurantes baratos

Codelco – Corporación del Cobre, empresa estatal supervisora de la minería del cobre

colectivo – taxi compartido, también llamado "taxi colectivo"

completo – perrito caliente con mayonesa u otras salsas

comuna – entidad de gobierno local

congregación – concentración de distintas poblaciones indias durante la era colonial, véase también reducción

costanera – carretera costera junto al mar, un río o un lago

criollo – término colonial para los descendientes de españoles nacidos en América

cuico – perona de estrato social alto

curanto – guiso de carne, patata y pescado

custodia – consigna

damasco – tipo de albaricoque

desierto florido – proliferación efímera y poco habitual de flores silvestres en Norte Chico

DINA – Dirección de Inteligencia Nacional; temida agencia creada tras el golpe de 1973 para supervisar los cuerpos de inteligencia policial y militar

durazno – melocotón

encomienda – sistema laboral colonial en el que un grupo de indígenas quedaban bajo la supervisión de un colono español

esquí en marcha – esquí de fondo

estancia – extensa finca ganadera con mano de obra residente

estero – estuario

feria – mercado de artesanías

Frontera – región de asentamientos pioneros, entre el río Biobío y el río Toltén, dominada por grupos indígenas araucanianos hasta finales del s. XIX

frutillas – fresas

fuente de soda – café económico donde sirven fritos, tentempiés y bebidas

fundo – hacienda, pequeña unidad irrigada en el centro del país

galpón – cobertizo grande con paredes o sin ellas

garúa – niebla del desierto costero

geoglifos – grandes figuras o diseños precolombinos en laderas desérticas

guanaco – camélido salvaje de la familia de las llamas; también cañón de agua de la policía

hare paenga (IP) – casa elíptica con forma de barco

hospedaje – alojamiento económico, a menudo en casa de una familia, con cuarto de baño compartido

hostería – casa de huéspedes donde se sirve comida

hotel parejero – hoteles "del amor" para cortas estancias, frecuentado por parejas necesitadas de intimidad

huaso – jinete, una especie de gaucho o vaquero chileno; también campesino

huemul – cérvido de los Andes australes, de forma robusta, cola corta y largas orejas

humita – tamal

IGM – Instituto Geográfico Militar

intendencia – unidad administrativa en la época colonial

invierno boliviano – temporada de lluvias estivales en el altiplano chileno

jaiba – cangrejo

küchen – dulces de estilo alemán

llareta – densos matorrales del altiplano chileno de engañosa apariencia mullida

manjar – dulce de leche

maori (IP) – hombres eruditos, capaces según dicen de leer las tablillas rongorongo

mapuches – habitantes indígenas de la zona al sur del río Biobío; conocidos durante la colonia como araucanos

mariscal – surtido de mariscos, que puede ser frío o caliente

matua (IP) – antepasado, padre; asociado con líder de los primeros inmigrantes polinesios

micro – pequeño autobús

minga – sistema de ayuda laboral recíproca de las culturas amerindias andinas

moái (IP) – grandes estatuas antropomorfas

moai kavakava (IP) – "estatuas de costillas" de madera

motu (IP) – pequeño islote cerca de la costa

ñandú – ave grande no voladora parecida al avestruz

onces – merienda

palafitos – hileras de casas construidas sobre pilotes en el agua, típicas de Chiloé

pampa – vasta extensión desértica

penquista – habitante de Concepción

picada – restaurante familiar informal

pico roco – especie de percebe

pingüinera – colonia de pingüinos

pisco – brandy elaborado con uvas de un alto contenido en azúcar que se cultivan en los valles de Copiapó y Elqui, en el Norte Chico

pisco sour – cóctel ácido y agridulce elaborado con pisco, zumo de limón, azúcar glas y clara de huevo que suele servirse como aperitivo

porteño – oriundo o residente de Valparaíso

portezuelo – puerto de montaña

posta – clínica o puesto de primeros auxilios

pucará – fortaleza precolombina en lo alto de una montaña; también se escribe sin tilde

pudú – cérvido pequeño, de aproximadamente 35 cm de altura y pequeños cuernos

puelche – fuerte viento que sopla desde los Andes hacia poniente

pukao (IP) – moño que coronaba a los moáis

puna – altiplanos andinos, casi siempre por encima de los 3000 m

quebrada – barranco

quincho – cobertizo con techo de paja sostenido por columnas que se usa como resguardo en comidas al aire libre

quinua – pseudocereal andino que se cultiva en la precordillera norte

Rapa Nui – nombre polinesio de la isla de Pascua

reducción – concentración colonial de indígenas para su control político e instrucción religiosa, véase también *congregación*

residencial – alojamientos económicos

rongorongo (IP) – escritura en tablillas de madera; aún no descifrada

rosa mosqueta – arbusto que crece en la Patagonia que se utiliza para infusiones y con que se elabora un aceite curativo con propiedades beneficiosas para la piel

ruca – casa tradicional mapuche con tejado de paja

salar – lago de sal, salinas

salón cama – autobús con asientos reclinables

santiaguino – nativo o residente de Santiago

schopería – bar popular para tomar cerveza de barril y tentempiés

seno – estrecho, fiordo

soroche – mal de altura

tabla – bandeja de entrantes a compartir

tejuelas – tejas típicas de la arquitectura de Chiloé

toki (IP) – herramienta de basalto para esculpir

toqui – jefe indio mapuche

totora (IP) – especie de juncos utilizados para confeccionar balsas

Unidad Popular – coalición izquierdista que apoyó a Salvador Allende en las elecciones presidenciales de 1970

ventisquero – glaciar

vicuña – animal salvaje de la familia de las llamas, que vive a gran altitud en los Andes

villa – pueblo, ciudad pequeña

viscacha – animal salvaje andino, de la familia de la chinchilla

yagán – habitantes indígenas del archipiélago de Tierra del Fuego

zampoña – instrumento de viento compuesto de varias flautas entrelazadas

Entre bastidores

ACTUALIZACIÓN Y SUGERENCIAS

Si el lector encuentra cambios en los lugares descritos u otros recién inaugurados, le agradeceremos que escriba a Lonely Planet en www.lonelyplanet.com/contact/guidebook_feedback/new para mejorar la próxima edición. Todos los mensajes se leen, se estudian y se verifican. Quienes escriban verán su nombre reflejado en el capítulo de agradecimientos de la siguiente edición. Determinados fragmentos de la correspondencia de los lectores podrían aparecer en nuevas ediciones de las guías Lonely Planet, en la web de Lonely Planet, así como en la información personalizada. Se ruega a todo aquel que no desee ver publicadas sus cartas ni que figure su nombre que lo haga constar.

NUESTROS LECTORES

Agradecemos a los lectores que tras leer la última edición escribieron para enviarnos consejos útiles, recomendaciones y anécdotas interesantes:

Alicia Metz, Camila Serrano Strancar, Chelsea Slade, Daniel Aedo, Daniëlle Wolbers, David Peacock, Diana Maddison, Doug Robertson, Elizabeth Rogers, Gabrielle Agosin, Grant McCall, Guy Cunningham, Hendrik Wiebel, Holly Houghton, Jana Alagarajah, Judit Pinter, Kate Menzies, Katy Bowers, Luigi Fiorino, Margriet Rikkers, Mariyam Varley, Nana Mikkelsen, Nicole Binkert, Philip Graham, Robert Hendrickson, Rutger Lange, Shirley Spring, Veronika Bikova, Wolfgang Brueckl

AGRADECIMIENTOS

Carolyn McCarthy

Estoy muy agradecida a mi segunda patria por sus maravillosas gentes y una naturaleza sin igual. Tengo la suerte de ver a la Patagonia convertirse en un lugar aún mejor gracias a la conservación y al duro esfuerzo de sus habitantes. En cuanto a este viaje, mi más profundo agradecimiento a Maija Meri, extraordinaria copilota. Mi gratitud a Trauko, Pati, Randy y Andrés; Mireya y su familia y Mery y Mauricio; mis compañeros de senderismo Walter y Estefanía; y los amables desconocidos que me arreglaron un pinchazo en La Junta. Finalmente, gracias al piloto, Vince, por mostrarme la frágil belleza del Campo de Hielo Sur.

Cathy Brown

Quisiera agradecer a mis peques que siempre me apoyen cuando tomo un vuelo a algún destino en el fin del mundo y a mi padre por no perder nunca la ocasión de hacerme saber que está orgulloso de mí por haberme convertido en escritora de viajes. También quisiera agradecer a Juan e Ignacio de Tierra Turismo por su amistad, el buen vino, el karaoke de Guns N' Roses, los asados, los mágicos campos de lupino, la arbitrariedad de Tolhuin y, básicamente, el mejor viaje en carretera que me permitió conocer su querida Tierra del Fuego.

Mark Johanson

Muchas gracias a todos los chilenos y pascuenses que me reconfortaron y llenaron mi estómago con tanto manjar y carmenere que a menudo era imposible trabajar. Gracias a Felipe Bascuñán, Megan Snedden, Vanessa Petersen y Carla Andrade por acompañarme en tramos del viaje y ofrecer su experiencia. Gracias también a Paula Santa Ana, Franz Schubert, Grant Phelps, Gonzalo Silva y Sandra Luz La Torre por ser fuentes de conocimientos durante el camino.

Kevin Raub

Gracias a mi esposa, Adriana Schmidt Raub; ha sido un año duro. MaSovaida Morgan y mis compañeros de delito, Carolyn McCarthy, Regis St Louis y Mark Johanson. En el viaje, Britt Lewis, Cyril Christensen, Juan Pablo Mansilla, Karin Terrsy, Alfonso Spoliansky, Fernando Claude y Amory,

Daniel Seeliger y Silvina Verdun, Kurt Schillinger, Rodrigo Condeza, Ernesto Palm de Curto, Marie Brandt y Francisco Campbell, Natalia Hidalgo, Sirce Santibañez, Tracy Katelman, Vincent Baudin, James Graham y Kristin Kidd, y Annette Bottinelli.

Regis St Louis

Estoy agradecido a los incontables chilenos que me ayudaron por el camino, particularmente a Manuel en Caldera; Flavio y Patrizia en Putre; Aris en Iquique; y Priscilla en San Pedro. Gracias también a MaSovaida Morgan por subirme a bordo y a mi compañera de trabajo Carolyn McCarthy por su gran trabajo. Gracias a mi esposa, Cassandra, y mis hijas, Magdalena y Genevieve, por soportar mis a veces largas ausencias.

RECONOCIMIENTOS

Datos del mapa climático adaptados del "Updated World Map of the Köppen-Geiger Climate Classification", de M. C. Peel, B. L. Finlayson y T. A. McMahon (2007), en Hydrology and Earth System Sciences, 11, 163344.

Fotografía de cubierta: Moái, isla de Pascua, Randy Olsen/National Geographic Creative ©

ESTE LIBRO

Esta es la traducción al español de la 11ª edición de la guía Chile y la isla de Pascua de Lonely Planet, documentada y escrita por Carolyn McCarthy, Cathy Brown, Mark Johanson, Kevin Raub y Regis St Louis, y coordinada por Carolyn. La edición anterior fue escrita por Carolyn McCarthy, Greg Benchwick, Jean-Bernard Carillet, Kevin Raub y Lucas Vidgen.

Gracias a Hannah Cartmel, Gwen Cotter, Ross Taylor, Angela Tinson.

VERSIÓN EN ESPAÑOL

GeoPlaneta, que posee los derechos de traducción y distribución de las guías Lonely Planet en los países de habla hispana, ha adaptado para sus lectores los contenidos de este libro. Lonely Planet y GeoPlaneta quieren ofrecer al viajero independiente una selección de títulos en español; esta colaboración incluye, además, la distribución en España de los libros de Lonely Planet en inglés e italiano, así como un sitio web, www.lonelyplanet. es, donde el lector encontrará amplia información de viajes y las opiniones de los viajeros.

Índice

La **negrita** indica los mapas.
El azul indica las fotografías.

La **negrita** indica los mapas.
El azul indica las fotografías.

Leyenda de los mapas

Puntos de interés

- Playa
- Reserva de aves
- Templo budista
- Castillo/palacio
- Templo cristiano
- Templo confuciano
- Templo hindú
- Templo islámico
- Templo jainita
- Templo judío
- Monumento
- Museo/galería de arte/edificio histórico
- Ruinas
- Sento (baño público)/onsen
- Templo sintoísta
- Templo sij
- Templo taoísta
- Lagar/viñedo
- Zoo/santuario de vida silvestre
- Otros puntos de interés

Actividades, cursos y circuitos

- Bodysurf
- Submarinismo/buceo
- Canoa/kayak
- Curso/circuito
- Esquí
- Buceo
- Surf
- Natación/piscina
- Senderismo
- Windsurf
- Otras actividades

Alojamiento

- Alojamiento
- Camping

Dónde comer

- Lugar donde comer

Dónde beber

- Lugar donde beber
- Café

Ocio

- Ocio

De compras

- Comercio

Información

- Banco, cajero automático
- Embajada/consulado
- Hospital/médico
- Acceso a internet
- Comisaría de policía
- Oficina de correos
- Teléfono
- Aseos públicos
- Información turística
- Otra información

Otros

- Playa
- Cabaña/refugio
- Faro
- Puesto de observación
- Montaña/volcán
- Oasis
- Parque
- Puerto de montaña
- Zona de picnic
- Cascada

Núcleos de población

- Capital (nacional)
- Capital (provincial)
- Ciudad/gran ciudad
- Pueblo/aldea

Transporte

- Aeropuerto
- Puesto fronterizo
- Autobús
- Teleférico/funicular
- Ciclismo
- Ferri
- Metro
- Monorraíl
- Aparcamiento
- Gasolinera
- S-Bahn
- Taxi
- Tren
- Tranvía
- U-Bahn
- Otros transportes

Red de carreteras

- Autopista
- Autovía
- Ctra. principal
- Ctra. secundaria
- Ctra. local
- Callejón
- Ctra. sin asfaltar
- Camino en construcción
- Zona peatonal
- Escaleras
- Túnel
- Puente peatonal
- Circuito a pie
- Desvío del circuito
- Camino de tierra

Límites

- Internacional
- 2º rango, provincial
- En litigio
- Regional/suburbano
- Parque marítimo
- Acantilado
- Muralla

Hidrografía

- Río/arroyo
- Agua estacional
- Canal
- Agua
- Lago seco/salado/estacional
- Arrecife

Áreas delimitadas

- Aeropuerto/pista
- Playa, desierto
- Cementerio cristiano
- Cementerio (otro tipo)
- Glaciar
- Marisma
- Parque/bosque
- Edificio de interés
- Zona deportiva
- Pantano/manglar

Nota: No todos los símbolos aparecen en los mapas de este libro.

Kevin Raub

Sur Chico, Chiloé Originario de Atlanta, Kevin comenzó su carrera como crítico musical en Nueva York, trabajando para las revistas *Men's Journal* y *Rolling Stone*. Dejó el estilo de vida roquero por los relatos de viajes y ha escrito casi 50 guías de Lonely Planet, sobre todo de Brasil, Chile, Colombia, EE UU, la India, el Caribe y Portugal. También colabora con diversas revistas de viajes en EE UU y el Reino Unido. Por el camino, este confeso cervecero busca continuamente IBU (unidades internacionales de amargor) elevados en las cervezas artesanales. Se le puede seguir en Twitter e Instagram (@RaubOnTheRoad).

Regis St Louis

Norte Grande, Norte Chico Regis creció en una pequeña ciudad del Medio Oeste americano –la clase de sitio que invita a grandes sueños de viajar– y pronto quedó fascinado por los dialectos extranjeros y las culturas del mundo. Pasó sus años de formación aprendiendo ruso y algunas lenguas románicas, que le sirvieron mucho en sus viajes por gran parte del planeta. Ha colaborado en más de 50 títulos de Lonely Planet, escribiendo sobre destinos de los seis continentes. Sus viajes lo han llevado de las montañas de Kamchatka a aldeas de islas remotas de la Melanesia, y a muchos grandes paisajes urbanos. Si no está de viaje, vive en Nueva Orleans. Se le puede seguir en www.instagram.com/regisstlouis.

LOS AUTORES

Carolyn McCarthy

Norte de Patagonia, Sur de Patagonia, Tierra del Fuego Carolyn está especializada en viajes, cultura y aventuras en América. Ha escrito para *National Geographic, Outside, BBC Magazine, Sierra Magazine*, el *Boston Globe* y otras publicaciones. Antigua beneficiaria del programa Fulbright y de una beca Banff Mountain, ha documentado la vida en los rincones más remotos de Hispanoamérica. Ha colaborado en 40 guías y antologías para Lonely Planet, incluida *Colorado, EE UU, Argentina, Chile, Trekking in the Patagonian Andes, Panama, Peru* y *USA's National Parks*. Se puede visitar www.carolynmccarthy.org o seguirla en Instagram: @mccarthyoffmap. También ha escrito los capítulos de *Puesta a punto, Comprender Chile* y *Guía práctica* de esta guía.

Cathy Brown

Tierra del Fuego Cathy es escritora de viajes (Lonely Planet, OARS, Luxury Latin America) y editora (Matador Network). Vive con sus tres hijos en los Andes de la Patagonia argentina, donde practica senderismo, bebe malbec, trabaja con hierbas medicinales y las culturas indígenas y está construyendo una casa con balas de paja. Le apasionan los viajes de aventuras, incluidos el surf, el *rafting,* el esquí, la escalada y el excursionismo, y colabora con la Adventure Travel Trade Association.

Mark Johanson

Santiago, Centro de Chile, Isla de Pascua (Rapa Nui) Mark creció en Virginia y cinco países han sido su hogar en la última década. Su carrera como escritor de viajes comenzó como una especie de crisis vital, y ha pasado feliz los últimos ocho años por el planeta trabajando para revistas de viajes australianas (como *Get Lost*), periódicos británicos (como *The Guardian*), revistas de estilo de vida americanas (como *Men's Journal*) y medios de comunicación globales (como CNN y BBC). Si no está de viaje, se le puede encontrar contemplando los Andes desde su casa en Santiago.

PÁGINA ANTERIOR MÁS AUTORES

geoPlaneta
Av. Diagonal 662-664, 08034 Barcelona
viajeros@lonelyplanet.es
www.geoplaneta.com – www.lonelyplanet.es

Lonely Planet Global Limited
Lonely Planet Global Limited, Digital Depot,
The Digital Hub, Dublín, D08 TCV4, Irlanda
(oficinas en Reino Unido, Australia y Estados Unidos)
www.lonelyplanet.com
Contacta con Lonely Planet en: lonelyplanet.com/contact

Chile y la isla de Pascua
7ª edición en español – abril del 2019
Traducción de *Chile & Easter Island*, 11ª edición – octubre del 2018
© Lonely Planet Global Limited
1ª edición en español – mayo del 2001

Editorial Planeta, S.A.
Av. Diagonal 662-664, 7o, 08034 Barcelona (España)
Con la autorización para la edición en español de Lonely Planet Global Ltd
A.B.N. 36 005 607 983, Lonely Planet Global Limited, Digital Depot,
The Digital Hub, Dublín D08 TCV4, Irlanda

Aunque Lonely Planet, geoPlaneta y sus autores y traductores procuran que la información sea lo más precisa posible, no garantizan la exactitud de los contenidos de este libro, ni aceptan responsabilidad por pérdida, daño físico o contratiempo que pudiera sufrir cualquier persona que lo utilice.

© Textos y mapas: Lonely Planet, 2018
© Fotografías 2018, según se relaciona en cada imagen
© Edición en español: Editorial Planeta, S.A., 2019
© Traducción: Noelia Palacios y Elena Vaqué

ISBN: 978-84-08-19734-8

Depósito legal: B. 18.047-2018
Impresión y encuadernación: Grafo
Printed in Spain – Impreso en España

Reservados todos los derechos. No se permite la reproducción total o parcial de este libro, ni su incorporación a un sistema informático, ni su transmisión en cualquier forma o por cualquier medio, sea este electrónico, mecánico, por fotocopia, por grabación u otros métodos, sin el permiso previo y por escrito del editor. La infracción de derechos mencionados puede ser constitutiva de delito contra la propiedad intelectual (Art. 270 y siguientes del Código Penal).

Diríjase a CEDRO (Centro Español de Derechos Reprográficos) si necesita fotocopiar o escanear algún fragmento de esta obra. Puede contactar con CEDRO a través de la web www.conlicencia.com o por teléfono en el 91 702 19 70 / 93 272 04 47.

Lonely Planet y el logotipo de Lonely Planet son marcas registradas de Lonely Planet en la Oficina de Patentes y Marcas de EE UU y otros países.
Lonely Planet no autoriza el uso de ninguna de sus marcas registradas a establecimientos comerciales tales como puntos de venta, hoteles o restaurantes. Por favor, informen de cualquier uso fraudulento a www.lonelyplanet.com/ip.

El papel utilizado para la impresión de este libro es cien por cien libre de cloro y está calificado como papel ecológico.